企业法律与管理实务操作系列 WIN

U0621366

人力资源管理
实用必备工具箱.rar

—— 常用制度、合同、流程、表单示例与解读

王桦宇 著

中国法制出版社
CHINA LEGAL PUBLISHING HOUSE

大数据、AI时代的雇佣关系与人力资源管理

随着云计算、物联网技术的高速发展，数据呈现爆炸式的增长，人们正被数据洪流包围，大数据的时代已经到来。正确利用大数据给人们的生活带来了极大的便利，但与此同时也给传统的数据管理方式带来了极大的挑战。[①] 人工智能（Artificial Intelligence，AI）则是研究、开发用于模拟、延伸和扩展人的智能的理论、方法、技术及应用系统的一门新的技术科学，具体包括机器人、语言识别、图像识别、自然语言处理和专家系统等研究领域。AI的本质是"基于算法"的智能，在大数据的基础上，AI的应用功能得到了充分而极致的发挥。**在大数据、AI时代，传统的雇佣关系开始变得多元化，人力资源管理也开始出现了新的变革，这不仅仅体现在人力资源管理对大数据和AI的广泛使用上，雇佣关系和人力资源管理本身也被大数据和AI深刻影响。**

在大数据、AI时代，研究和从事人力资源管理工作，需要深刻把握新的技术时代对传统雇佣关系和人力资源管理的系统性影响，并因此变革和建构顺应新科技发展和行业内在要求的人力资源管理新思维。在大数据、AI时代，人力资源管理变革是根本性的，归结起来主要体现在两个层面：一是宏观的国家和政府人力资源管理方面的变化，在制定国家、政府宏观人力资源规划、进行福利制度和退休制度设计时，应全面地运用大数据和AI进行数据综合治理新策略；**二是在微观的企业、医院和大学等组织的人力资源管理过程中，也可以运用大数据和AI的管理思维及方法，在人力资源规划、管理和实施等关键问题上建立基于大数据和智能运算视角的新管理理念。**[②]

管理大师德鲁克指出，"管理者的自我提高往往比卓有成效的训练更为重要。管理者必须增进其知识与技巧，必须养成各种新的工作习惯，同时也必须放弃旧

---

① 参见孟小峰、慈祥：《大数据管理：概念、技术与挑战》，载《计算机研究与发展》2013年第1期。

② 参见唐魁玉：《大数据时代人力资源管理的变革》，载《中国人力资源社会保障》2014年第3期。

的工作习惯"①。在传统的技术视野下，人力资源管理主要包括人力资源规划、招聘与配置、培训与开发、薪酬福利、绩效管理及员工关系六大模块。六大模块之间相辅相成，相互配合，相互衔接，围绕雇佣关系中需要特别关注"留、选、育、用"四大环节展开。**在大数据、AI时代，一切的人力资源管理似乎都可以变得数据化、智能化，传统的雇佣关系被置于数据平台之上而非"面对面"的人与人之间，甚至AI可以依托建构的现代雇佣模型而自主实施人力资源管理。**

就传统的雇佣关系来说，大数据和AI开始影响人们特别是年轻人的观念和职场生活，传统企业人力资源管理生态开始被撼动，职场进化为以"数字驱动""智能技术""情景模拟"为表现特征的"智造场"。在此之前，雇主和雇员之间的沟通往往是通过"面对面"的"情感交互"而形成的，一些基于管理需要的企业内部权威体制和阶层秩序能持久地发挥作用。当大数据和AI开始全面进入社会生活场景中，职场的信息获取途径发生巨大变化，职场新人或"跳槽行动者"基于行业、岗位和薪酬的大数据分析结论，能对自己未来的职场空间做出更为精准的预测，也为与下一家的雇主谈判增加了底气。**与此同时，传统的基于雇佣关系而生的互动方式开始被数字技术取代，即便是"面对面"交流，也可能是透过屏幕和虚拟空间来进行，一些基于现场感而产生的"硬约束"管理秩序开始消解，更加平等、互相尊重的员工关系和沟通机制开始建立。**

在大数据和AI的时代语境下，人力资源管理的传统模块也发生了深刻的变革。就人力资源规划而言，大数据技术分析和AI能在获得有效数据支撑的前提下让所有需要精确计算的结论成为可能，甚至可以通过对企业员工全景数据的分析得出企业在行业内的人力资源核心竞争力及其排名，"数据规划"成为可能。**就招聘与配置而言，社交网络平台让招聘不再需要经由专门的渠道，而是可以通过设定智能化的职场环境来个性化匹配和选择应聘者，"开放选才"成为可能。**就培训与开发而言，大量外部化的共享培训资源使得企业主导的个性化培训安排变成了以需求为主的员工主导下的个性化培训，"自我开发"成为可能。**就薪酬福利而言，大数据和AI技术使得各行各业的薪酬数据得以被收集和分析，并通过海量化的数据支持和系统纠错还原最接近真实情况的薪酬水平，使得"透明薪酬"成为可能。**就绩效管理而言，通过对产品、岗位、内部认同、消费者评估等多个角度建模，使得绩效管理不再是相对主观的技术管理，而是系统自动生成的更加客观化的最优模型，如此"智能考核"成为可能。**就员工关系而言，大数据和AI技术的大量使用使得管理更加数字化，彼时人与人之间的心灵方面的沟通**

---

① ［美］彼得·德鲁克：《卓有成效的管理者》，许是祥译，机械工业出版社2019年版，第200页。

变得更为重要，员工激励机制开始走向"愿景共鸣"。

科技创新未来，梦想照耀道路。大数据和 AI 都是时代变迁的必然产物，且必将持续进步和发展。有美国学者认为，在新的技术变革图景下，作为人力资源管理专业人士，有必要关注四个研究领域，并从中寻找可以促进人力资本数据发挥作用的见解。**这四个领域一是金融，即商业标准和组织估价，涉及人力资源管理的价值；二是数学，即混沌理论，涉及人力资源管理的逻辑；三是信息技术，即大数据，涉及人力资源管理的技术；四是建立自动反馈的流程也即决策支持，涉及人力资源管理的方法。**[①] 也许，在未来更加发达的大数据和 AI 技术背景下，通过人力资源管理的价值、逻辑、技术和方法的创新，能找到科技时代雇佣关系和人力资源管理重构的新的切入面和着力点。在这里，也顺便预测一下，当作为人力资源管理实务工具箱的这本实体书变成网络共享资源的时候，一个数据共享、智能交互、资源开放的人力资源管理全新图景也开始在悄然无声中真实建立了。

王桦宇

上海·静安区

国家人力资源服务产业园

2020 年 6 月

---

① ［美］雅克·菲茨恩兹、约翰·R. 马托克斯二世：《人力资源与大数据分析——新时代 HR 必备的分析技能》，人民邮电出版社 2018 年版，第 152 - 164 页。

建构更加注重沟通的雇佣关系：
人力资源管理的新路向

　　《人力资源管理实用必备工具箱.rar（第四版）》出版和重印以来，依然受到了广大企业界和 HR 界朋友的普遍欢迎。本书的姊妹篇《劳动合同法实务操作与案例精解》自出版以来也已经更新至第六版，且截止到今年年初，第六版已经是第十次印刷了。这除了说明读者们对劳动合同法以及新法时代人力资源管理的普遍关注，也显示出企业的雇佣关系管理需要更多的原则理念和治理实践来进行引导和支撑。**近几年来，在中央层面国家并未出台新的劳动法律法规和政策，在地方层面各地政府出台新的法规政策也不常见，但这并不影响其间企业人力资源和雇佣关系发生持续性的深刻演化和悄然变迁。这种演化和变迁的趋势主要体现在以下几个方面：一是劳动法规政策的"停滞化"和雇佣关系管理的"因应化"。**一方面，劳动法规大规模更新暂时停止；另一方面，实践中持续生发出来的管理案例仍需要相应的对策方法来因应。**二是经济发展的"新常态"影响并催生劳动法实施的"供给侧改革"。**当前，"发展方式粗放、不平衡、不协调、不可持续问题仍然突出，经济增速换挡、结构调整阵痛、动能转换困难交织",① 劳动法制变革和雇佣关系发展亦需要服从此趋势。**三是人力资源和雇佣关系管理的思维从"风险控制"转型到"永续沟通"。**人力资源管理的核心并非风险控制，而是调动人的资源优势，为组织变革和发展发挥出最大化的效用，雇佣关系管理的关键仍需要归位到持续性的沟通机制上来。

　　由于从事人力资源和用工管理咨询，笔者对于国有企业、外资企业和民营企业的人力资源和雇佣关系管理架构比较熟悉。从学理上讲，雇佣关系是指通过个人出卖劳动力而在雇佣者和受雇者之间产生的关系，是随着国家和市场的条件变化，通过合同实现劳动与薪酬之间的交换的一种关系。构成雇佣关系主要有五种要素：雇员、雇主、国家、市场和契约。前两者构成雇佣关系的基础，并通过劳动契约形成内部规则约束，而国家通过制定法律来调整和规制雇佣关系的市场

---

　　① 《中华人民共和国国民经济和社会发展第十三个五年规划纲要》，人民出版社 2016 年版，第 6 页。

化。而立基于不同的视角，则分别又有利己主义、一元主义、多元主义和批判式等四种雇佣关系模型。然而，无论作为一个研究领域还是商业功能，人力资源管理的基础就是雇佣关系。① **在雇佣关系之外，还有人才选用的观念在人力资源管理领域尤为重要。**"能够找到忠于雇主、具备良好职业操守、善于交际、热爱本职工作的人，当然是最好不过了。"② 相较而言，人才的概念则在更为宽广的范围内使用。《诗·小雅·菁菁者莪序》："菁菁者莪，乐育才也，君子能长育人材，则天下喜乐之矣。"③ "对大多数组织来说，人才管理是战略执行的关键成功因素。就人才策略而言，需要由直线经理设定战略执行的具体目标，由 HR 来提供解决方案。"④ **在人力资源管理过程中，在坚持保守原则也即控制风险之外，还需要强化雇员的人才特点，在重新定义人才基础上，发挥人力资源的最大效用。**

就国有企业而言，其雇佣关系和人力资源管理呈现出三个特点：**一是身份性。**相较于外资企业和民营企业的员工，国有企业的员工有较高的身份认同，并对职业的稳定性有着较高的预期。**二是福利性。**通常而言，国有企业的营利性能得到充分的保证，工会经费比较充足，用于福利性开支的费用也较为充裕。**三是均等性。**国有企业的员工对均等性的预期往往会高于其他所有制企业，就绩效考核而言，相关指标的确定也往往带有一定平均主义的色彩。**在日常咨询实务中，我们给国有企业雇佣关系的框架性思路是在均等主义认知基础上建立较为严密细致的规章制度。**相对而言，国有企业员工的维权意识是较高的，针对雇佣关系的调整需要基于合法规范的规章制度和劳动合同，任何于法有悖的操作往往会引来非常强烈的回应，也可能会导致比较大的用工风险。**另外，需要特别做好国有企业的民主管理和工会工作，**通过职代会确立规章制度的有效性和充分发挥工会的全职能特别是协调职能，这对控制法律风险和加强有效沟通有着重要意义。

就外资企业而言，其雇佣关系和人力资源管理也具有三个特点：**一是流动性。**外资企业一般愿意为引进适格人才承担较好的培训机会和薪资待遇，这也导致外资企业员工对薪资待遇和成长空间具有的一定功利性，较高频率的跳槽呈现

---

① 参见［美］约翰·巴德（John Budd）、迪瓦希什·海沃（Devasheesh Bhave）：《雇佣关系：人力资源管理的基础》，载《中国人力资源开发》2011 年第 9 期。

② ［美］菲奥克（Cathy Fyock）：《选人的真理》，方颖译，机械工业出版社 2015 年版，第 6 - 7 页。

③ 参见《古汉语大词典》，上海辞书出版社 2000 年版，第 43、338 页。

④ ［美］布莱恩·贝克尔（Brian E. Becker）、马克·休斯里德（Mark A. Huselid）、理查德·贝蒂（Richard W. Beatty）：《重新定义人才》，曾佳、康至军译，浙江人民出版社 2016 年版，第 8 页。

出的流动性往往与上述两点具有正相关性。**二是激励性**。激励性是指外资企业更加注重岗位、绩效与薪酬的匹配性，对同一岗位的员工薪资差异性存在非常弹性的宽容度。对于绩效考核好的员工，其实际薪酬往往会与绩效不好的员工拉开非常大的差距。**三是规则性**。在遵从用工依法合规方面，外资企业比其他所有制企业都来得更为规范，并且对于劳动法的掌握和研究也往往达到了较高的水准。**在日常咨询实务中，我们给外资企业雇佣关系的框架性思路是在严格依法合规的基础上找寻更具弹性空间的雇佣管理机制。基于此，在合理妥适的基础上的员工沟通就显得尤为重要。**一方面可以疏解严格立法背景下的员工对抗意识从而有效控制法律风险，另一方面沟通有利于消除误解并根据具体管理实践激发员工绩效从而提高经营管理整体目标的达成。

就民营企业而言，其雇佣关系和人力资源管理同样也有三个特点：**一是在地性**。大多数民营企业都在当地设立，和当地政府和主管部门之间具有很好的人脉关系，并在日常经营管理中进行更为良性的互动。**二是差异性**。不同地区、不同行业和不同规模间的民营企业的差异性非常大，企业文化也具有非常大的差异性。比如作为中国本土化管理的家长式做法，就对企业人力资源管理产生了深刻影响。① **三是复合性**。民营企业往往会朝向管理较为完备科学的外资企业取经并施行相同或类似的制度，但往往这些制度和做法又发挥不了应有的作用和功能。以苏州乐园为例，其人力资源管理和迪士尼乐园相比较很能说明问题。② **在日常咨询实务中，我们给民营企业雇佣关系的框架性思路是在自身企业文化基础上引进吸收更为科学的人力资源管理技术。**而民营企业最大的优势是在沟通方面具有较强的灵活性，对于一些正常法律框架下难以达成和解的情形，亦能通过各种可以接受的方式进行协调。

沟通是为了一个设定的目标，把信息、思想和情感在个人或群体间传递，并且达成共同协议的过程。松下幸之助有句名言："**企业管理过去是沟通，现在是沟通，未来还是沟通。**"管理者的真正工作就是沟通。互联网时代作为一个互联互通、大数据和共享开放的商业民主时代，给企业的人力资源管理带来了前所未有的机遇和挑战。③ **更加注重沟通是这个时代人力资源管理的内在要求和外部特点。**只有基于互相理解融合的妥适有效沟通才能消解矛盾、积累互信、深化激

---

① 参见吴坤津、刘善仕：《中国企业家长式人力资源管理的伦理动因、内容结构及影响机制》，载《中国人力资源开发》2014 年第 15 期。

② 参见强大双：《苏州乐园人力资源管理现状及对策——基于与迪斯尼乐园的比较研究》，载《东南大学学报（哲学社会科学版）》2014 年第 16 卷增刊。

③ 参见彭剑锋：《互联网时代给企业的人力资源管理带来了前所未有的机遇和挑战》，载《中国人力资源开发》2014 年第 16 期。

励、拓展潜能，才能有效地吸引人才、用好人才、留住人才。需要指出的是，不同所有制的企业之间，以及相同所有制的不同企业之间，雇佣关系和人才管理都显示出非常强的个体性和多元性。**通常而言，"差异化的人才管理策略就要用一套差异化的衡量标准来进行管理和评价"**①，但充分注重沟通是雇佣关系和人力资源管理中共同遵循的不二法宝。

王桦宇

宁夏·中卫

沙漠水城公寓

2016 年 11 月

---

① ［美］布莱恩·贝克尔（Brian E. Becker）、马克·休斯里德（Mark A. Huselid）、理查德·贝蒂（Richard W. Beatty）：《重新定义人才》，曾佳、康至军译，浙江人民出版社 2016 年版，第 157 页。

如何卓有成效：人力资源管理的执行力与实效性

管理者的工作必须卓有成效。推敲起来，"使某项工作产生效益"（to effect）和"完成某项工作"（to execute），可视为同义词。身为管理者，不管是企业主管、医院主管、政府机构主管、工会主管、学校主管，还是军事机构主管，首先必须要按时做完该做的事情。换言之，管理者做事必须有效。① 1954 年，彼得·德鲁克（Peter F. Drucker）在其《管理的实践》（*The Practice of Management*）一书中首次提到"人力资源"的概念，认为人力资源拥有当前其他资源所没有的素质，即"协调能力、融合能力、判断力和想象力"。他还指出，从企业竞争的角度来看，未来企业的竞争水平的高低取决于人力资源的数量、质量和产出。**人力资源的稀缺性和能动性凸显了人力资源管理卓有成效的极端重要性**。而当下，伴随高新技术的迅猛发展，互联网和信息技术的广泛运用，人类已然进入了知识经济时代。在过去的 30 年里，人类商业社会的竞争经历了投资扩张能力的竞争、战略思维的竞争、信息技术的竞争，而当前企业的成功已经取决于人力资源的利用。企业的能力越来越取决于技术资金以外的人力资源的状况以及人力资源的充分开发，通过有效地开发员工的职业潜能来取得公司的全面成功。② **在此基础上，人力资源的核心任务是构建智力资本优势，人力资源管理的角色多重化和职业化。**③

在当下，为什么卓有成效的人力资源管理变得如此重要？这是因为企业成长壮大及其永续经营，其最重要的逻辑价值或存续基石即是其核心能力（Core Competence），又称核心竞争力。1990 年，加里·哈默尔（Gary Hamel）和 C. K. 普拉哈拉德（C. K. Prahalad）在《哈佛商业评论》上发表了《公司的核心能力》一文，首次提到了企业的"核心能力"这一概念。他们认为，企业的核心能力，是组织中的一种集体学习，尤其是关于如何协调多样化的生产技能以及把众多的

---

① 参见［美］彼得·德鲁克：《卓有成效的管理者》，许是祥译，机械工业出版社 2010 年版，第 1 - 18 页。

② 参见王璞主编：《新编人力资源管理咨询实务》，中信出版社 2005 年版，第 1 - 21 页。

③ 参见彭剑锋主编：《人力资源管理概论》，复旦大学出版社 2009 年版，第 56 页。

技术流一体化的一种组织能力。① 而此后的管理学专家则在这两位学者的基础上提出了相应的补充性观点。**咨询业界也普遍认为，核心竞争力是企业最为重要的自主价值体系，其通过组织内部一系列互补的知识和技能的组合，并由洞察预见能力和一线执行能力两大要素构成。**而随着人力资源或称人力资本在企业组织资本构成中的重要性愈加凸显后，人力资源管理真正被认识到是商业价值创造的根本源泉。**人力资源管理既具有宏观性、战略性和决策性的管理要素特征，又具有微观性、专业性和技术性的技术规范特征，这也就注定了：人力资源管理卓有成效其企业经营方才卓有成效，而同时企业经营卓有成效也意味着其人力资源管理也必然卓有成效。**

卓有成效的人力资源管理涉及战略规划、岗位分析、素质模型、获取配置、绩效管理、薪酬设计和培训开发等具体环节的方方面面，每个具体流程的细节、实施和评估都非常关键和重要。从更高位阶的宏观层面来看，卓有成效的人力资源管理的根本要素则在于执行力（Execution）和实效性（Effective）两大基本命题。执行力，是指企业的组织机构和管理团队，通过制度设计与规则安排，统筹和运用各种资源，贯彻组织战略意图，完成预定目标的操作能力。执行力是企业竞争力的核心，是把组织战略、规划转化成为效益、成果的关键。衡量执行力的标准，个人执行力是指按时、按质、按量完成工作任务；组织执行力是指按时、按质、按量完成组织战略目标。"执行力"源自美国保罗·托马斯和大卫·伯恩著的《执行力》一书。它原指企业管理的关键因素，是 21 世纪构成竞争力的重要一环。**具体而言，执行力包括三个层面的内容：一是对决策的理解力。**执行首先是以决策的制订和推行为前提，好的执行力的前提是对决策的正确理解。对决策的背景和内容有精准的掌握，才能生成和锤炼更有方向和相度的执行力。**二是对方案的贯彻力。**在决策层经过讨论和思辨达成决策之后，会制订决策，制定相应的分解内容和具体的行动方案，而执行力也体现在对微观方案的贯彻程度和实施力度上。**三是对目标的达成力。**就包括战略决策和技术决策的任何决策，其最终的目的都在于目标的最终完成，而考察执行力最实质的判断依据就是对既定目标的达成度和完成率。

实现卓有成效的人力资源管理另一大命题则是指实效性。**实效性，是指人力资源管理应该体现效率原则，通过组织资源、技术手段和经营运作的综合使用，来达到既定的人力资源管理目标，借以服务并提升企业组织的整体管理效能。具体而言，实效性包括三个层面的内容：一是管理的可行性。**人力资源管理的可行性是人力资源管理整体策划、流程分解和实施方案在执行上应具有通用的可操作

---

① 参见［美］迈克尔·波特、加里·哈默尔等：《战略：45 位战略家谈如何建立核心竞争力》，中国发展出版社 2002 年版，第 356 页。

性，在成本较低和难度较小的情形下实现既定的策划、流程和方案。如果管理上的可行性欠缺或存在瑕疵，后续的执行或检验则会变得更加困难，管理的有效性更是无从谈起。**二是管理的可检验性。任何一项任务或目标，必须在实施过程中或实施完成后是可以被检验的。**通过人力资源管理工具和手段的运用，其最初设定的策划、流程和方案是否有特定的评估因子或技术指标以便对其进行评估和考核。若在其过程中或完成后发生偏差，这种偏差事先是否可以避免，若无法避免那么这种偏差是否可以纠正，若无法纠正则是否可以计算这种偏差到底是多少，并在此基础上研判是否影响到最初目标的执行指数和完成要求。**三是管理的有效性。**有效性则是指在执行策划、流程和方案的活动过程中及其完成后，是否达到事先规划或预设的相应程度，是否按照此前安排的时间节点和执行要素顺利进行并达成最终的目标。

这里需要特别指出的是，在日常经营管理中，**企业经营者除了需要熟练掌握规范化、标准化和合规化的人力资源管理咨询工具外，还应特别重视差异化人力资源管理的必要性。**组织中的个体由于先天遗传素质、后天努力、外界环境的不同而呈现出不同个性，也即存在个体差异性。处于同一组织中的个体由于其个性差异的存在会对组织运营绩效产生不同的正面或负面的影响。差异化人力资源管理，能够充分利用个体差异带来的互补增值效应，根据组织成员的个体差异特征实施"适才适岗"的选拔程序，在工作实践中进行任职匹配调整、对组织成员进行差异化的教育与培训，为员工提供不同的职业发展阶梯，从而实现人力资源优化配置，建立起高效的组织体系。处于同一组织中的个体由于其个性差异的存在会对组织绩效产生不同的影响。**同一个个体存在于不同的组织中，所起到作用的大小甚至性质也可能有所不同，这既取决于组织的性质，也取决于组织对个体差异性的不同认识和利用。如何看待组织中的个体差异，如何减少由个体差异带来的冲突，并充分利用个体差异带来的互补增值效应，以便更有效地达成组织目标，也是人力资源管理中必须面对的问题。**[①]

王桦宇

台北·外双溪

阳明山麓

2012 年 11 月

---

① 参见持万 HR 俱乐部：《新编常用人力资源管理词典》，中国法制出版社 2012 年版，第 49 页。

迈向精细化：人力资源管理中的细节意识

由我编著的《人力资源管理实用必备工具箱.rar》（第二版）2010年8月印刷上市后又很快售罄了。中国法制出版社策划编辑刘峰先生在春节前后就与我联系，说第二版在上市几个月后库存已经不多，征询我的意见是选择重印还是再版。基于第二版和第一版的变化不大，我也考虑在第三版中对该书做比较大的增补和修改，以适应新法律法规的变化以及最新的人力资源管理实务发展动向。至于是在第二版基础上重新印刷，还是修订出版第三版，我也有一些特别考虑。若是重新印刷，则比较简单，从出版社的角度而言，销路也会延续一段时间；若是修订出版第三版，则需要进行较大程度的修订和增补，出版社的编辑也会重新辛苦校对制版，但对读者而言，可以最大限度地吸收新版工具箱更合规和更实用的模板带来的新的思路便利。所以，即便是各种事务缠身，我还是决定抽空来完成第三版的修订增补工作。

人力资源管理涉及人力资源管理框架设计、招聘与录用、职位岗位管理、绩效考核、薪资福利管理、培训与职业发展、员工关系管理等各个方面。在这些具体的人力资源管理工作中，有一些部分是具有创新性属性的，比如职位设计与岗位检讨、高管人员薪资福利管理中的股权激励，等等；另外一些部分则是具有常规性属性，比如日常招聘与录用管理、员工关系管理与劳资争议预防，等等。**持万团队在对众多企业提供人力资源和劳动关系管理咨询的过程中，特别注重对创新性工作和常规性工作的厘清和梳理**。对于创新性工作，我们都注重对此部分明确的认可，并在合规的范围为其开拓更多的管理空间。比如，在奖金设计和股权激励方面，结合劳动法关于薪酬福利的相关规定，通过制度规定和合同约定的双重方式来予以固化支付规则，予以工具引导和风险控制。对于日常性工作，我们则在确保管理效率的同时将操作风险降低至最小层面，并注重从制度合同到流程表单的全面管控。比如，对于招聘环节，我们在制度规范、流程宣导、合同审核和表单制作的辅导工作非常全面而具体。

但无论如何，在人力资源管理中都应特别注意细节的把握。这主要是出于两方面的考虑：**其一，注重细节能提高效率**。细节在管理学上是非常重要的组成部分，具体到每个执行模块细节的仔细实现和环环相扣才能达到事先制定的总体策略和宏观思路。如果各个层面的全部细节都能得以确保，则整体立场上的人力资源管理目标能顺利达成。**其二，注重细节能控制风险。**任何一个环节的细节出现问题，都会导致某个模块和环节出现纰漏，导致整个综合层面的失败。在新劳动法的背景下，法律对劳动者进行偏重保护，这也使得企业人力资源管理的法律风险进一步加大。任何一个细节上的疏忽特别是程序细节上的疏忽，都会导致此后管理事项上难度的增加，甚至是导致劳动争议发生后的必然败诉。比如，规章制度没有经由公示或员工签收、① 解除劳动合同没有注明正确的解除理由，② 等等。无论从经营管理层面上，还是从法律遵从层面上，精细化意识都起到提升企业业绩和控制经营风险的正面效应，这也正是企业人力资源管理的迫切需求和客观规律。

老子在《道德经·第六十三章》中讲道："**天下大事必作于细，天下难事必作于易。**"意思是做大事必须从小事开始，天下的难事必定从容易的做起。秦国宰相李斯《谏逐客书》中则提到："**泰山不拒细壤，故能成其高；江海不择细流，故能就其深。**"所以，大礼不辞小让，细节决定成败。企业人力资源包括宏观战略管理、中观部门管理和微观具体操作等多个层级，这就要求每个层次在决策和执行上都要注意对细节的掌控和落实。特别是在站在风险管理的立场上，程序上的任何小瑕疵都会导致潜在的风险成为现实的失败。是故，精细化管理应该渗透到人力资源管理的方方面面，既包括从总经理到专员上下层级的管理关系，也包括人力资源部门和非人力资源部门的沟通；既包括从入职管理、在职管理到离职管理全流程的纵向关系，也包括岗位管理、薪资管理、培训管理等各模块的横向关系。

此次修订的第三版，特别注重对人力资源管理制度、合同、流程和表单等工具文本的精细化追求，并在此基础上达到与实务化、工具化、方案化的有机结合。**首先，实务化是精细化的思路。**人力资源管理的精细化，是管理操作实务化的客观要求。企业人力资源管理注重实际效率，理论上的精细化不如实务上的精细化来得更实际。**其次，工具化是精细化的载体。**精细化的理念，一定是需要通过某种形式或载体来实现。如果没有管理工具和手段的支撑，精细化的理念也仅只是空中楼阁，而无法落到实处。**最后，方案化是精细化的目标。**任何一个管理目标的达成，一定是通过具体的方案设计和执行来进行的。人力资源管理的精细

---

① 根据《劳动合同法》的规定，规章制度有效应当经由民主程序和公示（告知）程序。在实务中，仲裁和司法机构对民主程序的要求有所放宽，但对公示（告知）程序要求仍很严格。若规章制度没有经由公示程序或告知程序，则该规章制度不能适用于员工。

② 有些企业在解除严重违反规章制度的员工时，发给员工本人的解除通知书上未注明解除理由或者解除理由并非严重违反规章制度，这样会导致解除不能或者败诉的后果。

化，最终的归结点还是在于人力资源管理目标的实现。也正是基于此，在实务化、工具化和方案化基础上的人力资源管理精细化理念，也才能真正贯彻和落实到人力资源管理的具体操作实践中去，从而实现精细化管理的应有功能。

此次修订的第三版，本着"连贯调整、渐进补充、适法修订"的原则，对增订版进行了一些相应的调整和修改。这些调整和修改，主要在以下几个方面。其一，在规章制度篇的员工手册部分，对章节结构进行了调整，并相应**新增了"不同行业类别员工手册常见结构"和"某国有控股集团有限公司规章制度手册完整示例及要点解析"等两节**，以充实员工手册的代表性和多样性。其二，将规章制度篇专项制度调整为两章，并**新增了"岗位管理制度"、"不胜任工作员工管理制度"、"出差管理制度"、"劳动争议管理制度"和"人事档案管理制度"等五节**，以填补之前第二版的空白。其三，在合同协议篇，**新增了"外资公司集体合同"、"外服系统劳务（派遣）一揽子合同协议"和"人事外包合同"等三节**，进一步强化了协议合同样本的完整性和周全性。其四，在一些文字表述和法规引用上，按照相关新法律、法规和政策进行了调整和补充，并对第二版中一些语词瑕疵和错误进行了更正。

尽管本书由我主持编著，但在更广义的程度上讲，应是我主导的持万咨询团队集体智慧结晶和共同研发成果。持万咨询团队在为众多跨国公司、外资企业、国有企事业单位、民营企业等客户提供人力资源与用工管理咨询中，形成了自己独特的思维观念和工作方法，并将这些观念和方法提炼出来并形成工具指引和方法论，给客户企业和咨询业界提供更多的参考思路和实务样本。此处应特别感谢上海财经大学法学院王全兴教授、清华大学法学院郑尚元教授、中国人民大学劳动人事学院常凯教授、武汉大学法学院张荣芳教授等多位恩师，他们在各个层面和不同领域均给予我非常关键和重要的指点、帮助及关照。还应再次感谢我的老朋友及本书的策划编辑刘峰先生。在刘峰先生的策划和督促下，我和持万团队的系列图书才得以较高的频率一本一本先后在中国法制出版社出版并多次再版。最后，还要感谢我的助手张野顾问在文稿校对方面的细致工作，同时她作为律师也为文稿中的法规核查付出了辛勤劳动。

王桦宇

上海·静安区

国家人力资源服务产业园

2011 年 8 月

人力资源管理的新动向：体系化、流程化与标准化

随着全球经济回暖，中国内地的企业生产经营亦开始得到系统、有效和可持续的恢复。最近一段时间，我和我的同事们飞往全国各地，给企业做人力资源管理整体优化和用工管理流程合规化的项目。在此期间，就企业经营者对人力资源管理观念转变方面，我有两点主要的感受：一是**从理论到实务的转变**。企业从原来的偏重理论指导性过渡到理论指导性与实务指导性并重，甚至是实务指导性优先的观念更强。这说明企业对人力资源管理更加注重实效性，从原来的仅仅注重理论本身开始转变到结合企业实际来看待和改进人力资源管理。二是**从效率到合规的过渡**。企业对人力资源管理优化的基本要求从原来的仅关注效率性指标过渡到并重考量效率性指标和合规性指标。在新劳动法的背景下，企业开始意识到在人力资源管理中会存在相当多的法律风险和操作风险，而一个可能在法律上存在合法性质疑的制度与流程，无论如何也不能成为优秀的人力资源管理范例。

正如我在本书第一版前言中所推崇的，企业在新劳动法的背景下需要找到因应人力资源管理合法化新规则的解决方案。这种解决方案，可以从总体方面和细节方面进行展开：就总体层面，此种解决方案作为整体性的应对之道，应具备有系统性、原则性和框架性的特点，而就细节层面，此种解决方案作为面向实务的操作规程，也应同时具有指引性、实用性和操作性的特点。这种既面向宏观又针对微观的解决方案，我们称之为**规范化操作程序管理**（SOP，Standard Operation Program）。而秉承这样一个观念和想法，我们在去年出版了基于新劳动法背景的人力资源管理工具书——《人力资源管理实用必备工具箱.rar》。此书面世以后，在人力资源管理实务界甚至是劳动法律实务界均获得了良好的评价，第一版**很快售罄**。策划编辑刘峰先生多次建议我及时更新并增订出版，我亦利用各种空闲的时间竭力来更新和增订此本相对热销的工具书。

在当下的人力资源管理实践中，管理制度的合规化日益成为企业管理者非常重要的意识。而在合规化的大前提下，似可再分解为以下三个层次：其一，**管理制度的体系化**。就人力资源管理制度本身内容而言，不同的模块和环节间本身即具有一定的逻辑关联。在管理实践中，人力资源部门可能细分为若干个具体子部门和下属岗位，这些具体部门和岗位之间的分工与整合对管理制度提出了体系化

的要求。其二，**管理制度的流程化**。从实际运用和应然性的角度来看，人力资源制度应是静态制度和动态管理的有机统一。管理制度的细化与落实，需要具体的流程来得以遵循和执行。将纸面上的管理制度具体化为具有执行力的实践，需要高效和合理的流程安排而得以保障。其三，**管理制度的标准化**。不同企业间由于发展历程、管理文化等方面的区别，导致了其管理制度之间具有相当的差异性。但是，这种差异性的存在并不影响管理制度本身内在的规律性，管理制度的标准化有利于提升企业的执行力。

在新劳动法的背景下，特别提炼出人力资源管理制度的体系化、流程化和标准化，并不影响在实际操作过程中应秉承一定的辩证性。人力资源管理制度的设计，其首要目的在于实现企业的人力资源管理需求，有效落实人力资源诸环节中的各项既定指标。与此同时，制度设计还应有效预防和控制因法律变动而产生的各种风险。在咨询实务中，有两种倾向不太可取，一种是**过于强调管理上的理论性**，部分咨询顾问不能准确把握企业的实际需求而如空中楼阁一般构建过于理想的模型，会大大减损企业人力资源管理的效率性；另一种则是**过于强调制度上的合规性**，部分律师在审查管理制度时往往不能在风险控制和效率保障两者之间把握平衡，过于强调风险控制上的合规性，甚至是不容许有任何瑕疵的观念可能会影响企业在人力资源管理方面的自身创新和发展。

此处需要特别说明的是，作为咨询顾问和风险控制专业人员，应时刻铭记自己工作的特殊性和功用所在，即为企业客户在合规经营和稳健发展的总体指导框架下，透过逐步累积的专业知识、技能和经验，利用同时满足功能性和实效性的各种咨询工具，为客户外部商业经营和内部制度管理提供其存在真正需求并确实富有价值的咨询和法律服务。在企业管理咨询实务中，专业人员还应特别注意实效性和灵活性的掌握，由于人力资源管理特别是员工关系模块涉及人与人的沟通，所以一定的交流技巧和柔性化的操作是重要的基本功。很多律师同仁总是去收集各种针对员工的较为"恶毒"的主意并建议 HR 们如此操作，而 HR 们往往基于对专业知识的尊重而加以贯彻执行。随之而来的后果是，尽管这个离职的员工被省心省力地处理了，但是会让其他仍在职的员工略感"寒意"。我们有一个基本的观点可以与 HR 朋友们分享：**在策略上做好沟通协调比技术上争讼案件胜诉意义更为高远**。

尽管新劳动法特别注重偏重保护员工的理念，但对于海量处理劳动法案件的咨询顾问和律师特别是诉讼律师而言，仍有大量的经验和技能使用人单位在劳动仲裁或诉讼进程中获得最大利益，而使员工相应陷于被动局面。但是，我们希望这种经验和技能只针对相对"恶意"的员工使用，而不至于使得企业作为用人单位在争讼中显得格外被动。

我们愿意出版并再次增订出版这本较为畅销的工具书，也就是希望读者们能透过本书审读、对比和检讨本企业制度、合同、文本、流程等方面存在的问题，避免不必要的劳动争议发生。当然，我们并不希望咨询业界同行或企业管理者直接照搬本书上提供的各项制度、合同、表单和流程的文本内容，而是**希望读者们透过这些格式化的工具和范本，能有效结合企业的具体管理实际需要，有针对性地优化和改善企业自身的人力资源管理**，而使得企业的经营能在遵循新劳动法规定的大前提下，积极整合人力资源管理中的诸内容要素，合理控制用工管理中的系统性风险和程序性瑕疵，有效推进企业人力资源管理各环节指标，并借此实施卓有成效的人力资源管理。

王桦宇

2010 年 7 月于上海

新劳动法背景下人力资源管理的规范化操作（SOP）

　　2005 年 12 月 24 日，十届全国人大常委会第十九次会议第一次审议了《劳动合同法（草案）》。从此刻起，企业 HR 经理人们开始逐渐将注意力集中到这部称之为《劳动合同法》的法律上来，并开始逐步改进并完善人力资源管理，使之合法化。尽管饱受争议，这部《劳动合同法》先后经由十届全国人大常委会于2005 年 12 月、2006 年 12 月、2007 年 1 月、2007 年 6 月举行的第十九次、第二十五次、第二十七次、第二十八次会议四次审议，最终于 2007 年 6 月 29 日下午3 点 05 分在人民大会堂以 145 票赞成、0 票反对、0 票弃权、1 人未按表决器的审议结果得以通过。同日，国家主席胡锦涛签署了这一法律。随着《劳动合同法》在 2008 年 1 月 1 日起开始实施，劳动关系便有了规范的、明确的和具体的法律依据。

　　伴随着对民生改善和社会和谐的政策诉求日益凸显，以《劳动合同法》为代表的劳动合同立法更是掀起了国内劳动与社会保障立法的新高潮：2007 年 8 月30 日，十届全国人大常委会第二十九次会议通过了《就业促进法》，该法自2008年 1 月 1 日起施行；2007 年 12 月 29 日，十届全国人大常委会第三十一次会议通过了《劳动争议调解仲裁法》，该法自 2008 年 5 月 1 日起施行；2007 年 12 月 14日，国务院第 514 号令发布了《职工带薪年休假条例》，该条例自 2008 年 1 月 1日起施行；2008 年 9 月 18 日，国务院第 535 号令颁布了《劳动合同法实施条例》，该条例自发布之日起施行；2008 年 12 月 28 日，全国人大法工委就《社会保险法（草案）》向全社会广泛征求意见。当前，包括《工资支付条例》在内的各级劳动立法正在持续进行中……

　　近几年来，随着劳动立法和社会立法的勃兴与发展，一方面，劳动立法从形式上改变了自 1994 年以来形成的以《劳动法》为主要框架的简单劳动法律体系格局，逐渐形成了以《劳动合同法》《劳动争议调解仲裁法》等法律为主要构成的、新的、较为健全的劳动法律体系格局，内容结构更为充分，程序保障更为规范；另一方面，作为法律框架调整下的用人单位和劳动者而言，劳动立法更为强调保障劳动者的合法权益和正当程序，这也就意味着用人单位在新劳动法的背景下需要承担更多的法律责任。这种责任不仅体现在实体法上的严格的加强责任制度，而且还体现在程序法上的举证义务分担上的倒置处理。所以说，《劳动合同法》等法律法规的出台对传统劳动关系规制原则的变革是空前且巨大的，尤其对企业而言，《劳动合同法》等法律法规更是给包括人力资源管理在内的企业经营带来了非常重大的挑战。

那么，作为欲在新劳动法背景下实现永续经营的企业而言，又应如何去适应这种立法政策的变化，同时又能保障企业人力资源管理的合法化和集约化呢？在《劳动合同法》立法之初，不同的学者、部门和利益代表对此都有自己不同的观点，这些观点的碰撞也正好进一步完善了最终出台的《劳动合同法》。在《劳动合同法》这部法律已经实施的当下，作为企业而言，务实的做法不是批评这部法律给企业带来的负面功效，而是应更多地关注在合乎法律法规规定的前提下，如何做到人力资源管理的效果最优化。其实，包括笔者所服务的客户在内的很多企业，都已经产生了《劳动合同法》及其后续相关立法带给企业人力资源管理的难度将会进一步加大的预期，并愿意去调整、适应和接受这种影响。

笔者从事劳动法与劳资关系管理咨询多年，也逐渐了解和体感 HR 经理人们对新劳动法律体系的"相对熟悉"与"相对陌生"。为什么说"相对熟悉"？因为员工关系作为人力资源管理之重要组成部分，劳动法规一直都是 HR 们非常熟悉的领域。为什么又说"相对陌生"？大多数 HR 是人力资源管理专业科班出身，但往往对法律接触不多。而实际上，法律并不仅仅只是法律条文本身，其还渗透到对晚近以来法理演进和社会政策的理解。比如说，法律既然主张公平和平等原则，为什么劳动法要偏重保护劳动者？既然法律讲求当事人地位平等和程序正义，为什么在劳动争议审理中要贯彻举证责任倒置？明明是员工严重违纪，企业据此解除合同的行为为何又被裁判机关确认为违法？……正因为对法律知识的陌生，所以很多 HR 会经常给笔者反映和问询："劳动法为什么就要'偏袒'劳动者哪怕是恶意的劳动者呢?!"

人力资源管理亦是一门专业的学科和领域。在实际处理具体事项的时候，HR 们也需要基于人力资源管理的专业判断来分析问题，比如薪酬管理、绩效考核、员工激励、培训计划等，都要基于人力资源的基本原理并根据企业的实际情况作出评估。《劳动合同法》出台以后，很多 HR 经理人为保障企业人力资源管理的合法化，开始寻求咨询公司和律师事务所的帮助。但需要注意的是，律师在这里起到的作用是合法性审查以及对可能涉及违法的特别事项的预防与提醒。笔者在此告诫作为咨询顾问的律师同仁们，只有对企业人力资源管理有深刻的理解，才会给出客户们最完善、最合理也最科学的专业建议。这种建议，不仅仅是基于劳动法上的理解，而且也应当是符合人力资源管理基本要求的。

在新劳动法背景下，企业需要找到因应人力资源管理合法化新规则的解决方案。这种解决方案，一方面作为整体性的应对之道，应具备**系统性、原则性和框**

架性的特点，而另一方面作为面向实务的操作规程，也应同时具有**指引性、实用性和操作性**的特点。这种既面向宏观又针对微观的解决方案，笔者称之为规范化操作程序管理（SOP，Standard Operation Program）。需要指出的是，当笔者提出这个解决方案思路的时候，有很多企业、各界专家甚至是咨询顾问同仁都曾提出过不同意见。比如，有人认为人力资源管理是一个相对模糊化的领域，各个企业实际情况不同而且个性突出，人力资源管理是难以实现规范化或曰标准化的；又如，有人认为劳动法是一个非常特殊的领域，当下劳动立法更新频率加快，且各地的劳动标准差异较大，标准化的劳资关系管理是难以实现的；等等。

诚然，不同规模和不同属性的企业人力资源管理各有千秋，而不同地区的劳动立法和不同企业间的劳资关系管理也是千差万别的，但是这些差异之中也有共性。比如，基本上每个企业都会有销售部、市场部、行政人事部、财务部等，这些组织机构和职责设置是类似的；又如，在薪酬管理领域，基本工资、绩效工资加奖金福利这种薪资结构已经成为主流；再如，在绩效考核领域，无论是基于目标管理，还是360度考核，抑或是满意度评价，都是以指标或评价管理作为考核依据的；再如，在员工离职管理方面，表单填写的书面化、离职手续的程序化等都与劳动立法的相关规定密不可分，而这些涉及劳动合同方面的立法又是统一的。这些情况都说明，建立一个基于规范化框架的人力资源管理模型是可以在不同的企业间进行原则界定和具体重构的。

规范化操作程序管理（SOP）涉及三个方面的结构层次和主要内容。申言之，**规范化操作程序管理涉及制度上的标准化、执行上的流程化、管理上的柔性化**。其一，制度上的标准化是对企业人力资源管理规范静态上的规范，是指企业的规章制度、劳动合同、专项协议、表单文本等管理要素应当标准化和书面化，符合人力资源管理原则和劳动法的双重要求。其二，执行上的流程化是对企业人力资源管理规范动态上的约束，是指企业HR经理人在进行人力资源管理事宜时应注意动态的流程运作。人力资源管理不仅仅依托比较规范的制度，而且还需要相对严谨的流程，比如入职管理流程、绩效考核流程、职工民主参与流程等，便于HR统一执行。其三，管理上的柔性化是指企业在处理劳资关系时应特别注意民主参与和协商处理的基本原则，体现更多的灵活性。这也是对人力资源管理提出更高层次的要求。比如，在解除劳动合同时，由于劳动法律对解雇有特别规定，如企业没有正当的理由或没有经由严格的程序，是不能随意解除与员工之间的劳动合同的，但是如果员工本人愿意与企业协商处理解除事宜并达成一致，则不受此种实体和程序上的特别限制。

那么，企业如何具体实施规范化操作程序管理（SOP）呢？这里，笔者提醒企业要特别注意克服两种过于极端的倾向：一种是**过于依赖制度约束和流程管理**，认为只要按照规范操作，就一定没有问题。刚刚入职不久的HR经常会有这种倾向，具体的事项他们会直接参照现有的制度和相关规定进行处理。这固然是应该和必要的，然而实际上，制度和法律可能在不断调整。HR 应当经常注意企业制度和政府相关规定的更新，与此同时，要会灵活处理实务中出现的各种劳资问题；另一种则是**过于强调规范的易变性**，从而不希望设置具体的规则或是制定非常原则的制度。一些 HR 朋友认为，既然国家劳动立法在持续调整，那么企业就不必急着制定完备的规章制度，因为如果现在制定了，一旦以后国家立法变化了，这套制度又得重新变更。这种观念也是错误的。应当认为，法律法规的调整和变更是持续进行和长期性的，企业的经营管理也是持续进行和长期性的，企业制度需要在现有规则框架内不断发展，并在法律政策演进中不断得以适应和微调。既不存在一劳永逸的永久性规章制度，也不需要过于频繁地整体调整企业规章制度。

咨询顾问的价值在于给企业管理提供带有普适性特征而又面向具体企业实际的专业意见和建议。笔者所主导的咨询顾问团队一直致力于企业劳资关系管理领域的理论与实践，不仅从管理理论和法律理论中找到解决实际问题的方案，而且又从所服务的企业客户中总结具有共同性和普适性的实务经验，并创造性地再次提炼和运用于企业人力管理的实践。笔者认为，规章制度、劳动合同、管理流程和表单文书是企业在新劳动法背景下从事人力资源管理最主要也是最重要的表现要素和操作工具，HR 经理人透过这些要素工具的使用，在掌握好人力资源管理的基本原理和操作规则基础上，不断提高对劳动法相关规定的理解和认识，就足以胜任新法律格局下人力资源和员工关系管理的工作。

目前 HR 朋友们看到的这本书，即是笔者根据规范化操作程序管理（SOP）的要求，结合所主导的咨询顾问团队多年的咨询实务经验，贴近企业人力资源管理具体工作实际，所推出的新劳动法背景下企业人力资源实务操作系列丛书中的又一本实务性著作。本书涉及很多具体的实务咨询案例，并给出了员工手册、专项制度、劳动合同、保密协议、培训服务期协议、竞业限制协议、入职离职管理流程、入职申请表、录用通知书（Offer Letter）、解除劳动合同通知书等相关制度、合同、流程和表单的示例，并相应地进行了解读和评析，希望能抛砖引玉，给新劳动法背景下的企业人力资源管理带来更多的启迪和思考。

王桦宇

2009 年 7 月于上海

目　　录

第一篇　规章制度篇

本篇导读与适用指南　　　　　　　　　　　　　　　　　　　　　1

Ⅰ-Ⅰ 规章制度的逻辑梳理与法律梳理　　　　　　　　　　　3

　Ⅰ-Ⅰ-Ⅰ 规章制度的逻辑梳理　　　　　　　　　　　　　3

　Ⅰ-Ⅰ-Ⅱ 规章制度的法律梳理　　　　　　　　　　　　　3

Ⅰ-Ⅱ 规章制度常见法律风险节点透视　　　　　　　　　　　4

　Ⅰ-Ⅱ-Ⅰ 常见法律风险节点一览　　　　　　　　　　　　4

　Ⅰ-Ⅱ-Ⅱ 法律风险的技术克服　　　　　　　　　　　　　8

第一章　员工手册　　　　　　　　　　　　　　　　　　　　9

　第一节　外资企业员工手册常见结构　　　　　　　　　　　9

　　1-1-1 美资企业　　　　　　　　　　　　　　　　　　9

　　　1-1-1-1 某500强在华系统管理公司员工手册目录　　　9

　　　1-1-1-2 某全球快餐公司在华合资公司员工手册目录　　11

　　1-1-2 欧洲企业　　　　　　　　　　　　　　　　　　14

　　1-1-3 日韩企业　　　　　　　　　　　　　　　　　　17

　　　1-1-3-1 日本国某在华合资商业银行职员手册目录　　　17

　　　1-1-3-2 韩国某在华电器制造公司就业规则目录　　　　19

　　1-1-4 港台企业　　　　　　　　　　　　　　　　　　22

　　　1-1-4-1 港资某电子科技集团公司员工手册目录　　　　22

　　　1-1-4-2 台资某电子芯片研发公司员工手册目录　　　　26

　第二节　不同行业类别员工手册常见结构　　　　　　　　　29

　　1-2-1 建筑与房地产类员工手册　　　　　　　　　　　29

　　　1-2-1-1 建筑公司员工手册目录　　　　　　　　　　　29

　　　1-2-1-2 房地产公司员工手册目录　　　　　　　　　　30

1-2-2 超市与商场类员工手册 31

　1-2-2-1 超市员工手册目录 31

　1-2-2-2 商场员工手册目录 33

1-2-3 酒店与餐饮类员工手册 33

　1-2-3-1 酒店员工手册目录 33

　1-2-3-2 餐饮公司员工手册目录 35

1-2-4 科技及 IT 类员工手册 36

　1-2-4-1 科技公司员工手册目录 36

　1-2-4-2 IT 公司员工手册目录 37

1-2-5 快递、物流及物业类员工手册 38

　1-2-5-1 快递公司员工手册目录 38

　1-2-5-2 物流公司员工手册目录 39

　1-2-5-3 物业公司员工手册目录 40

1-2-6 食品与制药类员工手册 41

　1-2-6-1 食品公司员工手册目录 41

　1-2-6-2 制药公司员工手册目录 42

1-2-7 生产与制造类员工手册 42

　1-2-7-1 服装生产公司员工手册目录 42

　1-2-7-2 家电制造公司员工手册目录 43

　1-2-7-3 汽车制造公司员工手册目录 44

　1-2-7-4 设备制造公司员工手册目录 45

1-2-8 电信与政务服务中心类员工手册 46

　1-2-8-1 电信公司员工手册目录 46

　1-2-8-2 政务服务中心员工手册目录 47

第二章　员工手册示例及解析 49

第一节　某 500 强在华投资公司就业规则完整示例及要点解析 49

2-1-1 就业规则总则 49

2-1-2 就业规则正文 50

　2-1-2-1 劳动人事制度 50

　2-1-2-2 服务 54

　2-1-2-3 工作 57

　2-1-2-4 工资、奖金 61

　2-1-2-5 经济补偿金、医疗补助费 61

2-1-2-6 婚丧补助　61

2-1-2-7 安全及卫生　61

2-1-2-8 教育　62

2-1-2-9 劳动保险及福利　63

2-1-2-10 表彰　64

2-1-2-11 惩戒　64

2-1-3 就业规则附则　67

第二节　某国有控股集团有限公司规章制度手册完整示例及要点解析　68

2-2-1 序言　68

2-2-2 道德准则　69

2-2-3 正文　69

2-2-3-1 制订依据　69

2-2-3-2 员工聘用　70

2-2-3-3 劳动合同管理　72

2-2-3-4 行为规范　78

2-2-3-5 工作时间和考勤制度　80

2-2-3-6 薪酬　86

2-2-3-7 劳动防护、社会保险与福利　90

2-2-3-8 保密制度　92

2-2-3-9 培训　92

2-2-3-10 奖励　93

2-2-3-11 惩处　94

2-2-3-12 投诉　100

2-2-3-13 其他　101

2-2-4 个人签收单　102

第三节　某中小外商投资企业员工手册完整示例及要点解析　103

2-3-1 员工手册首部　103

2-3-1-1 使用说明　103

2-3-1-2 董事长致辞　104

2-3-1-3 员工承诺　105

2-3-2 员工手册正文　105

2-3-2-1 公司介绍　105

2-3-2-2 聘用与入职　106

2-3-2-3 劳动合同管理　109

2-3-2-4 员工职业发展与培训　　　110

2-3-2-5 绩效管理　　　112

2-3-2-6 薪酬福利　　　114

2-3-2-7 财务报销程序　　　120

2-3-2-8 安全、健康、环保　　　122

2-3-2-9 员工组织与沟通、申诉　　　124

2-3-2-10 工作纪律与奖惩　　　125

第三章　专项规章制度（一）　　　135

第一节　招聘录用管理制度　　　135

3-1-1 招聘录用管理制度示例　　　135

3-1-2 合理性解析及关联法规　　　139

第二节　岗位管理制度　　　141

3-2-1 岗位管理制度示例　　　141

3-2-2 合理性解析及关联法规　　　144

第三节　绩效考核管理制度　　　146

3-3-1 绩效考核管理制度示例　　　146

3-3-2 合理性解析及关联法规　　　149

第四节　不胜任工作员工管理制度　　　151

3-4-1 不胜任工作员工管理制度示例　　　151

3-4-2 合理性解析及关联法规　　　154

第五节　离职辞退管理制度　　　156

3-5-1 离职辞退管理制度示例　　　156

3-5-2 合理性解析及关联法规　　　162

第六节　申诉处理管理制度　　　167

3-6-1 申诉处理管理制度示例　　　167

3-6-2 合理性解析及关联法规　　　168

第七节　劳动争议处理制度　　　170

3-7-1 劳动争议制度示例　　　170

3-7-2 合理性解析及关联法规　　　172

第四章　专项规章制度（二）　　　175

第一节　培训管理制度　　　175

　　4－1－1　培训管理制度示例　　　　　　　　　　　　175
　　4－1－2　合理性解析及关联法规　　　　　　　　　　179
　第二节　薪酬福利管理制度　　　　　　　　　　　　　182
　　4－2－1　薪酬福利管理制度示例　　　　　　　　　　182
　　4－2－2　合理性解析及关联法规　　　　　　　　　　187
　第三节　考勤休假管理制度　　　　　　　　　　　　　190
　　4－3－1　考勤休假管理制度示例　　　　　　　　　　190
　　4－3－2　合理性解析及关联法规　　　　　　　　　　195
　第四节　出差管理制度　　　　　　　　　　　　　　　199
　　4－4－1　出差管理制度示例　　　　　　　　　　　　199
　　4－4－2　合理性解析及关联法规　　　　　　　　　　202
　第五节　商业秘密管理制度　　　　　　　　　　　　　204
　　4－5－1　商业秘密管理制度示例　　　　　　　　　　204
　　4－5－2　合理性解析及关联法规　　　　　　　　　　207
　第六节　奖励惩罚管理制度　　　　　　　　　　　　　209
　　4－6－1　奖励惩罚管理制度示例　　　　　　　　　　209
　　4－6－2　合理性解析及关联法规　　　　　　　　　　214
　第七节　人事档案管理制度　　　　　　　　　　　　　216
　　4－7－1　人事档案管理制度示例　　　　　　　　　　216
　　4－7－2　合理性解析及关联法规　　　　　　　　　　219

第二篇　合同协议篇

本篇导读与适用指南　　　　　　　　　　　　　　　221
　Ⅱ－Ⅰ　合同协议的逻辑梳理与法律梳理　　　　　　　223
　　Ⅱ－Ⅰ－Ⅰ　合同协议的逻辑梳理　　　　　　　　　223
　　Ⅱ－Ⅰ－Ⅱ　合同协议的法律梳理　　　　　　　　　223
　Ⅱ－Ⅱ　合同协议常见法律风险节点透视　　　　　　　224
　　Ⅱ－Ⅱ－Ⅰ　常见法律风险节点一览　　　　　　　　224
　　Ⅱ－Ⅱ－Ⅱ　法律风险的技术克服　　　　　　　　　227

第五章　劳动合同　　　　　　　　　　　　　　　　228
　第一节　完整的劳动合同　　　　　　　　　　　　　　228

5 – 1 – 1 劳动合同示例 228

5 – 1 – 2 合理性解析及关联法规 236

第二节　简要的劳动合同 239

5 – 2 – 1 劳动合同示例 239

5 – 2 – 2 合理性解析及关联法规 244

第三节　视同的劳动合同（Offer Letter） 246

5 – 3 – 1 录用通知书示例 246

5 – 3 – 2 合理性解析及关联法规 247

第四节　国有企业集体合同 249

5 – 4 – 1 国有企业集体合同示例 249

5 – 4 – 2 合理性解析及关联法规 256

第五节　外资公司集体合同 258

5 – 5 – 1 外资企业集体合同示例 258

5 – 5 – 2 合理性解析及关联法规 266

第六章　劳务派遣中的合同与协议 268

第一节　劳务派遣协议 268

6 – 1 – 1 劳务派遣协议示例 268

6 – 1 – 2 合理性解析及关联法规 279

第二节　劳动合同 282

6 – 2 – 1 劳动合同示例 282

6 – 2 – 2 合理性解析及关联法规 292

第三节　用工合同 293

6 – 3 – 1 用工合同示例 293

6 – 3 – 2 合理性解析及关联法规 304

第四节　外服系统劳务（派遣）一揽子合同协议 307

6 – 4 – 1 外服系统劳务（派遣）一揽子合同协议示例 307

6 – 4 – 2 合理性解析及关联法规 326

第七章　服务外包中的合同与协议 329

第一节　人事外包合同 329

7 – 1 – 1 人事外包合同示例 329

7 – 1 – 2 合理性解析及关联法规 330

第二节　其他服务外包合同　331
　7-2-1 服务外包合同示例　331
　7-2-2 合理性解析及关联法规　333

第八章　特殊人员的合同　335

第一节　非全日制用工劳动合同　335
　8-1-1 非全日制用工劳动合同示例　335
　8-1-2 合理性解析及关联法规　336
第二节　特殊劳动关系人员聘用合同　338
　8-2-1 特殊劳动关系人员聘用合同示例　338
　8-2-2 合理性解析及关联法规　344
第三节　兼职人员聘用合同　345
　8-3-1 兼职人员聘用合同示例　345
　8-3-2 合理性解析及关联法规　350
第四节　(三方)就业协议书　351
　8-4-1 (三方)就业协议书示例　351
　8-4-2 合理性解析及关联法规　354
第五节　应届毕业生实习合同　355
　8-5-1 应届毕业生实习合同示例　355
　8-5-2 合理性解析及关联法规　357

第九章　专项协议　359

第一节　培训服务期协议　359
　9-1-1 培训服务期协议示例　359
　9-1-2 合理性解析及关联法规　363
第二节　保密协议　366
　9-2-1 保密协议示例　366
　9-2-2 合理性解析及关联法规　370
第三节　竞业限制协议　371
　9-3-1 竞业限制协议示例　371
　9-3-2 合理性解析及关联法规　374
第四节　工资集体协议　376
　9-4-1 工资集体协议示例　376
　9-4-2 合理性解析及关联法规　381

第三篇　管理流程篇

本篇导读与适用指南　383

　Ⅲ-Ⅰ　管理流程的逻辑梳理与法律梳理　385

　　Ⅲ-Ⅰ-Ⅰ　管理流程的逻辑梳理　385

　　Ⅲ-Ⅰ-Ⅱ　管理流程的法律梳理　385

　Ⅲ-Ⅱ　管理流程常见法律风险节点透视　385

　　Ⅲ-Ⅱ-Ⅰ　常见法律风险节点一览　385

　　Ⅲ-Ⅱ-Ⅱ　法律风险的技术克服　386

第十章　规章制度与集体合同管理流程　387

　第一节　规章制度的制定与生效流程　387

　　10-1-1　规章制度制定与生效流程示例　387

　　10-1-2　规章制度修改与生效流程示例　388

　第二节　重大事项的讨论与生效流程　389

　　10-2-1　重大事项民主参与流程示例　389

　　10-2-2　职工代表大会流程示例　390

　第三节　集体合同的签订与生效流程　391

　　10-3-1　集体合同的签订与生效流程示例　391

　　10-3-2　集体合同的变更与生效流程示例　392

第十一章　入职、离职与合同管理流程　393

　第一节　招聘入职管理流程　393

　　11-1-1　招聘需求管理示例　393

　　11-1-2　招聘录用管理示例　394

　　11-1-3　入职手续管理示例　395

　第二节　劳动合同管理流程　397

　　11-2-1　试用期管理　397

　　11-2-2　合同的履行与变更示例　398

　　11-2-3　合同的终止与续签示例　399

　第三节　离职辞退管理流程　401

　　11-3-1　员工辞职管理流程示例　401

11－3－2 协商解除管理流程示例 402

11－3－3 员工辞退管理流程示例 403

11－3－4 离职交接管理流程示例 405

第十二章 工时、休假与考勤管理流程 406

第一节 工时休假管理流程 406

12－1－1 特殊工时制管理流程示例 406

12－1－2 休假管理流程示例 407

第二节 加值班管理流程 408

12－2－1 加班管理流程示例 408

12－2－2 值班管理流程示例 409

第三节 考勤管理流程 410

12－3－1 打卡管理流程示例 410

12－3－2 出差管理流程示例 411

第十三章 岗位、绩效与薪酬管理流程 413

第一节 岗位管理流程 413

13－1－1 岗位设置管理流程示例 413

13－1－2 岗位变更管理流程示例 414

第二节 员工绩效考核流程 415

13－2－1 绩效管理工作流程示例 415

13－2－2 绩效考核流程示例 416

13－2－3 绩效改进流程示例 417

第三节 薪酬管理流程 419

13－3－1 薪酬方案审批流程示例 419

13－3－2 薪酬支付管理流程示例 420

第四节 社保福利管理流程 422

13－4－1 社会保险管理流程示例 422

13－4－2 奖金福利管理流程示例 423

第十四章 培训、保密与留人管理流程 425

第一节 培训管理流程 425

14－1－1 培训管理总体流程示例 425

14－1－2 培训方案实施流程示例 426

14－1－3 外派培训管理流程示例 427

第二节 保密管理流程 429

14－2－1 保密管理总体流程示例 429

14－2－2 涉密人员管理流程示例 430

第三节 留人管理流程 431

14－3－1 留人计划方案总体流程示例 431

14－3－2 特殊福利待遇审批流程示例 432

第十五章 奖惩、申诉与争议处理流程 433

第一节 奖惩管理流程 433

15－1－1 奖励管理流程示例 433

15－1－2 惩处管理流程示例 434

第二节 申诉管理流程 436

15－2－1 申诉处理流程示例 436

15－2－2 工会调解流程示例 437

第三节 争议管理流程 439

15－3－1 仲裁与诉讼流程示例 439

15－3－2 集体争议处理流程示例 440

第四篇 操作表单篇

本篇导读与适用指南 441

Ⅳ－Ⅰ 操作表单的逻辑梳理与法律梳理 443

Ⅳ－Ⅰ－Ⅰ 操作表单的逻辑梳理 443

Ⅳ－Ⅰ－Ⅱ 操作表单的法律梳理 443

Ⅳ－Ⅱ 操作表单常见法律风险节点透视 443

Ⅳ－Ⅱ－Ⅰ 常见法律风险节点一览 443

Ⅳ－Ⅱ－Ⅱ 法律风险的技术克服 444

第十六章 规章制度与民主协商管理操作表单 445

第一节 规章制度类操作表单 445

16－1－1 职工名册示例 445

16－1－2 规章制度征求意见通知书示例　446

16－1－3 规章制度平等协商会议纪要示例　447

16－1－4 规章制度签收单示例　448

16－1－5 规章制度培训签到表示例　448

16－1－6 规章制度公示通知书示例　449

第二节　重大事项类操作表单　449

16－2－1 重大事项征求意见通知书示例　449

16－2－2 重大事项平等协商会议纪要示例　450

16－2－3 重大事项相关决定公示通知书示例　451

第三节　集体合同类操作表单　451

16－3－1 集体合同协商通知书示例　451

16－3－2 集体合同民主协商会议纪要示例　452

16－3－3 集体合同送审(备案)表示例　453

第十七章　入职、离职与合同管理操作表单　454

第一节　招聘入职管理操作表单　454

17－1－1 招聘环节　454

17－1－1－1 招聘申请表示例　454

17－1－1－2 应聘人员登记表示例　455

17－1－2 面试环节　457

17－1－2－1(一般人员)面谈评估表示例　457

17－1－2－2(重要人员)面试候选人甄选比较表示例　459

17－1－2－3(非常重要人员)面试候选人甄选报告表示例　460

17－1－3 录用环节　461

17－1－3－1 用人单位基本信息告知函示例　461

17－1－3－2 录用通知书示例　461

17－1－3－3 录用条件告知书示例　463

17－1－3－4 未录用通知书示例　463

17－1－4 入职环节　464

17－1－4－1 新员工入职告知书示例　464

17－1－4－2 签订劳动合同通知书示例　465

17－1－4－3 岗位职务说明书示例　466

17－1－4－4 员工信息登记表示例　467

17－1－4－5 新员工入职手续清单示例　468

第二节 劳动合同管理操作表单 469

  17-2-1 试用期管理 469

    17-2-1-1 转正考核表示例 469

    17-2-1-2 试用期延长确认单示例 470

    17-2-1-3 转正通知单示例 470

  17-2-2 劳动合同变更 470

    17-2-2-1 劳动合同变更协议书(协商变更)示例 470

    17-2-2-2 劳动合同变更通知书(企业单方变更)示例 471

    17-2-2-3 劳动合同期限法定顺延确认书示例 471

  17-2-3 劳动合同到期或终止条件出现 472

    17-2-3-1 劳动合同到期续签征求意向书示例 472

    17-2-3-2 劳动合同到期终止通知书示例 473

    17-2-3-3 劳动合同终止(其他情形)通知书示例 474

第三节 离职辞退管理操作表单 475

  17-3-1 员工单方解除 475

    17-3-1-1 劳动合同解除通知书(员工提前通知解除)示例 475

    17-3-1-2 劳动合同解除通知书(员工随时通知解除)示例 476

  17-3-2 双方协商解除 477

    17-3-2-1 协商解除申请书(员工适用)示例 477

    17-3-2-2 协商解除通知书(企业适用)示例 477

    17-3-2-3 协商解除劳动合同协议书示例 478

  17-3-3 员工辞退管理 479

    17-3-3-1 解除劳动合同通知书(试用期间企业单方解除)示例 479

    17-3-3-2 解除劳动合同通知书(正式合同期间企业单方解除)示例 480

  17-3-4 离职交接管理 481

    17-3-4-1 离职面谈记录表示例 481

    17-3-4-2 离职手续告知书示例 482

    17-3-4-3 劳动合同解除、终止证明单示例 484

第十八章 工时、休假与考勤管理操作表单 485

第一节 工时、休假管理操作表单 485

  18-1-1 特殊工时制 485

    18-1-1-1 "四班三运转"(综合计算工时制)排班表示例 485

    18-1-1-2 "三班二运转"(综合计算工时制)排班表示例 485

18－1－2 休假申请表 486

18－1－2－1 请假申请表示例 486

18－1－2－2 员工请假登记表示例 487

第二节　加值班管理操作表单 488

18－2－1 加班管理 488

18－2－1－1 加班审批表示例 488

18－2－1－2 调休申请单示例 489

18－2－2 值班管理 489

18－2－2－1 值班安排表示例 489

18－2－2－2 值班确认单示例 490

第三节　考勤管理操作表单 491

18－3－1 出勤管理 491

18－3－1－1 员工出勤表示例 491

18－3－1－2 出勤电子记录异常勘误申请表示例 492

18－3－1－3 员工出勤统计表示例 493

18－3－2 出差管理 494

18－3－2－1 出差申请表示例 494

18－3－2－2 出差费用单示例 495

第十九章　岗位、绩效与薪酬管理操作表单 496

第一节　岗位与绩效管理操作表单 496

19－1－1 岗位管理 496

19－1－1－1 岗位职务说明书示例 496

19－1－1－2 岗位职务变更单示例 498

19－1－2 绩效管理 499

19－1－2－1 关键绩效考核指标示例 499

19－1－2－2 绩效考核表示例 500

19－1－2－3 绩效改进表示例 502

第二节　薪酬管理操作表单 504

19－2－1 固定薪酬管理 504

19－2－1－1 岗位职位工资区间表示例 504

19－2－1－2 员工工资单示例 505

19－2－1－3 调薪(申请)确认表示例 506

19－2－1－4 工资汇总表示例 509

19 - 2 - 2 弹性薪酬管理   509

    19 - 2 - 2 - 1 绩效薪酬确认表示例   509

    19 - 2 - 2 - 2 计件薪酬确认表示例   510

19 - 2 - 3 社会保险管理   510

    19 - 2 - 3 - 1 员工社保缴纳表示例   510

    19 - 2 - 3 - 2 社保缴纳统计表示例   511

第三节   奖金福利管理操作表单   512

19 - 3 - 1 工资外奖金管理   512

    19 - 3 - 1 - 1 工资外奖金确认表示例   512

    19 - 3 - 1 - 2 工资外福利抵用卡券确认表示例   513

19 - 3 - 2 福利管理   514

    19 - 3 - 2 - 1 货币类福利安排表示例   514

    19 - 3 - 2 - 2 非货币类福利安排表示例   514

第二十章   培训、保密与留人管理操作表单   515

第一节   培训管理操作表单   515

20 - 1 - 1 新员工培训   515

    20 - 1 - 1 - 1 新员工培训计划表示例   515

    20 - 1 - 1 - 2 新员工培训评定表示例   516

20 - 1 - 2 在职员工培训   516

    20 - 1 - 2 - 1 培训需求调查表示例   516

    20 - 1 - 2 - 2 培训申请表示例   518

    20 - 1 - 2 - 3 培训档案表示例   519

    20 - 1 - 2 - 4 培训效果评估表示例   519

第二节   保密管理操作表单   521

20 - 2 - 1 商业秘密保护   521

    20 - 2 - 1 - 1 商业秘密标识表示例   521

    20 - 2 - 1 - 2 商业秘密统计表示例   521

20 - 2 - 2 涉密人员管理   522

    20 - 2 - 2 - 1 涉密人员承诺书示例   522

    20 - 2 - 2 - 2 涉密人员统计表示例   522

第三节   留人管理操作表单   523

20 - 3 - 1 人才甄选   523

    20 - 3 - 1 - 1 人才甄选指标表示例   523

20-3-1-2 人才库人才信息表示例 524

20-3-2 留人安排 525

　　20-3-2-1 人才培养计划表示例 525

　　20-3-2-2 特殊待遇审批表示例 526

第二十一章　奖惩、申诉与争议处理操作表单 527

第一节　奖惩管理操作表单 527

21-1-1 奖励管理 527

　　21-1-1-1 奖励人员推荐表示例 527

　　21-1-1-2 奖励人员统计表示例 528

21-1-2 惩处管理 528

　　21-1-2-1 员工惩处确认表示例 528

　　21-1-2-2 惩处人员统计表示例 529

第二节　申诉管理操作表单 529

21-2-1 奖惩异议 529

　　21-2-1-1 奖励异议申请表示例 529

　　21-2-1-2 惩处异议申请表示例 530

21-2-2 合同解除及终止异议 530

　　21-2-2-1 合同解除／终止异议申请表示例 530

　　21-2-2-2 工会意见书示例 531

第三节　争议管理操作表单 531

21-3-1 调解与仲裁 531

　　21-3-1-1 劳动争议调解申请书示例 531

　　21-3-1-2 劳动争议仲裁申诉书示例 533

　　21-3-1-3 劳动争议仲裁委员会撤诉申请书示例 534

　　21-3-1-4 劳动争议仲裁应诉答辩书示例 534

　　21-3-1-5 撤销劳动争议仲裁裁决申请书示例 535

21-3-2 一审诉讼与代理 537

　　21-3-2-1 劳动争议起诉状示例 537

　　21-3-2-2 劳动争议反诉状示例 538

　　21-3-2-3 劳动争议撤诉申请书示例 539

　　21-3-2-4 授权委托书示例 540

　　21-3-2-5 追加被告申请书示例 541

　　21-3-2-6 劳动争议答辩状示例 542

21-3-3 二审与再审 542

21 - 3 - 3 - 1 劳动争议上诉状示例　　　　　　542

21 - 3 - 3 - 2 民事再审申请书示例　　　　　　543

21 - 3 - 4 调查、保全与执行　　　　　　　544

21 - 3 - 4 - 1 申请法院调查取证申请书示例　　　544

21 - 3 - 4 - 2 证据保全申请书示例　　　　　　545

21 - 3 - 4 - 3 财产保全申请书示例　　　　　　546

21 - 3 - 4 - 4 执行申请书示例　　　　　　　547

主要参考文献　　　　　　　　　　　　549

2020—2022 年中国企业人力资源管理合规化指引(摘要)
　　——中国企业用工流程标准化示范性指引(SOP)报告　　551

全国各地人力资源管理法规政策常见参数索引(节录)　　571

工欲善其事,必先利其器(代后记)　　　　　598

致谢　　　　　　　　　　　　　　　601

第一篇　规章制度篇

本篇导读与适用指南

Ⅰ-Ⅰ 规章制度的逻辑梳理与法律梳理

　　Ⅰ-Ⅰ-Ⅰ 规章制度的逻辑梳理

　　Ⅰ-Ⅰ-Ⅱ 规章制度的法律梳理

Ⅰ-Ⅱ 规章制度常见法律风险节点透视

　　Ⅰ-Ⅱ-Ⅰ 常见法律风险节点一览

　　Ⅰ-Ⅱ-Ⅱ 法律风险的技术克服

第一章　员工手册

第二章　员工手册示例及解析

第三章　专项规章制度（一）

第四章　专项规章制度（二）

Ⅰ-Ⅰ 规章制度的逻辑梳理与法律梳理

Ⅰ-Ⅰ-Ⅰ 规章制度的逻辑梳理

规章制度包含的内容非常广泛，广义的规章制度包括企业的战略规划、会计财务、市场营销、安全保护等方面的经营管理制度，还包括企业的人力资源和劳动人事管理规章制度；狭义的规章制度，则仅指企业人力资源和劳动人事管理规章制度。① 在《劳动合同法》等劳动法律法规的规定中，规章制度通常是指狭义的人力资源和劳动人事管理规章制度。本书所称的规章制度也仅指狭义的规章制度。很多企业会将涉及员工的重要规章制度单独汇编，取名为员工手册或就业规则，实际上也是规章制度的一种表现形式。从企业管理的角度而言，规章制度同时也是对企业不特定的员工进行约束的规范性文件，对企业具有非常重要的意义。

规章制度，从其功能和作用的逻辑角度而言，具体有三个方面的含义：其一是确保企业实现合法规范化运作，保障企业按照国家法律、法规和政策的规定合法运营；其二是促进企业人力资源管理效率提升，按照绩效管理和稳健经营的要求提高企业利润率；其三是预防和控制可能发生的劳动争议，通过规章制度的规范减少劳动争议案件发生的隐患。② 简言之，规章制度的特点可以简单梳理为三个层次：一是合法的层次，即满足其在外部符合法律规定的要求；二是效率的层次，即通过制度设计来提高企业经营的绩效；三是凭据的层次，即可以通过格式化的表单来完成管理流程的书面化。

Ⅰ-Ⅰ-Ⅱ 规章制度的法律梳理

中国尚无关于规章制度的专门性法律法规，有关规章制度的内容散见于《劳动合同法》《公司法》等法律法规中。根据《劳动合同法》第4条的规定，用人单位应当依法建立和完善劳动规章制度，包括直接涉及劳动者切身利益的劳动报酬、工

---

① 经常有 HR 问到人力资源管理制度和劳动人事制度是否存在区别。应该说，人力资源管理制度是西方管理理论外部植入的一种概念和制度，是从员工是资源的层面来解释的，涉及人力资源战略的制定、员工的培训与培养等系统领域；而劳动人事管理制度则是中国内地自生发展出的说法，将工人（劳动）与干部（人事）刻意区分对待而产生的概念，通常仅仅是从管控的角度进行展开和细化。无论是从语词学的角度分析，还是从人力资源概念发展的角度探究，人力资源管理制度与劳动人事制度所述实体范畴应基本重合，但所依据的理论基础和现实背景及其具体内涵却是存在相当差异的。不过在实务中，很多企业还是加以混用，这并不影响企业规章制度的实际效果。

② 据不完全统计，在中国内地各级劳动争议仲裁委员会历年受理的劳动争议案件中，企业由于其规章制度存在问题而导致败诉的案件，占所有败诉案件的20%－30%。可以看出规章制度管理合规化在劳动争议案件处理中的重要性。

作时间、休息休假、劳动安全卫生、保险福利、职工培训、劳动纪律以及劳动定额管理等规章制度。劳动部《关于新开办用人单位实行劳动规章制度备案制度的通知》①（劳部发〔1997〕338 号）中规定，劳动规章制度的内容主要包括劳动合同管理、工资管理、社会保险、福利待遇、工时休假、职工奖惩以及其他劳动管理。可以看到，法律法规对规章制度有着特别规定，一般只是指涉及员工切身利益的部分。而其余部分的规章制度，由企业按照公平原则和自身经营需要自主确定。

依据《劳动合同法》第 4 条第 2 款的规定，用人单位在制定、修改或者决定直接涉及劳动者切身利益的规章制度或者重大事项时，"应当经职工代表大会或者全体职工讨论，提出方案和意见，与工会或者职工代表平等协商确定"。第 3 款规定："在规章制度和重大事项决定实施过程中，工会或者职工认为不适当的，有权向用人单位提出，通过协商予以修改完善。"第 4 款规定："用人单位应当将直接涉及劳动者切身利益的规章制度和重大事项决定公示，或者告知劳动者。"进一步归纳，规章制度生效有三个法律要件，一是实体内容合法，既包括符合法律法规的规定，也符合通常的公平原则和公序良俗原则；二是经由民主程序，即允许工会或员工提出意见和建议；三是经由公示或告知程序，规章制度应当对员工进行公示、培训或交由员工签收。

Ⅰ - Ⅱ 规章制度常见法律风险节点透视

Ⅰ - Ⅱ - Ⅰ 常见法律风险节点一览

人力资源管理的合法合规化操作中，重要的规范化依据有三个方面：一是国家法律、法规和政策，二是企业经由民主和公示程序生效的规章制度，三是企业与员工之间订立的劳动合同（含集体合同）。在新劳动法背景下，国家和地方劳动立法对企业的用工管理行为提出了非常严格的要求，而很多 HR 在制定或修订规章制度时又不注重对规章制度适法性的把握，所以在通过规章制度进行人力资源管理的过程中，通常会陷入一些管理和操作上的误区，甚至会出现相当的法律风险。

这些法律风险的节点主要体现在如下一些方面和具体事项：

1. **入职和录用管理制度**

（1）录用条件存在就业歧视

风险：导致试用期解除不能或被劳动行政部门处罚。

（2）录用时收取押金、保证金或扣押证件等

风险：由劳动行政部门责令退还并被处以罚款。

---

① 该规范性文件已被 2016 年 5 月 31 日人力资源和社会保障部发布的《关于第三批宣布失效和废止文件的通知》（人社部发〔2016〕50 号）宣布废止，目前规章制度并不强制要求备案。

2. 试用期管理制度

（1）试用期以后签劳动合同

风险：超过 1 个月仍未订立书面劳动合同的，应向员工支付双倍工资；超过 1 年仍未订立书面劳动合同的，应当订立无固定期限劳动合同。

（2）试用期的期限随意约定

风险：超过法律规定约定试用期的，按照超过试用期的期间以满勤工资为基数向员工支付赔偿金。

（3）将试用期从劳动合同期限中剥离出来

风险：试用期应计算在劳动合同期内，否则会被视为连续两次订立劳动合同。

（4）试用期工资低于最低工资

风险：试用期工资不得低于本单位相同岗位最低档工资或者劳动合同约定工资的 80%，并不得低于单位所在地的最低工资标准；否则，劳动行政部门将责令改正并可要求支付赔偿。

（5）试用期不给员工办社会保险

风险：试用期也是劳动合同期限的组成，一旦建立劳动关系，企业就应依法缴纳社会保险；否则，员工可以解除劳动合同并要求经济补偿，社保行政部门也可以责令缴纳。

（6）试用期任意延长

风险：未经协商或虽经协商但约定的试用期长于法律规定的试用期的，按照超过试用期的期间以满勤工资为基数向员工支付赔偿金。

（7）续订劳动合同时再次设定试用期

风险：同一用人单位和同一劳动者只能约定一次试用期。再次设定试用期的，按照超过法律规定约定试用期处理，按照超过试用期的期间以满勤工资为基数向员工支付赔偿金。

（8）试用期随意辞退员工

风险：在试用期内，只有员工不符合录用条件和存在其他过错性事由时，才可以解除劳动合同。否则，将按照违法解除劳动合同处理。此时，员工可以要求单位继续履行劳动合同，也可以要求单位支付双倍经济补偿。

3. 劳动合同变更制度

（1）随意调岗调薪

风险：变更劳动合同应当经双方协商一致。只有出现员工不胜任工作或客观情况发生重大变化时，单位才可按照规定和公平合理原则适当变更。随意调岗调薪，员工可以要求企业继续按原劳动合同约定的岗位和薪资履行。

（2）随意调整工作地点

风险：变更劳动合同应当经双方协商一致。只有客观情况发生重大变化时，单位才可按照规定和公平合理原则适当调整工作地点。随意调整工作地点，员工可以要求企业继续按原劳动合同约定的工作地点履行。

4. 离职与退工管理制度

（1）超过法律规定要求提前通知期

风险：除另外订有培训服务期协议外，员工提前30天通知即可解除劳动合同。要求员工提前更多时间通知，方可办理离职手续的规定违反法律规定。规章制度违反法律法规规定的，员工可以随时解除劳动合同，并要求支付经济补偿。

（2）不及时办理退工

风险：单位应当在解除或者终止劳动合同时出具相关证明，并在15日内为员工办理档案和社会保险关系转移手续。违法不及时办理退工，对员工造成损失的，应当承担损害赔偿责任。

5. 商业秘密保护管理制度

（1）竞业限制无补偿

风险：约定竞业限制但未约定竞业限制补偿金或虽有约定但是未依约支付补偿金的，竞业限制协议不发生效力。员工可以不受竞业限制条款相关约定的约束。

（2）竞业限制期限超过法定期间

风险：竞业限制期的上限为2年。超过2年的竞业限制期限无效。

6. 培训管理制度

（1）随意定义培训性质

风险：由单位出资的专业技术培训才能约定培训服务期。就入职培训、内部培训等约定服务期的协议无效。

（2）不当约定服务期

风险：服务期应与培训费的额度和效应期间相关联，过短或过长的服务期会失去服务期约定的初始意义。

7. 薪酬管理制度

（1）销售人员无底薪

风险：销售人员付出正常劳动的，应当领取不低于当地最低工资标准的底薪。否则，销售人员可以解除劳动合同，并要求支付经济补偿。劳动行政部门可责令支付最低工资。

（2）加班费任意规定

风险：加班费应依据法规政策规定和双方约定的工资基数计算，不得随意规定加班费数额。否则，员工可以解除劳动合同，并要求支付经济补偿。劳动行政部门可责令支付依法或依约计算的加班费。

（3）随意扣减工资

风险：在没有法定或约定理由和相应规定的前提下，企业随意扣减工资违反法律规定。员工可以解除劳动合同，并要求支付经济补偿。劳动行政部门可责令返还违法扣除的工资额。

（4）随意扣减年终奖

风险：如果企业将年终奖作为员工薪酬而非福利，或是明确为当然福利，则不可以随意扣减年终奖。否则，员工可以此为由解除劳动合同，并要求支付经济补偿。劳动行政部门可责令返还违法扣除的工资额。

8. 考核管理制度

（1）不当使用"末位淘汰"

风险：末位淘汰是典型的人力资源管理方法。但是淘汰程序不符法律的程序性规定，则会构成违法解除劳动合同。员工可以选择要求单位恢复劳动关系，也可以选择要求单位支付双倍经济补偿。

（2）任意进行考核评估

风险：尽管考核是企业的自主权利，但这种考核应当基于公正性考虑。企业随意对员工进行考核而导致员工实质待遇降低的，员工可以要求恢复原待遇。

（3）考核不合格即予辞退

风险：考核不合格被证明不能胜任工作的，经由培训或调岗程序以后仍不能获得考核合格的，企业可以解除劳动合同。但企业仅以考核不合格而直接解除劳动合同，则构成违法解除劳动合同。员工可以选择要求单位恢复劳动关系，也可以选择要求单位支付双倍经济补偿。

9. 其他常见侵权性条款

（1）不得结婚、怀孕与生育

风险：不得以工作需要为由要求在特定时间内员工不得怀孕或生育，或是在无碍保密原则的前提下禁止员工之间结婚。否则，就构成规章制度违法，员工可以解除劳动合同并要求单位支付经济补偿。

（2）不公平的惩处

风险：过于严格的惩罚规定如果涉及薪资降低、劳动合同解除等员工的切身利益，如果被认定为显失公平，则会被认为是违法处理，并承担相应的法律责任。

10. 程序性不当或瑕疵事项

（1）民主讨论程序不当

风险：规章制度没有经过民主程序或是民主程序存在不当安排的，可能导致民主程序在证据保留上难以作成，造成员工在争议发生时不认可规章制度效力的潜在法律风险。

（2）公示或告知程序瑕疵

风险：规章制度如果没有进行公示或主动告知员工，或在操作程序上存在瑕疵，则会造成员工在争议发生时不认可规章制度效力的潜在法律风险。

Ⅰ-Ⅱ-Ⅱ 法律风险的技术克服

法律风险仅仅只是一种潜在风险，也许并不会在具体操作中实际发生。但是，一旦实务管理中的特定情形出现或客观条件成就时，这些风险就成为劳动争议发生的导火索，甚至会导致企业大额的补偿或赔偿，也可能会给企业造成重大的信誉损失。

在技术上，通常可以通过以下方法尝试进行克服：

1. 内部检讨

（1）逻辑上的严密性。对于与法律规定联系紧密的绩效考核、薪资调整、纪律惩处等方面，应特别注意严密性，比如绩效考核的两次期限安排、薪资调整的员工确认、违纪行为的累积计算等，通过逻辑上与劳动法规的紧密配合，寻求和达成管理与法律上的逻辑协调。

（2）表述上的准确性。对于程度上的表述用语，应尽量地客观化，进行定量描述，减少主观性。比如，严重失职，造成公司重大损失的，"重大损失"如何界定？可以通过具体数额的表述予以明确。又比如，在难以评估实际赔偿额度时，应预先在制度中如何归结，等等。

（3）规则上的合法性。规则上的合法性不应是一个抽象的概念，而应是具体的、细致的和可管控的。规章制度的规定应严格合乎法律法规的相关规定。人力资源管理工作实际上是依据规章制度进行处理的，只有规章制度的合法性才能保证实务处理中的合规性，减少操作风险。

（4）适当运用弹性条款。一是授权性条款，在制定规章制度涉及薪资、财务、安全等专业性事项时，可以授权相关部门制定细则；二是兜底条款，可以通过概括性条文规定难以穷尽的事项；三是引用性条款，可以规定此后有关法律、法规、政策发生变更时，按照有关新规定执行。

2. 外部检讨

（1）通过专业咨询机构。专业咨询机构有着海量企业咨询经验，能够提供给企业关于人力资源管理合规化方面更多的参考性意见和建议。

（2）通过律师事务所。对当前使用的规章制度进行法律审查。

第一章　员工手册

第一节　外资企业员工手册常见结构[①]

1-1-1 美资企业

1-1-1-1 某500强在华系统管理公司员工手册目录

某500强在华系统管理有限公司员工手册

1. 欢迎词
2. ××系统价值观
3. ××公司的目标
4. 我们是一个什么样的公司
    4.1 ××公司
    4.2 ××公司的全球组织结构
    4.3 ××公司在中国的历史
    4.4 ××系统
5. 诚信——××公司的方针
    5.1 遵守职业道德的业务活动
    5.2 利益冲突
    5.3 公平竞争
    5.4 卫生、安全及环境保护
    5.5 保密
6. 员工聘用
    6.1 就业机会均等

[①] 本节内容选择列举了持万企业管理咨询有限公司咨询顾问所服务的部分外企客户员工手册的基本框架，并按照投资方国别进行了分组罗列。通常而言，欧美企业员工手册更注重表述上的流程性，更多关注实质要点；亚洲企业员工手册则更为注重规则性，更多关注管理细节。员工手册结构并无法律上的特别要求，也无行业特征上的固定格式，企业在参考适用时可以根据自身具体情况对员工手册的结构、内容进行适当的补充、调整和删减。

6.2 录用

6.3 条件及要求

6.4 新雇员培训

6.5 试用期

6.6 个人档案

6.7 晋升与调动

6.8 终止聘用

6.9 公司纪律

7. **工作时间**

7.1 工作时间

7.2 出勤

7.3 加班

8. **福利薪酬**

8.1 政策

8.2 工资和福利津贴

8.3 第十三个月奖金

8.4 离职费

8.5 个人所得税

8.6 开支日

9. **休假**

9.1 法定休假日和××公司休假日

9.2 年休假

9.3 病假

9.4 婚假

9.5 丧假

9.6 探亲假

9.7 产假

10. **雇员福利**

10.1 法定福利

10.2 长期伤残

10.3 事故死亡及伤残保险

10.4 医疗保险制度

10.5 储蓄福利计划

11. **雇员培训与发展**

11.1 培训指导思想

11.2 辅助教育计划

11.3 培训内容

11.4 ××公司年度规划程序

11.5 年度发展计划

11.6 员工年度总结与计划

11.7 360 度领导人员调查问卷

12. **人事工作制度**

12.1 奖赏制度

12.2 职工问题解决程序

13. **办公室规章**

13.1 一般规章

13.2 设备／财产／场所／设施的使用及维护

13.3 安全与保安

13.4 电话系统

13.5 广告张贴

13.6 外出

14. **业务报销政策**

14.1 政策目的

14.2 一般原则

14.3 政策、程序细则

附录：常见表格

1-1-1-2 某全球快餐公司在华合资公司员工手册

美国××集团某合资有限公司员工手册

导论

欢迎加入××团队（大家庭）

××是……

××经营的四大宗旨

××作风

本公司组织结构

组织结构图

开门政策、沟通

简报栏

意见调查

合理化建议

问题解决、申诉程序

座谈会

员工大会

公司的基本政策

1. 工作时间

2. 关于时间和工资政策的说明和实施

3. 加班

4. 付工资日

5. 合同、合同期

6. 试用期，转正，试用期延长

7. 进公司日期

8. 员工的基本责任

9. 公正公平

10. 防盗

11. 禁烟

12. 及时通知

13. 健康与安全

14. 整洁与卫生

15. 禁止招揽生意

16. 禁止接受礼品和利益

17. 利益冲突

18. 接见新闻媒体

19. 保密

20. 工作岗位变动

21. 辞职

22. 办公室其他注意事项

工资及工作表现

1. 工作表现决定工资支付

2. 工作表现评估

3. 绩效评估、工作评估

4. 工作表现改进计划（PIP）

5. 工资——年度绩效评估

6. 年终双薪

7. 岗位级别

8. 说明

福利

1. 节假日

2. 国家法定假日

3. 年度休假

4. 病假／住院治疗

5. 丧假

6. 婚假

7. 产假

8. 哺乳假

9. 保育假

10. 事假

11. 为长期工作的员工提供的周期性假期

保险

1. 养老保险

2. 医疗保险

3. 待业保险

4. 雇主责任险

档案

1. 员工档案

2. 政府档案

纪律

1. 处分例子

2. 解雇例子

禁止歧视和骚扰政策

1. 禁止歧视

2. 禁止性骚扰

3. 员工求助

奖励

1. 特殊的奖励计划

2. 总裁奖

3. 团队奖

4. 杰出团队奖

5. 服务奖

结束语

1-1-2 欧洲企业

瑞典独资××研发有限公司员工手册

目 录

欢迎语

一、概况

1. 公司简介

2. 公司目标

二、公司有关管理规则

1. **考勤制度**

  1.1 工作时间

  1.2 考勤规定

  1.3 法定假日

  1.4 带薪年休假

  1.5 病假

     1.5.1 无薪病假

     1.5.2 有薪病假

  1.6 无薪事假

  1.7 调休

  1.8 婚假

  1.9 产假

  1.10 护理假

  1.11 丧假

  1.12 全勤奖

  1.13 迟到／早退

  1.14 旷工

2. **行为规范**

  2.1 违规及处分

     2.1.1 违规行为

     2.1.2 纪律处分

     2.1.3 纪律处分实行程序

2.2 员工奖励

   2.2.1 员工奖励规定

   2.2.2 奖励实施程序

   2.2.3 年度优秀员工奖

2.3 着装及工作证

   2.3.1 着装

   2.3.2 工作证

3. **安全／环境控制**

3.1 安全

3.2 安全部门

3.3 环境控制

4. **访客证制度**

5. **差旅费制度**

6. **采购及报销制度**

6.1 采购

6.2 报销制度

7. **办公用品、工具及有关设备管理规定**

7.1 公司电话、传真及 E – mail

7.2 办公用品、工具及设备

三、人事政策

1. **雇佣／解除合同／服务期**

1.1 新员工介绍

1.2 试用期／平等的雇佣机会

   1.2.1 试用期

   1.2.2 平等的雇佣机会

1.3 个人档案

1.4 合同解除

   1.4.1 解雇

   1.4.2 辞职

   1.4.3 自动离职

   1.4.4 离职手续

1.5 服务确认政策

2. **员工薪资**

2.1 工资

2.2 工资发放

2.3 工作加班

2.4 津贴

2.5 奖金

3. **员工培训**

3.1 公司提供的教育资助项目

3.2 管理原则

3.3 公司内部培训师

3.3.1 目标

3.3.2 培训师资格

3.3.3 职责

3.3.4 报酬

3.3.5 晋升

4. **工作表现评估**

4.1 试用期表现评估

4.2 年度评估

四、职业道德操守

1. **利益冲突**

2. **知识产权与专利**

2.1《不竞争保密协议》

2.2 发明与专利

2.3 论文发表与参加有关学术会议

3. **公司生产原则**

4. **工程师工作日志**

五、保险与福利

1. **社会保险**

1.1 社会保险

1.2 补充商业保险

1.3 住房公积金

2. **工作福利**

2.1 工作餐

2.2 车费补贴

2.3 日常福利

2.4 部门活动经费

2.5 旅游经费

2.6 教育资助项目

3. 非强制保险福利项目调整

六、员工申诉

1. 政策

2. 程序

3. 行政人事部的职责

七、附件

1-1-3 日韩企业

1-1-3-1 日本国某在华合资商业银行职员手册目录

日本国××××商业银行有限公司职员手册

目 录

第一章 引言

1-1 目的

1-2 名词的定义与解释

1-3 适用对象

1-4 其他

1-5 职员规章

第二章 人事

2-1 雇用

2-2 个人事项的变动

2-3 试用期

2-4 工作地点变动

2-5 职务任命的变动

第三章 劳动合同的终止和解除

3-1 定义

3-2 劳动合同的终止

3-3 劳动合同的解除

第四章 工作规则

4-1 工作时间和休息时间

4-2 上班和下班规定

4-3 假日和休息日

4-4 超时工作

4 - 5　带薪年假

4 - 6　怀孕、分娩与哺乳休假

4 - 7　病假及医疗期

4 - 8　婚丧休假

第五章　报酬

5 - 1　超时工作报酬

5 - 2　分娩假期工资

5 - 3　病假工资

5 - 4　经济补偿费

5 - 5　医疗补助费

5 - 6　工资扣减

5 - 7　计算期间与工资支付日

5 - 8　工资支付方法

5 - 9　工资调整

5 - 10　年奖

第六章　公司福利

6 - 1　社会保险制度

6 - 2　体检

6 - 3　伙食补助

6 - 4　交通津贴

6 - 5　出差制度

6 - 6　意外保险制度

6 - 7　教育

6 - 8　体育活动

6 - 9　婚丧喜庆慰问费

第七章　表彰

7 - 1　表彰

第八章　处分

8 - 1　处分的种类

8 - 2　解雇

第九章　其他

9 - 1　保密制度

9 - 2　赔偿损失

9 - 3　娱乐活动

第十章　附录

10－1 生效日

10－2 阅读及理解前提

10－3 公司解释权

10－4 法规政策更新说明

10－5 相关申请表

1－1－3－2 韩国某在华电器制造公司就业规则目录

韩国独资××电器制造有限公司员工手册

目录

问候语

前言

公司之歌

××企业经营基本方针

纲领

信条

××企业所应遵奉的精神

安全宣言

就业规则

第一章　总则

第1条　制定就业规则的目的

第2条　适用范围

第二章　对员工的基本要求

第3条　员工义务

第4条　员工守则

第5条　出入公司的规定

第6条　禁止进入公司的规定

第7条　劳动纪律

第8条　公司秩序

第9条　公司物品的管理及维护

第三章　作息时间与考勤

第一节　日常工作时间

第10条 工作时间与休息时间

第二节 特殊工作时间

第 11 条 加班

第 12 条 休息日和法定休假日工作

第 13 条 异常灾害时的加班

第 14 条 出差

第三节 缺勤与休假

第 15 条 事假

第 16 条 公假

第 17 条 事假的申请、批准手续

第 18 条 迟到、早退

第 19 条 旷工

第四章 工资

第 20 条 工资

第五章 人事制度

第一节 员工的招聘和录用

第 21 条 录用

第 22 条 试用期员工

第 23 条 正式员工

第 24 条 工龄的计算

第 25 条 变动呈报

第二节 经营者及管理人员的任免

第 26 条 经营者及管理人员的任免

第三节 教育训练

第 27 条 教育训练

第四节 工作调动

第 28 条 工作调动

第五节 解除劳动合同

第 29 条 辞职

第 30 条 解除雇用

第 31 条 业务交接

第 32 条 还清债务

第六章 安全卫生事项

第 33 条 安全、防火

第 34 条 因病限制工作

第 35 条 传染病申报

第 36 条 个人卫生

第 37 条 工作限制

第七章 福利

第 38 条 公共假期

第 39 条 年度有薪休假

第 40 条 病假

第 41 条 医疗保健

第 42 条 因工负伤、残疾或死亡的待遇

第 43 条 医疗期

第 44 条 医疗后的复工

第 45 条 产假、计划生育假

第 46 条 女员工孕期检查、哺乳时间

第 47 条 婚假与丧假

第 48 条 食堂服务

第 49 条 住房补助金

第 50 条 保险

第 51 条 文体活动

第 52 条 子女福利

第 53 条 员工运输

第 54 条 退休

第八章 表彰和处分

第一节 表彰

第 55 条 表彰的种类

第 56 条 嘉奖

第 57 条 记小功

第 58 条 记大功

第 59 条 晋升

第 60 条 集体表彰

第 61 条 表彰的时间和办法

第二节 处分

第 62 条 处分的种类

第 63 条 黄牌告诫

第 64 条 警告

第 65 条 记过

第 66 条 记大过、辞退、开除

第 67 条　处分办法

第 68 条　处分手续

第 69 条　赔偿义务

第九章　附则

第 70 条　本规则的修改、增补、废除

第 71 条　本规则的施行日

1 – 1 – 4 港台企业

1 – 1 – 4 – 1 港资某电子科技集团公司员工手册目录

香港独资某电子科技（××）集团公司员工手册

目　录

第一章　总则

1. 1 公司介绍

经营理念

品质政策

共同目标

1. 2 员工适用

第二章　任用与离职

第一节　任用

2. 1 不得歧视

2. 2 录用

2. 3 不予录用

2. 4 报到

2. 5 面试

2. 6 入职

2. 7 劳动合同

第二节　离职

2. 8 离职的原因和程序

第三章　劳动合同管理

3. 1 劳动合同制度

3. 2 劳动合同期限

3. 3 劳动合同生效

3.4 公司单方解除劳动合同

3.5 劳动合同期满终止

3.6 劳动合同续订

第四章 薪酬、福利

第一节 薪酬

4.1 适用范围

4.2 薪资核定

4.3 工资构成

4.4 全勤工资

4.5 加班费

4.6 工资发放

第二节 福利

4.7 年终奖

4.8 年中奖

4.9 社会保险

4.10 旅游补助

第五章 工作时间

5.1 标准工时

5.2 考勤规定

5.3 漏刷卡

5.4 迟到／早退及旷工定义

5.5 旷工

5.6 加班时间

第六章 假期

6.1 原则

6.2 定义

6.3 假期类别及享有条件

第七章 考核

7.1 考核类别

7.2 考核标准

7.3 考核目的（评分）

第八章 劳动纪律与奖罚

第一节 劳动纪律

8.1 车间／办公室纪律

8.2 饭堂纪律

8.3 安全守则与操作规程

8.4 其他纪律

第二节　奖罚

8.5 通报表扬

8.6 奖励

8.7 晋升提级

8.8 口头警告

8.9 书面警告

8.10 记过一次

8.11 降职调职

8.12 解除劳动合同并要求赔偿公司损失

第九章　人力发展

9.1 培训的种类

9.2 培训的内容

9.3 具体的培训安排

9.4 培训需求调查表

9.5 发展教育培训

9.6 委派外出培训

9.7 其他未尽事宜

第十章　未成年工保护政策

10.1 未成年工标识记录

10.2 禁止招聘童工

10.3 未成年工登记

10.4 未成年工保护

第十一章　无歧视、无骚扰政策

第一节　无歧视政策内容

11.1 无歧视原则

11.2 不得歧视女员工

11.3 因能力获得报酬

11.4 因表现处分劳动合同关系

11.5 公正评估原则

第二节　无骚扰虐待政策内容

11.6 禁止骚扰与虐待

11.7 禁止体罚

11.8 禁止伤及自尊心

11.9 禁止与性有关的骚扰行为

11.10 禁止日常不合理限制

11.11 投诉的权利

11.12 对责任人的严惩

11.13 报告保存

第十二章　申诉及协调

12.1 申诉的权利

12.2 管理人员的处理义务

12.3 匿名投诉的保护

12.4 隐私权保护

12.5 个案配合义务

12.6 向劳动部门投诉

12.7 向公安部门报警

12.8 申诉渠道

12.9 申诉协调处理程序

12.10 协调中的行为规范

第十三章　安全卫生

13.1 安全与预防原则

13.2 安全生产制度

13.3 管理人员的责任

13.4 管理人员的教育义务

13.5 消防工作方针

13.6 通道与路线的通畅

13.7 禁烟原则

13.8 紧急事故演习

13.9 设备专人操作

13.10 化学品使用

13.11 化学危险品使用

13.12 意外事故处理

13.13 守法原则

13.14 遵守劳动纪律

13.15 合理化建议

13.16 拒绝作业的权利

13.17 紧急情况处理

第十四章　附则

14.1 修订适用

14.2 安全卫生工作之法律依据

14.3 公司保留解释权和修改权

14.4 妥善保管与离职交还

14.5 生效日

14.6 员工声明

1-1-4-2 台资某电子芯片研发公司员工手册目录

台湾独资××电子芯片研发有限公司员工手册

目 录

1. 关于本手册

2. ××公司之理念，愿景及发展策略

3. 公司概述

3.1 台湾××公司

3.2 台湾××公司的全球组织结构

3.3 ××工业有限公司及在中国的历史

3.4 ××工业有限公司组织结构

4. 聘用与离职

4.1 就业机会均等

4.2 录用

4.3 条件、要求及人事档案

4.4 试用期

4.5 员工类别

4.6 晋升和调动

4.7 绩效评估

4.8 辞职与解聘

5. 工作时间

5.1 工作时间

5.2 出勤

6. 报酬

6.1 政策

6.2 薪资和福利津贴

6.3 个人所得税

6.4 发薪日

6.5 加班费

6.6 年度薪资审查

6.7 年度奖金

7. **休假**

7.1 申请程序

7.2 年休假

7.3 病假 / 停工医疗期

7.4 产假

7.5 护理假

7.6 婚假

7.7 计划生育假

7.8 哺乳假

7.9 丧假

7.10 工伤假

7.11 法定节假日

7.12 无薪事假

8. **员工福利**

8.1 福利政策

8.2 职前体检

8.3 社会保险

8.4 医疗和员工保险

8.5 班车

8.6 工作餐

8.7 其他福利

9. **员工培训与发展**

9.1 培训指导思想

9.2 培训发展类型

10. **员工关系**

10.1 员工布告栏

10.2 员工活动

11. **奖惩制度及其他**

11.1 奖赏制度

11.2 违纪处分

11.3 申诉不满程序

11.4 功过相抵规定

12. **办公室规章**

12.1 保密和专业标准

12.2 避免利益冲突

12.3 与客户和供货商的关系

12.4 保护资产

12.5 举报政策

12.6 健康和安全

12.7 IT 软件、硬设备、电子信息

12.8 出差

12.9 着装

12.10 来访者

12.11 接待室／会议室

12.12 吸烟

12.13 电话系统

13. **生效及修订**

14. **确认**

第二节 不同行业类别员工手册常见结构①

1-2-1 建筑与房地产类员工手册

1-2-1-1 建筑公司员工手册目录

建筑公司员工手册

一、写在前面的话
二、公司发展概况
（一）公司简介
（二）公司标识
（三）公司理念
（四）组织结构
（五）部门职责介绍
三、安全施工保护规范
（一）基本守则
（二）员工安全施工职责
（三）员工安全施工权利与义务
（四）服饰规范
（五）安全操作规范
（六）安全用电规范
（七）脚手架及高空作业规范
（八）粉尘吸入规范
四、人力资源管理制度
（一）招聘与入职
（二）劳动关系
（三）薪酬福利
（四）考勤
（五）绩效考核

---

① 本节内容重点参考了孙宗虎、刘立梅编著：《员工手册编写实务》，人民邮电出版社2007年版的部分内容，并作了相应的调整和修改。

（六）奖惩

（七）培训与职业发展

（八）职称

五、手册的原则及签阅

员工手册签收函

1 – 2 – 1 – 2 **房地产公司员工手册目录**

房地产公司员工手册

一、手册说明及公司简介

（一）手册说明

（二）总经理致辞

（三）公司概况

（四）组织结构

二、公司新员工入职指引

（一）报到程序

（二）入职程序

（三）作息时间

（四）试用

（五）转正

三、人事与劳动关系管理

（一）人事关系管理

（二）劳动关系管理

四、员工纪律与行为规范

（一）员工守则

（二）考勤制度

（三）办公纪律

（四）办公室礼仪

（五）职业行为规范

（六）内外交往规范

（七）公司资源使用规范

（八）保密义务

五、员工薪酬与福利规定

（一）薪酬

（二）福利

（三）休假

六、绩效考核与培训发展

（一）绩效考核

（二）员工培训

（三）职业发展

七、奖励与惩罚相关规定

（一）奖励

（二）惩罚

八、沟通与申诉相关规定

（一）投诉、申诉与合理化建议

（二）沟通平台

九、其他相关事宜及附则

（一）安全规定

（二）借款报销管理制度

（三）清理账款规定

（四）附则

员工手册签收单

1-2-2 超市与商场类员工手册

1-2-2-1 超市员工手册目录

超市员工手册

一、企业概况

（一）企业简介

（二）企业理念

二、员工守则

（一）出勤规范

（二）工作态度

三、礼仪规范

（一）仪容仪表

（二）言谈举止

四、服务规范

（一）服务原则

（二）服务的程序及要求

（三）日常文明礼貌用语

五、人事关系

（一）录用

（二）劳动合同

（三）工资支付

（四）考勤

（五）培训

（六）奖惩

六、现场管理

（一）卫生状况

（二）商品检查

（三）卖场环境

（四）促销管理

（五）服务质量监督

（六）人员管理

（七）安全管理

（八）各时间段管理重点

（九）其他

七、防盗管理

（一）内盗的防范

（二）外盗的防范

八、投诉管理

（一）投诉的类型

（二）处理的原则与程序

九、安全管理

（一）内部安全管理

（二）消防安全管理

十、附则

员工手册签收确认函

1-2-2-2 商场员工手册目录

商场员工手册

一、手册说明及商场简介
（一）手册说明
（二）商场概况
二、人力资源管理规定
（一）招聘、录用与转正
（二）作息时间与考勤
（三）薪金与福利
（四）员工关系调入与离职
（五）供应商促销人员管理
三、员工日常行为规范
（一）仪容仪表规定
（二）商场纪律规定
四、顾客接待礼貌用语
（一）常用汉语礼貌用语
（二）常用英语接待用语
五、物料用品管理规定
（一）物料用品采购
（二）物料用品领用
（三）物料用品盘存
六、补充说明与手册签收
员工手册签收确认单

1-2-3 酒店与餐饮类员工手册

1-2-3-1 酒店员工手册目录

酒店员工手册

一、手册前言
（一）编写目的
（二）适用范围

（三）总经理致辞

（四）员工应熟知的电话

二、酒店概况

（一）酒店简介

（二）酒店规模

（三）其他特色服务

（四）组织结构

（五）管理理念

三、劳动关系

（一）录用原则

（二）试用期

（三）体检

（四）工作时间

（五）入职培训

（六）员工轮训

（七）晋升

（八）辞职

（九）辞退

（十）离职手续

（十一）离职面谈

四、薪酬福利

（一）薪金

（二）福利

五、店规店纪

（一）工作态度

（二）仪容仪表

（三）出入证

（四）铭牌

（五）工服

（六）更衣柜

（七）就餐

（八）钟卡

（九）签到

（十）上下班

（十一）宾客设施的使用

（十二）请假

（十三）员工申诉

（十四）客人投诉处理

（十五）店内拾遗

（十六）酒店财物

（十七）酒店钥匙保管

（十八）保密

（十九）吸烟规定

（二十）小费和礼品规定

（二十一）私人事情处理

六、奖惩细则

（一）奖励细则

（二）惩罚细则

七、消防安全

（一）火灾消防

（二）火警程序

八、解释与执行

员工手册接受确认单

1-2-3-2 餐饮公司员工手册目录

餐饮公司员工手册

一、饭店概况介绍

（一）饭店概况

（二）经营宗旨

（三）服务理念

二、员工日常管理

（一）录用

（二）劳动合同

（三）考勤

（四）培训

（五）考核

（六）工资

（七）福利

（八）奖惩

三、员工行为规范

（一）工作态度

（二）仪容仪表

（三）接打电话

（四）引领礼仪

（五）言谈行为规范

四、餐厅卫生规范

（一）个人卫生

（二）餐厅环境卫生

（三）餐具卫生

（四）食品卫生

五、餐前服务规范

（一）准备工作

（二）餐前服务

六、餐厅服务规范

七、安全服务规范

八、饭店纪律规定

九、投诉管理规定

（一）员工投诉

（二）顾客投诉

十、安全管理规范

（一）厨房安全管理规范

（二）火灾预防

（三）火警

十一、生效与解释

员工手册签收函（编号：　　　）

1-2-4 科技及 IT 类员工手册

1-2-4-1 科技公司员工手册目录

科技公司员工手册

一、说明及友情提示

二、公司概况简介

（一）公司简介

（二）宗旨与使命

（三）目标与精神

（四）员工信念与准则

三、人事管理制度

（一）人员招聘

（二）劳动合同

（三）新员工试用及转正

（四）员工离职

（五）考勤及各类假期

（六）薪酬体系

（七）培训

（八）职业发展

四、行政管理制度

（一）日常办公行为规定

（二）沟通方式管理规定

（三）保密规定

（四）安全管理规定

五、财务管理制度

（一）借款与报销

（二）差旅管理

六、解释与生效

员工手册认可书

1-2-4-2 IT 公司员工手册目录

IT 公司员工手册

一、封面

二、前言

（一）编制目的

（二）欢迎词

（三）公司概况

三、正文

（一）知识产权保护、员工保密与不竞争条款

（二）员工录用、转正、异动与离职

（三）薪资与福利

（四）绩效考核

（五）培训与发展

（六）员工礼仪和特定行为规则

（七）沟通与交流规定

（八）奖惩细则

（九）辞退与回聘

四、结束语

员工手册确认协议（编号：　　　）

1-2-5 快递、物流及物业类员工手册

1-2-5-1 快递公司员工手册目录

快递公司员工手册

一、公司概况

（一）公司简介

（二）服务项目

（三）战略目标

（四）核心价值观

（五）经营理念

（六）经营策略

二、快递员手册

（一）工作时间

（二）工资发放

（三）快递员日常行为规范

（四）取送件提成及提成单流转

（五）快运单填写规范

（六）取件划价规定

（七）听从调遣规定

（八）各分部的联络

（九）取送件注意事项

（十）奖励规定

（十一）离职程序

（十二）惩戒规定

三、班长工作职责

（一）日常事务的处理

（二）分配片区快件的派送

（三）突发事件的处理

（四）加急件、往返件、委托件、遗留件的处理

（五）监督、检查与培训

四、解释与执行

员工手册接受确认单

1-2-5-2 物流公司员工手册目录

物流公司员工手册

一、手册前言

二、公司概况

（一）公司简介

（二）企业理念

三、员工基本行为守则

（一）仪表着装

（二）接待礼仪

（三）电话礼仪

（四）办公秩序

（五）爱护公司设备

四、人力资源管理制度

（一）聘用、转正与离职

（二）薪酬福利

（三）考勤

（四）请、休假

（五）加班

（六）奖惩

五、营运中心相关制度

（一）安全管理规定

（二）营运车辆管理规定

六、附则及签收

员工手册签收确认函

1－2－5－3 物业公司员工手册目录

物业公司员工手册

一、总经理致辞与企业概况

（一）总经理致辞

（二）公司简介

（三）企业理念

二、物业人员职业道德规范

（一）物业人员职业规范

（二）物业公司员工守则

三、物业人员礼貌用语规范

（一）文明礼貌用语

（二）专业服务用语规范

（三）简单英语会话用语

四、商户住户投诉处理规范

五、物业人力资源管理制度

（一）入职指南

（二）工资与福利

（三）培训与考核

（四）离职手续

六、物业公司安全管理规范

（一）防盗安全纪律规定

（二）消防安全管理规定

（三）电梯安全管理规定

七、解释与修改

员工手册签收确认函

1-2-6 食品与制药类员工手册

1-2-6-1 食品公司员工手册目录

食品公司员工手册

一、前言及公司概况

（一）编制目的

（二）使命与愿景

（三）企业精神

（四）质量方针与目标

二、员工纪律行为规范

（一）员工手册

（二）工作纪律

三、人力资源管理制度

（一）新员工入职

（二）劳动关系

（三）出勤规定

（四）薪酬与福利

四、食品生产卫生要求

（一）食品生产对环境的卫生要求

（二）食品生产人员的卫生要求

五、奖励与惩罚相关规定

（一）奖励

（二）惩罚

六、沟通与申诉相关规定

（一）员工沟通

（二）员工申诉

七、解释与修订

员工签收确认函（编号：　　　）

1 - 2 - 6 - 2 制药公司员工手册目录

制药公司员工手册

一、总则

二、公司概况

（一）公司简介

（二）组织机构、职责及负责人

三、员工管理

（一）录用管理

（二）劳动关系管理

（三）出入管理

（四）宿舍管理

（五）考勤管理

（六）加班管理

（七）请、休假管理

四、员工福利

（一）社会保险

（二）住房公积金

（三）人身意外保险

（四）其他福利

五、绩效考核

（一）绩效考核的内容

（二）绩效奖惩办法

六、附则

员工手册签收函〔编号：　　　〕

1 - 2 - 7 生产与制造类员工手册

1 - 2 - 7 - 1 服装生产公司员工手册目录

服装生产公司员工手册

一、友情提示

二、公司概况

（一）公司简介

（二）企业理念

三、职业道德与行为守则

（一）职业道德规范

（二）员工行为守则

四、环境卫生与安全生产

（一）环境卫生要求

（二）安全生产规定

五、人力资源管理制度

（一）聘用

（二）考勤

（三）解除或终止劳动关系

（四）薪资福利

（五）培训

（六）绩效考核

（七）奖惩

六、其他相关管理制度

员工手册签收及反馈单

1-2-7-2 **家电制造公司员工手册目录**

家电制造公司员工手册

一、总裁欢迎词

二、公司概况

（一）公司简介

（二）公司宗旨

（三）经营目标

三、劳动关系管理

（一）入职程序

（二）工作时间

（三）试用与转正

（四）劳动合同

四、日常行为规范

（一）办公礼仪

（二）办公环境

（三）考勤

（四）请假

五、员工行为准则

六、员工关系管理

（一）人事关系

（二）员工冲突管理

（三）员工投诉

（四）沟通

七、培训与考核

（一）培训类型

（二）培训费用管理

八、薪资与福利

（一）薪资

（二）福利

九、奖励与惩罚

（一）奖励

（二）惩罚

十、生效与解释

员工手册签收函（编号：　　　　）

1－2－7－3 汽车制造公司员工手册目录

汽车制造公司员工手册

一、前言

二、公司概况

（一）公司简介

（二）公司宗旨

（三）经营目标

三、人力资源管理

（一）招聘与录用

（二）劳动合同管理

（三）考勤支付

（四）工资制度

（五）培训

（六）考核与发展

（七）福利

四、奖励与惩罚规定

（一）奖励

（二）惩罚

五、办公礼仪规范

（一）办公礼仪

（二）电话礼仪

六、职业道德规范

七、安全生产管理

八、车辆管理规定

（一）车辆的使用

（二）车辆的维修与保养

九、保密管理制度

十、生效与解释

员工手册签收函

1-2-7-4 设备制造公司员工手册目录

设备制造公司员工手册

一、手册前言

二、公司概况

（一）公司简介

（二）公司理念

三、人事管理制度

（一）招聘与录用

（二）劳动合同

（三）工作时间

（四）劳动报酬

（五）福利

（六）培训与发展

（七）考核管理

四、奖励与惩罚规定

（一）奖励

（二）惩罚

五、员工行为规范

（一）日常工作规范

（二）仪表仪容及言谈举止

（三）电话礼仪

六、办公规章制度

七、生效与解释

员工手册签收函

1－2－8 电信与政务服务中心类员工手册

1－2－8－1 电信公司员工手册目录

电信公司员工手册

一、引言及公司概况

（一）总经理致辞

（二）公司简介与历程

（三）公司文化

二、员工行为手册与保密规定

（一）基本准则

（二）日常工作行为规范

（三）"不可为"之行为

（四）保密规定

三、员工入职与考勤管理规定

（一）入职管理

（二）考勤管理

四、员工异动与离职管理规定

（一）异动管理

（二）离职管理

五、员工薪酬与福利管理规定

（一）薪酬

（二）福利

六、员工培训与绩效管理制度

（一）员工培训

（二）绩效考核

七、员工出差管理规定

（一）出差类别

（二）交通工具的选择标准

（三）出差管理

（四）出差审核权限

（五）出差费用保险范围及标准

（六）出差补贴标准

（七）费用报销须知

八、信息系统管理规定

（一）信息设备的使用与管理

（二）互联网及局域网的使用与管理

（三）电子邮箱的使用与管理

（四）信息安全管理

九、员工承诺

员工承诺书

1-2-8-2 政务服务中心员工手册目录

政务服务中心员工手册

一、欢迎词

二、中心服务文化

（一）服务原则

（二）服务精神

（三）服务理念

（四）服务目标

三、中心工作准则

（一）首问首办责任制

（二）限时办事制

（三）一次性告知制

（四）服务承诺制

四、分类岗位职责

（一）业务窗口

（二）职能窗口

（三）值班主任窗口

五、思想道德规范

（一）政治道德

（二）思想道德

（三）社会道德

六、日常行为规范

（一）形象规范

（二）姿态礼节规范

（三）服务礼仪规范

（四）服务大厅日常工作规范

（五）基本接待用语规范

七、绩效考核办法

（一）考核方案

（二）考核项目

（三）考核结果

（四）奖励与惩戒

八、安全消防制度

（一）安全守则

（二）消防安全

九、解释及签收

员工手册签收单／员工手册签收存根

第二章　员工手册示例及解析

第一节　某 500 强在华投资公司就业规则完整示例及要点解析①

××（中国）投资有限公司就业规则

2－1－1 就业规则总则

第 1 条（宗旨）

本就业规则（以下称本规则），是 ××（中国）投资有限公司（以下通称公司）依据中国的各项相关劳动法律法规所制定的。

公司员工除遵守本规则外，应当执行公司工作上的指示命令，员工在专心工作、努力向上的同时，还应当相互尊重人格、相互配合、为维持和发展公司的业绩而努力。

第 2 条（适用范围）

1. 本规则适用于按照本规则第 3 条规定的招聘手续所录用的、与公司签有劳动合同的员工。有关退休员工及其他人员，公司将按照本规则另行规定。

2. 本规则未规定的事项，根据需要另行规定。另行规定之前，依照中国相关法律、法规执行。

3. 本规则的规定及其附件、补充文件的规定，是以中华人民共和国现行有效的法律、法规、政策为依据的。无论任何情形下，上述法律、法规、政策（包含但不限于此）被修改、变更、取消、废除，或者中华人民共和国的立法机关制定了新的法律、法规、政策，导致本规则的规定及其附件、补充文件的规定与当时生效法律、法规、政策的内容相抵触时，或者与该法律、法规、政策的宗旨相违背时，以

---

① 本节内容重点参考了持万企业管理咨询有限公司咨询顾问一部企业规章制度电子文档库的相关内容，并结合新劳动法的背景以及通常企业的实际特点进行了必要的适法性改动以及重新的撰写释义与要点评析。员工手册并无固定的格式和模板，企业在参考适用时可以根据自身具体情况对相关内容进行适当的补充、调整和删减。

现行生效的法律、法规、政策为准。

2－1－2 就业规则正文

2－1－2－1 劳动人事制度

第3条（招聘员工）

招聘员工时，应聘者在提交以下材料的同时，一律通过考试或面试，择优录用。但不满16周岁的应聘者一律不予录用。

（1）简历

（2）健康证明原件

（3）最终毕业学校的毕业证明书复印件（出示原件）

（4）资格证明书复印件（有特殊技能者）（出示原件）

（5）照片（3个月以内的近照）

（6）身份证／居住证复印件（出示原件）

（7）劳动手册和退工单（与原工作单位雇佣关系解除证明）

第4条（劳动合同）

1. 公司同录用人员个别签订劳动合同。

2. 人事年度自每年的12月21日开始至下一年度的12月20日为止。

3. 劳动合同是确立、规范公司和员工之间的劳动关系的法律文书。劳动合同的所有条款、要求及本规则或公司发布的其他相关文书的内容，是以中华人民共和国现行有效的法律、法规、政策为依据，结合公司的业务特征制定的。公司和录用人员应当在平等、自愿、相互协商、理解的基础上签订劳动合同，同时应当遵守劳动合同和本规则的规定，享受劳动合同规定的权利，履行各自的义务。关于劳动合同的内容另行规定。

第5条（试用期）

1. 新录用的员工需经过一定的试用期，该试用期的期限将在员工的劳动合同中按照劳动法相关规定做出。具体规定如下：

劳动合同期限	试用期
不满3个月	0个月
满3个月不满1年	不超过1个月
满1年不满3年	不超过2个月
3年以上	不超过6个月

2. 试用期结束时，对于合格员工公司将正式聘用。

3. 在试用期内由于技能、业务成绩、健康状况及其他的理由，被证明不符合公司录用条件时，公司在试用期满前可以解除合同。

第 6 条（退休）

1. 员工的退休年龄为男性 60 周岁、女性干部 55 周岁、一般女性职工 50 周岁。从事高温、有毒有害作业的工作人员的退休年龄，依据中国的有关法律规定。

2. 退休日为员工达到法定退休年龄当年的生日。达到退休年龄的员工须到人事部门办理退休手续，退休手续办结之日，即为退休。退休后，公司认为必要、而且本人也希望再就业时，公司可以聘用退休员工。

第 7 条（劳动合同期限内公司解除合同的权利）

1. 无过失导致的合同解除

符合下列条件之一的，公司在劳动合同期限内提前 30 天书面通知员工本人后，可解除劳动合同：

（1）员工患病或非因工负伤，医疗期满后不能从事原工作，对公司新安排的工作也无法胜任的；

（2）员工被证明无法胜任工作，经过培训或调整工作岗位后仍无法胜任的；

（3）劳动合同订立时所依据的客观状况发生重大变化，致使无法履行原劳动合同，同时，经劳动合同当事人协商，就变更劳动合同不能达成一致意见的。

2. 过失导致的合同解除

符合下列条件之一的，公司无需以任何形式事先通知员工本人，可随时解除劳动合同。在此情形下，公司不支付任何形式的补偿费或补助费：

（1）在试用期间被证明不符合录用条件的；

（2）发现员工提交的本规则第 3 条的材料存在虚假，骗取聘用的；

（3）违反本规则第 75 条规定的；

（4）有重大失职或营私舞弊行为，给公司利益造成重大损失的；

（5）严重违反公司的各项规章、制度的；

（6）同时与其他单位建立劳动关系，对完成公司的工作任务造成严重影响，或者经公司提出，拒不改正的；

（7）被依法追究刑事责任或被劳动教养的；

（8）法律、法规规定的其他情形。

3. 有下列情形之一，需要裁减人员 20 人以上的，公司提前 30 日向工会或者全体员工说明情况，听取工会或者员工的意见后，裁减人员方案经向劳动行政部门报告，可以裁减人员：

（1）依照企业破产法规定进行重整的；

（2）生产经营发生严重困难的；

（3）企业转产、重大技术革新或者经营方式调整，经变更劳动合同后，仍需裁减人员的；

（4）其他因劳动合同订立时所依据的客观经济情况发生重大变化，致使劳动合同无法履行的。

公司实施裁员应当提前以书面形式通知员工解除劳动合同。依据本款解除合同后在六个月内录用人员的，应当优先录用被裁减人员。

第8条（员工解除劳动合同的权利）

1. 在劳动合同期满前，符合下列情形之一的，员工可随时单方解除劳动合同：

（1）根据劳动部门检查认为，公司的劳动安全生产及卫生条件恶劣，严重损伤劳动者的安全及健康的；

（2）公司不支付劳动合同规定的工资，或者不提供社会保险及其他法定福利待遇的；

（3）公司未提供劳动合同规定的劳动条件的；

（4）公司以暴力、胁迫或不法限制人身自由的手段强制劳动的；

（5）在试用期内的；

（6）法律、行政法规规定的其他情形。

2. 员工在劳动合同期满前解除劳动合同的，应当提前30天以书面形式通知公司并依照本规则第12条的规定办理手续。

第9条（双方协商解除劳动合同）

1. 劳动合同期满前，公司可以提出动议，与员工在协商一致的基础上解除劳动合同，并达成解除劳动合同的书面协议。

2. 劳动合同期满前，员工可以提出动议，与公司在协商一致的基础上解除劳动合同，并达成解除劳动合同的书面协议。

第10条（劳动合同中止）

1. 员工应征入伍或者履行其他国家规定的法定义务的，劳动合同应当中止或部分中止履行。

2. 员工因被依法限制人身自由而不能履行劳动合同约定义务的，劳动合同可以中止或部分中止履行。

3. 公司或员工任何一方因不可抗力不能履行劳动合同的，另一方可以根据不可抗力的影响，中止或部分中止履行劳动合同。

4. 公司和员工协商一致，可以中止或部分中止履行劳动合同。

5. 中止履行劳动合同的情形消失，除劳动合同已经无法履行外，劳动合同应当恢复履行。

6. 劳动合同中止期限最长不得超过5年。

7. 中止或部分中止履行劳动合同期间，公司和员工双方暂停履行劳动合同的有关义务。中止履行劳动合同义务的期间，不计入员工在公司的工作年限。

第 11 条（劳动合同终止）

有下列情形之一的，劳动合同终止：

（1）劳动合同期满的；

（2）员工开始依法享受基本养老保险待遇的；

（3）员工死亡，或者被人民法院宣告死亡或者宣告失踪的；

（4）公司被依法宣告破产的；

（5）公司被吊销营业执照、责令关闭、撤销或者公司决定提前解散的；

（6）员工达到法定退休年龄的；

（7）法律、行政法规规定的其他情形。

第 12 条（解除或终止劳动合同的手续）

1. 公司或员工的任何一方，在劳动合同期限内希望解除劳动合同的（本规则的第 7 条第 2 款、第 8 条第 1 款的情形除外），应当提前 30 天（含节假日，但不包含带薪休假）书面通知对方协商或通知对方。公司依据中国相关法律法规一次性支付员工工资、补助费或经济补偿金。

2. 公司或员工在劳动合同期满无意愿续订劳动合同，互负有提前 30 天告知对方的义务。

3. 员工在离职前，必须根据公司要求办理离职手续，包括但不限于清偿公司债务，办理相关事务交接，返还借用公司物品。在人事部门确认"离职清单"无误后，公司为员工出具有关解除劳动合同的有效证明，员工持该有效证明可办理失业登记手续。

4. 由于员工的原因导致上述离职手续无法完成的，一切责任由员工自负。造成公司损失的，公司将依法要求员工赔偿。

第 13 条（劳动合同解除的保留）

公司在员工有下列情形之一时，不得解除劳动合同。但由于自然灾害等不可抗力对公司继续经营造成严重障碍时，员工违反本规则相关规定或者法律有另行规定的，不在此限：

1. 从事接触职业病危害作业的劳动者未进行离岗前职业健康检查，或者疑似职业病病人在诊断或者医学观察期间的；

2. 员工患职业病或者因工负伤，被确认丧失或部分丧失劳动能力的；因同样原因被确认全部或大部分丧失劳动能力的（但此种情况下，经劳动合同当事人协商同意，并且在公司支付了规定的伤残就业补助费时，可终止劳动合同）；

3. 患病或负伤，在规定的医疗期限内的；

4. 女员工在怀孕、生育或哺乳期内的；

5. 法律、法规规定的其他情形。

第 14 条（违反劳动合同的赔偿）

1. 公司或员工任何一方违反劳动合同，给对方造成经济损失时，应当予以赔偿。

2. 员工接受由公司负担费用的进修或培训，并且在培训协议期满前提出辞职或因员工违反本规则规定被公司解除劳动合同的，必须向公司赔偿按剩余服务期比率计算的该项费用，如公司因此受到损失的，还应赔偿公司的实际损失。

3. 员工违反有关规定，打听、过问公司商业机密，向任何第三方泄露、传授、公开或转让公司的商业机密或违反其他保密要求的，应当按规定向公司支付违约金。

第 15 条（工作岗位变更）

公司根据工作上的需要，在考虑员工的能力、经验、健康、与员工协商结果以及其他情况的基础上，可调动员工工作岗位、派赴其他公司以及任免其原先职务。员工可以书面形式反映本人意见，但未经公司批准，应服从公司的调整安排。

2－1－2－2 服务

第 16 条（注意事项）

员工应当时常注意健康，保持品位，以开朗活泼的态度投入工作，为提高自身的能力及推进公司的发展而共同努力。

第 17 条（服装）

1. 员工在工作时间内不得穿着公司规定以外的私人服装。

2. 公司出借的服装只能在工作中穿用，任何员工不得为个人目的或在上下班期间穿用工作制服。

第 18 条（各项规定的遵守）

公司依法制定的各项规章制度，员工应当及时查阅、充分理解，并严格遵守。

第 19 条（职务制度和秩序的维持）

员工应当遵守职务制度，听从领导的指令，领导应当尊重下属员工的人格，相互配合，为营造开朗、有秩序的工作环境而努力。

第 20 条（服务须知）

1. 员工不得损害公司名誉、信誉，或者从事有损公司经济利益的行为。

2. 员工应当正确理解公司的经营方针，为精通业务而努力。

3. 员工应当公私分明，不得为自己或第三人谋取私利。

4. 员工应当时常整理、清扫工作场所，建立井然有序的工作环境。

5. 员工在工作时间内不得谈论与工作无关的事情或从事其他私人事务。

6. 员工不得对其他员工或领导采取暴力、胁迫、伤害以及其他粗暴行为。

7. 员工未经许可不得在公司内进行摄影、录像和绘画。

8. 员工不得故意延误工作或使其他员工延误工作。

第 21 条（财产、文件的管理）

1. 员工不得将公司财产供个人使用。

2. 员工未经许可，不得向他人公开公司的文件、财务账簿和其他一切有关公司商业秘密的资料。

3. 员工未经许可，不得将公司所属物品移动、带出公司或占为己有。

第 22 条（保密）

无论是否属于本人工作范围内所掌握的商业秘密，任何员工均不得泄露公司内部及公司掌控下的外部秘密。公司和涉及重大商业秘密的员工签订保密协议，保密协议的内容另行规定。

本规则所称秘密，是指公司提供的"公司内部信息"及公司从第三方取得的"公司以外的信息"，即涉及公司经营活动的全部技术、设计、制造、购买、销售、经营、财务等信息。公司进行保密管理不向公众公布的信息（以下简称秘密信息）具体包括但不限于以下内容：

（1）有关原材料、制造方法、工程管理的秘密信息；

（2）客户名单、与客户的交易状况等有关客户的秘密信息；

（3）有关销售价格、购买价格、交易条件等秘密信息；

（4）有关公司的人事及财务的秘密信息；

（5）有关公司的企划事业的秘密信息；

（6）其他有关公司经营方面的秘密信息。

第 23 条（经费的节约）

员工应当爱护公司物品，努力节约。对损害公司物品的员工，公司可要求其赔偿。

第 24 条（离开工作岗位）

工作时间内，未经领导许可，员工不得擅离职守，或者擅自外出、下班、进行私人会面等。

第 25 条（进餐、休息）

员工应当在规定时间内进餐及休息。

第 26 条（禁止接受钱款和物品等）

员工不得利用公司的职务或职权之便向他人借钱、收受他人的物品或其他利益。员工违反本条规定、触犯中国法律的，公司将转交司法部门处理，由司法部门依法追究其法律责任。

第 27 条（使用公司内设施的限制）

1. 员工使用公司内设施，必须征得公司事先同意。

2. 员工不得打私人电话，有紧急情况确需使用的应当征得领导的同意。

第 28 条（私人物品的携带出入）

员工在出入工作场所时，不得将未经公司许可的私人物品带入或带出。有特殊情况必须携带出入的，员工应当向公司提出申请并征得公司同意。

第 29 条（出入公司的限制）

符合下列行为之一的人员，命其禁止进入或离开公司：

1. 带有酒气者、扰乱公司秩序及有捣乱行为者；

2. 携带工作上不必要的烟火、凶器及其他被认为是危险物品者；

3. 被认为对安全卫生有危险、有害者；

4. 患有传染病、危害其他员工健康者；

5. 接受出勤停职处分期间仍打算进入公司者；

6. 被认为妨害或可能妨害公司工作者；

7. 未经许可将公司物品、财产带出公司者；

8. 未经许可在公司内摄影、录像、绘画者；

9. 被公司辞退者；

10. 公司以外并且与公司业务毫无关系者；

11. 公司认为不能进入的其他人员。

第 30 条（事故防止）

员工应当时常注意防止盗窃、火灾等事故及灾害的发生。事故发生时，应当及时同领导或有关部门联络，对公司采取的应急措施应予以配合。

第 31 条（公司设施内集会活动的汇报）

员工不得在公司设施内举行集会、宣传等活动。但因特别理由确需举行的，应当事先向公司负责人书面申请并征得同意。

第 32 条（工作交接）

员工因退职、解除合同、岗位调动、工作交替、退休或休假离开公司时，就负责的工作应当进行妥当的交接，公司的钱款及物品应当返还，同时参照本规则第 12 条第 3 款、第 4 款的规定执行。

第 33 条（遗失物）

1. 员工在自己负责管理的公司物品、钱款下落不明时，应当及时向领导及主管部门汇报。

2. 员工在公司内或公司设施内发现遗失物或所有者不明的钱款时，应当立即向主管该财物的有关部门报告并及时上交。

第 34 条（个人变更的申报）

员工在向公司报告的个人信息记录发生变更时，7 日内应当提出变更申报。

第 35 条（业务汇报）

员工在工作上发生问题时，应当立即向领导汇报征求其决断，不得谎报或拖延汇报。

2 - 1 - 2 - 3 工作

第 36 条（工作时间及休息时间）

1. 公司实施每周 40 小时、每日 8 小时工作时间制度。

2. 每日工作时间为 8：30 ~ 17：30，进餐时间为 12：00 ~ 13：00。

3. 工作时间为工作实际开始时间至实际结束时间。员工应当提前做好工作前的准备工作。

4. 为了不影响第二天的工作，员工应当在工作后对工作场所及周围进行整理和清扫。注意关闭火源及大门，除工作上需要的人员以及事先征得同意的人员外，应当立即离开公司。

第 37 条（工作时间变更）

公司根据工作上的需要，有时会特别规定或临时变更前条规定的工作时间。

第 38 条（工作时间相关规定的例外）

公司根据工作上的需要，对一部分高级管理人员、秘密负责人、外勤人员、值班人员及其他有工作上的特殊需要或者关系到其所负责范围的人员，其工作时间不按第 36 条的规定进行限制。公司在和员工的劳动合同中，对工作时间另行规定，经相关劳动部门的审批后实施。

第 39 条（出差的规定）

1. 公司根据工作上的需要，可随时指派员工出差。

2. 员工在出差时应当办理规定的手续。

3. 出差后应当立即提交出差报告，结算费用。

4. 员工应当遵守公司另行规定的"出差制度"。

第 40 条（休息时间）

在不影响业务的前提下，休息时间可自由活动。

第 41 条（上班下班）

1. 员工在上下班时，应当在公司规定的场所由本人在考勤机器上打卡记录上下班时间。

2. 下班后，工作上不需要的人员应当迅速离开公司。

3. 上班时间内，因公外出前应向领导说明外出原因和返回时间。

第 42 条（迟到）

上班时间开始后 5 分钟至 30 分钟内到公司者，按迟到论处。超过 30 分钟的按旷工半日论处。因正当原因迟到时，应当将理由填写在"休假申请表"上，向领导汇报。事先已经知道要迟到的，应当提前向领导报告并得到领导认可。因不可抗力迟到的，向领导说明情况并被承认的，不作为迟到处理。

第 43 条（早退）

员工不得无故早退。因患病或者其他不得已的理由需要早退的，应当填写"休假申请表"及时办理请假手续，未及时办理请假手续者按旷工论处。

第44条（缺勤）

1. 因病休假

（1）员工患病时可到医院就诊。在这种情况下应当立即和公司进行联系。

（2）因患病或负伤需要休假的，在提交公司指定医院的诊断书和病休证明后，方可被认定为病休。同时，该员工必须填写"休假申请表"，并应尽快告知公司可能的请假期限。

2. 因私休假

（1）员工因私休假的，应当在3天前填写"休假申请表"，征得领导同意。需要因私休假2天以上的，应当在7天前通知公司，由领导决定是否批准。

（2）因突发事件等事先无法申请的，应当在合理的时间内和公司联系。

（3）员工因不得已但可以预期的理由缺勤时，应当事先填写"休假申请表"，经由领导向管理部门汇报。

（4）患病、负伤以外的理由缺勤的，公司根据需要可要求其提交相关证明。

3. 事先无法汇报的，必须事后提供相关证明，经公司审核后，补办休假手续。

4. 没有事先提出休假申请而缺勤的，视为旷工，除非员工缺勤有公司认可的理由。

5. 如果员工在休假期限到期后，没有合理的理由仍不返回公司报到的，将被视为无故旷工。

第45条（休息日）

1. 员工可以享受的休息日为，法定休假日、星期六、星期日及公司规定的其他休假日。

2. 公司将保留对公司假日进行调整的权利。

3. 根据工作上的需要，员工在前款的休息日被指令出差的，公司将在其他工作日调休或者支付加班补助。

第46条（加班）

1. 公司根据工作上的需要，在与员工协商的基础上，可以延长工作时间或者要求员工在休息日出勤。

2. 员工超过规定的劳动时间或休息日出勤的，公司根据国家相关规定以其他工作日调休或者支付加班补助。

3. 公司规定的休假日是平日（正常工作日）的，对公司规定休假日出勤的员工给予调休或者支付平日加班补助。公司规定的休假日恰逢法定休息日或者法定的节假日的，对公司规定休假日出勤的员工给予法定休息日或者法定节假日的加班补助。

4. 员工主动申请加班，需提交书面申请并征得主管部门批准。

5. 上下班途中、出于业务需要陪同公司客户娱乐、旅游以及公司或部门已明确换班计划的工作不属于加班。

第47条（女性员工的待遇）

1. 对哺乳产后不满12个月婴儿的女性员工，公司在每天的工作时间内安排1小时哺乳时间；女职工生育多胞胎的，每多哺乳1个婴儿每天增加1小时哺乳时间。婴儿满一周岁后，经区县以上医疗机构确认为体弱的，可延长授乳期，最多不超过6个月。因特殊原因变通执行授乳时间安排或符合条件需要延长授乳期的，应当事先和领导及所属部门协商。

2. 对怀孕7个月以上的女员工及哺乳期内的女性员工，公司不安排加班或者夜班工作，并在工作时间内安排一定的休息时间。

3. 女性员工的其他特殊待遇，公司将按照国家相关法律及公司规定执行。

第48条（年度带薪休假）

1. 符合连续工作满12个月以上的，依法享受年度带薪休假。当年度年休假天数，按照在本单位剩余日历天数折算确定，折算后不足1整天的部分不享受年休假。前款规定的折算方法为：（当年度在本单位剩余日历天数÷365天）×职工本人全年应当享受的年休假天数。

2. 前款带薪休假的使用以下一人事年度为限，可以顺延。

3. 带薪休假的最小单位为半天（4小时）。

4. 使用带薪休假的人员，应当在一周前提出申请。同时，应当填写"休假申请表"，并征得领导的同意。

5. 公司在认为使用带薪休假对业务造成影响时，可以变更休假时期或者将申请天数分割使用。

6. 员工患病、负伤以及因私缺勤的，如本人申请的话，可将带薪休假的剩余天数代替缺勤日。

7. 公司安排员工休年休假，但是员工因本人原因且书面提出不休年休假的，公司可以只支付其正常工作期间的薪资。

8. 公司与员工解除或者终止劳动合同时，当年度未安排员工休满应休年休假的，应当按照员工当年已工作时间折算应休未休年休假天数并支付未休年休假工资报酬，但折算后不足1整天的部分不支付未休年休假工资报酬。前款规定的折算方法为：（当年度在本单位已过日历天数÷365天）×员工本人全年应当享受的年休假天数－当年度已安排年休假天数。公司当年已安排职工年休假的，多于折算应休年休假的天数不再扣回。

第49条（婚丧等特别休假）

1. 对员工的婚丧、灾难等，给予以下特别休假：

假期类型	情况说明	假期天数
婚假	本人结婚 男性不满 25 周岁女性不满 23 周岁	3
	本人晚婚 男性 25 周岁以上女性 23 周岁以上	10
子女结婚假		1
配偶生育假		3
丧假	父母（含养父母、岳父岳母）、配偶、子女的葬礼	3
	祖父母（外祖父母）、兄弟姐妹的葬礼	1
其他假期	天灾及其他自然灾害	公司认为必要的天数
	传染病	政府指定期间
	政府规定的其他休假	政府指定期间

特别说明：结婚休假的有效期限为结婚登记后的半年，进公司前已经结婚登记的，原则上不给予结婚休假。结婚休假应当一次性使用。

2. 在前款规定的各休假期间内，公司支付有关法律法规规定的工资待遇。

第 50 条（女性员工的特别休假）

1. 对女性员工给予以下特别休假：

（1）女性员工生育享受 98 天产假，其中产前可以休假 15 天；难产的，增加产假 15 天；生育多胞胎的，每多生育 1 个婴儿，增加产假 15 天。女性员工怀孕未满 4 个月流产的，享受 15 天产假；怀孕满 4 个月流产的，享受 42 天产假。

（2）对于符合上海市晚育奖励条件的女性员工，按照所在地晚育假期规定给予晚育假。

2. 前款各项休假期间内，薪资待遇等不受影响，按照有关规定由生育保险基金和公司等分别承担。生育津贴与产假工资不一致的，按照从高原则处理。员工不能同时取得生育津贴和产假工资。

第 51 条（参加国家活动的特别休假）

1. 员工行使选举权或者参加人民代表大会、劳动模范大会等国家活动时，给予特别休假（员工应提交相关证明）。

2. 前款的特别休假期间内向员工支付正常工资。

3. 前款的规定与中国的相关法律法规相抵触时，以该法律法规为准。

第 52 条（特别休假的手续）

特别休假指的是本规则第 48 条、第 49 条及第 50 条规定的休假。

员工获得特别休假时，应当在 5 天前向领导及主管部门提出申请，并获得许可。上述休假系虚假或提供了虚假证明的，或者以其他不正当的理由离开工作岗位的，视为无故缺勤。

2-1-2-4 工资、奖金

第53条（工资、奖金）

关于员工的工资和奖金另行规定。

2-1-2-5 经济补偿金、医疗补助费

第54条（经济补偿金）

1. 公司根据第7条第1款、第3款，第8条第1款中的（1）、（2）、（3）、（4），第9条第1款解除劳动合同的，或者根据第11条终止劳动合同且法律法规规定应当支付经济补偿的，根据员工在本单位的工作年限向员工一次性支付相应的经济补偿金。

2. 经济补偿按员工在公司工作的年限，每满1年支付1个月工资的标准向员工支付。工作6个月以上不满1年的，按1年计算；不满6个月的，向劳动者支付半个月工资的经济补偿。

3. 员工月工资高于公司所在地上年度职工月平均工资3倍的，向其支付经济补偿的标准按职工月平均工资3倍的数额支付，向其支付经济补偿的年限最高不超过12年。

4. 用以计算员工经济补偿金的月工资是指员工在劳动合同解除或者终止前12个月的平均工资。

第55条（医疗补助费）

公司根据第7条第1款的（1）解除劳动合同时，除向员工支付生活补助费以外，还应向员工一次性支付相当于本人6个月纯收入的医疗补助费。

2-1-2-6 婚丧补助

第56条（婚丧补助）

公司为已满试用期的员工提供一定的婚丧补助。但本人应当提供相关有效证明。具体规定见下表：

内容	金额	本人需提供的有效证明
结婚贺礼	300元	结婚证（原件）
生育贺礼	300元	出生证（原件）
葬礼费用（仅限于父母、配偶、子女）	300元	死亡证明

2-1-2-7 安全及卫生

第57条（安全卫生的保持）

公司在工作场所的安全卫生方面采取必要的措施，积极致力于作业的改善、员工的灾害防止及健康的保持。员工在作业时应当遵守法规及公司的规定，听从安全管理人员及卫生管理人员的指示，并予以配合。

第58条（安全卫生管理人的选任）

公司选任安全管理人及卫生管理人。

第59条（安全卫生教育）

员工应当接受与安全及卫生相关的教育，并且应当予以实施。

第60条（业务限制）

员工发生下列情形之一的，为保护健康的需要，公司可限制其工作、更换其工作、要求其接受治疗或采取其他保健卫生上的措施。因治疗需要休假的，治疗期间的待遇按病休处理：

1. 患病或者身体虚弱，需要一定保护的；

2. 身体遭受重大障碍，需要特别保护的；

3. 根据健康诊断被认为需要的。

第61条（健康检查）

1. 公司为员工提供每年一次的定期健康检查。

2. 员工没有正当理由不得拒绝。根据健康检查的结果，依据本规则第60条规定，对认为必要的员工可采取措施。

第62条（工作限制）

为了保证其他员工安全有序的生产环境及健康的身体状态，如某位员工发生下列情形之一的，公司可以限制其进入工作场所：

1. 患有或可能患有传染病的；

2. 患有或可能患有精神病的；

3. 患有某种疾病或受到伤害，继续工作可能使状态显著恶化的；

4. 因其他健康上的理由被认为不适合工作的。

对可能患有上述疾病的员工，如能提供公司指定医院确诊健康的证明，可以正常工作。

2-1-2-8 教育

第63条（教育）

公司为使员工掌握工作上必要的知识及提高业务技能，对员工进行必要的教育。员工对此不得拒绝。如有特殊情况及合理原因未能及时参加的，公司允许其在今后的教育中补修。

第64条（外部资格试验、进修会的参加）

公司根据工作上的需要，有时会要求员工参加各种资格试验或者进修会。

第 65 条（教育培训费的赔偿）

由公司负担费用参加进修或教育培训的员工，在该期限结束后劳动合同期满前提出辞职或因违反劳动合同规定的条件被公司解除劳动合同的，应当向公司赔偿劳动合同的剩余期限部分的教育培训费。但公司和员工签有"培训或研修协议"并且该协议中规定了服务期限的，或者公司和员工就服务期限另有规定的，以该服务期限的规定为准。没有规定服务期限的，以劳动合同期限为准。公司和员工之间就服务期限和劳动合同期限均未规定的，服务期限按 3 年计算。

2-1-2-9 劳动保险及福利

第 66 条（员工保险）

公司按照法律法规规定为员工缴纳各项社会保险。这些社会保险包括：

1. 养老保险；

2. 医疗保险；

3. 生育保险；

4. 失业保险；

5. 工伤保险。

第 67 条（住房公积金）

公司按照法律法规规定为员工缴纳住房公积金。

第 68 条（福利、奖励基金）

公司按照法律法规规定从利润中提取福利、奖励基金。

第 69 条（非工伤待遇）

1. 公司对非因工患病或负伤的员工，给予一定补助，员工应当提供相关证明。

2. 2002 年 5 月 1 日后与公司签订或续签劳动合同的员工，根据其在公司的工作年限，享受以下医疗期限：[①]

（1）员工在公司工作第 1 年，医疗期为 3 个月；以后工作每满 1 年，医疗期增加 1 个月，但不超过 24 个月；

（2）连续或累计病休满 21 天的，以 1 个月计算。该计算方法不含国家规定的节假日和休息日；

（3）2002 年 5 月 1 日前与公司签订或续签劳动合同的员工，其医疗期待遇根据相关法律法规执行。

3. 医疗期间支付法定病假工资。医疗费用、死亡时的丧葬费等费用根据国家

---

① 新规定参见：《上海市人民政府印发修订后的〈关于本市劳动者在履行劳动合同期间患病或者非因工负伤的医疗标准的规定〉的通知》（沪府发〔2015〕40 号），有效期延至 2025 年 6 月 30 日。

法律法规及公司规则的规定支付。

4. 工作成绩杰出的员工，第 2 款的医疗期间可以适当延长，具体延长期限由公司规定。

5. 前款各项规定与中国及上海市的相关法律法规抵触时，以该法律法规为准。

第 70 条（工伤待遇）

员工因工患病或负伤时，医疗费、死亡时的丧葬费等待遇，公司将按照国家法律法规及公司规则的规定支付。

2 – 1 – 2 – 10 表彰

第 71 条（表彰）

员工符合下列条件之一的，公司给予表彰。表彰可以根据需要随时授予：

1. 工作成绩良好的；

2. 对公司有显著贡献的；

3. 工作成绩等优秀，成为员工楷模的；

4. 防止灾害发生于未然状态或者灾害发生时采取特别的行动，显有功绩的；

5. 对国家和社会有贡献，特别提高了公司及员工名誉的；

6. 工作上进行了有益的发明、创造、改良及研究的；

7. 其他被认为有上述各款相当功绩的。

第 72 条（表彰的方法）

前条的表彰，按下列形式授予。以下表彰形式可以并用：

1. 奖状；

2. 奖金；

3. 奖品。

2 – 1 – 2 – 11 惩戒

员工违反本规则或公司的其他规定、指示的，根据其严重程度，依据本章的规定给予相应的惩戒。

第 73 条（惩戒的方法）

公司给予员工以下处罚：

1. 警告：要求书面检查、责成反省、给予黄牌警告。

2. 减薪：要求书面检查并减薪。根据过失程度，一回减少金额不超过 5 天的基本工资，并且在不超过工资支付期间的基本工资总额 20% 的范围内进行。

3. 降职：要求书面检查，免去职务或者降低一级、减少工资和津贴。

4. 观察期：规定 1~3 月的观察期，观察期内违反纪律的，给予追加处罚。

5. 停止出勤：要求书面检查，5 天之内停止出勤，其间的工资不予支付。

6. 劝告退职：要求提交辞职报告，自己提出退职。

7. 解雇：不规定事先通知期间，立即解雇。

第74条（警告）

员工有下列行为之一的，处以警告处分：

1. 对工作上的手续或工作报告，拒绝办理、故意拖延办理或者有虚假行为的；

2. 带有酒气出勤的；

3. 未经公司许可使用公司设施或者公司规定以外的设施的；

4. 未经许可打私人电话的；

5. 未经许可在不必要的时间或场所使用烟火的；

6. 未经许可不参加公司规定必须参加的活动的；

7. 随意使用公司物品，导致浪费的；

8. 工作时间内谈论与工作无关的事情或者办理私事，经提醒仍未改善的；

9. 违反本规则第28条、第31条规定的；

10. 委托他人填写出勤卡，或者受他人委托代为填写的；

11. 工作中穿着公司规定以外的服装的；

12. 在规定场所、时间以外进餐或者吸烟的；

13. 工作中未经领导同意擅离职守的；

14. 发生争吵，扰乱工作场所秩序的；

15. 怠慢工作，经领导提醒仍不改善的；

16. 怠慢工作场所的整理、清扫工作的；

17. 工作时间以外未经许可进入公司或者在公司逗留的；

18. 将未经公司许可的物品带入公司或留存公司的；

19. 因过失行为给公司造成损失的；

20. 因过失行为造成公司的建筑物、器具、机械或其他物品丧失或者损坏的；

21. 因过失行为损害公司的名誉及信誉的；

22. 对属下员工指导、监督不利的；

23. 因公司业务外出，无正当理由在规定时间内未返回公司的；

24. 迟到的次数超过"考勤制度"规定的；

25. 公司规定以外或者工作以外的目的使用电脑软件的；

26. 未经公司许可或者工作以外的目的使用公司电脑和因特网的；

27. 一年无故缺勤一次（含一天）以上的；

28. 有其他与以上各款类似行为的。

第75条（停止出勤、降职、减薪、观察期）

员工有下列行为之一的，可根据具体情况单处或并处停止出勤、降职、减薪、观察期处分：

1. 一年受到两次第 74 条的处分，仍不改善的；

2. 未经许可把公司的钱款、贵重物品带出或打算带出公司的；

3. 不正当财务结算的；

4. 从事赌博或非法个人物品买卖的；

5. 因重大过失损害公司的名誉及信誉的；

6. 因重大过失给公司造成经济损失的；

7. 无正当理由妨碍公司或领导工作的；

8. 无正当理由不听从工作上的指令或者越权专横扰乱职务纪律的；

9. 因交通事故给他人造成人身伤亡的；

10. 无视公司安全卫生规定、违反指示或操作标准的；

11. 未经许可擅自改写公司的电脑资料、数据的；

12. 拒绝领导的指示、命令的；

13. 对应当处罚的人员予以放任或包庇的；

14. 相互殴斗、扰乱工作场所秩序的；

15. 一年累计无故缺勤二次（含二天）以上的；

16. 有其他与以上各款类似行为的。

第 76 条（劝告退职、解雇）

员工有下列行为之一的，处以劝告退职或解雇处分：

1. 一年受到三次第 74 条规定的处分的；

2. 一年受到二次第 75 条规定的处分的；

3. 伪造履历或者采取了其他不正当手段被录用的；

4. 一年累计无故缺勤三次（含三天）以上的；

5. 因故意或重大过失行为造成公司的建筑物、器具、机械或其他物品丧失或者损坏的；

6. 不正当财务结算且数额巨大的；

7. 接受处罚后心怀不满，对执行处罚人员企图报复、威胁的；

8. 工作时间内不从事工作或拒绝工作的；

9. 拒不听从领导指示、命令，态度恶劣并造成恶劣影响的；

10. 未经公司许可在其他公司工作或者从事公司以外工作的；

11. 对其他员工实施暴行、恐吓或者盗窃其他员工的钱款、贵重物品的；

12. 将公司的钱款、贵重物品用于私用或者不正当使用的；

13. 利用公司职务或职权非法收受钱款、贵重物品或者谋取私利的；

14. 以煽动性的言行妨害公司的正常生产、经营活动或者有妨害危险的；

15. 未经公司许可在公司设施内举行集会、宣传等活动的；

16. 因故意或过失行为泄露或者打算泄露工作上的秘密的；

17. 因故意或过失行为严重损害公司的名誉及信誉的；

18. 因故意或过失行为给公司造成重大经济损失的；

19. 违反刑法或者严重违反社会公共利益的；

20. 被公安部门处以拘留等治安处罚的；

21. 因故意或重大过失导致他人人身死亡或重伤事故的；

22. 未经许可擅自改写公司的电脑资料、数据，给公司业务造成重大损失的；

23. 法律、法规或公司制度规定的其他情形。

2–1–3 就业规则附则

第 77 条（本规则的修改）

作为本规则依据的中华人民共和国现行有效的法律、法规及政府发布的政策等规范性文件被修改、变更、取消、废除，或者中华人民共和国的权力机关制定新的法律、法规、政策，导致本规则的规定及其附件、补充文件的规定和现行有效法律、法规、政策的内容相抵触，或者和该法律、法规、政策的宗旨相违背时，公司根据情况需要，可以对本规则进行修改、变更。

第 78 条（本规则的实施）

本规则从_____年_____月_____日起实施。本规则不明确的事项由公司董事会解释。

第二节　某国有控股集团有限公司规章
制度手册完整示例及要点解析①

某国有控股集团有限公司规章制度手册

2-2-1序言

序　言

尊敬的各位员工：

欢迎您加入××××集团有限公司。本手册旨在帮助您了解公司的工作环境、各项规章制度，从而使您尽快融入公司。

本手册明确了员工和公司各自的义务和责任，员工必须了解并遵守公司的所有政策和规章制度。

本手册由人力资源部编写，经公司最高管理层批准并经由公司职代会民主讨论通过，自＿＿＿年＿＿＿月＿＿＿日起生效。

本手册是对劳动合同中的条款细则的补充。本手册内容将适时进行修改，因此，本手册的细则也将以届时修订的版本为准，而且也无法概括所有适用于您个人情况的条款细则。

本手册归××××集团有限公司所有，仅供内部使用，员工不论在任何情况下与公司解除或终止劳动关系，都必须将本手册归还给公司。

公司人力资源部保留本手册内容的最终解释权。

××××集团有限公司

---

① 本节内容参考了刘大卫主编：《劳动合同法背景下企业人力资源管理必备文书大全》，华东师范大学出版社2008年版，第73-205页。同时本章内容还参考了持万企业管理咨询有限公司咨询顾问一部企业规章制度电子文档库的相关内容，并结合新劳动法背景以及通常企业的实际特点进行了必要的适法性改动。员工手册并无固定的格式和版本，企业在参考适用时可以根据自身情况对相关内容进行适当的补充、调整和删减。

2-2-2 道德准则

道德准则

作为一名企业员工，必须做到诚实、诚信待人；忠实履行社会责任和岗位责任。

企业为赢得社会公民的信任，需要全体员工都以一个公民的自觉性按照高度的道德观行动。

作为一名企业员工，我们要在社会道德的基础上，进行组织决策，开展事业活动。

当今世界急剧变化，难以适用现有规则的情况日益增加，在这种形势下，每个人都应从企业道德的这一普遍性价值观出发，在各种场合铭记企业道德准则，重新反思日常活动，从而做出正确的决策和行动就显得至关重要。

2-2-3 正文

2-2-3-1 制订依据

第一章　制订依据

根据《中华人民共和国劳动法》（以下简称《劳动法》）、《中华人民共和国劳动合同法》（以下简称《劳动合同法》）及有关法律、法规的规定，结合本公司的实际情况，制订本手册。

第一条　员工的概念

本手册中的员工是指与公司建立劳动关系的人员。

第二条　适用范围

本手册适用于第一条所述的员工。

第三条　相互义务

员工必须服从上司的工作安排，遵守本手册规定，维护工作岗位秩序，忠实履行其义务。

公司应尊重员工的人格和自主性，创造良好的工作环境和健康向上的文化生活环境。

第四条　本手册的法律约束力

本手册是劳动合同不可缺少的组成部分，员工根据本手册可以向公司主张权利的同时，应当承担相应的义务。

公司与员工签订的劳动合同或劳务合同的内容与本手册的内容不同时，优先适用劳动合同或劳务合同。

员工应当根据前述规定，遵守本手册，相互协助，完成自己的职责，按照公司的指示，维持公司秩序，为公司的发展提高劳动生产率，尽最大的努力。

2-2-3-2 员工聘用

第二章　员工聘用

第五条　招聘渠道

公司通过市场招聘、推荐、人才中介等多种渠道合法招聘员工。

第六条　招聘原则

公司按照公司制定的招聘程序，通过考试（笔试、面试），实行公平竞争，按需量才，择优选聘。

招聘员工，不因其民族、年龄、性别、婚姻以及宗教信仰的不同而给予不同待遇。

公司对员工本着"人尽其才、才尽其用、各尽所能、各司其职、各尽其责"的任用原则，并以充分发挥员工的智慧潜能为目标，务必将最适用的人才安排在最合适的职位上，帮助员工与公司共同成长。

第七条　选聘要求

本公司每一个工作岗位均招聘具有良好的道德素质和与该岗位匹配的胜任素质的员工，"德才"兼备是公司确定人才的标准。

"德"是指具有以下品格：

（1）基本的道德素质：诚实、守信、正直、勤奋、尊重他人并尊重自己。

（2）与公司匹配的价值观：认同公司的价值观并能够身体力行。

（3）崇高的敬业精神：热爱本职工作，以公司发展为己任，有强烈的事业心和高度的责任感。

（4）团队精神：具备合作精神，能时刻以大局为重，关心团体的整体目标。

"才"是指具有如下资质：

（1）能力的具备度：达到所处岗位对员工的胜任素质要求。

（2）能力的潜质度：能正确认识自己的工作目标和发展目标、精力充沛、具备良好的沟通技巧、具备学习新知识与技能的能力并能够不断更新知识结构。

第八条　招聘制约

有以下情形之一者，不得聘用为本公司员工：

（1）未满 16 周岁者；

（2）提供虚假资料者；

（3）被剥夺政治权利者或通缉在案未撤销者；

（4）曾被本公司开除或未经核准而擅自离职者；

（5）亏欠公款受处罚而未结案者；

（6）经指定医院体检不合格者；

（7）患有精神病或传染病或吸食毒品者；

（8）相关法规政策规定不得聘用的人员。

第九条　公司规定格式的简历

应聘者提交入职申请，应提交含有如下内容的简历：

（1）最终学历的毕业证书或学位证明（公司职位不要求提供的临时性岗位除外）；

（2）照片2张（最近3个月拍照，尺寸大小由人力资源部确定）；

（3）学习成绩证明（应届毕业生提供）；

（4）特殊技能资格证书的复印件；

（5）户口簿的复印件；

（6）身份证的复印件；

（7）劳动手册、退工单、离职证明书、居住证、退休证等相关有效工作状况身份证明复印件；

（8）已经开始享受基本养老保险待遇的证明或协保等人员的相关证明复印件；

（9）在其他用人单位的工作情况说明（非全日制用工员工提供）；

（10）公司指定的其他文件。

第十条　选拔考试

公司根据需要，可以全部或部分实施以下步骤：

（1）笔试；

（2）面试；

（3）实际技能考试；

（4）情景模拟或其他必要考试。

第十一条　招聘录用时的公司事先说明

公司在招聘录用员工时，应当依法向员工如实告知工作内容、工作条件、工作地点、职业方面的危害、安全生产状况以及劳动报酬等信息。

公司招聘员工时，必须告知员工录用条件的概要，并签署书面的《录用条件确认函》。

公司的事先说明，通过在招聘录用文件、公司网页等处以标准中文明确记载等合理的方式进行。

第十二条　新录用员工提交的文件等

新录用人员开始工作前（公司指定日期的，截至该日期），应提交以下文件：

（1）入职材料或简历中所述事实或复印件之原件备查；

（2）依据公司指定格式填写的个人情况表；

（3）市级及以上或公司指定医院3个月内的体检报告；

（4）个人书写的关于第九条规定提供的材料并无虚假、健康状况没有异常（对公司事前通知的疾病除外）、未在公司以外的用人单位工作（公司许可的除外），且了解并同意公司事先如实告知的相关法定事项及录用条件的保证书；

（5）公司认为有必要确认的其他文件。

在规定的时间（一般为1个月）内有义务积极联系原用人单位办妥本人的社会保险、公积金以及人事档案转移手续并将相关可能的手续证明交至公司。无故逾期不提供者，视为不符合录用条件。

第十三条 个人情况发生变动时的通知

在以下各项情形发生变动时，员工有责任在7日内书面通知人力资源部：

（1）实际居住的地址以及电话号码；

（2）学历以及资格；

（3）紧急联系人及联系方式；

（4）本人、家属姓名以及相互关系；

（5）本人及家属的结婚、生育、死亡及其他重大事项；

（6）本人健康状况；

（7）公司认为有必要知道的其他事项。

员工以上各项情形发生变化而未及时通知公司的，由此导致通知不能、调薪不能或造成其他影响的，相关责任由员工自行负责。

第十四条 录用

应聘者应当按照公司要求进行健康检查和职业病检查，体检合格者根据公司录用通知，携带通知要求的个人资料按时至公司人力资源部门报到。

公司在收到完整的个人有关资料后，为其办理录用手续。

2-2-3-3 劳动合同管理

第三章 劳动合同管理

第十五条 劳动合同的订立与履行

公司与员工建立劳动关系必须协商一致订立劳动合同，双方在劳动合同文本上签字或者盖章生效。

合同自订立之日起即具法律约束力，合同双方必须严格履行合同规定的各项权利和义务。

除在特殊情况下，并经公司同意，可以在建立劳动关系日以后订立劳动合同外，无论发生任何情形（除非全日制用工等法定不要求订立书面合同外），劳动合同必须在公司限定日期前以书面形式订立，否则视为员工自动解除或终止已有的事实劳动关系，且公司拥有即时按不符合录用条件解除劳动关系的权利。

公司实行劳动合同制下的阶段岗位聘用制度，对于适用员工所订立的《岗位聘用书》是劳动合同的必要附件。

劳动合同书一式三份，其中公司两份，员工一份。

第十六条 劳动合同期限

公司根据工作岗位和工作任务的需要，可以与员工订立固定期限劳动合同、无固定期限劳动合同和以完成一定工作任务为期限的劳动合同。固定期限劳动合同的具体期限由公司根据具体情形确定。

有下列情形之一的，员工提出或者同意续订、订立劳动合同的，公司将与员工订立无固定期限劳动合同：

（1）员工在公司连续工作满 10 年的；

（2）连续订立 2 次固定期限劳动合同，员工没有《劳动合同法》第 39 条和第 40 条第 1 项、第 2 项规定的情形，续订劳动合同的。

公司自用工之日起满 1 年不与员工订立书面劳动合同的，视为公司与员工已订立无固定期限劳动合同。

第十七条 非全日制用工的劳动合同

公司与非全日制用工者可以口头或书面订立劳动合同。

非全日制用工者被公司录用后可以与公司以外的用人单位订立劳动合同。但与公司先订立劳动合同，后订立的劳动合同不得影响与本公司订立的劳动合同的履行。

公司与非全日制用工者不得约定试用期。

公司、非全日制用工者的任何一方都可以随时通知对方终止用工。终止用工，公司依法不向非全日制用工者支付经济补偿。

非全日制用工者的小时计酬标准不得低于公司所在地政府规定的最低小时工资标准。

非全日制用工者的劳动报酬结算，支付周期最长不超过 15 日。

第十八条 试用期的约定

新录用员工一般约定有试用期。试用期限根据劳动合同期限确定：劳动合同期满 3 个月以上不满 1 年的，试用期为 1 个月；劳动合同期限 1 年以上不满 3 年的，试用期为 2 个月；3 年以上固定期限和无固定期限的劳动合同，试用期为 6 个月。

公司对同一员工只能约定一次试用期。

以完成一定工作任务为期限的劳动合同或者劳动合同期限不满 3 个月的，不得约定试用期。

试用期包含在劳动合同期限内。劳动合同仅约定试用期的，试用期不成立，该期限包含在劳动合同期限内。试用期计入本公司服务年限。

试用期间，员工出现 10 日以上连续病假、事假等休假的，试用期自休假之日计算中止。待员工销假继续工作时，试用期继续计算。

第十九条　试用期的待遇

员工在试用期的工资不低于公司同一职位最低级别工资或者劳动合同约定工资的80％，并且不低于所在地政府规定的最低工资标准。

第二十条　试用期内劳动合同的解除

在试用期内，员工不符合录用条件的，公司可以解除劳动合同。公司亦可根据《劳动合同法》的相关规定，以法定的其他理由解除员工劳动合同。

公司在试用期内解除劳动合同的，应当向劳动者说明理由。原则上该理由的说明应通过书面方式进行。

员工在试用期解除劳动合同的，可以提前3日通知公司，并根据公司离职管理的规定办理离职交接手续。

试用期结束前，部门负责人应对员工作出评定，填写《试用期鉴定表》，确定试用结果。如果认定员工不符合录用条件，可以依法与员工解除劳动关系。

第二十一条　劳动合同的变更

经协商一致变更劳动合同内容的，应当采用书面形式。变更后的文本，公司留存两份，员工留存一份。

第二十二条　岗位、职位调整

公司根据工作需要和员工的能力、经验、技能、健康以及其他情况，在不违背有关法律法规、包括本手册在内的公司规章制度、集体合同、劳动合同的条件下，有权调整员工的工作岗位、工作种类（职务、等级）。具体包括升级和降级，其中降级包括根据年龄达到一定岁数以后免除其所有职务的降级等。公司可以就升降级设置考试制度。员工对该调整有意见的，可以通过书面方式向人力资源部门提出理由。但未得到公司同意的，应当服从公司的决定。

公司根据上款规定，对主管级以上的员工，有权将其工作岗位调整到合同订立地以外的其他城市的分公司或办事处。但公司应当考虑该调整给员工带来的工作和生活上的负担，并在待遇方面努力给予适当调整，在具体工作安排上给予相应的便利。

原则上，主管以下的员工可以拒绝公司将其工作岗位调往合同订立地以外的分公司或者办事处。

公司可以设定每年一次听取员工关于变更工作岗位、工作种类的意愿的机会，员工希望变更工作岗位、工作种类的，在此机会时，可以通过书面方式向人力资源部门提出理由。但未得到公司同意的，应当服从公司的决定。

第二十三条　薪酬调整

根据公司薪酬制度规定和劳动合同约定，对于依据第22条进行的岗位变动，公司可以实行变岗变薪。

第二十四条　劳动合同的续订

本合同届满前，员工如有续订劳动合同意向的，应当向公司提出书面续订劳动合同意向书，公司可根据员工意向，经双方协商一致可以依法续订劳动合同。

员工未提出续订意向书面要求的，公司可以视员工不愿按维持或者提高原劳动合同约定条件续订劳动合同，并在期满时，依法与员工办理合同终止手续。

为了不影响公司的生产经营和业务开展，公司可以选择向员工发出续订劳动合同征询书。

在公司书面询问员工是否续订劳动合同（不低于原劳动合同约定条件）后 10 日内，员工应书面回复人力资源部门明确续订意向的，公司与员工经协商一致，可以续订劳动合同。

在公司书面征询员工是否续订劳动合同（不低于原劳动合同约定条件）后 10 日内，员工没有续订劳动合同的书面意思表示时，则公司可以视为员工不同意续订劳动合同，本合同于劳动合同到期时终止。

第二十五条　合同的另行约定

经双方协商一致，可以在合同中另行约定其他条款。

归于公司认定的涉及商业秘密的岗位，公司可以依法与员工另行订立包括保密、竞业限制等事项在内的约定条款或补充合同。

由公司出资对员工进行专项培训的，公司可与员工另行订立包括服务期及违约责任在内的约定条款或补充合同。

第二十六条　合同期内的考核

公司按照制定的程序和办法对员工工作绩效、技能和表现定期进行考核和评估，其结果将作为员工考核工资及奖金发放、调整岗位或职务（等级）以及工资水平的依据之一。

第二十七条　劳动合同的协商解除

公司与员工经协商一致，可以解除劳动合同。

第二十八条　员工解除劳动合同

在试用期内，员工提前 3 日通知公司，可以解除劳动合同。

在试用期满后，员工可以依据《劳动合同法》规定的实体和程序的有关条款解除劳动合同。

第二十九条　员工违法解除劳动合同的责任承担

员工违法解除劳动合同的，对公司造成损失的，应当依法承担损害赔偿责任。这些赔偿责任包括但不限于：

（1）因缺岗导致相关工作无法进行造成的业务损失；

（2）公司在员工违法解除劳动合同而缺岗期间，支付给其他员工或临时雇用人员的工资、加班费和补贴津贴等；

（3）公司应重新招录人员所需要的招聘与培训费用；

（4）泄露商业秘密对公司造成的损失；

（5）其他对公司造成的损失。

第三十条　公司不提前通知而解除劳动合同

员工有下列情形之一的，公司可以解除劳动合同：

（1）在试用期间被证明不符合录用条件的；

（2）严重违反用人单位的规章制度的；

（3）严重失职，营私舞弊，给公司造成重大损害的；

（4）员工同时与其他用人单位建立劳动关系，对完成公司的工作任务造成严重影响，或者经公司提出，拒不改正的；

（5）因《劳动合同法》第 26 条第 1 款第 1 项规定的情形致使劳动合同无效的；

（6）被依法追究刑事责任的。

第三十一条　公司提前通知而解除劳动合同

有下列情形之一的，公司提前 30 日以书面形式通知员工本人或者额外支付员工 1 个月工资后，可以解除劳动合同：

（1）员工患病或者非因工负伤，在规定的医疗期满后不能从事原工作，也不能从事由公司另行安排的工作的；

（2）员工不能胜任工作，经过培训或者调整工作岗位，仍不能胜任工作的；

（3）劳动合同订立时所依据的客观情况发生重大变化，致使劳动合同无法履行，经公司与员工协商，未能就变更劳动合同内容达成协议的。

第三十二条　经济性裁员

有下列情形之一，需要裁减人员 20 人以上或者裁减不足 20 人但占企业职工总数 10% 以上的，公司提前 30 日向工会或者全体职工说明情况，听取工会或者职工的意见后，裁减人员方案经向劳动行政部门报告，可以裁减人员：

（1）依照企业破产法规定进行重整的；

（2）生产经营发生严重困难的；

（3）公司转产、重大技术革新或者经营方式调整，经变更劳动合同后，仍需裁减人员的；

（4）其他因劳动合同订立时所依据的客观经济情况发生重大变化，致使劳动合同无法履行的。

裁减人员时，应当优先留用下列人员：

（1）与本公司订立较长期限的固定期限劳动合同的；

（2）与本公司订立无固定期限劳动合同的；

（3）家庭无其他就业人员，有需要扶养的老人或者未成年人的。

公司依照本条第 1 款规定裁减人员，在 6 个月内重新招用人员的，应当通知被裁减的人员，并在同等条件下优先招用被裁减的人员。

第三十三条　劳动合同的终止

有下列情形之一的，劳动合同终止：

（1）劳动合同期满的；

（2）员工开始依法享受基本养老保险待遇或达到法定退休年龄的；

（3）员工死亡，或者被人民法院宣告死亡或者宣告失踪的；

（4）公司被依法宣告破产的；

（5）公司被吊销营业执照、责令关闭、撤销或者公司决定提前解散的；

（6）法律、行政法规规定的其他情形。

第三十四条　退休及返聘规定

员工符合法定的退休年龄如下：

（1）男性员工为 60 周岁；

（2）主管以上（含）女性员工为 55 周岁；

（3）主管以下女性员工为 50 周岁。

公司可以根据退休员工的意愿和公司自身需要，与退休人员订立退休返聘协议。

第三十五条　劳动合同解除和终止的限制

有下列情形之一的，公司不得依照本手册第 30 条、第 31 条的规定解除劳动合同或者依据第 33 条第 1 款第 1 项的规定终止劳动合同：

（1）从事接触职业病危害作业的员工未进行离岗前职业健康检查，或者疑似职业病病人在诊断或者医学观察期间的；

（2）在本单位患职业病或者因工负伤并被确认丧失或者部分丧失劳动能力的；

（3）患病或者非因工负伤，在规定的医疗期内的；

（4）女职工在孕期、产期、哺乳期的；

（5）在本单位连续工作满 15 年，且距法定退休年龄不足 5 年的；

（6）法律、行政法规规定的其他情形。

第三十六条　工作交接程序和离职手续办理

公司解除或终止劳动合同时，需出具解除或终止劳动合同的证明，并在 15 日内为离职员工办理档案和社会保险转移手续。

劳动合同解除或终止，员工应依法并按公司有关规定，向公司有关部门和人员进行必要的工作交接。工作交接具体包括：工作内容的交接、资料设备及用品的交接、个人经济事务的处理、涉及规定岗位相关人员的职业健康检查；等等。

第三十七条　未按时勤勉履行交接义务的责任承担

员工应当依法按照公司规定履行工作交接的义务。因员工未履行义务，造成公司经济损失的，员工应承担损害赔偿责任。

第三十八条　经济补偿金及未结经济事务的处理

公司依据《劳动合同法》的规定在法定情形下依法支付经济补偿金。

员工在办理离职手续时尚有与公司未结算完毕的经济事务，或者因未按勤勉履行交接义务对公司造成损失的，公司可以先从员工最后一期的应付工资中直接扣还或暂缓发放员工的最后一期应付工资。

2 - 2 - 3 - 4 行为规范

第四章　行为规范

第三十九条　行为规范

企业要求所有员工要努力履行各自的职责，个人的行为表现影响企业形象。为确保企业健康地发展，员工应规范自己的行为。

未经公司同意，员工不得在外兼任其他经济组织的工作以及担任其他公司的顾问。

不得以个人目的，向任何第三方或未来雇主泄露其在本公司供职期间所获得的机密信息。包括文字或口头的各类技术、商务、财务或业务信息。

第四十条　职业道德

在业务活动中遵守相关的法律、法规，秉承廉洁公正的职业道德。

客户至上，客户是我们工作业绩表现的裁判。只有客户满意，公司才能创造业绩，员工才会有发展的机会，对客户的承诺是我们共同的责任。

不得以任何方式或借口索要收取贸易伙伴、与公司有业务关系的企业或个人的财物或其他好处。

第四十一条　财务及文件账簿的管理

员工未经公司权限人（直至总经理）的事前书面许可，不得挪用公司钱款财产；未经包括总经理在内的权限人的事前书面许可，不得随意向公司不准备使其阅览该文件、账簿的员工及第三者出示公司的文件、账簿。

第四十二条　节约原则

员工应当爱护公司的设施及物品，尽力避免因损害、灭失而产生不必要的费用。

员工应当注意节约，努力避免公司发生经费的浪费。

第四十三条　设备维修和管理

员工应在职能范围内按规定或规范对使用的设备物品进行日常维修管理。

员工未经包括总经理在内的职能部门负责人的事前书面许可，不得擅自移动、分解或让公司不准备使之使用该设备的员工或第三人使用设备。未经包括总经理在内的职能部门负责人的事前书面许可，不得对其他员工的设备物品进行不必要的干涉。

第四十四条　公司内设施的使用限制

员工未经包括总经理在内的部门负责人的事前书面许可，不得私自使用非本人工作限定使用范围之外的设施和设备。

未经包括总经理在内的部门负责人的事前书面许可，不得将第三者带进公司，更不得让非本设施或设备使用人擅自使用该设施或设备。

第四十五条　办公室的管理

公司借与员工的办公室，原则上只能放置与工作有关的物品。员工一般不得放置（更不得放置有损整洁、环境等公共利益的）私人物件、贵重物品以及其他有关私人生活的物品。

对员工放置在公司工作场所内的私人物品，公司不承担保管责任。

以遵守本条第 1 款规定为前提，在公司认为需要时，可以要求员工随时打开员工抽屉并取走有关物品。

第四十六条　物品的携带以及借用

员工未经部门领导的允许，不得将日常携带物品以外的东西带进或者带出公司。

员工不得利用职务或者职权之便，擅自因私借用公司物品。

第四十七条　携带物品的检查

公司根据需要可以在员工进出公司时，对其携带的物品进行检查。员工应协助公司，无正当理由不得拒绝。

第四十八条　就餐和休息

员工的就餐和休息应在公司指定的场所和规定的时间内进行。

第四十九条　出入公司

员工应由规定员工专用出入口进出公司，进出时应按要求出示证件。

第五十条　出入公司的限制

员工有下列情况之一的，公司可禁止其进入公司或责令其退出公司：

（一）扰乱或有可能扰乱公司正常秩序的；

（二）员工饮酒的；

（三）携带与工作无关的火器、凶器以及其他被认定为危险品的物品的；

（四）被认为有害于工作安全或卫生健康的；

（五）被怀疑带有传染病病毒的；

（六）停职或已受停止出勤处分或已与公司解除劳动关系，仍欲进入的；

（七）其他不宜进入公司的情况。

第五十一条　事故防范

员工应注意做好防盗、防火、防止事故和其他防灾工作。发生事故时，必须迅速联系包括总经理在内的负责人以及所属部门领导，及时处理。

第五十二条　禁止在公司内举行集会等活动

员工一般不得在公司内举行集会、演讲等活动。

因工会或员工代表大会召开等正当理由而有实施必要的，应当向包括总经理在内的公司职能管理部门负责人提出事前申请并取得许可。公司对有正当情形的申请应当许可。

第五十三条　遗失物

员工发现遗失物品时，应立即向负责人或管理职能部门报告。

第五十四条　业务报告

员工在业务上出现或有可能出现问题时，应立即向所属部门领导报告，不得拖延报告或隐瞒事实。

第五十五条　财物收授的禁止

员工不得利用职务或职权便利，使用公司的资金、物品进行提供、出借、赠与及其他的利益接受活动。

第五十六条　受贿以及回扣的禁止

员工不得利用职务或职权便利，以任何方式接受财物或以其他方式收受贿赂。

员工不得利用职务或职权便利，在有利于他人或其他公司的经营活动中，以任何方式收取、索要回扣、手续费等。

员工有以上第一款、第二款规定的受贿或收取回扣行为的，公司将根据本手册相关规定，对其严加处分。如因员工的行为对公司利益造成损害，公司有权依据损失金额要求其承担相应的经济赔偿责任，并可依法提请司法机关追究其刑事责任。

2-2-3-5 工作时间和考勤制度

第五章　工作时间和考勤制度

第五十七条　工作时间

（一）标准工时制

公司实行法律规定的标准工作时间制度，每日工作 8 小时（公司规定的就餐时间不算工作时间），每周工作 40 小时，每周休息两天。

员工在前款规定的工作时间外，经申报程序批准后延长工作时间的，可计为加班加点工时。

当公司发生紧急生产任务时（包括法定节假日），员工应当服从公司的加班安排；同时，政府实施让电措施而须休息日工作的或其他因生产经营原因公司认为需要临时调整工作时间的，公司可决定临时性、阶段性休息日的调整，员工应予服从。

当公司因市场变动、生产任务需要，并经劳动部门批准，员工所在岗位转为实行综合计算工作时间或不定时工作时间的，则按公司公布的调整公示为依据，本合同约定的标准工作时间随之调整变更。

（二）不定时工时制

经劳动部门的批准，部分岗位的员工的工作时间按不定时工作时间制度履行。

员工日常工作时间有超过标准工作时间的，依法不计算加班加点工时（法定节假日公司安排员工履行本员工作的除外）。

员工在法定节假日需要加班的，须经公司安排并事先经申报程序批准后方为有效。

（三）综合计算工时制

经劳动部门的批准，部分岗位的员工的工作时间按季、半年、1年为周期的综合计算工作时间制度履行。

员工应当根据公司实际生产任务的需要，服从公司工作时间和休息时间的安排。

公司应当按标准工作时间为标准，依法综合折算员工平均日、周、月实际工作时间和实际休息时间（不包括法定节假日），折算后员工日、周、月实际平均工作时间超过相应标准工作时间的，则依法计作平时延长工作时间计付相应报酬。

（四）不定时工作制和综合计算工时工作制在实施上的考虑

对于实行不定时工作制和综合计算工时工作制的员工，公司应根据有关法律法规，在保障员工身体健康的基础上，积极采用集中工作、集中休息、轮休调休、弹性工作时间等适当方式，确保员工的休息休假权利和生产、工作任务的完成。

按劳动合同相关约定变更工作岗位的，相应工作时间随岗位工作时间变化而变化。

第五十八条　日常考勤

员工应严格遵守公司规定的上下班制度，提前做好上班前的准备工作。

考勤机考勤是员工考勤的依据之一，每天上、下班时应自觉考勤。

工作时间内，员工不得无故离开工作岗位，因工作需要外出，应办理相关手续，填写《工间外出单》，并取得部门领导的签字同意。如果部门领导不在时，应取得其他相关领导同意。

第五十九条　迟到、早退

员工超过规定上班时间在30分钟内的，视为迟到；超过上班时间30分钟以上者，应根据实际情形按事假或其他规定办理。不可抗力因素除外（包括班车误点、交通事故、自然灾害等情形）。

在规定下班时间以前擅自离岗下班的，30分钟以内视为早退。

第六十条　加班制度

员工应努力提高劳动效率，在正常的工作时间内完成本职工作，未得到批准的延长工作时间不视作加班，公司不支付相应报酬。

因工作需要安排加班加点的，应事先提出申请，填写《加班申请单》经批准后方可加班，并报人力资源部门备案。

无法事前取得所属部门领导的事前许可和指示，并有正当理由的，不在此限。在这种情况下，应当及时向所属部门领导报告并补办相关手续。

部门安排的加班加点，原则上由部门安排调休，确系无法调休的，经部门领导批准后报人力资源部门结算加班工作。

加班加点时间每达到 4 小时的，在不影响工作的情况下，公司一般可与员工协商并可在 4 周以内安排补休。该员工在休息日加班的，公司要积极安排补休。该员工取得补休的，以半天补休为 4 小时、一天补休为 8 小时计算，从加班时间中减发。但该员工在节假日加班的，即使取得员工的同意，也不得安排补休并减发加班时间。

实行综合计算工时工作制的员工，按综合工时周期计算员工实际工作时间，计算后实际平均工作时间超过相应标准工作时间的，则依法计作平时延长工作时间计付加班工资。

加班工资以实际加班工作时间结算（减发规定的就餐时间）。

第六十一条 休息日、法定休假日

（一）标准休息日如下：

1. 周日；

2. 周六。

实行不定时工作制和综合计算工时工作制的岗位，休息时间由公司或部门另行安排。

根据工作上的需要，公司或部门要求员工每周日或每周六工作的，可从周一至周五选择特定的日期作为补休日。

（二）法定休假日如下：

1. 新年（1 月 1 日）：放假 1 天；

2. 春节（农历除夕、正月初一、初二）：放假 3 天；

3. 清明节（农历清明当日）：放假 1 天；

4. 劳动节（5 月 1 日）：放假 1 天；

5. 端午节（农历端午当日）：放假 1 天；

6. 中秋节（农历中秋当日）：放假 1 天；

7. 国庆节（10 月 1 日、2 日、3 日）：放假 3 天。

第六十二条 带薪年休假

公司实行带薪年休假制度，连续工作满 1 年的员工方可享受。

员工累计工作满 1 年不满 10 年的，带薪年休假为 5 天；满 10 年不满 20 年的，带薪年休假为 10 天；满 20 年的，带薪年休假为 15 天；享受带薪年休假的第一年按照当年减发本公司满 1 年月数后的实际月数进行折算（不满半天的按半天）。

带薪年假原则上由公司统一或由部门根据生产（工作）经营状况，安排员工进行休假，员工应予服从；员工不接受安排的休假的，视作自愿放弃。

由于行业特点，公司生产淡旺季明显，因此，员工带薪年假只能用于生产淡季使用（每年 1 月、2 月、3 月份以及 10 月、11 月、12 月份，可抵冲生产淡季期间的病假），最小使用单位为半天，当年休完。

员工遇有特殊情况需要使用带薪年休假的，需事先提出书面申请，经部门领导批准同意并在人力资源部门备案后，方可休假。

符合政府或公司限制或取消享受当年带薪假期规定条件的，相应限制或取消员工对应带薪假期。

公司待聘人员自待聘之日起，不再享受带薪年休假，待重新岗位聘用后按当年剩余实际上岗月数按比例折算后享受。

员工实际享受带薪年假，部门应予认真记录，并应由部门报人力资源部门备案和核算。

公司原则上不购买未使用的年度带薪休假，并且员工无论有任何情形均无权要求公司予以购买。

第六十三条　特别休假（公假）

符合以下各项之一条件的员工要求取得特别休假的，公司按照以下各项给予特别休假：

（一）应人民法院、检察院、公安局以及其他政府机关出具书证作为证人、鉴定人或知情人前往作证等事务需要的（必要时间或天数）；

（二）行使选民选举权或受邀参加人民代表大会、劳动模范大会等重大社会活动的（必要时间），但可以在休息日行使选举权或参加社会活动的除外；

（三）因灾害或其他非常事故等因素无法出勤，且符合政府规定的，可计作出勤，但以伤病作为理由的，应根据病假或工伤假的规定。

第六十四条　工伤假

发生员工因工负伤，部门或现场员工应立即报安全管理委员会。

因工负伤员工，应当根据有关法律法规规定的程序，接受工伤处理。

因工负伤员工，依法经政府专门机构工伤认定后，按工伤处理。

工伤员工在接受必要的停工医疗期间（一般不超过 12 个月）享受工伤假。工伤医疗期间可以享受有关法律法规规定的工伤保险待遇。

工伤员工工伤医疗结束，应根据《工伤保险条例》或相关的规定，及时做伤残鉴定和身体检查，员工拒不做伤残鉴定的，停止享受工伤待遇。

（一）员工在工伤医疗期间，应当遵守以下各项规定：

1. 遵守包括本手册在内的公司各项规则，不得损害公司名誉；

2. 未得到公司的事前同意，不得从事其他私人业务；

3. 工伤医疗期如较长，以掌握员工伤病情况为目的，员工每月月末前应当向公司提交指定医院的医疗诊断资料。

（二）工伤后复职的手续如下：

1. 参考指定医院等的病情诊断以及其他资料，公司判断其可以回原来岗位工作的，工伤休假期满后的第 1 个工作日回原来岗位工作；

2. 参考指定医院等的病情诊断以及其他资料，公司判断其没有能力回到原岗位工作，但可以在其他岗位工作的，工伤休假期满后的第 1 个工作日到公司指定的岗位工作。

第六十五条　患病或非因工负伤的病休假（病假）

员工因工作以外的原因负伤或患病的，可按政府规定，在必要的治疗期间享受法定医疗期。

在公司连续工作年数未满 1 年的，3 个月；在公司连续工作年数 1 年以上的，每满 1 年增加 1 个月，但累计最高不超过 24 个月。①

员工医疗期按以下累计病休时间计算。

根据政府的相关规定，员工法定医疗期从 2002 年 5 月 1 日起在本公司工作期间实际已享受的医疗期累积计算。

对患有某种特殊疾病（如癌症、精神病、瘫痪等）的员工，在 24 个月内尚不能痊愈的，经公司（并征询管辖地劳动主管部门）批准，可以适当延长医疗期。

员工因病请假（医疗期，下同），必须持有社保指定医疗机构出具的病假证明和因病医疗记录卡，无病假证明和因病医疗记录卡的一律视为事假或旷工。

员工因病临时请假不能上班，必须上班前告知本部门领导，并在上班第一天立即将病假证明交本部门领导；病假超过 5 天的，应由员工家属带好病假证明、医疗记录卡前来（或挂号邮寄）公司人力资源部门办理请假手续。

员工出差期间因急病就地治疗者，须持有当地县级以上的社保机构指定医院的病历和病假证明，经公司批准后，方可视作病假。

因病请假的员工应当服从公司在必要时组织的指定医疗机构的身体检查。

第六十六条　婚假

符合法定结婚年龄的员工婚假为 3 天，符合晚婚年龄的初婚者（男 25 周岁或以上、女 23 周岁或以上），可增加晚婚假一周。

初次结婚年龄的计算，以结婚证书上的批准日期为标准。

---

① 新规定参见：《上海市人民政府印发修订后的〈关于本市劳动者在履行劳动合同期间患病或者非因工负伤的医疗期标准的规定〉的通知》（沪府发〔2015〕40 号），有效期延至 2025 年 6 月 30 日。

婚假自领取结婚证书之日起的半年内一次使用完毕。

在进入公司以前领取结婚证书的，不享有婚假。

第六十七条　丧假

员工遇亲属去世，凭有关证明，可以申请丧假：

（一）员工的配偶、父母、岳父母、公婆、子女去世的，丧假3天；

（二）员工的亲兄弟姐妹、祖父母、外祖父母去世的，丧假1天。

丧假必须在1个月内一次使用完毕。

第六十八条　生育假

女员工生育或流产凭本市卫生行政部门认可的医疗保健机构出具的《生育医学证明》享受产休假。

男性员工凭子女出生的有效证明给予陪产假3天。男方陪产假须在子女出生后1个月内休完。

女员工生育后1年内享有每天1小时的哺乳时间。

接受节育手术者，凭有关医疗机构证明，按政府规定享受计划生育相关假期。

员工违反国家有关计划生育规定或未经结婚登记而分娩的，不享受生育假及相关待遇。

第六十九条　事假

员工因私请假，应事先办理请假手续，由本人填写事假单，经相关审批权限领导批准后方可准假。请假期满应及时上班，确因特殊原因无法提前办理续假手续的，应提前向部门领导提出口头申请，事后必须做出书面说明，经相关领导批准后方可补假。如未办理请假手续或假满未归按旷工处理。

事假审批权限如下：

职别	权限
经理（科长）	2天/月及以下
部长	3~5天/月
分管副总经理	6天/月及以上

事假以2小时为基本计算单位。

第七十条　请假手续

无论何种假期，员工每次请假都必须填写《请假单》。确因特殊原因无法事先办理请假手续的，应尽快用电话或其他方式向部门领导报告说明缺勤理由和预计上班的时间，并在上班后第一天持有效证明及时补办请假手续，否则按旷工处理。

第七十一条　旷工

不按规定办理请假手续而缺勤或在规定下班时间以前擅自离岗下班30分钟以上的，一律作旷工处理。

员工在请假手续中弄虚作假，经查明后，其原有假期作旷工处理。

第七十二条　出差

（一）审批流程和权限

1. 流程

由出差人填写"出差申请表"经权限人审核批准后方可出差，出差返回后填写货币支付凭证，经费用批准权限人批准后，至财务部门报销（附出差申请表）。

2. 批准权限

出差 1~2 天的，不需批准，由直接上司决定；出差 3~7 天的，先由直接上司批准，后交上司的上司决定；出差 8 天及以上的，先由直接上司和上司的上司批准，后交分管副总/总经理决定。（其中上司指部长、科长及以上职位人员）

（二）出差补贴标准（具体标准根据公司出差补贴规定实施）

1. 陪同上司出差，住宿标准可根据实际情况适当调整；

2. 出差补贴按住宿天数计算（当天往返不计发出差补贴）；

3. 有公务宴请或住宿附带早餐，则相应减发出差补贴；

4. 出差返回 1 周内，经费用开支批准权限人审批后到财务部门报销。

（三）出差期间考勤

出差前填写请假单并附相关材料交人力资源部门，出差期间按出勤处理。

出差期间逢节假日或超时工作，不计作加班。

2 - 2 - 3 - 6 薪酬

第六章　薪酬

第七十三条　工资制度

公司以岗位职责、劳动技能等基本要素作为分配的基本依据，实行岗位等级工资为基础的业绩主导的工资制度。

公司实行变岗变薪：员工因工作需要（或本人的实际情况，或岗位聘用等）变动岗位的，由人力资源部门根据变动后的岗位，按照公司《岗位等级标准》及《岗位等级工资标准》提出变岗变薪意见，经公司负责权限人批准后执行；变薪日期与变岗时间原则上同时执行。

公司实行月工资制，当月工资次月发放。公司按照工资结算规则，依据员工出勤及实际业绩等的考核结果，根据员工事先确定的薪酬标准按月核算员工当月应得工资。公司保障员工在法定工作时间内付出正常劳动前提下，当月所得实际报酬不低于当地政府规定的最低工资标准。

公司实行工资保密原则，除法律另行规定以外，员工承担不向除人力资源部门专职工作人员以外的他人透露本人或打听他人工资信息的义务；员工如有违反，公司有权依据相关规章制度规定予以处置，直至解除劳动合同。

第七十四条　工资调整和水平

公司视公司效益和物价因素等情况不定期调整员工工资，逐步使之在同行业中具有一定的竞争力；

公司视公司效益和物价因素情况决定员工的总体工资水平，员工个人实际工资水平的调整由其岗位、业绩、能力和表现等决定。

第七十五条　员工收入构成

员工的收入由工资，奖金，津、补贴组成，其中工资包括基本工资、考核工资、保留工资和加班工资，奖金包括旺季奖金和年终奖金，津、补贴包括中夜班津贴、早班津贴和班组长津贴。

第七十六条　收入构成的相关定义

基本工资：是公司依据员工所处的岗位、能力等，并根据公司岗位等级工资标准体系确定的每个月法定工作时间内提供正常劳动下所支付给员工基本报酬，本工资中包含国家规定的各类津贴、补贴。

考核工资：是公司或部门根据公司相关考核规定，依据员工实际工作及业绩状况考核结果按月支付给员工的浮动报酬。

保留工资：是公司尚未制订岗位等级工资标准体系前员工原有的实际工资标准与实施岗位等级工资标准规范评定的工资标准的差额，为稳定员工的工作积极性，经公司确认后暂时保留的补贴性报酬。本部分报酬随今后调整员工工资逐步冲抵，直至保留工资为零。本报酬不作加班费的计算基数。

奖金：是根据公司效益，并结合工作和生产实际，依据相关考核办法对一定考核期内员工的工作业绩、表现等进行考核评价后支付给在职在岗员工的一种奖励。考核期内已经离职的员工不予享受，特别优秀的经总经理特别批准的除外。

班组长津贴：是依据员工阶段性被部门聘用为班组长并经人力资源部门审定备案后的一种对应补贴，不被聘用时则被取消。

早、中、夜班津贴：是依据政府规定标准对在特定时间段工作的员工的一种津贴。

加班工资：是公司对员工根据公司或部门安排延长工作时间或在休息日、法定节假日加班时间（无法进行补休的），依照不低于政府规定的核算标准支付给员工的对应报酬。

第七十七条　工资支付

每月工资支付日为次月 10～12 日，遇不可预见的特殊情况或月初连续休假公司可延时支付工资，但不超过 5 个工作日。

每月工资由公司通过银行汇入员工本人的银行账户内，或现金发放。

离职员工最后一个月的工资在员工办理完离职手续后，按公司工资制度的相关原则以其实际出勤及考核结果核算并予以支付（经公司与员工约定，也可以在工资发放日发放）。

　　员工对于公司支付的劳动报酬应及时进行核查。员工对劳动报酬有异议时，应自收到劳动报酬之日起 30 日内以书面形式向公司人力资源部门提出，逾期未提出异议的，视为员工确认公司已经及时足额支付劳动报酬。公司对员工在该期限内提出的劳动报酬异议，应及时进行核查，若确实有误，公司应及时补发员工的劳动报酬。

　　第七十八条　代扣代缴

　　公司将对下列各项费用直接从员工的工资中代扣代缴：

　　（一）社会保险费、住房公积金个人应缴纳部分费用；

　　（二）个人所得税；

　　（三）公司根据员工书面承诺或与员工的约定可以从员工工资中直接扣缴的对应费用；

　　（四）法律、法规规定的其他应由公司代扣代缴的费用。

　　第七十九条　工资结算

　　公司按照公司的工资结算规则，按月按规定核算员工应发和实发工资：

　　（一）出勤工资结算

　　员工当月应发工资 =（基本工资）÷（当月制度工作日 + 法定节假日）×（出勤天数 + 法定节假日）+ 考核工资 ÷（当月制度工作日 + 法定节假日）×（出勤天数 + 法定节假日）×（考核分/100）+ 各类补贴、津贴

　　（二）病假工资结算

　　短期病假：（连续病假 6 个月以内）的病假工资：

　　病假应发工资 =（基本工资）÷（当月制度计薪日）×病假天数×计发比例

　　（其中计发比例：在本公司连续工作不满 2 年的计发比例为 60%；满 2 年不满 4 年的，计发比例为 70%；满 4 年不满 6 年的，计发比例为 80%；满 6 年不满 8 年的，计发比例为 90%；满 8 年及其以上的，计发比例为 100%。）

　　长期病假（连续病假 6 个月以上）的疾病救济费

　　疾病救济费 =（基本工资 + 上岗工资）÷（当月制度计薪日）×病假天数×计发比例

　　（其中计发比例：在本公司连续工作不满 1 年的，计发比例为 40%；满 1 年不满 3 年的，计发比例为 50%；满 3 年及其以上的，计发比例为 60%。）

　　上述病假工资、疾病救济费如低于当地企业员工最低工资标准 80% 的，按当地企业员工最低工资标准 80% 计发；疾病救济费如高于当地上年度月平均工资的，按当地上年度月平均工资计发。

　　（三）事假、旷工工资结算

　　扣发额 =（基本工资）÷（当月制度计薪日）×事假或旷工天数

　　（四）工伤假期间的工资结算

　　工伤期间按当地政府颁布的工伤保险实施办法的相关规定执行。

（五）产假、计划生育假工资结算

按当地政府相关规定执行。

（六）公假、年休假、陪产假（男性）、婚丧假工资结算

按规定并批准的假期按正常出勤，工资部分全额发放。

（七）加班工资结算

加班工资/小时 =（法定核算基数）÷ 法定月平均工作天数 ÷ 8 × 加班时间（小时）× 加班结算系数

［其中加班结算系数：平时加班结算系数为 1.5，双休日的加班结算系数为 2.0，法定节假日加班系数为 3.0。实行综合计算工时制的延长加班（国定假日安排加班的除外）按平时加班结算系数结算。］

第八十条 考核工资、奖金的结算

考核工资或奖金应发额 = 奖金（或考核工资）× 考评得分

上述"考评得分"是根据公司绩效考评办法并依据员工实际出勤和业绩等考核评价得出的最终结果。

奖金的扣发：

（一）当月缺勤（病假、事假等）达到或超过 2 个工作日的，旺季月奖全额减发；

（二）新进员工按在考核期内的实际工作日数比例核算发放；

（三）当月旷工的，当月奖金和考核工资全额减发；

（四）员工违纪，符合本手册违纪应予以减发规定的，按规定减发。

奖金考核期内已离职（除合同终止外）员工，可按照当年实际出勤和已考核的月数及平均结果比例核算发放。

第八十一条 因公司原因停工停产期间的工资

因公司原因停工停产期间的员工工资按不低于当地政府规定标准核算发放（在政府规定允许范围内，最低不得低于当地最低生活保障水平）。

第八十二条 中夜班津贴

中夜班津贴标准为_____元/天；

早班津贴标准为_____元/天；

国定节假日安排值班的，每次给予值班津贴_____元。

第八十三条 高温津贴（6～9月）

在高温季节当天最高气温达到35℃以上的（以当地权威部门发布的最高气温为准），工作场所不能将温度降低到33℃以下的，露天作业、现场操作工人实际享受按200元/月。国家和地方政府对高温津贴有最新规定的，按照其规定执行。

第八十四条 工资的日常管理

工资的日常管理由公司人力资源部统一负责。

员工的考勤，由各部门设定的考勤员对员工的出勤情况进行记录和统计，并于每月2日将上月考勤报表报人力资源部，考勤员考勤业务接受人力资源部的指导和管理。

第八十五条　员工借用、欠付公司的款项的归还

员工借用、欠付公司的各类款项或者员工违反合同约定的条件解除劳动合同给公司造成的任何经济损失，依照法律法规规定、合同约定、公司规章制度规定员工应承担的经济赔偿责任等，公司有权从员工的工资收入（包括但不限于此）中做相应的扣还，但该扣还额不得违反法律法规的规定。不够扣除的，公司仍然有权就借用、欠付的剩余款项向员工追偿。

2-2-3-7 劳动防护、社会保险与福利

第七章　劳动防护、社会保险和福利

第八十六条　社会保险

根据政府的有关规定，公司原则上为员工缴纳小城镇保险。

依据员工户籍及其他实际情况和政府规定，公司也可为员工缴纳城镇保险或外来务工人员综合保险。

依法需个人承担的费用由公司直接从员工的收入中代扣代缴。

第八十七条　住房公积金

根据政府和公司的相关规定，为员工缴纳住房公积金，需个人承担的费用由公司直接从员工收入中代扣代缴。

第八十八条　健康检查

公司每年组织员工进行身体健康检查（含妇科检查），体检前在本公司工作不满半年的不享受。员工必须接受公司指定的健康检查。

公司可以根据需要对全部或一部分员工进行临时健康检查。职工如无正当理由，不得拒绝。

职工的健康检查，由公司指定的医院进行。职工患病或负伤，无论是否因工，公司有要求的，应当接受公司指定医院的诊断。

第八十九条　安全及卫生

公司依据国家要求和实际经营管理需要，建立、健全各项生产工艺流程、操作规程、工作规范和劳动安全卫生制度及其相关标准，任命专门的安全卫生管理人员，以保障员工的劳动安全和卫生。

员工应予严格执行本章以及公司另行制定的安全操作规程及安全卫生规定等规章制度，服从安全管理及卫生管理，确保自身与他人的生产安全、身心健康和生产（工作）安全有序进行，如有违反，员工将可能由此承担公司规章制度规定的相应纪律和经济处分以及可能的经济损失赔偿等。

公司应组织员工进行职业技术、安全卫生、质量体系、规章制度等必要的教育与培训（公司提供专项培训的，可以依法与员工协商签订相关协议、约定服务期限以及违约责任等），员工应遵照安排于指定时间和地点认真参加公司组织的各项必要的教育和培训，努力加强和提高自身素质。

员工应自觉遵守安全生产的相关规定，提供自我保护意识，做到"三不伤害"：不伤害自己、不伤害他人、不被他人伤害。

第九十条　工作环境

尊重人权和人格，排除不正当的歧视和骚扰。

公司为员工提供健康、安全、卫生、高效和谐的工作环境。

公司对于涉及职业危害的岗位，将积极提供和改善防护措施。

第九十一条　劳动保护

公司按国家相关劳动保护的有关规定，依照企业生产经营特点制订相关标准，根据员工在劳动过程中所从事的岗位实际需要提供劳动保护措施及劳动保护用品。

员工应在劳动过程中严格执行公司的相关规定，加强安全和自我保护意识、自觉执行劳动保护措施并严格按要求穿戴劳防用品。

第九十二条　职业病防护

公司应按国家职业病防治法的相关规定，制订、完善、实施职业病预防与控制、防护与管理等措施。

公司对可能产生职业病危害的岗位，应对员工履行告知义务，并做好劳动过程中职业危害的预防工作；员工应严格执行公司规定的对职业病防护措施，并应加强自我保护意识。

公司将依法明确告知员工的工作岗位属于非职业危害岗位，或属于可能具有职业危害的岗位。

公司将依法定期对员工进行职业病健康检查，员工应严格按照公司安排的时间、指定医疗检查机构、检查项目接受相关检查。因员工原因不参加公司组织的职业危害相关检查的，员工承担由此产生的一切责任（包括但不限于由此引起的公司可以据此变动员工岗位及调整工资，如果公司无合适岗位，公司据此可以认为员工愿意自动放弃工作岗位以及其他相关法律责任等）。

员工（尤其是属于职业病危害岗位的员工）应严格遵守公司的相关防护规定，工作期间严格按照规定穿戴劳动防护用品，严格执行操作规程，按规定要求工作或休息，以确保将职业危害减少到最低限度，保障个人和他人的安全和身体健康。

第九十三条　义务/工作的限制

员工有下列情形时，公司为保护员工的身心健康，根据具体情况，应当要求职工使用因工伤病休假或非因工伤病休假，进行治疗，或鉴于下列具体情况和可能，努力安排相适应的工作，职工应当服从公司的该要求：

（一）因病或身体虚弱，需要治疗时；

（二）根据医生诊断，公司认为有必要时。

2-2-3-8 保密制度

第八章　保密制度

第九十四条　保密范围

（一）公司的业务信息、生产信息、经济往来情况等；

（二）公司的创造发明、专利技术、产品开发、工艺流程、产品配方和酵母等；

（三）公司的生产计划、销售和促销计划、广告计划、产品研发计划等；

（四）有关的市场营销方案、渠道、信息、财务状况信息、应收款项、经营成果、项目分析等；

（五）公司内文件规章等资料；

（六）本人和他人的工资和各项福利等；

（七）其他公司认为需要保密的或虽属于他人但公司承诺有保密义务的秘密信息。

第九十五条　保密措施

工作中凡需要借用技术资料、图纸及电脑文件资料盘片的，应办理借用手续，用好后及时归还。未经公司领导同意，员工不得擅自将公司机密文件或复印件带出公司。

因职务原因接触机密文件的员工应妥善保管好文件，作废的文件（包括复印件）应及时销毁。

涉及商业秘密工作的员工，公司可与员工签订竞业禁止限制协议，约定各自的权利和义务。

第九十六条　知识产权

根据国家有关法律、法规的规定，员工的职务发明，或在业务时间，利用公司提供的资金、技术、信息或其他条件完成的有关新产品开发研制的产品、论文、图纸、稿件、书籍、专利等产权都属于公司，个人无权占有，无权对外提供。

员工创造或发明应由公司直接给予奖励，其奖励种类根据该创造发明的商业性开发价值，依据有关规定决定。

员工如果违反规定，公司将追究其法律责任和赔偿责任。

2-2-3-9 培训

第九章　培训

第九十七条　培训内容

为提高员工素质、推进公司发展，公司有计划地对员工进行必要的技术业务和基础培训，员工应积极参加公司组织的各类培训，勤奋学习，不断提高自身素质和能力。

（一）新员工培训

新员工加入公司时需要接受入职培训，旨在通过介绍公司的历史、现状、企业文化、安全教育及有关的规章制度等，使新员工了解和熟悉公司的一般情况，以尽快适应公司的文化和业务流程、工作要求。

（二）在职培训

公司为员工提供在职培训的机会，结合工作实际需要，公司从产品知识、专业技能、职业素养、管理策略等各方面，帮助员工全面提高工作能力。

（三）专项培训

员工在职期间，如由公司出资选派在国内、外接受培训的，需要和公司签订《培训协议》，约定服务期限和违约责任，服务期的长短根据培训内容多少、时间长短确定，如员工多次培训，则根据培训协议中最长的一次服务期计算。《培训协议》与劳动合同具备同样的法律效力。

第九十八条　培训纪律

员工必须参加公司为其安排的培训，如有特殊情况不能参加的，必须报部门领导及有关的培训组织者批准，擅自不参加公司组织的培训，公司有权按缺勤或轻微过失处理。

第九十九条　违约责任

如员工在服务期内辞职或者因违反公司规章制度被解除劳动合同，员工应按培训协议中的约定向公司支付违约赔偿金。

培训费用包括由公司支付的各种费用。

赔偿计算方法：按服务期限每年等比例递减。

2 - 2 - 3 - 10 奖励

第十章　奖励

第一〇〇条　奖励条款

员工凡符合下列情况之一时，经申报批准，公司将给予奖励：

（一）在工作中尽心尽职，业绩和表现突出，足以成为员工表率者；

（二）在工作上有独到的创意、发明，并为公司创造较大经济效益者；

（三）对社会作出突出贡献，提高了公司社会声誉者；

（四）保护公司财产，防患于未然或在抢险救灾中有显著功绩者；

（五）对公司的发展有突出贡献者；

（六）其他公司认为有必要予以奖励的情况。

第一〇一条　奖励种类

（一）通报表扬；

（二）颁发奖品或奖金；

（三）颁发荣誉证书；

（四）其他方式。

以上奖励可合并实施。

第一〇二条　奖励程序

（一）部门提出书面申请，写明奖励事由，提供有关依据和奖励建议；

（二）人力资源部门核查奖励事由，签署奖励意见；

（三）副总经理和总经理审核批准；

（四）人力资源部门组织颁布或授奖。

2－2－3－11 惩处

第十一章　惩处

第一〇三条　违纪惩处目的

严肃公司纪律、保证公司正常的工作秩序、保障员工的基本利益、促进公司健康发展。

第一〇四条　纪律处分原则

处分应公正、公平，具持续性和一致性。

除触犯解除性条款外，公司采用一定时期内的累计叠加式纪律处分原则。

实行平时教育与违纪处分相结合、纪律处分与经济处分相结合。

书面批评发出 6 个月后失效，书面警告发出 1 年后失效，最后警告两年后失效。

各部门可依据本章节的原则制订具体的违纪处分条款，经一定民主程序并经人力资源部门批准备案后可作为本章节的补充，员工发生违纪可照此处理。

员工违纪，如果本章节及补充的条款不能具体套用，可依照本章节的相近条款处理。

第一〇五条　过失类型和处分类型

（一）轻微过失——口头批评，作为绩效考评的依据并另减发当月 20 元考核工资。

（二）一般过失——书面批评，并减发 1 个月奖金和考核工资。

累计第二次一般过失——书面警告，并减发 2 个月奖金和考核工资。

累计第三次一般过失——最后警告，并减发 3 个月奖金和考核工资。

累计第四次一般过失——辞退，立即解除合同。

（三）较重过失——书面警告，并减发 2 个月奖金和考核工资。

较重过失视同 2 次一般过失。

（四）严重过失——最后警告，并减发 3 个月的奖金和考核工资。

严重过失视同 3 次一般过失。

（五）解除性过失——立即解除劳动合同。

以上各项除解除劳动合同以外的处分，可合并处以降职、降级、降薪或调岗。员工违纪并有导致公司直接或间接经济损失的情况，公司具有追索经济赔偿的权利。

各部门根据《员工手册》制定的违纪处分补充条款经报人力资源部审核备案后与《员工手册》具有同等效力。

第一〇六条 轻微过失

下列情形属轻微过失：

（一）一个考勤月内累计迟到 2 次及 2 次以内的（班车误点、上班途中发生意外事故等不可抗因素除外）；

（二）不打考勤卡或不按考勤报到制度报到，在一个考勤月内累计出现 2 次以内的（含 2 次）；

（三）违反公司（部门）食品卫生规定（戴戒指、染指甲、工作服未经清洗等）上岗作业的；

（四）未经公司（部门）许可，私自携带与岗位业务无关的物品进入作业场所；

（五）不遵守公司（部门）规定的生产作息制度、工间休息制度，超过规定用餐时间（10 分钟以内）；

（六）完成工作任务后 30 分钟内未离工作区域的（从安全角度出发）；

（七）不按规定佩戴上岗证的；

（八）不保持更衣室内环境整洁的；

（九）违反公司环境卫生要求，随地吐痰，乱扔杂物、乱涂乱写、不在规定场所食用食品或未经公司主管部门允许任意张贴等破坏环境的；

（十）在公司规定吸烟区域外吸烟的；

（十一）机动车及非机动车未停放在公司指定停车区域的；

（十二）有忽视危险及其他警示牌行为的；

（十三）有其他与上述各项类似行为的。

第一〇七条 一般过失

下列情形属于一般过失：

（一）一个考勤月内累计迟到 3 次（班车误点、上班途中发生意外事故等不可抗因素除外）或早退 1 次；

（二）不打考勤卡或不按考勤报到制度报到，在一个考勤月内累计出现 2 次以上的；

（三）上班时间内擅自离岗或外出不办手续超过 10 分钟不到 30 分钟的；

（四）不按公司（部门）岗位着装规定进入生产作业区的，或不按劳动防护配置标准穿戴上岗作业的；

（五）违反公司（部门）工作规范（包括岗位规范、安全规定、工艺操作规则或卫生规定等），设备保养、维护、点检规定，或发现异常情况未及时上报公司（部门）有关管理人员，可能或实际导致质量影响、故障发生、环境污染或公司财产损失的（人民币 5000 元以下）；

（六）未经许可挪用公司或客户财物予以私用，价值人民币 500 元以下的；

（七）不遵守公司有关门卫制度及车辆进出厂门规定，拒绝接受门卫对带进、带出物品的检查的；

（八）上班时间行为不检点、追逐打闹或在办公室内大声喧哗，影响他人工作的；

（九）上班时间动用公司电话打私人电话或因私长时间接听电话（超过 5 分钟）的；

（十）上班时间做与工作无关事务的，包括看与岗位专业不符的书籍、上网浏览与岗位专业（业务）不相符内容、因私聊天、吃零食等；

（十一）上班时间打瞌睡的；

（十二）未经上级主管同意，擅自换班、调班；

（十三）上班时间未经部门领导许可（或非工作必需）饮酒、饮用含酒精之饮料的；

（十四）不遵守公司（部门）规定的生产作息制度，工间休息、用餐时间过长（超过 10 分钟不到 30 分钟）的；

（十五）有其他与上述各项类似行为的。

第一〇八条　较重过失

下列情形属于较重过失：

（一）旷工 1 次或上班时间内擅自离岗或外出不办手续超过 30 分钟的；

（二）一个考勤月内累计迟到 4 次（班车误点、上班途中发生意外事故等不可抗因素除外）；

（三）不打考勤卡或不按考勤报到制度报到，且在一个考勤月内累计出现 5 次以上的；

（四）使用粗言秽语对待上司或同事，影响工作或者工作秩序的；

（五）虚报公司所需统计数据的；

（六）公司进行有关事项调查时提供虚假情况或隐瞒事实真相的；

（七）发现他人破坏公司财物不予劝阻并且不予报告的；

（八）包庇、纵容违纪行为且不予处理的；

（九）无正当理由，不服从上司的指令和要求或者能够完成而有意不完成工作的；

（十）在接到人力资源部门或其他部门调动通知未按规定时间到岗的；

（十一）未经允许，擅自挪动公司安全、消防设施的；

（十二）违反公司管理规范（包括工作规范、安全规定、工艺操作规则或卫生规定等）或发现异常情况未及时上报公司（部门）有关管理人员，导致公司财产损失或物品遗失（人民币 1 万元以下）、人身伤害或声誉受损的；

（十三）未经许可挪用公司或客户财物予以私用（价值人民币 5000 元以下）的；

（十四）未经公司同意，擅自处理公司财物（价值人民币 1 万元以下）的；

（十五）在上班时间有下棋、打扑克、玩游戏、看电影等与生产无关行为的；

（十六）不遵守公司（部门）规定的生产作息制度，工间休息、用餐时间过长（超过 30 分钟）的；

（十七）无正当理由，不服从公司（部门）工作安排或技术人员技术指导的；

（十八）擅自带领他人进入公司，或者在非工作时间进入工作区域的；

（十九）擅自在公司内举行推销、销售行为，干扰或影响公司生产（工作）的；

（二十）未经允许或未按员工投诉程序，擅自进入或滞留他人办公或生产场所，影响他人正常办公或生产的；

（二十一）将公司的机密（机密文件、财务或经营资料等公司密级资料）携带外出，或者遗失经管的重要（机密）文件的；

（二十二）擅配公司的各种钥匙的；

（二十三）私自更换及损害更衣箱或锁具的；

（二十四）凡需要员工签字或签收的书面通知、告知或其他材料、证明等，员工在被送达时拒不签字或签收的；

（二十五）因违反考勤制度或拖延工作、串岗、离岗等，已明显影响生产线正常运作的（生产线推迟或停滞运行超过 10 分钟不到 20 分钟）；

（二十六）在非公司指定弃置垃圾或废物的地方倾倒生产垃圾或废物的；

（二十七）仪器、设备、车辆等与安全性要求较高的工具，未经公司同意或违反使用制度擅自操作者；

（二十八）行为违反社会道德规范，影响公司声誉的；

（二十九）其他与上述各项类似行为的。

第一〇九条　严重过失

下列情形属于严重过失：

（一）连续旷工满 2 天的；

（二）一个考勤月内累计迟到 5 次（班车误点、上班途中发生意外事故等不可抗因素除外）；

（三）非工作需要，透露自己或打听他人工资情况的；

（四）搬弄是非、中伤他人、侮辱、威胁上司或同事，干扰或影响公司生产（工作）秩序的；

（五）工作失职、违反公司管理规范（包括工作规范、安全规定、工艺操作规则或卫生规定等）、发现（发生）异常情况未及时上报公司（部门）相关管理人员，或管理不当造成公司财物的损失、人身死亡或其他员工较大利益损害的（直接或间接经济损失 10 万元及以下的）；

（六）挪用公司或客户财物予以私用（价值人民币 5000 元以上）的；

（七）擅自处理公司财物（价值人民币 3 万元以下）的；

（八）未经公司允许在公司区域集会、宣传，妨碍公司正常生产（工作）秩序或经营活动的，或者非工作必须擅自（或容留公司外人员）留宿公司内的；

（九）未经公司事前书面许可，在公司告示上任意涂写或擅自移去公司告示的；

（十）紧急情况下，拒不服从上级指令或有意不完成指定的工作任务的；

（十一）伪造、涂改请假单、医疗证明、考勤卡记录或安全、生产或工作记录的；

（十二）代人或托人打考勤卡的；

（十三）收取客户货款后，无特殊原因，当天之内未缴于公司财务的；

（十四）未经允许或未按员工投诉程序，擅自进入或滞留公司管理层办公室，影响公司领导正常办公的；或擅自进入或滞留他人办公或生产场所，虽经劝阻仍不离开，妨碍或阻碍他人正常办公或生产的；

（十五）因违反考勤制度、个人工作拖延、串岗、离岗等，明显影响生产线正常运作（生产线推迟或停滞运行超过 20 分钟不到 30 分钟）的；

（十六）利用业务关系，与客户发生私人性质的财物往来的；

（十七）违反公司规定，造成恶性投诉，或影响公司声誉的；

（十八）在公司内有有伤风化行为，情节严重的；

（十九）隐瞒重大损失达人民币 1 万元以上的或重大事故的；

（二十）兼职、从事损害公司利益相关活动的，或在上班时间经营私人业务的；

（二十一）散播不利于公司的谣言或挑拨公司与员工的感情，造成严重影响的；

（二十二）有其他与上述各项类似行为的。

第一一〇条　解除性过失

下列情形属于解除性过失：

（一）连续旷工满 3 天的；

（二）偷窃公司或同事财物的；

（三）故意将公司密级文件及信息泄露给不应知道的他人的，或泄露公司机密给公司直接竞争者的；

（四）故意毁坏公司或同事财物，造成损失事实的；

（五）工作失职、违反公司管理规范（包括工作规范、安全规定、工艺操作规则或卫生规定等）、发现（发生）异常情况未及时上报公司（部门）相关管理人员，或管理不当造成公司财物的损失、人身死亡或其他员工较大利益损害的（直接或间接经济损失人民币 10 万元以上）的；

（六）擅自处理公司财物（价值人民币 3 万元以上）的；

（七）向公司提供本人不真实资料而被公司录用的，如提供虚假学历证明的，或伪造、隐瞒真实工作经历等；

（八）涂改、伪造或提供虚假票据，冒领公司财物的；

（九）兼职从事损害公司利益相关活动的，或上班时间经营私人业务的，经指出拒不改正的；

（十）利用业务或工作职务关系，收受商业回扣未予报告的，或收受客户不正当招待而致公司声誉受损的；

（十一）利用业务关系或职务关系，谋取不正当个人利益的；

（十二）在公司内聚众赌博的；

（十三）吸食毒品的；

（十四）对上司、同事或同事家属进行骚扰、威胁，施加暴力、恐吓，妨碍或阻扰他人人身自由、有碍他人家庭安全的，或在公司内（包括上下班的班车内）打架、斗殴的；

（十五）未经允许或未按员工投诉程序，擅自进入或滞留公司管理层办公场所，虽经劝阻仍不离开，干扰、妨碍或阻碍公司领导正常办公的；擅自进入或滞留他人办公或生产场所，虽经劝阻仍不离开，严重干扰、影响他人正常办公或生产的；

（十六）在工作区域进行煽动闹事或怠工，有碍公司正常生产经营活动秩序的；

（十七）私自将枪支、弹药、各种伤人凶器、易燃易爆物品、毒品或赃物等藏匿在公司内的；

（十八）违反国家有关法律、法规，被国家司法机关处以行政处分且影响公司声誉的，或受刑事处罚的；

（十九）酒后驾驶机动车辆的；

（二十）因违反考勤制度、个人工作拖延、串岗、离岗等，明显影响生产线正常运作的（生产线推迟或停滞运行超过 30 分钟）；

（二十一）伪造或盗用公司印章的；

（二十二）利用公司名义在外招摇撞骗，使公司名誉受损害的；

（二十三）参加并参与非法活动的；

（二十四）有其他与上述各项类似行为的。

第一一一条　违纪处分权限

本处分权限以公司公布的责任权限规定为准。

（一）口头批评

由违纪人直接上司负责实施。

（二）书面批评

一般员工的过失由违纪人所在部门经理签署处分意见，报部长以上人员和人力资源部门备案。

经理以上干部的过失由直接上司签署处分意见，报副总经理以上人员和人力资源部门备案。

（三）书面警告

一般员工的过失由违纪人所在部门经理签署处分意见，报部长以上人员批准和人力资源部门审核备案。

经理以上干部的过失由直接上司签署处分意见，报副总经理以上人员批准和人力资源部门审核备案。

（四）最后警告

一般员工的过失由违纪人所在部门经理提出书面报告，由部长以上人员签署处分意见，并报人力资源部门审核，副总经理以上人员批准。

经理以上干部的过失由直接上司提出书面报告，经人力资源部门审核、签署处分意见，报副总经理以上人员批准和投资公司人力资源部备案。

（五）解除劳动合同

一般员工的过失由违纪人所在部门经理提出书面报告，由部长以上人员签署处分意见，经人力资源部门审核并征求工会意见，报总经理批准后执行。

经理以上干部的过失由直接上司提出书面报告，经投资公司人力资源部部长审核、签署处分意见，并征求工会意见，报公司副总经理或总经理批准后执行。

违纪处分权限人的上级，有权对现场违纪过失直接签署处分意见。

第一一二条　处分实施

由人力资源部门根据违纪处分最终审批意见实施处分。书面警告以上处分在公司内告示，各类处分单一式三份（由本人、部门经理和人力资源部各执一份）。

公司给予员工书面批判以上的处分均采用书面形式，员工应当签收。如员工对给予的处分有异议，可在违纪审批表上写明。如员工拒绝签收，将被视为接收。

2 - 2 - 3 - 12 投诉

第十二章　投诉

第一一三条　员工权利

员工享有法律法规所赋予的一切权利，享有按规定程序投诉的权利。

第一一四条　内部投诉

普通的意见，员工本人可向直接上司（经理）当面投诉或递交本人署名的书面投诉。

对直接上司的处理不服，员工可向直接上司的上司（部长）当面投诉，并递交本人署名的书面投诉，并将副本抄报人力资源部门。

对部长的处理意见不服或对工资福利待遇有意见，员工可向人力资源部长当面投诉，并递交本人署名的书面投诉，并将副本抄报总经理。

员工对当月工资发放有疑问应直接向人力资源部门工资专员询问。

对于员工的书面投诉，相关人员应及时给予回复。

第一一五条 申诉受理

投诉受理责任人在接到员工署名书面投诉一周内，应及时调查并向投诉人做出答复。在特殊情况下，受理人应在一周内告知投诉人最迟答复时间（最迟延长一周）。逾期视为不答复。

人力资源部有权对员工按规定程序的署名投诉的受理过程进行督促和必要的处理。

员工在接到受理人的答复后应在本人所递交的投诉书上签署本人意见。

第一一六条 外部投诉

员工如对公司的最终处理意见不服，可向当地劳动争议仲裁委员会提出申诉。

2－2－3－13 其他

第十三章 其他

第一一七条 告示

告示栏放置在公司内的公共场所，公司通过告示栏向全体员工及时公布公司的各种事项或信息。员工必须留意阅读并执行，公告栏发布的信息视作送达，员工不得以未看等理由作为不知道或不执行的借口，任何人不得擅自利用告示栏。

第一一八条 特殊情况

因灾害或其他不可抗拒、无法避免的事由，公司可采取不用于本手册规定的临时措施。

第一一九条 法律法规

本手册如有与国家法律、法规不符之处，以法律、法规为准。

第一二〇条 修改

公司可依据公司发展的实际情况对本手册的条款予以修改或补充，经公告告知后，员工应予遵守。

第一二一条 术语与解释

本手册所述"以上""以下"均包含本数。

第一二二条 解释权

本手册由公司人力资源部门负责解释。

第一二三条　实施

本手册已征求过工会意见，于____年____月____日重新修订，自____年____月
____日起施行。

2-2-4 个人签收单

个人签收单

今收到_____有限公司《员工手册》（　　年　　月　　日起实
施）1本，已经本人认真阅读，了解本手册的全部内容，本人愿意遵守本手册中有
关员工的各项条款的规定，并承诺对所发给的《员工手册》：

1. 不复印；

2. 未经公司同意不以任何形式透露给其他公司人员；

3. 离职时交还公司。

（本签收单交人力资源部门存入员工档案）

签收人：

日期：

第三节　某中小外商投资企业员工
手册完整示例及要点解析[①]

某外资医学制药有限公司员工手册

2-3-1 员工手册首部

2-3-1-1 使用说明

使用说明

1. 欢迎加入××大家庭，谨祝在××服务期间工作愉快，事业有成!

2. 本手册向您陈述××公司的企业理念与价值观，介绍××公司基本的规章制度，讲解您在公司工作期间享有的基本权利、应履行的责任和义务，同时提醒您注意遵守公司的管理制度，帮助您更快地融入团队，迅速进入工作角色。

3. 本手册所涉及的具体政策以公司公告栏公布的内容为准，这些政策同时也会在公司电子办公平台进行公布。为适应国家有关政策法规的调整和公司发展的需要，公司保留对手册中的相关部分进行修改并通过正式渠道予以公布的权利，当修改涉及不特定的多数员工的切身利益时，将通过各种形式征求员工意见。

4. 本手册是您的工作指南，请您注意经常携带。如果您在阅读或执行中有任何疑问，请与您的直接上级或同事联系，当他/她无法解决问题时，请咨询人力资源部。

5. 本手册连同此后经由合法程序修订和补充的本手册相关事项作为《劳动合同》的附件，与《劳动合同》具有同等法律效力，其内容适用于与××公司签订劳动合同的全体员工。

6. 本手册的相关内容如果与国家和地方现有的或新颁布的法律、法规和政策

　　[①]　本节内容重点参考了朴愚编著：《人力资源范例与解析》，电子工业出版社2007年版一书。同时本章内容还参考了持万企业管理咨询有限公司咨询顾问一部企业规章制度电子文档库的相关内容，并结合新劳动法背景以及中小企业的实际特点进行了必要的适法性改动并重新撰写了释义与要点评析。员工手册并无固定的格式和模板，企业在参考适用时可以根据自身具体情况对相关内容进行适当的补充、调整和删减。

的相关规定不一致，则以法律、法规和政策的相关规定为准。如果您发现本手册中的规定与这些相关规定不一致时，请您及时通知人力资源部，我们将对您的关注表示感谢。

7. 本手册由××公司人力资源部负责解释。

8. 本手册仅供内部使用，请勿外传或用于商业目的。在您离开公司时，请务必将其归还公司。

××公司人力资源部

××××年×月×日

2-3-1-2 董事长致辞

董事长致辞

——××公司关于人力资源管理的承诺

欢迎每一位加入××大家庭的员工！

××是一个富有智慧、理想和激情的创新型公司，同时也是一个高度关注社会责任的公司。无论是对客户，还是对员工，我们都将良好地履行优秀企业公民的责任。

我们尊重员工的价值，坚信人力资源是××的第一资源，没有优秀的员工与××合作，就不能实现我们创造价值、追求卓越的目标。

我们承诺建立合法、规范、有效的管理制度，创造公开、公正、公平的文化氛围，为员工提供一个人心所向、人尽其才、人才辈出的工作平台，促进企业价值与员工价值的共同提升。

××过去的每一点成就，都源于××员工的努力，而××明天的每一个进步，都将与您的努力息息相关。我们期待您作为公司的一员，能够为客户做出受人欢迎的服务。您为公司做出的工作和努力，都将得到公司的衷心感谢！

在这个竞争的时代，我们愿意依托精湛细致的专业技能、精益求精的产品与不懈努力的敬业精神，与全体员工并肩努力，在不断获得市场份额增长和客户交相赞誉的同时，一起分享成功的荣耀。

董事长：

2-3-1-3 员工承诺

员工承诺

致：××公司人力资源部

兹确认收到《员工手册》（××年版）一份并已认真阅读完全部内容，并明白该手册连同此后经由合法程序修订和补充的本手册相关事项作为公司与本人《劳动合同》之附件，与《劳动合同》具有同等法律效力。

我理解遵守《员工手册》是我与公司合作的前提，我将详尽阅读且完全理解手册的各项内容并谨此声明愿意遵守《员工手册》的所有内容，特别是个人对××公司价值观的承诺、对保密纪律的承诺，并愿意承担违反相关内容的责任。

我明白××公司有权根据法律法规的调整和公司经营发展的需要修改该手册上的有关条款，我愿意接受以书面形式或电子平台形式公布的修改后的手册内容。

我深知良好的价值观是提高个人可雇佣能力的基石，我将遵守公司的价值观并以之作为我在公司工作期间的日常行为的准则依据。

我知道这份承诺书将存放在我在公司的内部档案中。如果我因故离开××公司，我承诺将《员工手册》归还公司。

承诺人签名：
日期：

注：请于收到《员工手册》一周内将此单返还人力资源部门。

2-3-2 员工手册正文

2-3-2-1 公司介绍

1.1 简介
（略）

1.2 标识
（略）

1.3 使命／宗旨
（略）

1.4 远景
（略）

1.5 核心价值观／作风

（略）

2-3-2-2 聘用与入职

2.1 公平就业机会

××公司的政策是，不分种族、民族、肤色、宗教信仰、性别等任何可能导致不公平的因素，对员工一视同仁，对员工的挑选、聘用、培训、待遇、提升和调动，均不受上述因素的影响。

2.2 聘用

2.2.1 ××人力资源部是公司实施招聘程序的唯一部门，申请××公司岗位的内部和外部候选人均应与××人力资源部联系。

2.2.2 为避免内部以不正当手段获取岗位，××员工对内部岗位感兴趣时，应与自己的主管和人力资源部沟通，通过人力资源部协调有关事宜，公司谢绝候选人与用人部门直接联系。

2.2.3 ××公司的岗位需求同时向内外部开放，凡是在现有岗位工作满一年的员工都可以登录公司内部网站，申请公司的任何空缺岗位，同等条件下，公司承诺优先录用内部候选人。

2.2.4 ××的员工可以向人力资源部推荐公司需要的人才，被录用的专业级别以上人员，在工作满一年考核合格后，推荐人将获得伯乐奖。

2.3 人事信息

2.3.1 请您在入职第一个工作日在人力资源部填写员工登记表，并提交有关个人资料，以便为您建立人事档案。

2.3.2 提示：公司提倡正直诚实，并保留审查员工所提供个人资料的权利。请保证您所提供的个人信息、各种证件、资格证书、体检报告、在公司内部特殊关系的真实性。如有虚假，一经发现，视同不符合录用条件并严重违反本公司关于诚信的原则，公司可立即与您解除劳动合同，且不给予任何经济补偿。

2.3.3 当您的下列个人信息有更改或补充时，请立即向人力资源部门申报变更或声明，以确保与个人有关的各项权益：

（1）姓名、身份证号码；

（2）家庭地址和电话号码；

（3）婚姻状况及家庭成员状况；

（4）出现事故或紧急情况时的联系人；

（5）公司内的特殊（亲属）关系；

（6）业务合作单位内的特殊（亲属）关系；

（7）其他您认为有必要及时告知公司的个人信息。

2.3.4 每年 2 月份，人力资源部将发放员工信息更新表格，请您将联系方式、紧急联系人、家庭成员情况、培训结业与学历教育毕业情况、上年岗位变动情况等予以更新。

2.3.5 您的入司体检表将存入个人档案。在以后的工作中，如您经医院诊断患有传染性疾病、潜在传染性疾病以及其他可能导致长期、短期无法工作的疾病请立即报告主管并由其报告人力资源部，以便安排预防、治疗和工作接替事项。

2.4 入职引导与培训

2.4.1 入司引导：您在入司第一天即由人力资源部员工关系专员为您进行入司引导，向您介绍公司组织结构、各部门主要职责、有关常用工作流程、周边交通、班车路线、员工餐厅和宿舍情况。

2.4.2 EHS 教育：入职第一天，公司 EHS 部门应当对您进行 EHS 教育，告知公司主要生产装置、产品、原料和工艺流程中的危险因素，提醒您注意预防。如果您没有受到类似教育，请向人力资源部投诉。

2.4.3 入职引导人：公司会为您指定入职引导人（一般为您的直接上级），他的职责包括向您介绍所在部门的组织结构和工作职责、有关工作制度和流程等；为您引见各位同事；介绍用餐时间和地点并与您共进一次午餐；帮助您理解岗位说明书；进行有关的岗前培训、部门 EHS 培训；有关办公位置、办公用品等事项均可咨询入职引导人。

2.4.4 新员工培训及考试：人力资源部门会安排您在一个月内参加新员工培训及相关考试，请您谨慎对待，考试不合格的将被视为不符合录用条件，并被解除劳动合同。

2.5 工作时间

2.5.1 办公室人员实行每周五天工作制，工作时间为周一至周五 9：00～17：00，中午午餐时间半小时。

2.5.2 生产部门人员实行四班三运转工作制，早班 9：00～17：00；中班 17：00～1：00；夜班 1：00～9：00。

2.5.3 其他类型的工作人员可以根据工作性质和业务需要，不同于通常的工作时间，或加以调整，遇有这种需要，由主管与员工沟通后并在劳动合同中予以明确。公司经政府批准在特殊岗位和职位实行特殊工时制的，按照政府批准的相关事项执行。

2.6 加班

2.6.1 公司不鼓励加班，提倡员工在八小时内完成本职工作，为完成工作任务，请您注意充分利用上班时间。生产人员按照公司要求加班的，每四个小时计为半个工作日。其他员工因工作需要加班的，须事先经部门经理批准。

2.6.2 员工加班由所在部门尽量安排调休、补休，六个月内调休、补休不完的按国家规定发给加班工资。主管以上级别的人员因工作职责的性质，通常不支付加班工资，但是可以根据工作情况安排调休、补休。

2.6.3 非上班时间参加公司组织或外派的培训、旅游、出差在途中的不计为加班。

2.7 仪容仪表和着装

2.7.1 您在上班时应保持良好的个人卫生、仪容仪表和精神状态，以维护公司员工的良好形象并表示对同事的礼貌和尊重。

2.7.2 办公室员工每周一至周四上班时间内，提倡着职业装或工作服。每周五视不同岗位的工作性质，根据个人情况着适合工作场所穿着的便装。

2.7.3 职业装的标准：男职员着衬衫、深色西装、浅色短袜和深色皮鞋，系领带；女职员着有袖衬衫、西装或西装裙、裤、有袖套裙，皮鞋或凉鞋。因气温寒冷或天气炎热不宜穿着职业装、系领带的时间和区域等由公司统一通知放宽着装标准。

2.7.4 工作便服包括带领 T 恤、带领运动服、羊毛衫和便裤。

2.7.5 生产部门员工工作时间必须穿工作服；进入生产车间、仓库灌区、施工作业场所的所有人员，必须着工作服、劳保鞋并佩戴相应劳动防护用品；不得佩戴易卷入设备转动部位的饰物，佩戴的饰物不得露在工作服之外，以免出现人身伤害事故。

2.7.6 不适合办公时穿着的服装包括：牛仔装、西装短裤、田径短裤、紧身衣裤、超短裙、拖鞋、女士无带凉拖等。

2.7.7 参加因工接待、外事活动、公司规定需统一着装的其他重大活动等场所需按通知要求着装。

2.8 就餐

早餐时间：8：20～8：50

午餐时间：12：00～12：30

晚餐时间：17：30～18：00

夜宵时间：0：15～1：20

2.9 接听电话

2.9.1 在电话铃响三声内，尽快接起电话，问候语"您好，××部"。您代表××公司，您给客户的第一印象十分重要，可能影响公司的业务。

2.9.2 应答电话要精神振作，态度温和，语言简明，声调悦耳。音量要适度，不干扰他人办公。

2.9.3 请对方留言时，要正确记下对方的姓名、电话号码和所涉及的事宜，记录接电话的日期和时间。

2.9.4 如邻近同事离开办公桌，有事为其写留言条，并及时转告。

2.10 常用联系电话

总经理：××××

EHS 经理：××××

人力资源经理：××××

员工招聘：××××

员工政策咨询：××××

2-3-2-3 劳动合同管理

公司与员工是平等的合作关系，公司遵循法律规定与员工建立合法的劳动关系。

3.1 劳动合同订立

3.1.1 所有被录用的正式员工均须与××公司签订劳动合同，以明确双方的权利和义务。

3.1.2 员工经批准参加培训学习、借调、派往异地工作时，按规定另行签署相关协议，作为劳动合同的附件，与劳动合同具有同等的法律效力。

3.1.3 合同期满，公司将提前30天书面征求员工意见，双方可以自愿协商是否续签合同。

3.2 合同期限

3.2.1 新入司员工需与公司签订三至五年期的劳动合同。

3.2.2 劳动合同期满，绩效考评结果为 B 类及以上的最高可以续签五年，绩效考评结果为 C 类的员工根据具体情形续签一年合同或不再续签合同，D 类员工不再续签合同。

3.2.3 其他情况，由劳动合同签订双方协商决定劳动期限。

3.2.4 签订以完成一定工作任务为期限和无固定期限劳动合同的员工，依国家、地方相关劳动法规和公司相关规定执行。

3.3 试用期

3.3.1 新员工试用期按照《劳动合同法》执行，最长不超过六个月。试用期间因特殊原因经公司批准休假的，试用期顺延，试用期包括在劳动合同期内。

3.3.2 试用期为公司和员工提供相互了解、相互融合的机会，如果您感到公司的文化和管理状况、发展机会与您的预期有较大差距，或由于其他原因而决定离开，可提前三天提出离职，并按规定办理离职手续；相应地，如果您的工作能力和表现无法达到公司要求，公司也可以按相关规定解除与您的劳动合同。

3.3.3 试用期满并完成入职培训的全部内容，您要填写、提交转正申请，由所在部门和人力资源部门为您办理转正审批手续。

3.3.4 表现优秀的员工可获得提前转正的机会，提前转正由所在部门经理向人力资源部门提出建议。

3.4 合同终止、解除及离职程序

3.4.1 与公司解除／终止劳动合同，您需提前30日提出书面申请或书面拒绝公司续签劳动合同的要求，未书面同意续签的视为辞职。相应地，公司与您续签或解除合同也应提前 30 日予以书面通知。公司界定涉及商业秘密的人员需提前 6 个月提出申请。辞职申请应当明确离职日期。员工不可用未休假期抵充辞职提前通知期。

3.4.2 在离职前需妥善处理完工作交接事宜，离职手续包括：

（1）交还所有公司资料、文件、办公用品及其他公务；

（2）向指定的同事交接经手过的工作事项；

（3）报销公司账目，归还公司钱款；

（4）户口及人事档案在公司的，应在规定期限内将户口、档案及人事关系转离公司或公司指定的代理机构；

（5）员工违约或提出解除劳动合同时，应按合同规定，支付有关费用；

（6）如与公司所属公司签订有其他合同（如培训协议），按约定办理；

（7）公司规定的其他调离手续。

3.4.3 未按规定办理离司手续或擅自离开工作岗位，公司将保留追究法律责任的权利。

3.4.4 员工离职后 15 日内需自行办理档案和社会保险关系转移手续，逾期公司将不再履行有关保管和续缴义务。

2-3-2-4 员工职业发展与培训

没有员工价值的提升就没有公司价值的提升。

公司鼓励员工通过持续的学习，发展提升自己的价值，成为本岗位、本行业的专家。

4.1 职系、职级与职业生涯

4.1.1 公司设立管理／职能、研发、技术、生产操作、销售等不同的职系，每个职系设立从初级到高级的不同岗位，享有与其贡献相适应的待遇，满足员工成长的需要。

4.1.2 员工入职或岗位发生变化时，将被告知个人职系职级及相对应的薪酬标准（见下表）。

职系职级表

IPE职级	管理/职能职系	级别	研发职系	级别	技术职系	级别	生产操作职系	级别	销售职系	级别
Band58	总经理	3								
Band57	副总经理	2	首席研究员	3	首席工程师	3				
Band56	总监	1		2							
Band56		5		1		2					
Band55	经理	4		5							
Band54		3				1					3
Band53		2	高级研究员	4	主管工程师	5				2
Band52		1		3						1
Band52	主管	5		2		4				5
Band51		4		1		3				4
Band50		3	研究员	5		2				3
Band49		2		4	工程师	1				2
Band48		1		3		5				1
Band48	专员	5		2		4				4
Band47		4		1		3				
Band46		3	助理研究员	4		2	操作技师	5		3
Band45	专员	2		3		1		4		
Band44		1		2	助理工程师	4		3		2
Band44	助理	4		1		3		2		
Band43		3				2		1		1
Band42		2				1	操作工	3		
Band41		1						2	销售助理	
Band40								1		

4.2 员工发展

4.2.1 ××公司为全体员工提供培训与发展的机会，促进员工的价值成长。公司从员工的价值成长中获得公司的能力成长。

4.2.2 员工每年在绩效计划中根据本人职责和个人职业发展意愿、能力现状填写学习发展计划并提交主管审批，经主管批准后可获得相应的资源。

4.2.3 公司通过提升员工的职级、扩大员工的职责以及必要的轮岗来提升员工的价值。

4.2.4 业绩为 A 类的优秀员工将获得晋升一级的奖励，而业绩连续两年为 B 类的员工也可以自然晋升一级，晋升到本岗位规定的最高职级时不再晋升。

4.2.5 业绩为 D 类的员工和连续两年业绩为 C 类的员工将被降低一级，如果不能胜任，则可能降低岗位。

4.2.6 员工可能因为工作技能的提升，随时跳到更高的岗位。员工因公司指派跨转职系的，一般会保留原来相应的个人职级。

4.3 员工培训

4.3.1 试用期满的正式员工可以申请参加公司与工作相关，并有利于提高个人工作技能的公费学习。此类申请由员工向主管提出，报部门经理和人力资源部审批。有关表格从人力资源部领取。

4.3.2 由公司批准的公费学习，员工在培训及结束后凭结业证书和发票报销学费和相关费用，包括资料费、差旅费、住宿费等。未能毕业或者结业的，公司将不予报销费用。

4.3.3 未经批准，员工不可以在工作时间离岗学习。

4.3.4 有关技术岗位、管理岗位人员在上岗后须按照公司要求接受特定的课程培训学习，未能通过考试的可以视为工作不合格。

4.3.5 公司举办的培训项目每年由人力资源部于年初公布，请您注意查看并积极申请。也有一些临时性的培训会及时在公司信息平台发布。

4.3.6 公司指定的内外部培训视同正常工作，工资照常发放，缺勤视为脱岗；当年培训缺勤超过三次的取消申请培训项目资格。

4.3.7 课程花费超过本人一个月工资（按当月工资计算）或者当年累积培训费用超过本人一个月工资的，需与公司签订培训协议。

4.3.8 公司出资取证的，按证件有效期分摊费用，提前离职的按未服务年限相应扣除费用。

4.3.9 员工在培训后一周内应当指定培训内容应用承诺，提交部门经理。

员工培训的详细制度参见《培训管理制度》。

2 - 3 - 2 - 5 绩效管理

绩效管理是××公司每个主管管理下属员工的主要工具，绩效管理的水平体现了主管的管理能力。

公司全体员工参加绩效管理，员工的岗位、薪酬、发展等均与绩效结果关联。

5.1 绩效管理程序

××公司的年度业务管理程序包括：

战略评审，每年的 9 月 ~ 12 月，对近三年公司的业务发展情况回顾，讨论今后三年公司的发展方向和战略规划，全体员工都将参与到这一过程，提出有重大意义、见解的员工将受到奖励。

绩效计划，每年的 1 月 ~ 2 月，根据公司的战略规划，制订公司的年度经营计划和预算，逐级分解到各个部门，员工根据本部门的经营计划和预算制订自己的绩效计划并提交主管审核。调任新岗位者应在到任后一个月内制订新的绩效计划。

绩效评估，每年的 1 月 ~ 2 月，评审公司上年业绩，为此，全体员工都要填写绩效报告，汇报自己的业绩情况，最后汇总成为公司的业绩。

组织与人员评估，每年的 3 月 ~ 5 月，公司管理层根据公司的战略规划、上年的业绩情况，对人员和组织情况进行评估，对有关部门经理和主管进行调整。这一程序同时确定公司当年人力资源及培训工作的重点，对具有潜力的骨干人员确定培养计划。

5.2 设立绩效目标

5.2.1 员工年度绩效目标包括工作目标、价值观与学习发展目标两部分。

5.2.2 工作目标的工作内容与行动计划（do what & how to do）一栏是员工对自己主要工作内容和措施的自我思考，其主要依据来自：公司战略目标、经营预算计划逐级分解到本岗位的年度工作要求；岗位说明书规定的本岗位承担的主要职责；市场变化等因素导致的内外部客户对本岗位的提高要求；上年绩效考核中要求改进的重点目标。

5.2.3 工作目标应区别员工的岗位层级、工作性质和工作内容进行设置，应填写为完成本目标拟采取的行动计划。

5.2.4 权重设置：最高为 70%，最低为 50%。工作目标部分总权重为 70%。价值观与学习发展部分总权重为 30%。

5.2.5 设定绩效目标时，要设定完成时间与衡量标准，从时间、成本、数量、质量、进度、客户满意度等方面给予公司完成任务的承诺标准。也可以超过同行和竞争对手作为衡量标准。

5.2.6 目标设定完毕后应提交主管审核，主管有权将其退回员工修改，双方应通过沟通达成一致。

5.3 过程跟踪、反馈与辅导

5.3.1 主管有义务与员工保持经常性、不定期、形式多样的沟通，经常关注员工的工作，对员工的工作技能予以辅导，并对照工作标准进行反馈，提出赞扬或指出不足。

5.3.2 绩效回顾根据层级不同，部门经理以下的员工至少一季度回顾一次，而部门经理及以上的员工可以半年回顾一次。正式的绩效面谈讨论每年至少进行两次。

5.4 绩效评估

5.4.1 由上级主管对下级逐级考评，上级主管有责任对下级主管的绩效管理工作进行监督。

5.4.2 任何主管都必须依据公平、公正原则对员工进行考评。

5.4.3 为计算方便，绩效管理积分卡中工作目标各栏目一律按百分制打分，每一项工作目标都按 100 分计算，以 80 分为完成目标的基准分，以此提醒我们，完成工作目标距离满分还有很大差距。当完成比例提高或降低时，得分可以同比提高或降低。

5.4.4 评分标准参照如下：

·90 分以上——远超目标，完成的目标值比计划超出 10% 以上，超过 20% 时得满分；或所做的工作远远领先于同行；或所做工作与过去相比有质的改变。

·80 分 ~ 89 分——完成目标或略超过目标，如正好符合绩效目标要求，建议您打 80 分，并以此为基数根据实际情形上下浮动。完成目标值比计划值超出 10% 以内；或所做的工作在同行中处于最前列；或所做的工作与过去相比有显著的改善。

·70 分 ~ 79 分——基本达到目标或略有差距，完成目标值比计划值降低在 10% 以内；或所做的工作基本 / 勉强达到岗位说明书 / 绩效计划的要求。

·60 分 ~ 69 分——与目标有一定的差距，完成目标值比计划值降低 10% 以上；或所做的工作在同行中处于落后地位；或所做的工作与过去相比有显著的退步。

·60 分以下——与目标相差较大，完成目标值比计划值降低 20% 以上；或所做的工作距离岗位要求有较大的差距；或所做的工作与过去相比有质的退步。

5.4.5 绩效考评是严肃而具有法律意义的工作，员工应当诚实报告自己的工作业绩，主管也应客观评价员工的工作，不可以放宽标准予以过高的分数。

5.5 结果运用

5.5.1 绩效考评结果作为发放绩效奖金和年度奖金的依据。

5.5.2 绩效结果为 A 类的员工将在薪酬、岗位、培训资源分配、荣誉及进入公司后备人才等方面优先给予考虑。B 类员工将获得应有的奖金并通过持续改进，使其绩效不断提升。C 类员工次年不得加薪，当年可以根据业绩下调奖金并限期改进绩效。D 类员工当年不能获得奖金，次年薪酬下调，给予一至三个月改进期，逾期不能达到改进目标的予以辞退。

绩效管理的详细制度请参见《绩效管理制度》。

2-3-2-6 薪酬福利

公司提倡企业价值与员工价值的共同提升，企业的价值回报应当与员工共享。

为吸引和保留优秀员工，公司将根据岗位需要、职责和工作表现公平和适当地支付工资，同时，保持员工薪酬福利在同行业和市场中的竞争性。

6.1 **薪酬**

6.1.1 工资结构：员工的薪酬由基本工资、绩效奖金、年度奖金构成。

6.1.2 工资核定：员工入司时的薪酬水平根据岗位市场价格、员工个人经验和能力核定，此后的薪酬调整取决于员工的工作表现和业绩。

6.1.3 工资调整：公司有权根据整体经营状况和员工的工作表现、工作业绩与员工沟通，调整员工的基本工资。员工岗位或职级发生变化时自总经理或其授权人签字生效当月调整薪酬。

6.1.4 绩效奖金：绩效奖金按月发放，由各部门根据员工业绩确定具体系数，可能超出 1.0，也可能少于 1.0。

6.1.5 发薪日：公司按员工实际工作日支付工资。每月 10 日前发放上月基本工资，遇休息日和节假日提前。发放形式为打入公司为员工办理的银行账户。

6.1.6 个人所得税和社会保险：公司代扣代缴员工应缴纳的个人所得税和按规定由个人负担的社会保险、住房公积金及其他费用。

6.1.7 离职工资：员工离职时办理完离职手续后以此发给剩余工资。

6.1.8 年度奖金：年度奖金根据公司完成绩效目标情况，由董事会确定发放标准。年度奖金体现了公司与员工共享价值回报的理念。每年 12 月 31 日在册的正式员工，且当年工作满三个月，年终绩效考核为 C 类以上的员工有权获得年度奖金。年度奖金以当年 12 个月的基本工资为基数。公司有权取消工作消极、绩效结果为 D 类或者年休假以外的休假超过一个月的员工年度奖金。年度奖金于次年 1 月绩效考评结束后发放。

6.1.9 工资单：员工领薪时将收到人力资源部门发放的书面或电子工资单，详细说明发放与代扣代缴情况。如有疑问，员工有权利向人力资源部询问。

薪酬管理的详细制度参见公司的《薪酬福利管理制度》。

6.2 **法定社会保险**

6.2.1 公司依法为员工建立社会保险账户并按照国家和地方的规定缴纳社会保险，社会保险缴费比例标准如下表所示。

社会保险缴费比例标准

名称	公司缴纳部分	个人缴纳部分	小计
养老保险	22%	8%	30%
医疗保险	12%	2%	14%
失业保险	2%	1%	3%
工伤保险	0.5%	0%	0.5%
生育保险	0.5%	0%	0.5%
合　计	37%	11%	48%

6.2.2 缴费基数核定：社会保险个人月缴费基数以上年（1 月 1 日至 12 月 31 日）员工本人月均税前工资额为标准核定，但缴费基数最高不超过本地上年度企业职工月平均工资的 300%，最低不低于本地上年度企业职工月平均工资的 60%。

6.2.3 缴费基数调整：缴费基数每年 4 月进行调整。新入司员工，以第一个月的基本工资为标准核定。

6.2.4 员工发生退休、工伤、失业、生育、疾病等情形，请咨询人力资源部门薪酬福利主管，由其代为办理有关申请索赔事项。

6.3 补充保险

6.3.1 团体人身保险：员工自与公司签订劳动合同之日起，即享受公司为员工投保的团体人身保险，每年度投保金额为 50 万元／人，此险种包含意外事故、伤残、疾病事故等保险责任。遇有上述意外，将由本公司代为索赔并按法定受益顺序支付补偿金。

6.3.2 年金计划：（略）

6.4 住房公积金

6.4.1 缴存基数与比例：按国家政策和××市相关规定标准缴存，年度个人月缴存基数以上年（1 月 1 日至 12 月 31 日）员工本人实际月均税前工资额为标准核定。新入司员工以第一个月的基本工资＋绩效奖金基数为标准核定。缴存比例为 10%（可根据国家、地方和公司规定调整），公司按相同比例及金额进行缴存。

6.4.2 支取：员工在购房、租房、装修时可凭有关合同，向公司人力资源部申请提取公积金，公司人力资源部负责向公积金管理中心申请支取。

6.5 假期

6.5.1 法定假日：××公司员工可带薪享受国家规定的如下法定假日：

元旦节 1 天；春节 3 天；清明节 1 天；劳动节 1 天；端午节 1 天；国庆节 3 天；中秋节 1 天，共计 11 天。

计算加班的员工在法定节假日上班的，按国家规定发给加班工资。

6.5.2 年休假：所有在××公司连续工作满一年的员工均可享受年休假，员工享受的天数与其为公司服务的年限有关，具体如下表所示。

年休假天数与司龄对照表

司龄（X 年）	年休假时间（工作日）
1≤X＜3	5
3≤X＜5	10
5≤X＜10	15
10≤X	20

6.5.3 员工主动和被动从公司离职，重新进入公司的，司龄从最近一次进入公司起计。

6.5.4 员工的年休假分为法定年休假和福利年休假。法定年休假即国家规定的年休假天数，福利年休假即公司规定的年休假与法定年休假之间的差额。员工应在法定年休假休满后方得申请福利年休假。年休假可以抵扣当年病假或事假；年休假可分开使用，年休假最小休假单位为一天，但不得以持续分摊到每周的形式休假。类似行为将受到主管的关注，并在评价员工绩效时予以考虑。

6.5.5 探亲假：在工作允许的前提下，连续工作满一年以上，与配偶、父母不住在一起又不能在公休日团聚的员工，每年享受一定时间的探亲假。探亲假的时间根据员工具体情况有所不同，具体如下表所示。

探亲假规定表

条 件	已婚		未婚	
	探父母	探配偶	探父母	
次数	4 年一次	1 年一次	1 年一次	2 年一次
假期	20 日历天	30 日历天	20 日历天	45 日历天

原则上，家庭住所距离公司路程 500 公里范围内或乘坐火车在 12 个小时内可以到达的员工无探亲假。

员工一年内只可休一种探亲假。未经特别许可，探亲假应一次休完，不可分开使用。

6.5.6 有下列情况之一时，员工当年不享有探亲假：

累计病假 30 天以上的；

产假休满 90 天的（产前已休探亲假的，则次年无探亲假）；

在国内外享受寒暑假的；

入公司不满三年的不能休四年一休的探亲假；

结婚不满一年的不能休已婚探亲假。

6.5.7 员工的年休假、探亲假因工作需要，当年未休完，经批准可以在次年农历正月底之前补休，过期不予补休也不予其他经济补偿。

6.5.8 病假：员工生病需尽量设法通知其主管。员工患病或负伤，经医疗部门诊断建议休息治疗，员工请两天（含）以上的病假必须有县市级医保定点医院（急诊除外）的病情诊断和病假证明。病假期限和待遇如下表所示。

病假规定表

工龄（X 年）	司龄（X 年）	医疗期	薪资
X≤10	X≤5	3 个月	抵扣年休假后，超出部分按日、按本人基本工资的 60% 发放，但员工病假期工资应不低于××市最低工资标准的80%。
	5＜X	6 个月	
	5＜X≤10	9 个月	
10≤	10＜X≤15	12 个月	

6.5.9 员工长期休病假痊愈后需取得县市级医保定点医院可以工作的诊断证明，方可重新上班。重新上班后仅能坚持半日工作的，另半日仍计病假。

6.5.10 工伤和职业病假期：职工因工负伤或患职业病需要休息者，应有县市级医院病休诊断书，并由所在部门提出工伤或职业病报告，报公司 EHS 部、人力资源部备案，经公司审核批准后方可休假。

6.5.11 事假：员工请事假，除紧急情况外，需由本人亲自提前向部门经理请假，年事假总天数不得超过可抵扣的年休假时间。已休年休假的，因特殊情况可适当延长，但最长不得超过 10 天，超过部分按旷工处理。

6.5.12 病假、事假最小单位为一小时，累计请假四个小时为半个工作日。

6.5.13 婚假：符合法律规定婚龄的员工结婚可享受婚假三天，晚婚员工可加假十天。婚假年龄的计算，以结婚证上批准的日期为准，从办理结婚手续之日起一年内一次性使用，不在××公司工作期间领取结婚证的不予给假。同年内不得双重享受探亲假和婚假，可同时休婚假和年休假。

6.5.14 产假：女员工生育享受 98 天产假，其中产前可以休假 15 天；难产的，增加产假 15 天；生育多胞胎的，每多生育 1 个婴儿，增加产假 15 天。符合晚育条件的，增加产假 30 天。产前检查每次给予半天公假。

6.5.15 产后哺乳期为一年。哺乳期女员工可以享受每天一小时的授乳时间安排，具体时间应征得本部门经理的同意，并报人力资源部备案。

6.5.16 女员工怀孕未满 4 个月流产的，享受 15 天产假；怀孕满 4 个月流产的，享受 42 天产假。[①]

6.5.17 护理假：男员工的配偶生产，该员工可一次性享受护理假。如女方顺产，男方可享有五天的护理假；如女方难产，男方可享有七天护理假（凭医院的婴儿出生证明及医院接生记录休假）。符合晚育条件的给予十天护理假。[②]

[①] 不同地区流产假相关法规政策可能存在差异，具体参考各地相关规定。

[②] 不同地区护理假相关法规政策可能存在差异，具体参考各地相关规定。

6.5.18 参加子女家长会（须持家长会通知书），每次可享受半天假期。

6.5.19 "三八"妇女节，女员工放假半天。

6.5.20 试用期内不可享受婚假、产假、护理假，有关假期按事假处理。

6.5.21 丧假：员工直系亲属（父母、配偶父母、配偶、子女、祖父母、外祖父母）如不幸身故，公司给予三天丧假，在外省市的同时给予合理路程假，加假天数由人力资源部审核批准。

6.5.22 年休假中不含法定节假日和休息日。连续五天（不含）以上的病／事假（两次病／事假之间仅间隔法定节假日和休息日视为连续）、探亲假、婚假、产假、护理假等，均包括法定节假日和休息日。

6.5.23 假期工资：员工休年休假的发全薪且不影响绩效奖金。休探亲假、婚假、护理假、丧假等按正常出勤支付基本工资，按日扣除绩效奖金，员工休事假超过可抵扣的年休假的部分，不发基本工资和绩效奖金。

6.5.24 产假工资：产假期间，工资与生育津贴二者按就高原则发放，其中发给基本工资的，生育津贴（扣除手续费）返还公司。

6.5.25 工伤工资：工伤病假期间，工资照发。

6.5.26 员工离开公司，未休当年应休假期，视同本人自动放弃，员工自提出离职起，不能休探亲假、年休假、婚假等，调休、补休、病假除外。

6.6 其他福利

6.6.1 工作餐补贴：公司员工凭工作证在餐厅免费就餐。

6.6.2 免费体检：公司每年为员工提供一次体检，费用由公司承担。

6.6.3 节日补贴：在重大节假日期间，公司将根据经营情况发给员工一定数额的节日补贴。

6.6.4 高温补贴：在夏季高温期间，公司将根据当地气候、公司经营状况给予员工一定数额的高温补贴。

6.6.5 员工在长病假期（医院建议休一个月或实际已休一个月及以上）、产假期内，因故长期不在岗的及自提出离职之日，不享受节日补贴、当月高温补贴、工作餐补贴（提出离职的发至最后一个工作日），员工自提出离职之日，不能参加公司出资的员工旅游活动等补充福利。

6.6.6 奠仪：员工如在直系亲属（指配偶、子女、父母）去世后告知公司工会，工会将代表公司致奠仪人民币300元。

6.6.7 贺仪：员工结婚、生育、子女高考升学，一个月内告知公司工会，工会将代表公司致贺仪人民币500元。

6.6.8 员工活动：为保障员工的身心健康，公司组织经常性的体育锻炼和娱乐活动。员工均有机会参与公司每月定期或不定期举行的各项活动，例如年终庆祝活动、运动会、联欢会、各类协会等。

6.7 离职补偿金

6.7.1 适用范围：离职补偿金政策只适用于按《劳动合同法》规定应当支付补偿金的员工，不适用于违反公司管理制度或给公司造成经济损失的员工。

6.7.2 补偿标准：在公司工作每满一年，被解除合同时可获得相当于一个月工资的离职补偿金，满六个月不满一年的按照一年计算，不满六个月的部分补偿半个月工资。离职补偿金最高不得超过十二个月工资。工资高于本市社会平均工资三倍的，按照社会平均工资的三倍作为补偿标准。

6.7.3 医疗津贴：对于因病需要长期治疗，不能适应工作的员工，公司还将按照法律规定支付医疗津贴。

6.7.4 税收：离职补偿金低于上年社会平均工资三倍以内及用于缴纳社会保险的部分免税，其他部分依法纳税。

6.7.5 发放时间：员工办理完毕所有的离职手续，签署离职声明后发放。

2-3-2-7 财务报销程序

7.1 基本原则

7.1.1 任何员工不得滥用公司财务资源。

7.1.2 公司的财务费用管理实行总额预算制，即各部门的各项费用都应当事先编制在年度预算内；审批分级制，即不同级别的主管人员审批不同金额的费用报销；二级监控制，即任何人的费用必须有两个人签字方可报销。

7.1.3 除非突发事件，1000元以上的对外付款应使用转账支票，严禁使用现金直接交易（出差费用除外）。

7.1.4 员工因公发生的费用及公司规定的可报销私人费用方可报销，员工不能因私事而巧立名目，以欺诈手段达到报销因私费用的目的。

7.1.5 报销发票须是税务部门认可的正式发票，否则将由个人承担费用。

7.1.6 请勿发生未发生费用而按规定标准提供虚假发票报销的行为。

7.1.7 员工出差、宴请、培训等需要发生费用的需事先申请，申请的审批材料将附在费用报销单据上以供审计和报销。副总经理以上级别的员工可以口头请示出差，可以自行决定2000元人民币以下的宴请。

7.1.8 员工可凭出差请假单、宴请审批单到财务部门预支现金。

7.2 差旅费

7.2.1 出差费用开支的标准如下表所示：

	火车	轮船	飞机	其他	住宿费标准	
					北京、上海、广州、深圳	其他
董事长、总经理	软卧	头等舱	经济舱	实报实销	600 元	500 元
副总经理、总监	软卧	二等舱	经济舱	实报实销	500 元	400 元
经理、副经理、经理助理	硬卧	二等舱	经批准	实报实销	400 元	300 元
其他员工	硬卧	三等舱	经批准	实报实销	300 元	200 元

7.2.2 出差人员餐费报销限额为 80 元／人·天，其中：早餐 15 元，午餐 30 元，晚餐 35 元，按实际在外期间的时间跨度核定报销金额，凭票报销。

7.2.3 在外地出差期间，每人每天最高可凭票报销市内交通费 100 元。

7.2.4 若不同岗位级别的人员一同出差，交通住宿费等级标准可选择按级别较高者相应标准执行。

7.2.5 员工在保证时间的前提下，按照节约原则优先选择成本较低的交通工具。只有在事情紧急或飞机票折扣与火车软卧价格相当时，普通员工方可选择乘坐飞机出差。

7.2.6 公司统一为员工投保人身意外保险，出差人员自行购买的航空旅客意外伤害保险、公共汽车意外保险不再重复报销。

7.2.7 费用报销须在具备报销条件 5 个工作日内进行，前账未清者不得再借支费用。

7.2.8 员工出差的机票、车票应当在公司指定的旅行代理机构购买，由行政部门统一结算。从外地返回的机票、车票可以自行购买。

7.2.9 私人车辆用于公务时，必须确认车辆投保各项责任险，公司将根据目的地和里程核销过路费、燃油费、停车费并给予每公里 0.5 元的里程补贴。交通违章罚款由个人承担。

7.2.10 员工出差应在××公司签订的协议酒店住宿，没有协议酒店的通过携程网订房，携程网也无协议的地区可以自行订房。

7.2.11 除非出差一周以上，否则不能报销洗衣费。

7.2.12 有关电话费用包含在公司发放的通信补贴中，不再另行报销，传真费用凭发票报销。

7.3 报销程序

7.3.1 部门经理以下员工报销的预算内费用由部门经理、财务经理会签后报销，预算外费用须做出书面说明报二线主管审核。

7.3.2 部门经理及以上员工报销预算内费用由本人签字，由财务经理审核后报总经理或其授权人审批，预算外费用须做出书面说明。

7.3.3 入司体检费、培训费、探亲费等还应由人力资源部经理签字。

7.3.4 不能明确界定因公费用的，可由一人以上或本部门负责人予以签字证明，作伪证的行为按提供虚假工作信息处理。

2-3-2-8 安全、健康、环保

8.1 基本方针

8.1.1 ××公司遵守国家有关安全、健康、环保的法律法规，为员工提供安全、健康、环保的工作环境。

8.1.2 公司承诺给予员工有关职业安全、健康、环保方面的教育，树立员工的安全、健康和环保意识。安全、健康、环保是衡量个人、团队业绩的重要目标。我们坚信，安全运作与高效运作之间毫无冲突。

8.1.3 公司要求每个员工熟悉本岗位安全责任和公司安全生产规定、要求和措施，具备相应岗位的安全、环保事故预防和应急处理能力，避免工伤和职业病。

8.1.4 公司承诺保护环境，不以任何形式排放超过国家标准的"三废"物质。

8.1.5 每一名员工均应承担相应岗位的安全、环保职责和责任，遵守有关劳动纪律。各部门经理定期对本部门职工进行安全、健康、环保及消防培训与教育，做好安全工作，遵循健康、环保原则，以防事故发生。

8.1.6 公司鼓励员工对安全、健康、环保工作提出建议，互相交流相关的安全信息，并促进公司的安全、健康、环保文化提升。

8.1.7 工作期间，员工须认真执行公司及所在部门有关安全方面的规章制度和通知要求，服从管理、配合检查并有义务劝阻、制止和举报他人的任何不安全行为。

8.1.8 公司不主张员工以牺牲个人健康为代价承担超出个人能力之外的工作，如果员工感觉力不从心，请及时与其上司沟通，共同商讨解决方法。

8.2 职业危害告知

（略）

8.3 办公场所安全

8.3.1 为防止无关人员进入公司，请员工凭公司姓名牌进入公司，保安人员有权拒绝不出示姓名牌的员工进入公司。

8.3.2 来访者进入公司必须登记，并领取访客牌，请在会议室、洽谈室会见来访客人，不得将来客带入办公室、生产区。

8.3.3 对游逛于公司内的陌生人，要予以注意并及时通知相关部门。

8.3.4 为了员工和他人的健康，保证生产、设备安全及清洁的环境，严禁在吸烟间以外区域吸烟。

8.3.5 不要把椅子过度倾斜，以防止椅子倾倒造成背部受伤；请及时报修、更换有缺陷的办公家具。

8.3.6 请勿在办公室内奔跑。

8.3.7 请注意保管好自己的贵重物品、下班时收妥所有的资料和文件，锁好文件柜和抽屉，清洁桌面并关闭所有门窗及电源。

8.3.8 请勿将管制刀具、剧毒品、淫秽品、违禁品、易燃易爆品带入办公场所，如因业务所需携带危险样品，请将其放置在指定区域。

8.3.9 未经许可，请勿在公司内私自安装、拆移各类电器设施、办公设备，严禁违章使用电器、办公设备。

8.3.10 保护消防器材，不要在消防设施、器材处堆放杂物；无火情时，请勿动用人工报警器和其他消防器材。

8.3.11 谨防将引火性物质丢入垃圾箱。

8.4 生产安全

8.4.1 员工在次日为工作日的情形下，夜间不得在0：00以后休息，以免影响次日工作。主管发现员工因休息不足上岗可能导致危险、影响工作效率的，应当要求其离岗休息，按事假处理。

8.4.2 任何一项重要工作，事先须经安全分析，对已发生的事故应进行调查，分析事故原因并采取正确的措施，防止出现同样的安全事故。

8.4.3 请勿在生产装置、仓库储罐、施工现场奔跑。

8.4.4 为了保证安全，进入生产装置内应当关闭手机或禁止携带手机。

8.4.5 违反EHS有关规定的情形，员工可以拒绝服从上级指令，但应及时向上一级管理者或EHS部门反映。

8.4.6 如发现直接危及人身安全的紧急情况时，员工有权停止工作或者在采取应急措施后撤离工作场所，并立即向直接主管报告。

8.4.7 发现不符合安全、环保要求，可能对员工造成职业损害的任何异常，应立即报告直接主管和相关部门。

8.5 紧急情况处理

8.5.1 发生紧急情况时应按公司的紧急情况报告和处理程序进行报告和处理。

8.5.2 发生人身事故，应立即按急救程序处理，把伤员转移到安全区域等待专业医疗人员救护，或把受伤人员护送到医院，并报告上级和EHS部门。

8.5.3 如遇到强烈地震、洪水、强台风等强自然灾害意外事件及具有严重伤害性的刑事治安事件时，每个员工应安全地解除手中的工作，迅速报告上级及EHS部门，并按公司应急预案要求采取应急措施。

8.5.4 遇有火情，请顺步行楼梯而下，不要使用电梯。

2-3-2-9 员工组织与沟通、申诉

能够把员工的智慧集合为组织智慧的公司必定是长寿的公司。

公司鼓励员工把在工作过程中的创意、发现的问题、对公司管理的意见和建议通过正式的渠道和公司沟通，鼓励员工对现有制度和流程提出合理化建议。

9.1 员工组织

9.1.1 工会：工会是企业员工自愿结合的群众组织，是连接企业与员工的桥梁和纽带。公司支持工会组织依法开展活动。

9.1.2 各种体育文化协会：公司支持工会及其他群众组织建立各种体育文化协会，以便员工能够发展工作之外的兴趣爱好。有关协会的信息可以在办公平台中查阅。各种协会必须遵循法律的规定开展活动。

9.1.3 员工互助：公司支持工会组织员工互助活动，为方便员工生活、帮助困难员工进行集中采购或捐助活动。

9.2 沟通交流

9.2.1 政策查询：公司通过办公平台、公告栏等多种信息发布渠道及时向员工发布公司的规章制度、工作动态、岗位空缺信息等。公司各类信息的详细情况大部分均可在内部网络数据库中查找。

9.2.2 门户开放：公司倡议所有的主管人员"门户开放"，欢迎员工提出想法和疑问，同时也要求主管人员主动关注下属的想法和情绪。

9.2.3 员工关系专员：公司在人力资源部设置员工关系专员，如有解决不了的问题，或问题性质使员工不愿意与主管直接交流，则可以寻求员工关系专员的帮助。员工关系专员对员工的投诉负有保密义务。

9.2.4 新员工：在转正、员工调薪或岗位变动、进行工作评估、职业发展规划以及员工提出辞职等情形下，员工上级、人力资源部门的有关人员应与员工进行面谈，沟通意见。

9.2.5 工会：工会的基本职能包括维护、参与，员工有关对公司管理、维护自身权益的意见和想法，可以向工会委员反映。

9.2.6 合理化建议：任何员工有权利直接向任何部门提出有关制度、流程、业务发展等方面的合理化建议。员工也可以通过员工关系专员提出合理化建议。被采纳的合理化建议将受到公司的奖励。

9.2.7 总经理：员工可以在必要的情形下，通过人力资源部约见总经理。

9.2.8 邮件：当面对面的交流不适合时，员工可以给任何人发送邮件，以迅速反映问题或解决工作中的疑惑。电子邮件应简洁明了，并发给真正需要联系的人员，不得抄送给无关人员。

9.2.9 员工满意度调查：公司通过定期的不记名意见调查向员工征询对业务、管理、人力资源等方面的意见，了解员工对工作环境的整体满意程度，员工可按照自己的真实想法反馈而无须任何顾虑。

9.3 申诉与举报

9.3.1 申诉举报机制体现了公司对员工维护合法权益的尊重。当员工认为个人利益受到不应有的侵犯，或对公司的经营管理措施有不同意见，或发现有违反公司各项规定的行为时，可按申诉举报程序选择适当的申诉、举报渠道向公司申诉、举报。

9.3.2 申诉、举报方式可选用面谈、书面或电子邮件三种形式。如选用书面、电邮方式，申诉或举报书必须具名，公司不受理匿名的投诉和申诉。

9.3.3 原则上，员工的各层上级管理人员直至人力资源部门、公司总经理均是申诉、举报受理人。建议员工逐级反映情况。

9.3.4 当员工认为不方便通过申诉、举报途径申诉、举报时，通过工会委员会申诉、举报也同样被推荐采用。

9.3.5 工会设有劳动争议调解委员会，调解有关劳动纠纷。

9.3.6 从解决问题的角度考虑，不提倡任何事情都直接向总经理申诉、举报，但当员工坚持认为有必要向总经理申诉、举报时，仍可以通过电子邮件、电话以及其他方式直接向总经理申诉、举报。

9.3.7 各级责任人或责任部门在接到员工申诉、举报后应通知人力资源部参与，并在人力资源部监督下，在事件涉及的相关当事人中进行调查，并根据调查结果尽快做出处理决定。处理决定将通过书面或电子邮件的形式通报给申诉举报者和有关领导，员工如果对处理决定不满意仍可以继续向更高一级负责人或部门申诉、举报。

员工关系管理的详细制度参见《员工关系管理制度》。

2-3-2-10 工作纪律与奖惩

对企业价值观的破坏是对企业价值最大的破坏。

制度与流程是公司价值观的具体体现，是公司铁的纪律。

10.1 奖励的不同种类

10.1.1 对模范地遵守公司的价值观，为公司、客户创造价值，突出完成业绩目标的员工，公司将酌情予以奖励。奖励包括口头奖励、书面表扬、突出贡献奖励、晋级涨薪等。

10.1.2 口头表扬由员工的主管直接给予，用于针对日常工作表现出色的员工、进步明显的员工，旨在及时肯定员工的贡献和进步。

10.1.3 书面表扬由直接主管建议，员工所在部门给予，需要在全公司予以公布的需要事先征得人力资源部同意后报总经理签字公布。主要用于获得客户高度评价、获得社会高度评价，需要提倡其他员工学习的员工，该等奖励可同时予以不超过人民币 2000 元的现金或物质奖励。

10.1.4 突出贡献奖励由员工所在部门建议，经人力资源部审批，报总经理批准，主要用于突出完成年度业绩目标，或挽救公司利益，或在重大的工程建设、技术改造方面做出突出贡献的员工。该等奖励获得奖牌和证书，载明员工姓名和所做的贡献，同时给予现金或物质奖励。

10.1.5 晋级涨薪由员工所在部门提议，经人力资源部审批，报总经理批准。主要用于某一阶段业绩突出、证明其能力可以胜任更高级别的岗位的员工。晋级涨薪一般按照逐级晋升原则，特殊贡献可以晋两级。

10.1.6 连续服务奖：对连续忠实为公司服务，不断做出贡献的员工予以表扬，以鼓励员工长期服务。连续服务奖以三年为一个计算周期，每满三年即可获得奖励。该奖励在每年 2 月份举行的员工大会上颁奖。

10.2 处罚的不同种类

10.2.1 对违反公司价值观，违反公司工作纪律的行为，根据其严重程度，给予不同形式的处分。处分包括口头警告、书面警告、扣罚薪酬、降职降级、解除合同。

10.2.2 口头警告由员工的主管直接给予，主要针对轻度过失或不努力工作，但是没有造成损失的情况，旨在给当事人提供一个立即改正的机会，口头警告可以与扣罚 50 元以下工资的处分同时使用。

10.2.3 书面警告由员工所在部门给予，需要通报全公司的必须得到人力资源部许可后报总经理签字公布。用于针对较为严重的过错，需要引起其他同事予以关注和警惕的过错，屡犯过错或连续工作不努力的情况。书面警告可以与扣罚 200 元以下工资、降职降级、解除合同同时使用。

10.2.4 扣罚薪酬指扣罚 200 元以上工资的处分，由员工所在部门提议，经过人力资源部审批方可执行，扣罚超过 2000 元的由总经理审批。主要针对因工作过错给公司造成经济损失或给客户造成不良的后果，或给公司的社会形象带来负面影响的行为。

10.2.5 降职降级由员工所在部门提议，经人力资源部审核，报总经理审批方可执行。主要针对长期不能胜任工作，或者过错严重，证明不能胜任工作的。

10.2.6 解除合同由员工所在部门提议，经过人力资源部批准后执行。主要针对犯有极其严重的错误，严重违反公司的价值观和纪律，或者给公司造成重大损失的行为，公司可以立即予以解除合同，不需提前通知，也不需支付补偿金。

10.3 可以立即解除合同的行为

10.3.1 违反××公司诚信原则的任何行为。

10.3.2 给公司造成严重经济损失的。

10.3.3 在办公场所大吵大闹或打架斗殴。

10.3.4 使用辱骂性语言辱骂客户、主管和同事。

10.3.5 在办公场所进行任何形式的赌博，无论涉及金钱与否。

10.3.6 在办公场所饮酒和醉酒。

10.3.7 恶意滥用公司财产。

10.3.8 营私舞弊、玩忽职守或者拒绝上级合法指示。

10.3.9 违反保密协议。

10.3.10 伤害或企图伤害他人。

10.3.11 对同事性骚扰的。

10.3.12 其他经公司认定的情节严重的不正当行为。

10.4 制度与流程

10.4.1 员工在××服务期间，必须遵循合法经营的价值观，不得在任何时间、任何场合从事违法犯罪活动。

10.4.2 员工在××工作期间应当遵守公司的各项制度和工作流程，制度和流程未予以规定的，请勿擅自做主，待请示上级主管后决定。

10.4.3 需要更改管理和业务流程的必须报上级批准，按照公司规定的流程修改程序办理。紧急情况下，遇有职责不清或流程需要紧急变更，员工须以公司利益为先，可以先行处置并在第一时间报告上级主管。

10.4.4 本手册未能尽述的情形，您应当遵循公司价值观的指引并以之作为自己在公司工作期间的行为指南。

10.4.5 公司管理层和各级主管人员应当模范地遵守××公司价值观和纪律，负有敦促、监督下属遵守公司价值观和纪律的天然职责。

10.4.6 如员工对公司的制度和流程有建议和意见，鼓励用书面或电子邮件的方式向制度的制定部门和批准部门提出。

10.5 考勤与请假

10.5.1 员工须按时上下班，这是对所有员工最基本的要求，员工所在部门负责记录员工出勤情况。

10.5.2 如果员工在上班时间不能按时到岗或者因公、因私临时外出，请向直接主管说明原因并请假，若直接主管不在，请向其他同事说明情况，确保有人知道员工的去向及联系方法，以便与员工联系。

10.5.3 因公出差，必须提前一个工作日以上向员工的主管请假，让主管了解员工的去往地点、事由、联系电话和员工返回岗位的时间，获得批准后方可出差。超过五个工作日的出差必须报二线主管批准。

10.5.4 出差完毕两个工作日内必须提交出差报告，汇报出差情况。

10.5.5 员工休假、请假应以书面形式说明请假理由、天数等，经批准后方可休假；申请年休假、探亲假、婚假等超过五个工作日的假期应当提前两个工作日向主管提出并与同事交接有关需要代理的工作，其中探亲假、婚假等需要提供相关证明材料方可请假，产假等需要事后补充证明材料。

10.5.6 若遇有急病或紧急事情时，可委托同事或直接给主管打电话说明情况，事后补办手续。

10.5.7 批假权限：一天（含）以下的假期由部门经理批准，请假单抄送人力资源部以便考勤；一天以上、五个工作日（含）内的假期由部门经理和人力资源部共同批准；连续请假超过五个工作日的由部门经理和人力资源部经理批准后，送公司分管领导核准。部门经理以上人员的假期由总经理核准并送人力资源部备案。其他人员无权批假。

10.5.8 未经批准的休假均按旷工计算，旷工两个小时起计半天，每旷工半天扣发当月基本工资和绩效奖金之和的 20%。

10.5.9 员工续假需按照上述要求重新办理请假手续。

10.5.10 如不预先通知而连续旷工三天或一年内累计旷工三天视为严重违纪行为，公司即可解除劳动合同。

10.6 上班纪律

10.6.1 员工应当积极、主动地在岗位说明书及有关职责授权范围内履行职责，不得推诿、推卸责任。

10.6.2 员工必须服从上级管理，执行上级指令。对上级主管的指令动机有重大疑问的，按照先执行、后报告的原则向上级主管报告。

10.6.3 遇有公司利益受到损害或者威胁的情形，需立即向公司报告，不得拖延或隐瞒。

10.6.4 上班时间不得从事与工作无关的活动，如聊天、炒股、打电子游戏等。

10.6.5 员工工作日早餐、中餐及倒班、加班员工的晚餐禁止饮酒，以免影响工作或造成危险。销售人员从事宴请客户的情形除外。

10.6.6 员工开会、拜访客户、听取领导指示必须带笔记本记录，以确保信息得到完整的保存，并在要求的时间内予以落实、答复。

10.6.7 未经授权，员工不得超越岗位说明书规定的职责范围行使权力，不得擅自签署和向外发送超越职权的任何文件、信函、传真，不得代表公司出席会议、谈判、签约、招标投标。

10.6.8 未经岗前培训或者未取得国家强制要求的上岗证书的员工，未经特殊许可不得上岗，主管人员对此负有监督责任。

10.6.9 公司有权经过与员工事先沟通，根据工作需要或员工的绩效评价结果等，调整员工的工作岗位、工作部门、工作地点。

10.7 会议纪律

10.7.1 出席公司、部门召集的会议，员工应当提前 2 分钟到达会场。遇有地方政府领导、重要外宾或客户出席的重要会议应当按通知要求提前到场，没有通知要求的提前 5 分钟到场。

10.7.2 开会期间应当关闭手机或调至振动状态，不得频繁外出接听电话或发短信，遇有上述重要会议请勿接听手机、发短信。

10.8 工作场所管理与纪律

10.8.1 上班期间必须佩戴姓名牌。

10.8.2 员工上班期间应当体现良好的个人素质，不允许在工作场所发生打架、骂人、不文明用语等不文明的行为；不允许在工作岗位、办公场所吃零食、喝酒、赌博及进行其他违法、违规行为。

10.8.3 自觉维护办公秩序，不要在办公区域内喧哗，私人通信工具应调低音量。

10.8.4 员工有义务保持办公场所的清洁和办公设备的外观整洁，禁止随便张贴广告，所有需在公共场所张贴的材料必须经行政部门的事先批准。

10.8.5 未经许可不得翻阅和挪用其他同事桌面上的文件和物品，不得开启其他同事的办公桌和文件柜。

10.8.6 使用会议室时请通过行政部门预订或者在会议室预订表中预订，如取消预订请及时变更。会议室使用完毕后请清理干净。

10.9 工作用具与信息系统

10.9.1 公司分配给员工的计算机、车辆、电话、办公用品等工作用具是为了保证员工的工作需要，不应用于其他用途。

10.9.2 工作用具、办公用品由行政部门实行统一采购，各部门由专人负责领用和发放。员工应爱护工作用具，本着勤俭节约的原则使用办公用品；非正式文件使用废纸背面打印；尽量使用自然风而非空调进行通风；对计算机等贵重物品因使用不当或保管不善造成遗失或损坏，应予以赔偿。

10.9.3 公司使用统一的个人计算机品牌、型号，以及标准办公软件系统，实施集中采购，请勿将私人计算机接入公司网络。

10.9.4 因工作需要使用计算机的员工原则上均独立使用计算机，员工入职后由所在部门提出申请，由信息技术部门统一调配计算机。非经批准，不得外借或借用他人计算机，以免损坏机器或泄露公司机密。

10.9.5 员工入职后，根据工作需要和申请步骤，申请信息系统使用账户，当员工调职或离职时，由人力资源部通知信息技术部门立即更改或取消其系统访问权限。

10.9.6 公司采用集中的企业网络架构、病毒防范体系，请勿擅自卸载预装防毒程序，不得从网络上下载可疑程序。

10.9.7 公司因特网用户不得利用因特网从事危害国家安全、泄露国家秘密等犯罪活动，不得制作、查阅、复制和传播违法信息、传播谣言、泄露公司商业秘密、损害公司名誉。

10.9.8 员工每天至少应浏览一次公司信息平台，关注有关文件。

10.9.9 为确保数据的安全可靠性，请在文件服务器上存放数据的用户在本机上留用相应的备份。相反，在本机上操作的工作文件应在文件服务器上备份，以免遗失。

10.9.10 使用办公电话应注意节约，不得拨打信息台，因私频繁通话影响工作及超出定额，将受到处罚并由员工自费缴纳超额部分。

10.9.11 公司车辆为工作所需，禁止未经许可的因私使用行为；单程超过500公里路程并适宜乘坐其他工具更节约成本的应当改乘其他交通工具。

10.10 工作信息与对外宣传

10.10.1 员工应当恪守诚信原则，按照公司要求提供真实、及时、准确的工作信息，不得虚报、瞒报、漏报工作信息。

10.10.2 正式的工作信息需通过书面或者公司内部电子邮件的形式传递。重要而紧急的信息应当通过电话、短信等形式确认收到。

10.10.3 跨部门沟通的工作邮件应当抄送双方的上级主管，通常是双方的部门经理。

10.10.4 每天上班后第一件事情是处理上日未处理的邮件，确保及时获得有关工作信息，处理有关工作。

10.10.5 员工每天至少应浏览一次公司信息平台，关注有关公司发文。

10.10.6 做错工作应当立即向直接主管报告，以便采取措施予以纠正。

10.10.7 员工不得在公司内散布谣言、传闻。

10.10.8 未经总经理授权或者行政部门批准，请勿接受外界、新闻媒体有关公司任何内容的采访或为之提供与公司相关的信息。

10.10.9 员工对外发表文章、谈话未经授权不得涉及公司的任何信息。

10.11 客户、供应商关系与避免利害冲突

10.11.1 任何员工应当深刻理解客户的重要性，努力为客户创造价值，赢得客户的尊重。对待内部客户参照执行下列要求。

10.11.2 员工在与客户的交流中，请勿炫耀本公司或本公司股东，以示优于客户的商业或其他优势地位。

10.11.3 员工须谨慎处理外部的各种宴请和交际应酬活动，与客户和供应商保持适当的距离，与客户和其他利益关联者之间的交往应不违反法律法规并符合一般道德准则和商业惯例。其他利益关联者包括竞争对手、有关政府机构及其附属公司等。

10.11.4 在办公室接待客户要起立、微笑、招呼、让座，不可发生客户长时间站立而员工坐着的情形。

10.11.5 对于客户的建议、投诉应当在两个工作日内给予答复。

10.11.6 接到客户电话的员工不得致使内部工作流程外部化，致使客户重复拨打其他部门电话。应当礼貌地问候客户、转接有关部门或记录客户电话并承诺将其提交有关部门给客户主动回复。

10.11.7 部门副经理以下人员未经主管批准，不得宴请客户，不得接受供应商宴请。

10.11.8 任何员工不得接受利益相关者超过价值人民币200元的礼品，禁止收受、隐瞒或截留各种名义的现金或非现金的回扣、手续费、介绍费、礼品、礼金、有价证券和支付凭证等，如因特殊情况无法回绝，必须如实上报部门经理，如数上缴人力资源部。

10.11.9 未经批准，请勿与配偶、直系或三代以内旁系亲属及其关联企业进行任何形式的业务活动。

10.11.10 员工亲属进入利益相关单位工作的，请在第一时间通报公司。

10.11.11 未经批准，请勿私自拥有利益相关者的股份（通过公开市场购买的股票除外）或担任其董事、监事。

10.11.12 未经报告，请勿将本人或亲属的房产等资产出售、租赁给公司或利益相关者。

10.11.13 未经批准，员工本人或家人请勿接受供应商、合作伙伴、客户的旅游招待等，包括由利益相关者提供的出国资助。

10.11.14 请勿因个人目的向利益相关者借款、借物，或以各种名义占用利益相关者的款物。

10.12 **员工关系**

10.12.1 公司提倡简单、单纯的员工关系。员工之间互相关心、互相爱护，谢绝影响工作的人际交往。

10.12.2 评价员工工作业绩和表现是主管人员的权利，员工无权私下评论同事的工作表现，更不得议论同事的个人、家庭问题。

10.12.3 下属不得宴请上级或请上级参加娱乐活动，婚丧嫁娶的情形除外。

10.12.4 员工不允许参加赌博，以免与公司价值观要求发生冲突；同事之间请勿进行赌博性质的娱乐活动以免影响关系。

10.12.5 员工之间不允许在公司有吵架行为。公司不介入员工之间的个人纠纷且不允许个人纠纷对工作造成影响。

10.12.6 请勿以任何形式对同事进行性骚扰。

10.12.7 严禁任何私下协议代班的行为发生。

10.13 保密纪律

10.13.1 员工不得利用公司商业秘密或同事的个人秘密谋取不正当的个人利益。

10.13.2 商业秘密：公司一切未经公开披露或者仅限内部使用的有关信息，包括但不限于规章制度、管理与业务程序、经营决策、客户名单与信息、规划计划、谈判底限、诉讼案件、财务信息、薪酬福利信息、工艺流程、产品配方、工程设计、技术方案与数据、生产信息、商品采购与销售内部报价，及相关的原始记录、函电、会议内容等。

10.13.3 个人秘密：员工个人信息、绩效评价结果、薪酬福利信息均为公司机密和员工个人秘密。

10.13.4 知识产权：公司所有的关于专利权、著作权及其邻接权，准备或已经申请专利、申报科技成果奖励的有关发明创造、技术革新等为理所当然的商业秘密。

10.13.5 未经公司主管部门批准不得以任何形式对外发表、传播、泄露上述秘密。凡涉及上述秘密的文件（包括电子格式文档资料），都应妥善保管，按规定使用，作废后不可随意丢弃，应按规定上缴、销毁或删除。

10.13.6 员工不得携带涉及公司专有技术秘密的计算机、书面文件及记录本离开公司。

10.13.7 员工不得使用自己的移动存储设备拷贝公司文件及有关信息。

10.13.8 各级各类档案都应妥善封存、严格管理，严禁私自拆封，作废后应统一销毁。

10.13.9 所有用户对自己的信息系统用户名和密码应妥善保管，密码必须定期更新，不得向他人透露。因保管不善致使他人盗用密码所进行的操作，由密码所有人承担完全责任。

10.13.10 非涉密人员需要接触保密内容时，部门内人员必须报本部门经理批准，跨部门必须报公司主管领导批准。

10.13.11 公司外的各界人士来公司，需要到生产、研发区参观的，须事先报总经理或其授权人批准，由安排接待活动的部门指定专人全程陪同。参观过程中不得携带摄影、摄像设备，不得摄影、录像。

10.13.12 员工在公司任职期间，因履行职务或者主要利用公司的物质技术条件、业务信息等产生的发明创造、作品、计算机软件、技术秘密和商业秘密信息，有关知识产权依法属于公司所有。员工应当按照公司要求，提供一切必要的信息和采取一切必要的行动，协助公司取得和行使有关的知识产权。

10.13.13 员工无论何种原因从公司离职后两年内仍对其在公司任职期间知悉或者持有的属于公司或者虽属于第三方但公司承诺有保密义务的商业秘密，承担如同任职期间的保密义务和不擅自使用有关商业秘密的义务。

10.13.14 涉及公司专有技术秘密的人员离职后两年内不得从事同行业工作，公司将对此依法予以补偿并对违反本款规定的有关人员追究法律责任。

10.13.15 员工在履行职务时，不得擅自使用任何属于其他人的技术秘密或其他商业秘密信息，亦不得擅自实施可能侵犯他人知识产权的行为。

10.14 人事纪律

10.14.1 人员推荐：员工推荐公司急需的各种人才应当诚实说明是否存在亲属关系并只能推荐给人力资源部门以便统一进行考察，请勿直接推荐给公司领导、用人部门负责人。

10.14.2 亲属回避：非经批准，请勿在自己管辖的范围内聘用具有夫妻关系、同学关系、既往同事关系、直系或三代以内旁系亲属关系的候选人。

10.14.3 非经批准，具有夫妻关系、同学关系、既往同事关系、直系或三代以内旁系亲属关系的人员不得具有直接或间接的上下级关系，以保证公司的公平环境。

10.14.4 恋爱报告：具有直接或间接上下级关系的上级与下属建立恋爱关系时，原则上应当报告本部门经理及人力资源部，以便妥善处理，保证工作环境的公正公平。

10.14.5 人事权力：公司的聘用、解聘、调薪决定权、部门经理任免权归总经理，未经总经理或其授权的人员批准，其他人员不得决定录用、解聘员工，不得调整员工薪酬，不得任免部门经理。

10.15 风险管理

10.15.1 企业最大的风险是制度、流程的缺位和对制度、流程的蔑视。任何工作必须建立规范的流程并严格遵守以免非规范化操作带来的风险。主管负有为下属建立或审批下属工作流程的职责。

10.15.2 员工必须遵守公司一切关于风险管理的规章制度，培训风险管理的行为规范，梳理规则意识、质量意识和风险防范的意识。

10.15.3 风险的类别包括资信风险、市场风险、操作风险、道德风险等。

10.15.4 风险管理的发展目标是以流程化为切入点，结合公司经营实际，推进全面质量管理，提升公司整体经营质量，为建立公司特色的质量管理体系奠定基础。

10.15.5 所有财务记录和单据必须准确并遵守国家法律、会计准则和公司的财务流程。保存完整准确的财务账册和记录。在公司的财务报告和记录中，所有的商业交易必须适当地分类。

10.15.6 公司人员向第三方提供的所有有关财务文件、回签信函或其他往来均应提供给财务部门，以便该类交易信息适当归类。

10. 15. 7 收到任何政府机构和司法机关的法律文件，都应及时交给公司行政部门，以便及时、正确处理。

10. 16 兼职与社会活动

10. 16. 1 禁止员工从事与××公司业务相同或相近的兼职行为，尤其不得受雇于竞争对手。

10. 16. 2 避免可能会或看起来是与在××公司承担的本职责任或公司利益发生冲突的行为或关系。

10. 16. 3 除非职责规定，员工不得利用职务便利向公司推销产品和服务。

10. 16. 4 员工加入与职务有关的社会公益组织或兼任社会公益组织职务或接受外部邀请进行交流活动，应提出书面申请并征得主管批准方可参加，并就可能涉及××公司的重要内容征求行政部门意见。

10. 16. 5 在本职工作外从事的财务活动或其他交往必须合法，不得与作为公司雇员所承担的本职工作发生利益冲突。

第三章　专项规章制度（一）

第一节　招聘录用管理制度

3-1-1 招聘录用管理制度示例

××财务管理有限公司招聘录用管理制度

第一章　总则

第一条　目的

为规范员工招聘录用程序，充分体现公开、公平、公正的原则，保证公司各部门各岗位能及时有效地补充到所需要的人才，促进公司更快地发展，特制定本办法。

第二条　适用对象

公司所有招聘员工。

第三条　权责单位

人力资源部门负责本制度的制定、修改、解释、废止等工作；总经理负责本办法制定、修改、废止等的核准。

第四条　招聘录用的原则

公司招聘坚持公开招聘、平等竞争、因岗择人、择优录用、人尽其才、才尽其用的原则。

第二章　招聘录用的原则

第五条　招聘组

企业成立招聘组负责对人员的筛选，其小组成员至少由三人组成，分别来自人力资源部、用人部门、企业领导或聘请外部人力资源专家。

不同对象的招聘人员，其面试考官构成如下：

（1）对于普通员工，初试考官为人力资源部人员，复试考官由人力资源部人员和用人部门主管组成，最后由用人部门主管核定；

（2）对于基层管理人员，初试考官由人力资源部主管和用人部门主管组成，复试考官由部门经理和人力资源部经理组成，最后由部门经理核定；

（3）对于中高层管理人员及公司所需的特殊人才，面试考官一般由人力资源部经理、总经理、外聘专家组成，总经理拥有对其录用决策的最终决定权。

第三章　招聘需求

招聘工作一般是从招聘需求的提出开始的，招聘需求由各用人部门提出，其主要内容包括所需职位、人数及上岗时间等内容。

第六条　需求申请

各部门、下属分公司根据业务发展、工作需要和人员使用情况，向人力资源部提出员工招聘的要求，并填写人员需求申请表，报人力资源部审批。

第七条　突发的人员需求

突发的人员需求，因新增加的业务而现有企业内缺乏此种人才或不足时，及时将人员需求上报人力资源部。

第八条　储备人才

为了促进公司目标的实现，而需储备一定数额的各类专门人才，如大学毕业的专业技术人才等。

第四章　招聘渠道

公司招聘分为内部招聘和外部招聘。内部招聘是指公司内部员工在获知内部招聘信息后，按规定程序前来应聘，公司对应聘员工进行选拔并对合适的员工予以录用的过程。外部招聘是指在出现职位空缺而内部招聘无法满足需要时，公司从社会中选拔人员的过程。

第九条　内部招聘

所有公司正式员工都可以提出应聘申请，且公司鼓励员工积极推荐优秀人才或提供优秀人才的信息，对内部推荐的人才可以在同等条件下优先录取，但不得降低录用的标准。

第十条　外部招聘

外部招聘的方式主要有通过招聘媒体（报纸、电视、电台、网站等）发布招聘信息、参加人才招聘会、通过职业介绍所等。

第五章　人员甄选

第十一条　简历的筛选

招聘信息发布后，公司会收到大量应聘人员的相关资料，人力资源部工作人员对收集到的相关资料进行初步审核，对初步筛选出的合格应聘者，以电话或信函的方式（面试通知单）告知他们前来公司参加下一环节的甄选。

第十二条　笔试

根据招聘情况的实际需要，可在面试之前对应聘者先进行笔试，笔试一般包括以下内容：

（1）一般智力测验；

（2）专业知识技能；

（3）领导能力测验（适用于管理人员）；

（4）综合能力测验；

（5）个性特征测验。

第十三条　面试

面试一般分为初试与复试两个环节。根据招聘职位的不同，也会有第三轮甚至第四轮面试的环节，这种情况一般适用于公司中高层人员的招聘或公司所需的特殊人才的招聘。

（1）初试。主要是对应聘者基本素质、基本专业技能、价值取向等做出的一个基本判断。

（2）复试。根据初试的结果，人力资源部对符合空缺职位要求的应聘者安排复试，主要是对应聘者与岗位的契合度进行考察，如应聘者对岗位所需技能的掌握程度、胜任该岗位所需具备的综合能力等方面。

第六章　背景调查

第十四条　背景调查

就应聘者与工作有关的一些背景信息进行查证，以进一步确定应聘者的任职资格。

经公司甄选合格的人员，在公司决定录用之前，视情况对其可作相关的背景调查，调查的主要内容包括学历水平、工作经历、综合素质等，特别是审核其派遣证（应届毕业生）和离职证明（在职人员），这样可以在一定程度上降低公司的用人风险。

第七章　人员录用

第十五条　录用通知

经过笔试、面试环节的选拔，经公司考核合格的应聘人员，在做出录用决策后的 3 个工作日内，向其发出录用通知；对未被公司录用的人员，人力资源部也应礼貌地以电话、邮件或者信函（主要是指员工录用通知书）的形式告知对方。

第十六条　员工的报到

被录用员工在接到公司的录用通知后，必须在规定的时间内到公司报到。若在发出录用通知后的 15 天内不能正常按时报到者，公司有权取消其录用资格，特殊情况经批准后可延期报到。

第十七条　员工的正式录用

被录用人员按规定时间来公司报到后，需办理如下手续：

（1）填写入职申请表和诚信声明；

（2）验证其应届生身份或离职状态的相关证明；

（3）将相关资料交与人力资源部，包括体检合格证明、身份证、学历证书、职称证书等相关资料的复印件；

（4）签订劳动合同；

（5）申领相关办公用品。

应聘人员应确保上款所列之规定借以录用的相关资料在规定的期限或试用期满之前提供，否则公司有权以其不符合录用条件为由解除其劳动合同。

应聘人员必须保证向公司提供的资料真实无误，若发现伪报或伪造，公司有权解除其劳动合同。

第十八条 录用时声明

任何来公司应聘的人员，应在公司制作的诚信声明表上声明以下事项：

（1）在入职申请表上所填写的内容均真实无误；

（2）无影响工作的慢性疾病、传染病或其他重大疾病或不适合招聘岗位的其他疾病；

（3）无刑事犯罪记录；

（4）已依法与原用人单位办理完解除或终止劳动合同的手续，并向公司出具相关证明；

（5）若姓名、住址、电话号码、紧急联络人等相关个人资料发生变更，保证及时（5日内）通知公司。否则公司可按原个人资料进行通知或公告，即履行法定告知义务。

第八章 试用期管理

第十九条 订立劳动合同

公司总经理代表公司与员工订立劳动合同，其他人员无权代表公司与员工订立劳动合同。员工必须亲自订立劳动合同，因客观原因无法亲自订立时可书面委托他人订立。劳动合同一式三份，公司持有两份，员工持有一份。

第二十条 员工的试用

公司新进人员到人力资源部办理完相关报到手续后，进入试用期阶段，试用期为1～6个月不等。若用人部门负责人认为有必要时，也可报请公司相关领导批准，将试用期酌情缩短。

用人部门和人力资源部对试用期内员工的表现进行考核鉴定，考核主要从其工作态度、工作能力、工作业绩三个方面进行。

（1）试用期内员工表现优异，可申请提前转正，但试用期最短不得少于一个月；

（2）试用期内员工若品行欠佳或公司有合理理由认为其不适合录用条件，可随时停止试用；

（3）试用期满且未达到公司的合格标准，人力资源部与用人部门可根据实际情况决定延期转正或辞退。其中，试用期延期时间和已经完成的试用期总和最长不超过法定的试用期限上限。

员工试用期即将结束时，需填写员工转正申请表，公司根据员工试用期表现做出相应的人事决策。

第二十一条 员工的转正

办理转正手续，用人部门和人力资源部要做好转正员工定岗定级、提供相应待遇、员工职业发展规划等工作。

第九章 招聘工作的总结与评估

第二十二条 招聘工作的总结与评估主要包括以下三项工作：

（1）招聘工作的及时性与有效性；

（2）招聘成本评估；

（3）对录用人员的评估。

招聘工作完成后，人力资源部应及时制作招聘工作小结，并呈报总经理。

第十章 附则

第二十三条 效力层次

公司以前颁布的相关制度与本制度相抵触的，以本制度为准。

第二十四条 修订权与解释权

本制度的修订权及解释权归人力资源部，本制度自颁布之日起实施。

3-1-2 合理性解析及关联法规

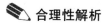 **合理性解析**

招聘录用制度是企业规章制度的重要组成部分，任何一个企业的规章制度中都会有专门的录用制度。在新劳动法的背景下，解除或终止劳动合同变得更为困难，可以用"请神容易，送神难"来形象地比喻企业招聘录用管理及离职辞退管理的实际情况。这样的用工背景下，企业如何把握好录用关，确保企业招聘到合适的员工至关重要。企业在制作招聘录用制度时，应注意以下合理性原则：

（1）避免就业歧视嫌疑。企业在制定录用条件时，首先应当避免就业歧视，提倡就业机会均等，这不仅是劳动法律法规具体明确规定的责任义务，而且也是企业社会责任的必然承担。很多企业对员工的婚育状况、年龄、户口性质、户籍地等个人情况作出限定，可能会被认为是就业歧视。一旦企业的录用制度中包含就业歧视的内容，不仅会影响企业的社会形象，而且还可能导致不必要的劳动争议发生。

（2）相关情况告知义务。企业在招聘员工的过程中，特别是办理正式录用手续时，应当通过用人单位相关信息告知函或直接在劳动合同中阐述企业的基本情况，以履行法律规定的告知义务。同时，公示或告知人力资源部或行政部的相关联络方式，保障员工有充分了解公司信息的权利和渠道。这样的操作要求，不仅仅是规范化的要求，而且也能预防和控制法律风险的产生。

（3）入职报到相关要求。入职报到要求，即员工被单位录用后应提交哪些材料、填写哪些表格、符合哪些要求。需要特别指出的是，入职信息的保存、劳动合同的签订、录用条件的明确等是企业最应引起重视的环节。个人信息是在入职前填写还是入职后填写非常重要，如果是入职后填写的个人信息即便是虚假的也不能被认为是欺诈入职；劳动合同应在报到当日签订，否则会有此后员工不愿订立劳动合同而生周折的风险；录用条件的明确是为了在试用期内依法正确行使解除劳动合同的权利。

（4）妥善管理员工文档。员工文档在人力资源合规化管理中的作用非常重要，而且符合新劳动法背景下企业承担更多举证责任的要求。通常建议企业为每一名员工建立员工档案，从员工入职时起，即将入职申请表、资格证书、身份证明、社保记录、劳动手册、劳动合同等相关员工的个人信息文档加以整理归入，以后员工变更劳动合同或发生其他劳动人事事项时，直接归入该员工档案中。

关联法规

第八条 用人单位招用劳动者时，应当如实告知劳动者工作内容、工作条件、工作地点、职业危害、安全生产状况、劳动报酬，以及劳动者要求了解的其他情况；用人单位有权了解劳动者与劳动合同直接相关的基本情况，劳动者应当如实说明。

第九条 用人单位招用劳动者，不得扣押劳动者的居民身份证和其他证件，不得要求劳动者提供担保或者以其他名义向劳动者收取财物。

第二十六条 下列劳动合同无效或者部分无效：

（一）以欺诈、胁迫的手段或者乘人之危，使对方在违背真实意思的情况下订立或者变更劳动合同的；

（二）用人单位免除自己的法定责任、排除劳动者权利的；

（三）违反法律、行政法规强制性规定的。

对劳动合同的无效或者部分无效有争议的，由劳动争议仲裁机构或者人民法院确认。

第八十四条 用人单位违反本法规定，扣押劳动者居民身份证等证件的，由劳动行政部门责令限期退还劳动者本人，并依照有关法律规定给予处罚。

用人单位违反本法规定，以担保或者其他名义向劳动者收取财物的，由劳动行政部门责令限期退还劳动者本人，并以每人五百元以上二千元以下的标准处以罚款；给劳动者造成损害的，应当承担赔偿责任。

劳动者依法解除或者终止劳动合同，用人单位扣押劳动者档案或者其他物品的，依照前款规定处罚。

——《劳动合同法》

第二节 岗位管理制度

3－2－1 岗位管理制度示例

××设计院有限公司岗位管理制度

第一章 岗位聘用界定

第一条 岗位聘用的含义

公司实行劳动合同下阶段性岗位聘用制。岗位聘用的含义是指按照公司确定的岗位及岗位说明书的条件，择优选择符合上岗标准的人员，并办理有关聘用手续的过程。

第二条 岗位聘用的对象

被聘用的对象是与公司建立劳动关系的员工，且订立 3 年或 3 年以上固定期限劳动合同或者订立无固定期限劳动合同的员工。

被聘人由所聘岗位的部门依据公司责任权限规定择优提出。

第二章 岗位聘用规则

第三条 订立岗位聘用书

《岗位聘用书》是明确被聘人权利和义务的文书。《岗位聘用书》应包括以下内容：

（1）聘用岗位；

（2）预备聘用期限；

（3）工作内容（以《岗位说明书》为准）；

（4）工资等级；

（5）岗位变更；

（6）评价考核（聘用转正条件、岗位胜任指标）；

（7）双方需要约定的其他事项。

订立《岗位聘用书》之前，被聘任人应学习、掌握所聘岗位说明书的内容。

岗位聘用书由主聘人和被聘人签字，并由人力资源部审核、确认后生效。

岗位聘用书一式三份，生效后由主聘人和被聘人各持一份，员工个人档案一份。其中，主聘人持有的一份由公司人力资源部统一保管。

第四条 预备聘用

预备聘用是为了进一步考察被聘人履行岗位职责的能力与态度而进行的一种准

备性聘用。预备聘用也应订立《岗位聘用书》，并在《岗位聘用书》中约定预备聘用的期限。预备聘用期限一般为 1 个月 ~6 个月。

在下列情形下，《岗位聘用书》中应约定预备聘用期限：

（1）被聘人在劳动合同规定的试用期内；

（2）被聘人在转岗考核期内；

（3）在预备聘用期限内不能达到聘用条件，同时被聘人在劳动合同规定的试用期内，将视作不符合公司录用条件，公司将与其解除劳动合同。

第五条　聘用期限

岗位聘用期限一般为 1 年 ~3 年（特殊情形，也可以不约定聘用期限）。聘用期限原则上不得超过劳动合同期限。若聘用期限确需超过本期劳动合同期限的，应同时办理劳动合同期限延长手续。

第三章　岗位聘用变更

第六条　岗位聘用变更

岗位聘用人员实行动态管理。根据生产经营需要和员工绩效、技能考评情况，可以变更岗位聘用。岗位聘用变更包括调整工作岗位或工作内容；调整工资等级；调整约定内容等。对此，员工应予以服从。

岗位聘用变更应填写《岗位聘用变更记录表》，经主聘人和被聘人签字，人力资源部门审核、确认后生效。

《岗位聘用变更记录表》一式两份，生效后由主聘人和被聘人各持一份。其中，主聘人持有的一份由公司人力资源部统一保管。

第四章　岗位聘用终止、解除及延续

第七条　岗位聘用终止、解除及延续

劳动合同终止或解除时，岗位聘用自然终止。约定的聘用期满时，岗位聘任自然终止。

有下列情形之一的人员，公司可以解除岗位聘用：

（1）因机构调整、定员精简、岗位撤并等原因形成富余的；

（2）预备聘用经考核不合格或不能胜任岗位职责、不符合岗位任用条件的；

（3）因组织机构、定员（岗位）调整、工作需要等原因变更工作内容而协商不成的；

（4）公司转产、重大技术革新或者经营方式调整，经变更岗位聘用，仍需精简人员的；

（5）辞聘、拒聘的；

（6）员工有严重过失及以上违纪行为的。

第八条　岗位聘用期内不得解除岗位聘用的情形

员工患病或负伤，在规定的医疗期内，岗位聘用期间一般不得解除岗位聘用。

但对于医疗期在 6 个月以上的员工，达到或超过 6 个月时，解除原岗位聘用，转为岗位编外人员，由公司视具体情况再决定其岗位聘用。

员工在服务期或有专门约定的，不得辞聘或拒绝续聘。

第五章　解聘、辞聘和拒聘程序

第九条　解聘程序

符合第 7 条第 2 款前 3 项解聘的，用人部门应有相应的考核或谈话记录，填写《解聘人员情况表》，并经公司审批同意后，提前 30 日向解聘人员发送《解聘通知书》。送达《解聘通知书》时，收件人需签字。若拒签，可由两名送达人详细说明情况并签名，视作送达有效。

符合第 7 条第 2 项解聘的尚在试用期内的，用人部门应有相应考核记录和员工签字，在试用期结束前一周报人力资源部门。

符合第 7 条第 5 项规定辞聘、拒聘者，需提前 30 日书面报告所在部门。

第十条　辞聘、拒聘程序

被聘人书面提出辞聘或拒聘报告；所在部门提出意见，报人力资源部门备案；人力资源部门汇总后，交公司领导审核批准。

符合第 7 条第 5 项、第 6 项规定解聘的，用人部门应有书面意见并经权限人审批及人力资源部门备案后，自执行日起即行解聘。

第六章　待聘与竞聘

第十一条　待聘

在劳动合同期内的辞聘、拒聘、解聘或其他离岗未聘人员统称为待聘人员。待聘人员经人力资源部门审核后，由公司统一集中管理。

第十二条　待聘人员竞聘机制

公司根据生产经营情况以及实际用人部门的岗位、人员需求，不定期组织竞聘会。

待聘人员可根据公司竞聘会发布的具体职位，填写《竞聘上岗登记表》，并参加竞聘活动。

待聘人员在劳动合同期内 2 次拒绝或者缺席竞聘会的，将被视为劳动合同订立时所依据的客观情况发生重大变化，致使劳动合同无法履行。公司与待聘人员进行协商，如未能就劳动合同内容变更达成协议的，公司可以提前 30 日以书面形式通知待聘人员或额外支付 1 个月工资后，解除劳动合同。

待聘人员由于不胜任工作而两次被解除聘用的，公司可以提前 30 日以书面形式通知待聘人员或者额外支付 1 个月工资后，解除劳动合同。

第七章　附则

第十三条　效力层次

公司以前颁布的相关制度与本制度相抵触的，以本制度为准。

第十四条　修订权与解释权

本制度的修订权及解释权归企管部，本制度自颁布之日起实施。

3-2-2 合理性解析及关联法规

合理性解析

《劳动合同法》第17条劳动合同的必备条款作了相应规定，"工作内容和工作地点"作为九大必备条款内容，但该法并未对岗位管理作专门的规定。在人力资源管理实务中，企业往往会在与员工订立较长期限的劳动合同的基础上，同时订立较短期限的岗位合同。这种做法并未被《劳动合同法》所禁止，并将成为以后劳动合同管理及岗位绩效考核的重要方式。企业在具体设计、订立岗位合同和进行岗位管理时，应注意以下方面的注意事项：

（1）岗位合同的期限设计。岗位合同期限原则上应包含在劳动合同内，这样能避免劳动合同到期而岗位合同尚未到期而无法判断劳动关系是否已经终止的情形。作为兜底性的规定，可以在岗位管理制度中明确规定，若劳动合同到期而岗位合同未到期，应及时提前安排劳动合同的续订，以化解实务中出现的难题。

（2）岗位聘用与岗位调整。在初次岗位聘任期限届满后，会涉及接下来的聘期岗位是否需要调整的情形。实务中，通常以绩效考核结果作为基础性判断依据。考核合格的继续在下一聘期担任原岗位工作，考核不合格的则予以适当原岗培训或者调整岗位。此时的调岗应依据公平合理性原则进行处理，即便是没有合适岗位的临时待岗人员也应当适当支付工资。

（3）岗位聘用与合同解除。依据《劳动合同法》第40条的规定，对于在原岗位上不能胜任工作的员工，可以进行培训或调岗，培训或调岗后依然不能胜任工作的，可以解除劳动合同。企业在实际操作时，要注意把握"调岗合理性"及"先后两次考核均不合格"的判断，避免出现法律风险。

关联法规

第十七条　劳动合同应当具备以下条款：

……

（三）劳动合同期限；

（四）工作内容和工作地点；

（五）工作时间和休息休假；

（六）劳动报酬；

（七）社会保险；

（八）劳动保护、劳动条件和职业危害防护；

（九）法律、法规规定应当纳入劳动合同的其他事项。

劳动合同除前款规定的必备条款外，用人单位与劳动者可以约定试用期、培训、保守秘密、补充保险和福利待遇等其他事项。

第三十五条　用人单位与劳动者协商一致，可以变更劳动合同约定的内容。变更劳动合同，应当采用书面形式。

变更后的劳动合同文本由用人单位和劳动者各执一份。

第四十条　有下列情形之一的，用人单位提前三十日以书面形式通知劳动者本人或者额外支付劳动者一个月工资后，可以解除劳动合同：

……

（二）劳动者不能胜任工作，经过培训或者调整工作岗位，仍不能胜任工作的；

……

——《劳动合同法》

第十一条　变更劳动合同未采用书面形式，但已经实际履行了口头变更的劳动合同超过一个月，且变更后的劳动合同内容不违反法律、行政法规、国家政策以及公序良俗，当事人以未采用书面形式为由主张劳动合同变更无效的，人民法院不予支持。

——最高人民法院《关于审理劳动争议案件适用法律若干问题的解释（四）》

第三节 绩效考核管理制度

3-3-1 绩效考核管理制度示例

××映像器材有限公司绩效考核管理制度

第一章 总则

第一条 考核目的

通过对个人绩效进行管理和评估，提高个人的工作能力和工作绩效，从而提高组织整体的工作效能，最终实现组织战略目标。

第二条 考核对象

本考核制度适用于公司副总经理以下的正式员工。

第三条 考核原则

本考核制度遵循以下原则：

（1）公开性原则。考核过程公开化、制度化。

（2）客观性原则。用事实说话，切忌加入个人主观因素或武断猜想。

（3）沟通的原则。考核人在对被考核者进行绩效考核的过程中，需要与被考核者进行充分沟通，听取被考核者对自己工作的评价与意见，使考核结果公正、合理，促进绩效改善。

（4）时效性原则。绩效考核是对考核期内工作成果的综合评价，不应将本考核之前的表现强加于本次的考核结果中，也不能取近期的业绩或比较突出的一两个成果来代替整个考核期的业绩。

第四条 考核用途

本公司考核各级员工成绩的记录，作为升职、升级、调动、退职及发放年终奖金的重要依据。

第五条 考核周期

除副总经理以上人员依企业章程办理外，本公司其他各级员工的考核均分为月度考核、季度考核与年度考核。

第六条 考核关系

考核关系的处理遵循以下原则：

（1）被考核者是指接受考核的对象，包括公司副总经理、各部门经理和普通员工；

（2）绩效考核者是被考核者的直接管理上级，绩效考核需要熟练掌握绩效考核相关表格、流程和制度，做到与被考核者及时沟通与反馈，公正地完成考核工作；

（3）考核结果审核者是考核者的直接上级，即被考核者的跨级上级，其主要负责对考核结果进行审核，接受被考核者对考核结果的申诉；

（4）人力资源部组织并派专人监督各部门绩效考核的实施过程，并将评估结果汇总上报总经理审定。

第二章　绩效考核内容

第七条　指标体系的构成

绩效考核指标体系的构成包括以下四个方面，在不同的考核期，针对不同的考核岗位，可以选取不同的指标组合：

（1）财务指标。公司考核期的收入和利润完成情况；

（2）客户指标。客户、经销商满意度及市场维护相关指标的完成情况；

（3）内部过程指标。部门或岗位的考核期重点工作的完成情况；

（4）学习成长指标。部门或岗位业务能力和创新能力的提升情况。

第八条　绩效考核指标确定

确定公司考核期内重点战略目标和核心举措，具体包括以下四点：

（1）根据公司重点战略目标和核心战略举措，确定部门的目标和核心支持举措；

（2）根据部门核心举措，确定分解到岗位的工作目标和核心举措，并选取 4 到 6 个指标作为考核指标，同时根据重要程度确定各指标的权重；

（3）确定考核指标的衡量标准；

（4）考核指标的制定过程是管理人员与员工的双向沟通过程，从考核指标的选择、权重的设定、考核标准的设定都要与员工有充分的沟通，使员工全面参与指标的设置过程，承诺指标的完成。

第三章　考核的实施方法

第九条　考核的实施方法

绩效考核按照能级管理的方法，一级考核一级。各部门根据分解的年度工作目标和职务说明书制定每个岗位具体的考核指标。为了体现考核的公正度，每个员工的考核结果必须经过上一级审核，季度和年度的考核结果必须经过公司绩效管理委员会审核。

第十条　绩效工资

管理技术人员不得低于薪资总额的 40%；后勤服务人员不得低于薪资总额的 50%；一线操作员工不得低于薪资总额的 60%；销售人员不得低于薪资总额的 70%。

第四章　分类的绩效考核

第十一条　绩效考核的分类

绩效考核分月度绩效考核（占绩效工资的 50%）、季度绩效考核（占绩效工资的 30%）和年度绩效考核（占绩效工资的 20%）：

（1）月度绩效考核是对被考核者每月工作完成情况进行考核，并作为岗位绩效工资的发放依据。

（2）季度绩效考核是对被考核者每季度工作完成情况进行评价，考核的标准为被考核者的岗位描述、工作目标和工作计划，均作为绩效工资的分配依据。每季度考核时间为下季度首月 1 日到 10 日。

（3）年度绩效考核是人力资源部根据被考核者在本年度内的奖惩记录情况进行评价，在统计汇总各季度绩效考核的得分后，得出被考核者本年度绩效考核的最终得分。年度绩效考核作为员工年终奖励的依据。年度绩效考核的时间为次年的 1 月 10 日到 30 日。

第十二条　月度绩效考核的内容及实施

月度绩效考核的内容及实施的具体要求和方法如下：

（1）管理、技术人员。按照月度工作计划书和职务说明书规定的职责要求进行考核。将考核分值转化成 A、B、C、D、E 等五个等级，分别对应系数为 1.2、1.0、0.8、0.4、0.0 等，考核系数乘以绩效工资挂钩部分为实得月度奖金。

（2）有定额考核的技术工人。按照工时指标或定额考核标准进行考核。

（3）后勤工作人员。按照岗位职责月度考核表进行考核。将考核分值转化成 A、B、C、D、E 等五个等级，分别对应系数为 1.2、1.0、0.8、0.4、0.0 等，考核系数乘以绩效工资挂钩部分为实得月度奖金。

（4）开发人员。开发人员对项目的进度、质量、效果和水平负责，并相应地给予奖励。对于一般性技术开发项目，在做好生产技术支持工作的前提下，实行项目应用后新增经济效益提成的机制。

（5）对销售人员实行按照销售额提成计奖的激励措施。

第十三条　季度绩效考核的内容与实施

季度绩效考核由被考核人的主管领导和公司绩效管理委员会共同参与。考核采取逐级考核的方法。季度绩效考核要求被考核人本人签字确认。如本人对考核结果有异议，允许本人以书面形式阐述观点，并将其写入评估表中的"被考核人意见"一栏中。

依据员工季度绩效考核的总得分，将员工的季度绩效考核分成 A、B、C、D、E 等五个等级。具体等级划分为：

（1）A 级。优秀（90 分~100 分），即在完成所有预定的工作目标过程中的表现均超过考评标准，本人能力已远远高于本工作岗位的要求。

（2）B 级。胜任（81 分~90 分），即在完成大多数预定的工作目标过程中的表现高于考评标准，本人能力高于本工作岗位要求，所完成的工作量和工作质量较好。

（3）C 级。基本胜任（66 分~79 分），即在完成多数预定的工作目标过程中的表现达到考评标准，本人能力基本达到本工作岗位要求，所完成的工作量和工作质量尚可。

（4）D级。部分不胜任（50分~65分），即工作表现基本符合考评标准，但有部分工作目标尚未达到要求，本人能力与工作岗位要求有一定的差距，在完成关键工作目标的表现中尚待改进，所完成的工作量和工作质量一般。

（5）E级。不胜任（50分以下），即工作表现不符合考评标准，大部分工作目标未达到要求，本人能力与本工作岗位要求有较大差距，所完成的工作量和工作质量较差。

第十四条　年度绩效考核的内容及实施

年度绩效考核是建立在季度考核的基础上的。年度绩效考核总结表的评分内容包括四个季度的平均总得分和人力资源部奖惩记录两个部分。

（1）凡全年考核平均得分50分~65分者，需接受考察3个月，如考察期间没有提高考评分数，须书面写出工作差距，任用与否视情况而定（在考察期间岗位系数按本岗系数下调0.1）。

（2）凡全年考核平均得分50分以下者，在现岗位接受考察半年，如考察期间工作表现及本人素质仍达不到考评标准及岗位要求的，可以考虑与该员工解除劳动合同。

第五章　申诉

第十五条　申诉

被考核人如果对考核结果有重大异议，可以越级向上一级管理人员或人力资源部提出书面申诉。

第六章　附则

第十六条　效力层次

公司以前颁布的相关制度与本制度相抵触的，以本制度为准。

第十七条　修订权与解释权

本制度的修订权及解释权归人力资源部，本制度自颁布之日起实施。

3-3-2 合理性解析及关联法规

✎ **合理性解析**

在人力资源管理实务中，有着很多有效的绩效考核方法。企业可以根据自身实际情况和管理特点，选择不同的考核操作方法，比如说目标管理法、360度绩效考核、满意度评价等。与此同时，很多企业还根据员工类别的不同，分别制定针对不同员工的绩效考核细则，比如针对分支机构、职能部门、销售人员、中层管理人员、研发人员分别制定不同的操作方案。通常而言，绩效考核的主要目的在于形成良好的业绩评估机制，奖勤罚懒，并且绩效考核通常与薪酬福利制度相关联。在新劳动法的背景下，绩效考核制度往往与岗位薪酬制度与离职辞退管理相结合，通过科学、合理和公平的绩效考核制度，实施符合法律要求的劳动合同的变更和解除行为。

（1）绩效考核与调岗调薪。在劳动合同长期化成为发展趋势的当下，如何通过规章制度来有效、合法地管理员工成为企业非常关注的事项。特别是关于岗位和薪资的调整，又往往是劳动争议高发的领域。而绩效考核则是企业进行用工管理最有效的手段。比如说企业可以建立以岗位胜任为模型的绩效考核制度，考核不合格直接可以调岗，这是符合劳动法规定的；又比如说在绩效与薪资挂钩的前提下，绩效考核成绩直接决定了薪资的数额，此种情形下员工工资的变动并不是劳动合同的变更，而是劳动合同履行过程中一种适当弹性的表现。

（2）绩效考核与非过错解除。绩效考核与非过错性解除的关系也非常紧密。在人力资源管理实务中，绩效考核不合格的，通常也被认为是不能胜任工作。在对这些员工进行岗位调整或另行培训后，这些员工依然被考核为不合格的，企业可以在提前通知和支付经济补偿金的前提下，进行淘汰并解除他们的劳动合同。需要提醒的是，如果企业考核设置不当，比如考核周期固定为 1 年，则正常经由法定的两次考核程序则需要至少 2 年的时间。所以，建议企业设定比较灵活的考核安排，比如采取月度（简易考核）、季度、年度考核相结合的考核周期；又比如在考核不合格调岗或培训后设置为期 1 个月的跟踪考核期，考核仍不合格的，解除劳动合同。

（3）法律上认可的绩效考核结果。在实务中，对于企业作出的绩效考核结果，员工可能会出现两种不同的态度，一是确认接受，二是不予认可。那么，员工的态度是否会影响绩效考核结果的有效性呢？很多 HR 对此一直把握不清。通常认为，绩效考核管理属于企业经营自主权的范畴，只要相关制度不违反法律规定和公平原则并经由法定的民主程序和公示程序，劳动行政管理部门、仲裁机构和人民法院一般会认可其效力。但是绩效考核的公平性如何界定？实务中并无明确具体的标准。通常认为，具有较强客观性（考核因子中客观性标准多）、较广普适性（不针对具体员工，仅针对岗位本身）、较多合意性（员工事前表示同意或事后予以确认）的绩效考核更易被认定为是公平合理的。

关联法规

第四十条　有下列情形之一的，用人单位提前三十日以书面形式通知劳动者本人或者额外支付劳动者一个月工资后，可以解除劳动合同：

......

（二）劳动者不能胜任工作，经过培训或者调整工作岗位，仍不能胜任工作的；

......

——《劳动合同法》

第四节 不胜任工作员工管理制度

3-4-1 不胜任工作员工管理制度示例

某股份制商业银行不胜任岗位工作员工管理办法

第一章 总则

第一条 为了规范对本行不胜任工作员工的管理流程，帮助不胜任工作员工提升工作效率，特制订本办法。

第二条 本办法适用于本行正式员工和派遣员工。

第二章 管理办法

第三条 不胜任岗位工作的定义

不胜任岗位工作，指员工工作能力或表现不符合岗位要求，不能完成岗位工作职责。即连续2个绩效考核周期每周期考核系数小于部门人均绩效系数的75%，或连续2个绩效考核周期内平均绩效考核系数小于部门人均系数65%。"连续2个绩效考核周期"由各部门根据不同岗位考核实际情况，按照最少不低于2个月确定。

第四条 不胜任岗位工作员工的确定

当员工出现不胜任工作情形时，该员工直接上级应告知部门负责人。部门负责人与该员工直接上级一同核查员工的工作绩效记录，确定不胜任岗位工作员工，并报分管领导，由分管领导最后确定。部门将不胜任岗位工作员工名单报备人力资源部。人力资源部根据员工情况提供相应的心理辅导和必要的帮助。

第五条 不胜任岗位工作员工的改进工作

不胜任岗位工作员工应通过培训或调岗的方式改进工作。部门负责人和员工直接上级根据不胜任岗位工作员工的实际情况及工作需要，确定采用"培训"还是"调岗"的方式改进工作。不胜任岗位工作员工经过培训或调岗，仍不能胜任工作的，可以解除劳动合同。

第六条 培训方式

培训分为在岗培训和脱岗培训。一般情况下，在岗培训不超过1个月，脱岗培训不超过两周。培训以在岗培训为主，由员工直接上级在日常工作中做辅导培训，必要时也可接受专门的技能培训。若安排脱岗培训的，员工脱岗培训期间不参加绩效考核，不计发绩效考核工资。具体操作程序如下：

（一）由直接上级和员工沟通，共同制订《绩效改进计划表》，计划中需明确改进目标、衡量标准、改进的时间点或关键里程碑。直接上级和员工应对绩效改进计划签字确认。若员工拒绝制订《绩效改进计划表》，将视为拒绝培训，直接进入解除劳动合同流程。

（二）直接上级按照《绩效改进计划》，密切关注员工的改进过程，严格按照时间点和改进目标给予员工阶段性辅导和评价，并将每次辅导的结果进行书面保留，由员工签收并存档。

（三）在绩效改进计划（最短为 1 个月，最长不超过 6 个月）结束后，直接上级和员工面谈，对员工经过改进后是否胜任工作做评价。胜任的则继续留在原岗位；不胜任的，正式员工转入解除劳动合同流程，派遣员工则退回派遣公司办理相关调离手续。

第七条　调岗方式

根据实际情况，对不胜任岗位工作员工在部门内部或部门之间进行同级或降级调动。鼓励员工自己在内部寻找适合的岗位，员工直接上级应提供相应帮助，人力资源部提供空缺岗位等相关信息，必要时人力资源部可与员工及空缺岗位相关部门进行沟通。员工如果不能立刻找到合适的岗位，可以有 1 个月的时间寻找岗位，同时制订《绩效改进计划》，在原岗位进行在岗培训。如果 1 个月内找到合适的岗位，员工可结束原岗位的绩效改进计划，调入新岗位。如果 1 个月后仍没找到合适的岗位，则按绩效改进计划执行。具体操作程序如下：

（一）员工直接上级按照本行相关调动管理办法，填写《员工调动审批表》，按程序报批。

（二）员工直接上级根据调动审批结果，向员工送达《调岗通知书》，员工签字确认并在规定的时间内到新岗位工作；员工拒绝或逾期不到新岗位工作的，正式员工转入解除劳动合同流程，派遣员工则退回派遣公司办理相关调离手续。

（三）员工办理调岗手续（同岗位调动流程）。

（四）员工调岗后的工资调整为新岗位工资，在新岗位按新岗位的职责进行绩效管理。

（五）员工到新岗位工作，符合新岗位要求的，继续在新岗位工作；若被证明仍然不胜任工作的，正式员工转入解除劳动合同流程，派遣员工退回派遣公司办理相关调离手续。

第八条　解除劳动合同适用范围

不胜任岗位工作，经培训或调岗后仍不能胜任的员工；或者因拒绝接受培训或到新岗位工作而违反相关法律法规、单位规章制度（包括适用于本行的上级单位、部门制订的规章制度），根据具体事实达到被解除劳动合同程度的员工。

第九条　解除劳动合同程序

（一）员工直接上级填写《解除劳动合同建议表》，经部门负责人和分管领导签字确认后，按要求提交相关材料给人力资源部。

（二）人力资源部在接到材料的 3 个工作日内，进行情况核实，判断该员工是否符合解除劳动合同的条件，证据是否充分。对不符合本行管理制度和国家相关法律法规的，不允许解除劳动合同；符合解除条件的，人力资源部在 3 个工作日内审批处理意见，并报本行领导审批。

（三）人力资源部将解除劳动合同的决定书面通知工会，工会书面反馈意见。本行有权做出最终决定。

（四）本行形成最终决定后，将最终处理结果书面通知工会。

（五）正式员工由人力资源部出具《解除劳动合同协议书》并交给不胜任工作员工的直接上级。如是派遣员工，人力资源部同时向派遣公司发出退工通知。

（六）员工直接上级在接到审批结果 5 个工作日内和员工进行面谈。正式员工签订《解除劳动合同协议书》（该协议书 1 式 2 份，员工和本行各持 1 份），并填写《解除劳动合同面谈记录表》，双方签字确认。派遣员工由人力资源部配合派遣公司办理调离相关事宜，人力资源部通知相关部门提前做好离职准备。

（七）面谈后，员工直接上级将该员工签署的《解除劳动合同协议书》交回人力资源部备案。

（八）如员工拒绝签订《解除劳动协议书》，则直接上级可出具《解除劳动合同通知书》送达员工。面谈后，直接上级将《解除劳动合同通知书》回执交回人力资源部备案，人力资源部通知相关部门提前做好离职准备。

（九）员工在签订《解除劳动合同协议书》或《解除劳动合同通知书》后，按照本行相关离职流程办理工作交接等离职手续。

第三章　职责分工

第十条　各部门负责人对本部门不胜任工作员工的解除劳动合同申请进行审批。

第十一条　员工直接上级负责对不胜任员工进行培训，对培训后仍不胜任的，提出解除劳动合同申请，并提供相关支持资料，负责解除劳动合同面谈。

第十二条　人力资源部负责不胜任员工管理办法的政策支持，与直接上级配合进行不胜任员工的培训、调岗安排；对解除劳动合同申请进行审核，协助用人部门办理解除劳动合同手续；及时完成为空缺岗位人员招聘事宜。

第四章　申诉

第十三条　员工如果对本办法操作过程中（过程或结果）有重大疑义，可以向部门负责人或人力资源部提出申诉。申诉处理人将视情况及时了解事情的经过和原因，对申诉所涉及的事实进行认定，将事实认定结果和申诉处理意见反馈给工会及申诉当事人。本行将根据事实认定结果或意见做出最终处理。

第五章　其他

第十四条　本办法由本行人力资源部负责解释和监督执行。

第十五条　本办法自印发之日起执行。

3-4-2 合理性解析及关联法规

合理性解析

在新劳动法的背景下，如何实行优胜劣汰以促进和保障员工的业务素质是企业非常关注的问题。对于经过一定努力后仍然不能胜任工作和无法适应公司发展需求的员工，规范管理的企业往往希望能够依法予以辞退。《劳动合同法》第 40 条规定了非过失性解除的法定情形，即在员工不能胜任工作且经过培训或调岗后依然不能胜任工作的，企业在提前通知或者支付代通知金的基础上可以依法解除劳动合同。在不胜任岗位工作员工（或简称"不胜任工作员工""不胜任员工"等，下同）管理实务中，企业尤其应注意以下几个方面的问题：

（1）不胜任工作员工的识别与判定。不胜任员工不仅仅是岗位管理和绩效考核上的概念，也是一个劳动法上与"不能胜任工作"对应的概念。实务中，识别和判定不胜任员工的要素主要是绩效考核制度。员工经绩效考核不合格的，一般可以认为不胜任岗位工作。但需要注意的是，企业需要举证：①绩效考核制度已公示或告知员工；②绩效考核制度本身具有合理性；③绩效考核的基础材料完整和齐备；④绩效考核结果已公示或告知员工。[①]

（2）不胜任工作员工的改进与提升。对于不胜任岗位工作的员工，企业可以对其进行培训，也可以进行岗位调整，以改进及提升其工作绩效。就不胜任工作员工的培训而言，劳动法并未给出具体的标准，企业可以根据自身实际情况和岗位具体特点制订比较合理的培训安排；就调整不胜任工作员工的岗位而言，则应注意岗位调整的正当性，或者根据岗位管理制度的规定来执行，或者参照合理性原则进行处理。

（3）不胜任工作员工的归位与解除。对于不胜任工作的员工，在接受培训或者调整岗位的绩效改进安排后，可能会出现两种情况：一种是能够胜任原岗位或者新岗位，绩效考核成绩合格或者优秀；另一种是仍不能胜任原岗位或者新岗位，绩效考核仍然不合格。对于前种情形，则应认定为能胜任岗位工作，纳入正常表现员工序列。对于后种情形，则可以依法解除劳动合同。

---

① 有企业认为，绩效考核结果需要以员工签字确认为有效要件。其实，绩效考核是企业经营管理的单方权利，并不以员工认可或确认为必备条件。但企业需要举证绩效考核制度及其具体实施的合理性。

（4）不胜任工作员工解除注意事项。尽管劳动法规定了对不胜任工作员工的解除情形，但仍需注意以下几点：①必须是培训或调岗前对应的两次考核都不合格，即均为不胜任工作；②必须有相应的证据证明考核制度和结果是合理和公允的；③必须提前30天通知或者额外支付1个月工资；④必须在解除劳动合同时按照其工作年限支付经济补偿金。

关联法规

第四十条　有下列情形之一的，用人单位提前三十日以书面形式通知劳动者本人或者额外支付劳动者一个月工资后，可以解除劳动合同：

……

（二）劳动者不能胜任工作，经过培训或者调整工作岗位，仍不能胜任工作的；

……

——《劳动合同法》

第五节　离职辞退管理制度

3－5－1 离职辞退管理制度示例

××管理咨询有限公司离职辞退管理办法

第一章　总则

第一条　依据

××管理咨询有限公司（以下简称"公司"）为规范离职及辞退行为，维护公司和员工的合法权益，根据《中华人民共和国劳动合同法》等法律法规的相关规定，结合公司实际情况，制定本办法。

第二条　离职及辞退的界定

本办法所称的"离职"是泛指劳动合同解除或者终止的行为，包括协商解除、员工辞职及被动解除、公司辞退、经济性裁员、劳动合同终止等多种情形。"辞退"是指公司单方解除员工劳动合同的行为。

第三条　适用范围

本办法主要适用于与公司建立劳动关系的员工。聘用员工按照相关协议书的约定处理。

第二章　协商解除

第四条　协商解除

公司与员工协商一致，可以解除劳动合同。

（1）若公司动议与员工协商解除劳动合同的，人力资源部应征得员工同意，并就薪资结算、工作交接等相关事宜达成一致后，订立《协商解除协议书》。

（2）若员工动议与公司协商解除劳动合同的，员工应征得人力资源部同意，并就薪资结算、工作交接等相关事宜达成一致后，订立《协商解除协议书》。

劳动合同按照《协商解除协议书》约定的日期和方式解除。

第三章　员工辞职或被动解除

第五条　员工辞职的提前通知义务

员工提前30日以书面形式通知公司，可以解除劳动合同。劳动者在试用期内提前3日通知公司，可以解除劳动合同。

第六条　员工辞职管理

员工辞职及人力资源部处理员工辞职，应遵循以下规定：

（1）员工辞职应填写公司人力资源部制作的《离职单》，按照公司规定填写离职类型为"员工提前通知解除"。未按公司规定填写离职单或填写不符合规定的，不视为正式的和有法律效力的书面通知行为。

（2）员工辞职的书面通知可以向本部门主管作出，也可以直接向人力资源部作出。本部门主管或人力资源部收到员工辞职书面通知后，应进行离职面谈，确认是否签订有服务期协议或竞业限制协议及相关约定，并确定离职的理由，并签署确认意见。

（3）员工辞职经本部门主管、人力资源部和总经理逐级确认后，由人力资源部通知辞职员工交接事宜以及离开公司的确切日期。

（4）在确认交接事宜完毕后，人力资源部开具《解除劳动合同证明》或《退工单》，并送达辞职员工。

第七条　员工被动解除

公司有下列情形之一的，员工可以书面通知公司解除劳动合同：

（1）未按照劳动合同约定提供劳动保护或者劳动条件的；

（2）未及时足额支付劳动报酬的；

（3）未依法为员工缴纳社会保险费的；

（4）公司的规章制度违反法律、法规的规定，损害劳动者权益的；

（5）因公司欺诈行为导致员工违背真实意思表示入职的；

（6）法律、行政法规规定员工可以解除劳动合同的其他情形。

公司以暴力、威胁或者非法限制人身自由的手段强迫员工劳动的，或者公司违章指挥、强令冒险作业危及员工人身安全的，员工可以立即解除劳动合同，不需事先告知公司。

第八条　员工被动解除的程序

因公司过错而使员工被动解除劳动合同的，其管理应遵守如下规定：

（1）员工向人力资源部递交由本人签名的《离职单》，填写离职类型为"因公司过错导致员工被动解除"，并附上相关说明；

（2）人力资源部在调查核实后将情况通报公司工会，并通过适当途径进行调解；

（3）如员工反映事实确凿并经调解无效后，由人力资源部按规定办理交接和退工手续。

第四章　公司辞退

第九条　过错性解除

员工在任职期间有下列情形之一的，公司可以解除劳动合同：

（1）在试用期间被证明不符合录用条件的；

（2）严重违反公司规章制度的；

（3）严重失职，营私舞弊，给用人单位造成重大损害的；

（4）劳动者同时与其他用人单位建立劳动关系，对完成公司的工作任务造成严重影响，或者经用人单位提出，拒不改正的；

（5）提供虚假信息或实施其他欺诈行为致使劳动合同无效的；

（6）被依法追究刑事责任的。

第十条　非过错性解除

员工在任职期间有下列情形之一的，用人单位提前30日以书面形式通知员工本人或者额外支付员工1个月工资后，可以解除劳动合同：

（1）员工患病或者非因工负伤，在规定的医疗期满后不能从事原工作，也不能从事由用人单位另行安排的工作的；

（2）员工经考核不合格，经过培训或者调整工作岗位，在下一个考核周期仍不能考核合格的；

（3）劳动合同订立时所依据的客观情况发生重大变化，致使劳动合同无法履行，经公司与员工协商，未能就变更劳动合同内容达成协议的。

第十一条　公司辞退的程序

公司以非过错性解除及过错性解除而辞退员工的，应遵循以下程序：

（1）由人力资源部填写《解除劳动合同情况说明》，同时附上相关材料；

（2）通报公司工会；

（3）呈报公司总经理核准；

（4）由人力资源部将《解除劳动合同通知书》送达至被解除劳动合同的员工；

（5）被解除劳动合同的员工按照交接清单所列项目逐项办理交接和退工手续。

第五章　经济性裁员

第十二条　经济性裁员

有下列情形之一，需要裁减人员20人以上或者裁减不足20人但占公司员工总数10%以上的，公司提前30日向工会说明情况，听取工会的意见后，裁减人员方案经向所在地劳动局报告，可以裁减人员：

（1）依照企业破产法规定进行重整的；

（2）生产经营发生严重困难的；

（3）企业转产、重大技术革新或者经营方式调整，经变更劳动合同后，仍需裁减人员的；

（4）其他因劳动合同订立时所依据的客观经济情况发生重大变化，致使劳动合同无法履行的。

裁减人员时，应当优先留用下列人员：

（1）与本公司订立较长期限的固定期限劳动合同的；

（2）与本公司订立无固定期限劳动合同的；

（3）家庭无其他就业人员，有需要扶养的老人或者未成年人的。

公司依照本条第 1 款规定裁减人员，在 6 个月内重新招用人员的，应当通知被裁减的人员，并在同等条件下优先招用被裁减的人员。

第十三条　经济性裁员的程序

公司实施经济性裁员，应遵循以下规定：

（1）人力资源部梳理裁减人员方案，核实是否符合法律法规规定的条件以及在程序执行和经济补偿方面是否存在遗漏，核实裁减人员中是否有不得解除或终止的情形；

（2）提前 30 天将裁员方案（草案）通知工会，并同时提交所在地劳动局备案；

（3）在提前通知期届满前根据工会和劳动局意见进行完善，并在 30 天的提前通知期届满后实施裁员，并依法支付经济补偿金。

第六章　劳动合同终止

第十四条　劳动合同终止

有下列情形之一的，劳动合同终止：

（1）劳动合同期满的；

（2）员工开始依法享受基本养老保险待遇的；

（3）员工死亡，或者被人民法院宣告死亡或者宣告失踪的；

（4）公司被依法宣告破产的；

（5）公司被吊销营业执照、责令关闭、撤销或者公司决定提前解散的；

（6）员工工伤，被确认为部分丧失劳动能力，劳动合同期满后，公司按照规定支付伤残就业补助金的；

（7）法律、行政法规规定的其他情形。

第十五条　劳动合同终止的程序

劳动合同的终止，应遵循以下规定：

（1）公司可在合同当日以书面形式通知对方（除员工死亡或者被人民法院宣告死亡或者宣告失踪情形外）；

（2）通过邮寄方式送达的书面通知投邮时生效，通过其他方式送达的书面通知到达对方时生效，不需要对方签字认可；

（3）由人力资源部按照法律、法规的规定办理相关手续。

第七章　不得解除和终止的情形

第十六条　员工有下列情形之一的，用人单位不得实施非过错性解除和经济性裁员：

（1）从事接触职业病危害作业的员工未进行离岗前职业健康检查，或者疑似职业病病人在诊断或者医学观察期间的；

（2）在本公司患职业病或者因工负伤并被确认丧失或者部分丧失劳动能力的；

（3）患病或者非因工负伤，在规定的医疗期内的；

（4）女员工在孕期、产期、哺乳期的；

（5）在本公司连续工作满 15 年，且距法定退休年龄不足 5 年的；

（6）法律、行政法规规定的其他情形。

第十七条　劳动合同期满，有第 16 条规定情形之一的，劳动合同应当续延至相应的情形消失时终止。但涉及工伤员工的，按照国家有关工伤保险的规定执行。

第八章　违约金、经济补偿金与赔偿金

第十八条　违约金

公司可在培训服务期协议或条款和竞业限制协议或条款中约定，员工违反约定时应支付违约金：

（1）公司与员工订立有培训服务期协议或条款的，员工辞职或被公司过错性解除劳动合同的，应依据协议的相关约定支付经济补偿金；

（2）公司与员工订立有竞业限制协议或条款的，在员工离职后公司依约支付经济补偿的前提下，员工违反竞业限制约定的，应当按照约定向公司支付违约金。

第十九条　经济补偿金

解除和终止劳动合同时，需要依据法律法规支付经济补偿金的，在员工办结工作交接时，公司支付经济补偿金。

有下列解除或终止情形之一的，公司无须支付经济补偿金：

（1）员工在试用期间提前 3 日或正式合同期间提前 30 日解除劳动合同的；

（2）员工被过错性解除劳动合同的；

（3）合同到期，公司在不降低现有劳动待遇的前提下征求续签意愿时员工表示不续签的；

（4）员工依法享受养老保险待遇、死亡或者被人民法院宣告死亡或者宣告失踪的；

（5）法律、行政法规规定的其他情形。

经济补偿按员工在本公司工作的年限，每满 1 年支付 1 个月工资的标准向员工支付。6 个月以上不满 1 年的，按 1 年计算；不满 6 个月的，向劳动者支付半个月工资的经济补偿。

员工月工资高于公司所在地政府公布的上年度职工月平均工资 3 倍的，向其支付经济补偿的标准按该月平均工资 3 倍的数额支付，向其支付经济补偿的年限最高不超过 12 年。

本条所称月工资是指员工在劳动合同解除或者终止前 12 个月的平均工资。

第二十条　赔偿金

公司或员工任何一方违反法律法规规定，对劳动者造成损失的，均应按照法律或合同的规定或约定支付赔偿金。

（1）公司违反法律法规规定解除或者终止劳动合同，员工要求继续履行劳动合同的，经公司核实确实解除理由不充分的，公司应当继续履行；如果员工不要求继续履行劳动合同或者劳动合同已经不能继续履行的，公司按照本办法第十九条规定的经济补偿标准的2倍支付赔偿金。

（2）员工违反法律法规的规定解除劳动合同，公司有权要求其继续履行劳动合同。员工拒不履行劳动合同或者劳动合同已经不能继续履行的，公司有权要求员工基于实际损害原则或者劳动合同或专项协议的约定支付赔偿金。如劳动合同或专项协议载有违约金条款的，员工按照约定支付违约金后，违约金不足以抵充实际和预期损失的，公司依然有权要求其支付赔偿金。

第九章　解除或终止劳动合同时的相关义务

第二十一条　解除或终止劳动合同时的相关义务

解除或终止劳动合同时，公司或员工应当履行下列义务：

（1）解除或终止劳动合同，劳动合同当事人都应该依据诚信原则以及法律法规、公司规章制度和劳动合同的规定或约定处理相关事宜。

（2）辞职员工在提交离职单后的3日（试用期）或者30日（正式合同期）内，应当继续履行劳动合同规定的岗位责任并继续遵守公司规章制度。非经公司同意，不得提前、擅自或者强行离职。若有违反，公司将按照规章制度的相关规定进行惩戒。

（3）员工应当按照公司《离职交接清单》所列项目，逐项办妥公司财物、文件、资料和其他工作事宜的交接工作。

（4）辞职和被过错性解除的员工，若此前已在劳动合同或专项协议中与公司约定了服务期和违约金或者造成公司损失的赔偿金等相关内容的，应当在解除劳动合同时按照约定向公司支付违约金或赔偿金，支付方法按照公司规章制度执行。

（5）公司按照法律法规的规定为员工办理退工手续。

第十章　离职辞退管理部门

第二十二条　离职辞退管理部门

公司人力资源部主管员工离职辞退工作。

公司内各层级各部门及其管理者都没有解除或者终止员工劳动合同的权利，只有提请人力资源部解除或者终止员工劳动合同的建议权，解除或者终止员工劳动合同应当严格遵守本办法中的相关规定操作。

管理人员因违反法律、法规的规定和本办法的规定，违法解除或者终止员工劳动合同造成不利后果的，公司将根据情节轻重给予不同程度的惩戒，直至以"严重失职"为由解除劳动合同。

第十一章　争议处理

第二十三条　争议处理

因解除或终止劳动合同产生争议的，应先由公司劳动争议调解委员会调解；调解不成的，可依据《中华人民共和国劳动争议调解仲裁法》的规定申请劳动仲裁，并在不服仲裁裁决的前提下向有管辖权的基层人民法院提起民事诉讼。

第十二章　附则

第二十四条　解释权

本办法由人力资源部负责解释。

第二十五条　施行日

本办法已经征求工会意见并经公司总经理批准，于_____年_____月_____日施行。

3－5－2 合理性解析及关联法规

✎ **合理性解析**

离职辞退作为劳动合同终结的具体体现，涉及企业和员工的权利义务的消灭，是企业规章制度中最为关键的组成部分。很多劳动争议案件的发生都出现在离职辞退环节，特别是企业单方解除劳动合同的情形中。在离职管理法律实务中，企业终结劳动关系和员工终结劳动关系有所不同。如果员工终结劳动关系，其需要的理由和历经的程序相对比较宽松。但如果是企业终结劳动关系，则要具备法律规定的理由，并经由严格的程序。相对企业而言，员工终结劳动关系的自由度更大。企业在制定离职辞退管理制度时，应特别注意把握以下几个方面：

（1）协商一致而解除合同。协商一致解除劳动合同作为企业和员工双方合意的体现，是双方能达成双赢并避免争议发生的合同终结形式。企业在管理协商解除劳动合同时应注意两个要点：其一，协商动议方的明确，这影响到是否需要支付经济补偿金。如果是企业动议协商解除，需要支付经济补偿；如果是员工动议协商解除，则不需要支付经济补偿。其二，相关手续的办理，这影响到协商解除的具体执行。如果仅仅是约定解除的合意，并未就薪资清算、补偿金支付、工作交接、社保关系转移等手续事项达成一致，也会影响到协商解除合同的实际效果。

（2）员工行使合同解除权。在员工解除劳动合同方面，员工首先享有任意解除权，即不需要任何理由即可提前 30 天解除合同；其次，如果企业有未及时足额支付劳动报酬、未依法缴纳社会保险等违法事实在先，员工还可以借此理由行使法定解除权，并要求企业支付经济补偿金甚至是赔偿金。企业对法律赋予员工的这种相对自由的辞职权或单方被动解除劳动合同权应有适当的应对，并应特别注意检讨企业人力资源管理制度、工作流程及具体执行中的合法合规化。而一旦员工行使此权利，企业则应积极进行协商处理，在确无达成一致的情形下依法办理相关手续。

（3）企业行使合同解除权。企业需要掌握好法律赋予企业的为数极少的法定解除权。企业行使过错性解除权需要保留员工存在违章、违纪或不当行为的切实证据，并经由法定的工会程序和告知程序。企业行使非过错性解除权对企业的绩效考核管理制度要求较高，必须严格遵循法定的程序。比如，对于不能胜任工作的员工，并不能即刻解除，而需要培训或调岗以后再次考核不合格，才可以在支付代通知金或提前通知的情形下解除劳动合同，并需要支付经济补偿。在新劳动法的背景下，经济性裁员的实体许可条件更为多样化，但企业必须符合经济性裁员关于人数的前提条件，并经由法定的提前30日向工会或全体职工告知程序和劳动行政管理部门备案程序。

（4）企业辞退策略的转换。新法律环境下，企业管理员工离职辞退事项特别是包括单方解除劳动合同的法律策略应有所调整，要从更多的强势单方解除理念转换到平等协商解除理念。企业在实际处理中，可以通过实施柔性化的管理进行协商或获得相关证据，弥补规章制度和劳动合同的瑕疵和不足，避免发生违法解除的情形。如果在解除劳动合同过程中，遇有程序阻碍或取证困难的情形，企业依然可以通过柔性化即通过协商一致的方式进行变通处理。当然，对于存在严重过错而企业又掌握其充分证据的员工，企业亦可以在遵循法定程序的前提下及时、果断而坚决地单方解除其劳动合同。

（5）离职程序事项的处理。这主要涉及如下几个要点：其一，工作交接。企业可以要求离职员工向部门负责人或接替员工告知所有已经完成、正在进行和将要安排的所有工作事宜，并规定故意不告知或隐瞒的相关损害赔偿责任。其二，经济补偿。对于依法需要支付经济补偿的员工，企业应在工作交接完成时向其支付经济补偿。其三，薪资结算。根据1994年原劳动部《工资支付暂行规定》第9条的规定："劳动关系双方依法解除或终止劳动合同时，用人单位应在解除或终止劳动合同时一次付清劳动者工资。"其四，归还物品和钱款。员工离职时，应对因工作职责或其他原因保管的企业办公用品和其他财物予以返还，对在职期间保管和使用的企业文件和有关资料进行清理并交接，同时还应对个人拖欠企业的借款、损失赔偿和罚款进行清偿。其五，退还员工有关证件、转移社会保险和档案关系。其六，开具离职证明。离职证明应当写明劳动合同期限、解除或者终止劳动合同的日期、工作岗位、在本单位的工作年限。

关联法规

第三十六条　用人单位与劳动者协商一致，可以解除劳动合同。

第三十七条　劳动者提前三十日以书面形式通知用人单位，可以解除劳动合同。劳动者在试用期内提前三日通知用人单位，可以解除劳动合同。

第三十八条　用人单位有下列情形之一的，劳动者可以解除劳动合同：

（一）未按照劳动合同约定提供劳动保护或者劳动条件的；

（二）未及时足额支付劳动报酬的；

（三）未依法为劳动者缴纳社会保险费的；

（四）用人单位的规章制度违反法律、法规的规定，损害劳动者权益的；

（五）因本法第二十六条第一款规定的情形致使劳动合同无效的；

（六）法律、行政法规规定劳动者可以解除劳动合同的其他情形。

用人单位以暴力、威胁或者非法限制人身自由的手段强迫劳动者劳动的，或者用人单位违章指挥、强令冒险作业危及劳动者人身安全的，劳动者可以立即解除劳动合同，不需事先告知用人单位。

第三十九条　劳动者有下列情形之一的，用人单位可以解除劳动合同：

（一）在试用期间被证明不符合录用条件的；

（二）严重违反用人单位的规章制度的；

（三）严重失职，营私舞弊，给用人单位造成重大损害的；

（四）劳动者同时与其他用人单位建立劳动关系，对完成本单位的工作任务造成严重影响，或者经用人单位提出，拒不改正的；

（五）因本法第二十六条第一款第一项规定的情形致使劳动合同无效的；

（六）被依法追究刑事责任的。

第四十条　有下列情形之一的，用人单位提前三十日以书面形式通知劳动者本人或者额外支付劳动者一个月工资后，可以解除劳动合同：

（一）劳动者患病或者非因工负伤，在规定的医疗期满后不能从事原工作，也不能从事由用人单位另行安排的工作的；

（二）劳动者不能胜任工作，经过培训或者调整工作岗位，仍不能胜任工作的；

（三）劳动合同订立时所依据的客观情况发生重大变化，致使劳动合同无法履行，经用人单位与劳动者协商，未能就变更劳动合同内容达成协议的。

第四十一条　有下列情形之一，需要裁减人员二十人以上或者裁减不足二十人但占企业职工总数百分之十以上的，用人单位提前三十日向工会或者全体职工说明情况，听取工会或者职工的意见后，裁减人员方案经向劳动行政部门报告，可以裁减人员：

（一）依照企业破产法规定进行重整的；

（二）生产经营发生严重困难的；

（三）企业转产、重大技术革新或者经营方式调整，经变更劳动合同后，仍需裁减人员的；

（四）其他因劳动合同订立时所依据的客观经济情况发生重大变化，致使劳动合同无法履行的。

裁减人员时，应当优先留用下列人员：

（一）与本单位订立较长期限的固定期限劳动合同的；

（二）与本单位订立无固定期限劳动合同的；

（三）家庭无其他就业人员，有需要扶养的老人或者未成年人的。

用人单位依照本条第一款规定裁减人员，在六个月内重新招用人员的，应当通知被裁减的人员，并在同等条件下优先招用被裁减的人员。

第四十二条 劳动者有下列情形之一的，用人单位不得依照本法第四十条、第四十一条的规定解除劳动合同：

（一）从事接触职业病危害作业的劳动者未进行离岗前职业健康检查，或者疑似职业病病人在诊断或者医学观察期间的；

（二）在本单位患职业病或者因工负伤并被确认丧失或者部分丧失劳动能力的；

（三）患病或者非因工负伤，在规定的医疗期内的；

（四）女职工在孕期、产期、哺乳期的；

（五）在本单位连续工作满十五年，且距法定退休年龄不足五年的；

（六）法律、行政法规规定的其他情形。

第四十三条 用人单位单方解除劳动合同，应当事先将理由通知工会。用人单位违反法律、行政法规规定或者劳动合同约定的，工会有权要求用人单位纠正。用人单位应当研究工会的意见，并将处理结果书面通知工会。

第四十四条 有下列情形之一的，劳动合同终止：

（一）劳动合同期满的；

（二）劳动者开始依法享受基本养老保险待遇的；

（三）劳动者死亡，或者被人民法院宣告死亡或者宣告失踪的；

（四）用人单位被依法宣告破产的；

（五）用人单位被吊销营业执照、责令关闭、撤销或者用人单位决定提前解散的；

（六）法律、行政法规规定的其他情形。

第四十五条 劳动合同期满，有本法第四十二条规定情形之一的，劳动合同应当续延至相应的情形消失时终止。但是，本法第四十二条第二项规定丧失或者部分丧失劳动能力劳动者的劳动合同的终止，按照国家有关工伤保险的规定执行。

第四十六条 有下列情形之一的，用人单位应当向劳动者支付经济补偿：

（一）劳动者依照本法第三十八条规定解除劳动合同的；

（二）用人单位依照本法第三十六条规定向劳动者提出解除劳动合同并与劳动者协商一致解除劳动合同的；

（三）用人单位依照本法第四十条规定解除劳动合同的；

（四）用人单位依照本法第四十一条第一款规定解除劳动合同的；

（五）除用人单位维持或者提高劳动合同约定条件续订劳动合同，劳动者不同意续订的情形外，依照本法第四十四条第一项规定终止固定期限劳动合同的；

（六）依照本法第四十四条第四项、第五项规定终止劳动合同的；

（七）法律、行政法规规定的其他情形。

第四十七条　经济补偿按劳动者在本单位工作的年限，每满一年支付一个月工资的标准向劳动者支付。六个月以上不满一年的，按一年计算；不满六个月的，向劳动者支付半个月工资的经济补偿。

劳动者月工资高于用人单位所在直辖市、设区的市级人民政府公布的本地区上年度职工月平均工资三倍的，向其支付经济补偿的标准按职工月平均工资三倍的数额支付，向其支付经济补偿的年限最高不超过十二年。

本条所称月工资是指劳动者在劳动合同解除或者终止前十二个月的平均工资。

第四十八条　用人单位违反本法规定解除或者终止劳动合同，劳动者要求继续履行劳动合同的，用人单位应当继续履行；劳动者不要求继续履行劳动合同或者劳动合同已经不能继续履行的，用人单位应当依照本法第八十七条规定支付赔偿金。

第四十九条　国家采取措施，建立健全劳动者社会保险关系跨地区转移接续制度。

第五十条　用人单位应当在解除或者终止劳动合同时出具解除或者终止劳动合同的证明，并在十五日内为劳动者办理档案和社会保险关系转移手续。

劳动者应当按照双方约定，办理工作交接。用人单位依照本法有关规定应当向劳动者支付经济补偿的，在办结工作交接时支付。

用人单位对已经解除或者终止的劳动合同的文本，至少保存二年备查。

——《劳动合同法》

第十二条　建立了工会组织的用人单位解除劳动合同符合劳动合同法第三十九条、第四十条规定，但未按照劳动合同法第四十三条规定事先通知工会，劳动者以用人单位违法解除劳动合同为由请求用人单位支付赔偿金的，人民法院应予支持，但起诉前用人单位已经补正有关程序的除外。

——最高人民法院《关于审理劳动争议案件适用法律若干问题的解释（四）》

第六节　申诉处理管理制度

3 – 6 – 1 申诉处理管理制度示例

××××会计师事务所有限公司申诉处理规则

第一章　总则

第一节 开诚布公的价值观

公司鼓励开诚布公和彼此信任的价值观，因此，员工可与他们的主管或经理讨论任何建议或问题。但是，误解也会发生。在此情况下，员工可参照公司申诉程序处理。

第二章　员工申诉程序

第二条　员工申诉程序

员工申诉程序按下述三个步骤依次进行：

（1）第一步——口头讨论

员工应尽可能通过口头讨论的方式与他／她的直接主管解决已发生的问题。如员工对交谈结果不满意，可向上一级的主管或经理提出口头申诉，如员工仍不满意讨论结果，可向人事行政经理提出申诉。

如在上述程序完成后仍未解决申诉事件，员工可进入第二步，但必须在申诉事件发生后 5 个工作日内提出书面申诉。

（2）第二步——书面申诉

员工应将书面申诉书递交给人事行政总监。申诉书应包含所有相关的情况如申诉事件发生的时间、原因及需要的解决办法。员工应在申诉书上签名。匿名的申诉书将不被受理。

人事行政总监会将申诉书存档，并在收到申诉书后的 5 个工作日内，与相关部门经理讨论。相关的部门经理在合理的时间内将对申诉事件做出反应并给人事行政总监予书面的回答，具体时间由申诉事件的性质所决定。人事行政总监将把部门经理的回答转告给员工。

如申诉事件仍未解决，员工应首先与直接主管、上一级的经理或人事行政总监进行进一步的讨论。或者，在收到人事行政总监回答后的 5 个工作日内，将书面申诉书递交高层管理委员会。

（3）第三步——高层管理委员会审议

在收到员工书面申诉书后的 5 个工作日内，公司高层管理委员会应对申诉书进行审议并作出最终的、具约束力的决定。

高层管理委员会作出的决定是最终的和具有约束力的，至此，申诉事件的处理被认为已经结束。

第三章　相关事项的规定

第三条　时间限制

本程序中各步骤所规定的时间限制可在投诉事件所涉双方意见一致的情况下延长。如投诉事件所涉双方中的任一方正在度假、出差或已请假，则时间限制自动延长。

第四条　机密性及禁止报复

所有投诉事件应按照本程序处理。如员工按本程序的规定指出了存在的问题，相关人员不可对员工采取任何报复行动。

在处理投诉事件过程中的所有谈话及会议的内容均为机密，任何一方不得泄露给第三方。员工不可与其他非当事员工谈论投诉事件，尤其是在工作时间内。

任何拒绝接受高层管理委员会所作出的裁决或对有关投诉事件谈论不休的行为都将被认为是过失行为，公司将作出相关纪律处分。

投诉事件处理过程中所涉各方泄露机密，或对相关员工进行报复将受到纪律处分。

第五条　协助

如员工在高层管理委员会会议时存在语言不通的问题，可寻求人事行政部的帮助，但员工本人必须出席会议。

第四章　附则

第六条　解释权

本规则由人事行政部负责解释。

3-6-2 合理性解析及关联法规

 合理性解析

企业申诉处理管理制度所称的申诉处理不同于劳动仲裁机构的申诉处理，而仅仅只是一种企业内部的沟通和救济制度。企业通过制定和实施内部申诉处理制度，可以从源头和起始点上预防和控制劳动争议的发生，并给予员工在面临处分时更多的沟通渠道。同时，这种企业内部申诉处理制度也在实务中被许多企业甚至是很多外资企业所广泛采用。企业在制定申诉处理管理制度时，应特别注意以下要点：

（1）申诉的方式。员工在认为自己的个人利益受到不应有的侵犯或不公平对待时，可以通过多种方式向公司反映自己的情况。实践中，申诉方式可以是选择直接与受理人或处理人面谈申诉，也可以是通过书面或者电子邮件的方式向受理人或处理人反映情况等。企业可以明确申诉需要实名制，并需要申诉员工说明相当的理由，并禁止通过公开信进行申诉。

（2）申诉的对象。员工在认为自己的个人利益受到不应有的侵犯或不公平对待时，可以通过向上级主管或职能部门负责人进行情况反映。一般而言，部门主管、部门经理、人力资源部主管、副总经理、总经理等都可以成为申诉的对象。为了进一步规范员工申诉的秩序，防止个别员工申诉影响企业正常经营，员工只能向规定的申诉对象进行申诉，禁止滥诉。

（3）申诉受理和处理。申诉受理关系到申诉制度是否具有可执行性。企业可以在制度中明确对于出具实名和相当理由的员工申诉，应当及时予以受理，即便是认为不应予以受理，也应向申诉员工说明理由。对于申诉受理后，应按照职责或职级等归类原则及时对申诉进行处理，在实情调查的基础上得出妥当的结论。

（4）对申诉不服的处理。对申诉不服的处理，既包括员工对企业内部各级受理组织和人员处理结果不服的处理，也包括员工对企业最终处理结果不服的处理。员工对某一级申诉组织处理结果不服的，可以向上一级申诉组织提起复议。员工对于企业最终处理结果不服的，可以按照法律法规的规定，申请调解、仲裁和诉讼。

关联法规

第四条　发生劳动争议，劳动者可以与用人单位协商，也可以请工会或者第三方共同与用人单位协商，达成和解协议。

第五条　发生劳动争议，当事人不愿协商、协商不成或者达成和解协议后不履行的，可以向调解组织申请调解；不愿调解、调解不成或者达成调解协议后不履行的，可以向劳动争议仲裁委员会申请仲裁；对仲裁裁决不服的，除本法另有规定的外，可以向人民法院提起诉讼。

——《劳动争议调解仲裁法》

第七节　劳动争议处理制度

3-7-1 劳动争议制度示例

×××水电集团公司劳动争议处理规定

第一章　总则

第一条　制订依据

为正确处理劳动争议，维护公司员工和公司的合法权益，根据国家有关法律法规的规定，制订本规定。

第二条　适用对象

公司与员工之间的劳动关系发生争议，适用本规定。

第三条　适用范围

本规定所称劳动争议是指：

（1）因确认劳动关系发生的争议；

（2）因订立、履行、变更、解除和终止劳动合同发生的争议；

（3）因除名、辞退和辞职、离职发生的争议；

（4）因工作时间、休息休假、社会保险、福利、培训以及劳动保护发生的争议；

（5）因劳动报酬、工伤医疗费、经济补偿或者赔偿金等发生的争议；

（6）法律、法规规定的其他劳动争议。

第二章　劳动争议的处理部门

第四条　处理部门

公司员工与公司的劳动争议，由公司人力资源部负责处理。

本规定是处理劳动纠纷争议的依据。发生纠纷后，人力资源部应当按照本规定的规定，适时、正确地处理纠纷。

第五条　处理原则

处理劳动争议应遵循下列原则：

1. 重在和解和调解，及时协商处理。

2. 在查清事实的基础上，及时依法处理。

3. 按照规章制度规定和劳动合同约定，处理相关争议。

第六条　劳动争议解决的途径

劳动争议发生后，公司员工与员工应当协商解决；不愿协商或者协商不成的，可以向本公司劳动争议调解委员会申请调解；调解不成的，可以向劳动争议仲裁委员会申请仲裁。当事人也可以直接向劳动争议仲裁委员会申请仲裁。对仲裁裁决不服的，可以向人民法院起诉。

第三章 劳动争议调解

第七条 劳动争议调解委员会

根据国家有关规定，公司设立劳动争议调解委员会（以下简称调解委员会），负责调解本公司发生的劳动争议。调解委员会由下列人员组成：

（1）职工代表。

（2）公司代表。

职工代表由工会成员担任或者由全体职工推举产生，企业代表由企业负责人指定。

企业劳动争议调解委员会主任由工会成员或者双方推举的人员担任。

调解委员会的办事机构设在公司工会委员会。

第八条 调解程序

调解委员会调解劳动争议，应当自当事人申请调解之日起30日内结束；到期未结束的，视为调解不成。

调解委员会调解劳动争议应当遵循当事人双方自愿原则，经调解达成协议的，制作调解协议书，双方当事人应当自觉履行；调解不成的，当事人在规定的期限内，可以向劳动争议仲裁委员会申请仲裁。

第四章 劳动争议仲裁

第九条 劳动争议仲裁

员工向劳动争议仲裁委员会提起劳动争议仲裁的，人力资源部应当会同法律顾问室，积极做好应诉相关的法规查找、证据收集等准备工作。

对劳动争议仲裁案件，如果公司确实存在侵害员工合法权益的情况的，则应当配合劳动仲裁委员会，争取调解解决。

对劳动争议仲裁委员会的裁决，法律顾问室如果认为有必要提起诉讼的，应当按司法程序提起诉讼，以维护公司的合法权益。

公司就员工违反规章制度规定或者劳动合同约定，给公司造成损失的，人力资源部应当会同法律顾问室，依法提起仲裁。

第五章 劳动争议诉讼

第十条 劳动争议诉讼

对于劳动争议诉讼案件，由法律顾问室负责起诉与应诉，人力资源部配合。

有关部门要支持法律顾问室，做好劳动争议诉讼工作，维护公司的合法权益。

第六章 附则

第十一条 通过与施行

本规定经公司董事会讨论通过，由总经理颁布施行。

第十二条　实施日

本规定自　　年　　月　　日起实施。

3-7-2 合理性解析及关联法规

✎ 合理性解析

在新劳动法的背景下，劳动争议往往会成为企业人力资源管理实务的重要难题。与此同时，近几年来劳动者维权意识的高涨也使得员工关系管理变得被动，劳动争议此起彼伏。劳动争议处理不同于普通民事争议处理，在平等保护、解除条件和举证责任等方面有着很大区别。企业在处理劳动争议事务中尤其应当处理好以下几个方面的问题：

（1）劳动争议处理重在预防。由于劳动法采用的是偏重保护员工的立场，所以在事后才着手进行劳动争议的防控事实上已经非常困难。企业要特别注意劳动争议的防控要点在于事前预防。事前预防主要包括：①制订有效的规章制度；②订立完备的劳动合同；③实行规范的管理流程；④设计正确的工作表单；⑤加强管理人员的劳动法培训；⑥聘请专业劳动法顾问；等等。

（2）注意制度流程证据管理。当劳动争议进入仲裁或诉讼阶段时，官司的胜负主要取决于证据。根据《劳动争议调解仲裁法》的规定，在劳动争议中实行举证责任倒置，由企业掌握的各种证据的举证责任应由企业承担，否则需要承担举证不能的后果。在劳动争议中，企业需要提供的证据主要包括：①规章制度；②劳动合同与专项协议；③考勤记录等相关管理资料；④工作表单；等等。另外，劳动法除要求企业实体合法外，还要求程序合法，所以企业人力资源管理特别是涉及员工关系的部分应特别注意流程化管理。

（3）灵活处理各类劳动争议。劳动争议的处理可以有多种可能的结果，包括和解、调解、仲裁和诉讼；等等。和解是指双方经由第三方或者不经由第三方达成协商一致的解决方案；调解是指双方经由第三方的居中调解达成解决方案；仲裁和诉讼则是指进入公权力解决渠道而最终得出具有法律效力的裁决和判决。企业在实际处理劳动争议时，要根据实际情况灵活选择具体方式，可以是各让一步的协商一致，也可以是坚持到底遵循法律途径解决。

关联法规

第六条　发生劳动争议，当事人对自己提出的主张，有责任提供证据。与争议事项有关的证据属于用人单位掌握管理的，用人单位应当提供；用人单位不提供的，应当承担不利后果。

第四十七条　下列劳动争议，除本法另有规定的外，仲裁裁决为终局裁决，裁决书自作出之日起发生法律效力：

（一）追索劳动报酬、工伤医疗费、经济补偿或者赔偿金，不超过当地月最低工资标准十二个月金额的争议；

（二）因执行国家的劳动标准在工作时间、休息休假、社会保险等方面发生的争议。

第五十三条　劳动争议仲裁不收费。劳动争议仲裁委员会的经费由财政予以保障。

——《劳动争议调解仲裁法》

第一条　劳动者以用人单位未为其办理社会保险手续，且社会保险经办机构不能补办导致其无法享受社会保险待遇为由，要求用人单位赔偿损失而发生争议的，人民法院应予受理。

第二条　因企业自主进行改制引发的争议，人民法院应予受理。

第三条　劳动者依据劳动合同法第八十五条规定，向人民法院提起诉讼，要求用人单位支付加付赔偿金的，人民法院应予受理。

第六条　当事人不服劳动人事争议仲裁委员会作出的仲裁裁决，依法向人民法院提起诉讼，人民法院审查认为仲裁裁决遗漏了必须共同参加仲裁的当事人的，应当依法追加遗漏的人为诉讼当事人。

被追加的当事人应当承担责任的，人民法院应当一并处理。

第七条　用人单位与其招用的已经依法享受养老保险待遇或领取退休金的人员发生用工争议，向人民法院提起诉讼的，人民法院应当按劳务关系处理。

第八条　企业停薪留职人员、未达到法定退休年龄的内退人员、下岗待岗人员以及企业经营性停产放长假人员，因与新的用人单位发生用工争议，依法向人民法院提起诉讼的，人民法院应当按劳动关系处理。

第九条　劳动者主张加班费的，应当就加班事实的存在承担举证责任。但劳动者有证据证明用人单位掌握加班事实存在的证据，用人单位不提供的，由用人单位承担不利后果。

第十条　劳动者与用人单位就解除或者终止劳动合同办理相关手续、支付工资报酬、加班费、经济补偿或者赔偿金等达成的协议，不违反法律、行政法规的强制性规定，且不存在欺诈、胁迫或者乘人之危情形的，应当认定有效。

前款协议存在重大误解或者显失公平情形，当事人请求撤销的，人民法院应予支持。

第十一条 劳动人事争议仲裁委员会作出的调解书已经发生法律效力，一方当事人反悔提起诉讼的，人民法院不予受理；已经受理的，裁定驳回起诉。

——最高人民法院《关于审理劳动争议案件适用法律若干问题的解释（三）》

第一条 劳动人事争议仲裁委员会以无管辖权为由对劳动争议案件不予受理，当事人提起诉讼的，人民法院按照以下情形分别处理：

（一）经审查认为该劳动人事争议仲裁委员会对案件确无管辖权的，应当告知当事人向有管辖权的劳动人事争议仲裁委员会申请仲裁；

（二）经审查认为该劳动人事争议仲裁委员会有管辖权的，应当告知当事人申请仲裁，并将审查意见书面通知该劳动人事争议仲裁委员会，劳动人事争议仲裁委员会仍不受理，当事人就该劳动争议事项提起诉讼的，应予受理。

第二条 仲裁裁决的类型以仲裁裁决书确定为准。

仲裁裁决书未载明该裁决为终局裁决或非终局裁决，用人单位不服该仲裁裁决向基层人民法院提起诉讼的，应当按照以下情形分别处理：

（一）经审查认为该仲裁裁决为非终局裁决的，基层人民法院应予受理；

（二）经审查认为该仲裁裁决为终局裁决的，基层人民法院不予受理，但应告知用人单位可以自收到不予受理裁定书之日起三十日内向劳动人事争议仲裁委员会所在地的中级人民法院申请撤销该仲裁裁决；已经受理的，裁定驳回起诉。

第三条 中级人民法院审理用人单位申请撤销终局裁决的案件，应当组成合议庭开庭审理。经过阅卷、调查和询问当事人，对没有新的事实、证据或者理由，合议庭认为不需要开庭审理的，可以不开庭审理。

中级人民法院可以组织双方当事人调解。达成调解协议的，可以制作调解书。一方当事人逾期不履行调解协议的，另一方可以申请人民法院强制执行。

第四条 当事人在人民调解委员会主持下仅就给付义务达成的调解协议，双方认为有必要的，可以共同向人民调解委员会所在地的基层人民法院申请司法确认。

——最高人民法院《关于审理劳动争议案件适用法律若干问题的解释（四）》

第四章 专项规章制度（二）

第一节 培训管理制度

4-1-1 培训管理制度示例

××自动化工程有限公司培训管理制度

第一章 总则

第一条 培训宗旨

面对激烈的竞争形势，公司从人力资源入手，重视培训教育，提高员工整体素质，改善公司人才结构，培养和储备人才，为公司持续经营发展提供人力资源保障，制定本管理制度。

第二条 培训目的

不断地提高全体员工的素质和岗位工作技能，激发员工求知欲、创造欲，发掘员工知识更新、能力更新的潜力，培养符合公司发展需要的人才队伍，推动学习型组织的建立。

第三条 培训原则

公司实施培训管理贯彻以下基本原则：

（1）全员培训和重点提高相结合的原则；

（2）专业知识技能培训与组织文化培训兼顾的原则；

（3）理论联系实际，学用一致的原则；

（4）预先制订培训计划，实施动态管理。

第二章 培训管理职责

第四条 归口管理部门

企管部是培训归口管理部门，主要负责：推动学习型组织的建立，创建公司培训与学习平台，组织年度培训计划制订、培训需求征集、培训整体方案的设计、培训结果有效性评价，培训师资选择，项目的组织实施和监管。

第五条 培训需求

各管理部门根据本部门业务需求，上报培训需求，组织和实施本部门员工岗位基本知识培训，并同企管部的整体培训工作相衔接。

第三章　培训种类与组织形式

第六条　公司培训体系

根据改善公司人才结构，培养和储备人才，为公司持续经营发展提供人力资源保障，并考虑员工个人职业生涯发展服务的宗旨，公司培训体系（培训种类）分为以下五部分：

（一）新员工入职认知培训

内容：新员工到岗后一周内，由企管部对其进行公司概况、组织机构、经营理念、发展目标、公司文化、规章制度、质量管理体系知识和流程教育。

根据岗位需要，由部门经理安排相关人员进行岗位基本技能培训，以及工作联系部门和人员交接关系教育。

（二）员工岗位技能培训

内容：适应岗位的新理论、新政策、新规定、新工具等各种新知识和岗位技能培训。

（三）专业系统培训

内容：对于技术复杂程度高、风险性大、责任心强和国家有规定要求的岗位，为使其达到上岗任职条件所要求的专业知识水平，有目的地进行专业知识教育培训，必要时持证上岗。

（四）管理人员职业能力培训

内容：培训复合型人才，提高工作效率和管理水平，对管理岗位进行人力资源管理、财务管理、企业管理、高效激励、有效沟通、时间管理、高绩效团队建设、员工关系管理、相关法律知识等培训。

（五）其他各类培训

内容：除以上培训外的其他培训，如社会讲座，行业系统组织的短期业务培训，其他先进企业考察等。

第七条　主要培训组织形式

培训组织形式主要有公司组织的内部培训和外部培训：

（一）内部培训

主要有集中培训、在职培训和员工自修。

（1）集中培训就是管理过程中共性的、有必要让员工理解和掌握的知识、技能、企业理念等，对员工进行的集中培训、研修，这种培训由专任讲师授课或主持。

（2）在职培训是指在日常工作中对员工的培养训练，即通过制订工作计划、分配调整工作、岗位技能讲座及操作、评价考核业绩、推进工作改善、帮助解决问题等途径对员工进行的指导。

（3）自修是指员工自己加强学习，提高修养，不断开发和提高自身能力，为此员工必须要善用所有的学习资源，以获得进步和发展。

（二）外部培训

主要有短期课程、个人进修和外出考察。

（1）短期课程：对表现突出的骨干人员，为开拓思维，触发灵感，进一步提高管理水平和业务能力，可由本人申请或公司选派参加外部专业培训机构举办的短期课程，包括各种外部教育机构、培训中心所举办的短期培训课程、交流会。

（2）个人进修：公司鼓励员工到大专院校或专业培训机构进修学习（包括攻读学位、职称及其他资格证书考试、培训等），形式以业余进修为主。参加各种形式的学习后，员工的结业（毕业）证书及成绩单须报企管部备案作为调配、选拔以及任免的参考依据。

（3）外出考察：为拓展视野、丰富学习经验，公司将组织管理人员、专业人才以及荣获嘉奖的员工外出考察。考察同行业先进企业的先进技术或知名企业的先进管理经验。

第四章　培训组织与管理

第八条　培训的分类管理

任何组织形式的培训都分计划性的和临时性的，企管部据此组织培训的实施和管理。

第九条　计划性培训

在每个财务年度，由企管部向各部门下发《培训需求调查表》，各部门根据业务需要如实填写培训需求，企管部根据《培训需求调查表》并结合公司发展状况、个人情况及培训成本，制订《年度培训计划》，报总经理批准后下发至各部门执行。

《年度培训计划》可根据公司生产安排、发展规划等情况作出调整，变更计划应得到总经理批准。

企管部根据《年度培训计划》安排，在每次计划规定的培训内容实施前，向相关人员了解培训时间安排，落实培训场地和培训教师，申请相关费用，通知受训人员，组织培训的实施。

部门副经理级以上人员公司统一安排不少于35课时的培训，必须参加不少于24个课时。

第十条　临时性培训

任何临时性的培训，申请人填写《培训申请单》，经部门经理确认，提交分管总监/总工审核，企管部审议。根据分类，技术类培训需再交由技术委员会审核，分管副总经理批准后实施；管理类和其他，总经理批准后实施。《培训申请单》由企管部统一备案，部门经理应安排好受训人员参加培训期间的工作。

第五章　培训效果评估及纪律

第十一条　培训效果评估的方式

评估培训效果的方式因培训项目而异，培训组织部门须对每次培训的效果作出相应的评估和追踪。从两方面分别进行评估：

（一）针对学员对课程及学习过程的满意度进行评估，所有课程都必须进行，培训组织者负责进行问卷调查，在培训结束后 5 天内填写《培训效果评估单》。

（二）针对学员的培训成效进行评估，依培训项目的特点由浅入深分别采用以下两级评估方式：

（1）一级评估：针对学员完成课程后的学习成效通过组织考试或实地操作等进行评估，记录在《培训效果评估单》上。

（2）二级评估：针对学员回到工作岗位后，其行为或工作绩效是否因培训而有预期中的改变进行评估。员工在培训结束并上岗 3 个月后，由员工所在部门经理负责作出相关的绩效评价意见，记录在《培训效果评估单》上。

第十二条　评估方式的说明

培训效果的评估方式必须在培训计划或《培训申请单》中说明，并切实执行。

第十三条　外部培训管理

外送培训结束后，受训者应填写《培训效果评估单》，必要时提供培训合格证明文件，交企管部备案保存。必要时还应由相关人员进行内部传达，将受训内容整理后组织内部培训。

第十四条　培训未达预期效果的处理

经评估培训未达到预期效果的，企管部负责提出具体处理意见，报总经理批准执行。

第十五条　培训纪律

受训者应按时参加培训，因故不能参加培训者须提前一天办理请假手续，请假条须由主管总监签字。对于无故迟到、早退者，按照绩效考核制度和奖惩制度进行处理。

第六章　培训经费与服务期管理

第十六条　年度费用预算

企管部负责组织制定公司年度培训费用预算，行政总监审核，总经理室批准。年度培训预算费用总额不得超过公司确定的年度教育经费总额。

第十七条　培训费用列支

员工外出培训凭已审批《培训申请单》中所列的培训费用列支。

第十八条　资质证书

对于公司提供专项费用支持的资质证书培训，员工须取得相应的资质证书才能核销培训费用。未取得资质证书的，由员工个人承担相关培训费用。资格证书原件统一由公司企管部保管。

第十九条　培训教育经费管理

培训教育经费要遵循专款专用、专人管理原则，每年由企管部对投入的培训经费与使用效果进行分析，必要时，计算出每名参加培训学员的费用，作为确定参加培训学员服务期的依据。

第二十条　培训协议

公司与员工可就培训事项订立培训协议。员工参加由公司出资的专项培训后，应该继续在公司工作至培训服务期满，培训服务期遵循公司与个人签订的培训协议。

第二十一条　未满服务期离职的处理

培训服务期未满，员工违反劳动合同约定的条件解除劳动合同，需根据培训协议的约定支付违约金，企管部在确定相应培训费用得到偿付后办理离职手续。

第七章　培训资料管理

第二十二条　培训档案

每次培训结束后，培训组织者应向企管部提交培训档案，包括但不限于：《培训申请单》或培训通知、《签到表》、《培训效果评估单》等。

第二十三条　外出培训的资料管理

外出培训人员返回后，须将所学知识整理成完整的学习资料，连同考核成绩、结业证书复印件等相关资料送企管处存档。

第二十四条　外出参训人员的培训义务

外出培训人员有义务将培训时所学知识整理成文，作为讲习材料，在企管部的安排下向相关人员讲授，有效利用外出培训成果。

第八章　附则

第二十五条　效力层次

公司以前颁布的相关制度与本制度相抵触的，以本制度为准。

第二十六条　修订权与解释权

本制度的修订权及解释权归企管部，本制度自颁布之日起实施。

4-1-2 合理性解析及关联法规

✎ 合理性解析

企业获得人才的方式通常有两个主要途径：一是直接从外部招聘；二是对内部员工进行培训，提高员工素质技能。选择对内部员工进行培训，不仅可以提高公司员工工作的效能，促进公司人力资本的开发和利用，而且还能作为一项福利，有利于员工在企业工作的稳定性。在新劳动法的背景下，培训制度主要应针对培训类型、培训协议、培训费、培训纪律、培训评估等作出详细规定：

（1）培训类型。按照《劳动合同法》的相关规定，培训可以分为入职培训、不能胜任工作培训和专业技术培训。新员工入职培训的内容，主要是企业的文化、组织结构、企业的规章制度以及与工作有关的要求等；不能胜任工作培训是《劳动合同法》非过错性解除中的程序性规定，在员工考核不合格时不能直接解除劳动合同，必须先进行调岗或培训，再次考核不合格时方可解除；对于专业技术培训，企业可以与员工订立培训服务期协议，员工违反服务期约定，提前解除劳动合同的，需要向企业支付经济补偿金。

（2）培训协议。企业可以与接受专业技术培训的员工订立服务期协议，就培训方案的安排、培训费用的支付方式、培训费数额的计算方式、服务期的计算方法、服务期内解除劳动合同的违约金等相关事项作出明确的约定。需要特别指出的是，培训服务期最好是在员工接受培训之前或同时订立，否则培训一旦开始，是否订立服务期协议的主动性就掌握在员工手上，企业在管理上相对比较被动。

（3）培训纪律。对于接受外部培训的员工而言，由于其培训所在地并不一定在公司日常管理的范围内，所以对接受外部培训员工的培训纪律要严格要求。对于出现无故不参加培训，或者没有尽到足够尽责义务导致培训考核不合格等情形的员工，应与公司的惩处制度相结合，以管控和约束培训期间员工的态度与行为。

关联法规

第二十二条　用人单位为劳动者提供专项培训费用，对其进行专业技术培训的，可以与该劳动者订立协议，约定服务期。

劳动者违反服务期约定的，应当按照约定向用人单位支付违约金。违约金的数额不得超过用人单位提供的培训费用。用人单位要求劳动者支付的违约金不得超过服务期尚未履行部分所应分摊的培训费用。

用人单位与劳动者约定服务期的，不影响按照正常的工资调整机制提高劳动者在服务期期间的劳动报酬。

第四十条　有下列情形之一的，用人单位提前三十日以书面形式通知劳动者本人或者额外支付劳动者一个月工资后，可以解除劳动合同：

……

（二）劳动者不能胜任工作，经过培训或者调整工作岗位，仍不能胜任工作的；

……

——《劳动合同法》

第六条　当事人在劳动合同或者保密协议中约定了竞业限制，但未约定解除或者终止劳动合同后给予劳动者经济补偿，劳动者履行了竞业限制义务，要求用人单位按照劳动者在劳动合同解除或者终止前十二个月平均工资的30%按月支付经济补偿的，人民法院应予支持。

前款规定的月平均工资的30%低于劳动合同履行地最低工资标准的，按照劳动合同履行地最低工资标准支付。

第七条　当事人在劳动合同或者保密协议中约定了竞业限制和经济补偿，当事人解除劳动合同时，除另有约定外，用人单位要求劳动者履行竞业限制义务，或者劳动者履行了竞业限制义务后要求用人单位支付经济补偿的，人民法院应予支持。

第八条　当事人在劳动合同或者保密协议中约定了竞业限制和经济补偿，劳动合同解除或者终止后，因用人单位的原因导致三个月未支付经济补偿，劳动者请求解除竞业限制约定的，人民法院应予支持。

第九条　在竞业限制期限内，用人单位请求解除竞业限制协议时，人民法院应予支持。

在解除竞业限制协议时，劳动者请求用人单位额外支付劳动者三个月的竞业限制经济补偿的，人民法院应予支持。

第十条　劳动者违反竞业限制约定，向用人单位支付违约金后，用人单位要求劳动者按照约定继续履行竞业限制义务的，人民法院应予支持。

——最高人民法院《关于审理劳动争议案件适用法律若干问题的解释（四）》

第二节　薪酬福利管理制度

4-2-1 薪酬福利管理制度示例

××××纸业制品有限公司薪酬福利管理制度

第一章　总则

第一条　目的

为吸引和保留高素质员工并贯彻集团公司的薪酬福利宗旨，公司根据每一个职位所要求的知识技能、经历及教育等情况，支付员工有竞争力的工资，并提供普遍性和针对性相结合的福利待遇。

第二条　薪酬福利的基本原则

公司的薪酬福利政策的设计，贯彻以下若干原则：

（1）竞争性原则。公司保持薪酬福利在本地区和本行业具有相应的竞争力。

（2）公平性原则。使公司内部不同职务序列、不同部门、不同职位员工之间的薪酬相对公平合理。

（3）激励性原则。公司根据员工的职位、能力及对公司的贡献度，决定员工的薪酬区间和具体数额。

（4）普遍性原则。基于公司承担社会责任和公司与员工共同成长的经营理念，公司给予员工普遍性福利，但这并不影响针对有突出贡献和价值员工给予特别的福利待遇。

第三条　适用范围

本制度适用于公司所有员工。派遣员工参照本制度执行。

第二章　薪资

第四条　薪资结构

员工的月工资包含基本工资（相当于70%的月工资额）和政府规定的其他福利性津贴（相当于30%的月工资额）。员工的月收入包含其固定月工资及公司规定的其他浮动部分如轮班津贴、轮值津贴、加班工资及奖金等。

第五条　薪资及支付方法

员工薪资及支付方法遵循以下规定：

（1）计薪期。员工薪资按月结算，计薪期为发薪当月的第一天至最后一天。其他浮动的结算部分如加班工资、轮值津贴、病事假扣款等结算期为薪资结算月的上月 21 日至当月 20 日。

（2）发薪日。员工薪资于每月月末至次月月末为期间发放，一般在每月月底最后一天发放。员工薪资以银行自动转账方法存入员工个人工资卡。如月底最后一天逢星期日或假期，薪资将于上一个星期五发放。

（3）不可抗力。因不可抗拒的原因导致公司不能在上述确定日期支付薪资的，公司在进行民主协商并公示相关方案后可以适当推迟支付，但不得迟于下一个支付日。

（4）疑问处理。员工对薪资计算如有疑问，可由本人向人事行政部查询。

第六条　薪资计算

员工薪资计算遵循以下规定：

（1）月工资。凡员工当月正常出勤并完成工作任务，公司按照劳动合同约定的标准发放工资。

（2）加班及假期工资计算基数。劳动合同约定的基本工资，作为计发员工加班加点报酬和病假、探亲假、婚假和丧假等假期工资的计发基数。

（3）奖金和补贴。结合员工的实际出勤率和工作业绩等方面的考核情况计发相关奖金和补贴。

第七条　最低工资

公司严格执行国家和地方法律、法规和政策规定的最低工资标准。

（1）最低工资标准。最低工资标准包括除员工当月加班加点的工资和由其个人缴纳的法定社会保险费和公积金等法律规定情形之外的工资性收入。

（2）正常劳动前提。凡员工在当月完成正常工作要求的，其当月应得最低工资标准不低于本地方公布的当年职工最低工资标准。

（3）员工过错情形。员工因违章操作或者因违纪由公司按照依法制定的规章制度扣罚工资的，公司保障其当月工资实际所得不低于本地方最低工资标准。未能一次扣罚的剩余部分，可分摊以后在数月内处理。

（4）因员工请病事假、旷工等个人原因被扣发工资的，其当月工资收入不受地方最低工资标准保护。

第八条　薪资保密

员工薪资采用保密制度，擅自向他人泄露自己薪资或向他人询问薪资情况者均被视为违反公司制度而予以纪律处分。

第九条　加班工资、中夜班津贴、轮班安排特殊津贴、轮值津贴计算

公司原则上不提倡员工加班，员工应提高工作效率，计划工作在工作时间内完成，避免不必要的加班。

（1）加班申请表。员工加班必须事先填写加班申请表，获得部门经理批准方为有效。

非轮班员工加班工资计算：

时间	加班工资
周一至周五	1.5×时薪×加班时间
周六、周日	2.0×时薪×工作时间
法定节假日	3.0×时薪×工作时间

轮班员工加班工资计算：

时间	加班工资
轮班日	1.5×时薪×加班时间
轮休日	2.0×时薪×工作时间
法定节假日	3.0×时薪×工作时间

（2）加班时数限制。员工每月加班不应超过 36 小时。在特殊情况下加班时数需超过上述时间的，部门主管应在要求员工加班前到人事行政部备案。

（3）调休。公司可以选择安排员工调休也可以选择安排支付给员工加班工资，以达到员工工作和业余生活的平衡。

（4）津贴。公司根据各部门经理签署的排班表给予中夜班津贴、轮班安排特殊津贴及轮值津贴。

第十条 第 13 个月工资

第 13 个月工资将根据员工本年度的服务期限按比例发放：

（1）满一年要求。服务满一年的员工，其第 13 个月工资将在次年 1 月的付薪日支付。

（2）年底在职要求。没有工作到年底的员工均不享受第 13 个月工资。

（3）未受处分要求。受过纪律处分的员工，其第 13 个月工资将受影响。

第十一条 扣薪计算

发生以下情形时，公司可以扣减员工的薪资：

（1）迟到、早退扣薪。员工每日迟到、早退超过 5 分钟但不满半小时计为 1 次，每月迟到、早退累计不得超过 3 次，否则按如下方法扣薪：薪资合计数／月法定工作时数×累计迟到早退小时数（以 0.5 小时为计算单位，不满 0.5 小时者以 0.5 小时计）×2。

（2）事假扣薪。事假扣薪如下：薪资合计数／月法定工作时数×事假天数。员工迟到、早退超过 0.5 小时作旷工半天处理。

（3）旷工扣薪。薪资合计数／月法定工作时数×旷工时数×3。

（4）其他违纪导致处罚、违章操作造成损失、旅游费用中员工个人承担并许可公司扣除的部分、员工向公司的借款并许可公司扣除的部分、司法部门要求扣款及在劳动合同中约定可以扣除等情形下，可以依据规定、约定或公文陈述进行扣薪。

（5）个人所得税。员工的所有收入都须按相关税法缴纳相应的税额。列入纳税的项目包括：工资、加班工资、轮班津贴、轮值津贴、第 13 个月工资、奖金及其他任何收入。税金由公司代为向当地税务局申报缴纳。

第十二条　薪资变动

员工的薪资仅在下述情况下发生变化：

（1）年度绩效考核后，公司根据市场情况、公司盈利状况以及员工年终绩效考核结果调整员工薪资；

（2）员工因工作成绩突出升职或在内部招聘中从低职位变动至更高的职位；

（3）因公司业务发展或个人事业发展需要，员工有可能被调至公司其他部门或各分公司工作。如新职位职级与原职位相同，则保持原薪酬待遇。如有不同，则按公司升职规定作相应调整。

第三章　福利

第十三条　社会保险

本公司为全体正式员工按员工工作所在地或户口所在地政府规定的比例缴纳社会保险金，包括：养老保险、失业保险、工伤保险、医疗保险、生育保险。员工工作所在地地方政府尚未规定缴纳医疗保险的，公司为员工购买商业医疗保险。

第十四条　住房公积金

本公司为全体正式员工按员工工作所在地或户口所在地政府规定的比例缴纳住房公积金。

第十五条　员工商业保险

公司根据员工职位，在员工到职次日为员工投保以下商业险种：

（1）意外身故和残疾：所有员工参加此保险；

（2）意外医疗：所有员工参加此保险；

（3）疾病身故和全残：所有员工参加此保险；

（4）重大疾病：所有员工参加此保险；

（5）补充住院／手术医疗：所有员工参加此保险，赔付 90%；

（6）交通工具险：所有因工作原因，需经常出差的员工参加此保险；

（7）境外出差保障：出差境外员工参加此保险。

第十六条　员工子女商业保险

公司为员工 1 - 16 周岁的子女投保以下商业险种：

（1）独生子女意外身故和残疾险；

（2）疾病身故与全残；

（3）门诊住院医疗险，赔付 50%；

（4）大病医疗险。

第十七条　员工及员工子女商业医疗保险理赔

员工必须将子女的出生证明复印件交到人事行政部进行加险登记，保期从加保登记的次日起，加保之前发生的医疗费用不予理赔。

员工所提供的子女就诊病历上应注明病情、检查、治疗、用药及剂量，病历上的日期与收据上的日期一致；病历上的子女姓名必须与收据上的姓名以及加保时所提供的姓名一致。

理赔资料收集流程如下：

（1）工厂员工（病历和发票原件，并指定理赔款汇入账户）→医务室→理赔材料初审（A. 不符合规定，退回员工重新补全理赔材料；B. 符合规定，医务室整理并登记备案，保险公司上门收取理赔材料）；

（2）分公司员工（病历和发票原件，并指定理赔款汇入账户）→人事协调员寄给保险公司，保险理赔过程如下：

保险公司每月 15 日送交赔案至公司医务室，如遇周末顺延至次周一。理赔款由保险公司直接汇入员工个人账户，病历及理赔款汇款凭据由工厂医务室或分公司人事协调员转交员工。

保险公司每月 15 日退回的不符合规定的理赔材料，由医务室或分公司人事协调员退回给相关员工。

第十八条　体检

公司每两年为全体正式员工安排一次健康检查，特殊工种员工的体检按照相关国家规定进行。

第十九条　宿舍

符合公司宿舍管理规定的工厂员工可以申请使用相应条件的宿舍。

如住宿员工所用水电费在公司规定的限额之内，则该住宿期间水电免费。

第二十条　旅游及娱乐活动

公司每年为工厂员工组织旅游及各类体育竞技活动及文娱活动。工厂备有各类体育设施如网球场、乒乓房、健身房、足球场及篮球场，对员工免费开放。

第二十一条　礼金／礼物

按照中国的传统习惯，无论男性或女性员工结婚、孩子出生，或失去重要亲人及本人工伤住院病假，公司将赠送员工一定价值的礼物或一定数额的礼金以表祝贺或慰问。

礼金／礼物

名称	金额
结婚礼金	人民币 500 元（夫妇双方均为本公司员工只享受一份礼金）
孩子出生礼金	人民币 200 元（在男女员工生育第一个孩子时获得，夫妇双方均为本公司员工只享受一份礼金）
丧事礼金	人民币 500 元（在失去父母、岳父母、配偶、子女时获得，夫妇双方均为本公司员工只享受一份礼金）
工伤住院慰问	视情况而定

第二十二条　高温岗位防暑降温冷饮

每年 7 月 1 日至 8 月 31 日，无论气温是否达到国家规定的高温标准，所有在高温岗位工作的员工（含外包工）均可享受冷饮。

第四章　附则

第二十三条　效力层次

公司以前颁布的相关制度与本制度相抵触的，以本制度为准。

第二十四条　修订权与解释权

本制度的修订权及解释权归人力资源部，本制度自颁布之日起实施。

4-2-2 合理性解析及关联法规

 合理性解析

薪酬福利是劳资双方十分关注的内容，其重要性是不言而喻的。劳动报酬也是劳动合同的必备条款之一，但是劳动合同中的薪资福利条款特别是工资条款一般只涉及工资的数额，有关工资的具体内容则在企业的规章制度中予以体现。部分企业则将员工的薪资（工资）和福利制度分开，分别制定相应规则进行调整。通常而言，在制定薪酬福利制度的过程中，以下要点应需特别予以重视：

（1）工资的结构。工资的结构可以分为单一结构型和复合结构型两种。所谓单一结构型工资，就是指所有的劳动报酬均以固定和单一的工资数额加以确定；所谓复合结构型工资，则是指将员工的劳动报酬分为若干部分，有的部分是固定的，有的部分是浮动的，根据实际情况和考核成绩酌情发放。在新劳动法的背景下，单一结构型的工资由于其固定数额会导致管理上的僵化性，同时还可能在用工成本、合同续订或支付经济补偿方面会给企业带来较重负担。建议企业转变观念，工资构成至少分为两块，即固定工资加上浮动工资或者基本工资加上绩效工资。同时在工资调整时，尽量仅增加奖金或调整其浮动部分，以此来减少风险。

（2）工资的支付。依据《劳动合同法》和工资法规的相关规定，企业需要及时足额发放劳动报酬。何为"及时"？"及时"是指在劳动合同约定的期日或规章制度规定的发薪日支付。如果该期日同时是节假日或休息日的，应当提前在最近的工作日支付。何为"足额"？"足额"是指按照劳动合同的约定或者规章制度规定的工资数额进行完整的货币支付。当然，企业也可以与员工约定，直接支付现金或委托银行代发工资。除非与员工另有约定，企业不得拖欠员工的劳动报酬。

（3）工资的变动和扣减。双方协商一致，可以变更劳动合同约定的劳动报酬事项。但是，依据劳动合同的约定或者规章制度的规定，企业适当调整浮动工资或奖金不应被认定为工资约定的单方变更。另外，在员工出现违纪情形、因过错造成企业损害、依法律规定或依合同约定，企业可以扣减员工的工资。但无论如何，只要员工提供正常劳动的，企业都不得低于最低工资标准支付劳动报酬。

（4）工资保密制度。尽管企业的薪酬管理制度是公开的，但是对于每个员工的具体薪酬特别是经由绩效考核后的工资则往往是分开处理的，并要求员工对工资数额进行保密。工资保密制度的目的在于避免员工间不必要的攀比核对，影响员工相互关系。企业可以在工资保密制度中要求员工对自己工资数额保密并且不得探听其他员工的工资，一旦企业发现员工向其他员工泄露自己的工资或探听他人的工资或谈论、议论他人的工资，将给予相应的处分。

（5）福利待遇安排。较好的福利待遇能帮员工减少所得税和留住员工，比如补充养老保险、补充住房公积金、旅游康乐安排、年金计划，等等。在法律上讲，工资的调整因需要与员工协商一致往往显得比较困难，但是福利的调整确实可以由企业自主来决定和安排。但是毕竟福利待遇是与企业的用工成本紧密相连的。企业在制定员工的福利待遇制度时，应根据企业自身发展的实际情况，选择适当的福利安排，在提供员工特别待遇的同时，又兼顾企业的承受能力。

关联法规

第三十条　用人单位应当按照劳动合同约定和国家规定，向劳动者及时足额支付劳动报酬。

用人单位拖欠或者未足额支付劳动报酬的，劳动者可以依法向当地人民法院申请支付令，人民法院应当依法发出支付令。

第八十五条　用人单位有下列情形之一的，由劳动行政部门责令限期支付劳动报酬、加班费或者经济补偿；劳动报酬低于当地最低工资标准的，应当支付其差额部分；逾期不支付的，责令用人单位按应付金额百分之五十以上百分之一百以下的标准向劳动者加付赔偿金：

（一）未按照劳动合同的约定或者国家规定及时足额支付劳动者劳动报酬的；

（二）低于当地最低工资标准支付劳动者工资的；

（三）安排加班不支付加班费的；

（四）解除或者终止劳动合同，未依照本法规定向劳动者支付经济补偿的。

——《劳动合同法》

第三节 考勤休假管理制度

4 – 3 – 1 考勤休假管理制度示例

××××（集团）有限公司考勤休假管理制度

第一章 总则

第一条 考勤目的

1.1 加强企业管理，维护工作秩序。

1.2 保护公司和员工的合法权益。

1.3 完整真实地记录员工的出勤休假信息。

第二条 适用范围

公司全体员工的工作时间、请休假、加班及职务代理等。

第二章 工作时间

第三条 根据工作岗位以及工作性质不同，本公司实行：不定时工时制、标准工时制。

第四条 不定时工时制适用对象以及相关流程

4.1 适用对象：集团公司所有人员、地区总经理。

4.2 执行不定时工时制的员工的劳动合同统一由集团公司人力资源部集中在总部办理，并由集团人力资源部集中保管劳动合同。

4.3 执行不定时工时制的员工经集团人力资源部统一提出申请，经工会讨论通过后报请当地劳动行政部门审批／备案后执行。

4.4 执行不定时工作制员工的上班时间：提倡实行不定时工作制员工的上班时间与地区职能部门人员的上班时间保持一致，但特殊情况可以根据各自岗位特点灵活安排上班时间。

第五条 标准工时制适用对象以及相关流程

5.1 适用对象：地区所有员工（地区总经理除外）均执行标准工时制，执行标准工时制的员工包括全日制员工以及非全日制员工。

5.2 全日制员工实行日工作时间不超过8小时，周工作时间不超过40小时，并保证员工每周至少休息1天的工作制。

第六条 全日制员工根据岗位不同作如下工作安排：

6.1 地区职部所有除总经理以外的人员（包括各地区副总、执行总经理）、分公司经理的上班时间为每天 6.5 小时，每周休息 1 天，具体上班时间为：上午：9：00 ~ 13：00；中午休息：13：00 ~ 15：30；下午：15：30 ~ 18：00。特殊情况下，公司可以安排上述某些特殊岗位自行调整工作时间，但以符合每周规定的工作时数为原则。

6.2 地区资源部经理每天必须根据职部以上人员的出勤状况填写《考勤表》，《考勤表》里应清楚地注明每日的上班时间（6.5 小时），月底由各被考勤员工签字确认。

6.3 地区所有分公司一线员工的上班时间根据岗位性质不同实行分时段工作制，具体的实施细则由各地区根据本地区的经营状况制定。

第三章　加班加点规定

第七条　加班加点规定

7.1 原则上公司要求员工充分利用 8 小时工作时间，提高工作效率，严格控制加班加点。

7.2 因经营状况或突发事故需员工延长工作时间完成工作任务时，由部门领导作出安排，相关人员应全力配合加班加点，部门领导应严格将员工加班加点限制在国家法定加班加点时数以内。

7.3 法定节假日的加班给予支付加班费，加班费标准按国家和地方相关规定执行。

7.4 节假日或休息日因紧急状况加班者允许于加班后及时填写《加班申请表》，办理加班补报审批手续，由人力资源部补办加班记录，原则上加班后予以相应时间的调休。

7.5 未完成本职工作而自愿延长工作时间的，不视为加班加点。

第四章　刷卡规定

第八条　刷卡规定

除不定时工时制的员工以外的执行标准工时制的员工实行刷卡考勤制，所有员工在上下班时间及加班加点前后都要亲自到刷卡地点刷卡。

第九条　迟到与早退

无特殊原因／事先未办相关手续，超过上班规定时间 30 分钟以内未到岗／上班未刷卡者，视为迟到；未到下班时间提前 30 分钟以内离岗／下班未刷卡者，视为早退。

第十条　以下情形之一，视为旷工：

10.1 迟到、早退超过 30 分钟者，按旷工半日处理；超过 3 小时按旷工一天处理。旷工 1 天员工按照当月日平均工资的 3 倍进行处罚，一个月累计旷工超过 3 天（含 3 天），按严重违反劳动合同处理。

10.2 未请假（续假）或请假（续假）未获准而擅自不出勤者。

10.3 在工作时间内未经许可外出办私事者。

10.4 工作时间内，未经批准不参加公司规定的培训、集体活动者。

第十一条 补办出勤记录

有下列情形之一者，由人力资源部补办出勤记录：

11.1 因不可抗力造成员工无法进行刷卡（如停电等）由部门领导证明出勤者。

11.2 员工卡因丢失或损坏不能刷卡，报员工卡管理人员处补办。

11.3 员工未刷卡（如忘记刷卡），于当日填写说明，由部门领导签字，交至人力资源部备案。

第十二条 严禁代刷卡

严禁员工请人代刷卡或代他人刷卡，对初次代人刷卡／请人代刷卡罚款50元，对再次代人刷卡／请人代刷卡者按严重违反劳动合同处理。

第五章 休假规定

第十三条 假别

按照国家和地方相关法律、法规和政策规定，公司假别分为法定假日、事假、丧假、公假、工伤假、婚假、产假、哺乳假、护理假、计划生育假、年休假等共十一种。

第十四条 法定节假日

14.1 新年（元旦），放假1天（1月1日）。

14.2 春节，放假3天（农历除夕、正月初一、初二）。

14.3 清明节，放假1天（农历清明当日）。

14.4 劳动节，放假1天（5月1日）。

14.5 端午节，放假1天（农历端午当日）。

14.6 中秋节，放假1天（农历中秋当日）。

14.7 国庆节，放假3天（10月1日、2日、3日）。

第十五条 事假

15.1 如需请事假以处理一些私事，则需提前一周征得部门主管的同意，并填写一份由部门经理签字的《事假申请表》，然后送交资源部（集团公司交到人力资源部）备案。请事假没有工资，事假最小单位为4小时／半天。

15.2 执行标准工时制的员工请事假5天以内直接由部门经理批准生效，资源部备案。

15.3 执行标准工时制的员工请事假5天以上30天以下的由部门经理批准，资源部经理确认签字后生效，交资源部备案。

15.4 执行标准工时制的员工请事假30天以上的由部门经理批准，资源部经理确认签字，并经总经理批准后生效，交资源部备案。

15.5 执行不定时工时制的员工请事假（可以采用邮件形式进行）3天以内由部

门主管批准生效，人力资源部备案；3 天以上由部门主管批准、集团人力资源部确认、经集团副总裁批准后生效。

第十六条　丧假

如员工的直系亲属亡故，可享有连续 3 个工作日的丧假，丧假期间工资照发。直系亲属是指：父母、子女、配偶、配偶父母。

第十七条　公假

公假期间，基本工资照发。

17.1 依照政府法令应休公假者，如征兵体检，凭有效证件办理。

17.2 因参加社会活动，需经总经理批准给予公假。

第十八条　工伤假

经确认为工伤的，工伤假期间工资照发。

18.1 员工因执行公务负伤或致伤残者，持指定医院证明经人力资源部确认不能出勤者，由公司核定工伤假。工伤假期期满，应主动复职，否则以旷工处理。如情况紧急经核实后，可于事后补办手续。

18.2 员工因公负伤，伤愈复发，经所在单位、指定医院、劳动局等相关部门鉴定，确认为旧伤复发的，可按工伤对待。

第十九条　婚假

除试用期内员工外，员工在结婚时享有 3 天的婚假，若达晚婚年龄按照当地相关法规休假，婚假期间工资照发。办理婚假程序如下：

19.1 婚假须提前申请，然后凭结婚证办理销假手续。

19.2 所有的婚假申请手续须经部门主管同意、资源部核准、总经理签字以后方可生效，并按规定办理相关手续，由资源部存档。

第二十条　产假

20.1 女性员工生育时可享受 98 天（日历天数）带薪产假。对特殊情形者，按政府有关规定和政策予以调整。

20.2 员工凭结婚证件复印件一张、小孩出生证明、准生证、独生子女证原件等享受产假待遇（带薪产假）。

20.3 对违反计划生育的员工生育不享受带薪产假，只按一般事假处理。

20.4 没有遵守国家计划生育政策并给公司造成损失的，公司有权对其进行相应处理。

第二十一条　哺乳假

公司女员工在婴儿周岁前每天可享有 1 小时的带薪哺乳假（只有合法情况下的生育方可享受此待遇）。

第二十二条　保育假（护理假）

试用期满的男性员工在其合法妻子生育第一胎时，可享受 3 个工作日的休假

（各地区可参照当地相关法规予以休假）。

第二十三条　计划生育假

23.1 女员工自愿做绝育手术者（需要出具市级以上医院证明），公司给予一次性营养补助 100 元，有薪假 5 天；男员工做绝育手术者（需要出具市级以上医院证明），给予一次性营养补助费 100 元，有薪假 3 天。

23.2 其他具体规定参见公司假期政策。

第二十四条　年休假

24.1 员工在公司累计工作已满 1 年不满 10 年的可享受 5 个工作日的带薪年假；已满 10 年不满 20 年的，带薪年假 10 天；20 年以上的，带薪年假为 15 天。

24.2 为不影响工作原则上带薪年假只允许拆分休假，以天为单位拆分，不可集中（特殊情况经部门主管批准后实施）休假。

24.3 执行标准工时制的员工的年休假原则上由公司根据经营状况合理安排，特殊情况需要主动休年假的，必须提前申请，并经公司批准后方可休假；执行不定时工时制的员工的年休假由员工主动提出申请（可采用邮件形式进行），经部门主管批准，集团副总裁确认后生效，集团人力资源部备案。

24.4 带薪年假不累积，各用人部门必须于次年春节前后安排员工休假完毕；若因特殊原因在规定时段内不能安排员工休年假的，公司将按员工日工资收入的 300% 支付年休假工资报酬。

第二十五条　请假方式

25.1 员工请假应事先填写《员工请假申请单》，视请假类别附相关证明文件，经部门主管批准，送交人力资源部作为考勤依据，因病或发生紧急事件无法事先请假者，应于当天上班前，以电话告诉部门领导，由该部门转告人力资源部，并于休假后上班当天补办请假手续；部门负责人（含）以上人员请假由总经理审批。

25.2 如有特殊情况需延长休假，需经部门领导批准，办理相关手续或由该部门主管将情况通知人力资源部，否则以旷工论处。

25.3 员工未请假或请假未经批准擅自离开工作岗位或不到岗者，均以旷工论处。

25.4 各部门每日请假人数原则上不得超过部门编制人数的十分之一，如因部门集体活动经公司总经理核准后，不在此限。

第二十六条　假期计算单位

26.1 哺乳假以"半小时"为计算单位；不足半小时以半小时计算。

26.2 旷工、事假、年休假以"半天"为计算单位，不足半天以半天计算。

26.3 婚假、丧假、产假、护理假、工伤假以"天"为计算单位。

第六章　职务代理规定

第二十七条　职务代理人

员工请休假时，无法亲自处理本人工作职责范围内的工作时，必须由部门领导安排职务代理人代行其职务。

第二十八条　职务代理人的确定原则及优先顺序

28.1 职务代理人原则上应优先自本部门中职务较高者中选择一人代理或按照承办工作的内容选择两人（含）以上共同代理。

28.2 根据实际运作情况，在本部门中无法选择合适的代理人时，以其他工作性质较相近部门的同级主管为代理人。

28.3 所经办的工作特殊或属于机密性质，于同级或部属中均无合适的代理人时，请上级主管为职务代理人。

28.4 非主管人员的职务代理人的确定以本部门熟悉该岗位运作状况的较合适者担任。

第二十九条　职务代理规范及操作流程

29.1 被代理人应经部门领导认可。

29.2 被代理人在请假/出差之前应事先将需要职务代理期间的工作进度以及紧急重要的处理事项，以书面方式告诉职务代理人，以便执行和处理好被代理人的工作。

29.3 职务代理人在代理期间，主要负责以下工作：（1）代理职务的日常工作处理；（2）参加各项会议及例行会议；（3）被代理人所委托的专案工作；（4）各项表单的核签。

29.4 在代理期间，职务代理人无权代理被代理人进行合同协议书的签订（书面授权的除外），也无权行使被代理人的人事核决权（书面授权除外）。

第七章　附则

第三十条　解释权

本制度的最终解释权归集团人力资源部。

第三十一条　核准权

本制度经集团副总裁核准后发布实施，修改时亦同。

4　3－2 合理性解析及关联法规

合理性解析

考勤休假涉及企业的正常工作纪律和生产秩序，所以考勤休假制度是企业正常运营和日常管理过程中非常重要的一项制度。因为考勤和休假均涉及员工出勤情况考核与统计，所以很多企业会将考勤管理制度和休假管理制度进行合并，制定考勤休假管理制度。在新劳动法的背景下，企业在实际操作中应特别注意国家劳动法规政策的规定，尤其在以下制度方面加以留意：

（1）工作时间与工时管理制度。在中国，主要存在三种工时制度，即标准工时制、综合计算工时制和不定时工作制。考勤制度主要针对的是标准工时制和综合计算工时制。对于标准工时制和综合计算工时制而言，应尤其注意关于用餐（休息）时间特别是午餐（休息）时间的规定或约定，防止员工和企业双方对休息时间是否包括用餐时间产生误解。[①] 当然，企业在未申请不定时工作制的前提下可以通过弹性工作时间的方法来对特殊岗位的员工进行考勤。对于不定时工作制而言，应通过定期会议制度和绩效考核制度来保障执行此制度员工的工作秩序和效率。

（2）迟到、早退与旷工的规定。在考勤制度中最重要的莫过于对迟到、早退和旷工的界定。迟到一般是指晚于上班时间的多少时间内到岗，如工作时间开始后15分钟内到岗者为迟到。早退一般是指早于下班时间的多少时间内离岗，如工作时间终了前15分钟以内离岗者为早退。旷工则是指未办理任何请假手续或假满未办理续假手续而在规定的应到岗的时间擅自不到岗。在实务操作中，还有必要对迟到、早退与旷工的次数或频率作出规定，比如每周、每月、每季度或每年的迟到、早退与旷工情况出现几次的，引入阶梯型的惩罚机制。当然，对于人工或电子打卡器计算异常的情形，企业还可以规定考勤异议处理制度。

（3）加班、值班与代班的规定。由于不定时工作制不需要记录考勤，所以也谈不上延长工作时间（加班），因此加班制度主要针对的是标准工时制和综合计算工时制。企业可以从加班的界定、加班申请流程、加班工资计发等多个方面对加班制度作出规定。比如，对加班进行明确界定，未经批准的加班一律不予认可；加班申请必须按照预计加班时间长短逐级提交，未按照规定程序提交的加班一律不予认可；加班工资计算基数按照公司的约定进行处理；[②] 加班可以在6个月内进行调休处理；等等。值班与加班的区别在于是否在工作时间以外从事本职工作，从事本职工作的是加班，从事因防盗、消防等集体利益进行的巡查等非本职工作的是值班。加班需要依法支付加班费，而值班只需要给予适当值班补贴。对于因故不能到勤或

---

① 实务中，很多企业HR问到用餐时间是否会被认定为劳动时间、休息时间是否包含用餐时间等问题。通常而言，如果企业规章制度和劳动合同明确规定或约定用餐时间剔除在工作时间之外且休息时间包含用餐时间的，劳动行政部门、仲裁机构和法院一般予以认可。但值得注意的是，对于部分制造型企业在用餐完毕后未安排休息时间（通常在30分钟以内）而直接上班的，其用餐时间通常会被实务部门认定为必要用餐时间（为履行正常劳动而进行必要的体力补充）而计入工作时间。建议企业在规章制度中将用餐时间和休息时间放在一起并明确予以规定。

② 对于加班费计算基数是否可以约定，目前各地法规有着不同的规定。上海、江苏等地的工资支付条例规定，加班费计算基数可以自由约定。上海的地方性规定基于对工资构成约定俗成的理解，进一步明确，如果企业与员工就加班费计算基数没有约定，则统一按照本岗位正常出勤工资的70%进行折算。

正常休假的员工，企业可以制定职务代理人制度，避免出现工作担当上的疏失。

（4）假期的种类、申请与批准。根据法规政策的相关规定，员工享有休假的权利。其中，法定休假包括公休日、法定节假日、年休假、探亲假、病假、婚假、产假等①，非法定的假期则主要是事假、公司自主设定的福利性休假等。对于法定休假，企业应当保障员工在实体上的休假权，但可以根据企业自身情况在法律允许的范围内对休假程序进行必要的约束。比如，在年休假制度中规定休假预告申请及强制休假制度，在婚假制度中规定申请婚假的有效期间，在病假制度中规定严格的请假申请与批准程序。对于非法定休假，企业可以在兼顾企业利益和员工利益的基础上自主设定和安排。

关联法规

第三条　职工每日工作 8 小时、每周工作 40 小时。

第四条　在特殊条件下从事劳动和有特殊情况，需要适当缩短工作时间的，按照国家有关规定执行。

第五条　因工作性质或者生产特点的限制，不能实行每日工作 8 小时、每周工作 40 小时标准工时制度的，按照国家有关规定，可以实行其他工作和休息办法。

第六条　任何单位和个人不得擅自延长职工工作时间。因特殊情况和紧急任务确需延长工作时间的，按照国家有关规定执行。

第七条　国家机关、事业单位实行统一的工作时间，星期六和星期日为周休息日。

企业和不能实行前款规定的统一工作时间的事业单位，可以根据实际情况灵活安排周休息日。

——《国务院关于职工工作时间的规定》

第二条　机关、团体、企业、事业单位、民办非企业单位、有雇工的个体工商户等单位的职工连续工作 1 年以上的，享受带薪年休假（以下简称年休假）。单位应当保证职工享受年休假。职工在年休假期间享受与正常工作期间相同的工资收入。

---

①　关于探亲假是否属于强制假，目前实务界有着不同意见。一种意见认为探亲假是针对所有用人单位的法定假期，另一种意见则认为探亲假只是国有企业才需要执行的假期。目前第二种意见为多数意见，但实务中还是出现了一些民营企业和外资企业被劳动仲裁部门或法院要求执行探亲假的少量案例。

第三条　职工累计工作已满 1 年不满 10 年的，年休假 5 天；已满 10 年不满 20 年的，年休假 10 天；已满 20 年的，年休假 15 天。

国家法定休假日、休息日不计入年休假的假期。

第四条　职工有下列情形之一的，不享受当年的年休假：

（一）职工依法享受寒暑假，其休假天数多于年休假天数的；

（二）职工请事假累计 20 天以上且单位按照规定不扣工资的；

（三）累计工作满 1 年不满 10 年的职工，请病假累计 2 个月以上的；

（四）累计工作满 10 年不满 20 年的职工，请病假累计 3 个月以上的；

（五）累计工作满 20 年以上的职工，请病假累计 4 个月以上的。

第五条　单位根据生产、工作的具体情况，并考虑职工本人意愿，统筹安排职工年休假。

年休假在 1 个年度内可以集中安排，也可以分段安排，一般不跨年度安排。单位因生产、工作特点确有必要跨年度安排职工年休假的，可以跨 1 个年度安排。

单位确因工作需要不能安排职工休年休假的，经职工本人同意，可以不安排职工休年休假。对职工应休未休的年休假天数，单位应当按照该职工日工资收入的 300% 支付年休假工资报酬。

——《职工带薪年休假条例》

第六条　女职工在孕期不能适应原劳动的，用人单位应当根据医疗机构的证明，予以减轻劳动量或者安排其他能够适应的劳动。

对怀孕 7 个月以上的女职工，用人单位不得延长劳动时间或者安排夜班劳动，并应当在劳动时间内安排一定的休息时间。

怀孕女职工在劳动时间内进行产前检查，所需时间计入劳动时间。

第七条　女职工生育享受 98 天产假，其中产前可以休假 15 天；难产的，应增加产假 15 天；生育多胞胎的，每多生育 1 个婴儿，可增加产假 15 天。

女职工怀孕未满 4 个月流产的，享受 15 天产假；怀孕满 4 个月流产的，享受 42 天产假。

第九条　对哺乳未满 1 周岁婴儿的女职工，用人单位不得延长劳动时间或者安排夜班劳动。

用人单位应当在每天的劳动时间内为哺乳期女职工安排 1 小时哺乳时间；女职工生育多胞胎的，每多哺乳 1 个婴儿每天增加 1 小时哺乳时间。

——《女职工劳动保护特别规定》

第四节　出差管理制度

4－4－1 出差管理制度示例

××酒店管理有限公司出差管理制度

第一章　总则

第一条　为规范出差管理流程、加强出差预算的管理，特制定本制度。

第二条　本制度参照本公司人力资源管理、财务管理相关制度的规定制定。

第二章　一般规定

第三条　员工出差依下列程序办理。出差前应填写出差申请书。出差期限由派遣负责人视情况需要，事前予以核定，并依照程序核实。

第四条　出差的审核决定权限如下：

（1）当日出差。出差当日可能往返，一般由部门经理核准。

（2）远途国内出差。4日内由部门经理核准，4日以上由主管副总核准，部门经理以上人员一律由总经理核准。

（3）国外出差。一律由总经理核准。

第五条　交通工具的选择标准

（1）短途出差可酌情选择汽车作为交通工具。

（2）副总经理远途出差一般选择飞机作为交通工具。

（3）其他员工远途出差一般选择火车作为交通工具，部门经理、高级技术人员的报销级别为软卧或高铁/动车组一等座，其他人的报销级别为硬卧或高铁/动车组二等座；特殊情况，可向总经理申请选择乘坐飞机。

第三章　出差借款与报销

第六条　费用预算

坚持"先预算后开支"的费用控制制度。各部门应对本部门的费用进行预算，做出年计划、月计划，报财务部及总经理审批，并严格按计划执行，不得超支，原则上不支出计划外费用。

第七条　借款

（1）借款的首要原则是"前账不清，后账不借"。

（2）出差或其他用途需借大笔现金时，应提前向财务预约；大额开支，应按银行的有关规定用支票支付。

（3）借款要及时清还，公务结束后 3 日内到财务结算还款。无正当理由过期不结算者，扣发借款人工资，直至扣清为止。

（4）借款额度与借款人工资挂钩，原则上不得超过借款人的月基本工资。

第八条　报销

严格按审批程序办理。按财务规范粘贴"报销单"→部门主管或经理审核签字→财务部核实→分管副总审批→财务领款报销。

第四章　差旅管理

第九条　出差申请与报告

出差申请与报告的程序如下：

（1）出差之前必须提交出差申请表，注明出差时间、地点和事由，行政部据此安排差旅、住宿等事宜；

（2）将出差申请表送人力资源部留存、记录考勤；

（3）出差途中生病、遇意外或因工作实际，需要延长差旅时间的，应打电话向公司请示；不得因私事或借故延长出差时间，否则其差旅费不予报销；

（4）员工出差完毕后应立即返回公司，并于 3 日内凭有效日期证明（如机票、车票等）到财务部办理费用报销、差旅补贴等手续；

（5）员工出差后，必须于 3 日内向主管副总汇报工作，并写出详细的书面报告交总经理审阅；

（6）出差结束后，应于 3 日内提交出差报告并到财务部报销费用；

（7）未按以上手续办理出差手续或未经审批所发生的费用，公司将不予报销，并按旷工处理。

第十条　费用标准及审批权限，如下表所示。

差旅费用标准及审批表

人员类别	费用类别	报销条件、报销额度及审批人
总经理助理及以上管理人员	所有费用开支	实报实销，由总经理审批
部门经理、普通员工	国内城市之间转移的飞机、火车、轮船、汽车等交通费用	1. 凭所购的票实报实销 2. 分别经部门经理、分管副总审批
	出差期间住宿、正常餐饮费用	1. 需取得税务局的统一发票（注明开票日期、入住及退房日期），并加盖有效印章 2. 按报销标准给予报销（见下表） 3. 分别经部门经理、分管副总审批
	招待费、交际应酬费（需详列说明）	1. 费用发生前，需征求部门经理、主管副总的批准 2. 未经事先批准的此类费用，责任人自行承担
	出租车费用	1. 在报销范围内的出租车票经部门经理签字后全额报销 2. 在报销范围内之外的特殊情况需经部门经理或分管副总的批准后，注明时间、地点及事由，方可报销

员工出差住宿、餐饮费用报销标准

费用＼城市		北京、上海、广州及五个经济特区	其他直辖市、省会城市、沿海开放城市	省辖市、县级市
住宿		元/晚	元/晚	元/晚
餐饮	早餐	元/人/餐	元/人/餐	元/人/餐
	午餐、晚餐	元/人/餐	元/人/餐	元/人/餐

注：不按上表规定而超出报销标准的费用必须提交书面说明，写明理由，经副总经理签字方予报销。否则由报销人自己承担。

第十一条 出差补贴标准

（1）员工在出差当天的9：00前出发、17：30后返回公司的，可享受一天的出差补贴，否则不予计算出差补贴。

（2）远途出差者，计算出差补贴一般采取"去头留尾"的原则。例如，9号出差12号返回者，给予3天的出差补贴；如果员工能提供9号9：00前出发、12号17：30后离开出差地的相关证明，则可给予4天的出差补贴。

（3）出差补贴的标准根据员工的职位级别另行确定。

（4）如果出差人员由接待单位免费招待，一律不予发放出差补贴；如果出差期间发生了已经批准的招待费，招待期间不发放相应的餐费补贴。

（5）出差期间不得另外报支加班费，法定节假日出差的另计。

第十二条　因公出境、出国报销规定

（1）因公出境、出国费用报销（补助）标准如下表所示。

出境、出国费用报销（补助）标准

人员类别	香港特别行政区	澳门特别行政区、中国台湾地区	国外
副总	实报实销	实报实销	根据具体出差地、目的确定报销标准
部门经理、普通员工	补助_____元	补助_____元	根据具体出差地、目的确定补助标准

（2）出境、出国时发生在境内、国内的交通费可按前述的相关规定另行报销。

第五章　附则

第十三条　下属与上级一起出差时，下属差旅费可比照上级职员标准支给。

第十四条　本公司董事、监察人及顾问的出差旅费比照经理级标准支给。

第十五条　餐费、住宿费的支领标准，因物价的变动，可以由总经理随时通令调整。

第十六条　本管理制度经董事会核定后实行，修改时亦同。

第十七条　本管理制度如有未尽事宜，可随时修改。

4-4-2 合理性解析及关联法规

✎ **合理性解析**

劳动法并未对出差管理做出特别规定，企业可以根据自身情况合理并灵活地制订出差管理规定。从人力资源管理实务的角度，以下几个方面的问题应当被注意：

（1）出差审批权限。为严格管理出差行为，有必要对员工出差实行审批权限制度。根据员工的不同职位职级，实行相应的审批权限管理。对于临时性出差或者授权人员无法及时审批的，应当在事后及时补充审批或者由授权代理人审批。

（2）出差费用预支与报销。员工出差往往涉及费用的支付，所以事前预支和事后报销成为财务管理工作的重要组成部分。企业可以实行预支管理制度，对于大额预支还可以设置预约制度；与此同时，对于出差途中的费用报销，也应遵循严格的发票审核制度。

（3）出差管理与考勤管理的衔接。员工出差时，其考勤记录往往会做相应记载；员工出差结束后，考勤记录也应作相应的调整性记载。将出差管理与考勤制度有效衔接，能较好地实施考勤管理和出差管理。

关联法规

第四条 用人单位应当依法建立和完善劳动规章制度，保障劳动者享有劳动权利、履行劳动义务。

用人单位在制定、修改或者决定有关劳动报酬、工作时间、休息休假、劳动安全卫生、保险福利、职工培训、劳动纪律以及劳动定额管理等直接涉及劳动者切身利益的规章制度或者重大事项时，应当经职工代表大会或者全体职工讨论，提出方案和意见，与工会或者职工代表平等协商确定。

在规章制度和重大事项决定实施过程中，工会或者职工认为不适当的，有权向用人单位提出，通过协商予以修改完善。

用人单位应当将直接涉及劳动者切身利益的规章制度和重大事项决定公示，或者告知劳动者。

——《劳动合同法》

第五节　商业秘密管理制度

4－5－1 商业秘密管理制度示例

××信息技术有限公司商业秘密保护制度

第一章　一般规定

第一条　商业秘密

公司的商业秘密是指不为公众所知悉、能为公司带来经济利益、具有实用性并经公司采取保密措施的技术信息和经营信息，包括公司的有关技术信息、业务信息、客户的商业秘密、证券信息、人事薪酬信息等。

第二条　保密义务

公司全体员工都有保守公司商业秘密的义务。

第三条　保密岗位

保密岗位是指从事的工作涉及或掌握公司的商业秘密以及对公司的资金、财产和员工起重大作用或影响的岗位。

公司根据各岗位涉及商业秘密的性质及其影响，对各保密岗位进行分类，各类保密岗位具有不同的保密要求。

保密岗位的分类及各项要求，由公司相关部门另行制定。

第四条　保密范围

公司保密范围如下：

（1）与本公司发生营销关系的客户名单；

（2）公司在经营活动中所发生的各类情报资料、计划或合同（协议）及相关文书；

（3）公司在营销活动中所积累的特有的营销方式和手段；

（4）公司电脑软件设计和应用程序（包括软件开发、测试手段、应用开发等）；

（5）公司财务资料（包括财务账目、会计凭证、审计报告等）；

（6）公司的各种会议、决议和内部重大事务的记录等；

（7）公司带密级的各类文件（包括人事档案、工资状况等）；

（8）其他需要保密的相关信息。

第二章　保密规则与保密管理

第五条　密级确定

公司商业秘密的密级按照如下原则确定：

（1）公司经营发展中，直接影响公司权益的重要决策文件和技术信息资料为绝密级；

（2）公司的规划、财务报表、统计资料、重要会议记录、客户资料、经营状况、管理制度等为机密级；

（3）公司人事档案、合同、协议、职工工资信息、尚未进入市场或尚未公开的各类信息为秘密级。

第六条　保密规则

公司商业秘密保护工作遵循以下规则：

（1）属于保密岗位范围的人员都具有不泄露公司技术、商业秘密的义务，并承担维护公司技术、商业秘密的责任；

（2）本公司各类人员在公司的任职或经营活动中，直接获得和了解公司技术、商业秘密的，均负保护责任，并承担实施保密措施的义务；

（3）本公司各类人员在公司的任职工作或经营过程中，可能获得或了解公司技术、商业秘密的，均应具有保密责任，并承担不泄露、不打听、不谈论的义务；

（4）上述规定的保密范围的相关资料，未经许可不得擅自带出公司。经批准带有密级资料外出时，要妥善保管。

第七条　保密管理

公司商业秘密保护管理过程中应注意以下事项：

（1）公司各级部门对涉及保密范围内的相关资料，应当设专人保管，并建立保密档案及台账；

（2）保密档案及相关资料应当归入具有保密措施的橱柜内，有关开锁密码应定期更换，并专人管理；

（3）电脑储存资料应当定期清理和检查，特别是涉及保密范围内的资料和信息，应当登记储备，并做好防泄密措施；

（4）员工在离职办理移交手续时，应当将保密范围内的相关资料同时移交，并做好登记手续；

（5）涉及保密范围的软盘、光盘和移动存储器，应当归入档案系统保管，借用人员需经批准，并做好借用登记手续。

第八条　保密岗位的管理

公司保密岗位工作应注意遵守以下规定：

（1）保密岗位的员工上岗前，应当由所在部门提出意见，经人力资源管理总部审核同意后，方能上岗。

（2）用人部门应会同公司人力资源、保卫等有关部门，共同对保密岗位的员工进行审查考核。

（3）审查考核认为员工违反保密要求的，应当根据公司的有关规定，或与员工签订的有关保密岗位聘用协议的约定，视情况作出处理或处罚。

（4）对负有保密义务的员工，公司可以在劳动合同或者保密协议中与员工约定竞业限制条款，并约定在解除或者终止劳动合同后，在竞业限制期限内按月给予员工经济补偿。员工违反竞业限制约定的，应当按照约定向公司支付违约金。

（5）员工在任职期间应严格遵守公司任何成文或不成文的保密规章、制度，履行保密义务，防止泄露秘密信息。公司的保密规章制度没有规定或者规定不明确之处，员工应本着谨慎、诚实的态度，采取所有必要、合理的措施，防止泄露或者披露任何有关信息。

（6）员工应当依照公司规定妥善保管并正确使用秘密信息，不得在履行职务之外使用任何公司秘密信息，不得利用秘密信息为自己或者任何第三方谋取利益。

（7）公司将根据需要与负有保密义务的员工约定竞业限制。

（8）员工的保密义务并不随着劳动合同的解除或终止而消灭。劳动合同解除或终止后，员工对其在任职期间获悉的公司秘密信息仍负有保密义务，应严格遵守公司的有关保密规定。

第三章　保密责任及违约处理

第九条　违反保密规定的处理

公司秘密信息是公司的重要无形资产，严格保守公司秘密信息是全体员工的义务和责任。如员工违反保密制度规定应承担相应的法律责任：

（1）掌握或了解公司技术、商业秘密的员工，违反保密规定擅自向其他无关人员泄露、谈论相关内容的，若造成公司经济损失的，则按直接经济损失和预期利益总和的1倍赔偿；

（2）与公司技术、商业秘密无关的员工，故意打听或窃取相关文件、资料、信息的，公司按照违纪处理；

（3）负有保存、整理公司秘密信息资料的员工，未经批准擅自带相关资料出公司的，若造成公司经济损失的，则按损失的实际金额的2倍赔偿；员工将秘密信息资料做交易而获取个人利益的，则按利益的3倍赔偿，公司并将按违纪处理；

（4）员工违反公司保密制度造成公司重大损失，或者情节严重的，公司将根据具体情况决定是否依法报告司法机关以追究其刑事责任。

第四章　附则

第十条　解释权与修订权

本制度由公司行政部负责解释。行政部还将视情况对本制度进行修订和完善。

4 – 5 – 2 合理性解析及关联法规

合理性解析

保密管理制度对现代企业特别是高科技、研发等企业来说异常重要，甚至关乎企业的核心竞争力。所以，很多知识密集型企业都非常重视保密管理制度的建设。如何根据现有法律法规的规定，立足企业经营管理实际，构建有效、周密和稳妥的保密管理制度，就成为企业一项非常关键的课题。通常而言，保密管理制度一般应包含以下要点：

（1）商业秘密的范围。商业秘密的范围是保密管理制度的基础性规定。企业的商业秘密一般可以分为技术信息、经营信息、管理信息和其他信息几类。企业在制定商业秘密的范围时，应特别注意以下两点：一是商业秘密的范围不仅仅局限于企业的秘密，有时也包括在用人单位生产运营过程中获得的其他企业的商业秘密，比如许多服务类企业由于业务需要常常会接触到的客户的秘密信息。二是注意约定商业秘密和知识产权的权利归属。商业秘密归属主体是保密管理制度应当明确的重要内容，就技术信息而言可以分为职务技术成果和非职务技术成果。职务技术成果的使用权、转让权属于企业，员工只享有技术成果的署名权。非职务技术成果的使用权、转让权属于完成技术成果的个人。对于员工在工作期间形成的商业秘密，一般根据其与企业业务、员工工作的相关性确定权利归属。

（2）商业秘密的密级及涉密人员。密级的设定有利于建构企业的梯级层次保密体系，有利于区别对待不同的商业秘密，并进行有效的分类管理。通常而言，企业的商业秘密可以分为"绝密""机密""秘密"三种。"绝密"是最重要的秘密，泄密会使企业的权利和利益遭受特别严重的损害；"机密"是重要的秘密，泄密会使企业的权利和利益遭受严重的损害；"秘密"是一般的秘密，泄密会使企业的权利和利益遭受损害。保密管理制度还需要明确哪些人负有保守企业商业秘密的义务，一般而言，凡是在企业生产经营和管理中实际涉及或接触以及可能涉及或接触商业秘密的人员都应当被认为属于涉密人员，应当承担相应的保密义务。

（3）保密义务和泄密行为。保密管理制度可以从保密义务和泄密行为两个不同角度对员工在商业秘密保护中应履行的义务进行规定。员工的保密义务主要包括遵守保密管理制度、不泄露单位商业秘密以及不利用单位商业秘密牟利或用于其他非法用途。员工的泄密行为主要包括但不限于擅自把单位或第三人的商业秘密泄露给他人、引诱他人窃取单位商业秘密、违反法定义务使用单位商业秘密，等等。企业在界定和概括保密义务和泄密行为时，应主要使用兜底性条款，防止事后发生的泄密行为游离于保密管理制度规定的保密义务之外。

（4）保密待遇。对于负有保密义务的员工是否需要给予一定的保密待遇如保密费、津贴、补贴等，在实践中一直是一个有争议的问题。在保密待遇争论的背后其实是对于员工保守商业秘密应当是一项合同义务还是一项附随义务存在不同观点。[①]在劳动法实践中，附随义务的观点通常得以采用。也即，员工对于企业的保密义务是一种法定义务。这样，企业要求员工遵守保密义务并不需要向员工支付保密费。[②]

（5）违反保密义务的责任。违反保密义务的责任形式包括民事责任、行政责任和刑事责任等。就民事责任而言，又分为违约责任和侵权责任两种。就前者而言，可以进一步通过与涉密员工订立保密协议进行约束；就后者而言，可以在保密管理制度中就损失赔偿责任规定赔偿计算方法。比如，企业可以在保密管理制度中规定员工违反保密义务可能涉及的公司利益、当前可以预见的这种泄密行为所带来的损失、以后可能还会发生的损失等损失赔偿计算方法。这种提前规定的损失赔偿计算方法可以解决发生争议以后企业举证困难的问题，目前在实践中已经被广泛采用。

关联法规

第二十三条　用人单位与劳动者可以在劳动合同中约定保守用人单位的商业秘密和与知识产权相关的保密事项。

对负有保密义务的劳动者，用人单位可以在劳动合同或者保密协议中与劳动者约定竞业限制条款，并约定在解除或者终止劳动合同后，在竞业限制期限内按月给予劳动者经济补偿。劳动者违反竞业限制约定的，应当按照约定向用人单位支付违约金。

第二十四条　竞业限制的人员限于用人单位的高级管理人员、高级技术人员和其他负有保密义务的人员。竞业限制的范围、地域、期限由用人单位与劳动者约定，竞业限制的约定不得违反法律、法规的规定。

在解除或者终止劳动合同后，前款规定的人员到与本单位生产或者经营同类产品、从事同类业务的有竞争关系的其他用人单位，或者自己开业生产或者经营同类产品、从事同类业务的竞业限制期限，不得超过二年。

——《劳动合同法》

---

① 第一种观点主要是认为员工保守商业秘密应当作为合同义务来理解，只有劳动合同有约定的情况下，员工才存在保密义务。相对应，员工履行保密义务的同时，用人单位应当支付保密费等相应对价。第二种观点则认为，商业秘密应当作为劳动合同的附随义务来理解。附随义务是为履行给付义务或保护当事人人身或财产的利益，于契约发展过程中基于诚信原则而产生的义务。作为保密义务的附随义务，无须明文约定也必须遵守，这一义务即便在劳动者离职后也不得免除。按此观点，员工履行保密协议并不需要支付保密费。

② 当然，不同地方对于保密协议存在着不同的地方性规定，企业还需要主动了解企业所在地对于保密事项的相关规定，从而避免保密管理制度违反相关规定而无效带来的法律风险。

第六节 奖励惩罚管理制度

4-6-1 奖励惩罚管理制度示例

××产业机械有限公司奖励惩罚制度

第一章 总则

第一条 奖励惩罚基本原则

公司的奖励惩罚制度，与聘用、分配和培训体系相结合。对先进员工的奖励，坚持非货币及荣誉奖励与货币及物质奖励相结合的基本原则。对违纪员工的处理，坚持事实清楚、责任明确、量化适当和及时查处的基本原则。

第二章 奖励

第二条 奖励的目的

为鼓励有益的行为、激励员工的工作积极性、凝聚团队力量和提高工作效率，公司将在员工符合条件的情况下，进行奖励。

第三条 奖励的类型和方式

奖励的类型分为特别贡献奖励和长期服务奖励。奖励的具体方式可以是通报表扬、荣誉证书、奖金和其他方式。

第四条 特别贡献奖励

员工凡符合下列情况之一时，经申报批准，公司将给予奖励：

（1）在工作中尽心尽职，业绩表现突出，足以成为员工表率者；

（2）在工作上有独到的创意、发明，并为公司创造较大经济效益者；

（3）对社会作出突出贡献，提高了公司社会声誉者；

（4）保护公司财产，防患于未然或在抢险救灾中有显著功绩者；

（5）对公司的发展有突出贡献者；

（6）其他公司认为有必要予以奖励的情况。

第五条 长期服务奖励

对于连续在公司工作分别满三年、五年、十年的员工，公司将予以适当的奖励以表彰员工对公司的贡献，具体情况由公司自行决定。

第六条 奖励的程序

奖励遵循以下主要程序：

（1）所在部门提出书面申请，写明奖励事由，提供有关依据和奖励建议；

（2）人力资源部审核奖励事由，签署奖励意见；

（3）副总经理和总经理审核批准；

（4）人力资源部组织颁布或授奖。

第三章　惩戒

第七条　惩戒的目的

为了保障公司各项工作正常运行，严明的工作纪律是提高管理素质及规范员工行为的重要前提，遵守工作纪律是公司对每一位员工的基本要求。适当的处罚在于告诫员工改正缺点、纠正错误、规范行为，以更有利于自身发展和公司的运作。

第八条　惩戒方法

对于违反法律、法规或公司规章制度之行为，公司将给予员工下述惩罚，本制度其他条款有具体处罚措施的除外：

（1）警告，且令其写检查；

（2）罚款50元以上；

（3）减薪，令其写检查，在不超过5日基本工资的额度内减薪；

（4）降级，令其写检查，免去负责人职位或将职位降低，且同时减薪；

（5）停职，令其写检查，予以30天以下的停职，在此期间不发工资，且可以同时降级和减薪；

（6）开除，不设预告期，立即解雇。

第九条　警告

员工在触犯下述任何一条时，公司可以处以警告处分，且给予考察期三个月，以观后效：

（1）对访客或参观来宾言语恶劣、态度粗暴的；

（2）嬉笑打闹、无理取闹、肆意扰乱办公室政策秩序的；

（3）不听从上司日常管理指示，或者上司辱骂员工、不尊重员工人格的；

（4）违反本规则有关电话接听、禁止吸烟、清洁卫生保持的；

（5）两次以上擅离工作岗位的；

（6）随地吐痰／口香糖，随处倒茶叶渣或者其他废弃物的；

（7）在上班时间于工作场所大声喧哗，干扰或影响他人工作的；

（8）在公司内使用下流或者污秽用语的；

（9）刻划公物，破坏公司环境卫生，乱扔乱放公司财物的；

（10）未经许可擅自使用非自身业务所及公司设施的；

（11）携带非法物品进入公司的；

（12）违反本规则有关离开公司之规定的；

（13）未经批准，擅自带领非本公司人员进入公司办公区域的；

（14）消极怠工、串岗、大声聊天、工作时听广播或录音；

（15）未经批准，员工在公司内擅自张贴布告、通知或者擅自涂改、遮盖、撕掉公司布告栏内任何告示的；

（16）有相当于其他上述各项行为时。

第十条 罚款

员工在触犯下述任何一条时，公司可以处以罚款处分，且考察期三个月，以观后效：

（1）一年内被发现有两次以上（包括两次）前条所述行为的；

（2）故意拖延办理业务手续或报告，或有虚假行为的；

（3）迟到／早退的；

（4）上下班请人或让人代打考勤卡或自己代他人打卡的；

（5）议论或者散布有损他人名誉或公司声誉的言论的；

（6）蓄意编造虚假情况，搬弄是非陷害他人的；

（7）工作不负责任，给同事或公司管理造成较大不良影响的；

（8）缺勤或旷工的；

（9）忽视或不及时报告工作中的安全隐患的；

（10）违章指挥或违章作业，工作失职、渎职，尚未给公司造成不良后果的；

（11）不按照公司合理要求行事时，如公司要求员工对自己所犯错误或者违纪违法情况进行书面如实陈述，员工不予配合等；

（12）由于不妥当的行为有损公司商誉及信誉时；

（13）工作懒散，受上司批评后仍不改正时；

（14）因一般过失泄露公司秘密或个人薪资情况的；

（15）因打架争吵等搅乱工作场所的秩序时；

（16）由于重大过失使公司受损时；

（17）未经同意，利用公司的设施制作个人物品的；

（18）不按照操作流程进行作业，经指出后，仍不改正的；

（19）未经许可拿走公司重要财产，或企图拿走时；

（20）利用虚假证明请假的；

（21）有相当于其他上述各项行为时。

第十一条 减薪

员工在触犯下述任何一条时，公司可以处以减薪处分，且考察期三个月，以观后效；在此期间不予晋升、加薪、奖金和福利：

（1）一年内被发现有两次以上（包括两次）前条所述行为的；

（2）无正当理由不服从上司业务方面的指示，或越权专横搅乱职务纪律时；

（3）一年内非连续性缺勤 7 次以下或 5 日以下，或者连续性缺勤 4 次以下或 3 日以下的；

（4）一年内非连续性旷工 3 次以下，或者连续性旷工 2 次以下的；

（5）进行赌博行为时；

（6）因打架争吵等搅乱工作场所的秩序时；

（7）两次以上利用虚假证明请假的；

（8）工作态度严重不端正（如多次在上班时间收听收音机、录音机，阅读与本员工工作无关的报纸、杂志等读物，在非吸烟区吸烟）；

（9）未经同意，擅自移动设备、改变办公室布置、乱接电线的；

（10）一般过失泄露公司商业秘密，且造成公司经济上或者商誉上损失的；一般过失泄露本人薪资，且给其他员工心理或者公司正常的薪资管理造成重大影响的；

（11）有相当于其他上述各项行为时。

第十二条　降级

员工在触犯下述任何一条时，公司可以处以降级处分，且公榜通报，并考察期六个月，以观后效；在此期间不予晋升、加薪、奖金和福利：

（1）一年内被发现有两次以上（包括两次）前条所述行为的；

（2）恶意收集公司的技术、业务资料、销售和其他商业秘密的；

（3）唆使挑拨，从而引起员工打架斗殴的；

（4）不按照业务、报价操作流程进行作业，经指出后，仍不改正的；

（5）忽视或不及时报告工作中的安全隐患，并造成严重后果的；

（6）在公司内组织非法集会或者宣扬其他反动言论的；

（7）私自存放易燃易爆物品，足以引起严重安全隐患的；

（8）伪造、篡改考勤记录的；

（9）在公司内传播非法电子音像制品、书刊或电子邮件的；

（10）在公司内进行非法传销的；

（11）不听从上司指挥，且经处分或说服教育无效的；

（12）有相当于其他上述各项行为时。

第十三条　停职

员工在触犯下述任何一条时，公司可以处以停职处分，且公榜通报，并考察期六个月，以观后效；在此期间不予晋升、加薪、奖金和福利：

（1）一年内有两次前述行为的；

（2）一年内非连续性缺勤10次以下或8日以下，或者连续性缺勤6次以下或5日以下的；

（3）因重大过失，泄露业务机密的；

（4）因重大过失，明显有损公司信誉时；

（5）违章指挥或违章作业，工作失职、渎职，给公司造成轻微经济损失或其他轻微不良后果的；

（6）因重大过失泄露本人薪资的；

（7）对其他同事有言语上的人身攻击、讥笑、辱骂及性骚扰等严重行为的；

（8）在社会上作出严重损害国家、集体利益的行为的；

（9）有相当于其他上述各项行为时。

第十四条　开除（解除劳动合同）

员工在触犯以下任何一条时，公司将处以开除（解除劳动合同）处分：

（1）一年内被发现有两次以上（包括两次）前条所述行为的；

（2）前条任意一项处分后，不见明显改善者；

（3）伪造经历，或用其他不正当的方法受雇的；

（4）一年内非连续性缺勤 10 次以上（不包括 10 次）或 8 日以上（不包括 8 日），或者连续性缺勤 6 次以上（不包括 6 次）或 5 日以上（不包括 5 日）的，且拒不书面悔改的；

（5）一年内非连续性旷工 3 次以上（不含 3 次），或者连续性旷工 2 次以上的（不含 2 次）；

（6）未经公司许可，在其他公司同时就业的；

（7）对其他员工施暴恐吓，或盗窃其他员工钱财时；

（8）私自为自身利益使用公司钱财，或不正当使用时；

（9）利用公司职务或职权，不正当地收取钱财或谋求私利时；

（10）用带有煽动性的言论妨害公司正常经营活动，或宣传内含与国家利益不符的且对政治安全有危害的反动信息，且后果严重的；

（11）一年内二次（含）部门、岗位考核不合格和不称职的；

（12）故意泄露业务机密的或企图泄露的；

（13）由于故意，有损公司信誉或经济时；

（14）违章指挥或违章作业，工作失职、渎职，给公司造成严重经济损失或者其他严重后果的；

（15）违反刑法，或有被社会谴责的卖淫、嫖娼行为时；

（16）被公安机关收容教育、劳动教养时；

（17）工作疏忽或失误而造成公司财物损毁，或不及时报告、记录，或隐瞒发生的事故损害公司或他人利益，损毁金额在 5000 元以上的；

（18）探听他人薪资或者故意泄露本人薪资的；

（19）携带或隐藏任何违禁品的；

（20）违反国家法律法规，被国家司法机关拘留、判刑者；

（21）在公司内打架且后果严重的，或者因争吵而严重影响公司正常秩序或造成重大经济损失的；

（22）涂改各种记录、蓄意虚报、伪造个人资料／经历的，或提供的个人资料严重失真的；

（23）遗失公司重要文件，造成重大损失的；

（24）严重失职或者严重违反安全操作手册，导致公司、其他员工受到人身财产损失的；

（25）蓄意制造电脑病毒，以破坏公司系统正常运行的；

（26）故意损坏或盗窃公司财物，或侵占公司财产的；

（27）拒绝接受上司的指挥，或不服从工作分配或岗位调动，且严重影响公司正常生产经营的；

（28）不遵守岗位职责或操作规范，擅自变更作业方法或程序，使公司蒙受经济损失的；

（29）有相当于上述各项行为时。

第十五条　处罚程序

对员工进行处罚应遵循以下程序：

（1）员工前述各违纪行为一经发现，部门负责人应责令违纪员工做书面检查，且附调查报告，并按照本规则或公司其他管理规章制度提报初步处理意见。

（2）前述书面检查、调查报告、初步处理意见应呈报副总经理初步批示，并最终转报总经理审核批准；如果是部门负责人有如上违纪行为，则由副总经理指派专门人员进行调查，专门人员有权责令部门负责人做书面检查，且附书面检查、调查报告、初步处理意见等呈报总经理直接审核批准，涉及开除处分的，总经理应最终提交部门负责人会议讨论。

（3）管理部根据公司的最终处理意见或决定，行文公示处分决定。

（4）书面检查和公司的处分意见或决定由管理部存档备案。

（5）被开除（解除劳动合同）的员工将不获任何经济补偿。

第四章　附则

第十六条　解释权与修订权

本制度由公司人力资源部负责解释。

4–6–2 合理性解析及关联法规

✎ **合理性解析**

奖励惩处管理制度，作为对传统劳动人事管理中"奖勤罚懒"原则的延伸和拓展，在很多企业包括很多外资企业规章制度中都比较常见。奖励制度可以激发员工积极工作和为企业作更多贡献，实现企业良性发展和员工自我创造的双赢；惩处制度可以对犯有过错和表现不佳的员工进行特别的处分，以达到改正错误和检讨补救的目的。企业在制定奖励惩处制度时，应特别留意以下要点：

（1）奖励的种类、条件和程序。奖励种类是企业奖励管理制度首先应该明确的。关于奖励的种类，有关法律法规并未明确予以规定，完全由用人单位根据自身情况设定。实践中常见的奖励种类有物质奖励（奖金）和精神奖励两种，其中后者又可分为嘉奖、记大功、记小功、通令嘉奖、授予优秀员工等几种。奖励种类确定后，还需要规定奖励的条件，即各类奖励种类对应的条件是什么。为了便于执行，奖励条件需要明确而具体。奖励程序即是指在实施奖励时应该履行的程序，怎么实施奖励等。

（2）惩处的种类、条件和程序。关于处罚的种类，通常有行政处分、行政处理、经济处罚、调岗降薪、违纪解除劳动合同等五种。[①] 确定惩处种类后，需要明确界定各种惩处适用的条件，即员工的哪些违规行为需要受到哪些处罚。需要注意的是，惩处制度讲究具体明确，企业在规定惩处条件时应使用具体、明确的用词，便于惩处制度具有执行力。合理性和程序性是现代法治理念非常注重的。[②] 企业在制定规章制度，尤其是在制定惩处制度时，也要注重处罚的程序，即在实施处罚时要经过哪些步骤。

关联法规

第三十九条　劳动者有下列情形之一的，用人单位可以解除劳动合同：

（一）在试用期间被证明不符合录用条件的；

（二）严重违反用人单位的规章制度的；

（三）严重失职，营私舞弊，给用人单位造成重大损害的；

（四）劳动者同时与其他用人单位建立劳动关系，对完成本单位的工作任务造成严重影响，或者经用人单位提出，拒不改正的；

（五）因本法第二十六条第一款第一项规定的情形致使劳动合同无效的；

（六）被依法追究刑事责任的。

——《劳动合同法》

---

① 《企业职工奖惩条例》废止后，实务界关于企业能否设置经济处罚（罚款）的问题有不同意见。第一种意见认为，既然《企业职工奖惩条例》废止了，经济处罚就失去了法规依据，所以企业不能对员工进行经济处罚。第二种意见认为，虽然《企业职工奖惩条例》废止了，但并不意味着企业进行经济处罚就意味着违法。通常认为，程序合理并经由法定的民主程序和公示程序的经济处罚制度是法律所不禁止的。第二种意见目前是主流意见。

② 规章制度在设置企业处罚权时，应特别注意合理性原则。企业设定处罚权，一般不要涉及劳动合同的变更或解除。企业的处罚权本为内部自主管理权之一，但是如果这种内部自主管理权涉及劳动合同的变更或解除，该处罚性质就从内部管理范畴转移到法律限制的范围。如果员工提起申诉或诉讼，劳动仲裁机构或法院就可以介入审查变更或解除劳动合同是否具有充分的合理性。比如，上海市高级人民法院《关于审理劳动争议案件若干问题的解答》（沪高法民一〔2002〕6号）第5条规定："用人单位与劳动者之间因单位处分发生争议的，是否作为劳动争议案件应区分情况：单位处分虽涉及经济扣罚等内容，但属于特定性、阶段性的，不涉及劳动合同的解除、变更的，单位有权对劳动者进行管理，不宜作为劳动争议案件；用人单位作出的处分涉及劳动合同的变更或解除的，或者经济扣罚影响劳动者基本生活的，则因此类处分引起的争议可作为劳动争议案件。"

第七节 人事档案管理制度

4-7-1 人事档案管理制度示例

××制造厂有限公司人事档案管理制度

第一章 总则

第一条 制定依据

为规范人事档案管理，使人事档案管理程序化、流程化，特制定本制度。

第二条 保密原则

档案管理部门应保守档案机密。对人事档案进行妥善管理，能有效地保守机密。

第三条 完整原则

维护人事档案材料完整，防止材料损坏，这是人事档案管理的主要任务。

第四条 信息化及便利原则

档案管理以纸质为基础，辅以计算机信息化技术。信息化技术可以便于查找档案材料并长期保存。

第二章 人事档案的编码

第五条 编码原则

人事档案编码采用八位数，格式为×××× ××××。

第六条 编码数字说明

第一位数字表示企业分支机构代码，第二位数字表示工作性质代码，第三、四位数字表示部门代码，第五位至第八位数字为流水号。

人事档案编码数字规定

数字位置	规定				
第一位	企业分支机构代码				
	1		2		3
	分支机构一		分支机构二		分支机构三
第二位	工作性质				
	0	1	2	3	4
	管理类	技术类	文职类	后勤类	操作类

（续表）

第三至四位	部门代码							
	01	02	03	04	05	06	07	08
	质量管理部	人力资源部	行政部	财务部	采购部	研发中心	生产部	物资控制部
第五至八位	流水编号，按入职先后顺序编排							

第三章 人事档案的保管

第七条 人事档案类型

人事档案的保管大致包括材料归档、检查核对、转递、保卫保密、档案统计 5 部分。

第八条 材料归档

新形成的档案材料应及时归档，归档的大致程序如下：

（1）对材料进行鉴别，看其是否符合归档的要求；

（2）按照材料的属性、内容，确定其归档的具体位置；

（3）在人事档案目录上补登材料名称及有关内容；

（4）将新材料放入档案。

第九条 检查核对

人事档案检查的内容既包括对人事档案本身进行检查，如查看有无霉烂、虫蛀等；也包括对人事档案保管的环境进行检查，如查看库房门窗是否完好，有无其他存放错误等。

检查核对一般要定期进行，但在下列情况下，也要进行检查核对：

（1）突发事件之后，如被盗、遗失或水灾火灾之后；

（2）对有些档案发生疑问之后，如不能确定某份材料是否丢失；

（3）发现某些损害之后，如发现材料霉变、虫蛀等。

第十条 转递

人事档案的转递一般是由工作调动等原因引起的。

转递的大致程序如下：

（1）取出应转走的档案；

（2）在档案底账上注销；

（3）填写转递人事档案材料的通知单；

（4）按发文要求包装、密封。

在转递中应遵循保密原则，一般通过机要交通转递，不能交本人自带。另外，收档单位在收到档案、核对无误后，应在回执上签字盖章，及时退回。

第十一条 保卫保密

保卫保密的具体工作要求如下：

（1）对于较大的公司，一般要设专人负责档案的保管，应具备必要的存档设备；

（2）库房备有必要的防火、防潮器材；

（3）库房、档案柜保持清洁，不准存放无关物品；

（4）任何人不得擅自将人事档案材料带到公众场合；

（5）无关人员不得进入库房，严禁吸烟；

（6）离开时关灯、关窗、锁门。

第十二条　档案统计

人事档案统计的工作内容包括以下几点：

（1）人事档案的数量；

（2）人事档案材料收集补充情况；

（3）档案整理情况；

（4）档案保管情况；

（5）档案利用情况；

（6）人事档案工作人员情况。

第四章　人事档案的利用

第十三条　档案在利用过程中，应遵循一定的程序和手续，这是保证档案管理秩序的重要手段。

第十四条　人事档案的利用有多种方式：

（1）设立阅览室

阅览室一般设在人事档案库房内或靠近库房的地方，以便调阅和管理。

（2）借出使用

借出使用仅限于某些特殊情形，如领导需要查阅人事档案或公安机关、保卫部门因特殊需要必须借用人事档案等。借出的时间不宜过长，到期未还者应及时催还。

（3）出具证明材料

出具的证明材料可以是人力资源部按有关文件规定写出的有关情况的证明材料，也可以是人事档案材料的复印件。要求出具材料的原因一般是入党、入团、提升、招工、出国等。

第十五条　查档手续

查档手续包括以下几个步骤：

（1）由申请查档者写出查档报告，报告中写明查阅的对象、目的、理由、查阅人概况等；

（2）查阅单位（部门）在查档报告上盖章，负责人签字；

（3）由人事档案专员进行审核、批准，若理由充分、手续齐全，则给予批准。

第十六条　外借手续

外借手续包括以下几个步骤：

（1）借档单位（部门）写出借档报告，内容与查档报告相似；

（2）借档单位（部门）在借档报告上盖章，负责人签字；

（3）人事档案专员进行审核、批准；

（4）进行借档登记，把借档时间、材料名称、材料份数、借档理由等填清楚，并由借档人员签字。

（5）归还时，及时在外借登记上注销。

第十七条　出具证明材料的手续

出具证明材料手续包括以下几个步骤：

（1）首先，由有关单位（部门）开具介绍信，说明要求出具证明材料的理由，并加盖公章；

（2）人事档案专员按照有关规定，结合利用者的要求，提供证明材料；

（3）证明材料由人事档案专员提交有关领导审阅，加盖公章，然后登记、发出。

第五章　附则

第十八条　本制度由人事档案专员拟订，人事事务主管审核，修改权和解析权属人力资源部。

第十九条　本制度自批准公布之日起实施。

4-7-2 合理性解析及关联法规

📎 **合理性解析**

对大部分外资企业和民营企业而言，人事档案往往是通过人才服务机构进行代管，与入职录用、职称评定、离职手续相关事项均委托人才服务机构处理。不过，对大部分国有企业和事业单位而言，人事档案管理仍是用人单位人力资源管理中非常重要的组成部分。在进行人事档案管理时，应注意以下一些常见的问题：

（1）档案法与档案管理。根据档案法的相关规定，档案管理单位应当妥善保管档案，防止档案的不当灭失。对于因管理责任导致档案灭失的，应当承担法律责任。另外，涉及国家秘密的档案的管理和利用，密级的变更和解密，应当依照有关保守国家秘密的法律、行政法规规定办理。

（2）劳动法与档案管理。根据劳动法的相关规定，用人单位应当在解除或者终止劳动合同时出具解除或者终止劳动合同的证明，并在15日内为劳动者办理档案和社会保险关系转移手续；若因用人单位原因导致档案无法及时转移造成员工损失的，用人单位应当承担赔偿责任；对于用人单位扣押员工档案的，还可以依法进行行政处罚。

（3）档案管理相关劳动争议。档案管理相关的劳动争议主要表现在离职时用人单位以违约金等理由扣押或拒绝转移人事档案。此种情形下，尤其要提醒用人单位注意的是，员工解除劳动合同本身是否合法与单位扣押或拒绝转移人事档案之间并不存在法律上的关联关系。即便是员工违法解除劳动合同，用人单位仍应及时转移人事档案，并按照劳动仲裁或诉讼途径另行向违法解除劳动合同的员工主张权利和赔偿。

> **关联法规**
>
> 第二十条　涉及国家秘密的档案的管理和利用，密级的变更和解密，应当依照有关保守国家秘密的法律、行政法规规定办理。
>
> 第二十一条　鉴定档案保存价值的原则、保管期限的标准以及销毁档案的程序和办法，由国家档案主管部门制定。
>
> 禁止篡改、损毁、伪造档案。禁止擅自销毁档案。
>
> 第二十二条　非国有企业、社会服务机构等单位和个人形成的档案，对国家和社会具有重要保存价值或者应当保密的，档案所有者应当妥善保管。对保管条件不符合要求或者存在其他原因可能导致档案严重损毁和不安全的，省级以上档案主管部门可以给予帮助，或者经协商采取指定档案馆代为保管等确保档案完整和安全的措施；必要时，可以依法收购或者征购。
>
> 前款所列档案，档案所有者可以向国家档案馆寄存或者转让。严禁出卖、赠送给外国人或者外国组织。
>
> 向国家捐献重要、珍贵档案的，国家档案馆应当按照国家有关规定给予奖励。
>
> ——《档案法》①
>
> 第五十条　用人单位应当在解除或者终止劳动合同时出具解除或者终止劳动合同的证明，并在十五日内为劳动者办理档案和社会保险关系转移手续。
>
> 劳动者应当按照双方约定，办理工作交接。用人单位依照本法有关规定应当向劳动者支付经济补偿的，在办结工作交接时支付。
>
> 用人单位对已经解除或者终止的劳动合同的文本，至少保存二年备查。
>
> 第八十四条　用人单位违反本法规定，扣押劳动者居民身份证等证件的，由劳动行政部门责令限期退还劳动者本人，并依照有关法律规定给予处罚。
>
> 用人单位违反本法规定，以担保或者其他名义向劳动者收取财物的，由劳动行政部门责令限期退还劳动者本人，并以每人五百元以上二千元以下的标准处以罚款；给劳动者造成损害的，应当承担赔偿责任。
>
> 劳动者依法解除或者终止劳动合同，用人单位扣押劳动者档案或者其他物品的，依照前款规定处罚。
>
> ——《劳动合同法》

---

① 《档案法》由中华人民共和国第十三届全国人民代表大会常务委员会第十九次会议于 2020 年 6 月 20 日修订通过，现予公布，自 2021 年 1 月 1 日起施行。

第二篇　合同协议篇

 本篇导读与适用指南

Ⅱ-Ⅰ 合同协议的逻辑梳理与法律梳理

　　Ⅱ-Ⅰ-Ⅰ 合同协议的逻辑梳理

　　Ⅱ-Ⅰ-Ⅱ 合同协议的法律梳理

Ⅱ-Ⅱ 合同协议常见法律风险节点透视

　　Ⅱ-Ⅱ-Ⅰ 常见法律风险节点一览

　　Ⅱ-Ⅱ-Ⅱ 法律风险的技术克服

第五章　劳动合同

第六章　劳务派遣中的合同与协议

第七章　服务外包中的合同与协议

第八章　特殊人员的合同

第九章　专项协议

Ⅱ-Ⅰ 合同协议的逻辑梳理与法律梳理

Ⅱ-Ⅰ-Ⅰ 合同协议的逻辑梳理

在民事法领域，契约自由和意思自治是非常重要的法律原则。也就是说，只要当事人双方协商合意，就特定事项达成民事约定，只要这项约定不违反法律规定和民法基本原则，就认为具有合同上的效力，双方均要接受该合同约束，履行相关义务并享受相关权利。而在劳动法这个被称为特殊民事法的领域，劳动合同除了具有民事合同的通常特征外，还具有相当的特殊性。这种特殊性主要体现在对劳动者的特殊保护，比如在用人单位解除合同的限制、违约金约定的限制等方面。

在人力资源管理领域，涉及的合同协议主要是劳动合同，还包括可以实质认定为劳动合同的符合条件的录用通知，[①] 也包括称为集体合同的集体劳动合同。当然，人力资源管理领域的合同协议还包括聘用合同，即不属于劳动关系的民事劳务关系。近年来，随着用工形式的日益多元化，劳务派遣开始成为一种新的雇佣模式。除了传统劳动合同和民事劳务协议以外，还有基于用工发展需要的劳务派遣模式而产生的与劳务派遣有关的合同协议。另外，将辅助性业务和部门服务外包也成了人力资源部门一种通常的选择方法。

Ⅱ-Ⅰ-Ⅱ 合同协议的法律梳理

劳动合同与普通民事合同的差异主要在于调整的法律规定不同。调整劳动合同的法律规定主要是劳动法，调整民事合同的法律规定主要是普通民事法律。人力资源管理所涉及的合同协议，也可以依此而清晰地划分为两大类：劳动合同类和民事协议类。在本篇的合同协议示例中，劳动合同、视同的劳动合同（Offer Letter）、保密协议、培训服务期协议、竞业限制协议和集体合同等都属于前者，聘用协议、用工合同、实习合同、服务外包合同等则属于后者。这种法律上的梳理，可以通过区分和辨识相关协议合同调整的法律依据，而进一步在实际用工管理中得以具体把握。

而需要指出的是，对于一些特殊的民事合同协议而言，并不一定绝对不适用劳动法。比如，对于特殊劳动关系人员的聘用协议而言，用工方仍需要在最低工资、

---

① 关于录用通知（Offer Letter）是否属于劳动合同，实务界有不同的看法。但通常认为，应区分具体情况来进行判定。如果录用通知只是表示一种单方意思表示，且并不一定具备劳动合同的必备条款，则不属于劳动合同；而录用通知一旦被员工签收确认，且符合劳动合同的基本条款后，即符合劳动合同的实质要件。不过，依据《劳动合同法》第7条的规定，劳动关系依然还是从用工之日起建立。

工作时间和劳动保护等三个方面遵守劳动法的相关规定。① 再比如,对于劳务派遣中的劳务派遣协议和用工协议而言,很多内容都要参照劳动法的诸多实体规定。另外,对于外籍人员与用人单位订立的劳动合同而言,在不违反公平原则的基础上,可以允许有更多的自主约定的空间,并不一定要严格遵守中国劳动法。②

Ⅱ-Ⅱ 合同协议常见法律风险节点透视

Ⅱ-Ⅱ-Ⅰ 常见法律风险节点一览

劳动合同作为劳动关系中最主要的契约性文件,调整着员工与企业之间最为核心和重要的权利义务。另外,作为劳动合同附随组成部分的保密协议、服务期协议和竞业限制协议等专项协议,也是对特别人员和特别事项进行专门约定的重要文件。所以,对于人力资源管理中的合同协议而言,其具体内容和相关条款的约定,应特别注意其法律风险。

这些法律风险的节点主要体现在如下几个方面和具体事项:

1. 劳动合同的订立

(1)未在报到之前或同时订立劳动合同

风险:用人单位应在用工之日起订立书面劳动合同。超过 1 个月不订立书面劳动合同的,用人单位应当支付双倍工资。超过 1 年未订立书面劳动合同的,视为已建立无固定期限劳动合同。对于入职材料未交齐的新进员工,可以先签订书面劳动合同,用人单位应以交齐入职材料为录用条件,到时不能够提供符合要求的入职材料,用人单位在试用期可合法解除劳动合同。

(2)未及时续订劳动合同

风险:在征求员工续订劳动合同意向后,应提前或在到期日及时订立书面劳动合同,否则会视同自原劳动合同到期日起未订立书面劳动合同,用人单位应承担相应的法律责任。

---

① 对于退休返聘、内退、协保等特殊劳动关系人员而言,其与用人单位订立聘用协议,但并不意味着聘用协议完全适用普通民事法调整。为保护特殊劳动关系人员的合法权益,包括上海市在内的许多地方均规定了特殊劳动关系人员在最低工资、工作时间和劳动保护三个方面依然需要和劳动法规定保持一致。

② 外籍人员与中国用人单位建立劳动关系,是否适用中国劳动法?《劳动合同法》对此并没有明确规定。不过包括上海市在内的一些地方性法规政策对外籍人员就业事项持灵活性立场,适用意思自治原则,即只要不违反公平原则,外籍人员和用人单位可以就相关劳动合同事项进行自由约定。

2. 劳动合同的履行与变更

（1）履行与变更

风险：调整岗位、薪资和工作地点是属于履行劳动合同还是变更劳动合同？这取决于劳动合同的具体约定。很多企业在劳动合同中抽象约定，企业可以根据生产经营需要调整员工的岗位、薪资和工作地点，这种约定实际上并无具体意义。即便劳动合同中有这样的规定，在具体处理时亦需充分说明其合理性；而即便劳动合同中未有相应规定，在符合充分合理性的情形下，企业亦可调整员工的岗位、薪资和工作地点。

（2）单方变更劳动合同

风险：企业只有在与员工协商一致、员工不能胜任工作和客观情况发生重大变化等情况下才可以单方变更劳动合同。如果企业随意变更劳动合同，导致员工切身利益受损，员工除了可以要求按照原劳动合同约定履行外，还可以要求企业赔偿相关待遇差额。

3. 劳动合同的解除与终止

（1）协商解除

风险：协商解除劳动合同，需要签订协商解除劳动合同书并就相关交接事项进行明确约定。另外，员工和企业哪一方动议协商解除，对于是否需要支付经济补偿有紧密关联。协商解除不注意相关细节和操作程序，将会导致被认定为违法解除或不当支付经济补偿金。

（2）劳动者单方解除

风险：除非另外订立培训服务期协议外，员工只要提前30天通知用人单位，即可单方解除劳动合同。如果企业存在规章制度违法、未依法缴纳社会保险等过错事项的，员工可以随时解除劳动合同，并可以要求支付经济补偿金。

（3）过错性解除

风险：过错性解除应当保留员工过错相关的书面证据，并依据法律规定的程序通知工会，并将解除劳动合同书交由员工签收或进行公示。如果在程序环节存在瑕疵，则会影响解除行为的合法性。

（4）非过错性解除

风险：非过错性解除除应当举证员工存在非过错事项的情形外，还应依据法律规定的要求提前30天通知或额外支付相当于1个月工资的代通知金。非过错性解除情形下，尽管企业也许并不存在过错，但仍需支付经济补偿金。另外，在依据客观情况发生重大变化而导致解除劳动合同的，还应特别注意履行协商变更不成的程序，因为直接解除会存在程序上的瑕疵。

（5）经济性裁员

风险：经济性裁员时应当特别注意经济性裁员的条件要求和人数规定。需要指出的是，经济性裁员时还应特别注意，应提前30天征求工会或全体员工意见，并向劳动行政部门备案。无论是征求职工方意见，还是向劳动局备案，最终的经济性裁员决定还是由企业自主决定。

（6）不得解除或终止

风险：对于解除或终止的情形，应首先核实不属于《劳动合同法》规定的不得解除或终止的情形，避免出现违法解除的情形，导致不必要的法律后果。

4. 违约金事项

（1）保密协议

风险：在订立保密协议时，应特别注意保密协议不能直接约定违约金。约定的违约金条款无效。但可以在可以预期评估和公平原则的基础上约定赔偿金的范围和计算方法。

（2）培训服务期协议

风险：培训服务期协议所涉及的培训应属于单位出资的专业技术培训，且违约金与培训费用应符合对等原则。如果违约金过高，超过培训费的违约金数额不发生法律效力。

（3）竞业限制协议

风险：竞业限制的人员通常限于高级管理人员和高级技术人员。竞业限制的期限不得超过 2 年。如果员工离职以后，用人单位没有依照约定支付竞业限制补偿金的，则竞业限制协议不生效。

5. 赔偿金事项

（1）与工资、经济补偿金有关的赔偿

风险：企业不当使用试用期的，应以试用期满月工资为标准，向员工支付赔偿金。企业违法解除劳动合同时，员工可以要求企业按经济补偿金的双倍标准支付经济补偿金。

（2）按实际损失额计算的赔偿

风险：因违法行为给员工带来实际损失等情形时，企业应按照实际损失额支付赔偿金。

6. 相关文本的保存

（1）劳动合同文本保存

风险：根据《劳动合同法》的相关规定，用人单位应为劳动者建立职工名册，且要求已经解除或终止的劳动合同文本保留两年以上备查，企业应对合同文本进行编号，以利备查。

（2）其他合同协议文本保存

风险：《劳动合同法》尽管只对劳动合同文本保管有两年最低期限的规定，但基于企业在法律上举证责任倒置的惯例，建议企业将其他重要的合同协议文本也予以保存两年以上备查。

Ⅱ - Ⅱ - Ⅱ 法律风险的技术克服

法律风险仅仅只是一种潜在风险，也许并不会在具体操作中实际发生。但是，一旦实务管理中的特定情形出现或客观条件成就时，这些风险就成为劳动争议发生的导火索，甚至会导致企业大额的补偿或赔偿，甚至会给企业造成重大的信誉损失。

在技术上，通常可以通过以下方法尝试进行克服：

1. 内部检讨

（1）劳动合同的订立。可以使用当地劳动行政部门提供的劳动合同范本。对于劳动合同相关条款的约定，应以具体性、明确性和合法性为基本技术要求。比如，录用条件的约定详细与否，则实质影响到解除试用期员工的难易度。

（2）劳动合同的履行和变更。为保障企业在调岗调薪等事项上的主动性，应更多将劳动合同的"变更"情形纳入"履行"情形中，比如在无固定期限劳动合同下实施 1 年期的岗位合同，则可以保持 1 年岗位合同期满后企业根据实际情况适当调整岗位的灵活性。

（3）劳动合同的解除和终止。劳动合同的解除和终止更多地依据《劳动合同法》的强制性规定，所以劳动合同中也可以将解除和终止的相关规定简化处理。但对于企业单方解除的情形，可将具体解除情形在法定的范围内加以细化，以增强其执行性。

（4）适当运用弹性条款。一是兜底条款，通过概括性条款来规定难以穷尽的事项；二是引用性条款，可以规定此后有关法律、法规政策发生变更时，按照有关新规定执行。

2. 外部检讨

（1）通过专业咨询机构。专业咨询机构有着丰富的企业咨询经验，能够提供给企业关于人力资源管理合规化方面更多的参考性意见和建议。

（2）通过律师事务所。由其对当前使用的规章制度进行法律审查。

第五章　劳动合同

第一节　完整的劳动合同

5－1－1 劳动合同示例

劳动合同书

甲方（公司）：＿＿＿＿＿＿＿

地址：＿＿＿＿＿＿＿

法定代表人：＿＿＿＿＿＿＿

乙方（员工）：＿＿＿＿＿＿＿

身份证号码／护照号码：＿＿＿＿＿＿＿

住址：＿＿＿＿＿＿＿

邮编：＿＿＿＿＿＿＿

联系电话：＿＿＿＿＿＿＿

　　甲、乙双方就建立劳动关系及其权利义务等事宜，根据《中华人民共和国劳动法》与《中华人民共和国劳动合同法》等有关法律、法规和规章，在甲方已向乙方如实告知涉及劳动合同的有关情况基础上，双方本着合法、公平、平等自愿、协商一致、诚实信用的原则签订本合同，双方承诺共同信守本合同所列各条款。

　　第1条　合同的前提条件

　　1.1 甲、乙为本劳动合同的当事人。

　　1.2 甲方系在中华人民共和国注册的合法用工主体，具有用工资格。

　　1.3 乙方向甲方保证，在本劳动合同签订之时，与任何第三方不存在劳动关系或雇佣关系，亦非在有关竞业限制期限内，且乙方保证与原用人单位之间没有任何足以影响本合同生效和履行的事宜。

1.4 乙方保证受聘于甲方后，从事甲方交付的任何工作均不会侵犯此前曾受聘单位的商业秘密及其他合法权益。如有违反，乙方将自行承担相应的法律责任。

第 2 条 合同期限

2.1 甲、乙双方就合同期限选择以下_____类劳动合同。

A. 有固定期限合同：本合同期限自_____年_____月_____日起，至_____年_____月_____日止。其中试用期为_____个月，自_____年_____月_____日起，至_____年_____月_____日止。

B. 无固定期限合同：本合同期限自_____年_____月_____日起履行，其中试用期为_____个月，自_____年_____月_____日起，至_____年_____月_____日止。如终止条件出现，劳动合同即行终止。

C. 以完成一定工作任务为期限的合同：本合同自_____年_____月_____日起履行，至_____工作完成时止，并以_____为该工作任务完成并终止合同的标准。

2.2 本合同试用期结束前，乙方未以书面形式通知甲方解除劳动合同的，甲方有义务以口头或书面形式通知乙方有关转正事宜；乙方试用期内不符合有关录用条件的或具有本合同 10.2.5 条规定的情形时，甲方可解除劳动合同。

2.3 本合同期满，且不具有法定续签情形的，则本合同即行终止。

2.4 如本合同签订的起始日期与实际用工之日不一致，则甲、乙双方的劳动关系自实际用工之日起建立，劳动合同期与试用期期限亦自实际用工之日起算。

第 3 条 工作内容及工作地点

3.1 甲方根据生产经营需要，安排乙方在_____部门从事_____工作。乙方应履行本岗位的工作职责（见附件），按时、按质、按量完成其本职工作。

3.2 乙方的工作地点在_____。随着甲方经营范围的扩大，甲方在与乙方协商一致后，可委派乙方至其他城市工作。

3.3 甲方根据经营需要、乙方工作能力、工作表现及身体状况等因素，可依法合理变更本条中规定的乙方工作部门、工作内容及工作地点。

第 4 条 工作时间和休息休假

4.1 甲方实行标准工时制，具体工作时间由甲方制定或变更。每天的劳动时间不包括午餐及休息时间。

4.2 甲方可根据部分岗位特征、业务状况，经劳动行政部门批准，实行不定时工作制或综合计算工时工作制。

在本合同期内，乙方所在岗位经劳动行政部门批准实行不定时工作制或综合计算工时工作制，则本合同约定的工作时间自动变更为不定时工作制或综合计算工时工作制。

4.3 甲方可以根据工作需要安排乙方加班，甲方将依法支付超时工作的劳动报酬，或给予调休。

加班须根据相关规定办理加班申请手续。

4.4 乙方所在工作岗位申请不定时工作制或综合计算工时工作制后，加班报酬按照相关法律执行。

4.5 乙方享有国家规定的法定节假日和婚假、丧假等假期。

第5条　劳动报酬

5.1 乙方正常出勤并在规定的工作时间内保质保量完成甲方安排的工作任务后，有权获得劳动报酬。

甲方实行岗位绩效工资制度，乙方工资收入 = 岗位工资 + 奖金 + 津贴。甲方根据乙方的工作岗位和实际技术业务水平，确定乙方的月岗位工资收入标准为_____元；乙方奖金与其工作数量、工作质量、服务水平、出勤率等实绩挂钩；津贴按国家和公司的相关规定执行。其中，试用期月工资为人民币_____元。

5.2 甲方发薪期为次 / 当月_____日至_____日。甲方有合理解释迟延支付劳动报酬的，不属于拖欠乙方工资。工资支付方式按照甲方规定执行。

5.3 本条第一款所列乙方收入为税前收入，乙方应依法缴纳个人所得税。

5.4 甲方有权根据自身经营状况、经济效益及乙方的业务能力、绩效情况、岗位、地点变化等对乙方的劳动报酬进行合理调整，包括提高或降低，乙方愿意服从甲方的决定。

5.5 奖金、津贴根据甲方内部规章制度执行。甲方有权根据需要制定、修改、完善或废止奖金、津贴制度。

第6条　社会保险及福利待遇

6.1 甲方应按照国家和_____省（区 / 市）有关规定，按比例为乙方缴纳社会保险和住房公积金，乙方也应当按比例缴纳其应承担的部分，并由甲方在工资内代为扣除。乙方保证其将及时向甲方递交办理社会保险和住房公积金的有效凭证，如因乙方迟延递交而造成的任何后果，乙方应承担相应责任。

6.2 乙方因病或非因工负伤期间待遇按法律、法规及相关规定执行。

6.3 乙方因工负伤及女职工孕期、产假和哺乳假等待遇按法律、法规及相关规定执行。

6.4 甲方将根据公司相关规定，结合乙方的工作岗位、工作地点向乙方支付或调整其他补贴及福利费用。具体标准由甲方制定。

6.5 培训员工、鼓励个人发展是甲方的政策之一，甲方会有计划地为乙方提供职业培训。除各种内部培训活动外，甲方也鼓励乙方自己参加一些外部的培训活动或课程。

如甲方提供专项培训费用对乙方进行专业技术培训的，则双方约定服务期至少为_____个月。在服务期内，如乙方提出辞职或因过失被甲方解除劳动合同，乙方须向甲方支付违约金。

服务期违约金 =（应服务月数 – 已服务月数）／应服务月数 × 培训费总额

如甲、乙双方另行签订培训协议的，该协议为本合同附件。存在冲突之处以另行签订的培训协议为准。

6.6 甲方可根据自身经营状况、经营效益等相应调整乙方的各项福利待遇。

第 7 条　劳动保护、劳动条件和职业病防护

7.1 甲方为乙方提供符合国家规定的劳动安全卫生标准的工作环境，确保乙方在人身安全及人体不受危害的环境条件下从事工作。

7.2 甲方根据乙方岗位实际情况，按照国家有关规定向乙方提供必要的劳动防护用品。

7.3 甲方将按照国家及当地政府的相关规定，积极采取职业病防护措施，确保乙方的人身安全及人体不受危害。

第 8 条　劳动纪律

8.1 甲方有权在不与法律法规相抵触的情况下，遵循民主原则，制定员工手册及其他各项规章制度。甲方依据前述制度对乙方进行劳动纪律的日常管理。乙方应严格遵守甲方制定的前述制度，否则甲方可根据单位规章制度，给予相应的处分。

8.2 甲方制定的各项规章制度将及时予以公示。甲方要求乙方认真阅读相关内容，以保证及时了解掌握甲方的各项信息。如乙方因不在公司而无法阅览，甲方要求乙方在返回公司出勤后的一周之内及时进行阅览。如出现因乙方未能及时阅览上述信息而造成的后果，由乙方承担一切责任。

8.3 在履行本合同期间，甲方可以对其员工手册及其他各项规章制度进行修订，或者制定新的规章制度。如果原规章制度与甲方新的制度不一致，乙方同意按照甲方新的规章制度执行。

8.4 乙方应妥善保管甲方财物，乙方因任何原因离职时，均须归还甲方财物，包括但不限于电脑、软件、光盘、技术文档等。如乙方疏忽丢失或蓄意损坏，应予以赔偿。

8.5 乙方保证其向甲方提供的所有信息、资料、证明等均属真实、有效，并承担相应责任。

8.6 乙方因尚未与原用人单位解除或终止劳动合同关系而致甲方损失的，应当予以赔偿。

第 9 条　保密及知识产权归属

9.1 甲、乙双方确认，乙方在履行工作职责时必然会接触到的甲方的商业秘密及与知识产权相关的保密事项，前述事项均属于甲方的财产和权利，乙方负有当然的保密义务。

9.2 从本合同生效之日起，乙方必须遵守甲方的任何保密规章、制度，履行与

其工作岗位相应的保密职责。未经甲方书面同意或非为履行本合同项下的职责和义务，乙方不得向任何第三方（包括不得知悉该项秘密的甲方其他员工）泄露甲方的任何商业秘密。

9.3 甲、乙双方确认乙方因职务上的需要所持有或保管的一切记录着甲方秘密信息的任何形式的载体，均归甲方所有。

9.4 乙方在甲方任职期间，因履行甲方交付的工作任务或主要利用甲方的物质和技术条件、业务信息等完成的发明创造、计算机软件、技术秘密、著作权等，其相关的知识产权归属于甲方（应属于乙方的身份性权利除外）。

9.5 乙方保证，正确使用并妥善保管属于甲方或者虽属于他人但甲方承诺有保密义务的秘密信息，不得利用前述信息为自己或任何第三方牟利。除了履行职务外，乙方承诺其在职期间及离职后，未经甲方书面授权，不得以泄露、告知、公布、发布、出版、传授、转让或者其他任何方式使任何第三方知悉属于甲方或者虽属于他人但甲方承诺有保密义务的秘密信息，也不得在履行职务之外使用这些秘密信息，直至甲方宣布解密或保密信息实际上已经公开。

9.6 甲、乙双方劳动关系解除或终止后，乙方必须将所有机密信息和资料及其复印件返还给甲方，并向甲方保证本人不再有任何使用该资料或者信息的权利，并申明已将该资料和信息的所有原件及复印件退还给甲方。如甲方发现乙方未及时归还前述资料，造成甲方损失的，乙方必须承担相应的赔偿责任。

9.7 凡未经甲方书面同意或非为履行本合同项下的职责和义务而以直接或间接，口头或书面等形式提供给第三方涉及保密内容的行为均属泄密，造成甲方损失的，乙方必须承担相应的赔偿责任。

第 10 条　合同的变更、解除及终止

10.1 劳动合同的变更

10.1.1 本合同订立时所依据的法律、法规、规章或政策规定发生变化，本合同应变更相关内容。

10.1.2 由于不可抗力致使本合同无法履行，经双方协商同意，可以变更合同相关内容。

10.1.3 甲、乙双方协商一致，可以对本合同的部分条款进行变更。

10.1.4 甲方对乙方的工作岗位、工作地点或职务所作的调整，如果双方未签订书面变更合同或协议，且乙方自到岗后一个月内未提出书面异议的，视为乙方同意该调整。

10.2 劳动合同的解除

10.2.1 甲、乙双方经协商一致，可以解除本合同。

10.2.2 乙方解除本合同，应当提前 30 日以书面形式通知甲方，辞职书呈交主管或人事部门，双方协商确定乙方最后工作日期。乙方是在试用期内辞职的，须提前3日书面通知甲方。

10.2.3 甲方有法律、法规规定的情形的，乙方可解除劳动合同。

10.2.4 有下列情形之一的，甲方可以解除劳动合同，但是应当提前30日以书面形式通知乙方或额外支付乙方一个月工资：

1）乙方患病或者非因工负伤，医疗期满后，不能从事原工作也不能从事由甲方另行安排的工作的；

2）乙方不能胜任工作，经过培训或者调整工作岗位仍不能胜任工作的；

3）劳动合同订立时所依据的客观情况发生重大变化，致使原劳动合同无法履行，经双方协商不能就变更劳动合同达成协议的。

10.2.5 有下列情形之一的，甲方可以随时解除劳动合同且不支付经济补偿金，双方依法办理退工手续：

1）乙方在试用期内被证明不符合录用条件的；

2）乙方严重违反劳动纪律或甲方规章制度的；

3）乙方严重失职、营私舞弊给甲方造成重大损害的；

4）乙方被依法追究刑事责任或被劳动教养的；

5）乙方被查实在应聘时向甲方提供虚假资料的；

6）乙方与其他用人单位建立劳动关系，对完成甲方的工作任务造成严重影响或者经甲方提出，拒不改正的；

7）以欺诈、胁迫的手段或乘人之危，使甲方在违背真实意思的情况下订立劳动合同而致本合同无效的；

8）法律、法规规定的其他情形。

10.3 有下列情形之一的，劳动合同终止：

1）劳动合同期满的；

2）甲方被依法宣告破产的；

3）甲方决定解散、被吊销营业执照、责令关闭或者被撤销的；

4）乙方开始依法享受基本养老保险待遇的；

5）乙方死亡，或被人民法院宣告死亡或者宣告失踪的；

6）法律、行政法规规定的其他情形的。

10.4 乙方有下列情形之一的，甲方不得依据本合同10.2.4的规定解除或终止劳动合同；法律另有规定的从其规定：

1）乙方从事接触职业病危害作业的，未进行离岗前职业健康检查，或者乙方因疑似职业病在诊断或医学观察期间的；

2）乙方患职业病或因工负伤并被确认丧失或者部分丧失劳动能力的；

3）患病或者非因工负伤，在规定的医疗期内的；

4）女职工在孕期、产期、哺乳期内的；

5）在甲方连续工作满15年，且距法定退休年龄不足5年的；

6）法律、行政法规规定的其他情形。

10.5 在解除或终止劳动合同时，甲方如需支付经济补偿金，按照法律法规执行。

10.6 在最后工作日前，乙方必须根据甲方的要求并配合所在部门及其他部门办理完所有的工作交接手续，包括但不限于：

1）归还所有代表公司员工身份的证明文件，如工作证、介绍信函、员工信息卡等；

2）归还所有公司文件、资料、记录、设备、工具、文具、通信设备等；

3）归还更衣箱、工具箱以及员工保管的所有公司的钥匙；

4）向继任者或公司指派的其他同事交代清楚所有工作；

5）与财务部门结算所有应付款项、应收款项；

6）其他根据公司规定必须移交的物品。

办理工作交接的程序根据甲方的要求进行。工作交接完毕，由甲方在工作交接清单上签字确认。乙方不按规定办理交接手续，造成甲方损失的，甲方有权要求乙方赔偿。

第11条　违约及赔偿责任

11.1 在本合同期限内，如乙方接受甲方提供的出资培训，或者约定竞业限制的，依照双方约定办理。乙方违约，应承担违约责任，乙方给甲方造成的损失超过违约金数额的，乙方还应赔偿超过违约金部分的损失。

11.2 甲乙双方任何一方违反本合同规定，给对方造成损失的，应予以赔偿。

11.3 乙方侵占甲方财产给甲方造成损失的，乙方应返还相应财物，并赔偿甲方损失。没有法律规定或者合同约定获得甲方利益的，乙方应将所获不当得利返还甲方。

第12条　其他事项

12.1 本合同如与现行相关法律、法规、规章不一致，应以相关法律、法规、规章为准。如果相关法律、法规、规章进行变更，应以新的有效的法律、法规、规章为准。

12.2 本合同未尽事宜，双方另有约定的从约定；双方没有约定的，遵照相关法律、法规、规章执行；法律、法规、规章没有规定的，双方应遵循平等自愿、协商一致的原则，另行签订协议作为本合同的补充协议。

12.3 因履行本合同产生的争议，甲、乙双方应友好协商，协商不成的，任何一方可向有管辖权的劳动争议仲裁委员会提起劳动仲裁。不服仲裁裁决的，可依法向人民法院提起诉讼。

12.4 释义：

本合同中所称"法律""法规""规章",若未作特殊说明,系指中华人民共和国及甲方所在地的法律、法规、规章。

本合同中所称"第三方",若未作特殊说明,系指除甲方、乙方之外的第三方。

12.5 本合同一式两份,经双方签字、盖章后生效,双方各执一份。两份合同具有同等法律效力。

乙方确认:

1. 劳动合同期内,乙方户籍所在地址、现居住地址、联系方式等发生变化,应当在 3 日内及时告知甲方。如乙方以上事项变更事宜,没有及时通知甲方,甲方依此信赖送达法律文书,将视为已经送达。

2. 乙方在签订本劳动合同时,已详细阅看,对合同内容予以全面理解,并已知晓甲方的各类规章制度。规章制度包括但不限于《员工手册》《岗位说明书》等,作为劳动合同的附件,与劳动合同其他附件一起,与劳动合同同等有效。

甲方:_____   乙方:_____

法定代表人或授权代理人:_____

签订日期:_____年___月___日 签订日期:_____年___月___日

劳动合同续订书

本次续订劳动合同期限类型为_____期限合同,续订合同生效日期为_____年_____月_____日,续订合同_____终止。

甲方(公章)   乙方(签字或盖章)

法定代表人(主要负责人)或委托代理人

(签字或盖章)

签订日期:_____年___月___日 签订日期:_____年___月___日

劳动合同变更书

经甲乙双方协商一致,对本合同做以下变更:

1. _____

2. _____

3. _____

甲方（公章）　　　　　　　　　　　乙方（签字或盖章）

法定代表人（主要负责人）或委托代理人

（签字或盖章）

签订日期：_____年___月___日　　　　签订日期：_____年___月___日

5-1-2 合理性解析及关联法规

✏ **合理性解析**

第一条1.3　该条意在证明公司对此类员工的招用并无主观故意，以此避免员工因与原用人单位尚存劳动关系而致公司非法用工。

第一条1.4　该条同上，避免涉及员工同原用人单位的商业秘密侵权纠纷。

第二条2.1　《劳动合同法》对于试用期期限做了明确的规定，公司应该予以充分的注意。

第二条2.2　《劳动合同法》明确了劳动关系建立的时间，即从用工之日起建立劳动关系，实践中，存在劳动合同签订的起始时间与实际用工之日不一致的情况，此时，单位应该注意试用期与合同期限的问题，特别是起止时间的问题。

第二条2.4　操作中应尽量避免合同起始日与实际用工日分离的情形，如出现，建议另行补充书面约定。

第三条3.1　建议将岗位说明书/岗位责任书作为劳动合同的附件，在签订劳动合同时一并签收。

第三条3.2　根据《劳动合同法》，工作地点为劳动合同的必备条款，对其变更需要协商一致。

第三条3.3　公司对员工进行岗位及工作地点调动，应当符合两方面要求：一是在劳动合同内进行调动权的约定，如本款；二是在实际调动时举证该调动行为具有充分合理性。对充分合理性的考察，应注意避免被认定为恶意报复或排挤等，公司在实际操作中可以将岗位调动与考核制度挂钩，以此作为充分合理性的依据。

第四条　实行不定时工时制和综合计算工时制的员工，在法定节假日加班的，用人单位也要按300%支付加班费。

第五条5.1　根据《劳动合同法》，试用期工资不得低于单位相同岗位最低档工资及合同约定工资的80%，也不得低于当地最低工资，请公司注意。

第五条5.2　因《劳动合同法》强调了拖欠工资的罚则，故建议将发薪日设置为一个合理的区间。

第五条5.4　公司根据调岗、调整工作地点相应作出的调薪决定在劳动合同作出约定的同时，仍然需举证其合理性。如岗位调整带动的该岗位津贴的取消等。

第六条6.1　建议社会保险和住房公积金相关手续都在签订劳动合同前或同时完成递交，特殊情形公司可以允许员工在入职后一段时期内提交，但要求其首先提交保证书，保证若干日内递交；其次将前述手续作为试用期录用条件约定，如未能及时补交则适用不符合录用条件解除合同。

但需要提醒公司注意，特殊情形下存在风险，即宽允期内一旦该员工发生工伤，公司仍将承担工伤责任，且额外承担原由保险基金承担的部分。

第六条6.5　此处对服务期进行约定，主要是为了避免单位为劳动者提供出资培训，但却没有签订培训协议的情况（如员工不愿签订或漏签）。如果另行签订了培训协议／服务期协议，则以签订的培训协议或服务期协议为准。建议公司对参加培训的员工应尽量签订培训协议。

第七条　对于入职前可能患有职业病的员工，建议在入职前进行职业病体检。

第八条8.2　意在警示员工及时阅读规章制度，但这并不能排除公司的公示义务。

第九条　劳动合同中设置的保密条款对于全体员工适用，对于核心技术人员、管理人员、销售人员等，建议另行签订保密和竞业限制协议。

第十条10.2.2　此处涉及辞职流程，单位应当确定辞职书呈交的部门，配合离职流程适用。

第十条10.2.3　关于劳动者随时解除劳动合同的情况，由于《劳动合同法》有明确规定，因此，本劳动合同中不做具体阐述。

第十条10.6　根据《劳动合同法》规定，交接手续由双方约定，因此公司不仅要在规章制度及离职手续中规定，在劳动合同中也要进行约定。同时，需要注意，此条款横线处由公司根据实际情况予以增加。

关联法规

第十二条　劳动合同分为固定期限劳动合同、无固定期限劳动合同和以完成一定工作任务为期限的劳动合同。

第十三条　固定期限劳动合同，是指用人单位与劳动者约定合同终止时间的劳动合同。

用人单位与劳动者协商一致，可以订立固定期限劳动合同。

第十四条　无固定期限劳动合同，是指用人单位与劳动者约定无确定终止时间的劳动合同。

用人单位与劳动者协商一致，可以订立无固定期限劳动合同。有下列情形之一，劳动者提出或者同意续订、订立劳动合同的，除劳动者提出订立固定期限劳动合同外，应当订立无固定期限劳动合同：

（一）劳动者在该用人单位连续工作满十年的；

（二）用人单位初次实行劳动合同制度或者国有企业改制重新订立劳动合同时，劳动者在该用人单位连续工作满十年且距法定退休年龄不足十年的；

（三）连续订立二次固定期限劳动合同，且劳动者没有本法第三十九条和第四十条第一项、第二项规定的情形，续订劳动合同的。

用人单位自用工之日起满一年不与劳动者订立书面劳动合同的，视为用人单位与劳动者已订立无固定期限劳动合同。

第十五条　以完成一定工作任务为期限的劳动合同，是指用人单位与劳动者约定以某项工作的完成为合同期限的劳动合同。

用人单位与劳动者协商一致，可以订立以完成一定工作任务为期限的劳动合同。

第十六条　劳动合同由用人单位与劳动者协商一致，并经用人单位与劳动者在劳动合同文本上签字或者盖章生效。

劳动合同文本由用人单位和劳动者各执一份。

第十七条　劳动合同应当具备以下条款：

（一）用人单位的名称、住所和法定代表人或者主要负责人；

（二）劳动者的姓名、住址和居民身份证或者其他有效身份证件号码；

（三）劳动合同期限；

（四）工作内容和工作地点；

（五）工作时间和休息休假；

（六）劳动报酬；

（七）社会保险；

（八）劳动保护、劳动条件和职业危害防护；

（九）法律、法规规定应当纳入劳动合同的其他事项。

劳动合同除前款规定的必备条款外，用人单位与劳动者可以约定试用期、培训、保守秘密、补充保险和福利待遇等其他事项。

——《劳动合同法》

第二节　简要的劳动合同

5-2-1 劳动合同示例

劳动合同书

甲方（公司）：_____

地址：_____

邮编：_____

法定代表人／主要负责人：_____

联系电话：_____

乙方（员工）：_____

身份证号码／护照号码：_____

住址：_____

有效联络地址：_____

邮编：_____

联系电话：_____

甲乙双方根据《中华人民共和国劳动合同法》（以下简称《劳动合同法》）和国家、省、市的有关规定，遵循合法、公平、平等自愿、协商一致、诚实信用原则，订立本合同。

一、合同的类型和期限

第一条　本合同的类型为：_____。期限为：_____。

（一）有固定期限合同。期限_____年，自_____年_____月_____日至_____年_____月_____日。

（二）无固定期限合同。自_____年_____月_____日起。

（三）以完成一定工作任务为期限的合同。具体为：_____。

二、试用期

第二条 本合同的试用期自_____年_____月_____日至_____年_____月_____日。

第三条 录用条件为：_____。

三、工作内容和工作地点

第四条 乙方的工作内容为：_____。

第五条 乙方的工作地点为：_____。

四、工作时间和休息休假

第六条 乙方所在岗位执行_____工时制，具体为：_____。

第七条 甲方严格执行国家有关休息休假的规定，具体安排为：_____。

甲方应严格遵守国家有关加班的规定，确实由于生产经营需要，应当与乙方协商确定加班事宜。

五、劳动报酬

第八条 本合同的工资计发形式为：_____。

（一）计时形式。乙方的月工资为：_____元（其中试用期间工资为：_____元）。

（二）计件形式。乙方的劳动定额为：_____，计件单价为：_____。

第九条 甲方每月_____日以货币形式足额支付乙方的工资。

第十条 本合同履行期间，乙方的工资调整按照甲方的工资分配制度确定。

第十一条 甲方安排乙方延长工作时间或者在休息日、法定休假日工作的，应依法安排乙方补休或支付相应工资报酬。

六、社会保险

第十二条 甲方应按国家和本市社会保险的有关规定为乙方参加社会保险。

第十三条 乙方患病或非因工负伤，其病假工资、疾病救济费和医疗待遇等按照国家和本市有关规定执行。

第十四条 乙方患职业病或因工负伤的工资和工伤保险待遇按国家和本市有关规定执行。

七、劳动保护、劳动条件和职业危害防护

第十五条 甲方建立健全生产工艺流程，制定操作规程、工作规范和劳动安全卫生制度及其标准。甲方对可能产生职业病危害的岗位，应当向乙方履行告知义务，并做好劳动过程中职业危害的预防工作。

第十六条 甲方为乙方提供必要的劳动条件以及安全卫生的工作环境，并依照企业生产经营特点及有关规定向乙方发放劳防用品和防暑降温用品。

第十七条 甲方应根据自身特点有计划地对乙方进行政治思想、职业道德、业务技术、劳动安全卫生及有关规章制度的教育和培训，提高乙方思想觉悟、职业道德水准和职业技能。

乙方应认真参加甲方组织的各项必要的教育培训。

八、劳动合同的履行和变更

第十八条 甲方应当按照约定向乙方提供适当的工作场所、劳动条件和工作岗位，并按时向乙方支付劳动报酬。乙方应当认真履行自己的劳动职责，并亲自完成本合同约定的工作任务。

第十九条 甲、乙双方经协商一致，可以变更本合同的内容，并以书面形式确定。

九、劳动合同的解除

第二十条 经甲、乙双方当事人协商一致，本合同可以解除。

第二十一条 乙方提前30日以书面形式通知甲方，可以解除本合同。乙方在试用期内提前3日通知甲方，可以解除本合同。

第二十二条 甲方有下列情形之一的，乙方可以解除本合同：

（一）未按照本合同约定提供劳动保护或者劳动条件的；

（二）未及时足额支付劳动报酬的；

（三）未依法为乙方缴纳社会保险费的；

（四）甲方的规章制度违反法律、法规的规定，损害乙方权益的；

（五）因《劳动合同法》第二十六条第一款规定的情形致使本合同无效的；

（六）法律、行政法规规定乙方可以解除本合同的其他情形。

甲方以暴力、威胁或者非法限制人身自由的手段强迫乙方劳动的，或者甲方违章指挥、强令冒险作业危及乙方人身安全的，乙方可以立即解除本合同，不需事先告知甲方。

第二十三条 乙方有下列情形之一的，甲方可以解除本合同：

（一）在试用期间被证明不符合录用条件的；

（二）严重违反甲方的规章制度的；

（三）严重失职，营私舞弊，给甲方造成重大损害的；

（四）乙方同时与其他用人单位建立劳动关系，对完成甲方的工作任务造成严重影响，或者经甲方提出，拒不改正的；

（五）因《劳动合同法》第二十六条第一款第一项规定的情形致使本合同无效的；

（六）被依法追究刑事责任的。

第二十四条 有下列情形之一的，甲方提前30日以书面形式通知乙方或者额外支付乙方一个月工资后，可以解除本合同：

（一）乙方患病或者非因工负伤，在规定的医疗期满后不能从事原工作，也不能从事由甲方另行安排的工作的；

（二）乙方不能胜任工作，经过培训或者调整工作岗位，仍不能胜任工作的；

（三）本合同订立时所依据的客观情况发生重大变化，致使本合同无法履行，经甲、乙双方协商，未能就变更本合同内容达成协议的。

第二十五条 乙方有下列情形之一的，甲方不得依据第24条的约定解除本合同：

（一）乙方如从事接触职业病危害作业但未进行离岗前职业健康检查，或者乙方为疑似职业病病人在诊断或者医学观察期间的；

（二）在甲方工作期间患职业病或者因工负伤并被确认丧失或者部分丧失劳动能力的；

（三）患病或者非因工负伤，在规定的医疗期内的；

（四）女职工在孕期、产期、哺乳期的；

（五）在甲方连续工作满15年，且距法定退休年龄不足5年的；

（六）法律、行政法规规定的其他情形。

十、劳动合同的终止

第二十六条 有下列情形之一的，本合同终止：

（一）本合同期满的；

（二）乙方开始依法享受基本养老保险待遇的；

（三）乙方死亡，或者被人民法院宣告死亡或者宣告失踪的；

（四）甲方被依法宣告破产的；

（五）甲方被吊销营业执照、责令关闭、撤销或者甲方决定提前解散的；

（六）法律、行政法规规定的其他情形。

第二十七条 本合同期满，有第 25 条约定情形之一的，本合同应当续延至相应的情形消失时终止。但是，第 25 条第 2 项约定乙方丧失或者部分丧失劳动能力后终止本合同的情形，按照国家有关工伤保险的规定执行。

十一、经济补偿

第二十八条 有下列情形之一的，甲方应当向乙方支付经济补偿：

（一）乙方依照第 22 条约定解除本合同的；

（二）甲方依照第 20 条约定向乙方提出解除本合同并与乙方协商一致解除本合同的；

（三）甲方依照第 24 条约定解除本合同的；

（四）除甲方维持或者提高本合同约定条件续订合同，乙方不同意续订的情形外，依照第 26 条第 1 项约定终止本合同的；

（五）依照第 26 条第 4 项、第 5 项约定终止本合同的；

（六）法律、行政法规规定的其他情形。

第二十九条 经济补偿按乙方在甲方工作的年限，每满 1 年支付 1 个月工资的标准向乙方支付。工作 6 个月以上不满 1 年的，按 1 年计算；工作不满 6 个月的，向乙方支付半个月工资的经济补偿。

如乙方月工资高于本市上年度职工月平均工资 3 倍的，向其支付经济补偿的标准按本市上年度职工月平均工资 3 倍的数额支付，向其支付经济补偿的年限最高不超过 12 年。

本条所称月工资是指乙方在本合同解除或者终止前 12 个月的平均工资。

十二、补充条款和特别约定

第三十条 乙方为甲方的服务期自 _____ 年 _____ 月 _____ 日至 _____ 年 _____ 月 _____ 日。

第三十一条 乙方的竞业限制期限自 _____ 年 _____ 月 _____ 日至 _____ 年 _____ 月 _____ 日。竞业限制的范围为：_____。在竞业限制期间甲方给予乙方一定经济补偿，具体标准为：_____，支付方式为：_____。

十三、违反合同的责任

第三十二条 甲方违反本合同约定的条件解除、终止本合同或由于甲方原因订立的无效合同，给乙方造成损害的，应按损失程度承担赔偿责任。

第三十三条 乙方违反本合同约定的条件解除本合同或由于乙方原因订立的无效合同，给甲方造成经济损失的，应按损失的程度承担赔偿责任。

第三十四条 乙方违反服务期约定的，应承担违约金为：_____。

第三十五条 乙方违反竞业限制约定的，应承担违约金为：_____。

十四、其他

第三十六条 本合同未尽事宜，或者有关劳动标准的内容与今后国家、本市有关规定相悖的，按有关规定执行。

第三十七条 本合同一式两份，甲乙双方各执一份。经双方签字盖章后生效。

乙方确认：

1. 劳动合同期内，乙方户籍所在地址、现居住地址、联系方式等发生变化，应当在 3 日内及时告知甲方。如乙方以上事项变更，没有及时通知甲方，甲方依此信赖送达法律文书，将视为已经送达。

2. 乙方在签订本劳动合同时，已详细阅看，对合同内容予以全面理解，并已知晓甲方的各类规章制度。规章制度包括但不限于《员工手册》《岗位说明书》等，作为劳动合同的附件，与劳动合同其他附件一起，与劳动合同同等有效。

甲方：_____　　　　　　乙方：_____

法定代表人或授权代理人：_____

签订日期：____年____月____日　　签订日期：____年____月____日

5-2-2 合理性解析及关联法规

合理性解析

对于建筑业、制造业、餐饮业、采掘业等大量使用农民工等流动性比较大的员工的行业和企业而言，受到历史背景、工作环境、用工状况和劳动者文化水平等因素的影响，书面劳动合同签订率较低。而根据《劳动合同法》的规定，用人单位不签订书面劳动合同的，需要承担双倍工资的赔偿责任。为了提高书面劳动合同签订率，降低这些特定行业和企业的用工风险，切实保障基层劳动者的合法权益，建议这些行业和企业使用简易的劳动合同文本。简易版本的劳动合同，突出必备条款，表达简明扼要，易于了解，便于劳动者掌握，也提高了劳动者订立劳动合同的意愿。

关联法规

第十条 建立劳动关系，应当订立书面劳动合同。

已建立劳动关系，未同时订立书面劳动合同的，应当自用工之日起一个月内订立书面劳动合同。

用人单位与劳动者在用工前订立劳动合同的，劳动关系自用工之日起建立。

第八十一条 用人单位提供的劳动合同文本未载明本法规定的劳动合同必备条款或者用人单位未将劳动合同文本交付劳动者的，由劳动行政部门责令改正；给劳动者造成损害的，应当承担赔偿责任。

第八十二条 用人单位自用工之日起超过一个月不满一年未与劳动者订立书面劳动合同的，应当向劳动者每月支付二倍的工资。

用人单位违反本法规定不与劳动者订立无固定期限劳动合同的，自应当订立无固定期限劳动合同之日起向劳动者每月支付二倍的工资。

——《劳动合同法》

第三节　视同的劳动合同（Offer Letter）

5－3－1 录用通知书示例

录用通知书

　　_____先生／女士：

　　鉴于您提供的入职申请资料和您所获得的面试成绩，经人力资源部核定，并报总经理确认，公司决定录用您来公司工作。

　　1. 职务、待遇、劳动合同期限等事项

　　（1）所任职位为_____；

　　（2）薪资待遇为_____（税前）；

　　（3）工作地点为_____；

　　（4）报到日期为_____；

　　（5）订立劳动合同的期限为_____年_____月_____日，试用期为_____个月；

　　（6）其他相关事项按照法律法规、企业规章制度的规定和公平合理原则确定，报到后另行签订劳动合同的，相关事项以劳动合同的约定为准。

　　2. 本通知书的生效前提是：

　　（1）您提供的求职申请资料真实、客观、完整；

　　（2）您具备胜任本职位的身体健康状况。

　　3. 请于报到日携带以下文件至人力资源部：

　　（1）退工单或劳动手册；

　　（2）身份证；

　　（3）学历证明及特殊技能资格证明；

　　（4）1寸证件照（白底深色）3张；

　　（5）体检报告。

　　4. 合意达成

　　如果您接受本公司的录用，您可以在收到本通知书以后5日内选择

　　□将签署后的本通知书回执原件寄送回本公司。

　　□将签署后的本通知书（连同回执）影印件传真回本公司。

　　如您在5日内未作上述处理，也未与公司作进一步确认，公司将视作您放弃该

职位。

5. 违约责任

如您签署了本通知并回馈给公司，而又未在本通知确定的日期前报到，将承担本职位＿＿＿＿＿＿个月薪资的违约金。如您签署了本通知并回馈给公司，而公司不能在本通知确定的日期接受您的报到，将承担本职位＿＿＿＿＿＿个月薪资的违约金。

本次录用联络人：人力资源部招聘专员　××
联系方式：

××有限公司（人力资源部）
＿＿＿＿＿＿年＿＿＿＿＿＿月＿＿＿＿＿＿日

回　执

本人愿意接受以上条款，将于指定的报到日期报到，并接受关于违约责任的约定。

被录用人签名：＿＿＿＿＿＿
＿＿＿＿＿＿年＿＿＿＿＿＿月＿＿＿＿＿＿日

5-3-2 合理性解析及关联法规

✎ 合理性解析

用人单位特别是外企在招用员工时，通常会使用到 Offer Letter，有时又难免需要取消 Offer Letter。既然，Offer Letter 通常被视为一种要约，那么公司签发的 Offer Letter 一旦被应聘者接受，也就意味着企业开始承担法律风险。

（1）认识 Offer Letter 的法律性质。Offer Letter 在法律英语中的含义是"要约"，根据《合同法》的规定，"要约"就是希望和他人订立合同的意思表示。这个意思表示应当内容具体确定，并且要约人一旦作出了承诺，就要受该意思表示的约束。因此，Offer Letter 一旦发出，就对用人单位产生法律约束力。与此同时，Offer Letter 的生效与否取决于应聘者。应聘者可以选择接受，或不接受 Offer Letter。如果应聘者选择接受了则生效，企业就应承担法律责任；否则，Offer Letter 不发生效力，企业自然没有责任可言。

（2）正确制作和签发 Offer Letter。通常情形下，Offer Letter 的格式和内容是用人单位单方决定的。用人单位可以根据自己的需要确定劳动者的岗位、薪酬、福利、培训、发展等方面内容。在具体制作和签发 Offer Letter 的时候，需要注意以下两点：其一，应明确应聘者承诺的期限。企业在制作 Offer Letter 时，需要将应聘者回应确认的期限列明。这样做有两个好处：一是有效做好应聘人员的管理，如果拟录用的人员不能按期确认，可以留出重新选人的时间；二是有效防范潜在的法律风险，只要拟录用者不能按期确认，公司取消此职位或另换新人并无法律风险。其二，Offer Letter 应约定合意达成后的违约责任。由于各种可能的原因存在，Offer Letter 即便达成合意，双方中的一方也有可能违约。此种情形下，最好是事先约定违约责任，这样一是有利于以后的争议解决，二是有利于双方预估违约后的责任承担。当然，即便双方没有约定违约金，也不会影响一方按照实际损失额向相对方请求赔偿。

关联法规

第七条　用人单位自用工之日起即与劳动者建立劳动关系。……

第十条　建立劳动关系，应当订立书面劳动合同。

已建立劳动关系，未同时订立书面劳动合同的，应当自用工之日起一个月内订立书面劳动合同。

用人单位与劳动者在用工前订立劳动合同的，劳动关系自用工之日起建立。

第十七条　劳动合同应当具备以下条款：

（一）用人单位的名称、住所和法定代表人或者主要负责人；

（二）劳动者的姓名、住址和居民身份证或者其他有效身份证件号码；

（三）劳动合同期限；

（四）工作内容和工作地点；

（五）工作时间和休息休假；

（六）劳动报酬；

（七）社会保险；

（八）劳动保护、劳动条件和职业危害防护；

（九）法律、法规规定应当纳入劳动合同的其他事项。

劳动合同除前款规定的必备条款外，用人单位与劳动者可以约定试用期、培训、保守秘密、补充保险和福利待遇等其他事项。

——《劳动合同法》

第四节 国有企业集体合同

5-4-1 国有企业集体合同示例

某国有大型船舶工业集团公司集体合同[①]

本合同由××船舶工业集团公司工会（以下简称"工会"）代表公司全体员工与××船舶工业集团公司（以下简称"公司"）签订。

第一章 总 则

第一条 为适应社会主义市场经济发展要求，推进现代企业制度建设，贯彻员工与公司共同发展的价值理念，维护公司和员工的合法权益，建立和谐、稳定的劳动关系，最大限度地调动全体员工的生产工作积极性，促进公司持续经营和稳定健康发展，根据《中华人民共和国劳动法》《中华人民共和国劳动合同法》《中华人民共和国工会法》以及相关法律、法规的规定，经平等协商，达成一致，订立本合同。

第二条 本集体合同是双方在促进公司可持续发展，保护员工合法权益，建立新型和谐劳动关系及承担社会责任等方面应遵守的行为规范和共同准则，用以明确规制和调整双方权利和义务的关系。

第三条 公司应根据有关规定尊重工会维护员工合法权益的权利。按照《中华人民共和国工会法》的规定，按时向工会拨缴工会经费。在研究决定有关工资、福利、安全生产以及劳动保险等涉及员工切身利益的规章制度时应有工会代表参加，积极听取工会意见。

第四条 工会作为全体员工的代表，其负责人有权列席或参加有关讨论公司的发展规划、生产经营活动及与员工利益有关问题的高层会议，反映员工的意见和要求，切实履行维护员工合法权益。

工会应动员和组织员工积极投入公司的物质文明、精神文明和政治文明建设，有义务教育员工认真履行集体合同和劳动合同，自觉遵守公司依法制订的各项规章

---

① 参见刘继臣：《共同的约定：集体合同与劳动合同》，中国工人出版社2009年版，第61-70页。部分内容进行了修改和调整。

制度和职业道德规范，提高思想道德、技术业务和文化素质，协助公司搞好生产、经营和管理，开展劳动竞赛和合理化建议、技术创新活动，教育员工努力完成生产和工作任务，促进公司提高经济效益。

第五条　双方在有关法律、法规范围内，遵守不低于有关就业、劳动报酬、劳动保险、劳动保护、生活福利、退休养老和各种节假日等方面的规定，并努力提供尽可能高的水平和标准。

第六条　公司与员工订立的劳动合同中的劳动条件和劳动报酬等标准不得低于本合同的约定。

第七条　公司有权依法对有贡献的员工进行奖励，对违反纪律的员工进行教育，对给公司造成经济损失的员工责令其赔偿损失。对员工给予记过以上行政处分和解除劳动合同的，应实行工会会签制度，征求工会意见。

第八条　公司、工会和员工均须尊重他方的权利，认真履行本合同规定的义务。

第二章　用　工

第九条　根据《中华人民共和国劳动法》和《中华人民共和国劳动合同法》等法律法规的规定，公司实行全员劳动合同制。公司与员工建立劳动关系，必须签订劳动合同。对原有固定期限的劳动合同继续履行，对新招聘员工一般以中短期合同为主。公司根据生产经营情况定员定岗，科学、合理招聘符合岗位职责要求、胜任岗位工作的员工，并指导员工明确履行劳动合同的权利和义务以及违约责任的处理。工会有权对公司执行劳动合同情况进行监督。

第十条　签订劳动合同的双方在平等自愿、协商一致的基础上，可以变更劳动合同的部分内容。劳动合同的变更、续订、解除和终止应按照国家有关法律、法规办理。对符合《劳动合同法》应当支付经济补偿金的情形，公司应依法给予经济补偿金。公司在员工合同期内解除或终止其劳动合同，应事先征求工会意见。如因履行个人劳动合同发生劳动争议，可按劳动争议调解程序处理。

第十一条　签订劳动合同的当事人可以约定试用期。劳动合同期限不满3个月的，不得约定试用期；满3个月不满1年的，试用期不得超过1个月；满1年不满3年的，试用期不得超过2个月；满3年的，试用期不得超过6个月。劳动合同当时仅约定试用期的，试用期不成立，该期限即为劳动合同期限。

第十二条　劳动合同当事人应当按照合同约定的起始时间履行劳动合同。劳动合同约定的起始时间与实际履行的起始时间不一致的，按实际履行的起始时间确认。

第十三条　劳动合同期限届满或合同当事人约定的终止条件出现，劳动合同即行终止。劳动合同期满前，经当事人双方协商一致，可以续签劳动合同。

第十四条　公司设立劳动争议调解委员会，日常工作机构设在公司工会，依法受理和调解公司与员工之间的劳动争议。公司与员工发生劳动争议，当事人双方尽可能协商解决，也可以依法按程序申请调解、仲裁或提起诉讼。

第十五条 公司按照员工分类排序考核制度。凡是有下列情况之一的员工，按照规定的程序给予转岗培训（不包括经劳动鉴定不具备上岗条件的）机会一次，直至解除劳动合同：

1. 经常完不成生产或工作任务，并在年中与年终考核结果均为"D"类者；

2. 不遵守公司规章制度，受行政记过以上处分的；

3. 在本岗位最低等级技能考核不合格的；

4. 因公司生产管理等原因，在原部门已没有工作岗位的，经转岗培训后，仍不具备上岗资格的人员，公司可以解除劳动合同，但须事先通知工会。

员工违反公司《员工奖惩办法》中有关公司可直接解除劳动合同条款的，公司有权依法解除劳动合同。

第三章 工作时间、休息、休假

第十六条 公司实行每天工作 8 小时，每周工作 40 小时工作制。因工作性质或生产特点的限制，不能实行每日工作 8 小时，每周工作 40 小时标准工时制度的，可以实行不定时工作制或综合结算工作制等工作与休息方法。员工有义务在工作时间内认真工作，并在规定的时间内完成规定的定额或工作计划。公司与各部门应提高管理水平，合理安排生产，严格控制加班加点。

第十七条 确因生产工作需要，公司安排员工延长工作时间和安排休息日、法定休假日加班，应按《劳动法》等相关法律法规规定执行。对严重有损员工身体健康或人身安全的加班，工会有权干预。

第十八条 为保证高温季节的安全生产和职工身体健康，当日最高气温达35℃以上（含35℃），公司应区别工作或作业环境和特点，适当延长职工午休时间。

第十九条 有下述情况之一的，延长工作时间不受《劳动法》第41条限制：

1. 发生自然灾害、事故或者因其他原因，使劳动者安全健康和国家资财遭受严重威胁，需要紧急处理的；

2. 生产设备、交通运输限度、公共设施发生故障，影响生产和公众利益，必须及时抢修的；

3. 在法定节假日内工作不能间断，必须连续生产、运输或营业、船下水、试航交船等紧急任务的；

4. 为完成国防紧急任务或国家重点工程项目的；

5. 法律、法规规定的其他情形。

第二十条 公司根据生产负荷特点，由部门合理安排，实行带薪年休假制度。

员工连续工作 1 年以上的，从次年起享受年休假。年休假分为工龄类年休假和专业技术管理类年休假。公司视员工具体情况，按就高不就低的原则给予相应的年休假待遇。员工享受年休假的天数，按员工考勤管理制度中有关规定，每年核定一次。凡因员工违纪违章，公司制度规定不能享受年休假的，不再给予享受。

公司执行国家规定的各类节假日制度，其他假期按公司有关规定执行。

第四章　劳动报酬

第二十一条　公司应以货币形式，每月定时支付员工的工资报酬，公司不得克扣或者无故拖欠员工的工资报酬。

公司在努力发展生产的同时，提高员工的收入水平。确定员工薪酬增长水平的主要依据是，公司劳动生产率和经济效益每年的增长幅度、公司具备支付员工工资的承受能力，以及上级主管部门有关工效挂钩和工资额度总量控制等方面的核准。

第二十二条　公司在提高员工整体收入水平的同时，进一步改革内部分配制度，以按劳分配、效率优先、兼顾公平为原则，并以本市生活物价指数和劳动力资源状况变动等因素的指导价格为参照，合理拉开分配档次。在讨论此类问题时，应取得工会合作，公司重要分配制度改革，须经职代会审议；在职代会闭会期间，可由职工代表组长联席会议审议。

第二十三条　员工工资实行考核浮动、岗变薪变，并与公司经济效益、所在部门的经济技术指标和工作计划考核挂钩；与本人的岗位、工作业绩挂钩。

第二十四条　公司执行××市职工最低工资标准和职工最低生活保障制度。对确有特殊经济困难的，公司与工会根据有关规定给予经济补助。

第二十五条　员工依法经公司同意参加社会活动期间和公司允许员工参加工会组织的活动期间，公司应视作其完成量化考核指标，并按规定支付工资报酬。

第五章　职业培训

第二十六条　公司按规定足额计提教育经费，并按照发展战略目标及人才需求（包括操作公认的技能培训、工程技术人员和管理人员的义务培训、高级管理人员的深造等），制订年度教育培训计划和实施教育经费使用计划。

第二十七条　员工必须遵守公司制定的各项教育制度。员工有按照生产、工作岗位和专业的需要，参加各类教育培训权利，公司对员工实施入厂教育、岗位技术等级、转岗等各类培训。对新招聘进厂员工实行先培训后上岗制度。对新进公司的大中专毕业生、技校、职校毕业生实行军训、到生产部门实习（见习）制度；对员工进行适应性教育和继续教育；对达不到上岗条件的员工进行转岗培训，对关键岗位实行职业资格证书制度。工会组织协助公司开展对员工的职业道德、科学、技术、业务知识教育，鼓励职工自学成才，积极参加业务学习，不断提高职工队伍素质。员工必须认真接受职业理想、职业道德、职业纪律、职业技能的"四职"教育和岗位练兵、技术比武活动，达到公司规定的技能标准，并接受考核。公司对学有所成、在工作上作出成绩的员工给予奖励。

第二十八条　员工参加由公司支付经费的各类教育培训，应与公司订立书面协议，学业完毕后必须履行服务期。在协议规定的必须服务期内本人要求调离本公司的，公司依据协议，要求员工赔偿或退还协议规定的培训费用以及违约金等有关费用。非本人原因调离本公司的除外。

第六章　劳动安全与卫生

第二十九条　公司执行国家规定的相关法律、法规和条例，建立健全劳动安全卫生制度。对员工进行劳动安全卫生教育，防止劳动过程中的事故，减少职业危害，并按规定实施对女职工的特殊保护。

第三十条　公司应当加强作业环境中的粉尘、放射性物质和其他有毒有害物质的监测，有效实施职业病的前期预防、劳动过程中的防护与管理，防止职业病的发生；为员工提供符合国家规定的劳动安全卫生条件和必要的劳动防护用品。对从事有职业危害作业的员工定期进行专项健康检查。

第三十一条　公司新建、改建、扩建工程的劳动安全卫生设施，必须与主体工程同时设计、同时施工、同时投入使用。工会有权对"三同时"提出意见进行监督检查。

第三十二条　公司对从事特种作业的员工实施专门培训，并使之取得特种作业资格，实行持证上岗制度。

公司在引进、推广新技术、新设备、新工艺时必须同时引进或采取可靠的劳动保护措施，并对工人进行培训后方可投入使用。

第三十三条　员工在劳动过程中，必须严格执行安全、文明生产规定，严格遵守安全操作规定，正确使用劳动保护用品。对不按规定穿戴和使用劳动保护用品等违反安全生产规定的员工，公司有权拒绝其上岗。对违反操作规程的员工，公司有权查处。员工对公司管理人员违章指挥、强令冒险作业，有权拒绝执行。对危害员工生命安全和身体健康的行为，员工有权提出批评、检举和控告。工会应教育员工提高自我保护意识和能力，并对劳动保护工作实施监督检查。

第三十四条　公司依法对员工在劳动过程中发生的伤亡事故和职业病的状况进行统计、报告和提出处理决定。工会有权参加与调查和提出处理建议。

第七章　劳动保险与福利

第三十五条　按照本市有关政策规定，公司应按时足额计提和缴纳员工养老、医疗、工伤、失业、生育等社会保险费，并依法计提和缴纳员工住房公积金。缴纳情况需向职代会报告。

第三十六条　公司每年提供一定经费，安排员工疗休养，对特殊工种作业人员、优秀管理者、优秀员工、A 类员工等先进员工可以优先安排，疗休养可以利用公休假进行。

第三十七条　公司提供全额经费，对从事有职业危害作业的员工每年进行一次体检，具有中高级专业职称、技术职称的人员和作业长以上的管理人员每两年进行一次体检。对女工每两年进行一次妇科复查。

第三十八条　公司对员工在履行劳动合同期间，因患病或者非因公负伤需停工医疗的，严格按国家有关规定实行标准医疗期。员工因工负伤或因工致残的，在工伤医疗期间不得解除劳动合同。致残无法胜任原工作岗位的，原则上由公司妥善安排。

第三十九条　公司继续组织实施《员工住房基金方案》，由员工住房基金管理委员会规范运作。公司应在适当时候推行职工补充养老金制度。

第四十条　为丰富员工的业务生活，公司应适当添置一些员工文娱体育活动等场所和设施，支持工会办好图书馆和员工文娱体育活动。公司工会须密切联系群众，听取和反映员工的正确意见和要求，充分发挥监督作用，使公司高质量地推进后勤社会化，努力办好交通、医疗、饮食、洗衣和浴室等，不断改善员工工作、学习和生活环境。

第四十一条　公司进一步完善由员工自愿参加个人出资、工会经费注入、行政拨款支付的救济济难基金，形成互助互济的良好机制。

第四十二条　公司在发展生产的同时，努力改善和提高集体福利，优先保证用于改善员工生产安全和劳动条件的资金。每年由公司提出年度安全技术措施、集体福利项目方案和计划，落实资金，组织实施，并向职代会报告。工会参与立法讨论并监督实施。

第八章　纪律与奖惩

第四十三条　公司有权依法制定劳动纪律及员工奖惩等制度、办法，并经职代会审议通过后实施。公司对违反规章制度，造成一定后果的员工，根据情节轻重，给予批评教育、行政处分，直至解除劳动合同。

公司对员工作警告、记过的行政处分应征求所在部门工会的意见；公司对员工违反劳动合同条款，作出解除劳动合同，或除名、开除等行政处分，应征求工会意见，听取被处分员工的申辩。

第四十四条 公司有权对实现公司生产经营目标，模范地执行公司各项规章制度，在完成生产工作任务、产品开发、技术改造、确保产品质量、提高劳动生产率、改善经营管理等方面作出优异成绩的员工，给予荣誉和物质奖励。

第四十五条 全体员工应对各自所掌握的公司机密承担保密义务，员工在解除劳动合同或调离本公司后，须按公司保密协议执行，否则公司有权依法追究其责任。

第九章　集体合同保障及纠纷处理

第四十六条 为保证全面执行本合同，合同双方应坚持贯彻平等协商制度。公司与工会各派出平等协商代表7名，各自确定一名首席代表，另指定一名记录员。员工一方协商代表在其履行协商职责期间劳动合同期满的，劳动合同期限自动延长至完成履行协商代表职责之时，除出现法定可以解除的情形，公司不得与其解除劳动合同。

第四十七条 为保证全面执行本合同，双方根据人数对等原则，联合成立集体合同监督小组。对本合同每年检查一次，检查结果以书面报告形式提交双方首席代表，首席代表应认真研究和处理检查结果。

公司和工会双方代表应保持密切而有效的联系，每半年就履行合同情况、公司重大事宜或涉及员工切身利益的问题通报协商一次。如遇突发性情况出现，公司与工会均可提出临时约见协商；当其中一方就合同的执行情况和变更提出商谈时，另一方给予答复，并在20日之内双方进行协商。

第四十八条 双方履行本合同发生争议，公司与工会应当进行协商解决。双方当事人不能协商解决的，当事人一方或双方可以书面向所在地劳动保障行政部门提出协调处理申请；未提出申请的，所在地劳动保障行政部门认为必要时也可以进行协调处理。所在地劳动保障行政部门应当组织同级工会和企业组织等三方面的人员，共同协调处理集体协商争议。

第十章　集体合同期限和变更

第四十九条 本合同有效期为3年。×××年1月1日至×××年12月31日。

合同期满前3个月，合同双方应协商拟定新的集体合同或协商集体合同的续订。

第五十条 本合同在执行过程中，发生特殊情况时，双方都有权提出修改本合同。经双方协商同意后，进行修改。修改后的条款，作为本合同附件执行，与本合同具有同等效力。未经双方同意，任何一方无权变更本合同。

第五十一条 公司因不可抗力致使不能恢复正常生产经营，合同难以履行时，经双方协商同意后，本合同可以终止。

第十一章　附　则

第五十二条　本合同未尽事宜，按有关法律、法规执行，或双方协商解决。合同内容如与国家法律、法规不符，以国家法律、法规为准。

第五十三条　本合同共七份，总公司行政、工会及公司、工会各存一份，××区劳动行政管理部门三份。报送××区劳动行政管理部门的集体合同，由公司在合同签订之日起 10 日内送达。

第五十四条　劳动保障行政部门自收到本文本之日起 15 日未提出异议的，集体合同即行生效。

公司首席代表（签字）：　　　　　职工首席代表（签字）：
公司（章）：　　　　　　　　　　工会（章）：
＿＿年＿＿月＿＿日　　　　　　　＿＿年＿＿月＿＿日

5-4-2 合理性解析及关联法规

合理性解析

平等协商是集体合同订立的基本前提和原则。签订集体合同必然要经过平等协商，但平等协商并不一定导致集体合同的签订，只有在平等协商达成一致的情况下才能签订集体合同。集体合同的内容实际上是双方平等协商一致的成果的体现。在集体合同实务操作中，应特别注意以下几个环节的要点：

（1）平等协商。通常而言，开展平等协商和订立集体合同应当坚持以下原则：一是合法原则。包括平等协商和订立集体合同程序合法与集体合同本身内容合法两个方面。二是平等原则。在平等协商和签订集体合同过程中，双方当事人地位平等。三是诚信原则。在平等协商和签订集体合同过程中双方当事人应保持诚实信用，如实公开资料，客观提供主张等。四是公平原则。集体合同的内容要兼顾双方的合法权益，公正地确定双方的权利义务，体现共赢。五是平和原则。在平等协商过程中，双方当事人要加强协商和沟通，减少对抗和冲突。

（2）集体合同的履行是指集体合同生效后，当事人双方按照合同约定的各项内容，全面地完成各自承担的义务，从而使合同的权利义务得到全部实现的整个行为过程。集体合同的履行是集体合同制度实现的基本形式，集体合同一旦生效，就具有法律效力，签约双方都要严格履行合同的协议，保证合同目的的实现。

（3）集体合同的变更，是指在集体合同没有履行或没有完全履行之前，因订立集体合同所依据的主客观情况发生变化，原合同内容已不适应变化了的情况时，当事人对原合同中某些条款进行补充和修改。按照《集体合同规定》，集体合同期限为1~3年。在集体合同规定的期限内，合同双方当事人可以对合同履行情况进行检查，对一些不适应形势发展、变化的条款，任何一方当事人均可提出变更的要求，经协商一致可以变更或解除。所谓主客观情况发生变化，主要是指以下几种情况：一是用人单位因被兼并、解散、破产等原因，致使集体合同或专项集体合同无法履行的；二是因不可抗力等原因致使集体合同或专项集体合同无法履行或部分无法履行的；三是集体合同或专项集体合同约定的变更或解除条件出现的；四是法律、法规、规章规定的其他情形。在变更或解除集体合同时应遵守平等协商的程序。

（4）集体合同的终结，是指合同期满、合同的目的已经实现或依法解除合同等而使合同法律效力消失。简单地说，就是结束集体合同关系。按照《集体合同规定》，集体合同或专项集体合同期满或双方约定的终止条件出现，即行终止。一般有以下几种情形：一是集体合同的期限届满；二是集体合同当事人一方不复存在；三是集体合同依法或依协商解除。

关联法规

第五十一条 企业职工一方与用人单位通过平等协商，可以就劳动报酬、工作时间、休息休假、劳动安全卫生、保险福利等事项订立集体合同。集体合同草案应当提交职工代表大会或者全体职工讨论通过。

集体合同由工会代表企业职工一方与用人单位订立；尚未建立工会的用人单位，由上级工会指导劳动者推举的代表与用人单位订立。

第五十二条 企业职工一方与用人单位可以订立劳动安全卫生、女职工权益保护、工资调整机制等专项集体合同。

第五十三条 在县级以下区域内，建筑业、采矿业、餐饮服务业等行业可以由工会与企业方面代表订立行业性集体合同，或者订立区域性集体合同。

第五十四条 集体合同订立后，应当报送劳动行政部门；劳动行政部门自收到集体合同文本之日起十五日内未提出异议的，集体合同即行生效。

依法订立的集体合同对用人单位和劳动者具有约束力。行业性、区域性集体合同对当地本行业、本区域的用人单位和劳动者具有约束力。

第五十五条 集体合同中劳动报酬和劳动条件等标准不得低于当地人民政府规定的最低标准；用人单位与劳动者订立的劳动合同中劳动报酬和劳动条件等标准不得低于集体合同规定的标准。

第五十六条 用人单位违反集体合同，侵犯职工劳动权益的，工会可以依法要求用人单位承担责任；因履行集体合同发生争议，经协商解决不成的，工会可以依法申请仲裁、提起诉讼。

——《劳动合同法》

第五节　外资公司集体合同

5-5-1 外资企业集体合同示例

某日资塑料制品有限公司集体合同

本集体合同（以下简称"本合同"）由下列双方于＿＿＿年＿＿＿月＿＿＿日在中华人民共和国＿＿＿＿＿＿省（区、市）＿＿＿＿＿＿市（区、县）签署：

1. ××有限公司（以下简称"公司"）；
2. ××有限公司工会（以下简称"工会"）代表受聘用的中国员工。

双方一致同意：

总　　则

本合同应遵守《中华人民共和国劳动法》《中华人民共和国劳动合同法》《中华人民共和国工会法》以及国家和地方其他法律、法规的规定（以下简称"法规"）。上述规定应适用于外商投资企业而且是已公布和可以公开得到的。如与国家规定或地方规定有抵触，以国家或地方规定为准。

双方应全力以赴地合作，以便公司能有效地开展经营和管理。工会将支持公司制定有关绩效评估和劳动纪律方面的规章制度。公司管委会将制定出公司的价值观，并要求全体员工遵循和实践这些价值观，以便提高公司的生产率、效益和竞争力。

第一章　员工的招聘和录用

第一条　公司根据其人员需求招聘员工，招聘员工时应进行必要的考核或考试，择优录用。

公司的员工招聘及实施情况应向工会通报。

第二条　公司按岗位描述的要求聘用员工；员工按此要求受聘。

第三条　根据法律规定，公司与员工订立劳动合同后，公司应及时向劳动、人事行政部门指定的机构办理录用手续。

第四条　公司分别与员工订立期限为一至五年的劳动合同，也可以与员工订立以完成一定工作任务为期限的劳动合同。连续工作满十年如员工愿意续签劳动合同的，则公司应当与其订立无固定期限的劳动合同；如果员工符合《劳动合同法》规定的其他应当签订无固定期限劳动合同情形的，则公司应当与员工订立无固定期限劳动合同。

第五条　新招聘的员工，试用期最长不得超过 6 个月；在试用期内，适用劳动合同的所有规章制度以及条款和条件。

第六条　员工在上班时间内应完全、尽力地履行职责；未经公司事先书面批准，员工不得受聘于或从事公司业务以外的任何职务。

第七条　公司根据生产和工作需要，以及依照员工的能力（专业、健康状况）和工作表现，可以变更员工的现任岗位；变更岗位，应办理岗位变更手续。

第八条　根据工作需要及国家适用法规，在与工会协商一致后，员工可以被要求缩短工作时间或提前退休、下岗和内部退休；但公司必须制定相应的规章制度。

第二章　劳动合同的解除和终止

第九条　公司和员工协商一致，劳动合同可以解除。

第十条　员工符合下列情况之一的，公司可以在不事先通知的情况下，单方面决定解除其劳动合同：

（1）在试用期内，被证明不符合录用条件的；

（2）严重违反劳动纪律或公司规章制度的；

（3）严重失职、营私舞弊，对公司的利益造成重大损害的；

（4）与其他用人单位建立劳动关系，对完成公司的工作任务造成严重影响或者经公司提出，拒不改正的；

（5）以欺诈、胁迫的手段或乘人之危，使公司在违背真实意思的情况下与其订立个人劳动合同而致个人劳动合同无效的；

（6）被依法追究刑事责任或劳动教养的；

（7）法律、法规规定的其他情形。

第十一条　符合下列情况之一的，公司可以解除劳动合同，但应提前 30 天以书面形式通知员工或额外支付员工一个月工资：

（1）员工因病或非因工负伤，在法律规定的医疗期满后不能从事原岗位工作，也不能从事公司另行安排的工作的；

（2）员工不能胜任工作，经过培训或调整工作岗位 3 个月后，仍不能胜任工作的；

（3）劳动合同订立时所依据的客观情况发生重大变化，致使原劳动合同无法履行，经双方协商不能就变更劳动合同达成协议的。

第十二条　有下列情形之一，需要裁减人员数达 20 人以上或者不足 20 人但占企业职工总数百分之十以上的，公司应当提前 30 天向工会或者全体员工说明情况，听取工会或者员工的意见后，裁减人员方案经向劳动行政部门报告，可以裁减人员：

（1）依照企业破产法规定进行重整的；

（2）生产经营发生严重困难的；

（3）企业转产、重大技术革新或者经营方式调整，经变更劳动合同后，仍需裁减人员的；

（4）其他因劳动合同订立时所依据的客观经济情况发生重大变化，致使劳动合同无法履行的。

裁减人员时，应当优先留用下列人员：

（1）与公司订立较长期限的固定期限劳动合同的；

（2）与公司订立无固定期限劳动合同的；

（3）家庭无其他就业人员，有需要扶养的老人或者未成年人的。

公司依照本条第 1 款规定裁减人员，在 6 个月内重新招用人员的，应当通知被裁减的人员，并在同等条件下优先招用被裁减的人员。

第十三条　员工有下列情况之一的，公司不得依据本合同第 11 条、第 12 条的规定解除劳动合同：

（1）员工从事接触职业病危害作业的，未进行离岗前职业健康检查，或者员工因疑似职业病在诊断或医学观察期间的；

（2）员工因病或非因工负伤，在法律规定的医疗期内的；

（3）员工因工负伤或患职业病在治疗或疗养期内的员工在甲方患职业病或因工负伤被确认丧失或部分丧失劳动能力的；

（4）女员工在孕期、产期、哺乳期内的；

（5）员工在甲方连续工作满 15 年，且距法定退休年龄不足 5 年的；

（6）法律、法规规定的其他情形。

第十四条　员工解除劳动合同，应当提前 30 天以书面形式通知公司；试用期内解除劳动合同的，应当提前 3 天通知公司。

第十五条　有下列情形之一的，员工可以随时通知公司解除劳动合同：

（1）公司未按照劳动合同约定向员工提供劳动保护和劳动条件的；

（2）未及时足额支付劳动报酬的；

（3）未依法为员工缴纳社会保险费的；

（4）公司的规章制度违反法律、法规的规定，损害员工权益的；

（5）公司以欺诈、胁迫的手段或者乘人之危，使员工在违背真实意思的情况下订立或者变更劳动合同；或公司免除自己的法定责任、排除员工权利；或劳动合同违反法律、行政法规强制性规定，从而致使劳动合同无效的；

（6）法律、行政法规规定员工可以解除劳动合同的其他情形。

公司以暴力、威胁或者非法限制人身自由的手段强迫员工劳动的，或者公司违章指挥、强令冒险作业危及员工人身安全的，员工可以立即解除劳动合同，不需事先告知公司。

第十六条 有下列情形之一的，劳动合同终止：

（1）劳动合同期满的；

（2）公司被依法宣告破产的；

（3）公司决定解散、被吊销营业执照、责令关闭或者被撤销的；

（4）员工开始依法享受基本养老保险待遇的；

（5）员工死亡，或被人民法院宣告死亡或者宣告失踪的；

（6）法律、行政法规规定的其他情形的。

劳动合同期满，有本合同第13条规定情形之一的，劳动合同应当续延至相应的情形消失时终止。但是，本合同第13条第3项规定丧失或者部分丧失劳动能力员工的劳动合同的终止，按照国家有关工伤保险的规定执行。

第十七条 签订劳动合同的任何一方违反合同，给对方造成损害的，应根据经济损失大小，依法承担赔偿责任。

第十八条 有下列情形之一的，公司应当支付给员工经济补偿金。

（1）员工依照本合同第15条约定解除劳动合同的；

（2）公司依照本合同第9条约定向员工提出解除劳动合同并与员工协商一致解除劳动合同的；

（3）公司依照本合同第11条约定解除劳动合同的；

（4）公司依照本合同第12条第1款约定解除劳动合同的；

（5）除公司维持或者提高员工劳动合同约定条件续订劳动合同，员工不同意续订的情形外，依照本合同第16条第1项约定终止固定期限劳动合同的；

（6）依照本合同第16条第2项、第3项约定终止劳动合同的；

（7）法律、行政法规规定的其他情形。

第十九条 公司按照第18条规定支付员工经济补偿金的，具体标准按照国家及地方的法规执行。

第二十条 劳动合同期满，经公司和员工双方协商一致，可以续订劳动合同。

第二十一条 工会有权监督个人劳动合同执行情况；公司制定和修改个人劳动合同标准文本，应听取工会意见。如果公司违反法律、法规、规章或者劳动合同，工会有权要求重新处理；员工申请调解、仲裁或者提起诉讼，工会依法给予支持和帮助。

第三章　劳动报酬

第二十二条　公司实行岗位等级工资制。员工的工资由岗位工资、绩效奖金（如有）、津贴（如有）组成。

加班工资及各种假期工资的计算基数为员工的岗位工资。

第二十三条　员工的工资将考虑以下因素每年进行调整：

（1）公司经济发展的状况；

（2）当地生活指数的变化；

（3）当地人才市场的供求状况；

（4）员工劳动贡献、岗位责任。

公司管理委员会应在听取工会意见的基础上，对工资调整幅度作出一致的决定，决定必须报告董事会。

第二十四条　公司管委会可以根据经济效益情况，决定从职工奖励及福利基金中提取一定的金额，按劳动贡献、岗位责任对员工进行年终分红。

第二十五条　公司的最低月工资标准不低于政府规定的最低月工资标准。

第二十六条　工资应当以现金或银行转账方式，按月、足额支付给员工；发薪日由公司固定，但不迟于本月最后一天。

第二十七条　员工在本企业工龄满15年以上（含15年），在退休前5年内，如因个人健康或工作需要而变更岗位，经人力资源部同意，其工资可以不低于原岗位的等级。

第四章　工作时间和假期

第二十八条　公司根据员工岗位的不同，实行不同的工时制度，包括标准工时工作制、综合计算工时工作制以及不定时工作制。每天工作时间不超过8小时，平均每周工作时间不超过40小时（午饭及休息时间不包括在内）。具体按公司规定执行。

第二十九条　公司应控制员工的加班时间。确因生产经营或工作需要，经与工会和员工协商后可以延长工作时间，但不得违反法律、法规的规定，并应按法律、法规的规定支付延长工作时间的工资报酬或安排调休。具体按公司规定执行。

第三十条　员工在工作时间依法参加中国政府机关或社会团体的有关活动，须经公司主管部门同意、人力资源部批准方能离岗，工资照发。如有报酬，应上缴公司。

第三十一条　员工享受中国法定节假日和探亲假、婚假、丧假以及产假、计划生育等有薪假期；具体按公司规定执行。

第三十二条 员工享有公司提供的全薪年休假（不包括中国法定节假日和公司休息日）。年休假不得累积；年休假的时间由各部门主管按业务需要安排，原则上不能转至下一年。具体按公司规定执行。

第三十三条 员工因疾病或非因工负伤需要离岗休息，必须向公司提供认可的医疗机构或合格医师出具的诊断书证明；有关带薪病假及病假期间的工资，按有关法律法规执行。

第三十四条 在某些重大情况下员工可要求事假（最多 3 个日历日），但须经部门主管批准；超过 3 个日历日的，须人力资源部书面批准。未经正式批准而休假应视为旷工。

第五章 员工的培训

第三十五条 公司应建立在职培训制度，根据工作需要有计划地对员工进行职业培训，也可包括国外培训；并提供必需的培训经费。

第三十六条 从事技术工种的员工，必须经过培训、经考核合格者才能上岗。

第三十七条 经公司出资在国内、国外培训的员工，应与公司签订培训协议，并履行协议约定的服务期等事项，员工在服务期内辞职或自行离职或因违反《劳动法》第 25 条、《劳动合同法》第 39 条规定被公司解除劳动合同的，应根据公司制定的有关规定赔偿培训费用。

第六章 劳动安全和卫生

第三十八条 所有员工的安全和健康是公司的首要之事。按照中国政府劳动保护的有关规定，公司必须建立、健全劳动安全卫生制度，严格执行国家劳动安全卫生规程和标准，对员工进行劳动安全卫生教育，提供符合国家规定的劳动安全卫生设施与条件，采取必要的劳动保护措施。

第三十九条 从事特殊作业的员工必须经过专门培训，并取得特种作业的资格。

第四十条 员工在生产过程中必须服从安全管理人员的指挥，严格遵守安全操作规程。

员工对生产管理人员违章指挥、强令冒险作业，以及发现有危害员工生命或严重影响员工身体健康的不安全因素时，有权拒绝执行；工会有权要求公司及时采取措施解决。经劳动安全管理部门确认后，员工不承担由此而造成的任何经济责任。员工对危害生命安全和身体健康的行为，有权提出批评、检举和控告；工会应依法予以支持。

第四十一条 为了安全生产，公司应根据实际需要向员工发放劳动保护用品；员工必须按安全生产要求，合理使用劳动保护用品。

第四十二条 公司将组织被聘的员工在医院或指定诊所进行聘用前的体检；公司无义务聘用通不过体检的人。

对所有与公司签订了劳动合同的员工每年进行一次健康检查，并对从事有职业危害作业和从事饮食工作的员工每年进行一次专门健康检查。

第四十三条 每年夏季和冬季，为完成生产任务和保障员工身体健康，公司应分别采取防暑降温和防寒保暖措施。

第四十四条 公司应依法对员工在劳动过程中发生的伤亡事故进行统计、报告和处理，并及时通知工会；工会有权参与调查和提出处理意见。

第四十五条 为了确保所有员工及工作和生产场所的安全，防止妨碍他人工作，非公司员工如非因公事来访，不应该获准进入公司场所或公司控制的范围。设有接待处的办公室，访客将被甄别；在其他地点，不明来历的访客应该被查问。

第七章 女员工特殊保护

第四十六条 公司应按《中华人民共和国劳动法》《女职工劳动保护规定》等有关法规，对女员工采取特殊的劳动保护措施。

第四十七条 公司在晋职、晋级、评定专业技术职称等方面，无性别歧视。

第四十八条 公司不得以结婚、怀孕、产假、哺乳等为由，违反国家规定，降低女员工工资。

第四十九条 公司不得在女员工月经期间、怀孕期间安排从事高空、低温、冷水和国家规定的第三级体力劳动强度的劳动，对怀孕七个月以上和在哺乳期内的女员工，不得安排其延长工作时间、上夜班，或从事法律法规禁止的劳动。

第五十条 公司对已婚女员工每年进行一次妇科普查工作。

第八章 保险和福利

第五十一条 公司依据政府有关规定，为员工办理以下各项社会保险和福利：

（1）养老保险；

（2）医疗保险；

（3）工伤保险；

（4）失业保险；

（5）生育保险。

员工有依法享受的权利和依法缴付税费的义务，并承担因不缴或迟缴税费而被处以的罚款。如公司为员工代理预扣税款，则由公司直接支付并从员工的薪金中扣除。

第五十二条　公司依据政府有关规定实施员工住房公积金制度。

第五十三条　公司为员工提供上下班的班车；费用由公司承担。

第五十四条　公司从税后利润中提取的员工奖励基金，必须用于对员工的奖励和集体福利；福利基金归集体所有。两种基金的使用由管委会决定。福利基金在工会监督下使用。

第五十五条　公司要创造条件、由管委会决定，为员工建立补充保险，如补充养老保险、特殊岗位人身安全保险等。

第五十六条　公司要与工会互相配合，为员工开展文体活动以及疗休养提供可能及合理的条件。

第九章　员工的奖惩

第五十七条　员工应履行公司规定的岗位职责，完成公司制定的各项经济指标。

第五十八条　对工作成绩表现突出、技术革新有成就以及对公司生产经营管理等方面提出有价值的合理化建议的员工，公司应给予荣誉和物质奖励。公司应制定专门的奖励制度。

第五十九条　员工在其合同期间的任何职务发明，权益属于公司。

第六十条　员工应严格遵守公司的各项规章制度，严格保守公司的技术秘密和商业秘密。公司对违反规章制度或泄密者，按有关规定给予处分和追究赔偿责任。

公司在制定有关劳动纪律及纪律处分的规章制度时，应听取工会的意见。

第十章　劳动争议

第六十一条　公司依法建立由员工代表、公司代表和公司工会代表组成的劳动争议调解委员会，预防和解决本公司的劳动争议，协调劳动关系。

第六十二条　劳动争议发生后，当事人应按《中华人民共和国劳动争议调解仲裁法》规定，尽快协商解决；也可以向公司劳动争议调解委员会申请调解，或直接向劳动争议仲裁委员会申请仲裁；对仲裁裁决不服的，可以向人民法院提起诉讼。

第十一章　合同保障

第六十三条　为了保证本集体合同有效地履行，公司管委会应与工会建立定期协商制度，每半年一次，就双方关心的问题进行协商。

第六十四条　公司管委会在决定工资制度、员工奖惩、生活福利、劳动保护、社会保险等有关员工切身利益的问题之前，应听取工会的意见。

工会可以就员工的工资和福利、生产安全、劳动保护及社会保险等方面，向管委会提出建议。

第六十五条　在本合同期内，如签订合同的一方就集体合同的执行情况和变更提出商谈时，另一方应给予答复，并在七天内双方进行协商。经双方协商同意后进行修改的条款，作为本合同的附件执行。

第六十六条　因履行本集体合同发生争议，经双方协商解决不成的，工会可以依法申请仲裁、提起诉讼。

第十二章　附　则

第六十七条　本合同有效期为三年，自＿＿年＿＿月＿＿日至＿＿年＿＿月＿＿日止；合同期满前六个月经双方协商签订新合同。

第六十八条　本集体合同未尽事宜，按中国政府有关法律法规的规定执行，或由双方协商后确定。

第六十九条　本合同用中、英文书写；两种文本表述不一致的，以中文本为准。双方各签署二份正本、四份副本。每种文本双方各执一份；副本呈＿＿＿＿所在地的劳动局备案。

第七十条　本合同经双方首席代表签字并报送劳动行政部门审查后生效。

××有限公司（章）　　　　　　××有限公司工会（章）

首席代表：＿＿＿＿＿　　　　　首席代表：＿＿＿＿＿

＿＿年＿＿月＿＿日　　　　　　＿＿年＿＿月＿＿日

5-5-2 合理性解析及关联法规

合理性解析

与国有企业相比，在外资企业特别是欧美企业中推进集体协商较为困难。实务中，也有一些外资企业与工会订立了集体合同，并获得了良好的运行。此处，就外资企业订立集体合同提出如下建议：

（1）充分理解相关法规政策规定。《劳动合同法》第51条规定，企业职工一方与用人单位通过平等协商，可以就劳动报酬、工作时间、休息休假、劳动安全卫生、保险福利等事项订立集体合同。但并非就订立集体合同的强制性作出明确规定。企业在操作集体协商事项时，应注意法定性和必要性的掌握，避免陷于法规政策误区，给自身经营管理带来困难。

（2）与高层管理者沟通相关思路。外资企业的管理者特别是欧美企业的管理者对工会和集体合同有着特别的排斥情绪，若中国劳动法没有对集体合同订立作强制性的明确规定，则不希望建立工会或与工会订立集体合同。外企人力资源主管人员应与高层管理者有着良好沟通，讲清楚中国工会与西方工会在定位和职能上的不同，在企业条件成熟或客观需要时，促使高层接受和支持推动建会和集体协商工作。

（3）人力资源部与工会共同操作。集体协商的推动，往往由人力资源部（代表公司）和工会（代表职工或作为职工代表大会的常设机构）作为相对的双方来进行。人力资源部和工会应协商敲定集体合同的订立程序、具体内容、沟通机制和争议解决等相关细节，促进集体协商的良好进行和集体合同的最终达成。

关联法规

第五十一条 企业职工一方与用人单位通过平等协商，可以就劳动报酬、工作时间、休息休假、劳动安全卫生、保险福利等事项订立集体合同。集体合同草案应当提交职工代表大会或者全体职工讨论通过。

集体合同由工会代表企业职工一方与用人单位订立；尚未建立工会的用人单位，由上级工会指导劳动者推举的代表与用人单位订立。

第五十二条 企业职工一方与用人单位可以订立劳动安全卫生、女职工权益保护、工资调整机制等专项集体合同。

第五十三条 在县级以下区域内，建筑业、采矿业、餐饮服务业等行业可以由工会与企业方面代表订立行业性集体合同，或者订立区域性集体合同。

第五十四条 集体合同订立后，应当报送劳动行政部门；劳动行政部门自收到集体合同文本之日起十五日内未提出异议的，集体合同即行生效。

依法订立的集体合同对用人单位和劳动者具有约束力。行业性、区域性集体合同对当地本行业、本区域的用人单位和劳动者具有约束力。

第五十五条 集体合同中劳动报酬和劳动条件等标准不得低于当地人民政府规定的最低标准；用人单位与劳动者订立的劳动合同中劳动报酬和劳动条件等标准不得低于集体合同规定的标准。

第五十六条 用人单位违反集体合同，侵犯职工劳动权益的，工会可以依法要求用人单位承担责任；因履行集体合同发生争议，经协商解决不成的，工会可以依法申请仲裁、提起诉讼。

——《劳动合同法》

第六章　劳务派遣中的合同与协议[①]

第一节　劳务派遣协议

6－1－1 劳务派遣协议示例

劳务派遣协议
（供劳务派遣单位与用工单位订立使用）

甲方（劳务派遣单位全称）：＿＿＿＿＿＿

法定代表人（或主要负责人）：＿＿＿＿＿＿

注册地址：＿＿＿＿＿＿邮政编码：＿＿＿＿＿＿

联络地址：＿＿＿＿＿＿邮政编码：＿＿＿＿＿＿

联系电话：＿＿＿＿＿＿

联系传真：＿＿＿＿＿＿

E－mail：＿＿＿＿＿＿

乙方（用工单位全称）：＿＿＿＿＿＿

法定代表人（或主要负责人）：＿＿＿＿＿＿

户籍地址：＿＿＿＿＿＿邮政编码：＿＿＿＿＿＿

联络地址：＿＿＿＿＿＿邮政编码：＿＿＿＿＿＿

联系电话：＿＿＿＿＿＿

联系传真：＿＿＿＿＿＿

E－mail：＿＿＿＿＿＿

甲、乙双方根据《中华人民共和国合同法》《中华人民共和国劳动合同法》《中华人民共和国劳动法》及相关法律法规的规定，本着平等自愿、诚实信用的原则，经协商一致就甲方根据乙方需要派遣劳动者，提供劳务服务，乙方向甲方支付相应费用事宜达成以下条款，以资双方共同遵守。

[①]　本章第一节到第三节内容，重点参考了上海东方法治文化研究中心等组编的《劳务派遣》（上海人民出版社 2008 年版）的部分内容，并作了相应的调整和修改。

第一章　声明与承诺

第一条　甲方是依照中华人民共和国法律依法存续、合法经营，享有履行本合同相应派遣资质的中国法人。

第二条　乙方是依照中华人民共和国法律依法存续、合法经营，享有用工主体资格的用工单位。

第三条　甲方向乙方承诺：如其不具备本协议相应派遣资质；其派遣给乙方的劳动者不符合法律规定的要求；其提供给乙方派遣人员的所有材料、信息存在虚假情况的，甲方愿承担所有法律责任，对乙方造成损失的，乙方有权向其追偿。

第四条　乙方向甲方承诺：没有将延续用工期限分割订立数个短期劳务派遣合同的情形；不会将被派遣劳动者再派遣到其他用人单位，乙方违反的愿承担所有的法律责任，对甲方造成损失的，甲方有权向其追偿。

第二章　合作事项

第五条　甲方根据乙方的需要和要求（也可由甲方进行推荐），向乙方负责派遣符合条件的劳动者供乙方择优录用从事有关工作。甲乙双方建立劳务派遣关系；甲方与派遣到乙方的劳动者签订书面的劳动合同，建立劳动关系，承担对被派遣劳动者的用人单位义务。

第六条　乙方需要甲方自签署本合同之日起_____日内派遣_____人，具体的与被派遣劳动者对应的工作内容、工作条件、工作地点、职业危害、安全生产状况、劳动报酬等相关信息见附件1。

特殊岗位需要有资格证书的，所派遣劳动者应具备相应资格。

第七条　在协议的有效期内，乙方需要增加派遣人数的，需提前15日通知甲方，并应列出需被派遣劳动者的人数及对应的工作内容、工作条件、工作地点、职业危害、安全生产状况、劳动报酬等信息（见附件2），甲方在接到通知15日内应按照乙方的要求派遣人员。

遇紧急情况，乙方急需使用劳动者的，需及时通知甲方，如是由甲方组织招聘的，乙方应按照_____元／人次支付加急费用。

第三章　合同期限、派遣人员试用期／见习期

第八条　本协议自_____年_____月_____日起至_____年_____月_____日止。

如被派遣人员中派遣结束时间有超过本条第 1 款约定的终止时间的，本合同有效期自动延伸到该派遣人员派遣结束时间。

第九条　被派遣劳动者的试用期按照以下约定执行：

（1）派遣期限在 3 个月以上不满 1 年的，试用期为 1 个月；

（2）派遣期限在 1 年以上不满 3 年的，试用期为 2 个月；

（3）派遣期限在 3 年以上的，试用期为 6 个月。

特殊用工与特殊人员的试用期由双方协商后确定。

试用期满之前乙方有权对被派遣劳动者按照录用条件进行考核，对不符合录用条件的，乙方有权遣返回甲方。

第十条　被派遣劳动者的见习期按照以下约定执行：

（1）低于 1 年工作经验的高等学校本、专科学历毕业生，见习期为 1 年；

（2）有 1 年以上工作经验的高等学校本、专科毕业生，不安排见习期。

乙方应在见习期满之前对劳动者进行考核，达到见习要求的，应及时办理转正手续，按期为其评定专业技术职务的任职资格，聘任相应工作职务，确定工作岗位。达不到见习要求的，乙方有权将其遣返回甲方。

第四章　被派遣劳动者的工作地点与工作内容

第十一条　乙方安排甲方派遣的劳动者在_____省（市）_____市工作，如安排的派遣劳动者不在上述地址工作或有特殊要求的，乙方应在附件（附件 3）中列明。

乙方因生产经营的发展需要在征得甲方派遣劳动者的同意下可以变更工作地点，乙方变更了甲方派遣劳动者工作地点的应及时通知甲方。

第十二条　乙方应明确拟派遣劳动者的工作岗位与职责，乙方应生产经营的发展需要在征得甲方派遣劳动者的同意下可以变更其工作岗位，乙方变更甲方派遣劳动者工作岗位应及时通知甲方。

甲方派遣的劳动者应服从乙方的安排，乙方据以考核甲方派遣劳动者的规章制度应符合法律法规相关规定。

对不胜任工作岗位的劳动者经培训或调整其工作岗位后，其仍然不能胜任工作的，乙方有权将其遣返回甲方。

第十三条　甲方派遣的人员应在规定的工作时间内，以其全部时间精力按时、按质、按量完成乙方指派的工作任务，不得同时受聘于其他单位或个人或为其他单位或个人服务，一旦发现，乙方有权将其遣返回甲方。

第五章 被派遣劳动者的工作时间与休息休假

第十四条 乙方应按照下列约定安排被派遣劳动者的工作时间，并应在派遣时向被派遣劳动者明确工时制度：

（1）执行标准工时制度的，每日工作不超过 8 小时，每周工作不超过 40 小时；

（2）获得劳动行政部门批准后，执行综合计算工时制度的，平均每天工作时间不超过 8 小时，平均每周工作时间不超过 40 小时；

（3）获得劳动行政部门批准后，执行不定时工作制度的，在保证完成乙方工作任务的情况下，派遣人员自行安排工作和休息时间。

第十五条 乙方执行标准工时制度时，应当保证劳动者每周至少休息 1 日，且连续休息时间不少于 24 小时。

实行综合计算工时制度和不定时工作制度的，由用工单位适当安排休息，不执行本条第 1 款规定。

第十六条 由于生产经营需要，在履行充分的告知义务的情况下，甲方所派遣劳动者未表示明确反对的，乙方可以安排其加班，并按法律法规规定支付加班加点工资。

甲方派遣人员因完成工作任务的需要，确需要加班的，应当向主管领导提出书面的申请，说明加班的理由和时间，经主管领导批准后，方可视为加班，享受加班待遇。加班时间，以实际发生的时间为准。

乙方安排加班的，一般每日安排加班不超过 1 小时，因特殊原因需要，在保障甲方派遣人员身体健康的条件下，每日不得超过 3 小时，每月不超过 36 小时。

第十七条 有下列情形之一，乙方安排加班的，甲方派遣人员无正当理由不得拒绝加班，且不受本协议关于加班时间的限制：

（1）发生自然灾害、事故或者其他原因，威胁劳动者生命健康和财产安全，需要紧急处理的；

（2）生产设备、交通运输线路、公共设施发生故障，影响生产和公众利益，必须及时抢修的；

（3）在法定节假日和公休假日内工作不能间断，必须连续生产、运输或者营业的；

（4）必须利用法定节假日和公休假日的停产期间进行设备检修、保养的；

（5）法律、行政法规规定的其他情形。

第六章　派遣人员工资

第十八条　甲方与乙方协商确定乙方可实行：月薪制与年薪制、计件工资制、提成工资制、基本工资和绩效奖金相结合的工资分配制度等方式。甲方在获得乙方同意的情况下与被派遣劳动者协商确定工资数额与方式并在劳动合同中说明。

如乙方无特殊说明，被派遣劳动者的工资为税前工资。

被派遣劳动者在法定工作时间的工资不得低于乙方所在省（市）规定的最低工资标准。

第十九条　乙方对派遣人员的工资计算周期为每月＿＿＿＿＿＿＿日至下月＿＿＿＿＿＿＿日，乙方在每月＿＿＿＿＿＿＿日前发放上月工资。

工资发放形式为以下第＿＿＿＿＿＿＿种：

（1）由甲方发放；

（2）由乙方直接发放。

由甲方发放的，乙方每月＿＿＿＿＿＿＿日前从银行足额划付到甲方账户，并提供被派遣劳动者工资清单，如遇国家法定节假日或休息日的，应在节假日前发放。

乙方因暂时经济周转困难或不可抗力，不能按照前款规定的时间支付工资报酬的，应当提前＿＿＿＿＿＿天以书面形式告知甲方及其派遣的劳动者，并明确支付的日期。

甲、乙双方应当将发放工资的记录保存两年以上备查。

任何一方均不得克扣乙方按照劳务派遣合同支付给被派遣劳动者的劳动报酬。

第二十条　派遣人员在乙方连续工作的，乙方应当按照同工同酬的原则，为派遣人员实行工资调整。

第七章　被派遣劳动者劳动保护、劳动条件和职业危害防护

第二十一条　乙方应当根据国家有关法律、法规，建立、健全安全生产制度，完善安全生产条件，确保安全生产；甲方被派遣劳动者应当严格遵守乙方的劳动安全制度，严禁违章作业，防止发生劳动过程中的安全事故，减少职业危害。

第二十二条　乙方应当根据生产岗位的需要，按照国家有关劳动安全、卫生的规定为被派遣劳动者配备必要的安全防护措施，发放必要的劳动保护用品。

第二十三条　乙方应当根据国家有关法律、法规的要求，根据每个岗位的实际情况，提供符合法律、法规、岗位要求的生产工具与劳动条件。

第二十四条　甲乙双方共同负责教育派遣人员遵守国家和乙方规定的劳动安全制度，妥善保管乙方发放的劳动工具。

第二十五条 乙方应当根据国家有关法律、法规，建立、健全职业病防治责任制，加强对职业病防治的管理，提高职业病防治水平，按照国家有关法律、法规的规定为被派遣劳动者进行体检。

第八章 被派遣劳动者社会保险与福利待遇

第二十六条 甲方应在与被派遣劳动者签订劳动合同之日起 30 日内，按照国家和地方有关规定为其办理社会保险等手续。

第二十七条 甲方应当按时、足额为被派遣劳动者缴纳各项社会保险费，不得拖欠、漏缴，其中被派遣劳动者应缴纳的社会保险费，双方商定按照下列第_____种方式处理：

（1）由甲方负责发放被派遣劳动者工资待遇的，乙方负责按月向甲方结算其应支付的社会保险费部分，被派遣劳动者应自行缴纳部分由甲方在其工资待遇中扣缴；

（2）由乙方负责发放被派遣劳动者工资待遇的，乙方应负责按月将代甲方扣除被派遣劳动者应自行缴纳部分与乙方应支付部分向甲方结算。

甲方在缴纳各项社会保险费后应当及时向被派遣劳动者公示缴纳情况，同时将缴纳各项社会保险费用的有效单据应复印一份给乙方。

第二十八条 其他的保险福利待遇按照国家与乙方所在地及乙方的有关规定执行。

第九章 劳务派遣服务费

第二十九条 甲、乙双方经协商，按照下列第_____种标准计算劳务派遣服务费：

（1）由乙方委托甲方发放被派遣劳动者工资，乙方按_____元／人·月向甲方支付劳务派遣服务费。

（2）由乙方发放被派遣劳动者工资的，乙方按_____元／人·月向甲方支付劳务派遣服务费。

第三十条 乙方每月应支付的劳务派遣服务费＝乙方当月实际使用的被派遣劳动者总数×派遣服务费标准（_____／人·月）。

派遣期限不超过半个月的，派遣期限按半月计算，派遣期限超过半个月不满 1 个月的，派遣期限按 1 个月计算。

乙方每月_____日前采取下列第_____种方式支付甲方劳务费及相关费用，甲方在收到钱款时必须开具正式发票。

（1）银行转账：甲方开户行：_____

账号：_____；

乙方开户行：_____

账号：_____；

（2）现金支付：甲方派人到乙方办公地点收取（　　）；乙方送到甲方办公地点
（　　）；

（3）其他方式：_____。

第三十一条　甲、乙双方不得扣押劳动者的居民身份证和其他证件，不得要求
劳动者提供担保或者以其他名义向劳动者收取任何财物和费用。

第十章　知识产权

第三十二条　甲方派遣的劳动者在派遣到乙方期间，由乙方主持、代表乙方意
志创作、并由乙方承担责任的作品，乙方为作者，享有著作权。

主要是利用乙方的物质技术条件创作，并由乙方承担责任的工程设计图、产品
设计图、地图、计算机软件等职务作品以及法律、行政法规规定或者合同约定著作
权由乙方享有的职务作品，被派遣劳动者享有署名权，著作权的其他权利由乙方享
有，乙方应根据实际情况给予被派遣劳动者适当奖励。

除本条第 2 款规定以外的其他职务作品，著作权由被派遣劳动者享有，但乙方
有权在其业务范围内有限使用。被派遣劳动者自向乙方交付作品之日起两年内，未
经乙方同意，不得许可第三人以与乙方使用的相同方式使用该作品，被派遣劳动者
违反的，所得全部收益归乙方。

第三十三条　甲方派遣的劳动者在派遣到乙方期间，执行乙方的任务或利用乙
方的物质技术条件所完成的发明创造申请专利的权利属于乙方；申请被批准后，乙
方为专利权人。

第三十四条　甲方派遣的劳动者在派遣到乙方期间所产生的其他职务技术成果
的使用权、转让权属于乙方，乙方应按照_____％的比例从使用和转让该项职务
技术成果所取得的收益对完成该项职务技术成果的个人给予奖励或者报酬，乙方订
立技术合同转让职务技术成果时，职务技术成果的完成人与甲方享有以同等条件优
先受让的权利。

第三十五条　完成技术成果的甲方派遣的劳动者有在有关技术成果文件上写明
其是技术成果完成者的权利和取得相应的荣誉证书、奖励的权利。

第三十六条　本章未明确的内容，按照《合同法》《著作权法》《专利法》《商
标法》等法律法规的规定执行。

第十一章　商业秘密保护

第三十七条　双方应保守对方的商业秘密，并采取有效的保密措施，不得泄露任何商业秘密给任何第三方。

保密期限自知晓对方的商业秘密时起到商业秘密已被公众知悉时止。

甲方应督促被派遣劳动者保守乙方的商业秘密。

本协议所指的商业秘密，包括但不限于：

（1）设计、程序、产品配方、制作工艺、制作方法、管理诀窍、货源情报、产销策略、招投标中的标底及标书内容、技术方案、制造方法、工艺流程、技术指标、数据库、研究开发记录、技术报告、检测报告、实验数据、实验结果、图纸、样品、模型、模具、操作手册、技术文档、相关的函电、客户名单、行销计划、采购资料、定价政策、财务资料，等等；

（2）权利人依照法律、法规规定所享有的其他商业秘密。

第三十八条　在本协议终止后，由提供方送交给接收方或授权给接收方使用的一切保密信息，无论是书面的还是其他具体形式，以及接收方所做的复印件均需立即交还提供方，或者予以销毁，且有关销毁凭证应同时送交给对方。

第三十九条　任何一方侵犯对方商业秘密但没有导致商业秘密为公众所知悉的，按照以下方法承担赔偿责任，具体损失赔偿标准为：

（1）损失赔偿额为一方因侵权行为所受到的实际经济损失，该损失包括但不限于为开发、培植有关商业秘密所投入的费用，因侵权行为导致依靠商业秘密取得的利润减少金额等；

（2）依照上述第1项计算方法难以计算的，损失赔偿额为侵权行为所获得的全部利润；

（3）依照上述第2项计算方法还是难以确定损失的，受害方有权要求侵权方支付不低于人民币30万元的赔偿金。

任何一方因侵权行为导致商业秘密为公众所知悉的，应根据商业秘密价值确定损害赔偿额。

一方因调查侵权行为而支付的包括但不限于律师代理费、调查费在内的合理费用，由侵权方承担。

甲方对于派遣人员因违反乙方保密制度或侵犯乙方商业秘密所造成的损失承担连带责任。

第十二章 被派遣劳动者的遣返、离职与再派遣

第四十条 甲方派遣的劳动者有下列情况的，乙方可随时遣返：

（1）在试用期间被证明不符合录用条件的；

（2）严重违反乙方的规章制度的；

（3）严重失职，营私舞弊，给乙方造成重大损害的；

（4）派遣人员在外兼职，对完成乙方的工作任务造成严重影响的，或者经乙方提出，拒不改正的；

（5）因《劳动合同法》第 26 条第 1 款第 1 项规定的情形致使劳动合同无效的；

（6）被依法追究刑事责任的。

第四十一条 出现《劳动合同法》第 40 条所列情形的，乙方以书面形式提前30 天通知被派遣劳动者或者额外支付一个月工资的，乙方可遣返派遣人员。

第四十二条 出现《劳动合同法》第 41 条的情况，乙方可在履行法定程序后遣返派遣人员。

第四十三条 被派遣劳动者有《劳动合同法》第 42 条所列情形之一的，派遣期间，乙方不得退回甲方，派遣期满的，应当续延至相应的情形消失时终止。

第四十四条 发生《劳动合同法》第 36 条、第 37 条、第 38 条情况，派遣人员与甲方解除劳动关系的，甲方应及时通知乙方，并将离职文件送乙方备案。

第四十五条 在发生被派遣劳动者被遣返或离职的情况下，甲方应及时与乙方协商再派遣事宜，甲方应按照乙方要求及时派遣符合条件的人员到乙方工作。

第四十六条 乙方在被派遣劳动者提前离职时应及时通知甲方，并协助提供相关的资料。

第十三章 甲方的其他权利、义务

第四十七条 甲方应在向乙方派出劳动者前与拟派出的劳动者签订劳动合同，督促被派遣劳动者到乙方所在地二级以上医院或者乙方指定医院进行入职前健康检查，被派遣劳动者持劳动合同、体检证明等相关文件到乙方办理入职手续。

第四十八条 甲方负责对所派遣劳动者进行派遣前的政策、法律教育、职业道德培训，如实介绍乙方情况，并将本劳动合同内容告知被派遣劳动者。

第四十九条 甲方应定期或不定期到乙方了解被派遣劳动者的思想动态、工作表现、遵纪情况。对乙方的合理要求，甲方应尽力提供最佳服务。

第五十条 对于甲方派遣的劳动者因故意或重大过失对乙方造成的损失，乙方应当投相关保险。

第十四章 乙方的其他权利、义务

第五十一条 乙方对被派遣劳动者的职业道德规范、工作任务、技能培训、应达到的工作要求、应注意的安全事项、应遵守的各项纪律等履行告知、教育、管理督查的义务。

第五十二条 乙方有权按照国家有关部门规定、乙方各项规章制度给予甲方派遣的劳动者奖励和惩处。

第五十三条 乙方有权监督、检查、考核派遣人员完成的工作情况，并负责日常管理和岗位调配、确定和调整被派遣劳动者的工资标准。

第五十四条 乙方出资对被派遣劳动者进行专业技术培训的，乙方有权与其签订服务期合同，约定服务期及违约责任，并通知甲方。乙方也可通过甲方与被派遣劳动者签订服务期合同，约定服务期及违约责任

第五十五条 乙方对接受的被派遣劳动者有优先续约使用权。

第十五章 违约责任

第五十六条 乙方不按照本协议的约定及时支付派遣服务费、社保、被派遣劳动者工资等款项的，除按本协议支付费用外，还应按日万分之二支付滞纳金。

第五十七条 如乙方未按照本协议的约定及时支付被派遣劳动者工资、社保等款项导致甲方承担相关法律责任的，甲方在承担相关法律责任后有权向乙方追偿。

第五十八条 未经乙方同意，甲方将在乙方服务过的被派遣劳动者在其离开乙方后的 6 个月内派往与乙方有相同或类似业务企业的竞争单位，视为甲方违约，甲方应向乙方支付人民币_____元作为违约金；若由于该违约行为给乙方造成的直接或者间接损失（包括合理的调查费用、律师费用）高于上述约定违约金的，应当按照实际损失给予赔偿。

第五十九条 除本协议另有约定外，一方违反本协议的，应向对方支付人民币_____元作为违约金；若由于该违约行为给对方造成的直接或者间接损失（包括合理的调查费用、律师费用）高于上述约定违约金的，应当按照实际损失给予赔偿。

第十六章 不可抗力

第六十条 任何一方遇有不可抗力而全部或部分不能履行本协议或迟延履行本协议的，应自不可抗力事件发生之日起 5 日内，将事件情况以书面形式通知另一

方，并于事件发生之日起20日内，向另一方提交导致其全部或部分不能履行或迟延履行的证明。

本条所称"不可抗力"系指不能预见、不能避免或不能克服的客观情况，包括但不限于自然灾害如洪水、火灾、爆炸、雷电、地震和风暴等以及社会事件如战争、动乱、政府管制、国家政策的突然变动和罢工等。

第六十一条 遭受不可抗力的一方应采取一切必要措施减少损失，并在事件消除后立即恢复本合同的履行，除非此等履行已不可能或者不必要。

遇不可抗力的一方可全部或部分免除责任。

第十七章　争议处理

第六十二条 甲乙双方在履行本协议中发生争议时，应先协商解决，协商不成的，按照下列第_____种方式处理：

（1）提交甲方所在地仲裁委员会管辖；

（2）提交乙方所在地仲裁委员会管辖；

（3）提交有管辖权的人民法院管辖。

第十八章　其他

第六十三条 本协议生效后，若甲、乙双方或一方变更名称、法定代表人或者主要负责人、投资人等事项，不影响本协议履行；若甲乙双方或一方发生合并或分立等情况，本协议继续有效，由承继单位继续履行。

第六十四条 本协议未尽事宜，法律、法规、规章与政策有规定的，按法律、法规、规章与政策规定执行；法律、法规、规章与政策没有规定的，由双方友好协商以书面形式补充解决；本协议经甲、乙双方协商一致，可进行变更，变更应采取书面形式。

第六十五条 本协议条款与国家、一方所在地省（区、市）新公布施行的法律、法规、规章和政策规定发生冲突时，以新颁发的法律、法规、规章及政策规定为准。

第六十六条 本协议有中、英（俄、法、德）文两种版本，每种文本一式_____份，其他文本与中文文本不一致的，双方确认以中文文本为准。

本协议正文双方各执两份，具有同等法律效力。

第六十七条 本协议采取第_____种生效方式：

（1）自双方签字或盖章后生效；

（2）甲方向乙方派遣第一批符合乙方要求的劳动者后生效。

甲方（盖章）：_____　　　　　乙方（盖章）：_____

法定代表人、负责人：_____　　法定代表人、负责人：_____

或委托代理人：_____　　　　　或委托代理人：_____

_____年_____月_____日　　_____年_____月_____日

附件：（略）

6-1-2 合理性解析及关联法规

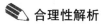 **合理性解析**

第七条　用工单位在实际的用工中，往往会出现需要增派劳动者的情况，在合同中就要对此约定好具体的时间。鉴于招聘到一个合适的劳动者需要一定的时间，我们建议在合同中约定用工单位需要提前 15 日通知劳务派遣单位，劳务派遣单位在接到通知后应及时组织招聘并完成招聘手续，向用工单位派遣劳动者。实际中有可能会出现用工单位在紧急情况下用工的情形，如果是由劳务派遣单位招聘的，依照公平原则，乙方应支付一定的加急费用，这种约定也符合社会公平理念。

第十条　有关见习期的规定主要见于 20 世纪 80 年代末期的《国家教育委员会、劳动人事部关于发出〈高等学校毕业生见习暂行办法〉的通知》《国务院批转国家教委关于改革高等学校毕业生分配制度报告的通知》两个法律文件。在实行劳动合同制度后，见习期制作为一种人事制度并没有被宣布取消，与试用期并存。但是除了国家机关、国有企事业单位还在采用外，其他的用人单位已经基本上不使用该制度了。

第三十七条　在劳务派遣用工模式下，被派遣的劳动者是劳务派遣公司的"人"，劳务派遣公司有义务督促其履行保守用工单位商业秘密的义务，这种督促义务可以通过签署保密协议、承诺书等方式来实现。对于派遣人员违反用工单位保密制度或侵犯用工单位商业秘密所造成的损失，劳务派遣公司应承担连带责任，这种约定可以督促劳务派遣公司加强对被派遣劳动者的管理，保护用工单位的权益。实践中，劳务派遣公司承担责任的能力都不强，向用工单位收取的服务费用也并不高。相对而言，比较好的解决方案就是由双方约定由一方或双方购买有关的保险，通过投保险的方式降低各方的风险。

第四十七条　《劳动合同法》对于未签订书面劳动合同的情况规定了很严厉的法律责任，并且如果没有书面合同的话，有可能导致派遣人员与乙方形成事实劳动法律关系、无固定期劳动合同关系。故派遣人员到乙方处办理入职手续时必须持有书面劳动合同。除对特殊行业可以设定对身体的特殊要求外，我国相关法律要求用工（人）单位不得随意以劳动者的身体健康为由拒绝招聘、辞退劳动者。但即使有上述的规定，也不妨碍用工单位了解劳动者身体健康状况，并根据劳动者的身体状况安排合适的工作岗位。

第五十五条　任何一个企业都希望自身的员工队伍稳定，都愿意使用熟悉的人员。在劳务派遣的用工模式下，用工单位的优先续约使用权是保障其人员稳定的有效手段之一。所谓优先续约使用权即在某一个派遣人员期满后，如果其还与派遣公司存在或签署劳动合同的，用工单位在同等条件下，有权优先续约使用，劳务派遣公司应当满足用工单位的要求。

第六十二条　本合同下的纠纷与劳动争议有一定的联系，如双方有时候会因甲方派遣的劳动者发生争议，从法律理论上说，甲方派遣的劳动者是代表甲方履行合同的内容，争议的本质是发生在派遣单位与用工单位之间的，是平等的主体间争议而不是劳动争议，不受《劳动法》等有关法律要求必须经过劳动争议仲裁委员会裁决的前置程序规定的约束，根据我国法律的规定对于履行本合同发生的争议，可以由有管辖权的仲裁委员会或法院管辖。

关联法规

第五十七条　经营劳务派遣业务应当具备下列条件：

（一）注册资本不得少于人民币二百万元；

（二）有与开展业务相适应的固定的经营场所和设施；

（三）有符合法律、行政法规规定的劳务派遣管理制度；

（四）法律、行政法规规定的其他条件。

经营劳务派遣业务，应当向劳动行政部门依法申请行政许可；经许可的，依法办理相应的公司登记。未经许可，任何单位和个人不得经营劳务派遣业务。

第五十八条　劳务派遣单位是本法所称用人单位，应当履行用人单位对劳动者的义务。劳务派遣单位与被派遣劳动者订立的劳动合同，除应当载明本法第十七条规定的事项外，还应当载明被派遣劳动者的用工单位以及派遣期限、工作岗位等情况。

劳务派遣单位应当与被派遣劳动者订立二年以上的固定期限劳动合同，按月支付劳动报酬；被派遣劳动者在无工作期间，劳务派遣单位应当按照所在地人民政府规定的最低工资标准，向其按月支付报酬。

第五十九条　劳务派遣单位派遣劳动者应当与接受以劳务派遣形式用工的单位（以下称用工单位）订立劳务派遣协议。劳务派遣协议应当约定派遣岗位和人员数量、派遣期限、劳动报酬和社会保险费的数额与支付方式以及违反协议的责任。

用工单位应当根据工作岗位的实际需要与劳务派遣单位确定派遣期限，不得将连续用工期限分割订立数个短期劳务派遣协议。

第六十三条　被派遣劳动者享有与用工单位的劳动者同工同酬的权利。用工单位应当按照同工同酬原则，对被派遣劳动者与本单位同类岗位的劳动者实行相同的劳动报酬分配办法。用工单位无同类岗位劳动者的，参照用工单位所在地相同或者相近岗位劳动者的劳动报酬确定。

劳务派遣单位与被派遣劳动者订立的劳动合同和与用工单位订立的劳务派遣协议，载明或者约定的向被派遣劳动者支付的劳动报酬应当符合前款规定。

第六十六条　劳动合同用工是我国的企业基本用工形式。劳务派遣用工是补充形式，只能在临时性、辅助性或者替代性的工作岗位上实施。

前款规定的临时性工作岗位是指存续时间不超过六个月的岗位；辅助性工作岗位是指为主营业务岗位提供服务的非主营业务岗位；替代性工作岗位是指用工单位的劳动者因脱产学习、休假等原因无法工作的一定期间内，可以由其他劳动者替代工作的岗位。

用工单位应当严格控制劳务派遣用工数量，不得超过其用工总量的一定比例，具体比例由国务院劳动行政部门规定。

——《劳动合同法》

第二十八条　用人单位或者其所属单位出资或者合伙设立的劳务派遣单位，向本单位或者所属单位派遣劳动者的，属于劳动合同法第六十七条规定的不得设立的劳务派遣单位。

第二十九条　用工单位应当履行劳动合同法第六十二条规定的义务，维护被派遣劳动者的合法权益。

第三十条　劳务派遣单位不得以非全日制用工形式招用被派遣劳动者。

第三十一条　劳务派遣单位或者被派遣劳动者依法解除、终止劳动合同的经济补偿，依照劳动合同法第四十六条、第四十七条的规定执行。

第三十二条　劳务派遣单位违法解除或者终止被派遣劳动者的劳动合同的，依照劳动合同法第四十八条的规定执行。

——《劳动合同法实施条例》

第二节　劳动合同

6 – 2 – 1 劳动合同示例

劳动合同书
（供劳务派遣单位与被派遣劳动者订立使用）

根据《中华人民共和国劳动法》《中华人民共和国劳动合同法》和有关法律法规，甲乙双方经平等自愿、协商一致签订本合同，共同遵守本合同所列条款。

一、双方基本情况

第一条　劳动合同双方当事人基本情况如下：
甲方（劳务派遣单位全称）：＿＿＿＿＿＿
法定代表人（或主要负责人）：＿＿＿＿＿＿
注册地址：＿＿＿＿＿＿　　邮政编码：＿＿＿＿＿＿
联络地址：＿＿＿＿＿＿　　邮政编码：＿＿＿＿＿＿
联系电话：＿＿＿＿＿＿
联系传真：＿＿＿＿＿＿
E – mail：＿＿＿＿＿＿

乙方（姓名全称）：＿＿＿＿＿＿
身份证号码：＿＿＿＿＿＿
或者其他有效证件名称：＿＿＿＿＿＿　　证件号码：＿＿＿＿＿＿
户籍地址：＿＿＿＿＿＿　　邮政编码：＿＿＿＿＿＿
联络地址：＿＿＿＿＿＿　　邮政编码：＿＿＿＿＿＿
联系电话：＿＿＿＿＿＿
联系传真：＿＿＿＿＿＿
E – mail：＿＿＿＿＿＿

二、劳动合同期限

第二条　本合同为固定期限劳动合同。从＿＿＿＿年＿＿＿＿月＿＿＿＿日起至_____年_____月_____日止；合同期限为_____年_____个月。

第三条　双方同意按以下第_____种方式确定试用期期限（试用期包括在合同期内）：

（1）无试用期；

（2）试用期从_____年_____月_____日起至_____年_____月_____日止。试用期内，除乙方有《劳动合同法》第 39 条和第 40 条第 1 项、第 2 项规定的情形外，甲方不得解除劳动合同。甲方在试用期内解除劳动合同的，应当向乙方说明理由。

三、派遣期限、工作内容与工作地点

第四条　甲方派遣乙方到用工单位的派遣期限自 _____年_____月_____日开始。

第五条　甲方派遣乙方工作的用工单位基本情况如下：

名称：_____

法定代表人：_____

联系电话：_____

注册地址：_____

邮政编码：_____

第六条　乙方同意根据用工单位工作需要，担任_____岗位（工种）工作。根据岗位责任要求，乙方要在规定时间内，以其全部时间与精力来完成甲方及用工单位指派的工作任务，与甲方签订劳动合同后，不得同时受聘其他公司或个人。只有在甲方指派或征得甲方同意的情况下，乙方才可以在其他用人单位从事兼职行为。

第七条　根据用工单位的岗位（工种）作业特点，乙方的工作区域或工作地点为：_____。

四、工作时间与休假

第八条　用工单位安排乙方执行下列第_____种工时制度：

（1）执行标准工时制度的，乙方每日工作不超过 8 小时，每周工作不超过 40 小时；

（2）执行综合计算工时制度的，乙方平均每天工作时间不超过 8 小时，平均每周工作时间不超过 40 小时；

（3）执行不定时工作制度，在保证完成用工单位工作任务的情况下，乙方自行安排工作和休息时间。

第九条 用工单位执行标准工时制度的，应当保证乙方每周至少休息1日，且连续休息时间不少于24小时。

实行综合计算工时制度和不定时工作制度的，由用工单位适当安排休息，不执行本条第1款的规定。

在本条第1款规定的休息制度下，甲方及用工单位安排乙方工作的，每日工作时间不得超过8小时，每周工作时间不超过40小时。

第十条 由于生产经营需要，在履行充分告知义务的情况下，乙方未明确表示反对的，用工单位可以安排乙方加班，并按规定支付加班工资。

乙方因完成工作任务的需要，确需加班的，应当向主管领导提出书面的申请，说明加班的理由和时间，经主管领导批准后，方视为加班，享受加班待遇。加班时间，以实际发生的时间为准。

甲方及用工单位安排加班的，一般每日安排加班不超过1小时；因特殊原因需要延长工作时间的，在保障乙方身体健康的条件下延长工作时间的，每日不得超过3小时，每月不超过36小时。

第十一条 有下列情形之一，甲方及用工单位安排乙方加班的，乙方无正当理由不得拒绝加班，且不受本合同第10条关于加班时间的限制：

（1）发生自然灾害、事故或者其他原因，威胁劳动者生命健康和财产安全，需要紧急处理的；

（2）生产设备、交通运输线路、公共设施发生故障，影响生产和公众利益，必须及时抢修的；

（3）在法定节假日和公休假日内工作不能间断，必须连续生产、运输或者营业的；

（4）必须利用法定节假日和公休假日的停产期间进行设备检修、保养的；

（5）法律、行政法规规定的其他情形。

第十二条 一般情况下，劳动者需要请事假的，必须提前_____个工作日以书面形式向甲方及用工单位提出申请，经甲方及用工单位批准后，方可请假。因紧急情况需要请事假的，必须事先通知甲方及用工单位请假的事由和期限。乙方未按照前款规定履行申请或通知义务的，按旷工处理，甲方可对乙方进行处分。

第十三条 法定休假日及公休日休假事项，按照国家有关规定执行。其他休假事项，按照国家和地方相关规定以及甲方和用工单位的规章制度（用工守则）执行。

五、工资

第十四条 劳动者工资报酬包括固定工资、工龄工资、技术工资、加班加点工资、各类奖金和津贴。

第十五条 经甲乙双方协商一致，对乙方的工资报酬按以下第_____种方案执行：

（1）乙方的工资报酬按照甲方依法制定的规章制度中的内部工资分配方法确定，根据乙方的工作岗位确定其每月工资为_____元人民币；

（2）甲方对乙方实行基本工资和绩效工资相结合的内部工资分配方法，乙方的基本工资确定为每月_____元，以后根据内部工资分配方法调整其工资；绩效工资根据乙方的工作业绩、劳动成果和实际贡献按照内部分配方法考核确定；

（3）甲方实行计件工资制，确定乙方的劳动定额应当是用工单位同岗位90%以上的劳动者在法定工作时间内能完成的，乙方在法定工作时间内按质完成用工单位定额，甲方应当按时足额支付乙方工资报酬。在试用期内，乙方的工资不低于本条款第1款约定的工资标准的80%。

第十六条 甲方按以下第_____种方式，向乙方支付工资报酬：

（1）每月_____日一次性支付上（ ）／本（ ）／下（ ）月工资报酬；

（2）每月工资报酬分_____次支付，具体支付方法：_____。

甲方应当按本条第1款的规定及时支付工资，不得无故克扣、拖欠工资报酬。

工资发放日为法定节假日或休息日的，应在节假日前发放。

因工资计算标准不明确或计算方式不当造成甲方少付乙方工资的，或者乙方拒绝领取的，不属于无故拖欠或克扣工资。经乙方提醒后，甲方因及时采取补救措施，补发乙方相应的工资报酬。

第十七条 有下列情况之一的，不属于无故克扣行为：

（1）甲方依法代扣代缴乙方应缴纳的个人所得税；

（2）甲方依法代扣代缴的应由乙方个人承担的各项社会保险费用的；

（3）法院判决、裁定中要求代扣的抚养费、赡养费的；

（4）法律、法规规定甲方可以从乙方工资中扣除的其他费用。

第十八条 乙方在法定工作时间内提供了正常劳动的，甲方支付给乙方的工资应不低于甲方所在地最低工资标准。

第十九条 甲方未能安排乙方工作或者乙方并非由于《劳动合同法》第39条和第40条第1项、第2项规定的情形，被用工单位退回甲方的，甲方按照所在地最低工资标准支付乙方报酬。

六、规章制度与劳动安全

第二十条　乙方应当按照甲方及用工单位安排的工作内容及要求履行劳动义务，按时完成规定的工作数量，达到规定的质量要求及工作岗位职责要求，并应当遵守甲方及用工单位依法制定的并已公示的规章制度。

第二十一条　甲方应当要求用工单位根据生产岗位的需要，按照国家有关劳动安全、卫生的规定为乙方配备必要的安全措施，发放必要的劳动保护用品。

第二十二条　甲方应当要求用工单位根据国家有关法律、法规，建立安全生产制度；乙方应当严格遵守甲方和用人单位的劳动安全制度，严禁违章作业，防止劳动过程中的事故发生，减少职业危害。

第二十三条　甲方应当要求用工单位建立、健全职业病防治责任制，加强对职业病防治的管理，提高职业病防治水平。

七、社会保险

第二十四条　双方依法参加社会保险，按时缴纳各项社会保险费，其中依法应由乙方缴纳的部分，由甲方从乙方工资报酬中代扣代缴。社会保险的内容包括基本养老保险、基本医疗保险、失业保险、工伤保险、生育保险与住房公积金。

第二十五条　甲方应当将为乙方缴纳各项社会保险费的情况公示或向乙方本人出具书面的缴费记录单，乙方有权向甲方查询其各项社会保险的缴费情况，甲方应当提供协助。

第二十六条　甲方应当按照规定的缴费基数为乙方缴纳各项社会保险费用，不得拖欠、漏缴社会保险费用。由于甲方违反国家规定不缴、少缴社会保险费用造成乙方社会保险待遇损失的，甲方应如数赔偿乙方的社会保险待遇损失。

第二十七条　如乙方患职业病或发生工伤事故，甲方应负责及时救治、为乙方垫付工伤医疗费用。并在规定的时间内，向劳动保障行政部门提出工伤认定申请，为乙方依法申请劳动能力鉴定，及时落实乙方的工伤保险待遇，积极为乙方享受工伤保险待遇向劳动保障、社会保险基金中心等相关主管部门办理必要的手续，在收到有关部门支付的工伤保险待遇后及时转交给乙方。

第二十八条　乙方因为患病、生育需要社保基金支付有关费用的，在将相应的票据交付给甲方后，甲方有义务为乙方办理相关的报销手续。有关费用到达甲方账户后，甲方应将有关费用及时支付给乙方。

第二十九条　甲方根据自身的经济效益情况，为乙方办理补充商业保险或建立企业年金制度，在乙方符合条件享受补充商业保险或企业年金待遇的，甲方应及时为乙方办理相应的待遇支付手续。

第三十条 甲乙双方解除和终止劳动合同后，甲方应当按照国家及本地规定为乙方办理有关社会保险转移手续。

第三十一条 其他的保险福利待遇按照国家和地方及企业的有关规定执行。

八、劳动合同的解除

第三十二条 经甲乙双方协商一致本合同可以解除。

第三十三条 乙方具有下列情形之一的，甲方可以解除劳动合同：

（1）在试用期内被证明不符合录用条件的；

（2）严重违反劳动纪律或甲方规章制度的；

（3）严重失职、营私舞弊，给甲方或用工单位利益造成重大损害的；

（4）乙方没经过甲方和用工单位同意，同时与其他用人单位建立劳动关系或者兼职，对完成用工单位的工作任务造成严重影响的，或者经甲方提出，拒不改正的；

（5）泄露甲方商业机密或为竞争对手效力，给甲方造成重大影响或经济损失的；

（6）生活作风不端正，受到治安处罚，对甲方或用工单位形象造成严重不良影响的；或者严重扰乱甲方或用工单位生产、工作秩序的，受到甲方2次处分的；

（7）违反本合同相关约定，给甲方造成严重损失的；

（8）以欺诈、胁迫的手段或者乘人之危，使对方在违背真实意思的情况下订立或者变更劳动合同的；

（9）被依法追究刑事责任，被劳动教养、判刑（含缓刑）的。

第三十四条 有下列情形之一的，甲方可以解除本合同，但应当提前30日以书面形式通知乙方或者额外支付乙方1个月的工资：

（1）乙方患病或者非因工负伤，在规定的医疗期满后不能从事原工作，也不能从事由用人单位另行安排的工作的；

（2）乙方不能胜任工作，经过培训或者调整工作岗位，仍不能胜任工作的；

（3）本合同订立时所依据的客观情况发生重大变化，致使劳动合同无法履行，经甲乙双方共同协商，未能就变更劳动合同内容达成协议的；

（4）国家对于乙方的工作岗位有特殊的资质要求，而乙方因个人原因失去该资质，甲乙双方就调换工作岗位未达成一致的。

第三十五条 有下列情形之一，需要裁减人员20人以上或者裁减不足20人但占企业职工总数10%以上的，用人单位提前30日向工会或者全体职工说明情况，听取工会或者职工的意见后，裁减人员方案经向劳动行政部门报告，可以裁减人员：

（1）依照企业破产法规定进行重整的；

（2）生产经营发生严重困难的；

（3）企业转产、重大技术革新或者经营方式调整，经变更劳动合同后，仍需裁减人员的；

（4）其他因劳动合同订立时所依据的客观经济情况发生重大变化，致使劳动合同无法履行的。

裁减人员时，应当优先留用下列人员：

（1）与本单位订立较长期限的固定期限劳动合同的；

（2）与本单位订立无固定期限劳动合同的；

（3）家庭无其他就业人员，有需要扶养的老人或者未成年人的。

甲方依照本合同本条解除劳动合同，在 6 个月内重新招用人员的，应当通知乙方，并在同等条件下优先招用。

第三十六条 甲方单方解除劳动合同，应当事先将理由通知工会。甲方违反法律、行政法规规定或者劳动合同约定解除劳动合同的，工会有权要求甲方纠正。甲方应当研究工会的意见，并将处理结果书面通知工会。

第三十七条 乙方具有下列情形之一的，用人单位不得依照本合同第 34 条、第 35 条的规定解除劳动合同：

（1）患病或者非因工负伤，在规定的医疗期内的；

（2）女职工在孕期、产期、哺乳期的；

（3）乙方从事接触职业病危害作业，未进行离岗前职业健康检查，或者疑似职业病病人在诊断或者医学观察期间的；

（4）在本单位患职业病或者因工负伤并被确认丧失或者部分丧失劳动能力的；

（5）在本单位连续工作满十五年，且距法定退休年龄不足五年的；

（6）乙方享受法定休假、探亲假期间的；

（7）法律、行政法规规定的其他情形。

第三十八条 乙方解除劳动合同应提前 30 天以书面形式通知甲方。试用期内，乙方解除劳动合同的，应提前 3 天书面通知甲方。

第三十九条 甲方具有下列情形之一的，乙方可以解除本合同：

（1）未按照劳动合同约定提供劳动保护或者劳动条件的；

（2）未及时足额支付劳动报酬的；

（3）未依法为乙方缴纳社会保险费的；

（4）甲方的规章制度违反法律、法规的规定，损害乙方权益的；

（5）甲方以暴力、威胁或者非法限制人身自由的手段强迫乙方劳动的；

（6）因《劳动合同法》第 26 条规定的情形致使劳动合同无效的；

（7）甲方纵容其管理人员利用职务之便，侮辱、殴打、虐待、骚扰乙方的；

（8）法律、法规规定的其他情况。

甲方以暴力、威胁或者非法限制人身自由的手段强迫乙方劳动的，或者甲方违章指挥、强令冒险作业危及乙方人身安全的，乙方可以立即解除劳动合同，不需事先告知甲方。

九、劳动合同的终止

第四十条　本合同期限届满后，因甲方原因未办理终止手续，乙方要求解除劳动关系的，劳动关系即行解除。

第四十一条　出现下列情形之一的，劳动合同即行终止：

（1）劳动合同期满的；

（2）乙方开始依法享受基本养老保险待遇或达到法定退休年龄的；

（3）乙方死亡，或者被人民法院宣告死亡或者宣告失踪的；

（4）甲方被依法宣告破产的；

（5）甲方被吊销营业执照、责令关闭、撤销或者用人单位决定提前解散的；

（6）法律、行政法规规定的其他情形。

十、离职手续与工作交接

第四十二条　甲方应当在解除或终止劳动合同时出具解除或者终止劳动合同的证明，并在 15 日之内为乙方办理档案和社会保险关系转移手续。

乙方应当按照双方约定，办理工作交接。

甲方依照本合同有关规定应当向乙方支付经济赔偿金的，在办结工作交接时支付。

十一、劳动争议解决

第四十三条　因履行本合同发生劳动争议，甲乙双方当事人应在工会组织或劳动争议调解委员会调解下协商解决。协商不成的，甲乙双方均可向当地劳动争议仲裁委员会申请仲裁。对仲裁不服的，可以向有管辖权的人民法院提起诉讼。

第四十四条　甲乙双方一致约定，若提起劳动争议仲裁申请，应向用人单位所在地_____或劳动合同履行地_____劳动争议仲裁委员会提起申请。

十二、兼职禁止、集体合同、用工 单位规章制度等事项

第四十五条 乙方向甲方保证签订及执行本合同时不得与其他合同、协议和政府规定相抵触。除非甲方和用工单位事先同意,乙方保证不得以任何形式在其他单位兼任任何工作。

第四十六条 本合同中乙方的各项待遇如低于集体合同规定的标准,按集体合同执行。

第四十七条 本合同签订之前甲方及用工单位制定的内部规章制度与本合同不一致的,甲乙双方应按照本合同执行;本合同签订之后甲方及用工单位制定的内部规章制度规定的劳动报酬、劳动条件高于本合同约定的,甲乙双方应按照甲方及用工单位的规章制度执行。

十三、法律、法规与政策变化之处理

第四十八条 本合同执行期间,若此合同或依据此合同订立的文件中某些条款因为法律法规或相关政策的变化而失效,合同其他条款仍然有效,对双方仍具有法律约束力。

十四、合同版本与合同生效

第四十九条 本合同的签署有中、英文两种版本,每种文本有两份原件,合同双方各持一份原件,具有同等法律效力。中文合同文本与英文合同文本在内容上、形式上不一致的,以合同条款与签署形式完备的为准。若两种文本在解释上存在争议,双方一致认可以中文文本为准。本劳动合同正式文本一式_____份,甲乙双方各执一份,用工单位留存一份,其余份数按如下办法处理:_____。

第五十条 关于合同的生效双方约定以下列第_____种生效方式为准:

(1) 本合同经甲方法人代表(或甲方委托代理人)签字盖章、乙方本人签字后生效;

(2) 本合同需经甲方法人代表(或甲方委托代理人)签字盖章、乙方本人签字,并自乙方向甲方出具终止或者解除劳动合同证明并将档案移至甲方指定机构之日起生效。

十五、附件效力及合同附件

第五十一条 本劳动合同下列附件与本合同具有同等法律效力。

(1) _____

(2) _____

(3) _____

甲方（公章）　　　　　　　　　　　乙方（签字或盖章）

法定代表人（主要负责人）或委托代理人

（签字或盖章）

签订日期：_____年___月___日　　　签订日期：_____年___月___日

劳动合同续订书

本次续订劳动合同期限类型为_____期限合同，续订合同生效日期为_____年_____月_____日，续订合同_____终止。

甲方（公章）　　　　　　　　　　　乙方（签字或盖章）

法定代表人（主要负责人）或委托代理人

（签字或盖章）

签订日期：_____年___月___日　　　签订日期：_____年___月___日

劳动合同变更书

经甲乙双方协商一致，对本合同做以下变更：

1. _____

2. _____

3. _____

甲方（公章）　　　　　　　　　　　乙方（签字或盖章）

法定代表人（主要负责人）或委托代理人

（签字或盖章）

签订日期：_____年___月___日　　　签订日期：_____年___月___日

6-2-2 合理性解析及关联法规

合理性解析

第四条 用工单位应当根据工作岗位的实际需要与劳务派遣单位确定派遣期限，不得将连续用工期分割订立数个短期劳务派遣协议。在订立劳务派遣协议时，用工单位和劳务派遣单位应当遵循实际需要的原则来确定派遣期限。分割订立数个短期劳务派遣协议往往成为相关单位实践中躲避社会保险、正常的工资调整等的手段，这对劳动者合法权益是一种侵害，对其进行禁止，有利于保护劳动者合法权益。

第六条 本条是关于工作内容的规定，是劳动合同的核心条款。工作内容一般又称工作岗位或工作任务，它是劳动法律关系所指向的具体对象。《劳动合同法》对派遣岗位作了临时性、辅助性和替代性的一般性规定，派遣企业在安排派遣员工从事相关工作时应考虑适法性问题。

关联法规

第六十条 劳务派遣单位应当将劳务派遣协议的内容告知被派遣劳动者。

劳务派遣单位不得克扣用工单位按照劳务派遣协议支付给被派遣劳动者的劳动报酬。

劳务派遣单位和用工单位不得向被派遣劳动者收取费用。

第六十一条 劳务派遣单位跨地区派遣劳动者的，被派遣劳动者享有的劳动报酬和劳动条件，按照用工单位所在地的标准执行。

第六十五条第一款 被派遣劳动者可以依照本法第三十六条、第三十八条的规定与劳务派遣单位解除劳动合同。

——《劳动合同法》

第三节　用工合同

6-3-1 用工合同示例

劳务用工合同
（供用工单位与被派遣劳动者订立使用）

甲乙双方经平等协商同意，依据相关法律规定和相应的合同约定，自愿签订本用工合同，共同遵守本合同所列条款。

第一章　总则

第一条（合同主体）

双方的基本情况如下：

甲方（用工单位全称）：＿＿＿＿＿＿

法定代表人（或主要负责人）：＿＿＿＿＿＿

注册地址：＿＿＿＿＿＿　　　　　　邮政编码：＿＿＿＿＿＿

联络地址：＿＿＿＿＿＿　　　　　　邮政编码：＿＿＿＿＿＿

联系电话：＿＿＿＿＿＿

联系传真：＿＿＿＿＿＿

E-mail：＿＿＿＿＿＿

乙方（姓名全称）：＿＿＿＿＿＿

身份证号码：＿＿＿＿＿＿

或者其他有效证件名称：＿＿＿＿＿＿　　　　证件号码：＿＿＿＿＿＿

户籍地址：＿＿＿＿＿＿　　　　　　邮政编码：＿＿＿＿＿＿

联络地址：＿＿＿＿＿＿　　　　　　邮政编码：＿＿＿＿＿＿

联系电话：＿＿＿＿＿＿

联系传真：＿＿＿＿＿＿

E-mail：＿＿＿＿＿＿

第二条（订立基础）

1. 乙方与 _____公司（以下简称派遣公司）签订劳动合同、建立劳动关系，甲方与派遣公司签订劳务派遣协议，派遣公司依据劳务派遣协议将乙方派遣到甲方服务，经甲方确认，认可乙方作为派遣职工到甲方服务；

2. 基于此，甲乙双方已形成劳务派遣下的用工关系，根据国家和本市有关法律、法规的规定，按照合法公平、平等自愿、协商一致、诚实信用的原则，订立本合同，共同遵守。

第三条（用工期限）

1. 用工期限经双方约定，采取下列第_____种方式。

（1）固定期限：

A. 用工期限：自_____年_____月_____日起至_____年_____月_____日止。派遣期满，不续签合同的，甲方将乙方退回派遣公司。

B. 试用期（试用期包含在合同期内）：

a. 无试用期（　）；

b. 有试用期（　）；_____年_____月_____日至_____年_____月_____日为试用期，试用期满前，甲方有权对乙方按照甲方的规章制度及岗位要求进行考核，不符合录用条件的，甲方有权将乙方退回派遣公司。

（2）以完成一定工作任务为期限：自_____起至_____工作任务完成时止，该工作任务完成的标志为_____。任务完成由甲方将乙方退回派遣公司。

2. 乙方的录用、辞退手续由派遣公司办理，甲方应协助派遣公司及时办理用工、退工手续。

第四条（工作岗位）

1. 乙方的工作岗位是：_____

该岗位（属于、不属于）临时性、替代性和辅助性的工作岗位。该工作岗位（属于、不属于）国家规定的有毒、有害、特别繁重或其他特种作业。

2. 乙方的工作任务或职责是：_____。

3. 在合同期内，甲方根据生产经营需要或其他因素及乙方的业务、工作能力和表现，可以调整乙方的工作岗位，或派乙方到本合同约定以外的地点工作。但是应经三方协商一致并与派遣公司及乙方签订岗位聘任变更合同，三方签章确认的协议书作为本合同的附件。

4. 甲方对从事特种作业人员进行安全生产基础理论和实际操作培训，经考核合格后持《中华人民共和国特种作业人员操作证》上岗。对非煤矿山、危险化学品、烟花爆竹、建筑、海洋渔业、重型装备制造（指修造船只、大型起重装备及大型钢结构件生产加工）等高危行业及危险岗位工作的人员必须经安全生产知识培训。

5. 职业病多发行业和从事可能产生职业危害作业的劳动者要进行定期健康检

查，健康检查费用由甲方承担。

第五条（工作要求）

1. 工作岗位的工作标准是_____。

2. 甲方保证，该工作考核标准不高于本单位同岗位职工的劳动定额、质量标准；乙方应当按照甲方的工作内容和岗位要求，努力提高工作技能，完成工作任务。

第六条（工作地点）

根据甲方的岗位（工种）特点，乙方的工作区域和地点是_____。根据甲方的工作需要，或乙方提出的变更工作地点的要求，经甲乙双方协商同意，可以变更工作地点。

第二章　乙方之权利义务

第七条（工作条件和劳动保护）

1. 甲方对乙方承担劳动法上的安全生产保护义务。甲方负责提供符合国家安全、卫生规定的工作环境和条件，该工作环境和劳动条件符合生产特性及工作岗位的相应要求，并保证乙方在人身安全及人体不受危害的环境条件下从事工作，否则乙方有权拒绝提供劳动。

2. 甲方根据乙方工作岗位的实际情况，按国家有关规定向乙方发放必要的劳动保护用品，并配备必要的劳动安全防护措施。

3. 甲方根据国家有关法律、法规，建立安全生产制度，及时消除安全生产事故隐患。乙方应当严格遵守甲方的劳动安全生产制度，严禁违章作业，防止劳动过程中的事故，减少职业危害。

4. 甲方应当建立、健全职业病防治责任制，加强对职业病防治的管理，提高职业病防治水平。如乙方工作过程中可能产生职业病危害，甲方应如实告知乙方，并按照《职业病防治法》的规定保护乙方的健康以及相关权益。

5. 甲方按照国家及本市有关规定对女职工实行特殊劳动保护。

第八条（工作时间）

1. 甲方安排乙方执行以下第_____种工时制：

（1）标准工时制：每周工作不超过 40 小时，每天工作不超过 8 小时，乙方休息日为_____，乙方每周至少休息一日；

（2）综合计算工时工作制；

（3）不定时工时工作制。

2. 甲方安排乙方实行综合计算工时制或不定时工时制的，应当事先取得劳动行政部门特殊工时制度的行政许可。派遣公司负责审核甲方报经劳动行政部门批准的行政许可决定。

第九条（加班及加班工资的支付）

1. 基于甲方与派遣公司的劳务派遣协议中已经得到派遣公司的明确许可有权安排乙方加班，则甲方因工作需要，经与甲方工会和乙方协商后可以延长工作时间。除《劳动法》第42条规定的情形外，一般每日不超过1小时，因特殊原因需要延长工作时间的，在保障乙方身体健康的条件下，延长工作时间最长每日不得超过3小时，每月不得超过36小时。

2. 甲方确因工作需要安排乙方延长工作时间或在法定节假日、休息日安排乙方工作的，乙方应服从甲方统一安排。但甲方应按照国家相关法律法规及甲方公司制度安排补休或支付加班加点工资，以保证乙方合法权益。加班工资不计入甲方与派遣公司约定的基本工资，由甲方直接发放给乙方。

第十条（岗前培训与业务培训）

1. 甲方应当对乙方进行工作岗位所必需的培训，费用由甲方承担。

2. 甲方负责对乙方进行岗位技能、安全生产、劳动纪律方面的教育和培训，并负责考评和考核。

第十一条（工资及计薪方式之告知）

1. 乙方正常工作时间的工资按下列第_____种形式执行，并不得低于当地最低工资标准。

（1）计时工资：

A. 月薪制，甲方每月_____日以货币形式发放（当月／上月）工资。如遇法定休假日或休息日，则提前到最近的工作日支付；

B. 乙方试用期工资为_____元／月（试用期工资不得低于甲方相同岗位最低档工资或者本合同约定工资的80%，并不得低于甲方所在地的最低工资标准）；

C. 乙方的绩效薪酬或奖金的计发方法为：_____；

D. 乙方的津贴、补贴的发放标准和办法为：_____；

E. 工资由派遣公司代扣代缴个人所得税和乙方应当个人承担的社会保险后发放。具体发放数额按照甲方的出勤统计相应增减。乙方在完成工作的基础上按时足额得到劳动报酬。甲方按月将乙方的工资支付、考勤考核等资料如实反馈给派遣公司。

（2）乙方实行基本工资和绩效奖金相结合的工资分配方案，乙方的基本工资为_____元／月；绩效奖金由甲方发放。

（3）计件工资：

A. 计件单价_____；

B. 劳动定额_____（确定的劳动定额原则上应当使用本单位同岗位70%以上的劳动者在法定劳动时间内能够完成的额度）；超过法定工作时间以外劳动定额，

由甲方按照法定加班工资的标准计算，计件工资另外计发；

　　C. 甲方为乙方提供以下福利待遇：_____。

　　（4）其他形式（如实行年薪制或者按考核周期支付工资）：_____。

　　2. 本合同中所指的工资若非特别说明，均为税前应发工资。

　　3. 派遣公司是乙方个人所得税扣缴义务人，按"工资、薪金所得"项目扣缴个人所得税。

　　4. 工资支付方式为以下第_____种形式：

　　（1）现金；

　　（2）银行转账。

　　5. （选择条款）经过甲方的书面同意，派遣公司也可以委托甲方代向乙方发放工资。

　　6. 甲乙双方对工资的其他约定：乙方被甲方退回派遣公司期间，或本合同期限履行届满，在乙方和派遣公司约定的派遣期内，乙方由派遣公司按当地最低工资标准按月支付工资，并缴纳社会保险，相关事宜概与甲方无关。

　　第十二条（工资的合理增长）

　　甲方根据本单位的生产经营状况、物价水平和政府颁布的工资正常指导线等情况，依法确定本单位的工资分配制度。乙方在派遣期间，享有正常的晋升和工资增长的权利，同步加工资，甲方的工资调整机制适用于乙方。

　　第十三条（同工同酬）

　　乙方工资不低于甲方所在地最低工资，乙方与甲方同一岗位的正式职工在工资福利方面享有不低于同等待遇的权利，但不包括基于年功（工龄）等因素产生的差别待遇。

　　第十四条（工资支付方式）

　　1. 乙方的工资支付方式为以下第_____种形式：

　　（1）由派遣公司支付；

　　（2）由甲方直接支付。

　　2. 甲方直接支付：加班工资、提成工资（绩效奖金）、与工作岗位相关的福利待遇。

　　第十五条（跨地区派遣的工资标准）

　　跨地区派遣的（甲方和派遣公司不在同一地区的），乙方享有的劳动报酬和劳动标准，应当按照甲方所在地标准执行。

　　第十六条（社会保险费缴纳之告知）

　　1. 派遣公司根据法律、法规负责办理乙方养老、医疗、工伤、失业、生育、住房公积金等社会保险有关手续，按规定的缴费基数和缴费比例缴纳应由用人单位承担的社会保险费，并按规定从乙方的工资中代为扣缴应由乙方承担的缴费部分。甲方按照社会保险有关规定和劳务派遣协议的约定，将企业缴费部分的社会保险费用拨付给派遣公司，由派遣公司参保缴费。

2. 派遣公司应将为乙方办理参加社会保险手续和扣缴社会保险费的情况如实告知甲乙双方。乙方有权按照国家有关规定查询社保缴纳状况。

3. 乙方被甲方退回没有再派出期间，乙方应当向派遣公司按照规定比例缴纳社保中个人应承担的部分，派遣公司应当依法保证社保的连续性。

4. 乙方的社会保险按照甲方所在地标准执行。

第三章　甲方之权利义务

第十七条（劳动指示权）

甲方有权通过行使指示权的形式来指挥监督乙方的工作。乙方应遵守甲方的工作规则和纪律、规章制度。甲方对乙方实行的监督管理权的程度不低于甲方的正式职工。

第十八条（用工管理）

1. 乙方应服从甲方的工作安排和日常教育管理。对于违法违纪情形，甲方可以向派遣公司提出处理意见和建议，并提供违法或违纪的事实依据，由派遣公司处理，直至解除劳动管理。

2. 乙方必须严格遵守甲方安全操作规程，努力完成甲方安排的工作任务。乙方有权拒绝甲方的管理人员违章指挥、强令冒险作业，因此类原因乙方遭受甲方退回的，不视为乙方过失。

3. 乙方应当遵守甲方的考勤制度。乙方缺勤时，派遣公司根据甲方的反映，按缺勤时当月拟发工资标准计算和扣减工资。

4. 甲方根据乙方的表现，有权予以相应的奖惩。

5. 甲方有权对乙方进行业务考核。

第十九条（规章制度）

1. 乙方应同时遵守派遣公司和甲方的规章制度，两个单位的规章制度中有冲突时，以甲方的规章制度为准。

2. 派遣公司应教育自己的员工遵守实际用工单位的规章制度。派遣员工违反用工单位的规章制度造成用工单位损失的，视为派遣公司违反合同约定，派遣公司应承担违约责任。派遣公司对用工单位承担违约责任后，可视情节追究派遣员工的责任。

第二十条（受领给付权）

乙方给付劳动所完成之利益归属甲方所有。

第二十一条（不歧视）

1. 乙方有参加甲方政治文化活动的权利，甲方保证不对乙方有歧视性规定。

2. 甲方不得以高于本单位同岗位职工的劳动标准对乙方进行考核。

3. 甲方尊重乙方的民族、种族、户籍、身体状况和宗教信仰，除非因工作客观要求，不因上述因素拒绝乙方入职或提高录用标准。

第二十二条（工会）

1. 乙方可选择加入派遣公司工会或甲方工会，但不可同时加入两个工会。

2. 乙方选择加入甲方工会的，有权出席工会会议，与甲方职工享有同样的权利，如表决权。

第二十三条（民主管理）

乙方有权参加甲方的职工代表大会，参与甲方的民主决策、民主管理和民主监督，合法表达自己的利益诉求。

第二十四条（集体合同）

甲方的集体合同内容，涉及劳动报酬、劳动安全卫生、劳动纪律、工作时间等用工管理内容的，对乙方具有约束力。

第二十五条（商业秘密、知识产权与隐私保护）

1. 乙方应当保护甲方的商业秘密，否则视作派遣公司对甲方的民事违约，由派遣公司对甲方承担赔偿责任，乙方对派遣公司承担劳动合同上的违约责任。乙方在甲方派遣期间，因工作因素取得的知识产权，没有特别约定的情况下，产权归属甲方，但乙方享有署名权。

2. 甲方对乙方提供的个人资料和工作中的隐私予以保密，未经乙方书面同意或司法要求，甲方不得公开或泄露乙方的个人资料、隐私、技术和智力成果。

第二十六条（服务期之不约定）

鉴于乙方系劳务派遣职工，甲方与乙方不约定服务期条款。但是甲方实际出资给派遣公司定向培训乙方的，派遣公司与乙方签订的服务期约定，不受此限。

第二十七条（竞业限制之不约定）

鉴于乙方从事的岗位不是甲方高端岗位，故甲乙双方不约定竞业限制。但甲方实际承担竞业限制补偿金给派遣公司支付给乙方的，派遣公司与乙方签订的竞业限制约定，不受此限。

第二十八条（工伤）

1. 工伤认定、劳动能力鉴定事宜由派遣公司负责，甲方应当协助派遣公司做好工伤认定、劳动能力鉴定申报，以落实乙方的工伤保险待遇。工伤保险费率调整以甲方为依据。

2. 工伤赔偿责任，如未购买工伤保险，由派遣公司承担。甲方应负责工作场地、设施及环境的安全管理，提供必要的劳动保护条件，保证乙方的劳动安全，避免发生工伤事故。乙方因工受伤时，甲方将协调派遣公司办理工伤理赔事宜。

3. 乙方在甲方工作期间因工伤事故造成的伤、残、亡等由派遣公司负责处理。

甲方在第一时间通知派遣公司，负责事故现场应急处理，积极配合事故的调查取证并提供相关资料。

4. 乙方发生工伤、职业病、死亡等事故，派遣公司按国家规定执行，国家规定由用工单位支付的费用由甲方承担。

第二十九条（非甲方因素导致乙方意外伤害事故的处理）

非甲方因素导致乙方意外伤害事故的，由派遣公司负责赔偿。

第三十条（甲方与派遣公司的分别责任）

1. 乙方在劳务派遣期间，对第三方侵权的，由派遣公司对外承担责任。

2. 派遣公司不按时、足额发放工资或依法缴纳社保的，由派遣公司对乙方承担责任。

第三十一条（甲方与派遣公司的连带责任）

1. 派遣过程中，如果给乙方造成损害的，甲方与派遣公司承担连带赔偿责任。

2. 甲方克扣、无故拖欠乙方工资的，由派遣公司承担对乙方的义务，甲方承担连带责任。

3. 派遣公司不合法用工，导致甲方承担连带责任的，甲方有权向派遣公司追索。

第三十二条（不得为）

1. 甲方不得向乙方收取任何抵押金、保证金等类似财物或扣押证件原件。

2. 甲方经济性裁员的，不得退回乙方。

3. 甲方不得将乙方再派遣或调动到其他用人单位。

第三十三条（病假、医疗期及待遇）

乙方患病或非因工负伤的医疗期和医疗待遇，按国家及＿＿＿＿＿＿＿省（区／市）有关规定执行。在符合国家规定的医疗期内，派遣公司继续支付乙方的病假工资、社会保险费和服务费。派遣公司应在规定的医疗期内支付病假工资或疾病救济费，数额为＿＿＿＿＿＿＿元／月（不低于当地最低工资标准的80%）。

第三十四条（事假、年假及其待遇）

1. 乙方可以请事假，但事假期间不计薪。乙方结婚的，享有婚假3天，晚婚的，享有晚婚假7日，但婚假应当在结婚登记日前后3个月内休完。晚育的，按照本市规定，另享有晚育假30天。

2. 甲方保证乙方的法定节假日休息。

3. 乙方在甲方工作满1年以上（含1年）的，甲方每年安排一次带薪年休假；具体休假天数按国务院相关规定执行。

第三十五条（女职工"三期"待遇）

1. 乙方在派遣期间出现孕期、产期、哺乳期、职工节育手术期间，不得降低乙方工资待遇，不得将乙方退回，由派遣公司按国家规定及当地有关规定承担工资支付费用。但乙方不能提供合法婚育证明及医院证明的除外。

2. 派遣公司在向甲方派遣人员时，应向甲方准确提供乙方"婚姻状况"及"三期"情况。

3. 乙方怀孕不满 4 个月流产的，甲方应根据医务部门的证明给予 15 天至 30 天的产假；怀孕满 4 个月以上流产的，给予 42 天产假，流产假期间，其工资照发。

第四章 用工合同之终了

第三十六条（甲方解除本合同的情形）

1. 乙方有下列情形之一的，甲方有权将乙方退回派遣公司。涉及经济处罚或经济赔偿金等问题时，按照甲方相关规章制度由派遣公司负责处理后并返还甲方：

（1）在试用期间被证明不符合录用条件的；

（2）严重违反甲方的规章制度的；

（3）严重失职，营私舞弊，给甲方造成重大损害的；

（4）同时与其他用人单位建立劳动关系，对完成甲方的工作任务造成严重影响，或者经甲方提出，拒不改正的；

（5）以欺诈、胁迫的手段或者乘人之危，使甲方或派遣公司在违背真实意思的情况下订立或者变更劳动合同的；

（6）被依法追究刑事责任的；

（7）乙方患病或者非因工负伤，在规定的医疗期满后不能从事原工作，也不能从事由甲方另行安排的工作的；

（8）乙方不能胜任工作，经过培训或者调整工作岗位，仍不能胜任工作的。

2. 乙方被退回的，应当按照甲方规定办理工作交接。

3. 提前解除劳务派遣的经济补偿：甲方提前解除本合同的，对乙方的经济补偿由甲方承担，通过派遣公司及时支付给乙方。

第三十七条（甲方不得将乙方退回的情况）

发生以下情形的，甲方不得将乙方退回派遣公司：

1. 乙方从事接触职业病危害作业的，未进行离岗前职业健康检查的，或者疑似职业病的在诊断或者医学观察期间的；

2. 在甲方用工期间患职业病或者因工负伤并被确认丧失或者部分丧失劳动能力的；

3. 患病或者非因工负伤，在规定的医疗期内；

4. 乙方在派遣期间出现孕期、产期、哺乳期、职工节育手术期间。

第三十八条（乙方解除本合同）

乙方提前 30 天，书面通知派遣公司及甲方，可以解除劳务派遣劳动合同以及本合同，但应当自发出书面解聘通知 30 天内，继续履行本合同，甲方放弃的除外。派遣公司与乙方解除劳动合同的同时，本合同随之解除。

第五章　用工合同的变更

第三十九条（合同的变更）

1. 岗位合同依法签订后，合同双方必须全面履行合同规定的义务，任何一方不得擅自变更合同。确需要变更时，都应以书面通知对方，三方应协商一致，并按原签订程序变更合同。三方未达成一致意见的，原合同继续有效。

2. 甲方变更名称、法定代表人或者主要负责人、投资人等事项，不影响本合同履行；甲方发生合并或分立等情况，本合同继续有效，由承继甲方权利和义务的单位继续履行。

3. 乙方和派遣公司劳动合同的任何变更，乙方应当及时书面通知甲方。

第四十条（派遣用工向劳动用工的转化）

乙方工作表现得到甲方认可的，征得乙方和劳务派遣公司同意的，甲方可以将乙方转为劳动合同制职工。

第四十一条（乙方即时解除本合同的情形）

1. 有下列情形的，乙方可以解除与派遣公司的劳动合同，并随之解除本合同：

（1）乙方与派遣公司协商不一致的；

（2）甲方未按照劳务派遣劳动合同协议的约定提供劳动保护或者劳动条件的；

（3）派遣公司未及时足额支付劳动报酬的；

（4）甲方未及时足额支付加班工资、绩效奖金、货币形式体现的与工作岗位相关的福利待遇的；

（5）派遣公司未依法为乙方缴纳社会保险费的；

（6）派遣公司或甲方的规章制度违反法律、法规的规定，损害乙方劳动者权益的；

（7）派遣公司或甲方以欺诈、胁迫的手段或者乘人之危，使乙方在违背真实意思的情况下订立或者变更劳动合同的。

2. 有下列情形的，乙方可以立即解除与派遣公司的劳动合同，且不需要事先告知派遣公司，并随之解除本合同：

（1）甲方以暴力、威胁或者非法限制人身自由的手段强迫乙方劳动的；

（2）甲方违章指挥、强令冒险作业危及乙方人身安全的。

第四十二条（合同的终止）

1. 岗位合同期满或者双方约定的合同终止条件出现时，岗位合同即自行终止。在岗位合同期满前，经双方协商同意，可以续订岗位合同，如续订期限超出乙方和派遣公司劳动合同期限的，需要派遣公司和乙方签订劳动合同变更协议。

2. 甲方被撤销的，本合同自行终止。

3. 乙方被甲方退回或终止与甲方的岗位合同，甲方应当及时以书面的形式通知派遣公司。

4. 乙方患病或非因工负伤医疗期满，经劳动鉴定委员会确认不能从事原工作也不能从事由甲方另行安排的工作而被解除借用的，甲方应按照劳动合同法相关规定予以处理。

第四十三条（争议解决）

1. 甲乙双方就加班工资、绩效奖金、与工作岗位有关的福利待遇等所发生的纠纷，由甲方所在地劳动争议仲裁委员会处理。

2. 其他用工纠纷，由乙方向派遣公司所在地劳动争议仲裁委员会向派遣公司主张。如争议的处理结果与甲方有利害关系，甲方有参加仲裁活动的权利和义务。

3. 乙方侵犯甲方权益的，派遣公司应当追究乙方的法律责任。

第四十四条（违约责任）

1. 甲方未按劳务派遣协议的约定承担对乙方的义务，或者甲方有《劳动合同法》第38条规定的情形，致使乙方行使单方解除权的，由派遣公司承担对乙方的义务，甲方承担连带责任。

2. 合同期内，乙方未经协商擅自离岗给甲方因缺岗造成的经济损失，乙方应承担对甲方的损害赔偿责任，派遣公司承担连带责任。

第六章　附则

第四十五条（送达地址确认及变更的告知义务）

1. 依据本合同条款所作出的通知应以书面形式发出，如是给甲方的，可直接递交、挂号邮寄至甲方本合同所列举的联络地址，如是给乙方的，可直接递交给乙方，或挂号邮寄至乙方在本合同所填写的联络地址（如有变化，乙方应及时在3个工作日内通知甲方）。挂号邮寄的方式在投邮之日起即视为送达。

2. 甲方所在地址的任何变更，应当在变更之日起7日内及时告知乙方。

第四十六条（其他）

1. 乙方的人事档案、党团组织关系，由派遣公司处理。乙方也可以在甲方参加党、团组织活动，履行相关义务。甲方党团组织要在政治上关心乙方，注重教育培养，做好发展党员和培养后备干部的组织工作。

2. 本合同涉及派遣公司需要承担义务的，甲方已事先得到派遣公司的明确书面许可。

3. 本合同未尽事宜，或合同条款与今后国家、当地有关规定相悖的，按有关规定执行。

4. 本合同一式三份，甲方、乙方、派遣公司各存留一份，三份均具有同等法律效力。

第四十七条（生效）

本合同自签订之日起生效。

甲方或甲方代表人：（签署并盖章）　　　　　　　　乙方：（签名）

日期：＿＿＿年＿＿＿月＿＿＿日　　　　　　　　日期：＿＿＿年＿＿＿月＿＿＿日

附件：

1. ＿＿＿＿＿＿＿＿

2. ＿＿＿＿＿＿＿＿

3. ＿＿＿＿＿＿＿＿

6-3-2 合理性解析及关联法规

合理性解析

第四条　劳务派遣用工应在岗位区分的基础上实施，不应在同一岗位上使用正式用工和派遣用工。根据《劳动合同法（修正案）》的规定，劳动合同用工是我国的企业基本用工形式。劳务派遣用工是补充形式，只能在临时性、辅助性或者替代性的工作岗位上实施。前款规定的临时性工作岗位是指存续时间不超过六个月的岗位；辅助性工作岗位是指为主营业务岗位提供服务的非主营业务岗位；替代性工作岗位是指用工单位的劳动者因脱产学习、休假等原因无法工作的一定期间内，可以由其他劳动者替代工作的岗位。企业应根据自身经营实际，区分"三性"岗位和非"三性"岗位，并相应归类设定为正式工岗位和派遣工岗位，分别实行用工管理。

第五条　工作要求是实际用工单位根据工作岗位的职能要求和目标预订的工作内容标准，一般体现为岗位职能的说明书。工作要求对于实际用工单位而言，意义重大，条款设置得清晰明确，对于保障实际用工单位是否有效退回职工、奖惩职工有着重要的衔接作用。对于用工合同约定的工作内容，劳务派遣职工应当按时、按质、按量完成。实际用工单位对工作要求的规定应当符合一般的劳动者在该工作岗位所能达到的正常标准，不能设置过高，且该标准不得超出实际用工单位的正式合同制职工的要求。

第十条　从目前实践看，劳务派遣职工的职业教育、技术培训和其他福利待遇与用工单位的正式劳动合同工平等。对在岗被派遣职工进行工作岗位所必需的培训是实际用工单位的法定义务。工作岗位所必需的培训是安全生产、正常生产的保障，也是劳动关系中具有人身性和隶属性的内容。根据有关职业技能培训规定，用人单位应当对本单位劳动者进行职业技能培训。由于被派遣职工的工作岗位是在用工单位而不是在派遣公司，所以，对被派遣职工进行职业技能培训的义务自然应当由用工单位履行。派遣公司应当按照用工单位的要求派遣符合用工单位要求的劳动者。但如果用工单位在接受被派遣职工后认为按照本单位的岗位需要应当进一步对被派遣职工进行培训的，则由用工单位自己负责对在岗被派遣职工进行工作岗位所必需的培训，该费用由用工单位承担。

第十二条　用工单位对被派遣职工连续用工的，在派遣期限内，应当实行正常的工资调整机制。这主要是要求用工单位对被派遣劳动者的工资随着工作时间的长短，能够按照实际用工单位的工资调整机制得到提高。据调查，有的被派遣工在同一用工单位工作近十年，工资从没有调整。用工单位连续用工的，工资需要进行定期的调整。此调整机制用工单位必须依法实行。

第十六条　劳务派遣职工的社会保险由派遣公司根据国家法律法规和派遣公司所在地的地方法规、规章的规定缴纳，社会保险的缴纳主体是派遣公司，不是用工单位。

第十九条　劳务派遣职工应当遵守派遣公司的规章制度，如果合同有明确规定的，劳务派遣职工还应当遵守实际用工单位的规章制度。实际用工单位应当在被派遣职工和派遣公司签订劳动合同之前，将本单位的规章制度或员工手册交付派遣公司。

第二十四条　劳务派遣职工可以在派遣公司就签订劳动合同、实行同工同酬、社会保险、参加工会以及用人、用工单位对保障劳务派遣工权益的连带责任等问题展开集体协商，最后签订劳务派遣工集体合同。实际用工单位的集体合同，在工资待遇、工作时间、员工福利等方面的条款，也应当对劳务派遣职工具有约束力。

第二十六条　用人单位出资培训劳动者是现代企业的普遍做法。为了保障用人单位的合法权利，防止劳动者通过专门培训获得专业知识技能后"跳槽"以获得更高的收入，《劳动合同法》第22条规定，用人单位为劳动者提供专项培训费用，对其进行专业技术培训的，可以与该劳动者订立协议，约定服务期。根据工作技能特点和员工能力，对员工进行挑选、任命、再培养，以支持对员工有目的的持续培养，从而完成高标准、高质量的工作，这是现代企业的经常做法。但是，劳务派遣岗位一般是临时性、替代性和辅助性的，显然，《劳动合同法》的规定导致实际用工单位基本上不可能考虑另行出资对被派遣职工进行培训。

第二十八条　劳务派遣职工和正式合同制职工一样，享有社会保障。派遣公司负责给劳务派遣职工缴纳社会保险，所以劳务派遣职工在劳务派遣期间发生工伤的，应当由派遣公司履行用人单位的义务，由派遣公司出面办理工伤保险的认定和劳动能力鉴定事宜。实际用工单位应当在工伤事故发生后，及时通知派遣公司，并协助配合派遣公司收集相关原始材料。

第三十九条　用工合同的实际履行，客观上不可避免地牵涉到派遣公司、实际用工单位、被派遣职工三方当事人。用工合同的内容，涉及劳务派遣公司的，如需变更，需要三方协商一致，除非该变更内容在劳务派遣协议或其他协议中已经得到派遣公司的明确书面授权。

关联法规

第六十二条　用工单位应当履行下列义务：

（一）执行国家劳动标准，提供相应的劳动条件和劳动保护；

（二）告知被派遣劳动者的工作要求和劳动报酬；

（三）支付加班费、绩效奖金，提供与工作岗位相关的福利待遇；

（四）对在岗被派遣劳动者进行工作岗位所必需的培训；

（五）连续用工的，实行正常的工资调整机制。

用工单位不得将被派遣劳动者再派遣到其他用人单位。

第六十三条　被派遣劳动者享有与用工单位的劳动者同工同酬的权利。用工单位应当按照同工同酬原则，对被派遣劳动者与本单位同类岗位的劳动者实行相同的劳动报酬分配办法。用工单位无同类岗位劳动者的，参照用工单位所在地相同或者相近岗位劳动者的劳动报酬确定。

劳务派遣单位与被派遣劳动者订立的劳动合同和与用工单位订立的劳务派遣协议，载明或者约定的向被派遣劳动者支付的劳动报酬应当符合前款规定。

第六十四条　被派遣劳动者有权在劳务派遣单位或者用工单位依法参加或者组织工会，维护自身的合法权益。

第六十五条第二款　被派遣劳动者有本法第三十九条和第四十条第一项、第二项规定情形的，用工单位可以将劳动者退回劳务派遣单位，劳务派遣单位依照本法有关规定，可以与劳动者解除劳动合同。

第六十六条　劳动合同用工是我国的企业基本用工形式。劳务派遣用工是补充形式，只能在临时性、辅助性或者替代性的工作岗位上实施。

前款规定的临时性工作岗位是指存续时间不超过六个月的岗位；辅助性工作岗位是指为主营业务岗位提供服务的非主营业务岗位；替代性工作岗位是指用工单位的劳动者因脱产学习、休假等原因无法工作的一定期间内，可以由其他劳动者替代工作的岗位。

用工单位应当严格控制劳务派遣用工数量，不得超过其用工总量的一定比例，具体比例由国务院劳动行政部门规定。

第六十七条　用人单位不得设立劳务派遣单位向本单位或者所属单位派遣劳动者。

——《劳动合同法》

第四节 外服系统劳务（派遣）一揽子合同协议

6 – 4 – 1 外服系统劳务（派遣）一揽子合同协议示例

目 录

I 劳务合同（附表1：名单；附表2：服务项目；附件：劳务派遣协议）

II 劳动合同（附件1：劳动合同内容确定书；附件2：派遣协议书）

I 劳务合同
（Labor Service Contract）

甲方：××市对外服务有限公司（以下简称"甲方"）

乙方：＿＿＿＿＿＿＿＿＿＿＿（以下简称"乙方"）

根据《中华人民共和国合同法》《中华人民共和国劳动法》《中华人民共和国劳动合同法》等有关法律、法规的规定，本着平等互利的原则，甲乙双方经友好协商，就乙方使用甲方员工等事宜，达成本劳务派遣合同（以下简称"本合同"）。

第一章 总则

第一条 适用

甲、乙双方有关乙方使用甲方员工等事宜，适用本合同。

第二条 适用法律

本合同，以及本合同有关的一切事宜，一律使用中华人民共和国的法律、法规。因任何原因，包括但不限于因法律法规变化，致使本合同条款与中华人民共和国法律、法规不一致时，均应以中华人民共和国法律、法规为准。

第三条 定义

3.1 甲方员工：指乙方需要使用的，由甲方依法办理相关手续，派遣到乙方的中国公民。

3.2 附件：指甲、乙双方另行签订的所有关于本合同的补充协议或相关约定等；附件是本合同不可分割的组成部分，与本合同具有同等法律效力。

3.3 管理费：指乙方使用甲方员工而应支付给甲方的各种费用的总数。一般包括：

3.3.1 乙方为承担甲方员工的社会保险和住房公积金而支付的费用；

3.3.2 乙方为要求甲方向甲方员工提供福利保障、档案保管而支付的费用；

3.3.3 乙方为甲方提供本合同下所列服务而支付给甲方的服务费和约定的相关税收。

3.4 工资：指乙方使用甲方员工而应支付给甲方员工的劳动报酬，具体数额应以附件所载为准。

3.5 法律：指中华人民共和国法律、法规、规章、制度、规范性文件等。

第二章　权利和义务

第四条　甲方享有的权利

4.1 甲方有权要求乙方为甲方的服务配合甲方拟定的流程。

4.2 甲方有权对乙方与甲方员工之间因实际使用关系所发生的争议进行调解。

4.3 甲方有权对乙方侵害甲方员工合法权益的行为进行交涉并提出整改意见和要求。

4.4 甲方有权根据本合同和附件的约定，按月向乙方收取管理费。

第五条　乙方享有的权利

5.1 乙方有权享有本合同和附件约定的由甲方提供的服务。

5.2 乙方有权决定甲方员工的派遣期限，派遣期限一般不应少于2年，派遣期满乙方可以退回甲方员工，但另有约定的除外。

5.3 乙方有权与被其使用的员工另行签订协议（包括但不限于培训服务期协议、保密协议等），以约定双方的权利义务；但因此产生的一切责任，甲方不承担任何一方（即乙方或甲方员工）的连带责任。

5.4 乙方有权制定、修改或者决定有关劳动报酬、工作时间、休息休假、劳动安全卫生、保险福利、职工培训、劳动纪律以及劳动定额管理等直接涉及甲方员工切身利益的规章制度或者重大事项；但规章制度或者重大事项在实体和程序上均不得与法律相冲突，而且应当向甲方员工公示或者告知。

第六条　甲方履行的义务

6.1 甲方应为乙方合法使用的甲方员工依法办理相关手续。

6.2 甲方应根据本合同和附件的约定，向乙方提供各类由乙方选定的服务。

6.3 甲方应教育甲方员工自觉遵守法律和乙方依法制定、修改或决定的规章制度或者重大事项。

6.4 甲方应当按照乙方依法确定的标准为乙方使用的甲方员工缴纳社会保险和住房公积金。

6.5 甲方可以根据乙方的合法需求协助符合条件的甲方员工办理出国（境）手续。

6.6 甲方可以根据乙方的需求协助符合条件的甲方员工办理担任乙方（首席）代表的手续。

6.7 甲方可以为符合规定的甲方员工办理职称评定。

6.8 甲方应乙方的要求，协助乙方对甲方员工造成乙方的经济损失进行追索，但甲方不对上述损失承担连带赔偿责任。

第七条 乙方履行的义务

7.1 乙方应根据本合同和附件的约定，为甲方履行服务提供必要的协助。

7.2 乙方应根据本合同和附件的约定，每月按时足额向甲方支付管理费。

7.3 乙方应尊重甲方员工的民族习惯和宗教信仰，严禁种族歧视或性别歧视。

7.4 乙方应执行国家劳动标准，提供相应的劳动条件和劳动保护；并应承担甲方员工正常死亡的丧葬补助费、直系亲属抚恤金等责任和甲方员工工伤的责任。

7.5 乙方应根据法律规定依法执行工时制度和支付加班费。

7.6 乙方应根据法律给予女性甲方员工特殊劳动保护，保障其在孕期、产期和哺乳期的合法权益。

7.7 乙方如直接支付报酬的，包括但不限于工资、加班费、绩效奖金等，应当及时足额支付并依法代扣代缴所得税。

7.8 乙方应根据法律规定执行带薪休假制度。

7.9 乙方可以与甲方员工书面约定，乙方聘用甲方员工每一公历年，在年终由乙方向甲方加付一个月的工资作为年终双薪。

7.10 因乙方使用、退回甲方员工，或因乙方与甲方员工发生争议，而引起甲方与甲方员工发生劳动争议仲裁或诉讼，或被行政处罚的，乙方应协助甲方参与仲裁、诉讼、行政复议。若甲方因前述仲裁或诉讼或行政处罚导致需支付任何费用，包括但不限于罚款、赔偿、仲裁费、诉讼费、执行费等，均应由乙方承担，但争议或处罚系甲方过错造成的除外。

第八条 双方共同享有的权利和共同履行的义务

8.1 本合同以及本合同履行过程中与之相关的一切文件，包括但不限于合同的草稿、附件、报价、往来传真信函等，均为甲、乙双方之商业秘密，除因法定事由并事先通知对方外，任何一方均不得以任何形式向第三方泄露，否则应承担相应之违约责任和经济责任。

8.2 任何一方有权对另一方违反本合同的行为进行交涉并提出整改意见和要求，违约方有义务赔偿因此造成的一切损失。

8.3 任何一方有权要求另一方根据中华人民共和国新制定的法律、法规、规章执行并变更本合同的相关条款，另一方应当执行。

8.4 任何一方应根据另一方的需要，提供相应的法律、法规和规章。

8.5 任何一方拟变更任何工商登记事项，或者任何一方搬迁办公地址的，均应提前15日以书面形式通知另一方，如因未及时通知而造成对方损失的，变更方应承担相应之经济赔偿责任。

8.6 任何一方变更名称、法定代表人、主要负责人或投资人等事项，不影响本合同的履行；如果乙方发生分立、合并的，本合同应有承继乙方权利义务的单位继续履行。

第三章　甲方员工的使用、解除使用

第九条　甲方员工的使用

9.1 乙方使用甲方员工，应在本合同签订前向甲方提供乙方在中国境内有效的工商登记证明文件，乙方应对前述文件的真实性和有效性负责。

9.2 甲方员工的派遣期限以附件中约定的或者乙方书面通知的起始日期开始，该派遣期限一般不应少于两年；如非因甲方原因致使使用起始日期无法按照乙方确定的日期为准的，以甲方确定的日期为起始日期，派遣期限应相应顺延。

9.3 对于乙方初次使用的甲方员工，乙方可以要求甲方依法设置试用期，但有规定不能设置的除外。

9.4 甲方员工在乙方连续工作满十年或甲方员工在乙方工作期间与甲方连续签订两次固定期限劳动合同后，乙方继续使用甲方员工的，甲方应与该员工签订无固定期限劳动合同，由乙方承担无固定期限劳动合同中根据法律规定甲方应当承担的所有义务。乙方根据劳务派遣协议和附件的约定退回该甲方员工的，除需要向甲方承担本合同约定的责任外还应当承担退回该员工后应当由甲方向甲方员工承担的责任，包括但不限于支付劳动报酬、缴交社会保险和住房公积金、工伤医疗等经济责任。乙方在初次接受该甲方员工的派遣时该甲方员工已经与甲方签订无固定期限劳动合同的除外。

9.5 乙方使用甲方员工，应当在使用前如实告知甲方员工录用条件、工作内容、工作要求、工作条件、工作地点、职业危害、安全生产状况、劳动报酬，以及甲方员工要求了解的其他情况。

9.6 乙方使用甲方员工，甲方应提供的服务和办理的手续，以及乙方应提供的协助等相关事宜，除本合同约定的内容外，均具体以附件为准。

第十条　甲方员工的解除使用

10.1 甲方员工有下列情形之一的，乙方可以解除使用关系，将甲方员工退回甲方，但应当提前以书面形式通知甲方和甲方员工：

10.1.1 在试用期间被证明不符合录用条件的；

10.1.2 严重违反乙方的规章制度的；

10.1.3 严重失职、营私舞弊，给乙方造成重大损害的；

10.1.4 同时与其他用人单位建立劳动关系，对完成乙方的工作任务造成严重影响，或者经乙方提出，拒不改正的；

10.1.5 以欺诈、胁迫的手段或者乘人之危，使乙方在违背真实意思的情况下建立或者变更与其的使用关系的；

10.1.6 被依法追究刑事责任的。

10.2 甲方员工有下列情形之一的，乙方可以解除使用关系，将甲方员工退回甲方，但应当至少提前 35 日以书面形式通知甲方和甲方员工：

10.2.1 甲方员工患病或者非因公负伤，在规定的医疗期满后不能从事原工作，也不能从事由乙方另行安排的工作的；

10.2.2 甲方员工不能胜任工作，经过培训或者调整工作岗位，仍不能胜任工作的；

10.2.3 乙方使用甲方员工时所依据的客观情况发生重大变化，致使乙方无法继续使用甲方员工，且乙方与甲方员工未能就变更使用关系协商一致的。

乙方未依约定提前通知的，应当向甲方支付相当于甲方员工一个月工资的违约金，标准按本合同 11.4 的约定执行。

10.3 除本条 10.1 约定的情形外，甲方员工有下列情形之一的，乙方不得解除使用关系退回甲方员工：

10.3.1 从事接触职业病危害作业的甲方员工未进行离岗前职业健康检查，或者疑似职业病病人在诊断或者医学观察期间的；

10.3.2 在乙方患职业病或者非因公负伤并被确认丧失或者部分丧失劳动能力的；

10.3.3 患病或者非因工负伤，在规定的医疗期内的；

10.3.4 女职工在孕期、产期、哺乳期的；

10.3.5 在乙方连续工作满 15 年，且距法定退休年龄不足 5 年的；

10.3.6 法律、行政法规规定的其他情形。

10.4 使用的顺延

如果乙方以派遣期限届满退回甲方员工时，甲方员工有本条 10.3 约定的情形之一，且不属于本条 10.1 情形的，乙方应顺延其使用关系至相应的情形消失后方可退回。

10.5 甲方可以依法与甲方员工解除或终止劳动合同关系，但应提前通知乙方。

第十一条　退回补偿

11.1 除本合同 10.1 约定的情形外，乙方将甲方员工退回甲方的，均应向甲方支付退回补偿。

11.2 退回补偿按甲方员工在乙方工作的年限，按每满 1 年支付 1 个月工资的标准向甲方支付。6 个月以上不满 1 年的，按 1 年计算；不满 6 个月的，向甲方支付半个月工资的退回补偿。

11.3 甲方员工月工资高于××市上年度职工平均工资 3 倍的，向甲方支付退回补偿的标准按职工月平均工资 3 倍的数额支付，向甲方支付退回补偿的年限最高不超过 12 年。

11.4 本条所称月工资是指甲方员工被退回前 12 个月的平均工资。

11.5 乙方理解并同意：如果乙方退回 2008 年 1 月 1 日以前已经使用的甲方员工，且 2008 年 1 月 1 日以后甲方尚未与甲方员工续签过劳动合同，则退回补偿应分段计算，2008 年 1 月 1 日以后退回补偿的可按 11.3 的约定封顶，2008 年 1 月 1 日以前退回补偿的，应按 11.2 的约定计算，不应按 11.3 的约定封顶。

第十二条　额外退回补偿

12.1 乙方以 10.2.1 约定的情形退回甲方员工的，除应按本条 11.2 的约定向甲方支付退回补偿外，还需按不低于甲方员工六个月工资的标准，向甲方支付额外退回补偿；对于患重病和绝症的还应增加额外退回补偿，患重病的增加部分不低于六个月工资标准的百分之五十，患绝症的增加部分不低于六个月工资标准的百分之一百。

12.2 乙方以 10.2.3 约定的情形退回甲方员工的，剩余派遣期限应计算入甲方员工在乙方的工作年限，据此计算退回补偿；并且除应按本条 11.2 的约定向甲方支付退回补偿外，还应按剩余派遣期内应支付的该甲方员工的工资、社会保险和住房公积金，以及服务费等的总和作为额外退回补偿按月向甲方支付。

第十三条　甲方员工解除使用关系

13.1 甲方员工提前 30 日以书面形式通知乙方或者甲方，可以解除使用关系；甲方员工在试用期内提前 3 日通知乙方或者甲方，可以解除使用关系。

13.2 有下列情形之一的，甲方员工可以与乙方解除使用关系：

13.2.1 乙方未按照约定依法提供劳动保护或者劳动条件的；

13.2.2 乙方未及时足额支付劳动报酬的；

13.2.3 乙方未按照约定向甲方支付为劳动者缴纳社会保险费的费用的；

13.2.4 乙方的规章制度违反法律、法规的规定，损害甲方员工权益的；

13.2.5 乙方以欺诈、胁迫的手段或者乘人之危，使甲方员工在违背真实意思的情况下与乙方建立或者变更使用关系（约定）的；

13.2.6 乙方以暴力、威胁或者非法限制人身自由的手段强迫甲方员工劳动的，或者乙方违章指挥、强令冒险作业危及甲方员工人身安全的，甲方员工可以立即解除使用关系，不需事先告知乙方；

13.2.7 法律、行政法规规定的其他情形。

13.3 甲方员工解除使用关系的退回补偿

甲方员工依照本条 13.2 约定解除使用关系的，乙方应当按照本合同第 11 条和第 12.1 条约定的标准向甲方支付（额外）退回补偿。

第四章 费用及结算

第十四条 管理费的确定

14.1 管理费根据甲、乙双方协商，确定于本合同附件，并以每月 20 日前甲方标准格式统一打印的《付款通知书》为当月管理费的结算依据。乙方如有任何变动情况，应于当月 15 日前书面通知甲方，否则应承担相应之责任。

14.2 管理费可以人民币或者等值人民币报价的外币结算。汇率按中国人民银行当月 15 日公布的汇率的中间价为准。

14.3 甲、乙双方应根据政府相关规定的时间相应地调整社会保险费用和住房公积金费用；并根据政府的需要随时进行其他必需的调整。前述的调整，不应影响派遣期限。

第十五条 管理费的支付

每月月底前，乙方应根据本合同及附件约定的金额向甲方支付当月的管理费，具体支付方式为以下四种：

15.1 现金；

15.2 支票；

15.3 转账；

15.4 电汇。

第十六条 退回补偿的支付

除本合同另有约定外，本合同和附件约定的任何退回补偿和（或）额外退回补偿，均应在甲方员工被退回的同时向甲方一次性全额支付。

第五章 违约责任

第十七条 普通责任

本合同的任何一方违反本合同和附件的任何约定，导致另一方遭受任何损失、处罚、索赔的，均应由违约方在未违约方提出要求时向未违约方作出足够补偿。任何一方依据本合同和附件的约定承担了其他违约责任的，并不能免除其作为违约方应承担的本条约定的违约责任。

第十八条 管理费迟延支付的违约责任

乙方未按本合同和附件的约定按时足额支付管理费的，除应足额支付外，还应自应付款之日起，至实际支付之日止，每日支付应付款金额 0.2% 的滞纳金给甲方。

同时，因乙方未按约定支付管理费，造成甲方员工的社会保险费和（或）住房公积金未能按政府规定及时缴纳的，乙方应承担相关政府部门规定的补缴罚款或罚息。甲方在乙方未按时支付管理费的情况发生时，有权根据乙方的违约情形选择解除本合同，乙方作为违约方应向甲方支付至本合同终止前拖欠的管理费用，并应向甲方一次性支付违约金；违约金的计算标准为："视作每个甲方员工被退回，所应获得的退回补偿和额外退回补偿之和"加上"解除时乙方使用的每个员工的工资、社会保险、住房公积金、服务费乘以至该甲方员工和甲方的劳动合同期满为止或依法顺延满为止的剩余月数之和"后的总和。

第十九条　乙方未及时足额支付劳动报酬的违约责任

因乙方未及时足额支付甲方员工劳动报酬（包括但不限于工资、加班工资等），导致甲方遭受任何处罚、索赔、损失的，均应由乙方向甲方作出足够补偿。

第二十条　退回补偿迟延支付的违约责任

乙方未按本合同和附件的约定按时足额支付退回补偿和（或）额外退回补偿的，除应足额支付外，还应在甲方提出要求时，按应付金额百分之一百的标准向甲方加付违约金。

第二十一条　乙方不当解除使用甲方员工的违约责任

依法规定，乙方依本合同约定的情形将甲方员工退回甲方的，甲方可以依法与甲方员工解除或终止劳动合同；但如果甲方据此解除或终止劳动合同被裁判为违反法律规定的，乙方应承担以下违约责任：

21.1 甲方员工要求继续履行劳动合同的，乙方应同时恢复使用关系，并承担由此产生的一切甲方应承担的责任；

21.2 甲方员工不要求继续履行劳动合同的，应当依照本合同约定的退回补偿标准的二倍向甲方支付违约金；

21.3 使用关系实际无法恢复的，乙方应承担由此产生的一切甲方应承担的责任，包括但不限于支付赔偿金、报酬、缴交社会保险和住房公积金等经济责任；并按本合同和附件确定的服务费标准，一次性向甲方支付甲方与甲方员工剩余的劳动合同期限的服务费。

第二十二条　违约后的合同解除

任何一方违反本合同的约定超过 30 日仍未改正的，另一方有权书面通知对方解除本合同，本合同自书面通知发出之日起即行解除。

第六章　附则

第二十三条　服务期的约定

乙方为甲方员工提供专项培训费用，对其进行专业技术培训的，可以与其订立协议，依法约定服务期和违约金。

第二十四条　未创设第三方权利

本合同的任何条款并未被用于，或被解释为向第三方提供和创设使该第三方受益的权利。前述第三方包括但不限于甲方员工。

第二十五条　双方约定的其他事宜

25.1 若由甲方支付甲方员工的工资的，一般应由甲方代扣代缴甲方员工的个人所得税，另有约定的除外。

25.2 乙方解除或终止本合同的，应提前 60 日书面通知甲方。乙方解除或终止本合同而将甲方员工退回甲方的，或乙方曾使用的甲方员工仍在劳动合同期内的，则乙方应按月向甲方支付本合同解除时乙方使用或曾使用且在劳动合同期内的所有甲方员工的工资、社会保险、住房公积金，直至该甲方员工和甲方的劳动合同期满可终止为止；并根据劳动合同期满可终止时依照甲方员工工作年限应当向甲方支付（额外）退回补偿。前述费用，甲方可以要求乙方一次性支付。

第二十六条　本合同未尽事宜

本合同在履行过程中如发现有未尽事宜，应由甲、乙双方依法律另行订立补充约定作为本合同的附件。

第二十七条　争议的解决

甲、乙双方在履行本合同过程中发生的任何争议，均应由双方友好协商解决；协商不成的，可提交上海国际经济贸易仲裁委员会仲裁。

第二十八条　合同的生效

本合同由甲、乙双方于［　　］年［　］月［　］日在签订地＿＿＿签署，并自［　　］年［　］月［　］日起生效。

第二十九条　合同的变更

除本合同另有约定外，任何一方需在合同期内变更本合同的，均应提前 30 日以书面形式通知对方，另一方收到通知后 30 日内，双方应就变更条款达成一致；如逾期双方仍不能达成一致的，本合同原条款应继续有效，双方必须继续履行。

第三十条　完整的合同和可分割性

本合同以及本合同的所有附件，构成甲、乙双方之间所达成的完整的合同。本合同或附件任何条款的不合法或无效，不应影响本合同和附件其他条款的有效性。

第三十一条　政策性调整

甲、乙双方理解并同意：如果国家和/或地方就《劳动合同法》有规范性文件实施的，本合同和附件应根据前述规范性文件变更。

第三十二条　其他

本合同一式二份，双方各持一份为凭，具有同等效力。本合同如由中文和外文书就，两种文本如有不一致，以中文文本为准。

甲方：   乙方：

法定代表人或授权代表：   法定代表人或授权代表：

盖章：   盖章：

日期：   日期：

附表 1：名单

序号	姓名	费用起始日期	管理费总额（人民币）	特别约定

甲方：   乙方：

法定代表人或授权代表：   法定代表人或授权代表：

盖章：   盖章：

日期：   日期：

附表 2：服务项目

服务项目的选择			
序号	项目	金额	选择
1	人身意外伤害及附加医疗保险		□ 选 □ 否
2	医疗保障		□ 选 □ 否
3	附加医疗保障		□ 选 □ 否
4	重大疾病医疗保险		□ 选 □ 否
5	住院补贴医疗保障		□ 选 □ 否
6	独生子女医疗保障		□ 选 □ 否
7	体检保健		□ 选 □ 否
8	风险补助		□ 选 □ 否

（续表）

9	离岗补贴		□选 □否
10	慰问与联谊		
11	医疗补助金		
12	档案保管		
13	薪酬代发（需另签协议）		
14	背景调查（需另签协议）		
	总计		
备注：	本表所列金额均为每人每月的单向收费。		

甲方：　　　　　　　　　　　　乙方：

法定代表人或授权代表：　　　　法定代表人或授权代表：

盖章：　　　　　　　　　　　　盖章：

日期：　　　　　　　　　　　　日期：

附件1：劳务派遣协议

甲方：××市对外服务有限公司（以下简称"甲方"）

乙方：＿＿＿＿＿＿＿＿＿＿＿（以下简称"乙方"）

甲、乙双方根据〔　　〕年〔　〕月〔　〕日签署的《劳务合同》，依照《中华人民共和国劳动合同法》等法律、法规，就乙方使用甲方员工等具体事宜，经友好协商，达成本协议。

一、本协议是《劳务合同》的重要组成部分，与《劳务合同》具有同等法律效力。

二、乙方使用甲方员工的具体名单、起始日期、费用总额等具体事宜，以乙方按照本协议附表3标准格式出具的《上岗通知书》和甲方按照本协议附表4标准出具的《上岗确认通知书》核准；相关内容列于附表1。

二、本协议附表所载甲方员工被派遣在乙方的期限为〔　〕个月。

派遣期限届满，乙方工作岗位实际需要继续使用该甲方员工的，且未书面通知甲方终止派遣的，派遣期限可以顺延〔　〕个月，并依次类推，但派遣期限最长不应超过甲方与甲方员工签订的劳动合同期限。如果劳动合同期满续延的，则自续延开始之日起，派遣期限依本款前述约定的续延期限重新起算，自动续延。并以此类推。

四、甲方员工的退回，及与退回有关的一切事宜，仍按照《劳务合同》的约定执行。

五、为本协议之派遣期限，甲乙双方特此约定：乙方退回甲方员工的，除应按《劳务合同》约定执行外，在甲方与甲方员工的劳动合同剩余期限内，乙方仍应按照《劳务合同》及其附件的约定承担其应承担的全部义务，包括但不限于按月向甲方支付管理费，承担工伤责任等，并且应按月向甲方支付甲方依法应承担的甲方员工无工作期间的报酬。前述乙方义务，应一直履行，直至甲方与甲方员工的劳动合同期满可以终止，或者甲方员工被再派遣至其他用工单位；劳动合同期满，甲方员工有《劳务合同》第三章10.3和10.4约定的情形的，乙方仍应继续履行本条义务直至前述情形消失。

六、《劳务合同》和所有附件，包括但不限于本协议和本协议所有附表，确定的任何费用，如需向甲方支付的，除另有约定外，均应以每月20日前甲方标准格式统一打印的《付款通知书》为当月的结算依据；乙方应在每月月底前足额向甲方支付。

七、甲方有权根据政府规定，随时调整社会保险和住房公积金的缴费基数和比例，并有权根据政府规定增收或补收社会保险和住房公积金费用。甲方对协议的前述变更，不属于违约。

甲、乙双方理解并同意：如因国家和/或地方就《劳动合同法》有关规范性文件实施的，甲方有权要求乙方根据前述规范性文件相应变更本协议和/或《劳务合同》，乙方愿意根据甲方的要求做相应的变更。

八、本协议的任何一方违反本协议的任何约定，导致另一方遭受任何损失、处罚、赔偿的，均应由违约方在未违约方提出要求时向未违约方作出足额补偿。

九、本协议由甲、乙双方于〔　　　〕年〔　　　〕月〔　　　〕日在签订地____签署，并自〔　　　〕年〔　　　〕月〔　　　〕日起生效。本协议一式二份，甲、乙双方各执一份为凭，具有同等效力。本协议以中、英文书就，如有不一致，以中文文本为准。

甲方：　　　　　　　　　　　　　乙方：
法定代表人或授权代表：　　　　　法定代表人或授权代表：
盖章：　　　　　　　　　　　　　盖章：
日期：　　　　　　　　　　　　　日期：

Ⅱ 劳动合同

甲方：××市对外服务有限公司（以下简称"甲方"）
住所：_____
法定代表人：_____

乙方：＿＿＿＿＿＿＿（以下简称"乙方"）

身份证号码：（此处内容以后附《〈劳动合同〉内容确定书》）

户口所在地：（此处内容以后附《〈劳动合同〉内容确定书》）

实际居住地：（此处内容以后附《〈劳动合同〉内容确定书》）

鉴于用工单位需要使用一方，委托甲方办理录用手续，现根据《中华人民共和国劳动法》《中华人民共和国劳动合同法》等有关法律、法规和规章的规定，本着平等、自愿的原则，经双方确认已知晓《劳动合同法》中规定应由用人单位告知乙方的各项事项。现经甲、乙双方协商一致，特签订本劳动合同（以下简称"本合同"）。

第一条 工作内容与工作地点

1.1 根据工作需要，乙方到用工单位工作，具体单位将根据《派遣协议书》确定。

1.2 乙方理解并同意：乙方在用工单位的具体工作岗位、工作内容和工作地点，由乙方与用工单位自行约定。

1.3 乙方应履行用工单位制定的岗位职责，按时、按质、按量完成其本职工作。

1.4 乙方理解并承诺：愿服从用工单位根据其经营需要、乙方工作能力及其表现而安排或调动的工作岗位、工作内容、劳动定额等。

第二条 合同期限和派遣期限

本合同为固定期限合同，具体以后附《〈劳动合同〉内容确定书》为准。

第三条 劳动纪律

3.1 乙方应自觉遵守国家的法律、法规和社会公德、职业道德，自觉维护甲方的声誉和利益。

3.2 乙方应严格遵守甲方制定和修改的各项规章制度、劳动纪律。

3.3 乙方理解并同意：在用工单位工作期间应严格遵守用工单位制定和修改的各项规章制度、工作程序和劳动纪律。

第四条 工作时间和休息休假

4.1 甲方实行每天8小时、每周40小时、每周5天的工作制，但乙方理解并同意：在用工单位，具体工时制度由用工单位按国家有关规定执行；用工单位如果经劳动行政部门批准实行不定时工作制或综合工时制的，乙方承诺愿意服从用工单位工作时间上的安排。

4.2 乙方理解并同意：在用工单位工作期间，用工单位可以根据国家规定按工作需要安排乙方加班；乙方加班必须征得用工单位书面同意。

4.3 乙方有享有各类国家规定的休息休假的权利，具体由用工单位按国家有关规定执行。

第五条　劳动报酬

5.1 在本合同期内，乙方在用工单位工作期间，具体劳动报酬和支付方式根据《派遣协议书》确定。

5.2 乙方理解并同意：用工单位可以根据乙方工作岗位的变更而相应地提高或降低乙方在用工单位的劳动报酬待遇，乙方理解并承诺愿服从用工单位的决定。

5.3 在本合同期间当乙方无用工单位工作期间，甲方依《中华人民共和国劳动合同法》规定执行工资标准为所在地政府每年规定的最低工资标准，并根据当地人民政府的调整而调整。

第六条　劳动保护、劳动条件和职业危害防护

6.1 乙方享有用工单位提供的相应的劳动保护和劳动条件。

6.2 乙方享有用工单位执行的国家劳动标准和用工单位提供的职业危害防护。

第七条　社会保险和其他

7.1 甲方按照国家有关规定，为乙方参加社会保险，具体事项由用工单位根据有关规定确定在《派遣协议书》。

7.2 甲方按照国家和地方有关规定，为乙方参加住房公积金，具体由用工单位根据本市规定确定。

7.3 乙方因病后非因工负伤期间，享有国家和地方规定的医疗期和疾病休假待遇，具体由用工单位根据有关规定执行。

7.4 符合计划生育的乙方（女职工）享有本市规定的产假和其他特殊待遇，具体由用工单位根据有关规定执行。

7.5 在被派遣期间，甲方根据用工单位与甲方确定的保障计划项目，在用工单位正常付费的情况下，提供乙方保障服务。乙方理解并同意，前述保障服务在乙方被退回（或撤回）期间不享受。

第八条　教育与培训

8.1 用工单位可以根据工作需要定期或不定期地对乙方进行所必需的培训。

8.2 甲方或者用工单位可经常对乙方进行法律、法规和纪律教育。

第九条　保密约定

9.1 本合同期内以及本合同终止或解除后，未经用工单位书面同意，乙方不得向任何第三方（包括但不限于甲方）泄露用工单位的商业秘密或利用该商业秘密获利。

9.2 本合同期内以及本合同终止或解除后，未经甲方书面同意，乙方不得向任何第三方（包括但不限于用工单位）泄露甲方的商业秘密或利用该商业秘密获利。

第十条　利益冲突的约定

10.1 本合同期内，乙方不得从事任何与用工单位利益相冲突的活动。

10.2 本合同期内，乙方不得从事任何与甲方利益相冲突的活动。

10.3 "利益相冲突的活动"包括但不限于投资创业，帮助第三方创业，被第三方雇用等。

第十一条　乙方的保证

11.1 乙方保证应根据用工单位的要求，如实说明与劳动合同和用工单位的使用直接相关的基本情况。

11.2 乙方保证其与原用人单位已依法解除劳动合同或劳动关系，并且不存在任何与用工单位（或甲方）有关的竞业限制。

11.3 乙方保证其将及时向甲方递交办理社会保险和住房公积金等的有效凭证，如因乙方迟延递交而造成的任何后果，乙方应承担相应责任。

11.4 乙方保证其向甲方提供的所有信息、资料、证明等均属真实、有效，并承担相应之责任，乙方同时保证个人信息有变化时及时通知甲方，如未及时通知造成的后果由乙方承担责任。

11.5 乙方理解并同意，诚信是重要的原则。因此乙方保证，不会作出任何不诚信的行为。

11.6 乙方保证在用工单位工作时，以及需离开用工单位时，会根据用工单位的要求进行工作和财物上的移交。

第十二条　解除

乙方有下列情形之一的，甲方可以解除本合同；甲、乙双方依法办理解除劳动合同和退工手续。

12.1 乙方因在试用期内被用工单位证明不符合其用人标准或录用条件，被用工单位退回的。

12.2 乙方严重违反用工单位劳动纪律或规章制度，被用工单位退回的。其中严重违纪的行为包括但不限于以下情形：

12.2.1 乙方因卖淫嫖娼被收容教育的；

12.2.2 乙方受公安治安拘留处罚或者被劳动教养的；

12.2.3 乙方被查实在应聘时向甲方或用工单位提供的个人资料是虚假的。

12.3 乙方理解并同意，违反本合同第9条、第10条、第11条约定的，无论情节轻重，均视为严重违反规章制度，甲方可以立即解除本合同。

12.4 乙方严重失职、营私舞弊给用工单位利益造成重大损害，被用工单位退回的。

12.5 乙方同时与其他用人单位建立劳动关系，对完成用工单位的工作任务造成严重影响，或者经用工单位提出，拒不改正，被用工单位退回的。

12.6 乙方被依法追究刑事责任的。

12.7 乙方患病或者非因工负伤，在规定的医疗期满后不能从事原工作，也不能从事用工单位另行安排的工作，被用工单位退回的。

12.8 乙方不能胜任工作，经过培训或者调整工作岗位仍不能胜任工作，被用工单位退回的。

12.9 其他国家规定可以解除劳动合同的情形。

第十三条 撤回

13.1 甲、乙双方协商一致，派遣期限内，因任何原因用工单位与甲方之间的劳务合同解除或终止的（包括但不限于用工单位拖欠甲方管理费被甲方通知双方劳务合同的），甲方有权撤回乙方。

13.2 乙方理解并同意，其被撤回期间的劳动报酬按本合同 5.3 的约定执行。

第十四条 凡有下列情形之一的，乙方可以解除本合同；甲乙双方依法办理解除劳动合同和退工手续。

14.1 乙方提前 30 日以书面形式通知甲方和用工单位的。

14.2 乙方在试用期内提前 3 日通知甲方和用工单位的。

14.3 法律、行政法规规定的其他情形。

甲、乙双方理解并同意，即使乙方仅通知了用工单位，亦应视作乙方已向甲方辞职。

第十五条 违约责任

任何一方违反本合同均应承担相应之一切责任，包括但不限于赔偿给对方造成的经济损失。

第十六条 其他约定和说明

16.1 释义：

16.1.1 本合同中所称"法律、法规、规章"，若未作特殊说明，系指中华人民共和国的法律、法规、规章。

16.1.2 本合同中所称第三方，若未作特殊说明，系指除甲方、乙方和用工单位之外的第三方。

16.1.3 本合同中所称《派遣协议书》系本合同附件，是本合同必要的补充。

16.2 其他可能发生的事宜：

16.2.1 甲方可以为符合法定条件的乙方办理公证事宜的相关证明，但所发生的费用由乙方自理。

16.2.2 甲方可以为乙方申办出国（境）护照及边防通行证等提供便利，但所发生的费用由乙方自理。

16.2.3 甲方可以为符合有关规定与资格的乙方申报和评定专业技术职称提供便利，但所发生的费用由乙方自理。

16.3 本合同未尽事宜，双方另有约定的从约定；双方没有约定的，从相关法律、法规、规章；法律、法规、规章没有规定的，双方应遵循平等自愿、协商一致的原则，另行签订协议作为本合同的补充协议。本合同如与国家法律、法规不一致的，应以法律法规为准。

16.4 乙方可以与用工单位另行签订协议，但甲方不承担该协议任何一方的连带责任。前述协议如与本合同相冲突，应以本合同为准。

16.5 争议的解决：本合同的签订地和履行地均为____，双方在履行本合同中发生的争议，应提交____市对外服务有限公司劳动争议调解委员会调解；调解不成的向____市____区劳动争议仲裁委员会申请仲裁；对仲裁不服的向____市____区人民法院起诉；对判决不服的可向____市____中级人民法院上诉，____市____中级人民法院的判决为终审判决。

16.6 甲方与用工单位所签协议的内容，凡与乙方有关的（包括但不限于岗位、期限、劳动报酬和社会保险等），均与本合同和《派遣协议书》中约定一致；乙方已全部知悉。

16.7 乙方确认甲、乙双方之间的任何文件（包括但不限于本合同）经由甲方送达以下地址即为送达乙方，在以下地址需要变更时乙方应以书面形式或其他甲方认可的方式通知甲方，否则乙方理解并同意甲方送达以下地址即为送达乙方，具体地址以后附《〈劳动合同〉内容确定书》为准。

16.8 甲、乙双方理解并同意：如果国家和/或地方就《劳动合同法》有关规范性文件实施的，本合同和附件应根据前述规范性文件变更。

16.9 本合同一式二份，均应由甲方盖章、乙方签字后生效；乙方一经签订本合同，即视为甲方已经视为送达本合同文本。

16.10 本合同甲、乙双方各持一份为凭，具有同等法律效力。

甲方：____市对外服务有限公司　　　　乙方：（签名）

经办人：

签订日期：[　　]年[　　]月[　　]日　　签订地：____

附件1：《劳动合同》内容确认书

甲方：____市对外服务有限公司（以下简称"甲方"）

乙方：_____　身份证号码：_____（以下简称"乙方"）

住址：_____　邮编：_____

户口所在地：_____　邮编：_____

鉴于甲、乙双方据此确认，除双方签字、盖章，填写签订日期外，双方签订的《劳动合同》中所有空格内容均不应填写，即使有任何填写内容均属无效，所有空格内容一律以本确认书为准。

一、确认内容

1. 本合同为固定期限合同，自____年__月__日起至____年__月__日止，其中____年__月__日至____年__月__日为试用期。本合同期满即行终止；但期满时，乙方根据《派遣协议书》的约定，正在派遣期限内的，且甲、乙双方和用工单位均无异议的，本合同的终止可以自动续延__个月，并依次类推。

2. 甲方按照国家和地方有关规定为乙方参加社会保险，具体由用工单位根据有关规定在《派遣协议书》确定。

3. 乙方确认甲、乙双方之间的任何文件（包括但不限于本合同）经由甲方送达以下地址即为送达乙方：_____ 邮编：_____

二、本确认书是劳动合同的重要组成部分，应与《劳动合同》一并装订。本确认书未载明的内容一律以《劳动合同》为准，《劳动合同》未约定的，以现行法律法规为准。

三、本确认书经双方签字盖章后，由甲方粘贴在《劳动合同》最后"粘贴处"并加盖骑缝章后生效。本确认书与《劳动合同》一体，一式两份，甲、乙双方各执一份为凭，具同等法律效力。

甲方：____市对外服务有限公司　　　　　乙方：（签名）

经办人：

签订日期：[　　]年[　　]月[　　]日　　　签订地：____

附件2：派遣协议书

甲方：____市对外服务有限公司（以下简称"甲方"）

乙方：_____　　　身份证号码：_____（以下简称"乙方"）

根据甲、乙双方签订的编号为_____的劳动合同，就乙方被派遣在用工单位工作期间的具体事宜，经甲、乙双方协商一致，达成本协议书约定如下：

第一条　用工单位

根据工作需要，乙方到_____（以下简称"用工单位"）工作。

第二条　派遣期限

根据工作需要，乙方被派遣在用工单位的期限为____个月，自_____年____月____日起至_____年___月___日止。

乙方理解并同意：派遣期限届满，用工单位实际工作需要继续使用乙方的，派遣期限可以续延 24 个月，但续延的派遣期限最长不应超过甲、乙双方签订的劳动合同期限；如果劳动合同期满续延的，则自续延开始之日起，派遣期限依本款前述约定的续延期限重新计算，自动续延。并以此类推。

第三条　工作岗位

乙方在用工单位的工作岗位为＿＿＿＿＿。

第四条　劳动报酬

乙方被派遣在用工单位期间的月工资为每月人民币＿＿＿＿＿元（□税前／□税后）由（□用工单位／□甲方）以人民币支付。

劳动合同约定的工资标准在派遣期限内不执行。

第五条　社会保险

甲方按照国家和××市有关规定，为乙方参加社会保险，费用由用工单位和乙方承担，甲方代为缴纳。

第六条　退回

乙方理解并同意：除劳动合同第 12 条约定的情形外，以下情形发生，用工单位可以将乙方退回甲方。

（1）派遣期限届满，或者（2）用工单位使用乙方时所依据的客观情况发生重大变化，致使无法继续使用乙方，且乙方与用工单位未能就变更使用关系协商一致的。

第七条　乙方承诺

乙方理解并承诺：其已经在本协议签署前仔细阅读了用工单位依法制定的各项规章制度，其理解并完全同意前述用工单位的规章制度，并且愿意在派遣期限内遵守用工单位的各项规章制度，并应诚信地履行与用工单位所签订的任何协议或约定，包括但不限于培训服务期协议、保密协议等。

乙方理解并同意：无论因何原因，一旦被用工单位退回或被甲方撤回，乙方应在接到退回或撤回的通知后的第一个工作日到甲方报到；乙方愿意服从甲方的安排，并且完全理解并同意甲方的规章制度，愿意自觉遵守甲方的规章制度；乙方逾期未报到的，甲方有权另行通知乙方的最后报到期限，在乙方实际报到前属于旷工；甲、乙双方完全理解并同意此约定，乙方在最后报到期限仍未报到的，属于严重违纪、严重违反甲方规章制度，甲方有权即行解除劳动合同并办理退工手续。

第八条　乙方申明

乙方理解并同意，派遣期限内，所有用人单位的义务应由且已经由用工单位履行，包括但不限于告知义务等；乙方在签署本协议前已经知晓甲方和用工单位之间的劳务派遣协议中应被告知的内容；并且已经知晓工作内容、工作条件、工作地点、职业危害、安全生产状况、劳动报酬以及乙方要求了解的其他情况。

第九条　其他

本协议书自双方签字或盖章后生效，一式二份，甲、乙各执一份为凭。

甲方：＿＿＿市对外服务有限公司　　　　　乙方：（签名）

经办人：

签订日期：[　　　]年[　]月[　]日　　　签订地：＿＿＿

6-4-2 合理性解析及关联法规

合理性解析

近年来，随着企业组织重构、流程再造、劳动法调整等一系列变革的推进，企业人力资源管理活动的方式也发生着深刻的变化。人力资源外包就是这个变化过程的结果之一。人力资源外包是指将原来由企业内部人力资源部承担的工作职能，包括人员招聘、工资发放、薪酬方案设计、保险福利管理、员工培训与开发等，通过招标的方式，签约付费给专业从事相关服务的外包服务商的做法。国字号的外服系统一直以此作为其主营业务，其业务范围、工作流程、服务文本、质量监控等方面都做得非常出色。此处选择某发达地区外服公司的劳务合同（劳务派遣协议）和劳动合同（与派遣员工订立的劳动合同）的范本作一些解读和说明：

（1）关于劳务合同。该劳务合同在法律上的理解应是劳务派遣协议，划分为"总则""权利和义务""甲方员工的使用和解除使用""费用及结算""违约责任""附则"等七章共三十二个条款。将劳动合同法规定的劳务派遣相关规定及仍属于自主协商的部分比较完整地约定在劳务合同中，属于非常具有代表性的标准文本。其中，《附表1：名单》和《附表2：服务项目》的单列保障了劳务合同的格式性和独立性，《附件：劳务派遣协议》作为劳务合同的附件则进一步体现了对客户的灵活性。

（2）关于劳动合同。该劳动合同供外服公司与派遣员工订立，涉及"工作内容与工作地点""合同期限与派遣期限""劳动纪律""工时休假""劳动报酬""劳动保护""社会保险""培训教育""合同的解除和撤回""其他约定和说明"等各个方面，共计16个条款。其中，《附件1：〈劳动合同〉内容确认书》和《附件2：派遣协议书》非常细致地约定了工作内容及派遣相关事项。

关联法规

第六十二条　用工单位应当履行下列义务：

（一）执行国家劳动标准，提供相应的劳动条件和劳动保护；

（二）告知被派遣劳动者的工作要求和劳动报酬；

（三）支付加班费、绩效奖金，提供与工作岗位相关的福利待遇；

（四）对在岗被派遣劳动者进行工作岗位所必需的培训；

（五）连续用工的，实行正常的工资调整机制。

用工单位不得将被派遣劳动者再派遣到其他用人单位。

第六十三条　被派遣劳动者享有与用工单位的劳动者同工同酬的权利。用工单位应当按照同工同酬原则，对被派遣劳动者与本单位同类岗位的劳动者实行相同的劳动报酬分配办法。用工单位无同类岗位劳动者的，参照用工单位所在地相同或者相近岗位劳动者的劳动报酬确定。

劳务派遣单位与被派遣劳动者订立的劳动合同和与用工单位订立的劳务派遣协议，载明或者约定的向被派遣劳动者支付的劳动报酬应当符合前款规定。

第六十四条　被派遣劳动者有权在劳务派遣单位或者用工单位依法参加或者组织工会，维护自身的合法权益。

第六十五条第二款　被派遣劳动者有本法第三十九条和第四十条第一项、第二项规定情形的，用工单位可以将劳动者退回劳务派遣单位，劳务派遣单位依照本法有关规定，可以与劳动者解除劳动合同。

第六十六条　劳动合同用工是我国的企业基本用工形式。劳务派遣用工是补充形式，只能在临时性、辅助性或者替代性的工作岗位上实施。

前款规定的临时性工作岗位是指存续时间不超过六个月的岗位；辅助性工作岗位是指为主营业务岗位提供服务的非主营业务岗位；替代性工作岗位是指用工单位的劳动者因脱产学习、休假等原因无法工作的一定期间内，可以由其他劳动者替代工作的岗位。

用工单位应当严格控制劳务派遣用工数量，不得超过其用工总量的一定比例，具体比例由国务院劳动行政部门规定。

第六十七条　用人单位不得设立劳务派遣单位向本单位或者所属单位派遣劳动者。

——《劳动合同法》

第二十八条　用人单位或者其所属单位出资或者合伙设立的劳务派遣单位，向本单位或者所属单位派遣劳动者的，属于劳动合同法第六十七条规定的不得设立的劳务派遣单位。

第二十九条　用工单位应当履行劳动合同法第六十二条规定的义务，维护被派遣劳动者的合法权益。

第三十条　劳务派遣单位不得以非全日制用工形式招用被派遣劳动者。

第三十一条　劳务派遣单位或者被派遣劳动者依法解除、终止劳动合同的经济补偿，依照劳动合同法第四十六条、第四十七条的规定执行。

第三十二条　劳务派遣单位违法解除或者终止被派遣劳动者的劳动合同的，依照劳动合同法第四十八条的规定执行。

——《劳动合同法实施条例》

第七章 服务外包中的合同与协议

第一节 人事外包合同

7-1-1 人事外包合同示例

人事外包协议书

甲方：＿＿＿＿＿＿＿＿＿＿＿＿＿＿＿＿＿＿

乙方：＿＿＿＿＿＿＿＿＿＿＿＿＿＿＿＿＿＿

为了方便乙方自主用人，建立灵活的人事管理机制，根据国家有关政策，乙方委托甲方办理人事外包业务，签订协议如下：

一、甲方提供的服务：

1. 保管乙方员工的人事档案关系；

2. 代理职称评审申报；

3. 党组织关系接转；

4. 乙方员工相关手续归档（录用手续，劳动合同等）；

5. 出具各类人事档案证明材料；

6. 为乙方员工申报及缴纳社会保险金及公积金；

7. 员工养老手册、公积金账户的管理手续；

8. 提供劳动人事政策咨询。

二、乙方应承担的责任

1. 乙方必须遵守国家和地方相关法律法规的有关规定合法用工，提供劳动安全、卫生设施；

2. 外地单位须与员工在单位注册地办理录用手续并在××市人才服务中心办理《就业登记表》，签订劳动合同；本市单位须在人事劳动部门办理录用手续、签订劳动合同；所办材料交由甲方存入本人档案；

3. 将新进员工的社会保险手册，公积金转移单等材料及时提交甲方；

4. 在每月 10 日前向甲方确认当月社保、公积金的申报基数，并于每月 15 日前将当月社保、公积金费用、人事代理费汇入指定账号；

5. 协议有效期内若发生单位名称、地址、联系方式变更时，乙方应及时通知甲方；如因此造成的损失由乙方承担；

6. 乙方按实际金额支付业务办理过程中所涉及的由物价部门核准的收费；

7. 人事业务外包服务费为＿＿＿元/人·月，乙方按协议期限一次性支付。

三、协议履行

1. 本协议期限自＿＿＿年＿＿＿月＿＿＿日起，至＿＿＿年＿＿＿月＿＿＿日止。

2. 解除本协议需提前 30 天通知对方；但遇国家、地方人事、劳动、社保等相关政策调整使本协议无法正常执行的，本协议即行中止。

3. 协议期内甲乙双方发生争议尽量友好协商解决，协商不成，可向××市仲裁委员会申请仲裁。

甲方：（盖章）　　　　　　　　　　乙方：（盖章）

＿＿＿＿＿＿＿＿＿＿＿＿＿＿　　　　　　＿＿＿＿＿＿＿＿＿＿＿＿＿＿

日期：＿＿＿＿＿年＿＿＿月＿＿＿日　　　日期：＿＿＿＿＿年＿＿＿月＿＿＿日

附件：

1. ＿＿＿＿＿＿＿＿＿＿＿＿＿＿＿＿＿＿

2. ＿＿＿＿＿＿＿＿＿＿＿＿＿＿＿＿＿＿

3. ＿＿＿＿＿＿＿＿＿＿＿＿＿＿＿＿＿＿

7-1-2 合理性解析及关联法规

✎ 合理性解析

本合同属于比较典型的简略性人事代理合同，且多数由人才服务机构作为格式合同提供。企业在实际使用时，可以根据自身特点补充相关条款，或增加相关附件。

关联法规

第五百零二条　依法成立的合同，自成立时生效，但是法律另有规定或者当事人另有约定的除外。

依照法律、行政法规的规定，合同应当办理批准等手续的，依照其规定。未办理批准等手续影响合同生效的，不影响合同中履行报批等义务条款以及相关条款的效力。应当办理申请批准等手续的当事人未履行义务的，对方可以请求其承担违反该义务的责任。

依照法律、行政法规的规定，合同的变更、转让、解除等情形应当办理批准等手续的，适用前款规定。

——《民法典》

第二节　其他服务外包合同

7-2-1 服务外包合同示例

物业管理外包协议书

甲方：＿＿＿＿＿＿＿

乙方：＿＿＿＿＿＿＿

兹有甲方委托乙方提供物业管理服务，乙方为服务人员的直接聘用单位，甲方为服务人员的服务场所和对象，为确保此项服务工作顺利进行，双方经友好协商，在平等互利原则下，特拟订本协议，以资双方共同遵守。

第一条　保洁服务

（1）服务内容：厂区综合清洁

（2）服务人员：＿＿＿＿＿＿＿人

（3）服务时间：9：00～17：30（每周五日工作制）

第二条　甲方权利与义务

（1）有权对乙方服务人员的工作进行监督、检查，如对乙方服务人员的服务质量有意见，可向乙方投诉及提出整改要求，并可要求乙方更换服务人员；

（2）确保交付乙方管理的物业质量优良、设施合格、无缺陷或隐患；

（3）向乙方提供必要的保洁储物用房，提供饮水、午餐等生活必需设施。并承担乙方服务人员在服务期间发生的正常水电费用；

（4）为乙方在岗员工提供免费工作午餐；

（5）积极配合乙方的工作，按期向乙方支付物业管理服务费用。

第三条　乙方权利及义务

（1）负责招聘、培训和管理为本项目服务的服务人员；

（2）为服务人员提供必要的技术装备和技术支持；

（3）乙方服务人员的薪资及保险福利由乙方承担；

（4）应定期或不定期对本项目服务工作进行检查监督，并做必要的记录；

（5）在服务期间，未经甲方许可，乙方服务人员不得擅自动用甲方所属的任何设备和物品或擅入任何禁入场所；

（6）乙方服务人员必须遵守甲方制订的各项规章制度和行为规范；

（7）附加服务：乙方根据甲方需求向甲方提供日常保洁工具及日用品，所提供的物品须与甲方的要求相符合，同时提供订货清单（附报价）供甲方查验，所有费用于每月底统一结算。

第四条　服务费用及支付方式

（1）服务费用：＿＿＿＿＿＿＿人民币／月

（2）支付方式：收到乙方发票后，甲方于每月15日前将上月服务费划入乙方指定账户。

第五条　协议外的管理和服务

根据经营需要，经双方协商，甲方可委托乙方提供本协议外的服务，费用另计。

第六条　协议期限

（1）协议期限自＿＿＿＿＿＿年＿＿＿＿＿＿月＿＿＿＿＿＿日至＿＿＿＿＿＿年＿＿＿＿＿＿月＿＿＿＿＿＿日止。协议期满一个月前，双方再议续签事宜。

（2）在协议期内任何一方对另一方履约有异议，需提前终止本协议时，除需有合理的理由及充分的证据外，应提前一个月书面通知对方，无须作任何赔偿。

第七条　违约及赔偿

（1）甲乙双方中任何一方违反本协议时，则违约方应向守约方赔偿2个月物业管理服务费作为违约金。若该违约金不足以弥补守约方的损失，则违约方还应支付实际损失与违约金之间的差额。

（2）如有充分证据证实由于乙方未达到管理目标或乙方人员有违法、违反甲方日常管理制度和严重失职行为造成甲方财物损失或甲方人员的财物损失，除免去本月物业管理费外，乙方还应作出相应赔偿，但最多不高于损失当月甲方所应支付乙方所有服务费的2倍。

（3）当乙方服务人员在甲方发生工伤事故，由乙方根据其为服务人员购买的保险进行赔偿并由乙方支付相应补贴；甲方不须支付赔偿费用和补贴费用。乙方应在事故发生之日起5日内补充新的服务人员到甲方工作，否则，甲方有权扣除相应的管理费用，并要求乙方支付因此而对甲方造成的损失。由于该工伤人员缺席而导致的其他服务人员加班的费用，由乙方支付。

第八条　不可抗力

本合同执行期间，如遇地震、台风、水灾、火灾、战争以及其他不能预见并且对其发生和后果不能防止或避免的事件（不可抗力事件）的影响，致使合同不能履行或不能按时履行时，遇有不可抗力事件的一方，应立即通知另一方，并应在事件发生15日内，提供不可抗力情况及合同不能履行或部分不能履行，或需延期履行理由的有效证明文件，此项证明文件应由不可抗力发生地区的公证机构出具。根据不可抗力事件对合同履行影响的程度，由双方协商是否解除合同，或者部分免除履行合同的责任，或者延期履行合同。

第九条　争议的处理

本合同履行过程中发生争议，甲乙双方首先应友好协商解决，协商不成时，任何一方均可向有管辖权的人民法院起诉。甲乙双方同意，发生争议时，除争议事项外，本合同其余条款双方应继续认真执行。

第十条　适用法律法规

本协议的签订、生效、解释、变更、终止和争议的处理，均适用中国国家法律法规和甲方所在地的法规政策。

第十一条　协议的修改

本协议一切条款，由甲乙双方充分协商，在取得一致意见后，可以书面形式做出修改、删减或增加。

第十二条　其他

（1）乙方承诺并保证在本合同有效期限内，其是依法成立并有效存续的物业管理企业，并已获取三级资质，该资质证书复印件作为本合同不可分割的附件。

（2）本协议自甲乙双方法定代表人或授权代表签字盖章之日起生效。

（3）本协议一式二份，甲乙双方各执一份，每份具有同等法律效力。

备注：_____

甲方（签章）：_____　　　　　乙方（签章）：_____
法定代表人或授权人　　　　　　法定代表人或授权人
（签章）：_____　　　　　　（签章）：_____
日期：_____　　　　　　　　日期：_____

7-2-2 合理性解析及关联法规

✎ **合理性解析**

（1）在实务中，很多企业都将后勤、保安、运输、保洁、食堂等辅助岗位外包给相应的外包公司。这种做法，一方面顺应了专业化服务的市场分工需求，另一方面这些岗位均为外包公司的员工，与企业并不存在劳动关系，可以减少用工风险。

（2）在订立服务外包合同时，企业尤其需要注意三点：一是明确受托方也就是外包方应是具有公司性质的法人机构，不能与自然人建立外包关系，否则企业需要就自然人外包用工风险承担连带责任；二是明确在企业从事相关服务的人员为外包公司所聘用，其劳动关系建立在服务外包公司，企业不承担用工责任；三是灵活的解约权，对于外包公司所提供的服务无法达到合同约定要求或明显不能完成合同约定要求的，企业可以解除服务外包合同。

关联法规

　　第五百零二条　依法成立的合同，自成立时生效，但是法律另有规定或者当事人另有约定的除外。

　　依照法律、行政法规的规定，合同应当办理批准等手续的，依照其规定。未办理批准等手续影响合同生效的，不影响合同中履行报批等义务条款以及相关条款的效力。应当办理申请批准等手续的当事人未履行义务的，对方可以请求其承担违反该义务的责任。

　　依照法律、行政法规的规定，合同的变更、转让、解除等情形应当办理批准等手续的，适用前款规定。

——《民法典》

　　第九十四条　个人承包经营违反本法规定招用劳动者，给劳动者造成损害的，发包的组织与个人承包经营者承担连带赔偿责任。

——《劳动合同法》

第八章 特殊人员的合同

第一节 非全日制用工劳动合同

8-1-1 非全日制用工劳动合同示例

劳动合同
（非全日制从业人员使用）

　　根据《中华人民共和国劳动法》《中华人民共和国劳动合同法》和有关法律、法规，甲乙双方经平等自愿、协商一致签订本合同，共同遵守本合同所列条款。

　　第一条　甲方_____

　　（一）法定代表人（主要负责人）或委托代理人_____

　　（二）注册地址_____

　　（三）经营地址_____

　　第二条　乙方_____　性别_____

　　（一）居民身份证号码_____

　　或者其他有效证件名称_____　证件号码_____

　　（二）在甲方工作起始时间_____年_____月_____日

　　（三）家庭住址_____　邮政编码_____

　　第三条　本合同于_____年_____月_____日生效。

　　第四条　乙方同意根据甲方工作需要，担任以下工作：

_____

　　第五条　乙方的工作时间为_____

　　第六条　乙方完成本合同约定的工作内容后，甲方应当以货币形式向乙方支付劳动报酬，劳动报酬标准为每小时_____元。甲方向乙方支付劳动报酬的周期不得超过15日。

　　支付劳动报酬的其他约定：_____

　　第七条　甲方应当按照_____省（区／市）工伤保险的规定为乙方缴纳工伤保险费。

第八条　甲方根据生产岗位的需要，按照国家有关劳动安全、卫生的规定对乙方进行安全卫生教育和职业培训，并为乙方提供以下劳动条件：

（一）_____

（二）_____

（三）_____

第九条　甲方应当建立、健全职业病防治责任制，加强对职业病防治的管理，提高职业病防治水平。

第十条　甲乙双方可以随时终止劳动合同。

第十一条　甲方违反本合同的约定支付劳动报酬或支付的小时工资低于_____省（区／市）非全日制从业人员小时最低工资标准的，乙方有权向劳动保障监察部门举报。

第十二条　甲乙双方约定本合同增加以下内容：

（一）_____

（二）_____

（三）_____

第十三条　双方因履行本合同发生争议，当事人可以向甲方劳动争议调解委员会申请调解；调解不成的，可以向劳动争议仲裁委员会申请仲裁。

当事人一方也可以直接向劳动争议仲裁委员会申请仲裁。

第十四条　本合同的附件如下：

（一）_____

（二）_____

（三）_____

第十五条　本合同未尽事宜或与今后国家和地方有关规定相悖的，按有关规定执行。

第十六条　本合同一式两份，甲乙双方各执一份。

甲方（公章）_____　　　　　　　乙方（签字或盖章）_____

法定代表人（主要负责人）或委托代理人

（签字或盖章）_____

日期：_____　　　　　　　　日期：_____

8-1-2 合理性解析及关联法规

合理性解析

第七条　根据劳动保障部《关于非全日制用工若干问题的意见》的规定，从事非全日制工作的劳动者自行承担基本养老保险和基本医疗保险缴纳义务。但这并不意味企业免除了所有的社保缴纳义务。根据该《意见》规定，企业应当为非全日制劳动者缴纳工伤保险费。

关联法规

第六十八条　非全日制用工，是指以小时计酬为主，劳动者在同一用人单位一般平均每日工作时间不超过四小时，每周工作时间累计不超过二十四小时的用工形式。

第六十九条　非全日制用工双方当事人可以订立口头协议。

从事非全日制用工的劳动者可以与一个或者一个以上用人单位订立劳动合同；但是，后订立的劳动合同不得影响先订立的劳动合同的履行。

第七十条　非全日制用工双方当事人不得约定试用期。

第七十一条　非全日制用工双方当事人任何一方都可以随时通知对方终止用工。终止用工，用人单位不向劳动者支付经济补偿。

第七十二条　非全日制用工小时计酬标准不得低于用人单位所在地人民政府规定的最低小时工资标准。

非全日制用工劳动报酬结算支付周期最长不得超过十五日。

——《劳动合同法》

三、关于非全日制用工的社会保险

10. 从事非全日制工作的劳动者应当参加基本养老保险，原则上参照个体工商户的参保办法执行。对于已参加过基本养老保险和建立个人账户的人员，前后缴费年限合并计算，跨统筹地区转移的，应办理基本养老保险关系和个人账户的转移、接续手续。符合退休条件时，按国家规定计发基本养老金。

11. 从事非全日制工作的劳动者可以以个人身份参加基本医疗保险，并按照待遇水平与缴费水平相挂钩的原则，享受相应的基本医疗保险待遇。参加基本医疗保险的具体办法由各地劳动保障部门研究制定。

12. 用人单位应当按照国家有关规定为建立劳动关系的非全日制劳动者缴纳工伤保险费。从事非全日制工作的劳动者发生工伤，依法享受工伤保险待遇；被鉴定为伤残 5 - 10 级的，经劳动者与用人单位协商一致，可以一次性结算伤残待遇及有关费用。

——劳动保障部《关于非全日制用工若干问题的意见》（劳社部发〔2003〕12 号）

第二节　特殊劳动关系人员聘用合同

8－2－1 特殊劳动关系人员聘用合同示例

聘用合同

甲方（公司）：＿＿＿＿＿＿

地址：＿＿＿＿＿＿

邮编：＿＿＿＿＿＿

法定代表人／主要负责人：＿＿＿＿＿＿

乙方：＿＿＿＿＿＿

身份证号码／护照号码：＿＿＿＿＿＿

住址：＿＿＿＿＿＿

邮编：＿＿＿＿＿＿

联系电话：＿＿＿＿＿＿

（注：乙方联系地址如果有变化应及时通知甲方，否则甲方按照约定地址寄送视为送达乙方）

甲、乙双方就建立聘用关系及其权利义务等事宜，在甲方已向乙方如实告知涉及聘用合同的有关情况基础上，双方本着合法、公平、平等自愿、协商一致、诚实信用的原则签订本合同，双方承诺共同信守本合同所列各条款。

第一条　（合同的前提条件）

1.1 甲、乙为本聘用合同的当事人。

1.2 甲方系在中华人民共和国注册的合法用工主体，具有用工资格。

1.3 乙方为下述类型特殊劳动关系人员：

□已经依法享受养老保险待遇或领取退休金人员

□内部退养人员　□协议保留劳动关系人员　□港澳台人员　□外国人　□其他＿＿＿＿＿＿

1.4 乙方保证受聘于甲方后，从事甲方交付的任何工作均不会侵犯此前曾受聘单位的商业秘密及其他合法权益。如有违反，乙方将自行承担相应的法律责任。

第二条 （合同期限）

2.1甲、乙双方就合同期限约定如下：本合同期限自_____年_____月_____日起，至_____年_____月_____日止。其中试用期为_____个月，自_____年_____月_____日起，至_____年_____月_____日止。

2.2本合同期满，除非双方互有续签意思表示，否则本合同即行终止。

第三条 （工作内容及工作地点）

3.1甲方根据生产经营需要，安排乙方在_____部门从事_____工作。乙方应履行本岗位的工作职责（见附件二），按时、按质、按量完成其本职工作。

3.2乙方的工作地点在_____。随着甲方经营范围的扩大，甲方在与乙方协商一致后，可委派乙方至其他城市工作。

3.3甲方根据经营需要，乙方工作能力、工作表现及身体状况等因素，可依法合理变更本条中规定的乙方工作部门、工作内容及工作地点。

第四条 （工作时间和休息休假）

4.1甲方实行标准工时制，具体工作时间由甲方制定或变更。每天的劳动时间不包括午餐及休息时间。

4.2甲方可根据部分岗位特征、业务状况，经劳动行政部门批准，实行不定时工作制或综合计算工时工作制。

在本合同期内，乙方所在岗位经劳动行政部门批准实行不定时工作制或综合计算工时工作制的，则本合同约定的工作时间自动变更为不定时工作制或综合计算工时工作制。

4.3甲方可以根据工作需要安排乙方加班，甲方将依法支付超时工作的劳动报酬，或给予调休。

加班须根据相关规定办理加班申请手续。

4.4乙方所在工作岗位申请不定时工作制或综合计算工时工作制后，加班报酬按照相关法律规定执行。

4.5乙方享有国家规定的法定节假日和婚假、丧假等假期。

第五条 （报酬）

5.1乙方正常出勤并在规定的工作时间内保质保量完成甲方安排的工作任务后，有权获得报酬。

甲方实行岗位绩效工资制度，乙方工资收入＝岗位工资＋奖金＋津贴。甲方根据乙方的工作岗位和实际技术业务水平，确定乙方的月岗位工资收入标准为（　　）级（　　）档；乙方奖金与其工作数量、工作质量、服务水平、出勤率等实绩挂钩；津贴按国家和公司的相关规定执行。其中，试用期月工资为人民币_____元。

5.2 甲方发薪期为次／当月_____日至_____日。甲方有合理解释迟延支付劳动报酬的，不属于拖欠乙方工资。工资支付方式按照甲方规定执行。

5.3 本条第一款所列乙方收入为税前收入，乙方应依法缴纳个人所得税。

5.4 甲方有权根据自身经营状况、经济效益及乙方的业务能力、绩效情况、岗位、地点变化等对乙方的劳动报酬进行合理调整，包括提高或降低，乙方愿意服从甲方的决定。

5.5 奖金、津贴根据甲方内部规章制度执行。甲方有权根据需要制定、修改、完善或废止奖金、津贴制度。

第六条 （社会保险及福利待遇）

6.1 除法律法规规定对双方缴纳社会保险另有规定外，甲方根据公司相关规定并结合乙方具体情况为乙方购买商业保险或其他保险，具体标准由甲方制定。

6.2 甲方将根据公司相关规定，结合乙方的工作岗位、工作地点向乙方支付或调整其他补贴及福利费用。具体标准由甲方制定。

6.3 甲方可根据自身经营状况、经营效益等相应调整乙方的各项福利待遇。

第七条 （用工安全与保护）

7.1 甲方为乙方提供符合国家规定的劳动安全卫生标准的工作环境，确保乙方在人身安全及人体不受危害的环境条件下从事工作。

7.2 甲方根据乙方岗位实际情况，按照国家有关规定向乙方提供必要的劳动防护用品。

7.3 甲方将按照国家及当地政府的相关规定，积极采取职业病防护措施，确保乙方的人身安全及人体不受危害。

第八条 （用工规章制度）

8.1 甲方有权在不与法律法规相抵触的情况下，遵循民主原则，制定员工手册及其他各项规章制度。甲方依据前述制度对乙方进行劳动纪律的日常管理。乙方应严格遵守甲方制定的前述制度，否则甲方可根据单位规章制度，给予其相应的处分。

8.2 甲方制定的各项规章制度将及时予以公示。甲方要求乙方认真阅读相关内容，以保证及时了解掌握甲方的各项信息。如乙方因不在公司而无法阅览，甲方要求乙方在返回公司出勤后的一周之内及时进行阅览。如出现因乙方未能及时阅览上述信息而造成的后果，由乙方承担一切责任。

8.3 在履行本合同期间，甲方可以对其员工手册及其他各项规章制度进行修订，或者制定新的规章制度。如果原规章制度与甲方新的制度不一致，乙方同意按照甲方新的规章制度执行。

8.4 乙方应妥善保管甲方财物，乙方因任何原因离职时，均须归还甲方财物，包括但不限于电脑、软件、光盘、技术文档等。如乙方疏忽丢失或蓄意损坏，应予以赔偿。

8.5 乙方保证其向甲方提供的所有信息、资料、证明等均属真实、有效，并承担相应责任。

第九条 （保密及知识产权归属）

9.1 甲、乙双方确认，乙方在履行工作职责时必然会接触到的甲方的商业秘密及与知识产权相关的保密事项，前述事项均属于甲方的财产和权利，乙方负有当然的保密义务。

9.2 从本合同生效之日起，乙方必须遵守甲方的任何保密规章、制度，履行与其工作岗位相应的保密职责。未经甲方书面同意或非为履行本合同项下的职责和义务，乙方不得向任何第三方（包括不得知悉该项秘密的甲方其他员工）泄露甲方的任何商业秘密。

9.3 甲、乙双方确认乙方因职务上的需要所持有或保管的一切记录着甲方秘密信息的任何形式的载体，均归甲方所有。

9.4 乙方在甲方任职期间，因履行甲方交付的工作任务或主要利用甲方的物质和技术条件、业务信息等完成的发明创造、计算机软件、技术秘密、著作权等，其相关的知识产权归属于甲方（应属于乙方的身份性权利除外）。

9.5 乙方保证，正确使用并妥善保管属于甲方或者虽属于他人但甲方承诺有保密义务的秘密信息，不得利用前述信息为自己或任何第三方牟利。除了履行职务外，乙方承诺其在职期间及离职后，未经甲方书面授权，不得以泄露、告知、公布、发布、出版、传授、转让或者其他任何方式使任何第三方知悉属于甲方或者虽属于他人但甲方承诺有保密义务的秘密信息，也不得在履行职务之外使用这些秘密信息，直至甲方宣布解密或保密信息实际上已经公开。

9.6 甲、乙双方聘用关系解除或终止后，乙方必须将所有机密信息和资料及其复印件返还给甲方，并向甲方保证本人不再有任何使用该资料或者信息的权利，并申明已将该资料和信息的所有原件及复印件退还给甲方。如甲方发现乙方未及时归还前述资料，造成甲方损失的，乙方必须承担相应的赔偿责任。

9.7 凡未经甲方书面同意或非为履行本合同项下的职责和义务而以直接或间接，口头或书面等形式提供给第三方涉及保密内容的行为均属泄密，造成甲方损失的，乙方必须承担相应的赔偿责任。

第十条 （合同的变更、解除及终止）

10.1 合同的变更

10.1.1 本合同订立时所依据的法律、法规、规章或政策规定发生变化，本合同应变更相关内容。

10.1.2 由于不可抗力致使本合同无法履行，经双方协商同意，可以变更合同相关内容。

10.1.3 甲、乙双方协商一致，可以对本合同的部分条款进行变更。

10.1.4 甲方对乙方的工作岗位、工作地点或职务所作的调整，如果双方未签订书面变更合同或协议，且乙方自到岗后一个月内未提出书面异议的，视为乙方同意该调整。

10.2 劳动合同的解除

10.2.1 甲、乙双方经协商一致，可以解除本合同。

10.2.2 乙方解除本合同，应当提前 30 日以书面形式通知甲方，辞职书呈交主管或人事部门，双方协商确定乙方最后工作日期。

10.2.3 甲方有法律、法规规定的情形的，乙方可解除聘用合同。

10.2.4 有下列情形之一的，甲方可以解除聘用合同：

（1）甲方提前 30 日书面通知乙方的；

（2）乙方在试用期内被证明不符合录用条件的；

（3）乙方严重违反劳动纪律或甲方规章制度的；

（4）乙方严重失职、营私舞弊给甲方造成重大损害的；

（5）乙方被依法追究刑事责任或被劳动教养的；

（6）乙方被查实在应聘时向甲方提供虚假资料的；

（7）乙方与其他用人单位再次建立聘用关系，对完成甲方的工作任务造成严重影响或者经甲方提出，拒不改正的；

（8）以欺诈、胁迫的手段或乘人之危，使甲方在违背真实意思的情况下订立聘用合同而致本合同无效的；

（9）法律、法规规定的其他情形。

10.3 有下列情形之一的，聘用合同终止：

（1）聘用合同期满的；

（2）甲方被依法宣告破产的；

（3）甲方决定解散、被吊销营业执照、责令关闭或者被撤销的；

（4）乙方死亡，或被人民法院宣告死亡或者宣告失踪的；

（5）法律、行政法规规定的其他情形的。

10.4 在最后工作日前，乙方必须根据甲方的要求配合所在部门及其他部门办理完所有的工作交接手续，包括但不限于：

（1）归还所有代表公司员工身份的证明文件，如工作证、介绍信函、员工信息卡等；

（2）归还所有公司文件、资料、记录、设备、工具、文具、通信设备等；

（3）归还更衣箱、工具箱以及员工保管的所有公司的钥匙；

（4）向继任者或公司指派的其他同事交代清楚所有工作；

（5）与财务部门结算所有应付款项、应收款项；

（6）其他根据公司规定必须移交的物品。

办理工作交接的程序根据甲方的要求进行。工作交接完毕，由甲方在工作交接清单上签字确认。乙方不按规定办理交接手续，造成甲方损失的，甲方有权要求乙方赔偿。

第十一条 （违约及赔偿责任）

11.1 甲乙双方任何一方违反本合同规定，给对方造成损失的，应予以赔偿。

11.2 乙方侵占甲方财产给甲方造成损失的，乙方应返还相应财物，并赔偿甲方损失。没有法律规定或者合同约定获得甲方利益的，乙方应将所获不当得利返还甲方。

第十二条 （其他事项）

12.1 本合同如与现行相关法律、法规、规章不一致，应以相关法律、法规、规章为准。如果相关法律、法规、规章进行变更，应以新的有效的法律、法规、规章为准。

12.2 本合同未尽事宜，双方另有约定的从约定；双方没有约定的，遵照相关法律、法规、规章执行；法律、法规、规章没有规定的，双方应遵循平等自愿、协商一致的原则，另行签订协议作为本合同的补充协议。

12.3 因履行本合同产生的争议，甲、乙双方应友好协商；协商不成的，任何一方按照特殊劳动关系的性质提交有管辖权的劳动争议仲裁委员会或人民法院处理。

12.4 释义：

（1）本合同中所称"法律""法规""规章"，若未作特殊说明，系指中华人民共和国及甲方所在地的法律、法规、规章。

（2）本合同中所称第三方，若未作特殊说明，系指除甲方、乙方之外的第三方。

12.5 本合同一式二份，经双方签字、盖章后生效，双方各执一份。两份合同具有同等法律效力。

附件：（略）

乙方确认：签订本聘用合同时，已详细阅看，对合同内容予以全面理解，并已知晓甲方的各类规章制度。规章制度包括但不限于《员工手册》《岗位说明书》等，作为聘用合同的附件，与聘用合同其他附件一起，与聘用合同同等有效。

甲方：_____ 乙方：_____

法定代表人或授权代理人：_____

签订日期：_____ 签订日期：_____

8-2-2 合理性解析及关联法规

✎ **合理性解析**

第一条1.3　该款明确了乙方作为特殊劳动关系人员的类型，便于日后对其进行相应劳动人事管理。

第六条6.1　该款明确了企业将根据相关规定，结合特殊劳动关系人员具体情况为其购买商业保险或其他保险。

第六条6.3　该款明确了企业对特殊劳动关系人员在补贴及福利费用标准上的制定权和调整权。

第八条　该条明确了特殊劳动关系人员也需要遵守企业的规章制度和劳动纪律。

第九条　该条明确了特殊劳动关系人员作为企业员工需要承担保密义务并遵守企业的保密制度。

第十二条　该条明确了特殊劳动关系的争议处理，区分不同情形并按照有关规定交由劳动争议仲裁委员会处理。对于已经依法享受养老保险待遇或领取退休金人员的争议处理，一般提交人民法院作为民事劳务关系处理。

关联法规

第七条　用人单位与其招用的已经依法享受养老保险待遇或领取退休金的人员发生用工争议，向人民法院提起诉讼的，人民法院应当按劳务关系处理。

第八条　企业停薪留职人员、未达到法定退休年龄的内退人员、下岗待岗人员以及企业经营性停产放长假人员，因与新的用人单位发生用工争议，依法向人民法院提起诉讼的，人民法院应当按劳动关系处理。

——最高人民法院《关于审理劳动争议案件适用法律若干问题的解释（三）》

第十四条　外国人、无国籍人未依法取得就业证件即与中国境内的用人单位签订劳动合同，以及香港特别行政区、澳门特别行政区和台湾地区居民未依法取得就业证件即与内地用人单位签订劳动合同，当事人请求确认与用人单位存在劳动关系的，人民法院不予支持。

持有《外国专家证》并取得《外国专家来华工作许可证》的外国人，与中国境内的用人单位建立用工关系的，可以认定为劳动关系。

——最高人民法院《关于审理劳动争议案件适用法律若干问题的解释（四）》

第三节 兼职人员聘用合同

8-3-1 兼职人员聘用合同示例

聘用合同

甲方（公司）：＿＿＿＿＿＿
地址：＿＿＿＿＿＿
邮编：＿＿＿＿＿＿
法定代表人／主要负责人：＿＿＿＿＿＿

乙方：＿＿＿＿＿＿
身份证号码／护照号码：＿＿＿＿＿＿
住址：＿＿＿＿＿＿
邮编：＿＿＿＿＿＿
联系电话：＿＿＿＿＿＿
（注：乙方联系地址如果有变化应及时通知甲方，否则甲方按照约定地址寄送视为送达乙方）

甲、乙双方就建立聘用关系及其权利义务等事宜，在甲方已向乙方如实告知涉及聘用合同的有关情况基础上，双方本着合法、公平、平等自愿、协商一致、诚实信用的原则签订本合同，双方承诺共同信守本合同所列各条款。

第一条 （合同的前提条件）

1.1 甲、乙为本聘用合同的双方当事人。

1.2 甲方系在中华人民共和国注册的合法用工主体，具有用工资格。

1.3 乙方为兼职人员，劳动关系保留在原工作单位，由该原工作单位缴纳社保。

1.4 乙方保证受聘于甲方后，从事甲方交付的任何工作均不会侵犯此前曾受聘单位的商业秘密及其他合法权益。如有违反，乙方将自行承担相应的法律责任。

第二条 （合同期限）

2.1 甲、乙双方就聘用合同期限约定如下：本合同期限自＿＿＿＿＿＿年＿＿＿＿＿＿月＿＿＿＿＿＿日起，至＿＿＿＿＿＿年＿＿＿＿＿＿月＿＿＿＿＿＿日止。其中试用期为＿＿＿＿＿＿个月，自＿＿＿＿＿＿年＿＿＿＿＿＿月＿＿＿＿＿＿起，至＿＿＿＿＿＿年＿＿＿＿＿＿月＿＿＿＿＿＿日止。

2.2 本合同期满，除非双方互有续签意思表示，否则本合同即行终止。

第三条 （工作内容及工作地点）

3.1 甲方根据生产经营需要，安排乙方在＿＿＿＿＿＿＿部门从事＿＿＿＿＿＿＿工作。乙方应履行本岗位的工作职责（见附件二），按时、按质、按量完成其本职工作。

3.2 乙方在完成工作任务的前提下，可以选择以下第（ ）种工作地点约定：

（1）甲方所在地工作地点＿＿＿＿＿＿＿；

（2）自由支配，甲方不安排办公场所，但离开本市需要提前3日告知甲方；

（3）＿＿＿＿＿＿＿。

第四条 （工作时间和休息休假）

4.1 甲乙双方约定，实行第（ ）种工作时间：

（1）标准工时制。若该岗位经批准施行特殊工时制的，执行特殊工时制；

（2）在完成工作任务的前提下，不约定明确的工作时间，悉由乙方自主安排。

4.2 因乙方劳动关系所在单位给予乙方相应休假权利，乙方兼职期间不享有国家规定的法定节假日和婚假、丧假等假期。若乙方劳动关系所在单位未予安排的，可以酌情安排。

第五条 （兼职报酬）

5.1 乙方正常出勤并在规定的工作时间内保质保量完成甲方安排的工作任务后，有权获得劳动报酬。

甲方的工资待遇约定为：＿＿＿＿＿＿＿

5.2 甲方发薪期为次／当月＿＿＿＿＿＿＿日至＿＿＿＿＿＿＿日。甲方有合理解释迟延支付劳动报酬的，不属于拖欠乙方工资。工资支付方式按照甲方规定执行。

5.3 本条第一款所列乙方收入为税前收入，乙方应依法缴纳个人所得税。

第六条 （社会保险及福利待遇）

6.1 因乙方劳动关系所在单位为其缴纳社会保险，甲方不为乙方缴纳社会保险。

6.2 甲方可根据自身经营状况及乙方表现等相应给予乙方适当福利待遇。

第七条 （用工安全与保护）

7.1 甲方为乙方提供符合国家规定的劳动安全卫生标准的工作环境，确保乙方在人身安全及人体不受危害的环境条件下从事工作。

7.2 甲方根据乙方岗位实际情况，按照国家有关规定向乙方提供必要的劳动防护用品。

7.3 甲方将按照国家及当地政府的相关规定，积极采取职业病防护措施，确保乙方的人身安全及人体不受危害。

第八条 （用工规章制度）

8.1 甲方依据合法制定的规章制度对乙方进行劳动纪律的日常管理。乙方应严格遵守甲方制定的前述制度。

8.2 乙方应妥善保管甲方财物，乙方因任何原因离职时，均须归还甲方财物，包括但不限于电脑、软件、光盘、技术文档等。如乙方疏忽丢失或蓄意损坏，应予以赔偿。

8.3 乙方保证其向甲方提供的所有信息、资料、证明等均属真实、有效，并承担相应责任。

第九条 （保密及知识产权归属）

9.1 甲、乙双方确认，乙方在履行工作职责时必然会接触到的甲方的商业秘密及与知识产权相关的保密事项，前述事项均属于甲方的财产和权利，乙方负有当然的保密义务。

9.2 从本合同生效之日起，乙方必须遵守甲方的任何保密规章、制度，履行与其工作岗位相应的保密职责。未经甲方书面同意或非为履行本合同项下的职责和义务，乙方不得向任何第三方（包括不得知悉该项秘密的甲方其他员工）泄露甲方的任何商业秘密。

9.3 甲、乙双方确认乙方因职务上的需要所持有或保管的一切记录着甲方秘密信息的任何形式的载体，均归甲方所有。

9.4 乙方在甲方任职期间，因履行甲方交付的工作任务或主要利用甲方的物质和技术条件、业务信息等完成的发明创造、计算机软件、技术秘密、著作权等，其相关的知识产权归属于甲方（应属于乙方的身份性权利除外）。

9.5 乙方保证，正确使用并妥善保管属于甲方或者虽属于他人但甲方承诺有保密义务的秘密信息，不得利用前述信息为自己或任何第三方牟利。除了履行职务外，乙方承诺其在职期间及离职后，未经甲方书面授权，不得以泄露、告知、公布、发布、出版、传授、转让或者其他任何方式使任何第三方知悉属于甲方或者虽属于他人但甲方承诺有保密义务的秘密信息，也不得在履行职务之外使用这些秘密信息，直至甲方宣布解密或保密信息实际上已经公开。

9.6 甲、乙双方聘用关系解除或终止后，乙方必须将所有机密信息和资料及其复印件返还给甲方，并向甲方保证本人不再有任何使用该资料或者信息的权利，并申明已将该资料和信息的所有原件及复印件退还给甲方。如甲方发现乙方未及时归还前述资料，造成甲方损失的，乙方必须承担相应的赔偿责任。

9.7 凡未经甲方书面同意或非为履行本合同项下的职责和义务而以直接或间接、口头或书面等形式提供给第三方涉及保密内容的行为均属泄密，造成甲方损失的，乙方必须承担相应的赔偿责任。

第十条 （合同的变更、解除及终止）

10.1 合同的变更

10.1.1 本合同订立时所依据的法律、法规、规章或政策规定发生变化，本合同应变更相关内容。

10.1.2 由于不可抗力致使本合同无法履行，经双方协商同意，可以变更合同相关内容。

10.1.3 甲、乙双方协商一致，可以对本合同的部分条款进行变更。

10.2 劳动合同的解除

10.2.1 甲、乙双方经协商一致，可以解除本合同。

10.2.2 乙方解除本合同，应当提前 30 日以书面形式通知甲方，辞职书呈交主管或人事部门，双方协商确定乙方最后工作日期。

10.2.3 甲方有法律、法规规定的情形的，乙方可解除聘用合同。

10.2.4 有下列情形之一的，甲方可以随时解除聘用合同：

（1）甲方提前 30 日书面通知乙方的；

（2）乙方在试用期内被证明不符合录用条件的；

（3）乙方严重违反劳动纪律或甲方规章制度的；

（4）乙方严重失职、营私舞弊给甲方造成重大损害的；

（5）乙方被依法追究刑事责任或被劳动教养的；

（6）乙方被查实在应聘时向甲方提供虚假资料的；

（7）乙方与其他用人单位再次建立聘用关系，对完成甲方的工作任务造成严重影响或者经甲方提出，拒不改正的；

（8）以欺诈、胁迫的手段或乘人之危，使甲方在违背真实意思的情况下订立聘用合同而致本合同无效的；

（9）法律、法规规定的其他情形。

10.3 有下列情形之一的，聘用合同终止：

（1）聘用合同期满的；

（2）甲方被依法宣告破产的；

（3）甲方决定解散、被吊销营业执照、责令关闭或者被撤销的；

（4）乙方死亡，或被人民法院宣告死亡或者宣告失踪的；

（5）法律、行政法规规定的其他情形的。

10.4 在最后工作日前，乙方必须根据甲方的要求并配合所在部门及其他部门办理完所有的工作交接手续，包括但不限于：

（1）归还所有代表公司员工身份的证明文件，如工作证、介绍信函、员工信息卡等；

（2）归还所有公司文件、资料、记录、设备、工具、文具、通信设备等；

（3）归还更衣箱、工具箱以及员工保管的所有公司的钥匙；

（4）向继任者或公司指派的其他同事交代清楚所有工作；

（5）与财务部门结算所有应付款项、应收款项；

（6）其他根据公司规定必须移交的物品。

办理工作交接的程序根据甲方的要求进行。工作交接完毕，由甲方在工作交接清单上签字确认。乙方不按规定办理交接手续，造成甲方损失的，甲方有权要求乙方赔偿。

第十一条　（违约及赔偿责任）

11.1 甲乙双方任何一方违反本合同规定，给对方造成损失的，应予以赔偿。

11.2 乙方侵占甲方财产给甲方造成损失的，乙方应返还相应财物，并赔偿甲方损失。没有法律规定或者合同约定获得甲方利益的，乙方应将所获不当得利返还甲方。

第十二条　（其他事项）

12.1 本合同如与现行相关法律、法规、规章不一致，应以相关法律、法规、规章为准。如果相关法律、法规、规章进行变更，应以新的有效的法律、法规、规章为准。

12.2 本合同未尽事宜，双方另有约定的从约定；双方没有约定的，遵照相关法律、法规、规章执行；法律、法规、规章没有规定的，双方应遵循平等自愿、协商一致的原则，另行签订协议作为本合同的补充协议。

12.3 因履行本合同产生的争议，甲、乙双方应友好协商，协商不成的，任何一方可向有管辖权的仲裁机构和人民法院申请处理。

12.4 释义：

（1）本合同中所称"法律""法规""规章"，若未作特殊说明，系指中华人民共和国及甲方所在地的法律、法规、规章。

（2）本合同中所称第三方，若未作特殊说明，系指除甲方、乙方之外的第三方。

12.5 本合同一式二份，经双方签字、盖章后生效，双方各执一份。两份合同具有同等法律效力。

乙方确认：签订本聘用合同时，已详细阅看，对合同内容予以全面理解，并已知晓甲方的各类规章制度。规章制度包括但不限于《员工手册》《岗位说明书》等，作为聘用合同的附件，与聘用合同其他附件一起，与聘用合同同等有效。

甲方：_____　　　　　　　　乙方：_____

法定代表人或授权代理人：_____

签订日期：_____　　　　　　　签订日期：_____

8-3-2 合理性解析及关联法规

合理性解析

第一条1.3 该款明确了兼职人员的社保缴纳义务,劳动关系保留在原工作单位,由该原工作单位缴纳社保。

第三条3.2 该款明确了用工地点的安排。由企业和兼职人员协商选择固定场所工作或者灵活场所工作模式。

第四条4.1 双方可以约定兼职人员的工作时间安排,兼职人员可以与企业约定选择采取固定工作时间工作方式或采取弹性工作时间工作方式。

第六条 该条明确了企业对兼职人员在补贴及福利费用标准上的制定权和调整权。

第八条 该条明确了兼职人员也需要遵守企业的规章制度和劳动纪律。

第九条 该条明确了兼职人员作为企业员工需要承担保密义务并遵守企业的保密制度。

第十条10.2 该款明确了兼职人员和企业双方,均可以提前30天通知解除聘用关系。

关联法规

第三十九条 劳动者有下列情形之一的,用人单位可以解除劳动合同:

……

(四)劳动者同时与其他用人单位建立劳动关系,对完成本单位的工作任务造成严重影响,或者经用人单位提出,拒不改正的;

……

第九十一条 用人单位招用与其他用人单位尚未解除或者终止劳动合同的劳动者,给其他用人单位造成损失的,应当承担连带赔偿责任。

——《劳动合同法》

第五百六十二条 当事人协商一致,可以解除合同。

当事人可以约定一方解除合同的事由。解除合同的事由发生时,解除权人可以解除合同。

——《民法典》

第四节 （三方）就业协议书

8-4-1（三方）就业协议书示例

就业协议书

毕业生：＿＿＿＿＿＿

用人单位：＿＿＿＿＿＿

培养单位：＿＿＿＿＿＿

签订本就业协议应遵守的条款

第一条 本《就业协议书》适用于参加初次就业的普通高校（含研究生培养单位）毕业研究生、本专科毕业生；在中国境内登记注册的各类企业、事业单位；国家机关、部队以及依照中国法律核准登记的外资公司、分支机构。

第二条 签订本就业协议应当遵守平等、自愿、诚实信用的原则。

第三条 毕业生与用人单位有权利了解对方的实际情况，被了解方应当如实介绍自己的情况，不得弄虚作假。

第四条 《就业协议书》如增加其他约定条款，约定条款内容不得违反国家法律和行政规章的有关规定，不得损害学校、用人单位和毕业生的声誉及合法权益。

第五条 毕业生与用人单位对就业协议的成立，有其他约定的，须在就业协议书中注明。例如：用人单位进人需要经人事主管部门核准的，应当在协议书中约定，核准后就业协议成立。

第六条 本协议经毕业生和用人单位签字或盖章后生效，经学校鉴证登记后作为签发报到的依据。

第七条 本协议一式四份，毕业生、用人单位、毕业生所在学院和学校各一份。

三方协议的主要条款

用人单位（甲方）

用人单位名称：＿＿＿＿＿＿ 主管部门：＿＿＿＿＿＿

通信地址：_____ 　邮政编码：_____

组织机构代码证：_____

联系人及电话：_____ 　单位性质：_____

档案接收单位名称：_____

详细地址：_____ 　邮政编码：_____

毕业生（乙方）

姓名：_____性别：_____民族：_____出生年月：_____

学院：_____专业：_____政治面貌：_____婚姻状况：_____

学位类别：_____学历：_____培养方式：_____毕业时间：_____

生源地：_____身份证号码：_____

联系地址：_____ 　邮政编码：_____

联系电话：_____

培养单位（丙方）

培养单位：_____

联系地址：_____ 　邮政编码：_____

联系人及电话：_____

经甲、乙、丙三方协商，同意签订如下协议：

一、甲方已如实向乙方介绍情况，乙方愿意到甲方工作，并服从甲方工作安排。

二、乙方已如实向甲方介绍情况，经了解，甲方同意接收乙方，并负责按有关规定办理接收手续。

三、丙方经审议，同意乙方到甲方工作，并负责列入就业建议计划和派遣。

四、所有未尽事宜及甲、乙、丙三方的其他承诺应在备注栏中明确说明，并视为本协议书一部分。

五、三方中有一方要变动协议，需提前一个月征得另外两方同意，否则按违约处理。

六、本协议一式三份，甲、乙、丙三方各执一份，复印件无效。

关于甲乙双方的补充约定

一、甲方已如实向乙方介绍本单位情况，以及乙方工作岗位情况，并通过对乙方的了解、考核，同意录用乙方。乙方已如实向用人单位介绍自己情况，并通过对甲方的了解，愿意到甲方就业并在规定或约定期限内报到。

二、乙方到甲方报到后，双方应按有关法律法规的规定，于_____日内订立劳动合同（聘用合同），并办理有关录用手续。劳动合同（聘用合同）订立后，本协议自动终止。

三、甲方聘用乙方服务期_____年。其中试用期（见习期）_____个月，试用期（见习期）从_____算起。

四、甲方为乙方提供的工作条件和劳动条件应符合国家有关规定。

五、乙方被录用后试用期（见习期）收入为人民币_____元／月，试用期（见习期）满后由双方共同约定的收入为人民币_____元／月。录用为公务员的按国家公务员的规定办理。

六、甲方为乙方提供的福利包括社会统筹养老保险、医疗保险、住房公积金、失业保险金等国家规定的福利及_____。

七、本协议生效后，如甲乙双方有一方违约，违约方应支付的违约金为_____元。违约行为造成相关损失额超过违约金数额的，相对方仍有权要求违约方承担损失赔偿责任。

八、本协议在甲乙双方签订后应在 10 个工作日内由甲（乙）方送学校鉴证登记。甲乙双方在协议上签字后，本协议即约束甲乙双方。即便协议未鉴证登记的，也不影响本协议关于甲乙双方约定的效力。

九、双方商定按下列步骤解决争议：对本协议产生纠纷和争议的，协商解决；协商不能达成一致意见，任何一方可向当地政府主管毕业生就业工作部门申请调解；调解不能达成一致意见，可向人民法院提起诉讼。

十、其他约定：

_____

毕业生意见：　　　　用人单位意见：　　　　学校就业中心意见：
签　字：　　　　　　签　字（盖章）：　　　签　字（盖章）
年　月　日　　　　　年　月　日　　　　　　年　月　日

用人单位主管部门意见：　　　　　　　　　学院、系、部意见：
签　字（盖章）：　　　　　　　　　　　　签　字（盖章）：
年　月　日　　　　　　　　　　　　　　　年　月　日

8 - 4 - 2 合理性解析及关联法规

✎ **合理性解析**

（1）签订本就业协议应遵守的条款。此类条款明确了《就业协议书》的适用对象、签订原则、相互信息告知义务、协议生效、协议备案和存档等相关事项。

（2）三方协议的主要条款。此部分是《就业协议书》的正文部分。主要是明确甲乙丙三方的相互关系、合同变更以及违约责任的承担。

（3）关于甲乙双方的补充约定。此部分是《就业协议书》的补充部分。企业可以在其中规定具体的劳动条件和待遇，并详细约定合同变更的具体事项以及违约责任的具体承担。

关联法规

第七条　用人单位自用工之日起即与劳动者建立劳动关系。……

——《劳动合同法》

第五百七十七条　当事人一方不履行合同义务或者履行合同义务不符合约定的，应当承担继续履行、采取补救措施或者赔偿损失等违约责任。

第五百七十八条　当事人一方明确表示或者以自己的行为表明不履行合同义务的，对方可以在履行期限届满前请求其承担违约责任。

——《民法典》

第五节　应届毕业生实习合同

8－5－1 应届毕业生实习合同示例

实习协议

_____有限公司（以下简称甲方），与××大学_____学院／系／部（以下简称乙方），就该院学生至甲方实习事宜达成如下协议并共同遵守：

学生（以下简称丙方）_____；专业_____；班级、学号_____。

鉴于：

1. 乙方对甲方的信任，要求丙方到甲方进行实习；

2. 甲方接受乙方要求，并对丙方的实习进行指导。

为保障双方的权益，明确双方的责任，经过充分友好协商，双方达成如下协议：

一、实习期限

乙方的实习期限约定为第_____种方式：

1. _____年_____月_____日至_____年_____月_____日。

2. _____年_____月_____日至学校开出派遣证后乙方到公司报到之日（但最早不晚于_____年_____月_____日，最迟不超过_____年_____月_____日）。

二、甲方权利和义务

1. 甲方向丙方支付下列有关费用：

基本津贴：_____元/月

交通补贴：_____或_____元/月（按甲方员工标准发放）

其他：满勤奖_____元／月；固定补贴_____元／月

2. 在实习开始前，为丙方提供岗前培训。

3. 在实习期间，为防止及化解人身伤害风险，为丙方购买人身意外保险或类似险种并负责保险索赔事宜。

4. 为丙方提供必要的劳动工具及个人安全防护用品。

5. 实习过程中，指导丙方了解甲方的生产环境，掌握生产技术及安全操作规程。

6. 配合乙方做好对实习学生的日常管理工作，及时向乙方反馈实习学生在实习期间的表现，每个月客观如实填写《实习生考评记录表》（乙方每月按时发放到学生手中）。

7. 为乙方提供实习学生的工作表现和职业发展评估。

8. 如果丙方不能胜任本职工作或严重违反公司纪律，或因甲方业务变更，甲方有权取消其实习资格。甲方以书面形式提前一周通知乙方，乙方在收到甲方书面通知之日将立即通知相关学生，并做好相关学生的离开工作，保证不干扰甲方的正常运作。

9. 甲方需在丙方毕业前 2 个月与乙方沟通，确认在丙方毕业之际，如经考核合格，是否会将丙方录用为正式员工，如可将与乙方、丙方在当年 6 月 20 日前签订《就业协议书》，本实习协议自动终止。乙方将按照《就业协议书》中甲方地址将丙方人事档案及户籍关系调转。如不可，甲方应该以书面形式通知乙方和丙方，以便丙方继续寻找就业单位，如丙方在毕业前找到就业单位，经提前一周通知甲方后，本实习协议自动终止。

三、乙方权利和义务

1. 应确定专人配合甲方做好与实习学生的沟通协调工作：本期实习专管人员为 ＿＿＿＿ 系 ＿＿＿＿ 老师，联络电话为 ＿＿＿＿，有效电子邮件地址为 ＿＿＿＿。

2. 协助甲方做好实习学生在实习期间的管理工作，确保学生遵章守纪，遵守甲方的规章制度。

3. 提供实习学生实习期间的住宿。

4. 负责处理实习学生在实习期间的任何违法违纪行为。

5. 不再向其他用人单位推荐丙方。

四、丙方在实习期间的权利、义务和责任

1. 遵守规定、程序和协议

丙方在实习期间须遵守甲方的规章制度，包括（但不仅限于）以下内容：

（1）考勤制度和作息时间；

（2）保持工作环境的卫生和安静，公司区域内禁止吸烟；

（3）未经同意不得通过网络在计算机上安装任何软件；

（4）不得私自转移、复制任何形式的文件及其数据；

（5）不得将任何公司文档带出公司。

丙方还应遵守甲方的其他各项规定及程序；遵守各种实习规定和实习协议。

2. 兼职禁止。实习期间不能再到其他用人单位兼职。

3. 保密义务与知识产权保护

（1）无论在协议履行期间还是在履行期满后，不得向外界泄露甲方的任何资料和信息；

（2）丙方在实习期间工作成果的所有权全部归甲方所有，并对实习期间接触到的甲方的商业秘密承担保密义务；

（3）乙方在所参加的项目中若有特别贡献，甲方将根据项目的效益情况酌情给予奖励。

4. 实习结束后，应向主管人员交还属于甲方的所有物品和资料。

五、协议的解除与争议解决

1. 如乙方或丙方有违反本协议之行为，甲方有权根据实际情况单方解除本协议；如未经与甲方协商，乙方或丙方不得随意解除本协议。

2. 本协议未尽事宜由双方本着互利原则协商解决；协商不成交由甲方所在地人民法院解决。

六、协议的份数与生效

1. 本协议一式四份，甲方、实习生所在学院／系／部、学生就业指导服务中心及丙方各执一份。

2. 本协议自甲方、乙方、丙方签字或盖章后生效。

甲方：_____有限公司

地址：_____

法人代表：_____

日期：_____　　电话：_____

乙方：_____学院／系／部 学生就业指导服务中心

地址：_____

代表：_____

日期：_____　　电话：_____

丙方：_____

日期：_____　　电话：_____

8-5-2 合理性解析及关联法规

✎ **合理性解析**

（1）实习协议可以由企业、实习学生、学校三方签订，也可以由企业和实习学生直接签订。但需要注意的是，根据当地教育、劳动行政部门相关规定，使用实习生需要进行备案的，应当按照相关规定向当地教育、劳动行政部门进行报备。

（2）在现有法律法规框架下，尚未毕业离校的实习生不能构成劳动法上的劳动者主体。所以，企业对实习生无须按照有关《劳动法》规定的工资标准支付工资，而应当根据实习生的具体岗位和贡献度适当支付实习补贴。实习补贴不属于工资范畴，不受最低工资标准约束。

关联法规

第六条 民事主体从事民事活动，应当遵循公平原则，合理确定各方的权利和义务。

第七条 民事主体从事民事活动，应当遵循诚信原则，秉持诚实，恪守承诺。

——《民法典》

第九章 专项协议

第一节 培训服务期协议

9-1-1 培训服务期协议示例

培训协议

甲方：_____

地址：_____

邮编：_____

法定代表人：_____

乙方：_____

地址：_____

邮编：_____

身份证件号码：_____

电话：_____

随着业务的扩充及不断发展，甲方经考证后，认为乙方具备相当的潜能及发展机会，同意出资赞助乙方参加下述培训；同时，乙方亦愿意接受这次培训的各项安排。就此，甲、乙双方在自愿平等的基础上，经协商一致签订本培训协议。

第一条 培训前准备

本培训协议的启动取决于公司为员工办理的诸如选择培训机构、与培训机构签订代理培训合同、培训资格认证、签证（如需要）、工作许可证（如需要）等培训所必要的手续是否办理完毕而确定。

第二条 开始时间

甲方提供的此次培训拟定于_____年_____月_____日开始。

如遇签证办理情况、业务发展需要、工作安排或培训机构的日程等安排发生变化而致此次培训开始日期提前或延后的，甲方有权变更前款所述培训开始日期，乙方应予以理解并接受，具体日期以甲方另行出具的书面通知所载日期为准。

第三条　培训期间

甲方提供的此次课程培训约_____天／周／月。

如因培训成绩、业务发展、工作安排或培训机构的日程等之需，甲方有权缩短或延长前款所述培训期间并相应调整终止日期，乙方应予以理解并接受，具体日期以甲方另行出具的书面通知所载日期为准。

第四条　培训地点

此次培训的地点为_____。

甲方有权根据实际情况变更此次培训的地点，变更的地点以甲方另行出具的书面通知所载内容为准。

第五条　培训计划及内容

在此次培训中，乙方将接受一系列有关_____方面／内容的培训。具体的培训计划和课程安排详见附件。

甲方提供的培训将包括但不限于参观拜访、课堂教学（包括远程教学）、带教和在岗实践等各种形式，乙方对各种形式的培训均应认真参加。

乙方必须如期完成以上培训任务或培训计划，并获得相应的培训证书／培训机构的合格评估或满意评估。

乙方在培训期间，必须对自己的学习情况做出书面小结，定期向甲方汇报，并在培训结束回到甲方后_____日内做出自我评价／学习小结。

第六条　劳动关系

乙方在培训期间，与甲方的劳动关系保持不变，双方的劳动权利义务将继续履行。

第七条　薪酬与个税

在培训期间，乙方的薪酬待遇：（选择适用者，请签名确认）

（1）保持不变，继续按原劳动合同及双方签订的协议履行。（　　）

（2）基本工资。（　　）

甲方依法为乙方代扣代缴根据国家及当地税收政策所评定的个人所得税。

第八条　福利计划

在培训期间，乙方将继续享受甲方提供的现有福利计划，包括社会保险及甲方提供的其他福利待遇。

第九条　交通费用

在培训期间，乙方为参加培训所支出的交通费用，将按如下方式缴付：（选择适用者，请签名确认）

（1）由甲方根据内部规定，实报实销。（　　）

（2）交通费由乙方自己承担。（　　）

如甲方承担交通费，则乙方应向甲方提供合法有效的票据证明，否则，甲方将不予承担。

第十条　其他津贴

甲方将视实际情况支付给乙方合理的津贴，包括但不限于住宿补贴、餐费补贴、服装津贴以及生活补贴等。培训结束，乙方回到甲方工作后，甲方将立即停止支付这笔费用。

各种津贴、补贴的具体数额由双方根据甲方的规定另行协商确定。

第十一条　附加保险

根据乙方的培训地点、培训内容的综合情况，甲方可适当考虑为乙方购买额外个人意外保险。

本条款不代表甲方在培训期间有必须为乙方购买各类商业保险的义务。

第十二条　年假（可选条款）

从培训开始之日起，乙方所享受的年假待遇不变。但在培训期间，乙方不可休假，除非培训时间连续超过_____个月以上并经甲方事先批准。

第十三条　培训探亲假（可选条款）

如乙方在国外接受为期 1 年及以上的培训，乙方将有机会享有 1 次探亲假期。此探亲假只适用于乙方已在国外培训 6 个月以上，且探亲假时间最长不超过_____天，包括在途时间。

第十四条　签证办理（可选条款）

甲方将根据培训国的政策为乙方办理签证，并承担相关的费用。

在外培训期间，乙方不能向所在国提交永久居住签证或任何其他类别的签证申请。

第十五条　培训费用

甲、乙双方确认，此次甲方为乙方安排的培训费用包括但不限于学费、各种津贴（包括交通津贴、住宿津贴、服装津贴、伙食津贴、通信津贴）、保险费、探亲费、签证办理费用以及其他相关培训费用。以下为此次培训费用的估算金额，最终以培训后实际发生的金额为准：

（1）学费计人民币_____元；

（2）津贴计人民币_____元；

（3）其他培训相关费用计人民币_____元。

上述所有相关的培训费用，均由甲方支付，但也不排除为乙方实际使用之便利，甲方委托其关联企业、培训机构或其他机构代为发放之可能。

第十六条　培训纪律和保密责任

乙方同意，在培训期间，严格遵守培训记录、恪守保密责任：

（1）乙方应严格遵守培训地的法律、法规和培训纪律，并在培训结束后按期返回甲方工作；

（2）乙方应严格遵守甲方的规章制度及代培方的管理规程；

（3）乙方不得为个人目的，损害甲方及代培方的利益；

（4）在培训期所接触的所有信息，包括但不限于：信息、资料、专有技术、程序、培训内容、培训课程、图纸等，乙方在培训期内、服务期内、劳动合同期内及劳动关系解除或终止后，均负有保密义务；

（5）乙方在培训期间所做出的任何发明、专有技术和诸如设计、文字的创造性等成果均属职务成果，归甲方所有；

（6）在培训期间的任何时候，乙方都不得在其他用人单位寻求工作机会。

第十七条　中途退学

如果乙方在培训期间因自身原因中途退出培训或辞职的，须退还甲方所有已经支付和必须再支付的培训费用。乙方的退款将包括但不限于学费、各种津贴、保险费、探亲费、交通费、通信费、签证办理费用以及其他培训相关费用。

乙方中途退学后，将自己负责承担离开培训地的交通费和其他相关费用。

第十八条　培训中止

此次培训期间如遇特殊情形（如应征入伍等）乙方需暂停培训，则甲、乙双方权利义务的确定按劳动合同中止情形处理。

此次培训期间如乙方需暂停培训并返回甲方工作，则甲、乙双方权利义务的确定按劳动合同正常履行情形处理，其中正常履行劳动合同的期间将从服务期内扣除。

第十九条　培训终止

在培训期间，若乙方一直无法达到预期培训目标，甲方即有权终止此次培训。

在终止培训时，交通费用将按如下方式选择适用：（选择适用者，请签名确认）

（1）由甲方根据内部规定，实报实销。（　　　）

（2）交通费用由乙方自己承担。（　　　）

如乙方培训期间，由于甲方或代培方原因需要终止培训的，甲方将提供交通费用，供乙方返回公司。

第二十条　返回公司

完成培训后，乙方将回到甲方或其所属机构服务，甲方将报销乙方回到公司的交通费用以及实际发生的住宿费用、与培训相关的通信费用等其他可能发生的与公司业务或培训有关的费用。

乙方培训完成回到甲方服务后，甲方有权根据乙方的工作能力适当调整乙方至相应的岗位和职位，但不排除回原岗位继续任职。

第二十一条　服务期要求

鉴于甲方提供的上述专业技术培训，乙方承诺在接受培训后，必须为甲方继续服务_____月／年。

在此服务期间，如遇劳动合同期满，甲、乙双方应当续订劳动合同。因续订劳动合同的条件不能达成一致的，应按原劳动合同确定的条件继续履行至服务期终止之日；除有《劳动合同法》第38条情形外，乙方亦不得单方解除劳动合同关系。

如乙方系由劳务派遣单位派遣至甲方的员工，则在本条所述服务期内，如乙方与劳务派遣单位签订的劳动合同到期，则乙方必须续签该劳动合同，并继续派遣至甲方工作。

乙方的服务期届满后，本协议终止。

前述服务期未满之前，甲方书面放弃该服务期要求的，服务期约定至此解除。

第二十二条　违约责任

在前述服务期内，乙方辞职或因乙方违反《劳动法》第25条或《劳动合同法》第39条被甲方解除劳动合同关系而无法达到服务期要求的，须根据服务时间按比例返还甲方培训费用，包括但不限于学费、各种津贴、保险费、探亲费、交通费、通信费、签证办理费用以及其他培训费用。

需返还培训费 =（应服务月数 – 已服务月数）/ 应服务月数 × 培训费总额。

上述应返还之培训费用，甲方可从应结算给乙方的工资、奖金、佣金及其他款项中直接扣除，或由乙方在解除或终止劳动关系之日向甲方支付。

第二十三条　附则

本协议一式两份，效力相当，甲、乙各执一份。

甲方（签字或盖章）：

日期：_____年_____月_____日

乙方（签字或盖章）：

日期：_____年_____月_____日

9 – 1 – 2 合理性解析及关联法规

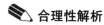 **合理性解析**

第一条　培训前准备。避免因各类手续无法成功办理致培训取消而带来的法律责任。

第五条　培训计划及内容。第1款：具体的培训计划和课程安排可以作为培训协议的附件，在员工签订此协议时一并签收，在课程表的设计上应增加员工对该课程意见栏，用以证明员工已确认该培训。第2款：意在囊括各种培训方式，避免实践类培训被认定为工作的可能。第4款：为避免员工否认培训事实，建议要求其定期自己撰写书面培训小结，小结形式另行设计。本条所涉及的课程表或培训小结，原则上要求员工手写，也可以有其他形式，但至少应有其本人签名。

第七条　薪酬与个税。培训期间应发放工资，但具体发放标准双方可以约定。

第十二条至第十四条　此三条属于可选择条款，公司可根据培训实际情况，自主决定保留或删除。

第十五条　培训费用。第一款中的（1）、（2）、（3）可根据实际情况加以调整。实践中往往存在关联公司提供培训、用人单位并未向实际提供培训的关联公司支付培训费用的情形，这种情况下，由关联公司支付的培训费用难以被计入公司的出资总额，鉴于这种情况，本款作出了如前的规定。除非公司能够提供已向关联公司支付培训费用的凭证。否则在发生纠纷时，该公司将难以向员工主张赔偿。

第二十一条　服务期要求。建议公司在培训结束后，另行签订有关服务期期限确认协议，明确具体的服务期起止时间。

第二十二条　违约责任。因对是否实际出资和出资数额均由公司承担举证责任，故需公司保留相关凭证。对委托关联公司培训或项目下的赠送培训，公司应尽量证明实际出资关系的存在。

关联法规

第二十二条　用人单位为劳动者提供专项培训费用，对其进行专业技术培训的，可以与该劳动者订立协议，约定服务期。

劳动者违反服务期约定的，应当按照约定向用人单位支付违约金。违约金的数额不得超过用人单位提供的培训费用。用人单位要求劳动者支付的违约金不得超过服务期尚未履行部分所应分摊的培训费用。

用人单位与劳动者约定服务期的，不影响按照正常的工资调整机制提高劳动者在服务期期间的劳动报酬。

——《劳动合同法》

第六条　当事人在劳动合同或者保密协议中约定了竞业限制，但未约定解除或者终止劳动合同后给予劳动者经济补偿，劳动者履行了竞业限制义务，要求用人单位按照劳动者在劳动合同解除或者终止前十二个月平均工资的30%按月支付经济补偿的，人民法院应予支持。

前款规定的月平均工资的30%低于劳动合同履行地最低工资标准的，按照劳动合同履行地最低工资标准支付。

第七条　当事人在劳动合同或者保密协议中约定了竞业限制和经济补偿，当事人解除劳动合同时，除另有约定外，用人单位要求劳动者履行竞业限制义务，或者劳动者履行了竞业限制义务后要求用人单位支付经济补偿的，人民法院应予支持。

第八条　当事人在劳动合同或者保密协议中约定了竞业限制和经济补偿，劳动合同解除或者终止后，因用人单位的原因导致三个月未支付经济补偿，劳动者请求解除竞业限制约定的，人民法院应予支持。

第九条　在竞业限制期限内，用人单位请求解除竞业限制协议时，人民法院应予支持。

在解除竞业限制协议时，劳动者请求用人单位额外支付劳动者三个月的竞业限制经济补偿的，人民法院应予支持。

第十条　劳动者违反竞业限制约定，向用人单位支付违约金后，用人单位要求劳动者按照约定继续履行竞业限制义务的，人民法院应予支持。

——最高人民法院《关于审理劳动争议案件适用法律若干问题的解释（四）》

第二节　保密协议

9－2－1 保密协议示例

保密协议

甲方：_____
地址：_____
邮编：_____
法定代表人：_____

乙方：_____
地址：_____
身份证号码：_____
联系电话：_____

鉴于乙方在甲方任职，且乙方岗位的特殊性，其必然接触到甲方的商业秘密，为保护甲方的合法权益以及乙方合理流动的权利，双方就乙方在任职期间及离职以后保护知识产权、保守商业秘密以及竞业限制等事项，签订本协议以资共同遵守：

第1条　关于知识产权

1.1 乙方在职期间及离开甲方后一年内，独自开发或与他人合作开发的与其在甲方工作期间相关的所有知识产权（包括但不限于发明创造、著作权、商标权、域名权）都属于甲方所有（专属于乙方的人身权利除外）。但是，就甲方与第三方签订的委托协议而开发的知识产权，可根据该委托协议归第三方所有。

1.2 乙方在职期间，有义务将相关知识产权的全部信息报告给甲方。

在甲方的要求下，乙方应在合理范围内签署相关文件，提供相关材料，以协助甲方申请、转让或注册上述知识产权，并保证甲方在中国或其他国家对该知识产权拥有绝对权利。

1.3 甲方对于乙方在职期间所完成的发明创造，应根据相关规定给予乙方物质上或精神上的奖励。

1.4 乙方在职期间，不得擅自实施可能侵犯第三方知识产权的行为。

1.5 若因乙方的行为导致甲方遭受第三方的侵权指控时，甲方在承担侵权赔偿责任之后，有权向乙方追偿。上述赔偿费用可以从乙方的工资报酬中按比例扣除。

第 2 条 关于保密

2.1 凡乙方在甲方任职期间而获取的（无论是直接还是间接的方式）可以给甲方带来经济利益或竞争优势的且不为公众所知悉的具体的经营信息与技术信息均属甲方的保密信息。

2.2 甲方的保密信息包括但不限于下列各项：

1）未被公众所知悉的有关甲方的产品、方法、工艺、改良、公式和设计等信息；

2）图纸（含草图）：包括但不限于产品图纸、模具图纸以及设计草图等；

3）研究开发的文件：包括但不限于记录研究开发活动内容的各类文件，比如会议纪要、实验结果、技术改进通知、检验方法等；

4）甲方计算成本的方式和公式；

5）甲方的业务和市场策略；

6）甲方（现有和潜在的）客户情况，包括但不限于客户名单等；

7）与研究项目、专有技术、价格、折扣、加价、营销、招标及经营策略等有关的信息，以及与甲方的知识产权组合及策略有关的信息；

8）其他资料，包括其他与甲方的竞争和效益有关的商业信息、经营信息、技术信息、采购计划、供货渠道、销售计划、会计财务报表、价格方案、分配方案、计算机软件、数据库、技术指标、技术报告、检测报告、操作手册、技术档案、重要的管理方法、相关的函电等。

2.3 甲方的保密信息可以以物理的、化学的、生物的或其他任何形式所表现，如文件、甲方书刊、函件、图纸、磁盘、胶片、幻灯片、照片、录音带以及电子邮件等。

2.4 乙方的保密义务是基于其对甲方的忠实义务的要求。乙方在职期间应履行以下义务：

1）严格遵守甲方规定的任何成文或不成文的保密规章制度，履行与其工作岗位相应的保密义务；甲方的保密规章制度没有规定或者规定不明确之处，乙方亦应本着谨慎、诚实的态度，采取任何必要、合理的措施，维护其于任职期间知悉或者持有的任何属于甲方或者虽属于他人但甲方承诺有保密义务的保密信息，以保持其机密性；

2）不得以任何形式将甲方或者虽属于他人但甲方承诺有保密义务的保密信息泄露或公布给甲方以外的任何第三方；

3）正确使用甲方或者虽属于他人但甲方承诺有保密义务的保密信息，不得在履行职务之外使用这些保密信息；

4）不得利用甲方或者虽属于他人但甲方承诺有保密义务的保密信息为自己或任何第三方牟利；

5）妥善保管甲方或者虽属于他人但甲方承诺有保密义务的保密信息。

2.5 乙方在离开甲方之后（无论乙方因何种原因离职），均不得以任何形式将甲方或者虽属于他人但甲方承诺有保密义务的任何保密信息泄露或公布给甲方以外的任何第三方。

2.6 乙方因职务上的需要所持有或保管的一切记录着甲方保密信息文件、资料、图表、笔记、报告、信件、传真、磁带、磁盘、仪器以及其他任何形式的载体，均归甲方所有。

2.7 乙方应当于劳动合同终止、解除时或者于甲方提出请求时，按照甲方指定的方式、程序、时间和要求返还全部属于甲方的财物，包括记载着甲方保密信息的一切载体，不得扣留、带离、转移给他人或者销毁。

如记录着保密信息的载体由乙方自备，且保密信息可以从载体上消除或复制出来时，可以由甲方将保密信息复制到甲方所有的其他载体上，并把原载体上的保密信息消除；如无法从乙方自备载体上消除或复制出来时，乙方应同意将这些载体物的所有权转让给甲方，甲方须给予乙方相当于载体本身价值的经济补偿。

2.8 乙方有下列行为之一的，将被视为泄露甲方的保密信息：

1）将甲方所有或者虽属于他人但甲方承诺有保密义务的保密信息擅自以抄录、复制、发送电子邮件或以其他任何形式携带出甲方控制范围或者提供给他人阅读、复制、传递；

2）将甲方所有或者虽属于他人但甲方承诺有保密义务的保密信息以口头、书面或其他形式直接或间接地传递给甲方的竞争对手；

3）未经甲方授权，擅自以甲方的名义或以甲方员工的身份对外发布、提供甲方所有或者虽属于他人但甲方承诺有保密义务的保密信息；

4）在离开甲方后，利用在甲方获得的保密信息为其他企业、个人提供服务或牟利的；

5）通过其他任何途径或形式泄露、利用甲方所有或者虽属于他人但甲方承诺有保密义务的保密信息。

2.9 乙方如能提供明确并具说明力的证据，证明其行为属于下述性质之一的，将不受协议中有关保密义务的约束：

1）为履行其在甲方的职责并为甲方的利益所需要，在授权范围内正确合理地使用甲方的保密信息；

2）为履行强行性的法律义务（如国家安全机关指令）而使用或披露甲方的保密信息。在该种情形下，乙方使用或披露甲方保密信息的范围应仅限于为履行该强行性法律义务所必需或该强行性法律义务所明确规定的内容，且乙方应在此种使用或披露之前通知甲方，以便使甲方能够采取适当的保护性措施。

2.10 乙方在职期间，不得擅自使用任何属于第三方的技术秘密或其他商业秘密信息。

2.11 乙方违反保密义务，甲方可视情况，给予乙方相应的纪律处分，情况严重的，甲方可以解除与乙方的劳动合同。

乙方违反保密义务或因乙方的行为导致甲方遭受第三方的侵权指控的，给甲方造成的损失，甲方可以要求乙方承担赔偿责任，上述赔偿费用可以从乙方的工资报酬中按比例扣除；情节严重的，甲方将依法追究乙方的民事及刑事责任。

第 3 条　违约赔偿责任与争议解决

3.1 违约责任

1）乙方如违反竞业限制义务，甲方有权要求其立即停止违约行为。

2）由于乙方的违约行为造成甲方实际损失或必然会发生损失的，甲方有权要求乙方按照相应损失额承担赔偿责任。

3）乙方依照本协议约定承担赔偿损失和其他民事责任后，甲方仍保留通过司法途径追究乙方刑事责任的权利。

3.2 甲乙双方在履行本协议过程中发生争议的，协商解决不成的，任何一方均有权向甲方所在地的劳动争议仲裁委员会申请仲裁。

第 4 条　其他

4.1 本协议订立、生效、解释、执行及争议解决适用中华人民共和国法律。

4.2 如订立本协议所依据的法律、法规、规章发生变化，本协议的相关内容以变更后的法律、法规、规章规定的内容为准。

4.3 如果此协议中的一个或多个条款被认定为无效，其余条款仍将具有约束力。

4.4 对本协议条款的修改须经双方协商一致并以书面形式确定。

4.5 本协议一式两份，双方各执一份，经双方签字盖章后生效，每份协议具有同等的法律效力。

4.6 本协议为甲、乙双方签订的《劳动合同》的重要组成部分，与《劳动合同》具有同等的效力。

4.7 甲、乙双方确认，在签署本协议前已仔细审阅过本协议的内容，并完全了解本协议各条款的法律含义。

甲方：　　　　　　　　　　　　乙方：

日期：_____年___月___日　　　日期：_____年___月___日

9 - 2 - 2 合理性解析及关联法规

合理性解析

第1条1.1 此款是关于职务发明权属的确认，《专利法》中对此有明确的界定，此处意在强调，同时也避免了因委托开发时未作明确约定而产生的权属纠纷。由于员工属于职务发明创造人，虽然双方约定权属归公司，但《专利法》明确规定其拥有相应的专属人身权利。

第1条1.3 根据《专利法》及其相关规定，员工职务发明创造，公司应该依据相关民事法律规定，给予奖励与报酬。

第2条2.2 关于保密信息的界定，公司可以根据实际情况，调整保密信息的范围。

第2条2.11 关于保密义务的规定应与纪律处分相结合，特别是涉及劳动合同解除的情况，应该在纪律处分中予以对应。根据《劳动合同法》规定，违反保密义务的不得设定违约金，但如果确实造成损失的，公司可以要求其承担赔偿责任。

关联法规

第二十三条 用人单位与劳动者可以在劳动合同中约定保守用人单位的商业秘密和与知识产权相关的保密事项。

对负有保密义务的劳动者，用人单位可以在劳动合同或者保密协议中与劳动者约定竞业限制条款，并约定在解除或者终止劳动合同后，在竞业限制期限内按月给予劳动者经济补偿。劳动者违反竞业限制约定的，应当按照约定向用人单位支付违约金。

——《劳动合同法》

第三节　竞业限制协议

9-3-1 竞业限制协议示例

竞业限制协议

甲方：＿＿＿＿＿＿＿

地址：＿＿＿＿＿＿＿

法定代表人：＿＿＿＿＿＿＿

乙方：＿＿＿＿＿＿＿

地址：＿＿＿＿＿＿＿

身份证号码：＿＿＿＿＿＿＿

联系电话：＿＿＿＿＿＿＿

鉴于乙方在甲方任职，且乙方岗位的特殊性，其必然接触到甲方的商业秘密，为保护甲方的合法权益以及乙方合理流动的权利，双方就乙方在任职期间及离职以后保护知识产权、保守商业秘密以及竞业限制等事项，签订本协议：

第1条　关于知识产权

1.1 乙方在职期间及离开甲方后一年内，独自开发或与他人合作开发的与其在甲方工作期间相关的所有知识产权（包括但不限于发明创造、著作权、商标权、域名权）都属于甲方所有（专属于乙方的人身权利除外）。但是，就甲方与第三方签订的委托协议而开发的知识产权，可根据该委托协议归第三方所有。

1.2 乙方在职期间，有义务将相关知识产权的全部信息报告给甲方。

在甲方的要求下，乙方应在合理范围内签署相关文件，提供相关材料，以协助甲方申请、转让或注册上述知识产权，并保证甲方在中国或其他国家对该知识产权拥有绝对权利。

1.3 甲方对于乙方在职期间所完成的发明创造，应根据相关规定给予乙方物质上或精神上的奖励。

1.4 乙方在职期间，不得擅自实施可能侵犯第三方知识产权的行为。

1.5 若因乙方的行为导致甲方遭受第三方的侵权指控时，甲方在承担侵权赔偿责任之后，有权向乙方追偿。上述赔偿费用可以从乙方的工资报酬中按比例扣除。

第 2 条　关于竞业限制

2.1 乙方在甲方任职期间，非经甲方事先同意，不得在与甲方生产、经营同类产品或提供同类服务或有竞争、供销及其他利益关系的企业、事业单位、社会团体等单位内担任任何职务，包括股东、合伙人、董事、监事、经理、职员、代理人、顾问等；不得在前述单位或机构拥有利益；不得自营或者为他人经营与甲方有竞争、供销或其他利益关系的业务。

2.2 竞业限制期限：甲乙双方劳动关系终止或解除之日起＿＿＿＿＿＿＿个月的期间内，乙方不得有下列行为：

1）到与甲方生产或者经营同类产品、从事同类业务的有竞争关系的任何第三方工作或拥有利益；

2）自行开业生产或者经营同类产品、从事同类业务；

3）为在产品、市场或服务方面与甲方直接或间接竞争的企业或者机构工作服务或者在这种企业、机构担任任何职务，包括股东、合伙人、董事、监事、经理、职员、代理人、顾问等或虽然不担任职务，但为前述单位提供指导、咨询、协助或拥有利益；

4）与甲方的客户发生商业接触，该种商业接触包括为其提供服务、收取订单和发生可能直接或间接转移甲方的业务或对甲方的业务产生或将产生不利影响；甲方的客户为甲乙双方劳动关系终止或解除前一年已经属于甲方的客户，同时也包括在乙方离职时甲方正在评估、谈判、接触或准备发展的客户；

5）到甲方的供应商单位任职；

6）通过引诱、利诱、游说等方式干扰甲方与其他员工的劳动关系；

7）聘用或者促使他人聘用甲方员工；

8）其他有损甲方利益的行为。

2.3 在竞业限制期间内，乙方除须履行 2.2 条款所述义务外，还不得到以下与甲方有竞争关系的单位任职或拥有利益：

1）＿＿＿＿＿＿＿公司及其在中华人民共和国境内（包括港、澳、台地区）参股、控股的公司或其他经济组织；

2）＿＿＿＿＿＿＿公司及其在中华人民共和国境内（包括港、澳、台地区）参股、控股的公司或其他经济组织。

2.4 如果甲方不支付或无正当理由故意克扣竞业限制补偿的，则本协议约定的乙方的竞业限制义务自行终止。

2.5 经济补偿

1）标准：在竞业限制期间内，甲方应按照＿＿＿＿＿＿＿元的标准每月向乙方支付竞业限制经济补偿。

2）支付方式：在竞业限制期限内，甲方按月向乙方支付竞业限制经济补偿；乙方可选择由甲方划入其银行账户，或至甲方处领取，乙方选择＿＿＿＿＿＿＿。

3）乙方的义务：如乙方选择划拨方式，在其银行账户无法正常使用时，或由于其他任何个人原因导致甲方无法将补偿按时划入，乙方必须于＿＿＿＿＿＿＿天内及时通知甲方变更支付方式或支付账号；如乙方选择至甲方处领取方式，则应于每月＿＿＿＿＿＿＿日前至甲方处领取。

如因乙方任何个人原因而导致甲方无法按时支付补偿的，不免除乙方的竞业限制义务。

4）纳税：甲方负责为乙方代扣代缴由经济补偿所产生的税费，并直接在给乙方的经济补偿中予以扣除。

2.6 违约责任

1）乙方如违反竞业限制义务，甲方有权要求其立即停止违约行为。

2）乙方应当向甲方支付违约金，违约金的数额为＿＿＿＿＿＿＿元。

3）由于乙方的违约行为造成甲方的实际损失超过违约金数额的，甲方有权要求乙方按照实际损失承担赔偿责任。

4）乙方依照本协议约定承担赔偿损失和其他民事责任后，甲方仍保留通过司法途径追究乙方刑事责任的权利。

2.7 竞业限制期间内，乙方如与其他任何用人单位建立劳动关系，或者担任其顾问，不论是兼职还是专职的，或者乙方如可能直接或间接从事任何同类业务经营的，则乙方须将该用人单位的名称（姓名）、地址、业务经营情况通知甲方。

2.8 甲乙双方在履行本协议过程中发生争议，协商解决不成的，任何一方均有权向甲方所在地的劳动争议仲裁委员会申请仲裁。

第 3 条 其他

3.1 本协议订立、生效、解释、执行及争议解决适用中华人民共和国法律。

3.2 如订立本协议所依据的法律、法规、规章发生变化，本协议的相关内容以变更后的法律、法规、规章规定的内容为准。

3.3 如果此协议中的一个或多个条款被认定为无效，其余条款仍将具有约束力。

3.4 对本协议条款的修改须经双方协商一致并以书面形式确定。

3.5 本协议一式两份，双方各执一份，经双方签字盖章后生效，每份协议具有同等的法律效力。

3.6 本协议为甲、乙双方签订的《劳动合同》的重要组成部分，与《劳动合同》具有同等的效力。

3.7 甲、乙双方确认，在签署本协议前已仔细审阅过本协议的内容，并完全了解本协议各条款的法律含义。

甲方：　　　　　　　　　　乙方：

日期：＿＿＿＿年＿＿月＿＿日　　　日期：＿＿＿＿年＿＿月＿＿日

9-3-2 合理性解析及关联法规

合理性解析

第1条1.1　此款是关于职务发明权属的确认，《专利法》中对此有明确的界定，此处意在强调，同时也避免了因委托开发时未作明确约定而产生的权属纠纷。由于员工属于职务发明创造人，虽然双方约定权属归公司，但《专利法》明确规定其拥有相应的专属人身权利。

第1条1.3　根据《专利法》及其相关规定，员工职务发明创造，公司应该依据相关民事法律规定，给予奖励与报酬。

第2条2.1　此款是关于在职竞业限制的约定，如果员工违反此条约定，用人单位不得要求其支付违约金，但可以依据规章制度对其进行纪律处分。

第2条2.2　根据《劳动合同法》，竞业限制的期限不得超过24个月，公司应根据员工的情况，确定竞业限制的具体期间。本条款中第4项至第7项的约定不属于《劳动合同法》中竞业限制范围，如果员工违反此项约定，公司不得要求其承担违约责任。

第2条2.3　此处是为了强调竞业限制的范围，对于公司特别有要求的竞业限制对象，可以在此处予以明确，如果没有，则可以删除此条。

第2条2.5　关于竞业限制经济补偿数额，《劳动合同法》没有明确规定比例，双方可以自行约定。一般可根据员工解除或终止劳动合同前12个月平均工资为基数，约定适当比例。

第2条2.6　对于违约金数额，《劳动合同法》没有规定，公司和员工可以进行约定，但应注意公平合理原则，不能畸高，否则仲裁机构和法院可酌情调整。

第2条2.7　如果员工不履行通知义务，公司也不得要求其承担违约责任。

关联法规

第二十三条　用人单位与劳动者可以在劳动合同中约定保守用人单位的商业秘密和与知识产权相关的保密事项。

对负有保密义务的劳动者，用人单位可以在劳动合同或者保密协议中与劳动者约定竞业限制条款，并约定在解除或者终止劳动合同后，在竞业限制期限内按月给予劳动者经济补偿。劳动者违反竞业限制约定的，应当按照约定向用人单位支付违约金。

第二十四条　竞业限制的人员限于用人单位的高级管理人员、高级技术人员和其他负有保密义务的人员。竞业限制的范围、地域、期限由用人单位与劳动者约定，竞业限制的约定不得违反法律、法规的规定。

在解除或者终止劳动合同后，前款规定的人员到与本单位生产或者经营同类产品、从事同类业务的有竞争关系的其他用人单位，或者自己开业生产或者经营同类产品、从事同类业务的竞业限制期限，不得超过二年。

——《劳动合同法》

第四节　工资集体协议

9－4－1 工资集体协议示例

某国有化工有限责任公司工资集体协议[①]

第一章　总则

第一条　为建立公司职工工资正常增长机制和支付保障机制，保障劳动关系双方合法权益，促进劳动关系和谐稳定，根据《中华人民共和国劳动法》《中华人民共和国劳动合同法》《工资集体协商试行办法》及有关法律法规的规定，结合公司的实际，经过公司（下称甲方）和公司工会（下称乙方）平等自愿，协商一致，签订本协议。

第二条　甲乙双方协商决定工资时应遵循平等、自愿、协商一致，劳动权利与义务相统一，遵守国家法律法规，维护正常工作秩序，保持和谐稳定的原则。

第三条　本协议制定的工资条款对本公司在岗职工有效。职工个人与公司签订的劳动合同中有关条款，不得低于本协议制定的标准。

第二章　工资分配制度、工资水平

第四条　坚持和完善按劳分配为主体、各种分配方式并存的分配制度，健全劳动、技术、管理等生产要素按贡献参与分配的制度，建立职工工资正常增长机制和支付保障机制。在坚持公平性、公正性、激励性、竞争性原则的同时，处理好效率和公平的关系。

第五条　职工的工资水平，由甲、乙双方根据当地的社会平均工资和本企业经济效益协商决定，＿＿＿年度在完成各项经营目标的前提下，职工年平均收入增长＿＿＿%以上。

第六条　公司按照年度经济责任制指标分解下达给公司所属单位，各单位分解成月度发放指标，逐级考核发放，直到班组。

第七条　公司所属各单位根据本协议和实际情况，在不违反国家政策法规和公司规定的前提下，结合自身实际情况，制定灵活多样的绩效考核管理办法，须经本单位职工代表大会审议通过后，报人力资源部审查、公司工会备案。

[①] 参见刘继臣：《共同的约定：集体合同与劳动合同》，中国工人出版社 2009 年版，第 71－77 页。部分内容进行了修改和调整。

第三章 工资标准和分配形式

第八条 公司实行以年薪和岗位绩效工资为主、其他形式为辅的分配制度。公司领导按照公司的规定实行年薪制，中层及以下人员主要实行岗位绩效工资制。

第九条 岗位绩效工资的构成由岗位工资、绩效工资和特殊工资三个单元组成。具体标准见《岗位绩效工资标准》《档级划分标准》。

第十条 岗位工资是体现岗位相对价值，依据工作分析与岗位评价结果而设置的工资单元，并作为加班工资报酬计发基数（如低于最低工资标准的，按最低工资标准作为计发基数）。岗位工资原则上作为基本工资标准，具有保障、兼具激励功能。

岗位工资设×个岗级，每个岗级设×个档级。每岗级的一档为起薪点，新进人员，不论资历一律从本岗一档起薪。转正定级或试用期满的次年按照《档级划分标准》套入相应档级。按管理岗位、专业技术岗位和生产操作（服务）岗位分为三个系列。管理岗位、专业技术岗位设定在×岗至×岗之间。离岗培训期间执行×岗至×岗一档，培训期间的考核按照签订的离岗培训协议执行。培训合格竞聘上岗按所在岗位工资执行。

第十一条 绩效工资是依据绩效考核结果确定的工资单元。以绩效考核为基础，按照岗位任职者履行岗位职责，完成工作任务的情况进行考核发放。绩效工资作为效益业绩工资标准，具有激励功能。

按照公司经济责任制考核办法，公司人力资源部根据各单位的考核结果，核算并下达各单位绩效工资额度。

第十二条 特殊支付工资是支付职工加班加点工资、夜班津贴及其他需要特殊制度项目设置的工资单元。

根据公司要求，奖励、加班加点工资、夜班津贴列入特殊工资的项目支付。各类荣誉只能一次性奖励，不能在工资中增加其他项目。

第十三条 岗位绩效工资计算办法：

应发工资＝岗位工资＋绩效工资＋特殊支付工资。

实发工资＝应发工资＋其他项目（防暑降温、取暖费、伤残津贴、女工费、抚恤金等）－代扣项目。

第十四条 日工资标准为岗位工资除以月计薪天数。

第十五条 职工在法定工作时间内提供了正常的劳动，单位支付职工的应发工资减"三险一金"后不得低于本市公布最低工资标准。

第四章 工资的发放时间和支付办法

第十六条 公司实行月工资制，以人民币形式月底前支付给职工。

第十七条 当月工资按照上月经济责任制完成情况考核发放。岗位绩效工资实行动态管理，单位的月绩效工资总额与公司经济责任制考核结果挂钩，职工个人绩效工资收入与所在单位的绩效和个人绩效挂钩。

第十八条　职工领取工资，必须由本人签字，签收金额与实领金额必须相符；未经员工本人同意或授权，其他人一律不准代签、代领他人工资。

第五章　职工奖金、津贴分配办法及加班加点工资待遇

第十九条　奖励基金按有关规定提取，用于奖励工作业绩突出的单位和职工。奖励基金要做到科学、合理、有计划地使用，突出奖励重点。

第二十条　夜班津贴按公司规定的标准发放。

第二十一条　单位安排职工加班时应按照《中华人民共和国劳动法》的有关规定计发加班工资。法定节假日按300%计发加班工资。

第二十二条　平时加班由各单位根据本单位实际情况，安排调休或在次月绩效工资给予体现。

第二十三条　加班工资的发放，单位应就加班员工的岗位工资、日工资标准、加班天数、加班工资金额等公示三个工作日，公示无异议，报人力资源部备案。

第二十四条　单位由于生产经营需要，经与同级工会和职工协商后，可以延长工资时间，并及时安排调休。

第二十五条　加班加点工资以日工资标准为基数。

第六章　试用期及病事假等期间的工资待遇

第二十六条　新录用人员实行见习、学徒期工资标准，期满后执行所在岗位相应档级的岗位绩效工资，属于特种作业操作人员需取得上岗操作证。

第二十七条　新录用人员见习期月工资标准：博士生____元，研究生____元，本科____元，大专____元，中专____元，见习期为____元。

第二十八条　新招收人员熟练期间工资标准：试用期工资为____元。

第二十九条　新招收人员学徒期间工资标准：所在岗位相应档级的岗位绩效工资的____%。

第三十条　伤病工资支付规定

职工因病或非因工负伤，医疗期内，其工资按照如下规定支付：

1. ____天（含）以下，不扣减岗位工资，特殊支付工资按实际出勤天数支付，绩效工资按单位考核结果支付，原则上病休一天减发____%；满____的，停发当月绩效工资。

2. ____天以上，____个月（含）以内的：

连续工龄	岗位工资支付比例		特殊工资	绩效工资
	工会会员	非工会会员		
不满＿＿＿年				
满＿＿＿年不满＿＿＿元				
满＿＿＿年不满＿＿＿元				
满＿＿＿年不满＿＿＿元				
＿＿＿年以上				

注：工资收入低于本市最低工资标准的，按本市最低工资标准支付。

3. 因病或非因工负伤×个月以上的按本市最低工资标准发放。

4. 超过医疗期的，按相关规定办理。

5. 职工因工负伤，按照《工伤保险条例》规定，医疗期或医疗终结经本市劳动鉴定委员会鉴定需要继续休息的，按照本人受伤前 12 个月平均工资收入发给工伤津贴。工伤评定等级后，享受相应规定的伤残待遇。

第三十一条　女工产假享受生育津贴时，单位只补足产假工资与生育津贴差额部分；产假、晚育护理、晚婚婚假、实行计生手术假休假期间，经公司工会审批确认后，岗位工资按＿＿＿％发放，绩效工资原则上按公司平均绩效考核工资发放。

第三十二条　探亲、婚假、丧假及其他假，岗位工资按满＿＿＿％发放，绩效工资按单位制订的考核办法发放，休假期间月工资收入不低于本市最低工资标准。

第三十三条　职工在带薪年休假期间享受与正常工作期间相同的工资收入。

单位确因工作需要不能安排职工年休假的，经职工本人同意，可以不安排职工年休假。对职工应休未休的年休假天数，单位应当按照该职工日工资的 300％ 的标准，由单位从当月绩效工资中支付职工应休未休年休假工资报酬。

第三十四条　事假、旷工期间以本人实际出勤天数计发岗位工资；事假期间的绩效工资原则按缺勤＿＿天减发＿＿＿％，旷工＿＿＿天绩效工资停发。

第三十五条　经批准的外借人员、陪护人员岗位工资照发，绩效工资原则按照单位平均绩效工资标准发放。

第三十六条　职工因违法犯罪被采取司法强制措施或行政拘留期间，停发所有工资。

第三十七条　职工因工或非因工死亡，当月应发工资全额支付，次月起停发工资。

第七章　职工保险及福利

第三十八条　公司根据国家政策和地方性法规，参加养老、医疗、失业、工伤、生育等社会保险并按时按规定缴纳社会保险费及住房公积金。

第三十九条　根据国家和地方有关规定，参照同类企业并结合实际，从事有害健康工作的人员享受营养保健费。标准按国家有关政策支付。

第八章　协议期限、变更、解除及终止

第四十条　本协议有效期一年。甲乙双方均可在原工资协议期满前×日内，向对方书面提出协商意向书，进行下一轮的工资集体协商，新协议未签订生效前，本协议继续有效，直至新协议签订。

第四十一条　在执行过程中，遇有特殊情况时，双方都有权提出修改本协议的有关条款，经双方协商同意后修改。修改后的条款作为本协议附件执行，与本协议具有同等效力。

第四十二条　任何一方提出协商要求时，双方应在×日内进行商谈，未经双方协商一致，任何一方无权变更本协议内容。

第四十三条　本协议的履行、终止、争议处理及其法律责任，依照国家有关法律、法规和规章执行。

第九章　监督检查和违约责任

第四十四条　甲乙双方成立监督检查小组，监督检查小组每半年组织联合检查一次，检查结果以书面形式提交签约双方，双方应认真研究和处理检查结果。

第四十五条　甲乙双方接受上级人力资源和社会保障部门及工会对签订、履行工资协议的指导帮助和监督检查。

第四十六条　本协议生效后，双方必须依法履行，任何一方不得擅自变更或解除。在协议有效期内，因一方过错致使工资协议未履行的，有过错的一方除应立即履行工资协议外，还应承担违约责任。

第四十七条　甲方违反工资协议规定的，依法承担相应责任。

第四十八条　乙方违反有关规定，应负相关责任。

第十章　附则

第四十九条　本协议正本一式五份，经双方首席协商代表签字盖章后，报送人力资源和社会保障部门审验登记，报市总工会备案。审核通过后，协议生效。公司党委、行政、工会各执一份。

第五十条　对本协议未予明确的事项，双方应以国家有关法律、法规和规章的规定为准，法律、法规和规章未予明确的，由双方协商确定。

第五十一条　本协议签订前，须经公司职工代表大会审议通过。

第五十二条　本协议解释权归公司集体合同协商委员会。

公司首席代表（签字）：　　　　　　职工首席代表（签字）：

公司（章）：　　　　　　　　　　　工会（章）：

＿＿＿年＿＿月＿＿日　　　　　　　＿＿＿年＿＿月＿＿日

9-4-2 合理性解析及关联法规

✎ 合理性解析

工资集体协议作为专项集体协议，与综合性集体合同有相同之处，也存在一定的差异。该工资集体协议包括"总则""工资分配制度、工资水平""工资标准和分配形式""工资的发放时间和支付办法""职工奖金、津贴分配办法及加班加点工资待遇""试用期及病事假等期间的工资待遇""职工保险及福利""协议期限、变更、解除及终止""监督检查和违约责任""附则"等10章共计53个条款，非常详细地归纳梳理了工资集体协商中所应涵盖的大部分内容。

关联法规

第五十一条　企业职工一方与用人单位通过平等协商，可以就劳动报酬、工作时间、休息休假、劳动安全卫生、保险福利等事项订立集体合同。集体合同草案应当提交职工代表大会或者全体职工讨论通过。

集体合同由工会代表企业职工一方与用人单位订立；尚未建立工会的用人单位，由上级工会指导劳动者推举的代表与用人单位订立。

第五十二条　企业职工一方与用人单位可以订立劳动安全卫生、女职工权益保护、工资调整机制等专项集体合同。

第五十三条　在县级以下区域内，建筑业、采矿业、餐饮服务业等行业可以由工会与企业方面代表订立行业性集体合同，或者订立区域性集体合同。

第五十四条　集体合同订立后，应当报送劳动行政部门；劳动行政部门自收到集体合同文本之日起十五日内未提出异议的，集体合同即行生效。

依法订立的集体合同对用人单位和劳动者具有约束力。行业性、区域性集体合同对当地本行业、本区域的用人单位和劳动者具有约束力。

第五十五条　集体合同中劳动报酬和劳动条件等标准不得低于当地人民政府规定的最低标准；用人单位与劳动者订立的劳动合同中劳动报酬和劳动条件等标准不得低于集体合同规定的标准。

第五十六条　用人单位违反集体合同，侵犯职工劳动权益的，工会可以依法要求用人单位承担责任；因履行集体合同发生争议，经协商解决不成的，工会可以依法申请仲裁、提起诉讼。

——《劳动合同法》

第三篇　管理流程篇

本篇导读与适用指南

Ⅲ-Ⅰ　管理流程的逻辑梳理与法律梳理

　　　Ⅲ-Ⅰ-Ⅰ　管理流程的逻辑梳理

　　　Ⅲ-Ⅰ-Ⅱ　管理流程的法律梳理

Ⅲ-Ⅱ　管理流程常见法律风险节点透视

　　　Ⅲ-Ⅱ-Ⅰ　常见法律风险节点一览

　　　Ⅲ-Ⅱ-Ⅱ　法律风险的技术克服

第十章　　规章制度与集体合同管理流程

第十一章　入职、离职与合同管理流程

第十二章　工时、休假与考勤管理流程

第十三章　岗位、绩效与薪酬管理流程

第十四章　培训、保密与留人管理流程

第十五章　奖惩、申诉与争议处理流程

Ⅲ - Ⅰ 管理流程的逻辑梳理与法律梳理

Ⅲ - Ⅰ - Ⅰ 管理流程的逻辑梳理

管理流程在人力资源管理中起着非常重要的指导作用，它可以使静态的规章制度转为动态化，以便于实际执行者参照遵循。通过对实务操作的流程化梳理，可以将相关人力资源管理事务明晰化，起到直观性、示范性和指引性的作用。人力资源管理实务中，流程可以明确执行人员的具体步骤，通过流程安排的检查确认，保障实际操作中的准确性、连续性和稳妥性。

Ⅲ - Ⅰ - Ⅱ 管理流程的法律梳理

在新劳动法的背景下，流程化管理恰好契合了新劳动法规政策对程序要件的特别要求。对管理流程进行法律化梳理，依据新劳动法的程序性要求，透过可以据以执行的流程安排，使得人力资源管理者透过执行管理流程，达到管理效能和合法运作的有机统一。对人力资源管理流程进行梳理，特别是对劳动合同管理的特别梳理，能使得管理流程更为规范，操作程序更合乎法律法规的规定。

Ⅲ - Ⅱ 管理流程常见法律风险节点透视

Ⅲ - Ⅱ - Ⅰ 常见法律风险节点一览

管理流程作为指引人力资源管理过程的执行指南，也因此成为 HR 据以依赖的操作工具。但是僵硬地而非灵活地执行这些固定的、格式化的管理流程，甚至是机械地执行一些在劳动法上存在风险的管理流程，不仅使得管理流程成为实务操作中的负担和累赘，而且还会让企业进入实务中的常见误区，并因此带来潜在的法律风险。

这些法律风险的节点体现在很多方面，如下简述几类常见的法律风险节点：

1. **规章制度生效流程**

规章制度只有在满足内容合法并经由民主程序和公示程序这三个法定要件的前提下，才发生法律上的效力。所以在规章制度的生效管理流程操作中，务必要注意民主程序和公示程序的有效性。比如，在形式意义上讲，民主程序应保留证据，并留存工会证明书；在实质意义上讲，公示程序的目的在于使员工知晓，所以应特别留存员工签收记录等。如果不注重这些操作细节和基本原则的把握，就会遭遇相当的法律风险。

2. **员工入职管理流程**

在员工入职管理流程的实际操作中，应特别注意对员工劳动关系相关情况的调查核实。对于特别重要岗位的员工入职，甚至需要进行背景调查。比如核实其相关资质证书、解除或终止劳动关系的证明、是否存在竞业限制的情形，等等。而且，在员工入职之前，应当让员工填写入职申请表，就本人相关信息的真实性作出声明，防止虚假陈述等欺诈入职行为发生，为之后的劳动人事管理消除隐忧。同时，在员工报到当天，即要求员工与公司订立书面劳动合同，以免除此后因员工不订立书面劳动合同而带来的责任和风险。

3. 员工离职管理流程

离职管理流程是发生劳动争议比较频繁的一个部分。特别是对于过错性解除而言，用人单位尤其应该在证据把握和程序操作上非常的细致和规范，避免造成违法解除劳动合同而遭受双倍经济补偿的风险。在离职管理流程中的过错性解除部分，相关步骤应细化为：step1. 发现员工严重违纪—step2. 掌握有关证据—step3. 制作解除劳动合同通知书—step4. 通知工会—step5. 交由员工签收或进行公示—step6. 进行工作交接—step7. 出具解除或终止劳动合同的证明。

Ⅲ–Ⅱ–Ⅱ 法律风险的技术克服

法律风险仅仅只是一种潜在风险，也许并不会在具体操作中实际发生。但是，一旦实务管理中的特定情形出现或客观条件成就时，这些风险就成为劳动争议发生的导火索，会导致企业大额的补偿或赔偿，甚至会给企业造成重大的信誉损失。

在技术上，通常可以通过以下方法尝试进行克服：

1. 内部检讨

（1）将管理流程与最新劳动法规定特别是程序性规定进行充分比较。管理流程作为企业日常人力资源管理的工具，其变动性往往不大。但是，劳动法规政策却是随着经济社会发展而不断调整的，所以企业应更多地关注劳动立法特别是程序性立法的具体变动，确保在管理流程的实际执行中不违反最新法律法规的相关规定。

（2）将证据管理与流程管理相结合，注重实体管控和程序管控的统一。法律规则讲求实体和程序的统一，二者不能有所偏废。在人力资源管理者的实务工作中，重实体、轻程序的观点一直存在，甚至是根深蒂固。如何将履行告知义务、通知工会义务等程序性事项放在应有的重要位置，就需要在管理流程上作出特别的标注，将重要的程序步骤加以区分和强调。

2. 外部检讨

（1）通过专业咨询机构。专业咨询机构有着丰富的企业咨询经验，能够提供给企业关于人力资源管理合规化方面更多的参考性意见和建议。

（2）通过律师事务所。由其对当前使用的规章制度进行法律审查。

第十章 规章制度与集体合同管理流程

第一节 规章制度的制定与生效流程

10-1-1 规章制度制定与生效流程示例

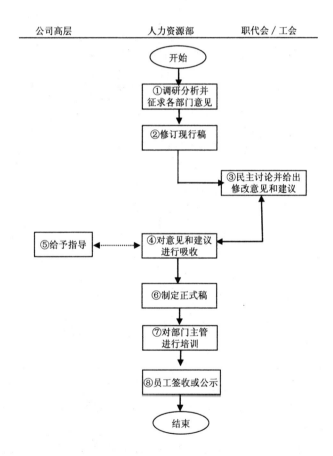

✏️ **相关说明**

（1）规章制度的生效有三个法律要件：一是内容合法，二是经由民主程序，三是经由公示程序或直接告知员工。

（2）在第⑥步制定正式稿的过程中，需要考虑工会或员工提出的修改意见和建议，但并不一定非得遵循，企业可以根据自身经营需要和合理性原则自行制定最终的正式稿。

（3）第③步和第⑧步分别为民主程序和公示（告知）程序，企业应尤为重视，并取得两个程序的证明性文件，比如工会民主程序证明（见证）书、员工手册签收单等。

10－1－2 规章制度修改与生效流程示例

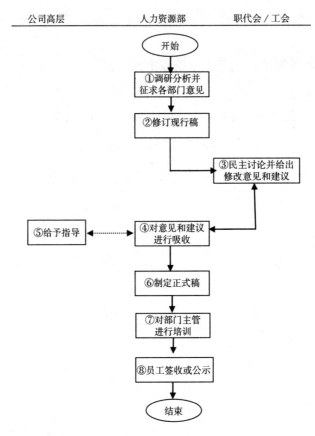

📎 **相关说明**

（1）规章制度的修改与生效流程与规章制度的制定与生效流程基本类似，均需经由民主程序和公示程序，而其中最大的不同即在于修改是在原有基础上的改良，而制定则是从无到有的系统制定。

（2）在规章制度的修改程序中，应特别注意新规章制度与之前和员工订立的劳动合同不一致的地方，建议在新规章制度修改通过后在劳动合同中增加适用新规章制度的条款。当然，如果新规章制度单方面增加了员工的待遇与利益，或是原劳动合同中明确约定了"经由法定程序修改的规章制度，亦作为劳动合同的一部分"等类似条款，则无须变更原劳动合同。

第二节　重大事项的讨论与生效流程

10-2-1 重大事项民主参与流程示例

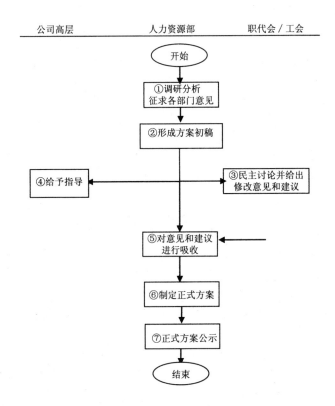

| 公司高层 | 人力资源部 | 职代会／工会 |

✎ **相关说明**

（1）重大事项的通过和规章制度的制定与修改同样均需要经由民主程序和公示程序，但是重大事项和规章制度的最大不同点在于，重要事项往往是一事一议，而规章制度则是根据经营管理的需要或立法的变化而涉及整体性的事项。

（2）重大事项的通过形式，可以是以公司决议的方式，也可以是以专项制度的方式，还可以是以集体合同的形式。采取何种形式处理，由企业根据实际情况来进行协商和安排。

10－2－2 职工代表大会流程示例

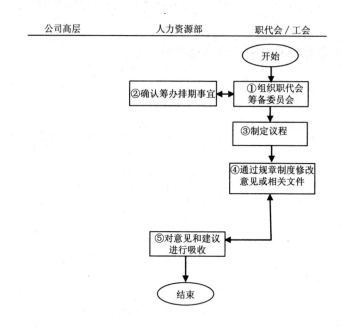

✎ **相关说明**

（1）通常而言，职工代表大会的发起机构为工会。实务中，很多企业在没有成立工会的情形下设立的职工民主管理委员会、职工代表会等机构的常设执行委员会是否能发起职工代表大会呢？有关法律法规规定得不是很明确。应当认为，在关于职工代表大会具体的法律法规没有明确以前，根据合理原则选举出的职工代表，可以行使民主管理的职权。但从法理逻辑和传统惯例而言，发起成立职工代表大会，还是应当以设立工会为前提。

（2）工会发起召开职工代表大会，应事先与公司人力资源部联络，就日程安排作出协商。除非企业有生产紧急任务、重要事项变动等重要而充分的理由，人力资源部一般不得拒绝或阻止职工代表大会召开。人力资源部可以与工会事先进行联络，或直接通过集体合同明确职工代表大会召开的时间以及特别条件下延期召开进行约定。

（3）职工代表大会通过的相关文件和决议，可以作为集体协商中职工方或工会的意见，供企业在重大事项决策和日常管理中进行参考，企业不一定必须得执行。企业可以吸收或部分吸收相关文件和决议的意见，也可以在条件许可后再吸收相关文件和决议的意见。

第三节　集体合同的签订与生效流程

10 - 3 - 1 集体合同的签订与生效流程示例

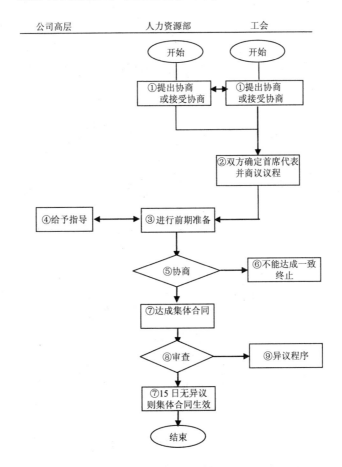

相关说明

（1）企业人力资源部或工会都可以就集体合同的订立进行协商，并且相对方无正当理由不得拒绝。双方在确定首席代表后，可以就相关会议议程进行沟通，然后按照既定的议程进行协商或谈判。当双方意见分歧较大不能达成一致意见时，集体协商或关于某具体事项的集体协商终止。如果双方意见比较统一能达成一致意见的，可以就相关事项订立集体合同。

（2）集体合同并不因双方合意并签字盖章后直接生效，还需经由15天的异议程序。也即所在地劳动行政部门在集体合同备案后的15日内没有提出异议的，集体合同即行生效。如果所在地劳动行政部门对集体合同内容和程序提出异议的，集体合同并不能生效。

10-3-2 集体合同的变更与生效流程示例

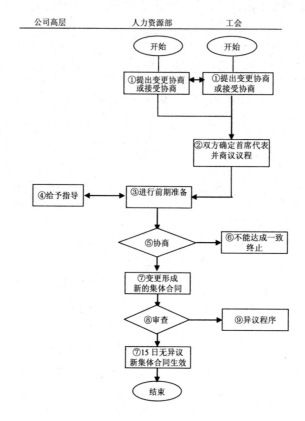

✎ **相关说明**

（1）集体合同的变更程序与集体合同的订立基本一致，只是协商的内容不是订立新的集体合同，而是对原有的集体合同进行修改和调整。

（2）集体合同经由双方签字变更后也并不即刻生效，仍需要经由15天的异议程序。如果所在地劳动行政部门在集体合同进行变更备案后的15日内没有提出异议的，集体合同即行生效。

第十一章　入职、离职与合同管理流程

第一节　招聘入职管理流程

11-1-1 招聘需求管理示例

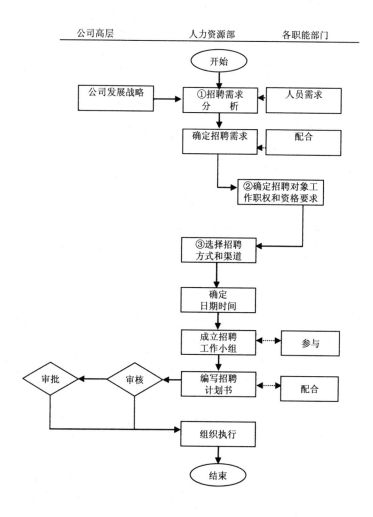

✎ **相关说明**

（1）招聘需求管理作为企业人力资源管理的重要组成部分，是企业组织管理工作的基础性事项。在某种程度上，招聘需求管理甚至还会涉及企业的人力资源管理战略，影响到企业的核心竞争力。人力资源部需要在相关职能部门的配合下，安排成立招聘工作小组，编写招聘计划书，并在交由管理层审批核准后，方能执行。

（2）在新劳动法的背景下，招聘需求管理不仅仅涉及组织体系和薪资成本的管理，还涉及用工风险的整体预防和控制。招聘不同岗位、批次和数量的员工，招聘不同学历、能力和资历的员工以及招聘不同国籍、地域和户籍的员工，都可能带来不同强度和层次的用工风险。企业应特别予以重视，并加以应对。

11-1-2 招聘录用管理示例

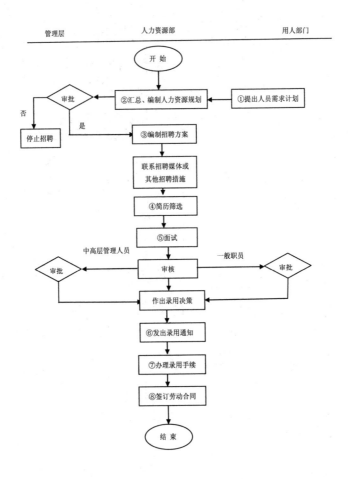

✎ **相关说明**

（1）在招聘录用环节对于用工风险进行控制是人力资源部非常关键的职责。对于初试、面试后符合企业需要的员工，在决定予以录用时应注意在程序操作上的合法性，并有效预防风险。比如，据以录用但尚未核实的员工提交的基本信息，可以要求其在正式办理录用前填表确认。

（2）企业应特别注意签发录用通知时的风险。从法律上讲，录用通知可以只是一个要约邀请，但其也可以直接就构成一个要约。区分录用通知是否为要约的主要依据是该录用通知是否已经记载了实质性的条款。录用通知如果具备了劳动合同的必备条款，则应聘者签收回执后即达成了建立劳动关系的合意，该录用通知也就具有了劳动合同的性质。虽然应聘者在报到前尚未建立劳动关系，但是录用通知可以被认为是简式的劳动合同，企业可以与应聘者约定双方违反录用义务或入职义务时的违约金责任。

11-1-3 入职手续管理示例

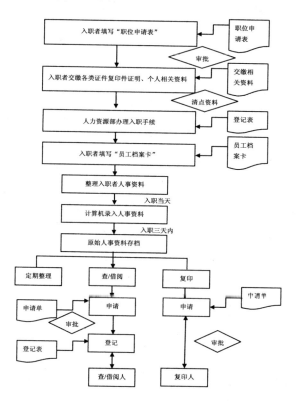

相关说明

（1）入职手续尽管看似是程序性事项，可其也是出现法律风险最多的环节。入职环节时，新入职员工是填写入职申请表还是员工信息表？入职申请表表示该信息是员工入职之前填写的表单，如果信息存在重大虚假，企业可以解除劳动合同；而员工信息表是企业在已经正式录用员工后让该员工填写的入职以后基本信息的表单，此时如果以该表虚假记载而解除劳动合同则欠缺法律依据。另外，对于新入职的员工，应在入职当日订立劳动合同。即便是材料仍未交齐，可以在劳动合同中让其作出承诺或以试用期交齐材料作为录用条件等方式进行处理。

（2）建立员工档案的必要性。很多企业不太重视员工档案的建立，认为档案是计划经济年代或国有企业才采用的制度。而实际上，从法律风险预防的角度，员工档案可以作为员工基本信息记录、劳动合同订立及变更等事项的书面证据；并且，《劳动合同法》也要求劳动合同等重要协议文本需要保存两年以上。而且，从规范化管理的角度，员工档案的建立可以帮助 HR 按照员工档案清晰梳理各种权利义务关系，提高人力资源管理的效率。

第二节　劳动合同管理流程

11-2-1 试用期管理

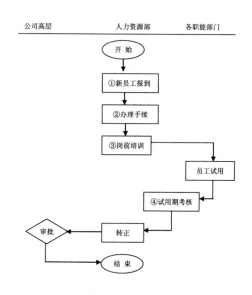

✎ **相关说明**

（1）试用期管理的基本思路。试用期作为企业对新员工管理的特别期间，既可以帮助企业甄别合适的员工，也可以在某种程度上减少薪资成本的开支。试用期管理中应注意以下要点：一是试用期的期限。根据《劳动合同法》的规定，根据劳动合同的长短，试用期上限从1个月到6个月不等。企业只能在法定上限的范围之内约定试用期。二是试用期的工资。试用期工资不得低于本单位相同岗位最低档工资或者劳动合同约定工资的80%，也不得低于企业所在地最低工资标准。三是试用期的劳动合同解除。试用期内员工被证明不符合录用条件的，企业可以解除劳动合同。实务中，很多企业以试用期考核不合格为由直接解除劳动合同，实际上是不符合法律规定的。建议企业在劳动合同中约定"试用期考核不合格的，视为不符合录用条件"等类似条款以补足法律依据上的欠缺。

（2）试用期的延长、中止与缩短。在新劳动法的背景下，试用期可以认为是双方互相"试用"的期间，试用期的延长、中止与缩短均需经由双方协商一致。实务中，很多企业随意延长试用期的情况非常常见，并且片面地认为只要延长的时间不超过法定上限即可。在法律上，试用期延长需要满足两大要件：一是双方协商一致，二是延长时间与原试用期总和不得超过法定上限。所以，即便是未超过法定上限，延长试用期也需要双方再次协商一致，通过变更原劳动合同的约定来进行。试用期的中止是对于新员工入职遭遇病假时的灵活处理方式，否则新员工刚入职休病假超过试用期就会导致直接自动转正的尴尬情形。试用期的缩短，也需要经由双方协商一致，企业单方缩短试用期如不被员工认可，也不发生相应效力。

11 - 2 - 2 合同的履行与变更示例

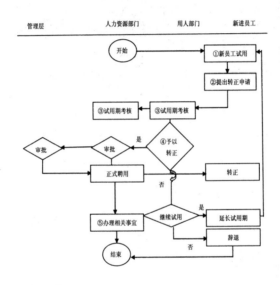

✎ **相关说明**

（1）劳动合同的履行与变更。在实务中，很多 HR 可能会发现，劳动合同的履行与变更之间的区别其实是很模糊的。比如，劳动合同中约定企业根据生产经营需要安排员工在上海、北京和广州三地工作，而当企业决定在某时将上海的员工调往广州时，此时是否涉及劳动合同的变更？此时是否需要与员工进行协商一致？这种情形是劳动合同的履行吗？企业是否可以自主进行安排？与此相类似的还有企业调岗调薪的行为。应当认为，如果劳动合同对相关调整约定得非常具体而明确，此时进行工作地点、岗位和薪酬的调整是劳动合同的履行，并不涉及劳动合同变更。

（2）变更劳动合同的程序。变更劳动合同需要员工或企业中任何一方提出动议，相互就变更的基本内容进行协商，如果不能达成一致，则劳动合同不能完成变更，双方仍按原劳动合同的约定履行；如果双方能达成一致，则应制作劳动合同变更书，在双方签字盖章后即行生效。原劳动合同的条款经劳动合同变更书变更后，按照劳动合同变更书的新约定履行；原劳动合同中未作变更的条款，仍继续按照原劳动合同履行。

11-2-3 合同的终止与续签示例

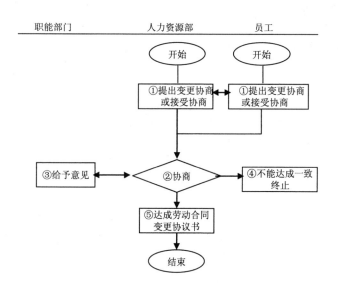

✎ **相关说明**

（1）劳动合同的终止。依据《劳动合同法》及其实施条例的相关规定，当劳动合同期满、员工开始依法享受基本养老保险待遇或达到退休年龄的，员工死亡或者被法院宣告死亡或失踪的，单位被依法宣告破产的，单位被吊销营业执照、责令关闭、撤销或者单位决定提前解散的，法律、行政法规规定的其他情形时，劳动合同终止。《劳动合同法》并没有明确劳动合同终止需要提前通知，所以即便是劳动合同即将届满，在法律上企业也无需履行提前告知义务。但是从管理角度，无论是从离职交接的角度还是从员工利益保护的立场，企业提前30天左右通知终止劳动合同还是有必要的。

（2）不得终止的情形。依据《劳动合同法》的相关规定，以下几种情形下，劳动合同不能终止：①从事接触职业病危害作业的员工未进行离岗前职业健康检查，或者疑似职业病病人在诊断或者医学观察期间的；②在本单位患职业病或者因工负伤并被确认丧失或者部分丧失劳动能力的；③患病或者非因工负伤，在规定的医疗期内的；④女性员工在孕期、产期、哺乳期的；⑤在本单位连续工作满15年，且距法定退休年龄不足5年的；⑥法律、行政法规规定的其他情形。

（3）劳动合同的续签。劳动合同期满是否续签，涉及双方的合意，同时也涉及是否需要支付经济补偿。作为企业人力资源部的续签操作而言，在员工劳动合同即将到期之前 30 天左右,人力资源部可以向员工征求意见,问询如果企业不降低现有工资待遇与其续订劳动合同时员工的意愿;与此同时,人力资源部可以向职能部门征求留用该员工的意愿。如果企业和员工都愿意续签,则应及时订立劳动合同;如果企业和员工都不愿意续签,劳动合同终止,企业不需要支付经济补偿金;如果企业愿意续签而员工不愿意续签,劳动合同终止,但企业无需支付经济补偿金;如果企业不愿意续签而员工愿意续签,劳动合同终止,但企业应支付经济补偿金。

第三节　离职辞退管理流程

11－3－1 员工辞职管理流程示例

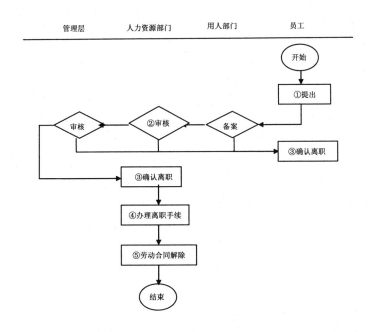

✎ **相关说明**

（1）员工单方解除的权利。根据《劳动合同法》的规定，员工无需任何理由，只需要提前30天通知，即可以向单位提出解除劳动合同；如果企业有未按照劳动合同约定提供劳动保护或者劳动条件的，未及时足额支付劳动报酬的，未依法为员工缴纳社会保险费的，单位的规章制度违反法律、法规的规定，损害劳动者权益的，因欺诈招用行为致使劳动合同无效的，法律、行政法规规定的其他情形等过错行为在先，员工可以随时通知企业解除劳动合同；如果企业有强迫劳动或危险作业的，员工可以不经通知而直接解除劳动合同。

（2）员工单方解除的程序。员工单方解除劳动合同的，人力资源部可以要求其逐级确认，并依照公司规定填写离职单并履行交接手续。需要指出的是，对于员工提前30天通知解除劳动合同的，企业应在流程上引导员工直接或同时通知人力资源部，或要求职能部门及时通告人力资源部，防止人力资源部在交接手续上操作不及时。对于员工因企业违法行为在先而被动解除劳动合同的，企业应区分情况判断是否确认其离职：如果是企业切实存在违法行为，而该员工本身非常优秀，则企业应更正违法行为，并协商将该员工挽留；如果员工恶意使用被动解除权，则企业应谨慎加以应对，并预防此类情形的再次发生。

11-3-2 协商解除管理流程示例

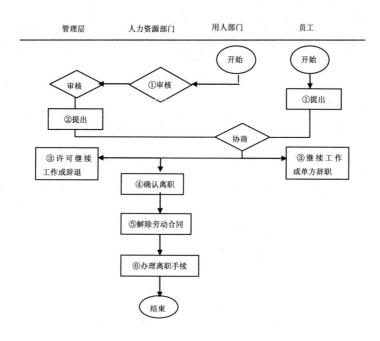

✎ **相关说明**

（1）协商解除的流程程序。如果用人部门需要与员工协商解除劳动合同，应及时提交人力资源部和管理层逐级审核，在确认应该或可以协商解除该员工后，由管理层直接或经由人力资源部向该员工提出协商解除的动议，与员工就解除事宜及离职相关手续进行讨论。如果员工需要与用人部门协商解除劳动合同，则应及时向本部门或人力资源部提交协商解除劳动合同的申请，经人力资源部与用人部门商议后具体确定是否与其协商。无论何种情形，如果双方不能就相关动议和具体内容最终达成一致，协商解除即行终止，在双方没有采取其他解除劳动合同的行为之前，劳动合同仍应继续履行。如果双方就相关事项等能达成一致意见，则应协商解除协议。

（2）协商解除的相关技巧。《劳动合同法》对协商解除的不同类型是否支付经济补偿金有着不同的规定。对于员工动议协商解除的，企业无需支付经济补偿，而对于企业动议协商解除的，则应当支付经济补偿金。所以，在协商解除协议书中，需要明确哪一方动议协商解除和是否需要支付经济补偿，以预防相关法律风险的出现。就企业动议协商解除劳动合同而言，为促使员工更愿意和更快地与企业达成解除劳动合同的合意，企业可以在离职交接、薪资结算和经济补偿方面给予员工更多的利益；而对于员工动议协商解除劳动合同的，企业应调查并评估相关具体实情，而决定是否与其协商解除劳动合同。

11－3－3 员工辞退管理流程示例

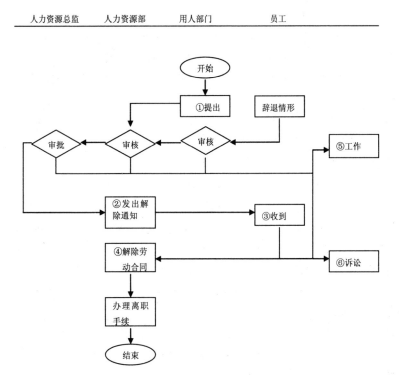

人力资源总监　　　人力资源部　　　　用人部门　　　　员工

✎ 相关说明

（1）辞退员工的法定理由。按照《劳动合同法》的相关规定，企业辞退员工（单方解除劳动合同）分为如下三种：一是过错性解除；二是非过错性解除；三是经济性裁员。过错性解除的理由主要有：a. 试用期不符合录用条件；b. 严重违反规章制度；c. 严重失职，营私舞弊，造成重大损害的；d. 同时与其他单位建立劳动关系；e. 欺诈入职的；f. 被依法追究刑事责任的。非过错性解除的理由主要有：a. 员工患病或者非因工负伤致使劳动能力丧失；b. 工作能力欠缺经补救程序仍显欠缺的；c. 客观情况发生重大变化致使劳动合同无法履行，经双方协商未能就变更事项达成一致的。经济性裁员的理由主要有：a. 依照企业破产法等规定进行重整的；b. 生产经营发生严重困难的；c. 企业转产、重大技术革新或者经营方式调整，经变更劳动合同后，仍需裁减人员的；d. 其他因客观经济情况发生重大变化，致使劳动合同无法履行的。

（2）辞退员工的法定程序。按照《劳动合同法》的相关规定，企业辞退员工的程序因辞退的类型而有所不同。过错性解除的程序大致是：step1. 发现员工存在过错性事由—step2. 保留相关违纪证据—step3. 研判是否属于"严重"情形—step4. 将理由通知工会并征求意见—step5. 企业向该员工发出解除劳动合同书。非过错性解除的程序大致是：step1. 发现非过错性解除的情形—step2. 企业补救程序（另行安排工作、培训或调岗、协商变更）—step3. 发现劳动合同依然无法正常履行—step4. 将理由通知工会并征求意见—step5. 企业向该员工发出解除劳动合同书—step6. 向该员工支付经济补偿金。经济性裁员的程序大致是：step1. 出现可以经济性裁员情形—step2. 确认符合人数条件（20 人以上或人数虽不足 20 人但占员工总数 10% 的）—step3. 提前 30 天向工会或者全体员工说明情况并听取意见—step4. 向劳动行政部门报告裁员方案—step5. 实施裁员方案—step6. 向员工支付经济补偿金。

（3）不得辞退的法定情形。对于非过错性解除和经济性裁员而言，员工出现以下几种情形，企业不得予以辞退：a. 从事接触职业病危害作业的员工未进行离岗前职业健康检查，或者疑似职业病病人在诊断或者医学观察期间的；b. 在本单位患职业病或者因工负伤并被确认丧失或者部分丧失劳动能力的；c. 患病或者非因工负伤，在规定的医疗期内的；d. 女性员工在孕期、产期、哺乳期的；e. 在本单位连续工作满 15 年，且距法定退休年龄不足 5 年的；f. 法律、行政法规规定的其他情形。企业在确定实施非过错性解除和经济性裁员时，应确认员工不属于以上六种情形，否则企业不得解除劳动合同。当然，如果员工在明确知道法律相关规定的情形下，依据公平合理原则，就相关事项达成一致意见并订立协商解除协议的，法律也认可其效力。

11-3-4 离职交接管理流程示例

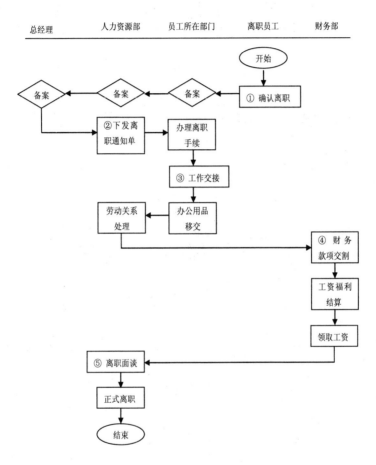

📎 **相关说明**

（1）离职交接手续尽管并不复杂，但是如果不注意对其进行流程管理，也会出现相当多的法律风险。在《劳动合同法》对企业举证责任苛以严格要求的情形下，企业要特别注意离职管理流程中的书面化操作。对于离职交接的每一个手续，均需在员工所持流程单和人力资源部管理表上签字确认。实务中，很多企业仅只发出一张由员工持有的离职流程单，在员工未完成离职手续即自行离开后，企业并不能举证其离职手续的履行情况，这会产生一些法律风险。

（2）离职流程与离职流程单。对于离职环节中薪资结算、经济补偿金支付、退工单开具以及社保转移等手续的处理，企业应在离职流程单中列表说明。

第十二章 工时、休假与考勤管理流程

第一节 工时休假管理流程

12-1-1 特殊工时制管理流程示例

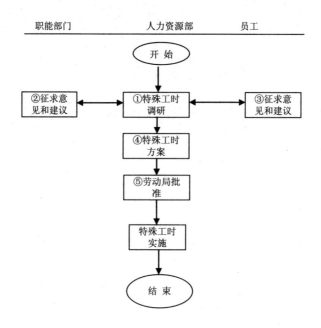

相关说明

（1）特殊工时制度通常分为综合计算工时制和不定时工作制两种。综合计算工时制可以在一个工作周期内平摊计算工作时间，对平摊下来的超过法定工作时间的工作时间，才需要依法支付加班费；不定时工作制则对工作时间进行弹性处理，员工按照工作业绩支付劳动报酬，此种情形下不涉及加班费问题。不过，两种特殊工时制度均需要经过当地劳动行政部门审批。并且，特殊工时制一般只针对符合条件的特定岗位员工，申请有一定的限制。

（2）实务中，向劳动行政部门申请特殊工时制往往需要提交如下材料：a. 公司的基本用工情况；b. 申请特殊工时制的岗位；c. 特殊工时制员工的休假安排；d. 工会或职工代表或特殊工时制员工本人对该特殊工时制的认可；e. 申请特殊工

时制的期限；f. 其他需要提交的材料。

12－1－2 休假管理流程示例

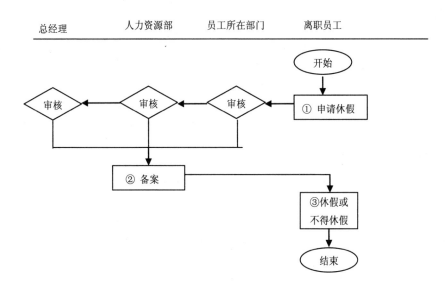

✏️ **相关说明**

（1）休假管理的类型。就休假管理而言，可以将休假区分为如下类型：法定固定假期、法定弹性假期、完全自主假期。法定固定假期主要是指周休日、法定节假日等，由于这些假期的相关法规政策规定得比较刚性，企业应严格遵循；法定弹性假期主要是指年休假、病假、探亲假等国家对相关假期有规定但企业也有一定自主安排权的假期，这种假期可以依据相关法规政策规定和公平原则通过规章制度对具体的申请与审批办法进行规定；完全自主假期主要是指事假、福利假等法律没有特别规定的假期，在安排上企业具有相当的灵活性，可以通过制定规章制度的方式进行处理。

（2）休假管理的程序。休假管理的程序依其时序可以分为申请、审核、执行及备案四个环节。申请是指员工通过填写公司格式化的休假表单向部门主管或人力资源部门申请休假；审核是指相关部门、人力资源部和管理层按照休假员工职位及申请假期的长短逐级审核；执行是指对于已经核准的假期，由员工按照核准的天数进行休假；备案是指休假完成后应及时向人力资源部做销假备案，在考勤记录上结束此次休假状态。

第二节 加值班管理流程

12 -2 -1 加班管理流程示例

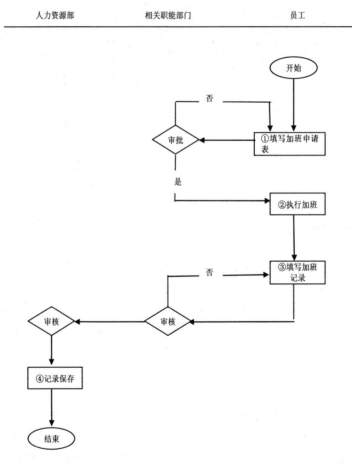

| 人力资源部 | 相关职能部门 | 员工 |

✎ **相关说明**

（1）加班审批制度。对于实行标准工时制的企业而言，设立加班审批制度非常
重要。加班审批支付可以有效控制无效加班的发生，节省加班费开支。例如，企业
可以在考勤管理规定中明确，员工加班须取得部门主管的同意，单次加班时数超
过一定时间的，需要逐级向上层报核准。未经同意或核准的加班行为，企业不予
认可。

（2）加班管理流程。企业可以设计格式化的加班申请表单，让员工在确因工作需要加班时填写，并要求部门主管根据实际情况进行严格审核。加班完成后，让员工在加班申请表单上附注确认或另行填写加班确认表，这样既规范了加班管理的流程，也从法律上对加班时间作了证据上的锁定。

12-2-2 值班管理流程示例

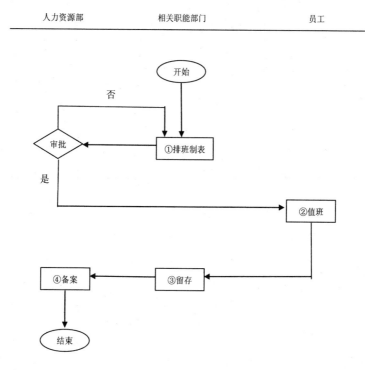

| 人力资源部 | 相关职能部门 | 员工 |

✎ **相关说明**

（1）加班与值班的区别。加班与值班的主要区别在于两点：一是从工作内容上讲，加班是在原正常工作内容的基础上继续从事原本职工作，值班则是在原正常工作内容的基础上从事消防、安保、巡防等非本职工作；二是从对等报偿上讲，对于员工加班，企业应严格依法支付加班费或进行调休，而对于员工值班，企业适当支付值班补贴即可。

（2）值班管理流程。对于值班管理而言，更多的安排主导权在于企业，人力资源部可以按照月度、季度等期间灵活安排员工值班表，根据企业实际情况对各部门的值班安排作出处理。而对于业已完成值班任务的员工，可以让其填写值班确认表，从而避免以后值班转化为加班而发生加班费争议的情形。

第三节 考勤管理流程

12-3-1 打卡管理流程示例

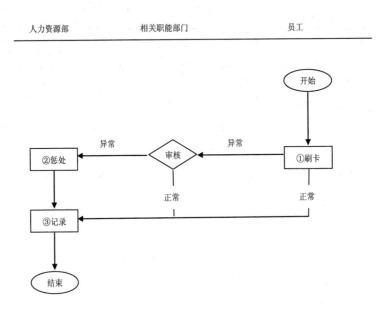

| 人力资源部 | 相关职能部门 | 员工 |

✎ **相关说明**

（1）在打卡管理流程中，最需要注意的是对打卡异常的处理。对于设备故障导致员工无刷卡记录或迟延记录的，员工可以通过异常处理程序予以更正。在有其他员工或部门主管证明的情形下，可以向人力资源部申请进行更正。

（2）与打卡管理制度相联系的是惩处管理制度。对于打卡显示缺勤且未经异常处理程序调整为正常出勤的，企业可以要求其填写当月考勤确认表，并根据员工填写的当月考勤确认表对其薪资进行调整或依据纪律进行相应处理。

12-3-2 出差管理流程示例

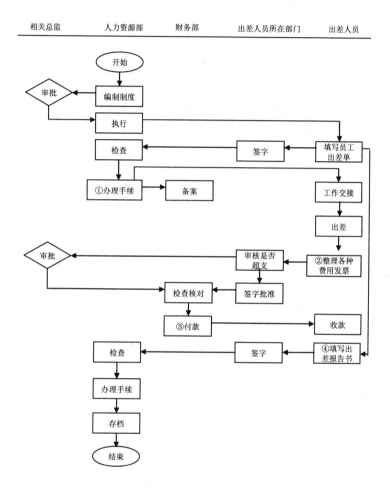

✏️ **相关说明**

（1）出差管理流程。员工的出差流程管理大致可以分为如下几个环节：一是申请备案环节。即便是公司安排的出差任务，员工也必须填写出差（申请）单，交由部门主管或人力资源部核准备案。二是工作交接环节。对于较长时间的出差安排，员工应及时与本部门职务代理人进行工作交接，保障出差期间相关工作不受影响。三是预先请款环节。对于出差过程中需要大额花费的部分，可以向财务部门申请预先请款。预先请款按照员工职级和款项额度需要部门主管和管理层逐级审核，财务部门方得放款。四是出差实施环节。即员工按照规定的出差安排进行出差，如中途需要变更原出差安排的，应及时与部门主管沟通。五是出差报告环节。员工出差回公司后，应填写出差报告单或直接向部门主管汇报出差相关事项。六是财务报销支付。即员工凭出差途中产生的发票到财务部门进行核销。

（2）出差管理中的财务控制。对于出差人员而言，由于其相关差旅花费多数发生在外地，所以在财务监控上比较困难。实务中，比较常见的做法是在出差人员核（报）销单上附注特别承诺，即"本人承诺，本次核（报）销的全部发票和凭证均是本次出差途中真实发生的差旅和相关费用，并与核（报）销清单上一一对应。如有任何的虚假填写，均属于严重违纪事项，公司可以予以惩处处分甚至解除劳动合同"。并要求员工本人签字确认。此种做法既可以有效提醒员工，又可以在法律上构成违纪处分理由告知的证据。

第十三章 岗位、绩效与薪酬管理流程

第一节 岗位管理流程

13-1-1 岗位设置管理流程示例

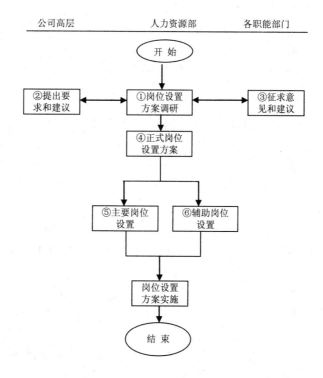

相关说明

（1）岗位设置规划。岗位设置实际上涉及人力资源管理的总体规划，不仅影响到企业整体的组织构架，而且还与企业的用工成本有着明显的关联。岗位设置要综合管理层和职能部门的相关意见，审慎调研后才能作出。作为一般性的操作方法，通常将岗位规划中的岗位归类为主要岗位和辅助岗位，并对不同的岗位编制不同的岗位说明书。

（2）岗位说明书。岗位说明书能够明确不同岗位员工的具体职责，对员工的职责和工作范围有着指导性作用。在新劳动法的背景下，岗位说明书也是判断员工是否胜任工作要求的主要依据，所以企业应格外重视岗位说明书的制定。另外，岗位说明书制定完成后，应作为劳动合同或规章制度的附件，让员工签收或知晓。

13 – 1 – 2 岗位变更管理流程示例

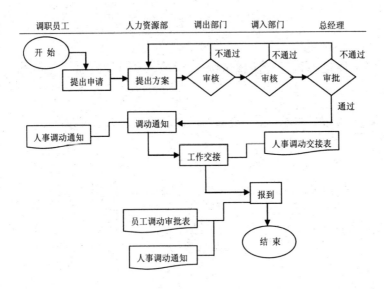

✏️ **相关说明**

（1）岗位调整流程。在企业用工实践中，由于组织机构的调整和客观情况的变化，不可避免地会发生员工在部门间的调整。作为岗位调整管理而言，一般经由如下几个环节：step1. 调职员工向人力资源部提出申请—step2. 人力资源部结合调职人员的申请进行调职安排—step3. 人力资源部分别征求调出部门和调入部门的意见—step4. 对于调出部门和调入部门都同意的，人力资源部实施岗位变更，与员工变更原劳动合同对工作岗位的约定。

（2）岗位变更程序。岗位变更涉及劳动合同必备条款的调整，所以通常需要与员工协商一致，并订立劳动合同变更书。《劳动合同法》也许可在以下两种情形下企业可以单方进行岗位变更：其一是员工不能胜任原岗位的工作，其二是原劳动合同订立所依据的客观情况发生重大变化，经双方协商不能就岗位变更达成一致意见的。但是，这种单方变更也还是需要依据合理性原则来处理，参照类似或最接近的岗位进行调整，并尽量避免和减少员工薪资上的损失。

第二节 员工绩效考核流程

13-2-1 绩效管理工作流程示例

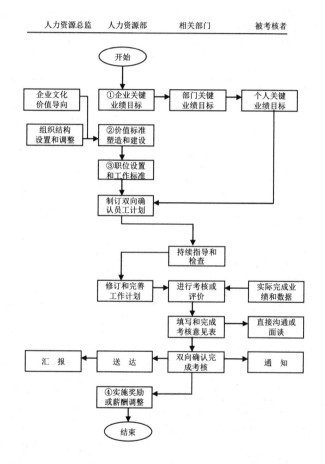

人力资源总监　　人力资源部　　　相关部门　　　被考核者

开始

| 企业文化价值导向 | ①企业关键业绩目标 | 部门关键业绩目标 | 个人关键业绩目标 |

组织结构设置和调整 — ②价值标准塑造和建设

③职位设置和工作标准

制订双向确认员工计划

持续指导和检查

修订和完善工作计划 — 进行考核或评价 — 实际完成业绩和数据

填写和完成考核意见表 — 直接沟通或面谈

汇报 — 送达 — 双向确认完成考核 — 通知

④实施奖励或薪酬调整

结束

相关说明

（1）绩效管理的方法。在人力资源管理实践中，企业采取绩效考核的办法通常包括目标管理、360 度考核、满意度评价等多种形式。在实施过程中，又往往通过按照职能部门、销售部门、研发人员和管理人员等的分类来具体安排。企业可以根据自身经营管理的需要和不同类别员工的具体特点来自主设定绩效考核办法。与此同时，企业还可以通过薪酬制度与绩效考核相挂钩的方式来提高绩效考核的激励性和有效性。

（2）新劳动法与绩效管理方法的选择。在新劳动法背景下，企业对员工的绩效考核也被纳入法律规制的范畴。《劳动合同法》对绩效管理进行干预在于两个方面：一是绩效考核制度的客观性与公平性，如果绩效考核制度涉及过多的主观性并影响到员工的岗位薪资等切身利益时，劳动仲裁机构和法院可以应员工的要求在具体案件中对制度合理性作出判断；二是绩效考核涉及解除劳动合同时应注重程序规则，即不能胜任工作的员工需要经过培训或调岗以后仍然考核不合格的，才可以解除。

13－2－2 绩效考核流程示例

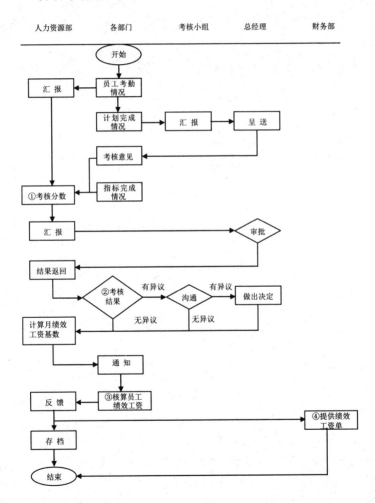

✎ **相关说明**

（1）绩效考核的分工与流程。对于企业的绩效考核而言，需要经由相关的部门一起来执行，并需要依据之前规定的流程。对于大多数企业而言，绩效考核小组通常由管理层、人力资源部和职能部门组成。其中，管理层的主要职责在于对绩效考核的总体流程和具体结果进行审核；人力资源部的主要职责在于对各职能部门上报的绩效考核情况进行核实、协调和汇总；各职能部门的主要职责是根据公司的绩效考核制度以及本部门员工的具体表现进行绩效考核成绩的初估。绩效考核的流程相应为：step1. 职能部门初评—step2. 人力资源部门初核—step3. 管理层核准—step4. 将考核结果逐级反馈并告知员工。

（2）绩效考核结果的有效性。实务中，很多 HR 问到如果员工对绩效考核结果不接受、不签字确认，那么这个考核结果是否就不具备有效性了呢？绩效考核实际上是企业自主经营管理权的体现，除非企业的绩效考核制度违反法律规定或严重违反公平原则，法律一般不予以干预。在绩效考核流程管理中，需要员工对考核结果进行确认，但这种确认行为并不影响考核结果的有效性。员工即便不愿意确认，但只要考核制度是合法并且客观公平的，考核制度从作出并告知员工或公示之日起即发生效力。

13-2-3 绩效改进流程示例

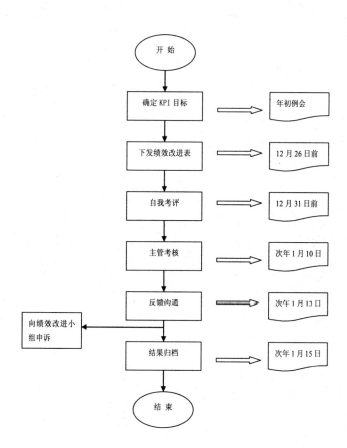

✏️ **相关说明**

（1）绩效改进的作用与流程。无论是企业还是员工，都是在实践中不断发展和成长起来的。对于员工而言，绩效改进是针对现有绩效结果中反映出来的问题进行检讨和更正，以达到在下次绩效考核中获得更多进步的效果。实务中，因为各企业绩效考核制度存在不同，绩效改进安排也有相应的差异。有的企业绩效考核周期分为月度、季度和年度三种形态，而有的企业只有单一的年度考核，相对应，他们的考核改进周期也不同。通常而言，绩效改进在流程上一般有员工自评、主管考核、反馈沟通、申诉处理和结果归档等几个组成环节。

（2）新劳动法与员工绩效改进。《劳动合同法》在第40条对不能胜任工作的员工的处理作了指引性规定，即企业对于不能胜任工作的员工，可以进行培训或者调整岗位，其目的也在于对员工的绩效作出改进安排，此后如果员工仍然不能胜任工作的，企业可以按照员工退出机制的安排依法解除与其的劳动合同。当然，《劳动合同法》的这种规定并不影响对于绩效结果良好的员工，企业可以作出进一步的绩效改进计划以提高其综合能力和岗位胜任度。

第三节 薪酬管理流程

13 – 3 – 1 薪酬方案审批流程示例

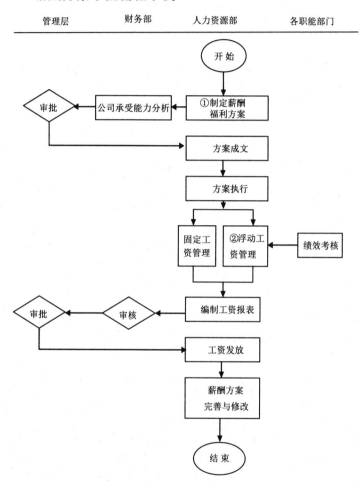

📎 **相关说明**

（1）薪酬方案审批流程。企业的薪酬方案设计，要全面考虑企业的承受能力和可持续发展状况。也许现在的薪酬成本企业可以承受，但毕竟薪酬方案的长久设计一般需要保持相当的薪资增长率，所以薪酬成本企业不宜设置过高。人力资源部还应与财务部等相关部门详细分析薪酬与经济补偿金、薪酬与税收之间的相互关系，考虑与薪酬相关的隐性成本。

（2）薪酬结构法律分析。由于工资涉及员工的切身利益，所以工资方面的法律规定对企业约束非常严格。就员工的工资调整而言，工资增加相对容易，工资降低则比较困难，企业要想在工资支付上保持相当的灵活性，则需要对薪酬结构作结构上的拆分。比如，将工资结构分解为固定工资和弹性工资，固定工资作为基本工资，弹性工资作为绩效工资。此种情形下，员工多劳多得，符合按劳分配的基本原则，也能使得企业灵活掌握工资的支付。

13-3-2 薪酬支付管理流程示例

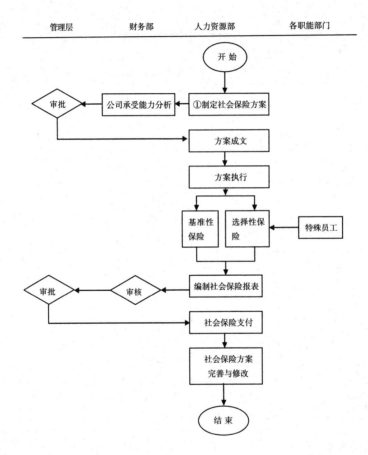

💷 **相关说明**

（1）工资支付的法律保护。在新劳动法背景下，员工的工资保障权受到特别的注重和保护。企业应当依据劳动合同的约定和规章制度的规定，向员工及时足额支付工资。"及时"，即是指企业应在约定或规定的工资支付日支付工资，如果恰好遭遇公休日或法定节假日应提前发放。"足额"，是指企业应当按照约定或规定的数额支付工资，包含正常工作的工资，也包含延长工作时间的加班费。对于加班费部分，企业不能及时调休的，应依法支付加班费。

（2）工资支付的流程细节。实务中，企业在处理工资支付过程时不太注重细节的把握，这往往会造成潜在的法律风险。比如，HR 将工资条发给员工即认为工资支付流程已经完毕，而实际上企业并不能证明员工认可了该工资数额。其实，企业可以在员工支领工资时或以后，让员工在工资单上对工资数额进行书面确认。当然，企业也可以在工资管理制度或工资条上明确一定期日内不向人力资源部或财务部提出异议的，即视为认可该数额。

第四节　社保福利管理流程

13 - 4 - 1 社会保险管理流程示例

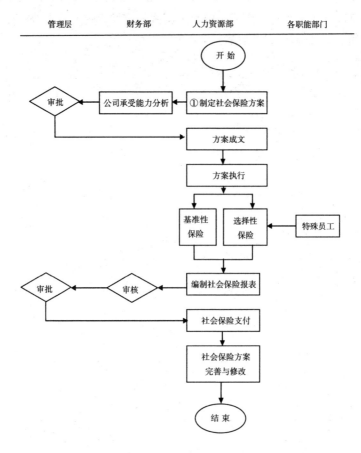

管理层　　　　财务部　　　人力资源部　　　各职能部门

✎ **相关说明**

（1）关于"五险一金"。实务中，"五险一金"是指养老保险、医疗保险、失业保险、生育保险和工伤保险等五种社会保险以及住房公积金。"五险一金"在法律上均是具有强制性的。在五种社会保险中，养老保险、医疗保险和失业保险由企业和员工共同承担，生育保险和工伤保险由企业单独承担。住房公积金也是由企业和员工共同承担。当然，企业还可以根据企业自身发展情况和承受能力，为员工缴纳补充养老保险等来补充社会保险以及补充住房公积金。需要指出的是，《社会保险法》于 2011 年 7 月 1 日实施后，企业 HR 在具体操作上要引起相当的注意。

（2）社会保险管理流程。社保福利的管理可以分为法定社会保险管理和自主社会保险管理，也可分别称之为刚性社会保险管理和弹性社会保险管理。对于刚性社会保险管理而言，需要严格遵循法规政策具体明确的规定。而对于弹性社会保险管理而言，企业可以自主掌握其灵活性，并通过社会保险管理制度来进行适当规范，既保障了员工对弹性社会保险的合理预期，又能保证企业根据实际情况而进行相应的处理和安排。

13 – 4 – 2 奖金福利管理流程示例

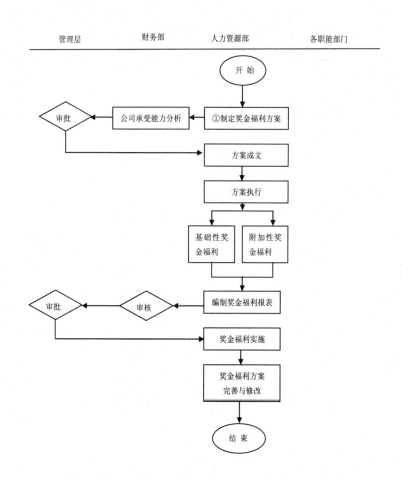

✎ 相关说明

（1）奖金福利的法律性质。通常认为，奖金福利管理作为企业自主经营权的组成部分，并不涉及也不需要经由法律的特别干预。但是，近些年来诸如绩效奖金、年终双薪、年终奖的争议越来越多，让企业也陷入了相当被动的局面。就绩效奖金、年终奖等特别类型的奖金而言，因为其具有工资的某些特性，有时候也会被认为应当贯彻同工同酬原则。但是，在实务中，更为常见的一种裁判做法是，如果企业对类似奖金有明确规定或约定，则依相关规定或约定处理。即便这些规定或约定不甚合理或公平，但是基于不干预企业经营权的原则，裁判做法一般也予以认可。但是若企业没有相关的规定或进行相关的约定，则应当按照有利于员工、同工同酬的原则处理。

（2）奖金福利管理流程。因为奖金福利不像工资那样受到法律的特别保护，所以奖金福利管理就具有了相当的灵活性。实务中，奖金福利通常被区分为基础性奖金福利和附加性奖金福利，前者通过奖金福利管理制度的规定来进行适当规范，后者则由企业自主根据实际情况处理并在奖金福利管理制度中加以明确，这样既保障了员工对奖金福利的合理预期，又能保证企业根据实际情况而进行相应的处理和安排。

第十四章　培训、保密与留人管理流程

第一节　培训管理流程

14-1-1 培训管理总体流程示例

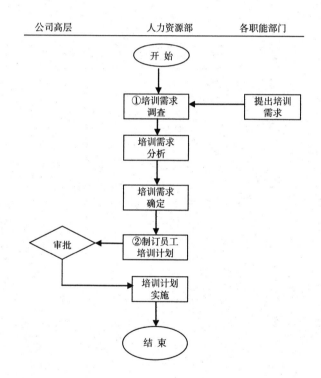

✎ **相关说明**

（1）员工培训与人力资本开发。企业选择和使用合格的管理和技术人才，通常采取两种方法：一是从企业外部招聘适格人才，二是对企业内部员工进行培训和提拔。后者相对于前者而言，员工对于企业的忠诚度更高，并且更能够深入理解企业的文化，所以企业对员工培训往往会投入很多的精力。从更深远的意义上讲，员工培训是人力资源开发的有效手段。通过系统、深入和有针对性的培训，可以提高企业管理和技术人才的综合素质和业务水平。注重员工培训的企业，往往对于本企业的人力资源管理有着长久的规划，注重战略层面上的开发与管理。

（2）培训管理总体流程的规划。对于企业的培训（培养）管理，人力资源部原则上还是应该结合企业的实际情况和发展阶段，通过详细深入的调查研究，界定和评估企业的培训需求，并根据员工的具体情况制订员工培训计划，并交由管理层从宏观战略上进行把握和审批，在得到肯定的批复后执行实施该员工培训计划。

14－1－2 培训方案实施流程示例

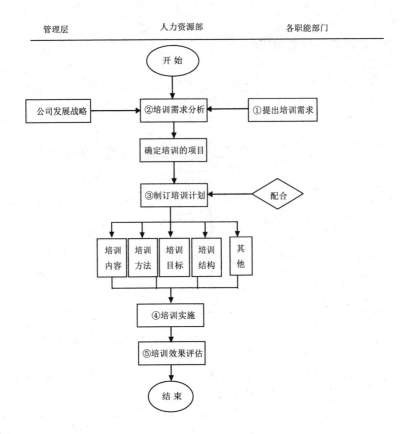

相关说明

（1）培训方案实施流程。在实务中，培训方案的实施一般经由如下的步骤：step1. 相关职能部门可以根据企业的总体培训安排，向人力资源部提出相应的培训需求—step2. 人力资源部对相关职能部门提出的培训需求进行必要性和紧迫性分析—step3. 在确认有必要进行培训后与相关职能部门进行沟通，确定具体的培训项目，并制订培训计划—step4. 按照培训计划的安排，组织和实施具体的培训—step5.人力资源部对培训效果进行评估，并制作培训档案。

（2）培训效果评估。在培训计划实施后，人力资源部应当联合相关职能部门对培训实施过程和结果进行评估，检讨此次培训中出现的问题，归纳此次培训中取得的收获。对于没有达到预期培训效果的，要认真总结其中的经验教训；如果涉及培训员工没有尽职尽责完成培训的，根据实际情况给予相应的惩处。

14-1-3 外派培训管理流程示例

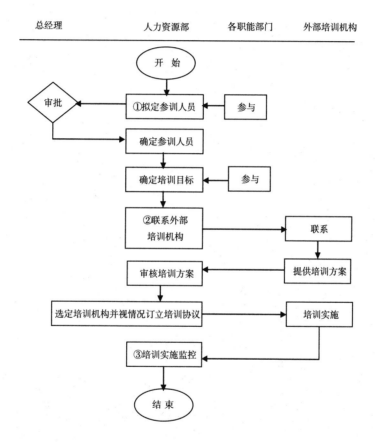

✎ **相关说明**

（1）内部培训与外派培训。在实务中，企业培训具有多种情形，比如内部培训师培训、外聘讲师到企业内部培训、派出员工接受外部培训，等等。对于外派培训而言，往往会涉及参训人员的遴选、培训目标的制定、培训方案的审核、外部培训机构的选择、培训协议的订立、培训实施的监控等多个环节，企业应按照外派员工培训管理与内部员工培训管理相区分的原则，根据外派员工培训管理流程对外派员工培训进行相应的管理。

（2）专业技术培训的法律识别。对于需要订立培训协议的员工而言，HR首先要确认此次培训是否属于法律上的专业技术培训。法律上对可以设置服务期的培训，有着三个方面的要求：一是单位出资，即企业要对此次培训进行成本上的投入；二是具有专业技术性，即应与专业技术相关，区别于一般的入职培训；三是具有培训的本质特性，也即不能是简单的实习或交流，而应该是实实在在的、以增长知识和技能为主的教育性活动。另外，在与员工约定培训服务期时，应注意违约金上限不得超过培训费总额，并按服务年限逐年递减。

第二节 保密管理流程

14-2-1 保密管理总体流程示例

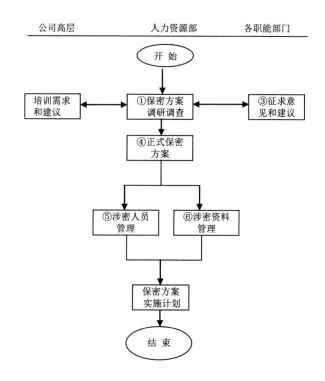

✎ **相关说明**

（1）保密管理总体流程安排。保密管理制度的具体内容涉及日常经营的方方面面，而且要非常的严格和细致，所以在制定保密管理制度或方案时，应广泛征求各职能部门的建议和意见，并听取管理层的要求和建议，谨慎而严整地制定符合公司实际情况的正式保密方案。保密管理一般涉及人员和资料（财物）两个部分，企业应分别制定相应的管理规范和管理流程。

（2）保密管理制度与保密管理流程的衔接。保密管理制度作为对企业商业秘密进行规范性约束的具体规定，需要通过保密管理流程来进行执行和实施。保密管理流程也可以根据涉密对象的不同，而区分为涉密人员管理流程和涉密资料管理流程，通过严格的授权划分、阅读登记、批准备案的实体规则和程序安排，保证保密制度的有效落实。

14-2-2 涉密人员管理流程示例

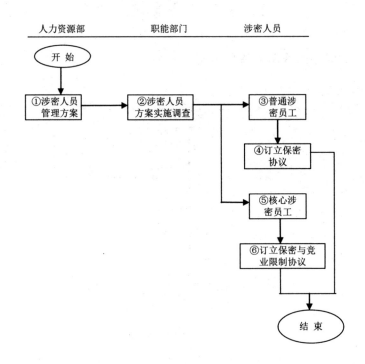

📝 **相关说明**

（1）涉密人员管理方案。就涉密人员管理而言，需要注意以下几个环节的把握：一是涉密人员的分类，通常可以区分为普通涉密人员和核心涉密人员；二是对不同类别的涉密人员分别进行有层次和有重点的专门管理，企业可以与普通涉密人员订立保密协议，与核心涉密人员订立保密和竞业限制协议。

（2）保密与竞业限制协议。尽管竞业限制的作用并不仅仅限于保护企业的商业秘密，但是基本上，商业秘密保护构成了竞业限制的主要理由。在订立和履行竞业限制协议方面，企业应特别注意流程管理上的操作：一是竞业限制协议应当在员工入职时或调岗时订立，否则员工已经在保密岗位工作后又不愿意订立竞业限制协议会让企业很被动；二是履行竞业限制协议时，企业应在员工离职后按照约定支付竞业限制补偿金，如果企业不按照约定支付竞业限制补偿金，员工则可以不履行竞业限制协议约定的义务。

第三节 留人管理流程

14 - 3 - 1 留人计划方案总体流程示例

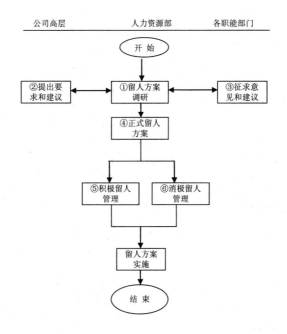

相关说明

（1）留人计划的方案选择。企业基于长远发展和永续经营的考虑，往往会采取各种方法来有效留住优秀人才。人力资源部在制订留人计划时，应广泛征求各方面意见，并结合企业的具体经营管理实际，而后形成正式的留人方案。而一旦企业的留人计划和方案正式确定后，企业即应按照不同的留人管理类别分别实施。

（2）留人计划的管理流程。通常而言，可以把诸多留人计划划分为两个主要类型：一是积极的留人管理，主要是通过单方面提高福利待遇、创造晋升机会、提供培训条件等方式；二是消极的留人管理，主要是通过相关协议明确约定，企业在员工身上的投入将与其服务年限相对应，建立适当的对价关系，这其中比较典型的例子就是培训服务期协议。

14-3-2 特殊福利待遇审批流程示例

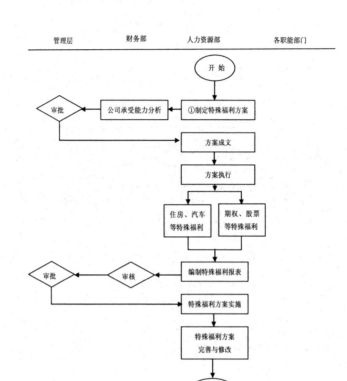

✎ **相关说明**

（1）特殊福利待遇与留人安排的衔接。企业通过单方面提高员工的福利待遇，有利于员工工作心态的稳定，所以很多企业都通过给予良好福利待遇来留住人才。就一些高素质的核心人才而言，企业还往往通过给予特殊的福利待遇来留住他们。这些特殊福利待遇包括提供住房、汽车等有形的特殊福利，也包括提供股票、期权等无形的特殊福利。特殊福利待遇制度一般与企业留人计划安排进行衔接，以达到更具综合性的整体效果。

（2）特殊福利待遇与法律风险预防。企业并不会特别去假设被给予特殊福利待遇的员工会在一个相对较短的时间离职，但是出于公平性和风险预防的考虑，企业可以与给予特殊福利待遇的员工设定一个相对合理的服务期。根据《劳动合同法》的相关规定，只有员工接受专业技术培训才可以设定服务期，所以在实务中，企业往往通过与核心员工订立附特定情形下免除义务的民事借贷协议的方式来设定服务期。比如，协议中可以约定，由企业借给该核心员工人民币50万元用于购买住房，如果在其企业服务满5年，则免除还款义务。

第十五章　奖惩、申诉与争议处理流程

第一节　奖惩管理流程

15 - 1 - 1 奖励管理流程示例

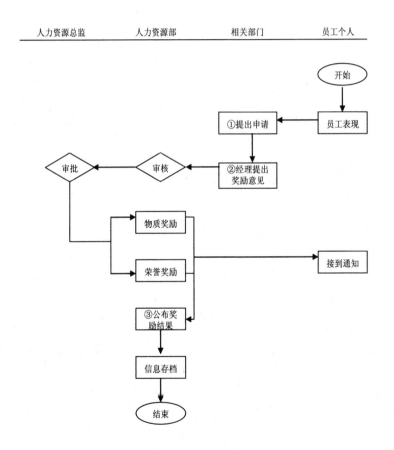

📎 **相关说明**

（1）奖励管理流程。奖励管理作为企业对表现优秀员工的一种特别鼓励，有着非常重要的作用。就奖励流程管理而言，应特别注意以下几个要点的操作：一是奖励的类型，通常分为物质奖励和荣誉奖励两种，也可以就物质奖励和荣誉奖励同时进行；二是奖励的流程，一般由员工本人或员工所在部门主管向人力资源部提出申请，由人力资源部初核后交由管理层核准后执行，并将有关信息存入员工档案。

（2）奖励的激励性评估。奖励是否具有激励性，是判断奖励管理制度是否具有实际效果的重要评估因素。针对不同行业的企业和不同类型的员工，奖励管理制度也有较大不同。对于大多数制造业和工资收入相对较低的员工，通过物质性（货币型）奖励可以大大激发员工的积极性；而对于大多数智慧服务型行业和工资收入较高的员工，可能更看重荣誉性的奖励，因为这有利于提升其在职场中的认可度和重要性。

15－1－2 惩处管理流程示例

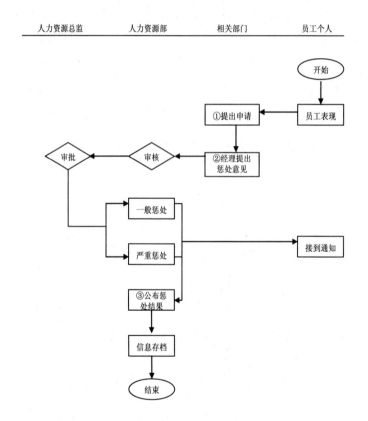

✎ **相关说明**

（1）惩处管理流程。惩处管理流程基本上与奖励管理流程类似，但也存在相当的差异。从程序上看，员工一般自己不会提出自我惩处的要求，所以惩处一般是由所在部门的主管提出；而且惩处可能涉及员工的切身利益，所以在具体实施时，应将惩处区分为一般惩处和严重惩处，对于后者的程序和审核应更为严格，以保证惩处的公正性和公信力。

（2）惩处的合理性评估。惩处特别是严重惩处因为涉及员工切身利益的处分，所以辨识其是否具有合理性是非常重要的。对惩处进行合理性评估是非常主观的范畴，主要需要考虑以下几点：一是关于惩处事项相关规章制度的规定；二是员工所涉行为是否严重违反相关制度，这主要从员工的主观方面、所致事实的客观方面，主客观之间的因果关系来判定；三是此种惩处是否影响员工的岗位、薪资和合同解除，如果涉及则应在程序上更为谨慎。

第二节　申诉管理流程

15–2–1 申诉处理流程示例

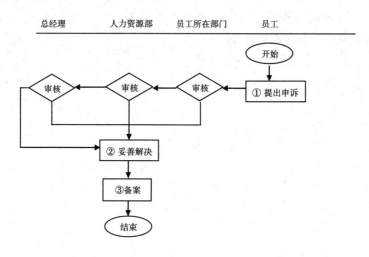

总经理　　　　人力资源部　　　员工所在部门　　　员工

✎ **相关说明**

（1）申诉处理流程。申诉处理流程大致分为三个阶段：一是员工申诉阶段，员工就公司涉及自身利益的相关行为向部门主管或人力资源部进行反映；二是协调解决阶段，员工所在部门、人力资源部和管理层进行逐级审查后，对于申诉反映情况属实的，启动纠正机制，申诉反映情况不实的，也应将相关情况告知申诉员工；三是备案存档阶段，对于申诉阶段处理的过程和结果计入员工档案，存档备查。

（2）申诉处理与劳动争议预防。申诉处理实际上是企业内部的一种沟通反馈机制，有利于从内部直接化解矛盾并减少劳动争议的发生。但企业内部的申诉处理毕竟取代不了法律法规规定的劳动仲裁和民事诉讼，员工对于企业内部最终申诉结果不满意的，仍可以选择通过劳动仲裁和民事诉讼渠道解决。但需要指出的是，如果企业内部的处分行为并不涉及员工的薪资、岗位和合同解除等切身利益或与此类切身利益相关联，仲裁委员会和法院原则上不予受理，尊重企业的内部经营管理自主权。

15 – 2 – 2 工会调解流程示例

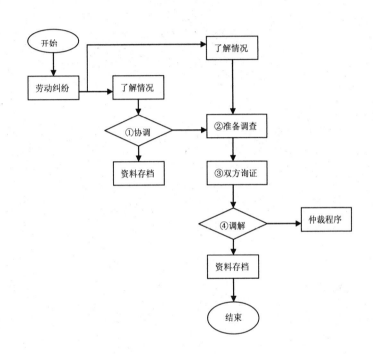

✎ **相关说明**

（1）工会调解与劳动仲裁的关系。在新劳动法的背景下，工会的职权得到了进一步的强化。企业制定或修改涉及员工切身利益的规章制度、通过重大事项、解除劳动合同、实施经济性裁员均需经过民主程序或工会程序。与此同时，依据《劳动争议调解仲裁法》的规定，工会成员可以担任企业劳动争议调解委员会的职工代表，就相关劳动争议事项与企业代表进行协商调解。对于调解不能达成一致意见的，争议方可以通过劳动仲裁渠道处理。

（2）工会调解流程。工会调解程序大致如下：step1. 调解申请。员工与企业发生劳动争议后，可以通过工会或人力资源部申请企业内部调解。step2. 准备调查。人力资源部在收到工会调解通知或员工调解申请后，协调工会安排调解日期。step3. 双方询证。在指定的日期，人力资源部和工会与员工一起就争议相关事项进行询证。step4. 调解实施。经由询证程序后，由人力资源部和工会组成的调解委员会对争议事项进行调解。对于调解能达成一致意见的，制作调解笔录或协议，由员工、人力资源部和工会三方签字备存；对于调解不能达成一致意见的，员工可以选择继续走仲裁程序。

第三节 争议管理流程

15-3-1 仲裁与诉讼流程示例

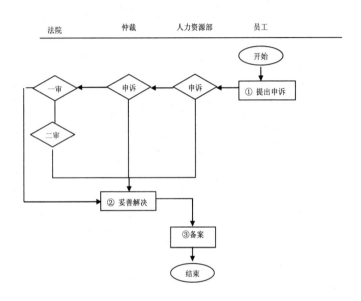

✏️ **相关说明**

（1）仲裁应对流程。员工与企业发生劳动争议有着很多方面的原因，并不一定就意味着企业在劳动人事管理上存在问题。对于已经发生的劳动争议，在仲裁环节，企业应区分几种情况分别进行处理：其一，如果企业确实存在明显违法或不当行为，则应立足于与员工进行调解或和解，尽快解决争议；其二，如果企业并无明显违法或不当行为，只是和员工就相关规定或约定有着不同的理解，则可以在仲裁委员会的主持下本着公平合理原则与员工进行调解，如果员工要求明显过高或无调解诚意的，则可以在充分准备的情况下收集证据与其进行仲裁；其三，如果企业无任何违法或不当行为，仅仅只是员工单方面理解有误或恶意仲裁，企业可以在充分准备的情况下收集证据直接与其进行仲裁，不接受调解。

（2）诉讼应对流程。对于员工就仲裁结果不服而起诉到法院的案件，企业可以按照仲裁应对的三种情况进行比照处理。但特别需要指出的是，如果企业存在违法解除行为或变更行为，整个仲裁和诉讼环节经历的时间越长，企业的争议解决成本越高。因为，如果企业行为最终被认定为违法解除或变更，则应支付员工在此期间的误工损失，特别是相对方为收入较高的员工时企业的代价尤为明显。此点应特别引起企业 HR 的高度重视。

15 - 3 - 2 集体争议处理流程示例

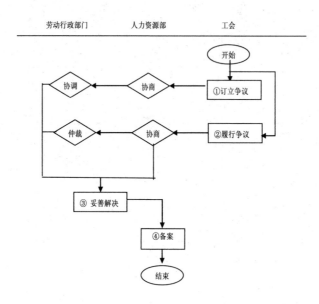

✏️ **相关说明**

（1）集体争议处理流程。根据《集体合同规定》的相关规定，集体争议主要分为两类：一是协商过程中的争议；二是履行过程中的争议。对于前者而言，争议中的一方或双方可以书面向劳动行政部门提出协调处理申请，未提出申请的，劳动行政部门认为必要时也可以进行协调处理；对于后者而言，因履行集体合同发生的争议，当事人协商解决不成的，可以依法向劳动争议仲裁委员会申请仲裁。

（2）集体争议处理特殊性的把握。集体争议相对于个体争议而言，一个比较大的区别在于争议的人数比较多，情况相对比较复杂。对于集体争议，除了依据法律法规规定依法操作以外，企业还需要格外重视对突发事件的应急处理。必要的时候，邀请所在地劳动行政部门、公安部门等职能部门参与协助处理。

第四篇 操作表单篇

本篇导读与适用指南

Ⅳ-Ⅰ 操作表单的逻辑梳理与法律梳理

　　Ⅳ-Ⅰ-Ⅰ 操作表单的逻辑梳理

　　Ⅳ-Ⅰ-Ⅱ 操作表单的法律梳理

Ⅳ-Ⅱ 操作表单常见法律风险节点透视

　　Ⅳ-Ⅱ-Ⅰ 常见法律风险节点一览

　　Ⅳ-Ⅱ-Ⅱ 法律风险的技术克服

第十六章　规章制度与民主协商管理操作表单

第十七章　入职、离职与合同管理操作表单

第十八章　工时、休假与考勤管理操作表单

第十九章　岗位、绩效与薪酬管理操作表单

第二十章　培训、保密与留人管理操作表单

第二十一章　奖惩、申诉与争议处理操作表单

Ⅳ-Ⅰ 操作表单的逻辑梳理与法律梳理

Ⅳ-Ⅰ-Ⅰ 操作表单的逻辑梳理

操作表单是人力资源管理人员在处理实际事务中使用最多的操作工具。操作表单的优点在于格式化、简便化和凭证化，这也使得基本上每一家用人单位或多或少地有着合乎自身实际情况的操作表单。在这些操作表单中，一部分属于间接管理的范畴，由 HR 部门制作仅供本部门自己使用的，比如员工情况统计表、工资汇总表，等等；还有一部分则属于直接管理的范畴，用于直接对员工进行管理。对于后一种操作表单而言，应该特别注重形式上的简单明了，便于普通员工能够快速适应和较快捷地填写。

Ⅳ-Ⅰ-Ⅱ 操作表单的法律梳理

在新劳动法的背景下，操作表单不仅仅给人力资源管理者的工作带来相当的便利，而且也给企业的人力资源合规化运作留存了相当适格的证据。这些操作表单的证据性主要体现在：一是操作表单表述了此项人力资源管理动作的具体内容，比如入职录用、专业技术培训、绩效考核、解除或终止劳动合同等；二是操作表单证明了一种格式化的管理惯例，因为其是面对不特定员工的文档，所以容易证明其不属于特别针对某一员工的区别对待；三是这些格式表单往往都会有员工本人的签名确认，这也正好证明了相关事项被员工知晓的事实。

Ⅳ-Ⅱ 操作表单常见法律风险节点透视

Ⅳ-Ⅱ-Ⅰ 常见法律风险节点一览

表单流程看起来非常简单，但是这些简单的图文表格的设计，却体现了很多细节性证据的安排。在实务工作中，由于操作表单牵扯的数量比较大，涉及的管理面也比较广，每一份操作表单中存在的法律风险又各自不同。但有一点可以指出的是，凡是法律要求作成证据证明的文档，一般均会要求员工在此项表单上签字确认。

操作表单涉及的法律风险节点众多，情况也较复杂，如下简述几类常见方面的具体事项：

1. 员工入职管理环节

在员工入职管理环节，到底是安排填写《入职申请表》还是《员工信息表》？前者的名称能证明此表单属于员工入职录用之前填写，而后者的名称则可能被理解为已经招用后再由员工填写的。如果企业以员工提供虚假信息欺诈入职为由解除劳动合同，则前者的证据力则明显高于后者。如果当时让员工填写的是《员工信息表》，则仅从名称上是很难判断相关内容的填写是发生在入职前还是在入职后的。

2. 调岗调薪管理环节

调岗调薪管理是发生劳动争议比较多的环节。之所以会出现这种情况，原因在于《劳动合同法》的规定，变更劳动合同需要双方协商一致，而单方变更只限于员工不能胜任工作、客观情况发生重大变化等少数情形。在操作表单设计中，对于员工进行调岗调薪，优先通过双方协商的表单形式进行处理。如果是属于法律规定的单方变更，则需要在理由栏特别说明。另外，如果是依据岗位合同或相关规章制度对劳动合同履行内容进行必要的调整，且已经在劳动合同中说明的，则只需要将调岗调薪通知单交由员工确认即可。

3. 员工离职管理环节

在员工离职环节，如何安排《离职单》的相关内容呢？有很多企业将《离职单》设计得非常简单，比如在协商解除部分，只有协商解除一项，并没有在格式设计上特别区分员工动议和单位动议两种，这样就产生了一个问题：如果是员工自己提出与单位协商解除的，而《离职单》上又没有相关表述，事后员工要求经济补偿金，如何应对？这就是一个很大的风险。《离职单》上应清楚列明解除或终止劳动合同的类型，以及是否需要提前通知、是否需要支付经济补偿、如何进行离职交接等事项，这样才能一目了然，也能防止很多不必要劳动争议的发生。

Ⅳ－Ⅱ－Ⅱ 法律风险的技术克服

法律风险仅仅只是一种潜在风险，也许并不会在具体操作中实际发生。但是，一旦实务管理中的特定情形出现或客观条件成就时，这些风险就成为劳动争议发生的导火索，会导致企业大额的补偿或赔偿，甚至会给企业造成重大的信誉损失。

在技术上，通常可以通过以下方法尝试进行克服：

1. 内部检讨

（1）将操作表单格式的设计与劳动法的规定相结合。操作表单，归根结底是人力资源管理的一种证据化的体现。而在新劳动法的背景下，更多的举证责任都由用人单位来承担，欲使人力资源管理操作在新劳动法背景下有更多的合法性基础和证明，则应充分利用好格式化的操作表单作为获取和保留证据的重要工具。

（2）将流程管理与证据管理相结合，注重程序管控和实体管控的统一。由于操作表单往往是格式化的，所以企业可以在规章制度和管理流程中进一步明确，员工的请假、离职、申请等对公司进行的相关表示性行为，均应通过公司格式化的表单来执行，不能以员工自行设计的申请表、确认单等作为有效的执行表单。

2. 外部检讨

（1）通过专业咨询机构。专业咨询机构有着海量企业咨询经验，能够提供给企业关于人力资源管理合规化方面更多的参考性意见和建议。

（2）通过律师事务所。由其对当前使用的规章制度进行法律审查。

第十六章 规章制度与民主协商管理操作表单

第一节 规章制度类操作表单

16-1-1职工名册示例

用人单位职工名册

填报单位：_____ 单位注册类型：_____ 劳动保障证（卡）号：_____ 填报时间：_____年_____月

序号	姓名	性别	年龄	文化程度	职业等级资格	身份证号码	社会保险卡号	用工类型	人员类别	用工之日	订立合同时间	劳动合同起止时间	订立合同情况	合同类型	离职时间	离职类型	工资	参加社会保险				
																		养老保险	医疗保险	失业保险	工伤保险	生育保险
	1	2	3	4	5	6	7	8	9	10	11	12	13	14	15	16	17	18	19	20	21	22
1																						
2																						
3																						
4																						

填表说明：

1. 用人单位应当根据填表说明如实填报本单位各类用工情况，包括建立劳动关系和未建立劳动关系的人员。

2. 单位注册类型：①国有企业 ②集体企业 ③外商投资企业 ④港澳台商投资企业 ⑤私营企业 ⑥其他企业 ⑦有雇工的个体工商户。

3. 性别：①男 ②女。

4. 文化程度：①初中及以下 ②高中、中专、中技 ③大专 ④本科 ⑤研究生 ⑥其他。

5. 职业等级资格：①初级 ②中级 ③高级 ④技师 ⑤高级技师。

6. 用工类型：①全日制用工 ②非全日制用工 ③劳务派遣。

7. 人员类别（可多项选择）：①城镇就业人员 ②本省农村就业人员 ③外省农村就业人员 ④外方和港澳台就业人员 ⑤劳务派遣人员 ⑥离退休返聘人员 ⑦其他。

8. 用工之日、订立合同时间、离职时间应填报至年月日。

9. 订立合同情况：①首次签订劳动合同 ②第一次续签劳动合同 ③第二次及以上续签劳动合同。

10. 合同类型：指书面劳动合同签订情况，①固定期限劳动合同 ②无固定期限劳动合同 ③以完成一定工作任务为期限劳动合同 ④非全日制劳动合同 ⑤劳务派遣劳动者劳动合同。

11. 离职类型：①合同终止 ②单位解除合同 ③本人解除合同 ④劳务派遣期满 ⑤其他。

12. 工资：指劳动合同约定的劳动报酬，其中全日制劳动者的计酬单位为元／月，非全日制劳动者的计酬单位为元／小时。

13. 参加社会保险：①是 ②否。

16-1-2 规章制度征求意见通知书示例

关于××有限公司规章制度修改征求全体职工意见的通知

为了适应近年来国家和地方劳动立法不断更新的情况，从公司的人力资源管理的实际出发，××××年××月至今，公司对现有的规章制度进行了全面的修改。根据《劳动合同法》的相关规定，涉及员工切身利益的规章制度需要征求全体员工意见，现将修改后的规章制度向全体员工进行公示。

公示时间为××××年××月××日上午×点整至××日下午×点整。公司员工如有任何意见或建议，可通过书面方式向公司管理部或工会提出。书面意见或建议的截止时间为××日下午×点整。

特此通知。

××有限公司

（盖章）

××××年××月××日

16－1－3　规章制度平等协商会议纪要示例

××有限公司规章制度平等协商会议纪要

××××年××月××日，××有限公司管理部与工会就近日员工对公示的新修改的规章制度提出的意见进行了讨论，并就规章制度修改进行了协商，会议简单纪要如下：

一、××××年××月××日上午×点，××有限公司发出通知，将××有限公司新修改的规章制度进行了公示，并连续××天向员工征求意见，工会对其向全体员工征求意见的事实予以见证；

二、工会认为，××有限公司新修改的规章制度在职工福利、职工工资等方面进行了必要的调整。并同时指出，希望公司能在公司业绩整体提高的基础上，在如下事项上做进一步的改善：

1. _____；

2. _____；

3. _____。

三、公司管理部对以上建议和意见作出如下回应：

1. _____；

2. _____；

3. _____。

四、工会和公司管理部基于相互理解和员工与企业共同发展的理念就大部分问题达成共识：

1. _____；

2. _____；

3. _____。

五、工会和公司希望在以后的时间内做更进一步的沟通和协调。

××公司管理部　　　　　　　　××公司工会

部长（签字）：_____　　　主席（签字）：_____

（盖章）　　　　　　　　　　（盖章）

日期：_____　　　　　　　日期：_____

16－1－4 规章制度签收单示例

××有限公司员工手册签收表

本人确认收到××有限公司员工手册（××××年制作，第×版）一份。本人声明已经仔细阅读，并了解其全部之内容，并接受公司依据该员工手册对本人进行管理。

签收人（签字）：_____

日期：_____

16－1－5 规章制度培训签到表示例

××有限公司规章制度培训签到表

本人确认参加了××有限公司组织的员工手册（××××年制作，第×版）培训课程。本人声明将认真接受培训，仔细了解其全部之内容，并接受公司依据该员工手册对本人进行管理。

部门	姓名	工号	培训日	签字

制表：　　　复核：　　　审查：

16-1-6 规章制度公示通知书示例

关于××有限公司新规章制度向全体职工公示的通知

为了使××有限公司的规章制度符合最新劳动立法和企业人力资源管理实际的规范和要求，××××年××月至今，公司对现有的规章制度进行了全面的修改。目前，公司按照民主程序征求了全体员工的意见，并就员工意见和规章制度条款与工会进行了协商，现将最终确定的新规章制度向全体员工进行公示。

公示时间为××××年××月××日上午×点整至××日下午×点整。新规章制度将于××××年××月××日正式生效。

特此通知。

××有限公司

（盖章）

××××年××月××日

第二节 重大事项类操作表单

16-2-1 重大事项征求意见通知书示例

关于××有限公司重大事项征求全体职工意见的通知

根据《公司法》等有关法律法规和公司章程的相关规定，从公司经营发展的实际出发，××××年××月至今，公司对现有的职工内部持股方案进行了相应的修改。根据《劳动合同法》的相关规定，涉及职工切身利益的重大事项需要征求全体职工意见，现将修改后的职工内部持股方案向全体职工进行公示。

公示时间为××××年××月××日上午×点整至××日下午×点整。公司职工如有任何意见或建议，可通过书面方式向公司行政部或工会提出。书面意见或建议的截止时间为××日下午×点整。

特此通知。

××有限公司

（盖章）

××××年××月××日

16–2–2 重大事项平等协商会议纪要示例

××有限公司重大事项平等协商会议纪要

××××年××月××日，××有限公司管理部与工会就近日职工对公示的新职工内部持股方案提出的意见进行了讨论，并就相关事项的修改进行了协商，会议简单纪要如下：

一、××××年××月××日上午×点，××有限公司发出通知，将××有限公司职工内部持股方案进行了公示，并连续××天向职工征求意见，工会对其向全体职工征求意见的事实予以见证；

二、工会认为，××有限公司新修改的内部职工持股方案在职工福利、职工工资等方面进行了必要的调整。并同时指出，希望公司能在公司业绩整体提高的基础上，在如下事项上做进一步的改善：

1. _____；

2. _____；

3. _____。

三、公司管理部对以上建议和意见作出如下回应：

1. _____；

2. _____；

3. _____。

四、工会和公司管理部基于相互理解和员工与企业共同发展的理念就大部分问题达成共识：

1. _____；

2. _____；

3. _____。

五、工会和公司希望在以后的时间内做更进一步的沟通和协调。

××公司管理部　　　　　　　　　××公司工会

部长（签字）：_____　　　　主席（签字）：_____

（盖章）　　　　　　　　　　　　（盖章）

日期：_____　　　　　　　　日期：_____

16－2－3 重大事项相关决定公示通知书示例

关于××有限公司重大事项向全体职工公示的通知

根据《公司法》等有关法律法规和公司章程的相关规定，从公司经营发展的实际出发，××××年××月至今，公司对现有的职工内部持股方案进行了相应的修改。目前，公司按照民主程序征求了全体职工的意见，并就职工意见和职工内部持股制度改革方案与工会进行了协商，现将最终确定的新职工内部持股方案向全体职工进行公示。

公示时间为××××年××月××日上午×点整至××日下午×点整。新的职工内部持股方案将于××××年××月××日正式生效。

特此通知。

××有限公司

（盖章）

××××年××月××日

第三节　集体合同类操作表单

16－3－1 集体合同协商通知书示例

集体合同协商通知书

××有限公司工会：

根据《集体合同规定》等相关规定，公司管理部就_____等相关事宜邀请公司工会进行集体协商。具体协商的日期为××××年××月××日上午×点至下午×点，协商地点为_____。希请公司工会作出协商回应。如具体协商日期、地点及相关事项需要变动的，也请公司工会及时与管理部沟通。

管理部联系人：_____分机号：_____

××有限公司管理部

××××年××月××日

16 –3 –2 集体合同民主协商会议纪要示例

集体合同民主协商会议纪要

×××× 年 ×× 月 ×× 日，×× 有限公司管理部与工会就_____等相关事宜进行了民主协商。会议简单纪要如下：

一、管理部发表以下意见：

1. _____；

2. _____；

3. _____。

二、工会就此提出回应：

1. _____；

2. _____；

3. _____。

三、公司和工会还就如下事项进行了讨论和协商：

1. _____；

2. _____；

3. _____。

四、工会和公司管理部就以下问题达成共识：

1. _____；

2. _____；

3. _____。

五、工会和公司希望在以后的时间内做更进一步的沟通和协调。

××公司管理部   ××公司工会

部长（签字）：_____   主席（签字）：_____

（盖章）   （盖章）

日期：_____   日期：_____

16 – 3 – 3 集体合同送审（备案）表示例

企业集体合同送审表

登记编号：企集（ ）号

本集体合同已经本企业职工代表大会／全体职工讨论通过，现报送审查。

企业名称（章）_____   工会名称（章）_____
企业法定代表人_____   工会主席_____
企业方首席代表_____   职工方首席代表_____

集体合同期限_____年_____月，属：①首次签订 ②续订 ③变更
企业性质_____ 上级主管部门_____
企业职工总数_____人
企业地址_____邮政编码_____
联系电话_____联系人_____
协商经过：

_____

_____

_____

主要议题：

_____

_____

_____

送审日期：_____年_____月_____日

第十七章 入职、离职与合同管理操作表单

第一节 招聘入职管理操作表单

17-1-1 招聘环节

17-1-1-1 招聘申请表示例

招聘申请表

申请部门				部门经理		
申请原因	□员工辞退 □员工离职 □业务增量 □新增业务 □新设部门					
	说明					
需求计划说明	职务名称	工作描述	所需人数	最迟上岗日期	任职条件	
	职位1				专业知识	
					工作经验	
					工作技能	
					其他	
	职位2				专业知识	
					工作经验	
					工作技能	
					其他	
合计	人					
薪酬标准	职位1	基本工资		其他待遇		
	职位2	基本工资		其他待遇		
部门经理意见	签字： 日期：					
人力资源部批示	签字： 日期：					
总经理意见	签字： 日期：					

17-1-1-2 应聘人员登记表示例

应聘人员登记表

一、个人情况							
姓　名		性　别		民　族		照　片	
曾用名		出 生 日 期					
籍　贯		身 份 证 号					
职称及执业资格情况							
政治面貌		入党（团）时间					
最高学历							
最高学位							
户口所在地							
档案所在地							
家庭住址、邮编							
个人联系电话及手机							

二、家庭成员情况			
与本人关系	年　龄	学　历	工作单位及职务

个人性格特征及专长：

你认为在工作中积累了哪些经验，它们对你应聘现岗位有何优势：

三、教育（培训）经历（从高中起填写）			
起始年月	学校、专业	毕、肄业	证明人及电话

（续表）

四、工作经历

起始年月	工作单位	职 务	证明人及电话

五、获得证书及奖励（含外语水平）

证书名称	获得时间	证书编号	备注说明

六、请回答以下问题

1. 你是否曾因违纪受到学校处分或被公司解雇？如有，请说明原因。

2. 除了轻微交通违例外，您是否有违法记录？如有，请说明原因。

3. 工作经历中所从事或担任的相关岗位、职务，请简单描述工作业绩。

原薪水水平：	期待月薪水：

除以上信息外，其他需说明情况：

（续表）

本人承诺：

本人在此承诺：

1. 本申请表中我所提供的情况是正确的、属实的。如发现虚假信息，贵公司可随时与我解除劳动合同及其他一切书面协议，由此造成一切后果均由本人承担。

2. 本人同意并接受公司对表中内容进行审查。

3. 本人愿意接受公司的培训和试用，如试用期考核不合格或有其他不符合录用条件情形，公司有权解除劳动合同。

4. 本人声明自己与原单位无保密协议或竞业限制协议，或前述协议超过法定有效期限，本人保证自己处理好与原工作单位的工作关系，如因劳动合同等出现劳动纠纷，本人愿意承担一切责任。

　　填表人签名：　　　　　　　　年　　月　　日

人事部门初审意见	年　月　日

17 - 1 - 2 面试环节

17 - 1 - 2 - 1 （一般人员）面谈评估表示例

（一般人员）面谈评估表

应聘者姓名		性别		年龄	
毕业院校		专业		学历	
应聘职位		应聘时间			

面试记录

面试者：　　　　所属部门：　　　　面试日期：　　年　月　日

面试项目 ＼ 评价等级	优	良	好	一般	差	备　注
1. 仪容仪表						
2. 语言表达与口齿清晰						
3. 专业知识和技能的掌握						
4. 相关专业知识的了解						
5. 外语能力						
6. 灵活应变能力						
7. 责任心						
8. 个人品质						
9. 环境的适应性						
10. 发展潜力						

面试评价

综合评定	
录用意见	□予以录用 □有待进一步考核 □不予考虑

17 - 1 - 2 - 2（重要人员）面试候选人甄选比较表示例

（重要人员）面试候选人甄选比较表

应聘者姓名		性别		年龄			
毕业院校		专业		学历			
应聘职位		应聘时间					
评价项目		评定等级					
		A-优	B-良	C-好	D-一般	E-差	
仪表、仪态							
专业知识技能的掌握							
工作经验与应聘职位的关联程度							
语言表达							
分析判断能力							
应变能力							
情绪控制能力							
综合评价	人力资源部	评价					
		录用决策	□予以录用　□储备　□不予考虑				
	用人部门	评价					
		录用决策	□予以录用　□储备　□不予考虑				
	总经理	评价					
		录用决策	□予以录用　□储备　□不予考虑				

17－1－2－3（非常重要人员）面试候选人甄选报告表示例

（非常重要人员）面试候选人甄选报告表

应聘职位		应聘人数	人	初试合格	人	面试合格		人
复试合格	人	需要人数	人	合格比率	初试： %；面试： %；录用： %			
面试结果比较		预定		实际		说明		
		工作经验：						
		1.						
		2.						
		3.						
		4.						
		专业技能：						
		1.						
		2.						
		3.						
		4.						
		5.						
		待遇及要求：						
录用人员名单								

17-1-3 录用环节

17-1-3-1 用人单位基本信息告知函示例

用人单位基本信息告知函

_____先生／女士：

依据《劳动合同法》的相关规定，用人单位应在招用劳动者时，向劳动者如实告知本公司的基本情况。现本单位向拟录用员工履行如下告知义务：

本公司的基本情况：

_____

_____

职业危害说明：

_____

安全生产状况说明：

_____

如果您欲了解本公司的更多其他信息，请与人力资源部招聘专员×××小姐联系，联系电话：×××××。

××有限公司（盖章）

_____年_____月_____日

回 执

本人确认收到公司用人单位基本信息告知函，对公司基本情况有具体的了解，特此确认。

拟录用员工（签字）：_____

_____年_____月_____日

17-1-3-2 录用通知书示例

录用通知书

_____先生／女士：

鉴于您提供的入职申请资料和您所获得的面试成绩，经人力资源部核定，并报总经理确认，公司决定录用您来公司工作。

1. 职务、待遇与劳动合同期限

（1）所任职位为_____；

（2）薪资待遇为_____（税前）；

（3）工作地点为_____；

（4）报到日期为_____；

（5）订立劳动合同的期限为_____年_____月_____日，试用期为_____个月。

2. 本通知书的生效前提是：

（1）您提供的求职申请资料真实、客观、完整；

（2）您具备胜任本职位的身体健康状况。

3. 请于报到日携带以下文件至人力资源部：

（1）退工单或劳动手册；

（2）身份证；

（3）学历证明及特殊技能资格证明；

（4）1寸证件照（白底深色）3张；

（5）体检报告。

4. 合意达成

如果您接受本公司的录用，您可以在收到本通知书以后5日内选择

□将签署后的本通知书回执原件寄送回本公司

□将签署后的本通知书（连同回执）影印件传真回本公司

如您在5日内未作上述处理，也未与公司作进一步确认，公司将视作您放弃该职位。

5. 违约责任

如您签署了本通知并回馈给公司，而又未在本通知确定的日期前报到，将承担本职位_____个月薪资的违约金。如您签署了本通知并回馈给公司，而公司不能在本通知确定的日期接受您的报到，将承担本职位_____个月薪资的违约金。

本次录用联络人：人力资源部招聘专员 ××

联系方式：

　　　　　　　　　　　　　　××有限公司（人力资源部）

　　　　　　　　　　　　　　_____年_____月_____日

回 执

本人愿意接受以上条款，将于指定的报到日期报到，并接受关于违约责任的约定。

　　　　　　　　　　　　　　被录用人签名：_____

　　　　　　　　　　　　　　_____年_____月_____日

17 - 1 - 3 - 3 录用条件告知书示例

录用条件告知书

_____先生／女士：

您所任职的_____一职，录用条件如下：

1. _____；

2. _____；

3. _____。

试用期考核不合格的，视为不符合录用条件。

依据《劳动合同法》第 39 条的规定，试用期间被证明不符合录用条件的，公司可以解除劳动合同。

特此告知。

××有限公司人力资源部

_____年_____月_____日

回　执

本人已充分了解以上录用条件，如在试用期间被证明不符合录用条件，公司可以解除本人的劳动合同。

被录用人签名：_____

_____年_____月_____日

17 - 1 - 3 - 4 未录用通知书示例

未录用通知书

_____先生／女士：

非常感谢您对本公司公告征求人才一事的大力支持。您的学识、资历给我们留下了深刻的印象。因名额有限，我们很遗憾地告知您未被录用。但我们已经将您的资料列入公司的人才储备档案，候有机会即当优先考虑。

再次感谢您对本公司的关注和支持。

特此通知。

_____公司人力资源部

_____年_____月_____日

✎ **合理性解析**

（1）文书要点。对于未被录取的应聘者，公司应当通知本人。不予录用通知书要求以诚挚的语言，对应聘者参与招聘活动给予感谢。对于未被录用的理由，应当选择应聘者易于接受的原因，不要太过于苛求。另外，如果应聘者确实不错，而仅仅是本着优中选优的原则未被录用的，则可以保持与应聘者的经常性联系，为公司储备一些可用之才，这也是招聘选择人才的目的。

（2）特别提示。制作未录用通知书应当说明不录用的原因，以及是否备用资料备选等事项。考虑应聘人员的层次不同，通知书的内容可以适当增减。

17 – 1 – 4 入职环节

17 – 1 – 4 – 1 新员工入职告知书示例

新员工入职告知书

_____先生／女士：

依据《劳动合同法》第8条的相关规定，用人单位在招用劳动者时，应向劳动者如实告知工作内容、工作条件、工作地点、职业危害、安全生产状况、劳动报酬，以及劳动者要求了解的其他情况。现本单位向拟录用员工履行如下告知义务：

1. 工作内容：_____

2. 工作条件：_____

3. 工作地点：_____

4. 职业危害：_____

5. 安全生产状况：_____

6. 劳动报酬：_____

如果您欲了解本公司的更多其他信息，请与人力资源部招聘专员×××小姐联系，联系电话：×××××。

××有限公司（盖章）

_____年_____月_____日

回 执

本人确认收到公司新员工入职告知书，对自己任职相关事宜有了具体、充分的了解，特此确认。

拟录用员工（签字）：_____

_____年_____月_____日

17 –1 –4 –2 签订劳动合同通知书示例

签订劳动合同通知书

_____先生／女士：

由于您入职／原劳动合同到期后尚未签订书面劳动合同，现人力资源部通知您于收到本通知之日起 7 日内与公司订立劳动合同。劳动待遇按照录用通知／原劳动合同约定的数额／规章制度规定的同岗位基准待遇处理。订立地点为人力资源部办公室。

如您没有在规定的时间内与公司订立劳动合同，公司将依据《劳动合同法实施条例》的有关规定解除劳动关系，并办理相关退工手续。

特此通知。

××有限公司（盖章）

_____年_____月_____日

回 执

本人收到公司签订劳动合同通知书，通知书中告知了员工应在 7 日内按公平原则订立劳动合同的有关事项，特此确认。

员工（签字）：_____

_____年_____月_____日

17－1－4－3 岗位职务说明书示例

岗位职务说明书

制表日期：

部　门		岗位名称	
任 职 人		任职人签字	
直接主管		直接主管签字	

任 职 条 件	学 历	
	工作经历	
	专业知识	
	业务了 解范围	

岗位目标 与 权 限	

岗位职责 按重要顺序依次 列出每项职责及目标	负责程度 全责　部分　支持	衡量标准 数量、质量

17-1-4-4 员工信息登记表示例

员工信息登记表

姓　名＿＿＿＿＿　　部　门＿＿＿＿＿

特别声明：

家庭地址变更应在 3 日内及时通知公司，否则公司按原地址送达或送达紧急联络人即视为有效送达。

签名：＿＿＿＿＿填表时间＿＿＿＿＿年＿＿＿＿＿月＿＿＿＿＿日。

基本情况	姓名		性别		民族
	出生日期		身份证号码		
	政治面貌		婚姻状况		
	毕业学校		学历		
	毕业时间		参加工作时间		
	专业		户口所在地		
	籍贯		邮政编码		
	地址		联系电话		
	手机		电子信箱		
	备注				
入职情况	所属部门		担任职务		
	入职时间		转正时间		
	合同到期时间		续签时间		
	是否已调档		聘用形式		
	如未调档，档案所在地				
	备注				

（续表）

	文件名称			
档案所含资料	个人简历		求职人员登记表	
	应聘人员面试结果表		身份证复印件	
	学历证书复印件		劳动合同书	
	员工报到派遣单		员工转正审批表	
	员工职务变更审批表		员工工资变更审批表	
	员工续签合同申报审批表			
备注				

17－1－4－5 新员工入职手续清单示例

新员工入职手续清单

部门			职位		
	□	身份证复印件	□	审验证	
	□	毕业证复印件	□	务工证	
	□	体检报告书	□	抚养亲属申请表	
	□	职工资料卡	□	职工保证书	
	□	相片	经办人签章：		
事项	1	员工手册或简介单	4		
	2	识别证	5		
	3	考勤卡及打卡说明	报到人签章：		
人事登记	1	人员变动记录	4	人员状况表	7 核薪
	2	简易名册	5	到职通报	8 建档
	3	办理识别证	6	核对担保人	9

（续表）

总务协办	1	住宿申请	经办人		领物人	
	2	领制服	经办人		领物人	
	3	领衣柜钥匙	经办人		领物人	

第二节　劳动合同管理操作表单

17－2－1 试用期管理

17－2－1－1 转正考核表示例

转正考核表

姓名		部门		职务	
报到日期			预定转正日期		
自我评价					
主管评价	工作积极性与责任感			批准： 审核： 拟订：	
	工作能力				
	出勤情况				
	创造性与发展潜力				
	团队合作情况				
	考核结果	□ 转正 □ 延长试用期 □ 辞退（不符合录用条件）			
人力资源部门意见					
分管领导意见					

17 - 2 - 1 - 2 试用期延长确认单示例

试用期延长确认单

本人与公司协商一致，双方均同意将本人劳动合同的试用期延长_____。原约定的试用期为_____年_____月_____日至_____年_____月_____日，现试用期为_____年_____月_____日至_____年_____月_____日。

特此确认。

员工（签字）：_____

_____年_____月_____日

17 - 2 - 1 - 3 转正通知单示例

转正通知单

_____先生／女士：

您与公司约定的劳动合同试用期为_____年_____月_____日至_____年_____月_____日。通过评估您的试用期表现，得出考核结果为合格／优秀。试用期至_____年_____月_____日结束，并从次日起转为正式员工。

特此通知。

××有限公司（盖章）

_____年_____月_____日

17 - 2 - 2 劳动合同变更

17 - 2 - 2 - 1 劳动合同变更协议书（协商变更）示例

劳动合同变更书

经甲乙双方协商一致，对_____年_____月_____日双方订立的劳动合同作如下变更。

劳动合同变更的内容：_____

_____

甲方：_____（签字盖章）　　_____年_____月_____日

乙方：_____（签字盖章）　　_____年_____月_____日

注：本劳动合同变更书一式两份，甲乙各持一份，同等有效。

17-2-2-2 劳动合同变更通知书（企业单方变更）示例

劳动合同变更通知书

_____先生 / 小姐：

依据《劳动合同法》第 40 条第○1 / ○2 / ○3 款之规定 / ○第 41 条第 1 款第 3 项之规定，公司决定对您于_____年_____月_____日与公司订立的劳动合同作如下变更。

劳动合同变更的内容：_____

_____

_____

特此通知。

××有限公司

_____年_____月_____日

17-2-2-3 劳动合同期限法定顺延确认书示例

劳动合同期限法定顺延确认单

本人与公司订立的劳动合同于_____年_____月_____日到期。因如下第_____项情形出现，该劳动合同顺延至_____年_____月_____日 / _____之日终止。

（1）从事接触职业病危害作业的劳动者未进行离岗前职业健康检查，或者疑似职业病病人在诊断或者医学观察期间的；

（2）在本单位患职业病或者因工负伤并被确认丧失或者部分丧失劳动能力的；

（3）患病或者非因工负伤，在规定的医疗期内的；

（4）女职工在孕期、产期、哺乳期的；

（5）在本单位连续工作满十五年，且距法定退休年龄不足五年的；

（6）法律、行政法规规定的其他情形。

特此确认。

员工（签字）：

_____年_____月_____日

17－2－3 劳动合同到期或终止条件出现

17－2－3－1 劳动合同到期续签征求意向书示例

劳动合同到期处理征求意见书

_____部门主管：

××公司与_____部员工_____订立的劳动合同（合同期限：_____年_____月_____日至_____年_____月_____日），即将届满。公司是否与该员工续签劳动合同，请您批注意见，管理部将按照您的意见，根据相关规定按程序办理。

根据该员工合同期内的工作表现，批注意见如下：

○ 该员工合同期内工作表现 ○ 优秀 ○ 良好，遵守公司各项规章制度，竭诚操守业务，同意续订劳动合同，续签的劳动合同按照公司规定办理。

○ 该员工表现不适合本公司工作，不同意续签劳动合同，相关手续按照公司规定办理。

其他意见：需要写出《工作总结》。

其他意见：_____

部门主管签名：_____

_____年_____月_____日

劳动合同到期续订劳动合同意向书

_____先生／小姐：

××公司与_____部员工_____订立的劳动合同（合同期限：_____年_____月_____日至_____年_____月_____日），即将届满。根据国家和地方法律、法规、政策以及劳动合同的相关约定，经公司管理层批准，公司同意与您不降低该到期劳动合同约定条件续订劳动合同，届时由管理部与您办理续签手续。请您于收到此《意向书》后十天之内填妥回执意见并归还管理部，逾期将视为本人不同意与公司续签劳动合同。

特此通知。

××有限公司

_____年_____月_____日

劳动合同到期续订劳动合同意向书回执意见

××公司与_____部员工_____订立的劳动合同（合同期限：_____年_____月_____日至_____年_____月_____日），即将届满。根据国家与地方法律、法规、政策以及劳动合同的相关约定，经公司管理层批准，公司同意与您不降低该到期劳动合同约定条件续订劳动合同，届时由管理部与您办理续签手续。请您于收到此《意向书》后十天之内填妥回执意见并归还管理部，逾期将视为本人不同意与公司续订劳动合同。

本人意见：

○ 同意续订

○ 不同意续订

部门：_____ 工号：_____ 签名：_____

日期：_____

17－2－3－2 劳动合同到期终止通知书示例

劳动合同到期终止的通知
（适用于劳动合同期满企业提出终止的情况）

_____先生／小姐：

××公司与_____部员工_____订立的劳动合同（合同期限：_____年_____月_____日至_____年_____月_____日），即将届满。根据国家和地方相关法律、法规、政策以及劳动合同的相关约定，经公司管理层批准，依法与您终止劳动合同，届时由公司管理部通知您办理相关的离职手续。

特此通知。

××有限公司

_____年_____月_____日

劳动合同到期终止的通知
（适用于劳动合同期满员工提出终止的情况）

_____先生／小姐：

××公司与_____部员工_____订立的劳动合同（合同期限：_____年_____月_____日至_____年_____月_____日），即将届满。根据国家和地方相关法律、法规、政策以及劳动合同的相关约定，经公司管理层批准，依法与您在不降低该到期劳动合同约定条件续订劳动合同，但由于您本人提出不愿续订，故您的合同将至_____年_____月_____日终止，届时由公司管理部通知您办理相关的离职手续。

特此通知。

××有限公司

_____年_____月_____日

17-2-3-3 劳动合同终止（其他情形）通知书示例

劳动合同终止的通知

（适用于其他法定终止条件出现的情况）

_____先生／小姐：

××公司与_____部员工_____订立的劳动合同（合同期限：_____年_____月_____日至_____年_____月_____日），符合《劳动合同法》第44条规定的

○ 劳动者开始依法享受基本养老保险待遇的；

○ 劳动者死亡，或者被人民法院宣告死亡或者宣告失踪的；

○ 用人单位被依法宣告破产的；

○ 用人单位被吊销营业执照、责令关闭、撤销或者用人单位决定提前解散的；

○ 法律、行政法规规定的其他情形。

故您的合同将至_____年_____月_____日终止，届时由公司管理部通知您办理相关的离职手续。

特此通知。

××有限公司

_____年_____月_____日

第三节 离职辞退管理操作表单

17 - 3 - 1 员工单方解除

17 - 3 - 1 - 1 劳动合同解除通知书（员工提前通知解除）示例

解除劳动合同确认书

（适用于员工提前通知单方解除的情形）

_____先生／小姐：

依据《劳动合同法》相关规定，您于_____年_____月_____日提出解除此前××公司与您订立的劳动合同（合同期限：_____年_____月_____日至_____年_____月_____日）。

您说明的解除理由是：预告解除

○ 劳动者提前 30 日以书面形式通知用人单位，可以解除劳动合同；

○ 劳动者在试用期内提前 3 日通知用人单位，可以解除劳动合同。

您的劳动合同于_____年_____月_____日解除。

您需要结算以下薪资和补偿金事项：

1. 您薪资结算至_____年_____月_____日；计_____元；

2. 此种情形下，公司不需要支付经济补偿金。

您需要办理以下交接手续：

1. _____；

2. _____；

3. _____。

以上事宜完成后，按照公司离职规定办理离职手续。

××有限公司

_____年_____月_____日

17-3-1-2 劳动合同解除通知书（员工随时通知解除）示例

解除劳动合同确认书

（适用于员工随时通知单方解除的情形）

_____先生／小姐：

依据《劳动合同法》相关规定，您于_____年_____月_____日提出解除此前××公司与您订立的劳动合同（合同期限：_____年_____月_____日至_____年_____月_____日）。

您说明的解除理由是：过失性解除（考虑到对员工的引导性，此项可根据企业需要去除）

○ 公司未按照劳动合同约定提供劳动保护或者劳动条件的；

○ 公司未及时足额支付劳动报酬的；

○ 公司未依法为劳动者缴纳社会保险费的；

○ 公司的规章制度违反法律、法规的规定，损害劳动者权益的；

○ 因《劳动合同法》第26条第1款规定的情形致使劳动合同无效的；

○ 法律、行政法规规定员工可以解除劳动合同的其他情形：

_____

○ 用人单位以暴力、威胁或者非法限制人身自由的手段强迫劳动者劳动的，或者用人单位违章指挥、强令冒险作业危及劳动者人身安全的，劳动者可以立即解除劳动合同，不需事先告知用人单位。

您的劳动合同于_____年_____月_____日解除。

您需要结算以下薪资和补偿金事项：

1. 您薪资结算至_____年_____月_____日；计_____元；

2. 此种情形下，公司需要支付给您相当于_____个月工资的经济补偿金，计_____元。

您需要办理以下交接手续：

1. _____；

2. _____；

3. _____。

以上事宜完成后，按照公司离职规定办理离职手续。

××有限公司

_____年_____月_____日

17－3－2 双方协商解除

17－3－2－1 协商解除申请书（员工适用）示例

解除劳动合同书

（适用于员工动议协商解除的情形）

_____先生／小姐：

依据《劳动合同法》第 36 条的相关规定，您于_____年_____月_____日与××公司提出协商解除此前××公司与您订立的劳动合同（合同期限：_____年_____月_____日至_____年_____月_____日），公司予以同意。

经协商一致后，您的劳动合同于_____年_____月_____日解除。

您需要结算以下薪资和补偿金事项：

1. 您薪资结算至_____年_____月_____日；计_____元；
2. 此种情形下公司不需要支付经济补偿金。

您需要办理以下交接手续：

1. _____；
2. _____；
3. _____。

以上事宜完成后，按照公司离职规定办理离职手续。

××有限公司
_____年_____月_____日

注：本劳动合同解除书一式两份，双方各持一份，同等有效。

17－3－2－2 协商解除通知书（企业适用）示例

解除劳动合同书

（适用于企业动议协商解除的情形）

_____先生／小姐：

依据《劳动合同法》第 36 条的相关规定，××公司于_____年_____月_____日与您提出协商解除此前您与××公司订立的劳动合同（合同期限：_____年_____月_____日至_____年_____月_____日），您予以同意。

经协商一致后，您的劳动合同于_____年_____月_____日解除。

您需要结算以下薪资和补偿金事项：

1. 您薪资结算至_____年_____月_____日；计_____元；
2. 此种情形下公司需要支付给您相当于_____个月工资的经济补偿金，计_____元。

您需要办理以下交接手续：

1. _____；
2. _____；
3. _____。

以上事宜完成后，按照公司离职规定办理离职手续。

×× 有限公司

_____年_____月_____日

注：本劳动合同解除书一式两份，双方各持一份，同等有效。

17－3－2－3 协商解除劳动合同协议书示例

解除劳动合同协议书

甲方：_____

乙方：_____

甲、乙双方于_____年_____月_____日签订了固定期限劳动合同，现由○甲方／○乙方动议提出协商解除劳动合同要求，经甲、乙双方协商一致，同意解除劳动合同，并达成如下协议：

一、解除劳动合同日期

解除劳动合同的日期为：_____年_____月_____日。

二、经济补偿金

○ 甲方按照乙方工龄支付乙方相当于_____个月工资的经济补偿金_____元，并在办结工作交接时支付；

○ 甲方无需支付经济补偿金。

三、薪资结算

薪资结算至_____年_____月_____日，并于○当日／○次月发薪日支付。

四、其他相关事项

_____

五、协议生效

本协议自甲、乙双方签字（盖章）后生效。

六、协议份数

本协议一式两份，甲、乙双方各执一份。

甲方：××有限公司　　　　　　　　乙方：

（盖章）　　　　　　　　　　　　（签字）

日期：＿＿＿＿＿＿　　　　　　　日期：＿＿＿＿＿＿

17 - 3 - 3 员工辞退管理

17 - 3 - 3 - 1 解除劳动合同通知书（试用期间企业单方解除）示例

解除劳动合同书

（适用于企业单方解除的情形）

＿＿＿＿＿＿＿先生／小姐：

依据《劳动合同法》相关规定，××公司依法解除此前您与××公司订立的劳动合同（合同期限：＿＿＿＿＿年＿＿＿＿＿月＿＿＿＿＿日至＿＿＿＿＿年＿＿＿＿＿月＿＿＿＿＿日）。

解除的理由是：在试用期间被证明不符合录用条件。

您的劳动合同于＿＿＿＿＿年＿＿＿＿＿月＿＿＿＿＿日解除。

您需要结算以下薪资和补偿金事项：

1. 您薪资结算至＿＿＿＿＿年＿＿＿＿＿月＿＿＿＿＿日；计＿＿＿＿＿元；

2. 此种情形下，公司不需要支付经济补偿金。

您需要办理以下交接手续：

1. ＿＿＿＿＿＿＿；

2. ＿＿＿＿＿＿＿；

3. ＿＿＿＿＿＿＿。

以上事宜完成后，按照公司离职规定办理离职手续。

××有限公司

＿＿＿＿＿年＿＿＿＿＿月＿＿＿＿＿日

注：1. 本劳动合同解除书一式两份，双方各持一份，同等有效。

　　2. 公司留存的劳动合同解除书应交由员工签收，依法作出的劳动合同解除书经员工签收或公告后即发生法律效力。

17 - 3 - 3 - 2 解除劳动合同通知书（正式合同期间企业单方解除）示例

解除劳动合同书

（适用于正式合同期间企业单方解除的情形）

_____先生／小姐：

依据《劳动合同法》相关规定，××公司依法解除此前您与××公司订立的劳动合同（合同期限：_____年_____月_____日至_____年_____月_____日）。

解除的理由是：

1. 过失性解除

○ 严重违反公司的规章制度的；

○ 严重失职，营私舞弊，给用人单位造成重大损害的；

○ 员工同时与其他用人单位建立劳动关系，对完成本公司的工作任务造成严重影响，或者经用人单位提出，拒不改正的；

○ 因《劳动合同法》第二十六条第一款第一项规定的情形致使劳动合同无效的；

○ 被依法追究刑事责任的。

2. 非过失性解除

○ 员工患病或者非因工负伤，在规定的医疗期满后不能从事原工作，也不能从事由公司另行安排的工作的；

○ 员工不能胜任工作，经过培训或者调整工作岗位，仍不能胜任工作的；

○ 劳动合同订立时所依据的客观情况发生重大变化，致使劳动合同无法履行，经公司与员工协商，未能就变更劳动合同内容达成协议的。

3. 经济性裁员

○ 依照企业破产法规定进行重整的；

○ 生产经营发生严重困难的；

○ 公司转产、重大技术革新或者经营方式调整，经变更劳动合同后，仍需裁减人员的；

○ 其他因劳动合同订立时所依据的客观经济情况发生重大变化，致使劳动合同无法履行的：_____。

您的劳动合同于_____年_____月_____日解除。

您需要结算以下薪资和补偿金事项：

1. 您薪资结算至_____年_____月_____日；计_____元；

2. 此种情形下：

○ 公司需要支付给您相当于_____个月工资的经济补偿金，计_____元。

○ 公司不需要支付经济补偿金。

您需要办理以下交接手续：

1. ＿＿＿＿＿＿＿；

2. ＿＿＿＿＿＿＿；

3. ＿＿＿＿＿＿＿。

以上事宜完成后，按照公司离职规定办理离职手续。

××有限公司

＿＿＿＿＿＿年＿＿＿＿＿月＿＿＿＿＿日

注：1. 本劳动合同解除书一式两份，双方各持一份，同等有效。

2. 公司留存的劳动合同解除书应交由员工签收，依法作出的劳动合同解除书经员工签收或公告后即发生法律效力。

17－3－4 离职交接管理

17－3－4－1 离职面谈记录表示例

离职面谈记录表

填表日期： ＿＿＿年＿＿＿月＿＿＿日

离职人员姓名		所在部门	
担任职位		员工工号	
入职日期		离职日期	
面谈者		职位	
1. 请指出你离职最主要的原因（请在恰当处加√号），并加以说明	□薪金 □工作性质 □工作环境 □工作时间 □健康因素□福利 □晋升机会 □工作量 □加班 □与公司关系或人际关系 其他：＿＿＿＿＿		
2. 你认为公司在以下哪些方面需要加以改善（可选择多项）	□公司政策及工作程序 □部门之间沟通 □上层管理能力□工作环境及设施 □员工发展机会 □工资与福利□教育培训与发展机会 □团队合作精神 其他：＿＿＿＿＿		
3. 是什么促使你当初选择加入本公司			

（续表）

4. 在你做出离职决定时，你发现公司在哪些方面与你的想象和期望差距较大	
5. 你最喜欢本公司的方面有哪些，最不喜欢本公司的哪些方面	
6. 在你所在的工作岗位上，你面临的最大困难和挑战是什么	
7. 你对公司招聘该岗位的任职者有什么建议	
8. 你认为公司应该采取哪些措施来更有效地吸引和留住人才	
9. 你是否愿意在今后条件成熟的时候再返回公司，为公司继续效力（简单陈述理由）	

17－3－4－2 离职手续告知书示例

离职手续告知单

各相关部门：
请按以下顺序依次为_____部门_____员工办理离职交接，并在相应的位置签名确认交接完成。

人力资源部：

日　　期：____年____月____日

离职原因	□合同到期　　　□辞职　　　□辞退　　　□开除
以下填写工作移交手续	

（续表）

<table>
<tr>
<td rowspan="2">所在部门
工作移交</td>
<td colspan="3">现指定____交接____的工作，请立即进行交接。
　　　　　　所属部门：　　　　　日期：____年____月____日</td>
</tr>
<tr>
<td colspan="3">□ 1. 企业的各项内部文件
□ 2. 经管工作详细说明
□ 3. 客户信息表、供销关系信息表
□ 4. 培训资料原件
□ 5. 企业的技术资料（包括书面文档、电子文档两类）
□ 6. 项目工作情况说明（包括项目计划书、项目实施进度说明、项目相关技术资料、其他项目相关情况的详细说明）</td>
</tr>
<tr>
<td></td>
<td colspan="3">□ 附交接清单____页　　　　□ 不附交接清单</td>
</tr>
<tr>
<td></td>
<td>移交人</td>
<td>接交人</td>
<td>监交人</td>
</tr>
<tr>
<td></td>
<td>日期</td>
<td>日期</td>
<td>日期</td>
</tr>
<tr>
<td colspan="4" align="center">以下填写事物移交手续</td>
</tr>
<tr>
<td>人力资源部</td>
<td colspan="3">□解除劳动关系　　□保险手续　　□员工手册　　□档案调出
　　　　　　　　　　　　　　　　　经理：____
　　　　　　　　　　　　　　　　　日期：____</td>
</tr>
<tr>
<td>本部门</td>
<td colspan="3">□借用图书　　□文件资料　　□办公室钥匙　　□办公用品
　　　　　　　　　　　　　　　　　部门负责人：____
　　　　　　　　　　　　　　　　　交接人：____
　　　　　　　　　　　　　　　　　日　期：____</td>
</tr>
<tr>
<td>行政部</td>
<td colspan="3">□胸卡　　□工作服　　□劳保用品　　□通信设备　□宿舍退房及用品验收
　　　　　　　　　　　　　　　　　经理：____
　　　　　　　　　　　　　　　　　日期：____</td>
</tr>
<tr>
<td>财务部</td>
<td colspan="3">　　　　　□欠款清理　　□财务清算　　□工资发放
　　　　　　　　　　　　　　　　　经理：____
　　　　　　　　　　　　　　　　　日期：____</td>
</tr>
<tr>
<td>离职员工</td>
<td colspan="3">我确认上述手续已全部完成，从此解除我与××公司的劳动服务关系
　　　　　　　　　　　　　　　　　签字：
　　　　　　　　　　　　　　　　　日期：</td>
</tr>
</table>

注：本单一式两份，离职员工与人力资源部各执一份。

17 - 3 - 4 - 3 劳动合同解除、终止证明单示例

劳动合同解除、终止证明单

兹就曾任职于本公司员工_____相关事项作如下证明：

一、劳动合同期限

劳动合同期限为：___年___月___日至___年___月___日。

二、劳动合同○解除／○终止的日期

劳动合同终结日：_____年_____月_____日。

三、工作岗位

（1）_____年_____月_____日至_____年_____月_____日，
工作岗位：_____；

（2）_____年_____月_____日至_____年_____月_____日，
工作岗位：_____。

四、工作年限

在本单位的工作年限为：_____年_____个月。

××有限公司

_____年_____月_____日

第十八章　工时、休假与考勤管理操作表单

第一节　工时、休假管理操作表单

18-1-1 特殊工时制

18-1-1-1 "四班三运转"（综合计算工时制）排班表示例

"四班三运转"排班表

	第1天	第2天	第3天	第4天	第5天	第6天	第7天	第8天
1班	早	早	中	中	夜	夜	休	休
2班	中	中	夜	夜	休	休	早	早
3班	夜	夜	休	休	早	早	中	中
4班	休	休	早	早	中	中	夜	夜

18-1-1-2 "三班二运转"（综合计算工时制）排班表示例

"三班二运转"排班表

	第1天	第2天	第3天	第4天	第5天	第6天
1班	早	早	中	中	休	休
2班	中	中	休	休	早	早
3班	休	休	早	早	中	中

注：1. 三个本次的工作时间分别为：

（1）早班：8：30~17：15　劳动时间：8小时00分钟　用餐时间：45分钟；

（2）中班：17：15~23：45　劳动时间：5小时45分钟　用餐时间：45分钟；

（3）夜班：23：45~8：30　劳动时间：8小时00分钟　用餐时间：45分钟。

每班有两次各 10 分钟的休息时间。

2. 按规定在就餐时间内分批就餐，用餐时间 45 分钟，其中午餐、晚餐和夜餐的时间分别为：

（1）午餐时间：11：30～12：45；

（2）晚餐时间：18：00～19：00；

（3）夜餐时间：1：30～2：30。

3. 根据上述工作时间，必须提前 10 分钟到岗。

4. 超过规定工时的情形，给予调休或直接支付加班费。

5. 由于季节或其他特殊情况，可以变更上述规定的上下班时间。

18 - 1 - 2 休假申请表

18 - 1 - 2 - 1 请假申请表示例

请假申请表

姓名		部门及岗位		产品线	
假别	补休/事假/病假/年休假/婚假/丧假/产假/其他假_____				
起止时间		岗位代理人		申请日期	
部门经理审批	部门经理（签字）：　　　日期：				
分管总监审批	分管总监／总工（签字）：　　　日期：				
	部门副经理及以上人员请假 2 天以上，需总经理室审批，同时财务部备案				
总经理室审批	总经理室（签字）：　　　日期：				
校核	［实际休假起止时间］ 　　　　部门考勤员（签字）：				

18－1－2－2 员工请假登记表示例

员工请假登记表

姓名		职位		编号			
项目 月份	出勤	休假	假别				
			事假	病假	公假	婚假	丧假
	日数	日数	日数	日数	日数	日数	日数
1							
2							
3							
4							
5							
6							
7							
8							
9							
10							
11							
12							
合计							

第二节 加值班管理操作表单

18-2-1 加班管理

18-2-1-1 加班审批表示例

加班审批表

编号	姓名	预定加班时间			实际加班时间			工作内容	地点
		起	迄	时数	起	迄	时数		

（续表）

申请日期		核准人	
申请人		申请部门	

18 - 2 - 1 - 2 调休申请单示例

调休申请表

工号		姓名	
部门			
事由：			
申请人		负责人	

18 - 2 - 2 值班管理

18 - 2 - 2 - 1 值班安排表示例

值班安排表

	周一	周二	周三	周四	周五	周六	周日
晨会值班	甲	丙	乙	丁	甲	甲（乙）每周轮换	丙（丁）每周轮换
午餐值班	甲	丙	乙	丁	乙	甲（乙）每周轮换	丙（丁）每周轮换
晚餐值班	乙	丁	甲	丙	丙		
消防夜班	乙	丁	甲	丙	丁	乙（甲）	丁（丙）

18－2－2－2 值班确认单示例

值班确认表

工号		姓名	
部门			
值班情况:			
值班人		负责人	

第三节　考勤管理操作表单

18 – 3 – 1 出勤管理

18 – 3 – 1 – 1 员工出勤表示例

员工出勤表

日期		年　月　日　　星期							
顺序	姓名	签到	上班时间	备注	顺序	姓名	签到	上班时间	备注
1					16				
2					17				
3					18				
4					19				
5					20				
6					21				
7					22				
8					23				
9					24				
10					25				
11					26				
12					27				
13					28				

（续表）

14				29				
15				30				
人事部统计	请假人员			请假人数			应出勤人数	
	旷工人员			迟到人数			实出勤人数	
	出差人员			出差人数			出勤率	
备注								

18－3－1－2 出勤电子记录异常勘误申请表示例

电子考勤勘误申请表

姓名		部门及岗位		产品线	
异常出勤时间					
异常出勤说明	申报人：　日期：				
部门经理审批	部门经理（签字）：　日期：				
分管总监审批	分管总监／总工（签字）：　日期：				

18－3－1－3 员工出勤统计表示例

员工出勤统计表

姓名		职位			编号			

项目 月份	出勤 日数	休假 日数	假别					迟到 日数	早退 日数	旷职 日数	公差 日数
			事假 日数	病假 日数	公假 日数	婚假	丧假 日数				
1											
2											
3											
4											
5											
6											
7											
8											
9											
10											
11											
12											
合计											

18－3－2 出差管理

18－3－2－1 出差申请表示例

出差申请表

出差人员	姓名		职别	
同行人员	姓名		职别	
出差地点				
出发时间	年　月　日		返回时间	年　月　日
交通工具	□火车　□汽车 □飞机　□其他		其他方式	
预支差旅费				
出差原因				
部门批示				
办公室批示				
人力资源部批示				
以下为出差人员回来后填写				
计划返回时间		实际返回时间		
是否已交书面报告		材料是否归档		实用差旅费
报账时间		直接上级批示		

18-3-2-2 出差费用单示例

出差费用单

姓名		职位		所属部门		出差日期	
出差事由							
年月日	起始地点	交通工具	交通费用	住宿费	膳食费用	总额	
合计							
总计人民币（大写）：							
核准		复核		主管		出差人	

第十九章 岗位、绩效与薪酬管理操作表单

第一节 岗位与绩效管理操作表单

19-1-1 岗位管理

19-1-1-1 岗位职务说明书示例

（总经理）岗位说明书

职务名称	总经理	职务编号	
所在部门		工资等级	一等
直接上级	董事会	薪酬类型	
直接下级	各位总监、总经理助理、办公室主任	工作时间	
任职资格			
学历	硕士以上学历		
专业	以经济管理专业为主		
所受培训	受过管理学、领导科学、经济法、战略决策、人力资源管理、财务管理等方面的知识培训		
工作经验	从事过五年以上大中型企业全面管理工作，并担任总经理职位三年以上		

（续表）

技能和素质

1. 具备出色的领导管理才能；
2. 具备先进的管理理念，熟悉现代企业管理制度和管理模式；
3. 具有丰富的人力资源管理、财务管理、市场运作管理方面的实战经验；
4. 具备战略能力和战略眼光；
5. 具备管理者的道德观和社会责任感；
6. 具备先进的市场观念、竞争观念、信息观念、技术创新观念、人才观念、服务观念。

工作内容

1. 主持公司生产经营管理工作；
2. 组织实施公司年度经营计划和投资方案；
3. 拟定公司内部管理机构设置方案；
4. 拟定公司基本管理制度；
5. 协调、激励各个部门的工作；
6. 推动各项管理规章制度的建设和完善；
7. 定期主持总经理办公室会议；
8. 负责把握公司的发展方向。

职责范围	
权　力	1. 经营决策权； 2. 组织机构设置权； 3. 文件的审批权； 4. 直属下级的监督、指导权。
责　任	1. 对公司经营管理的重大决策负主要责任； 2. 对公司重大经营管理项目负主要责任； 3. 对全体员工负连带法律责任。

工作关系	
监督	各位总监、总经理助理
指导	各位总监、总经理助理
合作者	各位总监
外部关系	企业各方公共关系

工作环境

（续表）

办公室为主； 工作环境舒适； 无职业病危害。	
体质条件	
身体健康； 能承受高强度工作； 能承受较大的精神压力。	
性格特点	
作风严谨，做事稳重，具有强烈的创新意识和开拓精神； 有团队意识，组织能力强； 精力充沛，承受压力能力强。	

19-1-1-2 岗位职务变更单示例

岗位职务变更单

年　月　日

姓名		性别	
入公司日期		生效日期	
最后工作日期			
调动原因	□新上任 □升职 □薪金调整 □完成试用期 □辞职 □内部调整 □延长试用期 □合约终止 □解雇 □其他		

（续表）

	调整前	调整后	备注
部门			
职位			
等级			
员工证号			
工资			额外工资： 扣除工资：
部门主管意见 签字：	人事部经理意见 签字：	总经理意见 签字：	

19-1-2 绩效管理

19-1-2-1 关键绩效考核指标表示例

关键绩效考核指标表

考核指标	评分标准				
	极差 （0~40）分	需要改进 （41~60）分	称职 （61~80）分	良好 （81~95）分	优秀 （96~100）分
工作的准确性	工作懒散，本可以避免的错误频繁出现	犯错较多，工作不细心	大体满意，偶尔有小错误	工作几乎永远保持正确清楚，有错自行改正	工作一直保持超高水准
工作的效率	工作慢，从未按时完成平均工作量	低于平均量	符合要求，偶尔超过	超出平均量	速度超乎常人，完成的质量也较高
知识技能	对工作相关知识大部分不了解	工作某些方面需要强化	对工作可以基本应对	对工作中的难题基本可以解决	工作各个方面均应对自如

（续表）

协作能力	无法与人协作，不愿接受新事物	时常不能协作配合，不易相处	大致上可与人相处合作，偶有摩擦	一向协作良好，愿意接受新事物	与人协作配合有效，随时准备尝试新事物
积极主动性	只能照章办事，遵从指示，且需不断监督	处理事物常出错，经常需要监督	经常性工作无需指示，处理新事物需监督	多半场合流露机智，极少需监督，主动从事改进	一直主动工作，自动增加额外工作，十分有才智
学习能力	学习能力差，需要反复指导	学习缓慢，看似明白却不能运用到实际中	学习速度尚可，偶尔需要主管指导	学习能力强，并能加以运用	超强的学习能力，并能有效应用
责任感	有机会就偷懒，时常闲聊	时常忽视工作	通常能坚守工作，偶尔需要提醒	对工作较负责，并从不找借口	一向对工作认真负责
出勤率	请假或迟到频繁	较多的请假或迟到	偶尔的请假、迟到	绝少请假或迟到	从不请假或迟到

19-1-2-2 绩效考核表示例

绩效考核表

本表可以复印。填好并与主管确认后，请主管负责复印一份送人力资源部备案。

姓名：		入职时间：	审核人：
职位：		部门：	审核期：

（续表）

第一部分：业绩评估						
个人业绩目标	权重	完成状况				评估结果
		1	2	3	5	
5 = 超越目标	3 = 符合目标		2 = 部分符合目标		1 = 不符合目标	

第二部分：核心能力评估	
核心能力	1 2 3 5
解决突发问题的能力	□ □ □ □
团队领导协作能力	□ □ □ □
学习、创新、持续改进的能力	□ □ □ □
指导、帮助下属工作的能力	□ □ □ □
以客户为导向	□ □ □ □
快速反应，适应变化的能力	□ □ □ □
结果行动导向	□ □ □ □
评估总分	

5	3	2	1
深入理解该用途能力，在各种场合始终如一地表现出此方面的行为	良好地理解该胜任能力，在大部分的情况下都能够表现出此方面的行为	基本理解胜任能力，在一般情况下能够表现出此方面的行为	处于开始学习的阶段，较少表现出该胜任能力所要求的行为

（续表）

第三部分：工作态度评估	
工作态度	1 2 3 5
有责任感，愿意承担更多的责任	☐ ☐ ☐ ☐
注重协作，发挥团队精神	☐ ☐ ☐ ☐
工作的计划性、周密性	☐ ☐ ☐ ☐
自己以身作则	☐ ☐ ☐ ☐
认真完成任务	☐ ☐ ☐ ☐
评估总分	

5	3	2	1
作为他人的榜样，向他人提供指导	不需要他人的指导就能够表现该方面的要求	有时需要他人的提醒和指导	经常需要他人的指导。反馈后能够及时调整

19 - 1 - 2 - 3 绩效改进表示例

绩效改进表

_____部：

根据本次考评，你部员工_____须进行诸项改善，以提高绩效，现将改善计划表发给你部，请指导执行。

人力资源部

_____年_____月_____日

姓名		岗位		部门	
计划项目			指导者	执行时间	
1. 本职工作技能的提升 2. 企业文化理念认识的加强 3. 工作态度改进 4. 工作计划性和目的性改进 5. 面对困难时的决心和意志改进 6. 合作意识提升 7. 团队精神的培养					

（续表）

8. 敬业精神的提升		
9. 忠诚度的提升		
10. 职业生涯规划的指导		
11. 责任意识的提升		
12. 服务意识的提升		
13. 与上司、同事相处的礼节培养		
14. 产品知识丰富		
15. 制造流程了解程度的加深		
16. 沟通意识加强		
17. 报告意识加强		
18. 基本礼仪的培养		
19. 会客禁忌的了解		
20. 接听电话的礼仪培养		
21. 应对客户抱怨的技能提升		
22. 工作效率的提升		
23. 工作差错率的降低		
24. 向部门老员工学习工作方法		
25. 实施部门内部训练		
26. 实施岗位竞赛		
27. 阅读书籍		
1）自我发展		
2）有效的沟通		
3）职业生涯规划		
待改善人员签字	部门负责人签字	

第二节   薪酬管理操作表单

19 - 2 - 1 固定薪酬管理

19 - 2 - 1 - 1 岗位职位工资区间表示例

岗位职位工资区间表

等别	职称	起薪	级差	级别						差等	每年
				1	2	3	4	5	6		
1	实习人										
2	管理助理 技术助理										
3	副经理 技术员										
4	副工程师 代理经理										
5	经理 医师 工程师										
6	行政助理 代行政主管										
7	行政主管										

（续表）

8	总监 副总经理									
9										
10										
	制表人				制表日期					

19 - 2 - 1 - 2 员工工资单示例

员工工资单

编号	姓名	核 定 工 资					备注
		基本工资	津贴	年资加给	职务加给	工作补助	

（续表）

合计								

19－2－1－3 调薪（申请）确认表示例

调薪申请表（个人申请）

申请日期： 年 月 日

姓 名		编 号		工龄	
专 业		学 历		工作部门	
职 称		职 务		工作内容	
此前业绩记录	1.				
	2.				
	3.				
	4.				
	5.				
	6.				

（续表）

历次调薪记录				
目前工资额				
目前工资等级				
申请调资额				
申请理由	□晋升　　□ 调整工作　　□考绩优良　　□工龄增加			
理由详细说明				
原工作需要条件				
新工作需要条件				
备注				
申请人签章	部门意见	分管领导意见	人力资源部意见	总经理意见

调薪确认表（人力资源部用）

年 月 日 编号：

所在部门				
姓名	原工资	申报新工资	调整事由	调整工资
生效日期				
部门主管	分管总监	人力资源部主管	总经理	

19-2-1-4 工资汇总表示例

工资汇总表

单位	基本工资	各种补助	全勤奖金	加班津贴	应发工资	扣除				实发工资
						应缴税	伙食费	保险费	借支	
合　计										

19-2-2 弹性薪酬管理

19-2-2-1 绩效薪酬确认表示例

绩效薪酬确认表

员工部门：　　　　　姓名：　　　　　日期：

	考核等级	绩效工资区间	绩效考核比率	实得绩效
考核因子1				
考核因子2				
考核因子3				
考核因子4				

审核：　　　　　员工签名：

19 - 2 - 2 - 2 计件薪酬确认表示例

计件薪酬确认表

计算项目＼产品名称	时间	件数	单件计薪	日产量	合格品	日薪	备注

19 - 2 - 3 社会保险管理

19 - 2 - 3 - 1 员工社保缴纳表示例

员工社保缴纳表

序	项目	缴费基数	缴费比例		计
			企业	个人	
1	养老保险		22%	8%	30%
2	医疗保险		12%	2%	14%
3	生育保险		0.5%	0%	0.5%
4	失业保险		2%	1%	3%
5	工伤保险		0.5	0%	0.5%
合计			37%	11%	48%

19 - 2 - 3 - 2 社保缴纳统计表示例

社保缴纳统计表

编号	姓 名	社会保险					合计
		养老保险	医疗保险	生育保险	失业保险	工伤保险	
合计							

第三节　奖金福利管理操作表单

19－3－1 工资外奖金管理

19－3－1－1 工资外奖金确认表示例

工资外奖金确认表

本月营业额		本月工作人数		生产批数	
可得奖金		调整比率		应发奖金	

	单位	姓名	职别	绩效	奖金系数	奖金
个人奖金明细核定						

（续表）

	基础奖金		调整奖金	
	当月净利润	应得奖金	当月营业额	奖金提高比率
奖金核定标准	10 万以上	0	300 万以下	无
	10 万 ~ 20 万	200	300 万 ~ 400 万	8%
	21 万 ~ 30 万	500	400 万 ~ 600 万	15%
	31 万 ~ 40 万	700	600 万 ~ 700 万	20%
	41 万 ~ 50 万	900	700 万 ~ 900 万	25%
	50 万以上	每增加 10 万利润增加 300 元奖金	900 万以上	每增加 100 万营业额，奖金提高 8%
备注说明				

19 - 3 - 1 - 2 工资外福利抵用卡券确认表示例

工资外福利抵用券确认表

部门： 员工：

	额度	张数	共计
购书券			
超市券			

核准： 员工签名：

19 – 3 – 2 福利管理

19 – 3 – 2 – 1 货币类福利安排表示例

货币类福利安排表

类别	福利项目
货币类福利	额外收入
	超时加班费
	住房性补助
	交通补助
	饮食补助
	教育培训性福利
	医疗保险性福利
	带薪节假日
	文化性福利
	金融性福利
	服装津贴
其他	

19 – 3 – 2 – 2 非货币类福利安排表示例

非货币类福利安排表

类别	福利项目
非货币类福利	咨询性福利
	保护性福利
	工作环境保护
保险福利	员工意外伤害保险
	员工失业保险
	员工养老保险
	员工住院保险
	员工个人财产保险
其他	

第二十章　培训、保密与留人管理操作表单

第一节　培训管理操作表单

20 - 1 - 1 新员工培训

20 - 1 - 1 - 1 新员工培训计划表示例

新员工培训计划表

培训类别	培训内容	培训对象	举办部门	培训时限	培训人数	培训日程（月）											
						1	2	3	4	5	6	7	8	9	10	11	12
新员工培训																	
在职员工培训																	

20－1－1－2 新员工培训评定表示例

新员工培训评定表

姓名		性别		学历	
培训时间		培训项目		培训部门	
特长					
培训结果	1. 新进员工对培训工作项目的了解程度				
	2. 新进员工对专业知识的掌握程度				
	3. 新进员工对各种规章制度的了解情况				
	4. 新进员工提出改善意见的合理程度				
	5. 分析新进员工的工作特长、判断其所适合的工作，并具体说明				
	6. 辅导人员评语				
总经理		经理		评核人	
日期		制表人			

20－1－2 在职员工培训

20－1－2－1 培训需求调查表示例

培训需求调查表

一、企业培训现状调查			
已参加过的培训项目或内容	培训实施机构	培训时间	培训方式
以往培训是否针对个人做过培训需求征询	□是　　　□否　　　□偶尔		
培训后技能、绩效是否得到明显提升	□明显提升　　□稍有提升　　□作用基本不大		

（续表）

二、员工培训需求调查			
培训内容		期望的培训时间	期望的培训方式
培训项目	培训内容		
营销管理	□现代营销战略与战术		
	□销售队伍与业绩管理		
	□专业销售技巧与谈判技巧		
	□电话销售技巧		
财务管理	□成本分析与控制		
	□如何阅读财务报表		
	□预算管理		
	□内部控制与风险管理		
人力资源管理	□人力资源管理人员的角色定位		
	□国内外人力资源管理发展现况		
	□人力资源规划与工作分析		
	□人力资源培训与开发		
	□薪酬管理		
生产管理	□生产计划与进程的控制		
	□现场管理		
	□精益生产管理		
	□设备管理与维护		
三、其他			
1. 除以上的培训项目外，您认为还需要接受哪些方面的培训			
2. 您在工作中经常会遇到哪些困难			

20-1-2-2 培训申请表示例

培训申请表

参加外派培训人员	岗位		所属部门		入职时间
外派培训理由					
外派培训项目名称					
外派培训目标					
外派培训起止时间			总时间		_____天
外派培训地点			外派培训机构名称		

外派培训课程内容	课程名称	具体内容	安排的课时	培训讲师简介

经费支出计划	教材费	____元
	讲师费用	____元
	差旅费	____元
	餐费	____元
	住宿费	____元
	合计	____元

部门经理审核	签字：	日期：____年____月____日
人力资源部经理审核	签字：	日期：____年____月____日
财务经理审核	签字：	日期：____年____月____日
总经理审核	签字：	日期：____年____月____日

20－1－2－3 培训档案表示例

培训档案表

姓名		职位		部门		入职日期	
培训课程	培训日期	是否达到目标	员工签字	培训者签字	备注		

20－1－2－4 培训效果评估表示例

培训效果评估单

培训内容				填表时间	
调查项目		评 价 情 况			
		很不好	不好	一般	好	极好
培训内容	内容是否切题	1	3	5	7	9
	对自身发展是否有启发	1	3	5	7	9
	是否紧密结合实际	1	3	5	7	9
	培训内容能否应用到岗位上	1	3	5	7	9
	丰富性	1	3	5	7	9

（续表）

教师	沟通交流能力演讲与口才	1	3	5	7	9
	讲解技巧	1	3	5	7	9
	解决问题能力	1	3	5	7	9
	专业知识水平	1	3	5	7	9
	对所讲内容熟练程度	1	3	5	7	9
	控制课堂能力	1	3	5	7	9
	亲和力	1	3	5	7	9
培训方式		1	3	5	7	9
培训时间安排		1	3	5	7	9
整体上，您对这次课程的满意程度		1	3	5	7	9
是否需要再次安排类似培训课程		□是　　　　□否				
您对培训内容，讲师及培训方式有何意见和建议						
您觉得本次培训最感兴趣，对您帮助最大的培训内容是什么						
您觉得本次培训最不感兴趣，对您最没有什么帮助的培训内容是什么						
您认为本次培训还有哪些不足之处						
您是否还有其他建议						
下栏由培训组织者或受训者部门经理填写						
受训者的培训效果评估		部门经理签字：　　　　　　日期：				

注：本表只为以后企管部做同类培训安排调查用，请按个人观点如实填写。

第二节 保密管理操作表单

20-2-1 商业秘密保护

20-2-1-1 商业秘密标识表示例

商业秘密标识表

全宗名称：					
全宗号（密级）：					
案卷目录号		案卷目录名称			
目录中案卷起止号		存放位置	楼		
			层		
			房间		
			档架		
			栏		
			格		

20-2-1-2 商业秘密统计表示例

商业秘密统计表

部门名称：

案卷编号	立卷类目号	卷宗标题（密级）	起止日期	卷内张数	保管期限	备注

(续表)

20－2－2 **涉密人员管理**

20－2－2－1 **涉密人员承诺书示例**

涉密人员承诺书

　　本人在××有限公司所任职岗位具有特殊性，能够接触到公司商业秘密。本人在此特别承诺，本人已经知晓公司《商业秘密保护规则》之关于保护知识产权、保守商业秘密以及竞业限制等相关事项的全部规定，遵守保密义务。如果因本人在职或离职后泄露商业秘密导致公司权益受损的，本人愿意承担一切法律责任。

　　　　　　　　　　　　　　　　　　　　　　　　　承诺人：

　　　　　　　　　　　　　　　　　　　　　　　　　日　　期：

20－2－2－2 **涉密人员统计表示例**

涉密人员统计表

部门	姓名	涉密级别	是否签订承诺书	是否签订保密协议	劳动合同期限	备注

制表：　　　　　　　审核：　　　　　　　日期：

第三节 留人管理操作表单

20-3-1人才甄选

20-3-1-1人才甄选指标表示例

人才甄选指标表

姓名			性别		年龄	
学历			专业		职位	
此前一年内考核情况						
以下由考评小组评定						
工作 经验	标准及分值	10年以上	8年以上	5年以上	2年以上	2年以下
		10分	8分	5分	3分	0分
	实际得分					
领导 能力	标准及分值	强	有一定能力	需提高	弱	不具备
		10分	8分	5分	3分	0分
	实际得分					
政策 贯彻	标准及分值	全部贯彻	大部分贯彻	部分贯彻	小部分贯彻	不贯彻
		10分	8分	5分	3分	0分
	实际得分					
工作 能力	标准及分值	强	有一定能力	需提高	弱	不具备
		10分	8分	5分	3分	0分
	实际得分					
工作 态度	标准及分值	很好	好	一般	差	很差
		10分	8分	5分	3分	0分
	实际得分					
建议 能力	标准及分值	强	有一定能力	需提高	弱	不具备
		10分	8分	5分	3分	0分
	实际得分					
创新 能力	标准及分值	强	有一定能力	需提高	弱	不具备
		10分	8分	5分	3分	0分
	实际得分					

（续表）

发展潜力	标准及分值	知识	解决问题能力	判断力	主见果断	
		10	10	5	5	
	实际得分					
总分						
以下是相关部门意见						
原部门意见						
原分管领导意见						
人力资源部意见						
评定结论						

20－3－1－2 人才库人才信息表示例

人才库人才信息表

建档时间： 年 月 日

姓名		性别		年龄		婚否		身高	
血型		视力		健康状况		职称		工龄	
毕业学校			毕业时间		专业				
通信地址			邮编		电话				
现工作单位			职务						
主要经历									
专业成果									
现工资待遇									
综合评价									

20 - 3 - 2 留人安排

20 - 3 - 2 - 1 人才培养计划表示例

人才培养计划表

培训班名称		年度举办班数		培训地点	
培训讲师		培训目的		预算费用	
培训对象		培训人数		培训时间	
主办单位		培训目标		培训性质	

培训计划	科目	天数	讲师	教材	培训方式	备注说明

培训进度	周次		主要培训课程与内容		备注说明
	1	课程			
		内容			
	2	课程			
		内容			
	3	课程			
		内容			
	4				
	5				
	6				
	7				
	8				

单位申请人		制表人		制表日期	

20－3－2－2 **特殊待遇审批表示例**

特殊待遇审批表

姓名		性别		年龄	
部门		编号		职称	
工号		职等		到职日期	
申请事项					
申请理由					
证明文件					
申请金额					
备注					
申请人		初审		核准	

第二十一章　奖惩、申诉与争议处理操作表单

第一节　奖惩管理操作表单

21 - 1 - 1 奖励管理

21 - 1 - 1 - 1 奖励人员推荐表示例

奖励人员推荐表

序号：

姓名		部门及岗位			产品线	
事由及奖惩建议		申报部门：　　　　　　申报日期：				
部门经理		部门经理（签字）：　　　　　　日期：				
分管总监		分管总监／总工（签字）：　　　　日期：				
总经理		总经理（签字）：　　　　　　日期：				
当事人意见		当事人（签字）：　　　　　　日期：				

21 – 1 – 1 – 2 奖励人员统计表示例

奖励人员统计表

部门名称：

部门	姓名	职务	奖励事由	奖励办法	备注

21 – 1 – 2 惩处管理

21 – 1 – 2 – 1 员工惩处确认表示例

员工惩处确认表

序号：

姓名		部门及岗位		产品线	
事由及奖惩建议			申报部门：　　　　申报日期：		
部门经理			部门经理（签字）：　　　　日期：		
分管总监			分管总监/总工（签字）：　　　　日期：		

（续表）

总经理	
	总经理（签字）：　　　　日期：
当事人意见	
	当事人（签字）：　　　　日期：

21－1－2－2 惩处人员统计表示例

惩处人员统计表

部门名称：

部门	姓名	职务	惩处事由	惩处办法	备注

第二节　申诉管理操作表单

21－2－1 奖惩异议

21－2－1－1 奖励异议申请表示例

奖励异议申请表

序号：

姓名		部门及岗位		产品线	
异议授奖时间					
异议授奖说明					
	申报人：　　　　日期：				

（续表）

部门经理审批	部门经理（签字）：　　日　期：
分管总监审批	分管总监／总工（签字）：　　日　期：

21 - 2 - 1 - 2 惩处异议申请表示例

惩处异议申请表

序号：

姓名		部门及岗位		产品线	
异议惩处时间					
异议惩处说明		申报人：　　日期：			
部门经理审批		部门经理（签字）：　　日期：			
分管总监审批		分管总监／总工（签字）：　　日期：			

21 - 2 - 2 合同解除及终止异议

21 - 2 - 2 - 1 合同解除／终止异议申请表示例

合同解除／终止异议申请表

序号：

姓名		部门及岗位		产品线	
异议解除／终止时间					

（续表）

异议解除／终止说明	○解除／○终止 申报人： 日期：
部门经理审批	部门经理（签字）： 日期：
分管总监审批	分管总监／总工（签字）： 日期：

21-2-2-2 工会意见书示例

工会意见书

××有限公司管理部：

关于公司在_____年_____月_____日○解除／○终止_____部员工_____一事，公司工会提出如下第 （ ） 项意见：

（1）解除行为○实体合法○程序合法；_____；

（2）终止行为○实体合法○程序合法；_____；

（3）其他意见：_____。

××有限公司工会（盖章）

_____年_____月_____日

第三节　争议管理操作表单

21-3-1 调解与仲裁

21-3-1-1 劳动争议调解申请书示例

劳动争议调解申请书

申请人：_____

委托代理人：_____

被申请人：＿＿＿＿＿＿＿

法定代理人：＿＿＿＿＿＿＿

申请人与被申请人因劳动纠纷，现申请人申请劳动调解委员会进行调解，申请调解的事实、理由和请求如下：

请求事项：

1.＿＿＿＿＿＿＿

2.＿＿＿＿＿＿＿

3.＿＿＿＿＿＿＿

事实与理由：

1.＿＿＿＿＿＿＿

2.＿＿＿＿＿＿＿

3.＿＿＿＿＿＿＿

为此，向调解委员会申请调解，请依法调解。

申请人：＿＿＿＿＿＿＿（签名或盖章）

＿＿＿＿＿＿年＿＿＿＿＿＿月＿＿＿＿＿＿日

附：

1. 物证＿＿＿＿件；

2. 书证＿＿＿＿件。

填写说明：

1. 当事人栏，注明基本情况（如果有代理人也应注明代理人的基本情况）。自然人应列出姓名、性别、年龄、民族、工作单位、住址。填写应准确；特别是姓名（名称）栏不能有任何错别字；地址应尽量翔实，最好注明邮编及通信方式（以下所有法律文书涉及当事人栏都应按此要求书写）。

2. 调解请求，要写明希望通过调解解决的纠纷以及自己的要求。

3. 事实和理由，要写明当事人发生争议的事实以及支持自己调解请求的理由。

21－3－1－2 劳动争议仲裁申诉书示例

劳动争议仲裁申诉书

申（被）诉人		被（申）诉人		
姓　名		单位名称		
性　别		单位性质		
年　龄		代表人或负责人	姓　名	
国　籍			性　别	
民　族			年　龄	
工作单位			职　务	
住　址		单位地址		
电　话		电　话		
邮　编		邮　编		

请求事项：

1. _____

2. _____

3. _____

事实与理由：

1. _____

2. _____

3. _____

综上，申诉人提起劳动仲裁，请求仲裁委员会判如所请。

此致
_____劳动争议仲裁委员会

申诉人：_____（签名或盖章）
_____年_____月_____日

附：

1. 副本_____件；

2. 物证_____件；

3. 书证_____件。

填写说明：

1. 请求事项应简明扼要地写明具体要求。

2. 事实和理由部分空格部分不够用时，可用同样大小纸续加中页。

3. 申诉书副本份数，应按被诉人人数提交。

21－3－1－3 劳动争议仲裁委员会撤诉申请书示例

劳动争议仲裁撤诉申请书

申诉人_____对_____年_____月_____日向_____劳动争议仲裁委员会提出的申诉，现提出撤诉请求。

撤诉理由：

_____
_____
_____

申诉人：____ （签名或盖章）

____年____月____日

填写说明：

1. 撤诉的理由主要包括以下几个：（1）双方自行和解。如果申诉人和被诉人双方经过协商，达成了解决劳动争议纠纷的协议，申诉人可以向劳动争议仲裁委员会提出撤销对劳动争议案的仲裁请求。（2）经劳动争议仲裁委员会调解，双方和解。如果申诉人和被诉人在劳动争议仲裁委员会主持下，本着自愿、合法、互谅互让的原则达成了解决劳动争议的协议，那么申诉人有权申请撤回仲裁申请。（3）申诉人自愿放弃申诉请求。

2. 申诉人是用人单位的，应由用人单位盖章，日期应填写准确。

21－3－1－4 劳动争议仲裁应诉答辩书示例

劳动争议仲裁应诉答辩书

_____劳动争议仲裁委员会：

你会_____第_____号应诉通知书收悉，答辩人就_____一案，提出答辩如下：

　　_____

　　_____

　　_____

答辩人：_____（签名或盖章）

_____年_____月_____日

附：

1. 有关证据_____份；

2. 本答辩书副本_____份。

填写说明：

　　1. 劳动争议仲裁应诉答辩书是由劳动争议仲裁案件的被申诉人向劳动争议仲裁委员会提交的陈述自己意见和事实的法律文书。

　　2. 被诉人应当在收到申诉书副本之日起 10 日内提交答辩书和有关证据。

　　3. 被诉人应当针对申诉书的请求事项、事实和理由提出答辩意见，并同时引用相关的法律、法规、政策规定以及有关证据进行反驳，以此说明申诉人的主张没有合理性或者合法性。

　　4. 答辩是被诉人的一项权利，即是说他可以行使，也可以放弃，这完全由被申诉人自己决定，他人不得干预。在答辩方式上也可以选择，可以口头答辩，也可以书面答辩，可以在仲裁准备阶段答辩，也可以在仲裁中进行答辩。

　　5. 答辩人是用人单位的，应由用人单位盖章，日期要填写准确。

21 - 3 - 1 - 5 撤销劳动争议仲裁裁决申请书示例

撤销劳动争议仲裁裁决申请书

申请人：_____

申请撤销事项：

1. _____

2. _____

3. _____

事实和理由：

1. _____

2. _____

3. _____

此致

_____中级人民法院

申请人：_____（签名或盖章）

_____年_____月_____日

附：

1. 本申请书副本_____份；

2. 仲裁委员会裁决书_____份；

3. 证据_____件。

填写说明：

1. 申请撤销事项。主要是明确请求法院撤销劳动争议仲裁裁决书，需要把劳动争议仲裁裁决书的文号写明，需要指出的是，可以申请法院撤销劳动争议仲裁裁决的仅限于"一裁终局"的案件。

2. 事实和理由。该部分需要指出劳动争议仲裁委员会裁决劳动争议案件时有下列情形之一：（1）适用法律、法规有错误的；（2）劳动争议仲裁委员会无管辖权的；（3）违反法定程序的；（4）裁决所依据的证据是伪造的；（5）对方当事人隐瞒了足以影响公正裁决的证据的；（6）仲裁员在仲裁该案时有索贿受贿、营私舞弊、枉法裁决行为的。除上述 6 种情形之外的其他事实和理由是没有意义的，不是申请法院撤销劳动争议仲裁裁决的理由。

3. 申请的法院必须是劳动争议仲裁委员会所在地的中级人民法院。

4. 在申请书尾部，申请人是用人单位的，应由用人单位盖章，日期要填写准确。

21 - 3 - 2　一审诉讼与代理

21 - 3 - 2 - 1 劳动争议起诉状示例

劳动争议起诉状

原告：_____

被告：_____

原告不服_____劳仲_____庭（案）（　　）字_____号仲裁裁决书／不予受理通知书，现向法院提起民事诉讼。

诉讼请求：

1. _____

2. _____

3. _____

事实与理由：

1. _____

2. _____

3. _____

何时提起仲裁：_____

裁决内容：

1. _____

2. _____

3. _____

不服裁决理由：

1. _____

2. _____

3. _____

其他事实：

1. _____

2. _____

3. _____

此致

_____市_____区人民法院

具状人：_____（签名或盖章）

_____年_____月_____日

附：

1. 本起诉状副本_____份；

2. _____劳仲_____庭（案）字（　）第_____号仲裁裁决书／不予受理通知书复印件一份；

3. _____市_____区劳动争议仲裁委员会送达证明原件_____份。

填写说明：

1. 诉讼请求：主要写明请求人民法院依法解决的有关民事权益争议的具体事项。

2. 事实和理由。事实部分，要全面反映案件事实的客观真实情况。证据部分，有三项内容列述提交的有关书证、物证以及提起能够证明事实真相的材料；说明书证、物证以及其他有关材料的来源和可靠程度；证人的证言内容以及证人的姓名、住址。

3. 在起诉状尾部，申请人是用人单位的，应由用人单位盖章，日期应填写准确。

4. 最后应根据被告的人数提供起诉状副本，被告有几个人就应提供几份副本。

21 - 3 - 2 - 2 劳动争议反诉状示例

劳动争议反诉状

反诉人（本诉被告）：_____

被反诉人（本诉原告）：_____

反诉请求：

1. _____

2. _____

3. _____

事实和理由：

1. _____
2. _____
3. _____

证据与证据来源：

1. _____
2. _____
3. _____

此致

_____人民法院

起诉人：_____（签名或盖章）

_____年_____月_____日

附：本反诉状副本_____份。

填写说明：

1. 反诉请求是对于本诉来提出的。

2. 事实和理由部分，应写明具体起因、经过、内容及有关法律、法规和政策依据等。

3. 应根据被反诉人的人数来提供反诉状副本。

21－3－2－3 劳动争议撤诉申请书示例

劳动争议撤诉申请书

申请人：_____

被申请人：_____

原起诉（或上诉）案由：

1. _____

2. ＿＿＿＿＿＿

3. ＿＿＿＿＿＿

撤诉请求与理由：

1. ＿＿＿＿＿＿

2. ＿＿＿＿＿＿

3. ＿＿＿＿＿＿

此致

＿＿＿＿＿＿人民法院

申请人：＿＿＿＿＿＿（签名或盖章）

＿＿＿＿＿＿年＿＿＿＿＿＿月＿＿＿＿＿＿日

填写说明：

1. 撤诉申请书，是民事案件中原告（或上诉人）在依法提起诉讼（或上诉）之后、法院判决之前，向法院撤回诉讼的书面请求。

2. 撤诉理由主要有以下几种情形：原告已与被告自行和解；原告与被告之间的纠纷已通过案外调解得到解决；上诉人已认识到原裁判并无不当，接受裁判等。在写明撤诉理由后，提出撤诉请求。

21 - 3 - 2 - 4 授权委托书示例

授权委托书

现委托＿＿＿＿＿＿在我与＿＿＿＿＿＿一案中作为我参加诉讼的委托代理人。

委托权限如下：

1. ＿＿＿＿＿＿

2. ＿＿＿＿＿＿

3. ＿＿＿＿＿＿

委托人：＿＿＿＿＿＿（签名或盖章）

受委托人：＿＿＿＿＿＿（签名或盖章）

＿＿＿＿＿＿年＿＿＿＿＿＿月＿＿＿＿＿＿日

填写说明：

1. 委托权限是授权委托书最重要的部分。一般授权委托书只授予代理人代为进行诉讼的权利，而无权处分实体权利。在委托书上只需写明"一般委托"即可。特别授权代理，还授予代理人一定的处分实体权利的权利，比如放弃、承认和变更诉讼请求，进行和解，提起反诉和上诉等。特别授权要对所授予的实体权利作列举性的明确规定，否则视为一般委托。

2. 授权委托书须由委托人签名或盖章。

21-3-2-5 追加被告申请书示例

追加被告申请书

申请人：＿＿＿＿＿＿＿
被申请人：＿＿＿＿＿＿＿

申请事项：
依法追加被申请人＿＿＿＿＿＿＿为本案被告参加诉讼。

事实和理由：
1. ＿＿＿＿＿＿＿
2. ＿＿＿＿＿＿＿
3. ＿＿＿＿＿＿＿

此致
＿＿＿＿＿＿＿人民法院

申请人：＿＿＿＿＿＿＿（签名或盖章）
＿＿＿＿＿＿＿年＿＿＿＿＿＿＿月＿＿＿＿＿＿＿日

填写说明：

1. 诉讼中原告如果遗漏某一个或几个被告，需要追加被告或者撤诉后重新起诉。撤诉后重新起诉相对比较麻烦，追加被告相对较为便利，追加被告需要递交申请书。被申请人一栏填写要追加的被告人即可。

2. 事实和理由部分简要介绍案情后，重点要阐述被追加的被告与本案有直接利害关系。

21－3－2－6 劳动争议答辩状示例

劳动争议答辩状

答辩人：_____

因_____一案，现提出答辩如下：
1. _____
2. _____
3. _____

此致
_____人民法院

答辩人：_____ （签名或盖章）
_____年_____月_____日

附：本答辩状副本_____份。

填写说明：

1. 答辩的理由是答辩状的主体部分，通常包括以下内容：一是就案件事实部分进行答辩；二是就适用法律方面进行答辩。

2. 提出答辩主张，即对原告起诉状或上诉状中的请求是完全不接受，还是部分不接受，对本案的处理依法提出自己的主张，请求法院裁判时予以考虑。

21－3－3 二审与再审

21－3－3－1 劳动争议上诉状示例

劳动争议上诉状

上诉人：_____
被上诉人：_____

上诉人因_____一案，不服人民法院_____年_____月_____日（ ）字第_____号判决，现提出上诉。

上诉请求：

1. ＿＿＿＿＿＿＿

2. ＿＿＿＿＿＿＿

3. ＿＿＿＿＿＿＿

上诉理由：

1. ＿＿＿＿＿＿＿

2. ＿＿＿＿＿＿＿

3. ＿＿＿＿＿＿＿

此致

＿＿＿＿＿＿＿人民法院

上诉人：＿＿＿＿＿＿＿（签名或盖章）

＿＿＿＿＿＿＿年＿＿＿＿＿＿＿月＿＿＿＿＿＿＿日

附：本上诉状副本＿＿＿＿＿＿＿份。

填写说明：

1. 上诉请求部分，首先，应综合叙述案情全貌，接着写明原审裁判结果。其次，应指明是对原判决全部或者哪一部分不服。最后，写明具体诉讼请求，是要撤销原裁判、全部改变原判还是部分变更原判。

2. 上诉理由部分，主要是针对原审裁判而言，而不是针对对方当事人。针对原审判决、裁定论证不服的理由，主要是以下几方面：（1）认定事实不清，主要证据不足；（2）原审确定性质不当；（3）适用法律不当；（4）违反了法定程序。

21 - 3 - 3 - 2 民事再审申请书示例

民事再审申请书

申请人：＿＿＿＿＿＿＿

申请人＿＿＿＿＿＿＿对＿＿＿＿＿＿＿人民法院＿＿＿＿＿＿＿年＿＿＿＿＿＿＿月＿＿＿＿＿＿＿日（　　）字第＿＿＿＿＿＿＿号民事判决书不服，请求再审。

申请事项：

1. ＿＿＿＿＿＿＿

2. ＿＿＿＿＿＿＿

3. ＿＿＿＿＿＿＿

事实和理由：

1. ＿＿＿＿＿＿＿

2. ＿＿＿＿＿＿＿

3. ＿＿＿＿＿＿＿

此致

＿＿＿＿＿＿＿人民法院

申请人：＿＿＿＿＿＿＿（签名或盖章）

＿＿＿＿＿＿＿年＿＿＿＿＿＿＿月＿＿＿＿＿＿＿日

附：原审判决书复印件＿＿＿＿＿＿＿份。

填写说明：

1. 申请事项部分主要写明申请人要求人民法院解决的具体问题。

2. 事实和理由部分主要阐述原裁判认定的事实，适用的法律、法规不当之处，以及所作出的判决结果不公之处。

21 - 3 - 4 调查、保全与执行

21 - 3 - 4 - 1 申请法院调查取证申请书示例

申请法院调查取证申请书

申请人：＿＿＿＿＿＿＿

请求事项：

1. ＿＿＿＿＿＿＿

2. ＿＿＿＿＿＿＿

3. ＿＿＿＿＿＿＿

事实和理由：

1. _____
2. _____
3. _____

此致

_____人民法院

申请人：_____（签名或盖章）

_____年_____月_____日

附：申请调查的证据的名称，证据的来源，证人姓名、现住址。

填写说明：

1. 请求事项部分，应写明请求人民法院依职权查询或调取的本案有关的具体事项。

2. 事实与理由部分，应写明申请人由于客观条件所限无法调取相应的证据，并写明相应的证据线索。

21－3－4－2 证据保全申请书示例

证据保全申请书

申请人：_____

被申请人：_____

申请人与被申请人劳动纠纷一案，已于_____年_____月_____日向你院提起诉讼，现因该案证据可能灭失（或者以后难以取得），申请给予保全证据。现将案件事实、理由和具体请求目的分述如下：

事实和理由：

1. _____
2. _____
3. _____

请求目的：

1. _____
2. _____
3. _____

此致
_____人民法院

申请人：_____（签名或盖章）
_____年___月___日

填写说明：

1. 事实和理由部分，写明证据急需保全的原因，如某些证据可能损毁、变形或不复存在，或者证人年老、病重、将要死亡或者出国留学、定居等。

2. 请求目的，应具体写明申请人要求怎样保全，采取何种保全措施，可以请求采取拍照、录像、绘图、制作模型、记录证人证言等措施。

21-3-4-3 财产保全申请书示例

财产保全申请书

申请人：_____
被申请人：_____

上列申请人与被申请人，因_____纠纷，申请人即将起诉（或于_____年_____月_____日向你院起诉），被申请人有损毁（或转移、隐匿）诉讼标的物的可能（或者其他原因），为此，申请采取财产保全措施。申请的事实依据和理由如下：

事实和理由：
1. _____
2. _____
3. _____

请求目的：
1. _____
2. _____
3. _____

此致

_____人民法院

申请人：_____（签名或盖章）

_____年_____月_____日

附：相关证据材料

填写说明：

1. 事实和理由部分，首先，简要地说明一下双方讼争或将要起诉的案情事实确凿无疑。其次，着重写明必须实施财产保全所依据的事实，即被申请人有何种分散、转移争执标的物的行为，具体写明被申请人对争执的标的物正在准备出卖、毁损、转移，还是隐匿，抑或是对其现有的资财故意大肆进行挥霍浪费。再次，对所提出的上述事实，举出确实可靠的证据，证明它是客观实际存在的，而不是主观臆测的。最后，论证理由，主要是阐明如果不实施财产保全，法院今后的判决势必不能执行或者难以执行。如果被申请人的挥霍浪费等行为只影响其财产的很小一部分，不足以影响今后人民法院判决的执行，则不必申请实施财产保全。

2. 请求目的部分，写明请求采取何种保全措施，申请保全的金额为多少（要求小于或者等于诉讼标的金额）。应写明要求人民法院或查封或扣押或冻结，或采取其他适当措施；同时，表示自己是否提供担保以及提供何种担保。

21-3-4-4 执行申请书示例

执行申请书

申请人：_____

被申请人：_____

申请强制执行的标的：

1. _____
2. _____
3. _____

申请强制执行的依据及生效情况：

1. _____
2. _____

3. _____

被执行人可供执行的财产情况举证：

1. _____
2. _____
3. _____

申请人要求查扣被执行人的上述有关财产，若查扣错误，愿承担相应赔偿责任。

1. _____
2. _____
3. _____

此致
_____人民法院

申请人：_____（签名或盖章）
_____年_____月_____日

附：相关证据材料

填写说明：

1. 事实和理由部分，简要地叙述原案情和处理结果，并说明现在的执行状况，同时要阐明强制执行的必要性。

2. 请求目的部分，在叙述事实、论证理由的基础上，提出具体、明确的请求目的。最好按照法律规定的几种执行措施提出具体请求，以供人民法院考虑。

主要参考文献

1. ［美］彼得·德鲁克:《卓有成效的管理者》，许是祥译，机械工业出版社2019年版。

2. ［美］加里·德斯勒:《人力资源管理（第14版）》，刘昕译，中国人民大学出版社2017年版。

3. ［美］加里·德斯勒、［新］陈水华:《人力资源管理（亚洲版·第2版）》，赵曙明、高素英译，机械工业出版社2013年版。

4. ［美］里德·霍夫曼、本·卡斯诺查、克里斯·叶:《联盟:互联网时代的人才变革》，路蒙佳译，中信出版社2015年版。

5. ［美］迈克尔·波特、加里·哈默尔等，刘守英主编:《战略:45位战略家谈如何建立核心竞争力》，中国发展出版社2002年版。

6. ［美］乔治·J.鲍尔斯:《劳动经济学（第7版）》，沈凯玲译，中国人民大学出版社2017年版。

7. ［美］雅克·菲茨恩兹、约翰·R.马托克斯二世:《人力资源与大数据分析——新时代HR必备的分析技能》，人民邮电出版社2018年版。

8. 付亚和、许玉林主编:《绩效管理（第3版）》，复旦大学出版社2014年版。

9. 彭剑锋主编:《人力资源管理概论（第3版）》，复旦大学出版社2017年版。

10. 孙科柳:《华为绩效管理法》，电子工业出版社2014年版。

11. 文跃然主编:《薪酬管理原理（第2版）》，复旦大学出版社2019年版。

12. 曾湘泉主编:《劳动经济学（第3版）》，复旦大学出版社2017年版。

13. 潘新民编:《世界500强人力资源总监管理笔记》，化学工业出版社2011年版。

14. 潘新民编:《世界500强人力资源总监管理笔记2》，化学工业出版社2014年版。

15. 孙超:《行政办公管理必备制度与表格范例》，北京联合出版公司2016年版。

16. 魏文静:《人力资源管理使用必备全书》，经济科学出版社2012年版。

17. 东方法治文化研究中心等组编:《劳务派遣》，上海人民出版社2008年版。

18. 刘大卫主编:《劳动合同法背景下企业人力资源管理必备文书大全》，华东师范大学出版社2008年版。

19. 朴愚编著:《人力资源制度范例与解析》，电子工业出版社2007年版。

20. 邱庆剑编著：《人力资源管理工具箱》，机械工业出版社 2008 年版。

21. 石先广编著：《劳动合同法下的企业规章制度制定与风险防范》，中国劳动社会保障出版社 2008 年版。

22. 孙宗虎编著：《人力资源部规范化管理工具箱》，人民邮电出版社 2008 年版。

23. 杨付怀等编著：《人力资源经理案头工作手册》，人民邮电出版社 2008 年版。

24. 王璞主编：《新编人力资源管理咨询实务》，中信出版社 2005 年版。

25. 王桦宇：《人力资源管理实用必备工具箱——常用制度、合同、流程、表单示例与解读》，中国法制出版社 2009 年版，2010 年 2 版，2011 年 3 版，2012 年 4 版，2016 年 5 版。

26. 王桦宇：《劳动合同法实务操作与案例精解》，中国法制出版社 2008 年版，2010 年 2 版，2011 年 3 版，2012 年 4 版、5 版，2013 年 6 版，2017 年 7 版。

27. 王桦宇：《劳务派遣法律实务操作指引》，中国法制出版社 2008 年版、2012 年 2 版。

28. 王桦宇：《劳动合同法及实施条例解读与应对策略》，中国法制出版社 2008 年版。

29. 王桦宇编著：《企业用工成本控制与法律风险防范——后金融危机时代的人力资源管理》，中国法制出版社 2010 年版。

30. 持万 HR 俱乐部：《新编常用人力资源管理词典》，中国法制出版社 2012 年版。

2020—2022 年中国企业人力资源管理合规化指引

——中国企业用工流程标准化示范性指引（SOP）报告

（摘要）

执笔人：上海持万企业管理咨询有限公司

目　录

导　言

1. 用工管理篇（SOP）

　　1－1. 标准劳动关系

　　1－2. 特殊劳动关系

　　1－3. 灵活雇佣与非全日制用工

　　1－4. 涉外及涉港澳台用工

　　1－5. 实习生与应届生管理

　　1－6. 劳务派遣用工

　　1－7. 人事代理、外包与共享员工管理

2. 劳动合同篇（SOP）

　　2－1. 员工招聘与合同订立

　　2－2. 试用期管理

　　2－3. 培训与培训服务期

　　2－4. 保密与竞业限制

　　2－5. 调岗、调薪与调整工作地点

　　2－6. 留人管理

　　2－7. 离职管理

3. 风险控制篇（SOP）

　　3－1. 劳动报酬与工资

　　3－2. 工时管理

　　3－3. 休假管理

3 – 4. 加班管理

3 – 5. 岗位管理

3 – 6. 绩效管理

3 – 7. 福利管理

4. 实务操作篇（SOP）

4 – 1. 规章制度的实体与程序

4 – 2. 劳动合同与专项协议

4 – 3. 流程化操作

4 – 4. 表单与证据管理

4 – 5. 劳动争议仲裁

4 – 6. 法院诉讼

后　记

导　言

持万企业咨询有限公司咨询机构致力于提升企业人力资源合规化管理水平，无论是对于跨国公司和外资企业而言，还是就国有企业和民营公司而言，自身及其关联公司涉及雇用各种类型的员工，防范高薪高管员工用工风险，批量管理全国性的研发、销售、技术等特殊人才，大量使用劳务派遣和人事外包等多元化用工方式，统筹管理全国各地分支机构员工的薪酬、假期与福利，诸如此类的用工模式和用工管理是否存在潜在风险。如何管理好员工从入职、在职和离职整个环节和全部流程中的劳动关系？如何在社保入税的大背景下，合理规划和优化人力资源成本，在依法合规的前提下有效做好成本控制？如何通过标准操作程序（SOP）理顺各种用工管理关系，并在日常管理中做好人力资源管理风险预防呢？为此，我们在 12 年专业咨询服务的基础上，结合纵向的劳动关系管理和横向的日常用工管理，特别制作了《2020 – 2022 年中国企业人力资源管理合规化（SOP）报告》，以提升持万咨询客户和广大企业的用工管理水平。

1. 用工管理篇（SOP）

1 – 1. 标准劳动关系

标准劳动关系，又称全日制标准劳动关系，是指员工与企业订立劳动合同、形成单一劳动关系并受劳动法律法规统一调整的用工关系，大部分岗位的员工属于标准劳动关系。标准劳动关系的主要特点在于：一是符合劳动关系的一般特征，即从属性、人身性和有偿性；二是订立书面劳动合同，包括已经订立或应当订立书面劳动合同；三是全日制工作；四是从属于单一雇主，即与一家用人单位建立劳动关系。标准劳动关系是众多用工关系最常见也最普遍的用工关系，也是劳动法进行普遍调整的一种劳动关系。一般意义上所称的劳动关系，就是指标准劳动关系。在标准劳动关系下，企业除了依照劳动合同的约定支付劳动报酬外，还应当依照劳动法的规定为员工缴纳社会保险，在解除或终止劳动关系时依法支付经济补偿金。

在《劳动合同法》框架下理解劳动合同的解除和终止，需要了解除非劳动者法定自身原因或者符合特定法定条件，绝大多数情况下企业需要支付经济补偿金。归纳来看，除了（1）员工主动辞职以及动议协议解除劳动合同；（2）员工因试用期未通过、严重违纪、严重失职、违法兼职、欺诈入职、被追究刑事责任等行为被企业过失性解除；（3）员工在劳动法上主体资格消灭的，比如依法享受基本养老保险待遇的、自然死亡、宣告死亡或者失踪的；（4）劳动合同到期后公司维持或者提高劳动合同约定条件续签而员工主动拒绝的以上四种情形之外的解除或终止劳动合同的情形，企业均应依法支付经济补偿金。经济补偿金的支付标准为每满 1 年工龄支付 1 个月工资的经济补偿金，不满 6 个月的按照半个月工资支付。该月工资是指劳动合同解除或者终止前 12 个月的平均工资，超过当地社会平均工资 3 倍的按照 3 倍封顶。

1-2. 特殊劳动关系

特殊劳动关系是指员工存在退休返聘、内退、停薪留职、下岗待业人员、协议保留社会保险关系等情形，而因此同时与两家单位存在劳动关系（比如在其中一家单位缴纳社保或领受养老金等）的特殊用工关系，在技术、后勤等岗位使用较多。特殊劳动关系有以下两层意思：首先，特殊劳动关系仍然是一种劳动关系，不能简单等同于自由平等的民事关系；其次，特殊劳动关系是一种特殊的劳动权利义务关系，不能以标准的法定强制性规范去约束双方的行为，比如在合同关系的终止程序、经济补偿金支付等方面迥异于标准劳动关系。特殊劳动关系作为一种事实上客观存在的法律关系，企业尤其需要重视的是如何处理和应对自身管理上遇到的特殊劳动关系，并在法律框架内有效使用好这些特殊劳动关系人员。

具体而言，在处理特殊劳动关系时也应特别注意对退休（含内退）、下岗待岗人员和停薪留职等特殊人员用工关系的正确识别。对于已经依法享受养老保险待遇或领取退休金的人员，其与企业之间的用工关系按照劳务关系处理；而对于企业停薪留职人员、协议保留劳动关系人员、未达到法定退休年龄的内退人员、下岗待岗人员以及企业经营性停产放长假人员，其与企业之间的用工关系按照劳动关系处理。企业在实际用工中需要使用特殊劳动关系人员的，需要首先判断该用工关系是劳动关系还是劳务关系，并在此基础上订立有效的用工合同，分门别类且因地制宜地进行有效管理。

1－3. **灵活雇佣与非全日制用工**

灵活雇佣，又称非全日制劳动关系，是《劳动合同法》特别予以明确和规范的一种新的用工方式。全日制用工与非全日制用工的主要差异在于：全日制用工必须注意劳动合同书面化、双重用工排出化、解除条件法定化、经济补偿标准化等特点，而非全日制用工立法则相对简易，在合同形式、能否兼职、解除条件和经济补偿等方面稍显灵活。对于保洁、搬运、物流、用车等临时性或工作量不大的岗位，企业可以采取灵活用工的方式，建立非全日制劳动关系。但是，非全日制用工也存在稳定性差、易侵害企业商业秘密、仅用于辅助性的岗位等方面的缺点。企业要根据自身实际情况来确定用工模式的搭配，不能过分使用非全日制工。要在综合评估工作岗位、经营需要和员工素质等各方面要素后，确定非全日制用工在总体用工形式中的比例和规模。

非全日制工有其独有的特点，根据《劳动合同法》的特别规定，非全日制工在同一用人单位一般平均每日工作时间不超过 4 小时，每周工作时间累积不超过 24 小时，且其劳动报酬结算支付周期最长不得超过 15 日。同时，非全日制用工双方当事人任何一方都可以随时通知对方终止用工，且用人单位不用向劳动者支付经济补偿，对于用人单位而言具有降低用工成本的优势。但需要特别提醒企业注意几个要点：一是试用期限制，非全日制用工不得约定试用期；二是多重劳动关系的效力位阶，非全日制用工中后成立的劳动合同不得影响先成立的劳动合同的履行；三是社保处理的特殊性，原则上非全日制工社保关系以灵活就业人员方式或其他方式自行办理，但原则上用工单位须承担工伤保险缴纳义务。

1－4. **涉外及涉港澳台用工**

在中国内地（大陆），外国人及港澳台人员一般均统称为境外人员。境外人员在中国境内（内地或大陆）就业，受到中国劳动法的特别调整。就外国人而言，如其需在中国境内就业或者中国境内企业需要招聘外国人，该外国人本人和拟招聘外国人的企业均必须办理相关就业和招聘审批手续，并由人力资源社会保障和外事部门予以审核。外国人在中国境内就业，原则上仍应适用《劳动合同法》和相关劳动法律法规，但一般许可双方通过劳动合同在聘用期限、岗位、报酬、保险、工作时间、解除聘雇关系条件，违约责任等方面做出相应的权利义务约定，但此种约定显失公平时除外。外国人在中国境内就业，参照《社会保险法》的规定参加社会保险，但其在本国已经参加社保且双方约定不在中国境内缴纳社保的，从其约定。

相比较而言，港澳台人员在中国境内（内地或大陆）就业比外国人更加便利，且基本上参照内地或大陆的国民待遇。港澳台人员在中国境内就业无需办理就业许可，除特别规定外，企业招聘港澳台人员也无需办理相关招聘审批手续。在港澳台人员的劳动关系管理上，原则上类比外国人在华劳动关系管理，仍应适用《劳动合同法》和相关劳动法律法规，但一般许可双方通过劳动合同在聘用期限、岗位、报酬、保险、工作时间、解除聘雇关系条件，违约责任等方面做出相应的权利义务约定，但此种约定显失公平时除外。自 2020 年 1 月 1 日起，在内地（大陆）就业的港澳台居民，包括正规就业人员和灵活就业人员，都与内地（大陆）居民一样，依法参加社保和享受社保待遇的合法权益。

1-5. 实习生与应届生管理

在实践中，实习生一般分为两种情况：一类是实习人员根据法律法规的要求在单位通过实践进行一定专业训练。这类实习人员一般与单位都建立了劳动关系，实习目的在于增强从事这些专业工作的熟练度，以便将来能够较为独立地从事这样的职业，如律师、医师、专利代理师等需要进行实践训练的职业。另一类是指实习生出于教学需要在单位进行社会实践的行为，如中等职业学校和高等院校等应届学生在毕业前的毕业实习。实习生一般与用人单位不建立劳动关系，实习的目的在于让学生实践自己在书本上学到的理论知识。这类实习人员由于与用人单位没有劳动关系，当双方发生争议时，不能按劳动争议纠纷解决，只能按照民法上的合同关系来处理。用人单位与实习生的权利义务关系通过实习协议予以明确，比如实习期限、实习内容、实习报酬等。

此外，出于勤工俭学等目的，一些高等院校的在读学生在学习之余从事个人兼职活动，但对此种行为如何进行法律认定实务中存在争议。根据《劳动和社会保障部关于非全日制用工若干问题的意见》，其并未将在校学生从事兼职的行为排除在非全日制工的范围外，因此在校学生从事兼职的行为若符合非全日制工的条件，则可以适用非全日制工的相关规定。企业在招录实习生时需要区分不同的形态，并相应做好有效管理。一是需要注意做好相关合同的约定，对从学校集中招录的实习生，要与学校、实习学生之间订立权利义务清楚的实习合作协议和实习协议，对零散招录的勤工俭学的实习学生，可以与学生订立实习协议，就实习期间的相关权利义务进行明确约定，原则上实习生的实习补贴或实习报酬不应低于当地最低工资标准。

1-6. 劳务派遣用工

劳务派遣关系主要是指，用工单位与劳务派遣单位之间建立劳务派遣关系，劳务派遣单位与派遣员工之间建立劳动关系，用工单位与派遣员工之间建立用工关系。而用工单位与派遣员工之间的这种用工关系，既不同于一般的民事劳务关系，也不是完全的劳动关系。按照《劳动合同法》及其修正案的规定，劳务派遣用工是补充形式，只能在临时性、辅助性或者替代性的工作岗位上实施，一般不得超过其用工总量的10%。其中，临时性工作岗位是指存续时间不超过六个月的岗位；辅助性工作岗位是指为主营业务岗位提供服务的非主营业务岗位；替代性工作岗位是指用工单位的劳动者因脱产学习、休假等原因无法工作的一定期间内，可以由其他劳动者替代工作的岗位。用工单位应当严格控制劳务派遣用工数量，向派遣员工提供劳动环境和劳动条件，贯彻正式员工和派遣员工"同工同酬"的原则，并就劳务派遣单位的相关违法违约行为承担"连带责任"。

劳务派遣具有用工方式灵活、面向特定岗位专业性较强、部分情形下能有效降低用工成本等优势，但是用工单位在使用劳务派遣时应注意以下几点：一是在派遣合作机构选择方面，需要仔细甄别劳务派遣公司，选择符合法律法规的派遣机构。避免出现因派遣机构不具有法定资质，使得用工单位与派遣员工之间被认定为事实劳动关系，进而导致用工单位需要承担用人单位应承担的义务，加大用工单位责任的情况出现。二是在日常用工管理方面，用工单位应及时履行法律法规规定的义务包括提供相应的劳动条件和劳动保护，支付加班费、绩效奖金及与工作岗位相关的福利待遇等。三是在实际用工关系解除或中止方面，在派遣员工出现过失、因健康或能力情况无法正常提供用工等法定退回情形时，用工单位可以根据《劳动合同法》的规定将派遣员工退回劳务派遣单位，劳务派遣单位依照本法有关规定，可以与劳动者解除劳动合同。

1-7. 人事代理、外包与共享员工管理

人事代理，是指人事代理机构接受用人单位的委托，运用专业化和社会化的服务方式，为其代办有关的人事业务。这些人事代理业务包括：人事档案管理；社保、公积金代理；居住证、就业证代理；招聘、测评和考核代理；薪酬支付代理和个税代扣代缴；人事管理及法律政策咨询；等等。承接此类人事代理业务的服务机构主要是企业管理公司、人力资源公司和管理咨询公司，大多具有相关人事管理领域的专业性。从人事代理服务更进一步，一些供应商还提出人力资源外包的概念，这个概念从广义上讲包括劳务派遣在内，而从狭义上讲则主要是指将客户企业的人力资源管理工作或相关管理工作的部分或全部以承包的形式代理下来，从而使客户企业更多地专注于企业其他核心竞争力的建构和发展。

近些年来，在不同企业之间进行共享员工这种新的模式开始出现并逐渐在新兴业态中显示出强大的适应性。在新冠肺炎疫情背景下，共享员工成为一些暂时难以复工的中小企业将员工以共享模式进行短期人力输出的合作用工方式，并成为疫情期间部分受到疫情较大影响行业用工模式的新变革和新突破。在新时期，对共享员工可以做两种理解：一是员工借调的另一种表述形式，也即员工输出方并仍为劳动

法上的用人单位，只是在共享期间由输入方企业进行管理，相关权利义务由输出方和输入方共同协商确定；二是共享员工成为独立于某一具体企业的独立员工，也即与两个或两个以上企业建立劳动关系，以独立劳务提供者或非全日制用工形式与雇佣企业建立用工关系。在互联网经济和平台经济高速发展的当下，共享员工也可以成为特定行业和特定业态的用工选项之一。

2. 劳动合同篇（SOP）

2-1. 员工招聘与合同订立

在员工招聘、面试和录用阶段，企业要善用知情权，详细了解应聘人员的学历、工作经历、工作能力、身体健康等方面的基本情况。但是，企业不能侵害应聘人员的隐私权，不能征询与劳动合同无关的，诸如恋爱、婚育、家庭情况等方面的隐私问题。企业应当在员工报到时与其订立劳动合同，迟延订立劳动合同会存在法律风险。劳动合同的期限可以是固定期限，也可以是无固定期限，或是以完成一定工作任务为期限。但是如果企业与员工连续订立了两次固定期限合同，企业应认识到事实劳动关系的认定和处理的新制度加重了相应的处罚后果。事实劳动关系的认定上，工资单、员工工卡、考勤记录等都可以作为认定事实劳动关系的依据。企业应避免主观采用和客观形成事实劳动关系。应对事实劳动关系形成的事后策略是及时补签劳动合同。

在员工招聘和合同订立过程中，需要特别注意预防相关法律风险。在员工招聘过程中，可以根据需要对特定岗位的员工进行背景调查，具体方式可以是与该员工此前工作的公司、人事管理代理机构联系或委托专业的服务公司进行。在签发录用通知书时要注意相关明确员工入职的岗位、薪资和工作地点，约定员工在入职报到之前的权利、义务和责任，并就员工无正当理由不来公司入职的相关风险进行告知。在订立劳动合同过程时，要注意在入职一个月及时订立书面劳动合同，避免出现未及时订立书面劳动合同而产生双倍工资的赔偿责任。另外，对于符合连续工作满 10 年、连续订立 2 次固定期限劳动合同等法定条件的员工，企业需要与其订立无固定期限劳动合同。对于一些特殊的用工需求企业而言，还可以根据实际情况与员工订立以完成一定任务为期限的劳动合同。

2-2. 试用期管理

劳动合同的内容应当具备法律规定的必备条款。工作内容和地点、工时休假、劳动报酬、社会保险、劳动保护等必备条款关系员工切身利益，企业在制定相关条款内容时要综合考虑并慎重处理。企业可以根据实际需要，在劳动合同中约定试用期、培训、保守商业秘密、补充商业保险和福利待遇等其他事项。根据《劳动合同法》的规定，试用期设置按照劳动合同期限可以有所不同，但最长期限为6个月，试用期间员工待遇不得低于本企业同岗位的最低档工资或者约定工资的80％，也不得低于当地最低工资标准。与此同时，企业使用试用期的次数不得超过2次。企业可以在试用期条款中明确约定，在因患病、负伤等特殊原因无法正常履行劳动合同和接受试用期考察的，试用期计算中止，待员工回到工作岗位正常工作时起继续计算。企业需要与员工协商一致后，方可延长或缩短试用期。试用期也计算在劳动合同期限内，在试用期内，企业不能随意单方面变更劳动合同内容。

对员工试用期进行管理，需要细化相关的考核标准以使得试用期管理变得有规可循。根据《劳动合同法》第21条的规定，企业在试用期解除劳动合同的，需要说明理由。这里所称理由主要是试用期解除的主要依据，通常是指不能通过企业安排的试用期考核。试用期的考核需要明确具体，相关考核要点事先应让员工知晓。企业在试用期解除劳动合同，需要在试用期结束前作出并通知试用期员工。需要指出的是，并非所有员工都可以约定试用期，例如企业在招聘非全日制工时则不可以约定试用期，《劳动合同法》对企业违法约定试用期规定了严格的法律责任，"违反本法规定与劳动者约定试用期的，由劳动行政部门责令改正；违法约定的试用期已经履行的，由用人单位以劳动者试用期满月工资为标准，按已经履行的超过法定试用期的期间向劳动者支付赔偿金"。

2-3. 培训与培训服务期

在《劳动合同法》的新劳动法格局下，立法更加注重解雇保护和对企业追究员工责任的限制，在此种情况下企业加大人力资本的投入需要承受一定的法律风险。企业可以通过与员工订立培训协议的方式，与受训员工约定服务期，并约定不满服务期离职的违约金。《劳动合同法》对违约金的数额和比例作了限制性规定，一是违约金的数额不得超过企业提供的培训费用，二是违约金不得超过服务期尚未履行部分所应分摊的培训费用。企业在设计和履行员工培训服务期协议时应当格外注意，对与培训服务期协议的条款应认真斟酌，充分考虑各种合理性和合法性，使培训服务协议真正起到应有的引导、预防和制约的法律效果。企业与员工约定服务期的，不影响按照正常工资调整机制提高员工在服务期内的薪资待遇。

按照《劳动合同法》的规定，企业只有在为员工提供专业技术培训时才可约定服务期和违约金，非专业技术培训则不可以约定服务期和违约金。因此，为避免日后对培训性质产生争议，企业需要在培训服务期协议内增加条款明确培训的性质为专业培训。按照《劳动合同法实施条例》的规定，培训协议所涉及和约定的培训费用，包括企业为了对员工进行专业技术培训而支付的有凭证的培训费用、培训期间的差旅费用以及因培训产生的用于该员工的其他直接费用，具体范围则由双方在培训协议中加以明确约定。若订立了服务期协议的员工劳动合同期满而服务期尚未到期的，劳动合同应当续延至服务期满，但双方在服务期协议中另有约定的，按照协议约定执行。

2-4. 保密与竞业限制

企业可以通过与员工订立保密协议，确定商业秘密的范围、员工违反保守商业秘密义务的具体行为表现以及相应的法律责任。企业可以通过制定保护本单位商业秘密方面的规章制度对员工进行约束，其形式可以是员工手册中的一章，也可以是专项规章制度。对于部分涉及商业秘密的核心员工，企业还可以通过与其订立竞业限制协议的方式建立商业秘密保护机制。此外，根据《劳动合同法》的规定，竞业限制的人员范围限于用人单位的高级管理人员、高级技术人员和其他负有保密义务的人员。因此并非所有的员工都需要签订竞业限制条款，此外，离职员工履行竞业限制义务的前提是企业支付经济补偿金，可见企业需要合理确定竞业限制的人员范围，以减少企业不必要的成本负担。

需要特别指出的是，保守商业秘密是员工作为劳动者的法定义务，而非基于保密协议的约定才产生。保密协议的功能是进一步明确商业秘密的范围以及具体表现形式，并通过约定具体的权利、义务和责任关系来保障法定的保密义务在本单位的明确化和具体化。《最高人民法院关于审理劳动争议案件适用法律若干问题的解释（四）》（法释〔2013〕4号）就保密和竞业限制协议相关约定不明的情况进行了指导性规定。其一，相关协议没有约定离职后给予员工经济补偿的，若员工已履行竞业限制义务，可要求企业按照月工资的30%按月支付经济补偿；其二，相关协议明确约定了竞业限制和经济补偿事项，双方均应按照约定履行；其三，若员工离职后企业3个月未支付经济补偿，员工可以请求解除竞业限制；其四，在竞业限制期限内企业请求解除竞业限制的，应额外支付员工3个月的竞业限制经济补偿；其五，员工违反竞业限制约定并支付违约金，企业有权要求其履行竞业限制义务。

2-5. 调岗、调薪与调整工作地点

调岗、调薪及调整工作地点具备合法性的情形有两项：一是双方当事人协商一致；二是依据法律的规定进行。就双方协商一致而言，可以体现在事后的劳动合同变更书中，也可以体现在事前约定劳动合同的具体岗位、薪资和工作地点条款中。根据法律的规定进行而言，企业可在员工不能胜任工作和客观情况发生重大变化等法定情形下予以调岗、调薪或调整工作地点。《劳动合同法》背景下企业自主经营决策权受到一定的限制，调岗、调薪或调整工作岗位涉及变更劳动合同约定的内容，此种情况下用人单位应与劳动者协商一致方可变更。但无论如何，企业在进行此种调岗、调薪、调整工作岗位等行为时，应当充分与劳动者协商，秉承公平合理

原则，争取双方能达成合意，避免纠纷的发生。

调岗、调薪与调整工作地点是劳动关系管理中比较典型的争议焦点，也是企业高度关注岗位匹配度和用工灵活度的重要事项。企业可以通过在劳动合同中对岗位条款进行专门约定来适应《劳动合同法》框架下岗位调整的严格约束，或者通过年度或特定任务、时段的岗位协议作为劳动合同的补充协议。与此同时，企业还可完善规章制度中的岗位、薪酬和绩效管理的相关规则，规定员工在岗位绩效胜任度不足时的相关管理规则，比如可以采取培训、调整岗位、职级、薪酬等方式达到绩效改善的效果，如果培训或调岗后绩效改善不符合预期则可以根据《劳动合同法》的规定予以解除劳动合同。关于工作地点的变动，则可以在考虑员工合法权益的基础上，结合具体的岗位制度作出合理、灵活的规定。

2－6. 留人管理

企业可以通过提供专业技术培训机会等非物质性待遇来稳定员工，如研修、旅游或给予特殊荣誉，也可以通过提供物质性特殊福利待遇来吸引员工，如福利住房、大额借款等。但与此同时，企业也需要做好法律风险的防范。比如，提供专业技术性培训，企业可以与员工约定服务期。应注意的是，在《劳动合同法》实施以后，在出资培训相关事项之外约定服务期和违约金并无法律依据。企业可以通过订立民事借款及担保提供等间接性福利待遇、民事债务免除等直接性福利待遇、阶段性支付或阶段性享受形式来达到激励员工长期工作的实际效果。另外，从常规福利制度安排的角度，长期服务年度贡献奖、补充住房公积金制度或企业年金制度也会取得较好的留人效果。

此外，在现代市场经济条件下，员工跳槽已是普遍现象。多数情况下，一些核心员工的跳槽会给企业带来相当大的影响，尤其是重要岗位上的核心员工跳槽给企业带来影响是巨大的。因此，为了能更好地留住企业员工，企业除了采取提高福利待遇或长期服务特别奖励以外，还可以选择采取适当的其他方面配套措施。一是在实际利益上加强对长期服务员工的股权激励，制定符合企业实际情况的股权激励制度，对于核心骨干员工可以设置专门的股权激励条款；二是在精神指引上塑造符合本企业实际的特定企业文化，让员工在有认同感、归属感、感染力和凝聚力强的氛围和背景下积极工作，为企业留住人才的同时也能展示正面形象延揽更多的人才加入企业。

2－7. 离职管理

《劳动合同法》对企业主动终结劳动关系的实体和程序要求，要明显严于员工主动终结劳动关系。在员工解除劳动合同方面，员工首先享有任意解除权，即不需要任何理由即可提前30天通知用人单位解除合同；其次，若企业存在未按照约定提供劳动保护或劳动条件、未及时足额提供劳动报酬、未依法缴纳社会保险金、规章制度损害员工权益等违法事实在先，员工还可以行使法定解除权，并要求支付经济补偿金甚至是赔偿金。企业对法律赋予员工的这种相对自由的辞职权应有适当的应对。一是需要定期自我检查，留意企业在劳动用工和人力资源管理方面是否存在不合规之处，避免出现无征兆"被解除"的情形；二是要注意所在地的具体政策口径，比如有的地方对员工以"未及时足额提供劳动报酬"为由解除设定了"应先行向用人单位主张"的前置性条件，避免因计算错误等原因导致解除权被过度行使。

与此同时，企业应掌握好法律赋予企业的为数极少的法定解除权。过失性解除需要企业保留员工存在违章、违纪或不当行为的切实证据。这一方面需要企业在规章制度方面规定得更为细致，另一方面也要求企业在日常人力资源管理过程中有流程意识和证据意识。非过失性解除对企业的绩效管理制度要求较高，同时必须严格遵循"经过培训或者调整工作岗位，仍不能胜任工作的"规定中释出的法定程序。经济性裁员的实体和程序要求相对简单，但企业必须符合裁员的前提条件。在《劳动合同法》环境下，企业管理员工包括解除劳动合同的法律策略应有所调整。企业可以通过实施柔性化的管理，弥补规章制度和劳动合同的瑕疵和不足。如果在解除劳动合同过程中，遇有程序阻碍或取证困难的情形，企业可以通过协商一致的方式进行变通处理。

3. 风险控制篇（SOP）

3-1. 劳动报酬与工资

薪酬作为企业人力资源管理中最具激励性的要素，一直是企业为调动员工积极性所选择的重要工具。与此同时，薪酬也是员工最为敏感、最为关注和最为重视的问题，在员工关系管理中，也最易出现问题和矛盾。特别是在《劳动合同法》背景下，包括薪酬事项在内的劳动合同约定条款变更，企业都需要与员工协商一致。企业可以在劳动合同中约定薪酬相关事项，也可以在规章制度中对不同岗位职级的员工薪酬作出明确规定。通常认为，企业通过制定薪酬管理制度特别是与岗位管理、绩效管理相协调的弹性薪酬制度是能够较好地做好薪酬管理，并且同时避免因薪酬约定不明而带来的劳动争议风险。当然，企业也可以与特定的员工约定特殊的薪酬协议或条款，按照专门的约定来执行。

采取何种薪酬结构往往是企业人力资源管理或成本规划的重要考虑点。企业可以根据自身的具体情况，采取固定要素阶梯薪酬制、与绩效挂钩的弹性薪酬制以及固定与弹性结合的复合薪酬制。从风险防控的角度出发，采取复合制薪酬结构往往成为企业的首选，具体方式为将劳动报酬的一部分作为固定工资，一部分作为浮动工资，根据员工的工作能力、业绩考核成绩等决定此部分应发放的具体数额。固定工资部分保障了员工基本生活需求，弹性工资部分作为绩效考核结果的薪酬化反映，更能激发员工的积极性、创造性。与此同时，企业需要通过在薪酬制度之外，协调而灵活地配合运用岗位制度和绩效制度，才能做到薪酬设置上的激励性与管理弹性的统一。

3 - 2. 工时管理

工时制度包括标准工时制度和特殊工时制度。标准工时制度规定了每日 8 小时工作制、每周工作 40 小时以及每周至少休息 1 天等三方面的要求。目前的特殊工时制主要有综合计算工时制和不定时工作制两种，主要适用于因生产特点或者工作性质特殊、不能实行标准工时制度的岗位。申请特殊工时制的岗位需要向人社部门进行申请，经批准后方可执行。作为企业而言，需要根据自身的具体情况选择不同的工时制度。需要指出的是，企业对于不同的岗位可以相应采取不同的工时制度。比如，对于高级经营管理、销售、外勤、司机、程序员、研发、技术、创作等无法准确统计具体工作时间的岗位，可以申请不定时工作制；对于制造业和零售业的一线员工、从事农林渔牧等季节性工作或交通电信等公共事业工作的一线员工等特定员工群体而言，综合计算工时可能更符合行业特点和公平性原则。

实行特殊工时制后，员工的薪酬计算也具有相应的特殊性。对于不定时工作制的员工主要是根据其岗位绩效考核而非工作时间来计算其薪酬，除了法定节假日工作，原则上也不会产生加班费。对于综合计算工时制而言，并非不产生加班费，只是说员工工时可以在核定的周期内平摊折算。具体而言，在综合计算周期内实际工作时间超过法定工作时间的部分，视为延长工作时间，仍然需要支付加班费。针对不定时工作制，相关法律法规规定，对于实行不定时工作制的劳动者，企业应当根据标准工时制度合理确定劳动者的劳动定额或其他考核标准，以便安排劳动者休息。其工资由企业按照本单位的工资制度和工资分配办法，根据劳动者的实际工作时间和完成劳动定额情况计发。

3 - 3. 休假管理

员工享有国家规定或者企业另行补充的休息休假权。企业要求员工延长劳动时间不仅需要员工本人的同意，而且还应当接受国家劳动标准的最长时限的规制。国家规定的公休假、法定节假日、法定年休假、婚丧假、探亲假等，企业应依法保障员工享受。根据《职工带薪年休假条例》规定，年休假的法定标准如下：职工累计工作已满 1 年不满 10 年的，年休假 5 天；已满 10 年不满 20 年的，年休假 10 天；已满 20 年的，年休假 15 天。国家法定休假日、休息日不计入年休假的假期。相关法律法规赋予了劳动者带薪年休假的权利，因此员工在满足带薪休年假的条件下，企业应充分保障员工权利的享受，不可随意克扣假期天数，甚至拒绝员工休年假的申请。当然，企业可以根据自身具体情况，在法定年休假之外设定自主确定的年休假福利，并设定自主年休假的具体规则。

休假管理也是企业人力资源管理中容易引发争议的常见事项。目前，国家规定的各种假期数量较多，相关的细则也不尽相同，不同地域的休假地方性规定也存在差异。企业在假期管理中尤其要注意以下几个方面的问题：一是休假法规的强制性。有些假期是强制性的，企业不得自行规定或约定减少或取消假期事项，比如法定节假日、公休日至少休息 1 日、法定带薪年休假等都是强制性假期。与此同时，也有一些地方规定的特定假则是指导性的，比如江苏、上海等地规定的产前假，则是由企业根据具体情况执行掌握。二是假期待遇的差异性。不同的假期之间，有时候存在待遇权重不同的情况。比如公休日的补休是"二补一"，法定节假日和法定带薪年休假则是"三补一"，企业要予以注意。三是假期管理的自主性。假期管理说到底还是企业自主管理的范畴，只要不违反法律法规的强制性规定，企业也可以根据自身情况作出相应的、松紧适度的假期管理规定。

3-4. 加班管理

根据《工资支付暂行规定》的规定，企业在劳动者完成劳动定额或规定的工作任务后，根据实际需要安排其在法定标准工作时间以外工作的，为加班。在加班情况下，需要按以下标准支付工资：其一，在日法定标准工作时间以外加班的，按照不低于本人小时工资标准的150%支付加班工资；其二，在休息日工作，而又不能安排补休的，按照不低于本人日或小时工资标准的200%支付加班工资；其三，在法定休假节日工作的，按照不低于本人日或小时工资标准的300%支付加班工资。实行计件工资的劳动者，在完成计件定额任务后加班的，应根据上述原则，分别按照不低于计件单价的150%、200%、300%支付加班工资。经人社部门批准实行综合计算工时制的，其综合计算工作时间超过法定标准工作时间的部分，应视为加班。实行不定时工时制度的劳动者，不执行上述规定。

就加班费控制部分，除了宏观上可以调整用工模式进行处理以外，还可以在微观上做如下安排和应对：其一，调整员工薪资模式，实行复合式薪资结构。复合工资制工资包括多个组成部分，由相对固定的部分和相对浮动的部分两方面组成。其二，在复合制薪资结构基础上，在劳动合同中约定加班费计算基数。但要注意的是不可低于最低工资，若根据劳动合同约定的加班费计算基数低于最低工资，则需要按照最低工资标准确定计算基数。其三，制定具有合理性和可控性的调休制度。通过员工申请和企业安排相结合的调休制度，可以减少加班费的支出。其四，对不同类型的员工实行特殊工作制，即实行综合工时制或不定时工作制。其五，实行加班审批制度，未经批准的加班不予认可。其六，实行加班费预发制度，有效预估并提前确认预发加班费。其七，应做好加班费申请核查制度。避免员工未加班却假称加班或故意虚报加班时长的情况发生。

3 - 5. 岗位管理

岗位管理是企业人力资源管理中非常重要的指标事项。岗位设置的科学性不仅影响到企业运营中的绩效，同时也会给用工管理带来相应的便利度。在企业人力资源管理中，员工岗位的调整作为因应各种经营中的变化而采取的常规动作，其使用已经常态化。但是，因为工作岗位等涉及员工切身权益，该项劳动合同事项如发生变动则会受到劳动法律的严格管控。根据《劳动合同法》的规定，企业对员工岗位进行调整，需要协商一致，若单方调整则需提交足够合理正当的理由，并依照法定的程序进行劳动合同的变更。《劳动合同法》规定了员工不能胜任工作、客观情况发生重大变化等情形下的法定调岗事项，但对于其他需要根据实际情况予以岗位调整的情形则规定甚少，所以企业需要制定科学、合理和有效的岗位管理制度。

企业在岗位管理方面，需要注意以下几个核心要点：一是岗位职责和范围要明确。企业需要明确岗位管理，通常可以分为管理岗位、专业技术岗位、工勤技能岗位，明确各个岗位的工作内容、工资标准等，避免出现岗位约定不明导致发生理解偏差。二是岗位设置要详略结合。岗位设置不要太过于具体化，这样会使得任何细微的职责调整都会形成岗位变更，岗位设置一般可以按照部门采取抽象与具体相结合的方式，或者补充规定相近的 AB 岗方案，也即在个别员工休假或出现缺勤情形时可以做适当的临时性调整。三是岗位调整规则可以合同化。企业还可以在劳动合同中与员工事先约定岗位条款以明确岗位设定及调整的范围，并基于双方合意加以具体确认，避免在日后的岗位调整中出现分歧。

3 - 6. 绩效管理

在《劳动合同法》环境下，企业管理员工更重要的手段之一是绩效考核制度。绩效考核不仅是管理学上企业实施有效运营的制度基础，而且也是法律上企业非过失解除劳动合同的法律前提。对于绩效考核不能符合企业要求的员工，企业可以依据法定程序调整岗位或解除劳动合同。根据《劳动合同法》的规定，员工不能胜任工作，经过培训或者调整工作岗位，仍不能胜任工作的，企业可以提前 30 日以书面形式通知其本人或者额外支付其 1 个月工资后解除劳动合同。与此同时，企业还可以根据与绩效考核制度相配套的薪酬管理制度来适当调整员工的绩效薪资。当企业依据绩效考核制度得出的员工绩效考核结果呈现时，员工的绩效考核结果对应的薪酬区间和具体的薪酬数额也会发生相应的调整，此时的薪酬调整是企业行使自主用工管理权的体现，具有合理性和正当性。

但要注意的是，企业在设置绩效考核标准时应注意量化、可操作性，不能过于抽象。这里需要遵循几个通常的标准：一是考核要素要具体化。绩效考核可以采取 BSC、KPI 及 360 度考核等多种方式，但是考核要素需要具体化且符合考核岗位的实际。二是绩效标准要细致化。可以将业绩指标细化，对工作任务的完成时间、数量、质量等方面进行考核，对未达到企业标准的员工可以判定为不合格。三是考核方式要客观化。相比较而言，采用等级制（A、B、C、D、E 或优秀、合格、不合格等）或分数制（百分制或比例制）等客观化的方式较为合理，也比较容易被认为是客观公正的。此外，企业等考核标准应遵循合理公平的原则，不可过于严苛使得绝大多数员工难以达成。

3-7. 福利管理

员工福利管理的主要目标一般是提高员工对企业的满意度，吸引和激励人才，保证企业在市场竞争中的有力地位。福利管理的制度设计一般遵循以下若干原则：一是平等性原则，即保障所有员工都应该享受员工福利，此种普遍性福利能有效提升员工对企业的忠诚度；二是激励性原则，即企业可以通过相对差异化的福利制度激励员工的积极性、创造性，营造良好的竞争格局，扩大企业经济效益；三是经济性原则，即企业实施员工福利应与自身的经济状况相匹配，应控制成本支出，并将有效的成本投入到绩效最优的福利安排上来；四是动态性原则，即应综合考虑员工的不同需求，根据法律法规的变化以及企业自身经营状况，及时调整企业的福利政策；五是适法性原则，也即福利制度应当符合法律的最低标准，在高温补贴法定事项上至少要按照当地最低标准相关规定执行。

企业可以在对劳动报酬进行一般规定之外，另行详细明确奖金和福利的发放范围、发放标准和发放方式。企业还可以在规章制度中明确规定，奖金是工资之外的特别奖励而非一般的劳动报酬，是企业根据员工绩效评估的综合表现及企业生产经营实际状况做出的一种区别于工资的奖励方式，从而明确本企业奖金的基本属性。对于福利事项而言，企业可以在社保、住房公积金等法定福利之外，在劳动合同中约定或在规章制度中规定企业关于福利的自主调整权利，并实际设定相应的调整规则。企业可以通过劳动合同和规章制度明确具体福利待遇的类别和变动方式，保障企业在福利待遇支付上处于主动地位，预防和控制在实务操作中的法律风险。

4. 实务操作篇（SOP）

4-1. 规章制度的实体与程序

《劳动合同法》规定了企业应当进行民主管理的相关内容。企业在制定、修改或者决定有关劳动报酬、工作时间、休息休假、劳动安全卫生、保险福利、职工培训、劳动纪律以及劳动定额管理等直接涉及劳动者切身利益的规章制度或者重大事项时，应当经职工代表大会或者全体职工讨论，提出方案和意见，与工会或者职工代表平等协商确定。在规章制度和重大事项决定实施过程中，工会或者职工认为不适当的，有权向企业提出，通过协商予以修改完善。企业应当将直接涉及劳动者切身利益的规章制度和重大事项决定公示，或者告知劳动者。需要指出的是，如果企业没有设立工会，在规章制度制定、修改等过程中需要征求职工代表的意见，以达到法律所规定的民主管理的程序性要求。

规章制度在企业人力资源管理中发挥了重要作用，也是企业行使自主管理权的重要体现。若需使规章制度具有法律效力，应同时符合实体与程序的双重要求，具体应满足以下条件：首先规章制度的内容应合法，不得与现行的法律法规相抵触，抵触部分不发生效力，法律法规无禁止性规定的地方，企业应结合自身实际情况，本着公平合理原则制定规章制度；其次规章制度的制定程序必须合法，包括民主程序和公示程序。所谓民主程序是指制定过程中应与全体职工或职工代表沟通、协商确定；所谓公示程序是指企业应通过组织培训、内网 OA、电子邮箱、即时在线通信工具等方式将规章制度告知员工，较为稳妥的方式是企业可让员工签字确认其已知悉该规章制度并同意遵守。

4 - 2. 劳动合同与专项协议

劳动合同是记载企业与员工之间缔结劳动关系并约定相关权利义务的证明，依法订立的劳动合同具有约束力，企业和员工均应当履行劳动合同约定的义务。劳动合同具体有三种类型，分别为固定期限劳动合同、无固定期限劳动合同和以完成一定工作任务为期限的劳动合同。企业应自用工之日起就及时与员工订立书面劳动合同，自用工之日起企业即与劳动者建立起劳动关系，若超过 1 个月还未能订立书面劳动合同，企业则需承担向劳动者支付 2 倍工资的法律责任。劳动合同应具备以下必备条款：企业名称、住所和法定代表人或者主要负责人；员工姓名、住址和居民身份证或者其他有效身份证件号码；劳动合同期限；工作内容和工作地点；工作时间和休息休假；劳动报酬；社会保险；劳动保护、劳动条件和职业危害防护。当然，企业和员工可以在协商一致基础上订立劳动合同必备条款以外的其他条款。

除了劳动合同以外，企业还可就约定试用期、培训、保守秘密、补充保险和福利待遇等事项与劳动者进行约定。专项协议一般指用人单位与员工就特殊事项订立的协议。例如，企业出于保护商业秘密的需要，可以与劳动者订立保守商业秘密和知识产权事项的专项协议；又如，企业若为员工提供了专项培训时，也可与员工就培训结束后的服务期等事项签订专项协议；再如，企业可以与员工订立以完成特定工作任务、绩效目标的特别奖金协议或特定福利待遇协议。从法律性质上讲，专项协议也是劳动合同的补充组成部分，就企业和员工共同关心的事项通过约定的方式来加以固定，并在劳动合同履行过程中加以遵守。需要注意的是，专项协议的约定不得违反法律法规的强制性规定，不得损害员工的合法权益。

4-3. 流程化操作

对于 21 世纪的企业来讲，流程化管理至关重要，高效科学的流程化操作将会进一步提高企业的竞争力。流程化是企业发展到一定阶段的必然选择，是获得效益最大化，竞争力最大化的一种管理方法。规范化操作程序管理涉及制度上的标准化、执行上的流程化、管理上的柔性化。就规章制度执行上的流程化而言，主要是对企业人力资源管理规范动态上的必要约束，具体指企业在进行人力资源管理事宜时应注意动态的标准流程指引，形成较为规范的工作步骤。注重招聘录用、岗位管理、绩效管理、薪资管理的合规化运行和规范化操作。人力资源管理不仅仅依托比较规范的制度，而且还需要相对严谨的流程，比如入职管理流程、绩效考核流程、职工民主参与流程等，便于企业统一执行。

在人力资源管理的流程化操作过程中，需要注意以下事项：一是流程要合乎法律规定。人力资源管理除了要达到提高经营业绩和发挥员工能力的功效，还需要遵循法律法规的相关规定。通过制定操作流程，可以让不同的主管人员按照标准的操作流程达到同样合规的效果，避免法律风险的产生。二是流程要合乎模块要求。流程只是手段，其目的是实现特定的人力资源管理模块的要求。比如，招聘录用流程，需要在招聘信息发布、入职材料审核和笔试考核安排、分级分轮面试等若干环节制定细致的标准步骤。三是流程要及时优化调整。因应经济社会发展需要和法律法规更新的要求，企业的人力资源管理流程需要与时俱进，适时加以优化和完善，特别是要及时关注劳动法律法规的变化，避免不合规造成的管理风险。

4-4. 表单与证据管理

在员工招聘阶段，企业安排员工填写自身情况的时间应在正式入职之前，同时应在表格和单据中对员工提供虚假信息进行必要的提醒，并对相关表单的名称和填写事项作出细致安排。比如，在入职信息填写时，应制作"入职申请单"而非"员工信息表"，因为前者表示信息填写时尚未入职而后者则表示已经入职。企业还可以在表单中明确提示填写虚假内容的法律后果，以对员工起到必要的警示效果。合同变更类的表单设计，应注意确认双方主体的自愿，若企业单方变更劳动合同需要向员工书面说明理由和依据，并以格式化表单方式予以记载。合同终止类的表单要区分合同终止的类型，不同类型的终止需要企业承担的经济补偿金成本有所不同。企业在设置相关表单时，最好是采取事先印制好相关内容让员工直接勾选的方式，避免员工的主观填写造成理解争议，并导致法律风险。

合同解除类的表单设计应注意区分协商解除和单方解除，而协商解除中不同主体提出动议导致的法律后果不同。若由员工动议解除劳动合同，则企业无需支付相应的经济补偿金，但此时应注意及时留存员工先提出动议的相关证据，并在表单中设置相应填写模块便于是否确认。按照《劳动合同法》的规定，员工提前30日以书面形式通知企业即可解除劳动合同，试用期提前3日即可，若员工按照企业离职管理制度在离职时需要提交离职相关的书面文件或者应当填写相关内容而没有填写，则有可能作为员工违法解除的客观证据。企业在员工离职时填写相关表单时，需要检查和核实相关事项是否填写明确，并及时留存相关证据，避免在事后可能发生的劳动争议中出现被动。需要指出的是，解除合同通知书送达员工后方为有效，如果表单中有签收栏，则员工在上面签字即认为通知实现，否则应采取邮寄、公告等法定方式进行。

4-5. 劳动争议仲裁

目前解决劳动争议的方式主要有：协商、调解、仲裁、诉讼。劳动仲裁是指由劳动争议仲裁委员会对当事人申请仲裁的劳动争议居中公断与裁决。根据《劳动争议调解仲裁法》的规定，发生劳动争议，员工可以与企业协商，也可以请工会或者第三方共同与企业协商，达成和解协议。但如果发生劳动争议后，当事人不愿协商、协商不成或者达成和解协议后不履行的，可以向调解组织申请调解；不愿调解、调解不成或者达成调解协议后不履行的，则员工或企业可以向劳动争议仲裁委员会申请仲裁；对仲裁裁决不服的，除法律另有规定的外，可以向法院提起诉讼。也即，劳动仲裁是诉讼的前置必经程序，未经仲裁直接向法院提起诉讼，法院不予受理。

劳动者申请劳动仲裁需要注意以下几点：一是劳动仲裁管辖范围。法律法规规定可申请劳动仲裁的情况包括：因确认劳动关系发生的争议；因订立、履行、变更、解除和终止劳动合同发生的争议；因除名、辞退和辞职、离职发生的争议；因工作时间、休息休假、社会保险、福利、培训以及劳动保护发生的争议；因劳动报酬、工伤医疗费、经济补偿或者赔偿金等发生的争议；法律、法规规定的其他劳动争议。二是仲裁管辖地的确定。劳动争议由劳动合同履行地或者企业所在地的劳动争议仲裁委员会管辖。三是仲裁时效。劳动争议申请仲裁的时效期间为一年。仲裁时效期间从当事人知道或者应当知道其权利被侵害之日起计算。若超过时效向劳动争议仲裁委员会提起仲裁申请，除非当事人因不可抗力或其他正当理由，否则会因超过时效而不被受理。

4 – 6. 法院诉讼

劳动争议的诉讼，是指劳动争议当事人不服劳动争议仲裁委员会的裁决，在规定的期限内向人民法院起诉，人民法院依法受理后，依法对劳动争议案件进行审理的活动。管辖法院为由用人单位所在地或者劳动合同履行地的基层人民法院。提起法院诉讼应满足以下条件：起诉人必须为劳动争议的一方当事人，可以是企业也可以是员工；起诉人必须有具体的诉讼请求和事实依据，根据"谁主张，谁举证"的原则，当事人对自己主张的事实应提供相应的证据支持；必须先经劳动争议仲裁委裁决，不服仲裁裁决才有权起诉。法院的诉讼包括一审和二审，并采二审终审制。不过，根据《劳动争议调解仲裁法》的规定，对于（1）追索劳动报酬、工伤医疗费、经济补偿或者赔偿金，不超过当地月最低工资标准 12 个月金额的争议以及（2）因执行国家的劳动标准在工作时间、休息休假、社会保险等方面发生的争议，采取一裁终局制度，裁决书自作出之日起发生法律效力。

根据《劳动争议调解仲裁法》的规定，对于一裁终局的案件，若出现适用法律法规确有错误、劳动争议仲裁委员会并无管辖权、违反法定程序、发生伪造或隐匿证据、徇私枉法裁判等情形的，企业可以向劳动争议仲裁委员会所在地的中级人民法院申请撤销裁决。人民法院审理案件，除了适用《劳动合同法》等劳动法律法规外，还适用最高人民法院先后出台的关于审理劳动争议案件的司法解释。目前，最高人民法院已经出台四部与劳动争议审理相关的专门司法解释。从法律风险预防的角度，企业更需要积极建立健全规章制度，实施企业民主管理，预先化解和提前避免劳动争议的发生。就具体劳动争议应对而言，企业应在日常人力资源管理过程中强化证据意识和程序意识，注重用工管理层面的书面化操作。从根本上讲，规范化的企业，更应寻求劳资双赢，和谐共生，注重人本化沟通。

后 记

自 2008 年《劳动合同法》《就业促进法》《劳动争议调解仲裁法》等一批新劳动法律法规实施以来，国家对劳动立法的力度进一步加强，先后出台《劳动合同法修正案》《劳务派遣暂行规定》等一系列法规政策，企业更加关注人力资源管理的合法性和合理性，即人力资源管理的合规化。近年来，国家在推行减税降费政策的同时，将继续推进"社保入税"工作，这给一些企业特别是中小企业带来一定的压力和影响。在这种背景下，企业更是要做好合规前提下的用工成本优化工作，通过积极有效的制度梳理和流程安排来化解和控制风险。持万咨询团队在长达 12 年的时间内，为数百家的知名企业提供过人力资源管理流程体系化项目和常年顾问服务，梳理过数十家公司总部和集团公司的用工模式和用工形态，审查过无数份的员工手册、劳动合同和专项协议，诊断过所有模块的人力资源管理流程，修改过几乎难以计数的人力资源管理使用的格式表单，并因此提炼和总结出中国企业在人力资源管理方面的操作指引，并按照相应的功能模块进行梳理，借以与持万咨询客户和广大企业共享。

全国各地人力资源管理法规政策常见参数索引①

（节录）

一、工作时间

（一）标准工时

标题	《国务院关于修订〈国务院关于职工工作时间的规定〉的决定》《中华人民共和国劳动法》《关于职工全年月平均时间和工资折算问题的通知》	
文号	国务院令第 174 号；中华人民共和国主席令第 28 号；劳动和社会保障部发〔2008〕3 号	
内容主题	标准工时	月平均工作时间和工资折算
内容摘要	1. 职工每日工作 8 小时，每周工作 40 小时。因工作性质或生产特点的限制，不能实行标准工时制度的，按照国家有关规定，可以实行其他工作和休息办法。 2. 用人单位应当保证劳动者每周至少休息一日。	1. 年工作日：365 – 104（休息日）– 11 天（法定节假日）–250 天。 2. 季工作日：250 天/4 季 = 62.5 天/季。 3. 月工作日：250 天/12 月 = 20.83 天/月。 4. 工作小时的计算：以月、季、年的工作日乘以每日的 8 小时。
备注	用人单位可以实行周六固定加班制度，但需要在劳动合同中予以明确约定，并依法结算并支付加班费。	月工资收入按月计薪天数 21.75 天折算的日工资和按月计薪小时数 174 小时折算的小时工资，可以作为加班加点工资计算基数。

---

① 本部分上海市的相关内容参见上海市劳动咨询事务所、上海市劳动和社会保障学会：《人力资源管理实用手册：劳动和社会保障相关参数分册（上海版）》，中国商业出版社 2019 年版，部分内容做了优化和调整。同时，对北京、江苏、浙江、广州、深圳等省市的规定和最新的法律法规政策作了适当的补充和评析。相关法律法规政策更新至 2020 年 5 月 31 日。

（二）不定时工作制和综合计算工时工作制

标题	上海市劳动和社会保障局 《关于印发〈本市企业实行不定时工作制和综合计算工时工作制的审批办法〉的通知》	
文号	沪劳保福发〔2006〕40 号	
内容主题	不定时工作制与综合计算工时制	相关许可手续
内容摘要	1. 不定时工作制是指企业因工作情况特殊，需要安排职工机动作业，无法实行标准工时制度，采用不确定工作时间的工时制度。 2. 综合计算工时工作制是指企业因工作情况特殊或受季节和自然条件限制，需要安排职工连续作业，无法实行标准工时制度，采用以周、月、季、年等为周期综合计算工作时间的工时制度。	1. 企业实行特殊工时制的，应当向企业工商登记注册地的区县人社局提出申请。但企业实行以年为周期综合计算工时工作制（包括同时申请实行不定时工作制）的，应当向市人社局提出申请。 2. 申请实行特殊工时制的企业，应当填写《企业实行不定时工作制和综合计算工时工作制申请表》并递交下列申请材料：（一）企业营业执照副本复印件和组织机构代码证复印件；（二）企业实行不定时工作制或综合计算工时工作制对员工工作和休息安排的计划；确有必要的，劳动保障行政部门可以要求申请单位提供与实行不定时工作制或综合计算工时工作制相关的职工名册、考勤记录等其他材料。 3. 人社部门自收到申请之日起 5 个工作日内，应当作出是否受理的决定，并书面告知申请单位。 4. 人社部门应当自受理申请之日起 20 个工作日内作出是否准予实行不定时工作制或综合计算工时工作制的决定，并书面批复申请单位。因情况特殊需延长审查期限的，经本部门主管领导批准，可延长 10 个工作日。
备注	1. 不定时工作制与综合计算工时制都称为特殊工时制。就不定时工作制而言，除法定节假日加班外，通常没有加班费；就综合计算工时制而言，是否有加班费需要在周期结束后进行核算，且除法定节假日外，通常按照 1.5 的倍率支付加班费。 2. 各地人社部门关于特殊工时制的审批大同小异，具体操作时请具体查阅各地的相关地方性政策和人社部门。	

（三）延长工作时间

标题	《中华人民共和国劳动法》
文号	中华人民共和国主席令第 28 号

续表

内容主题	延长工作时间
内容摘要	用人单位由于生产经营需要，经与工会和劳动者协商后可以延长工作时间，一般每日不得超过 1 小时；因特殊原因需要延长工作时间的，在保障劳动者身体健康的条件下延长工作时间每日不得超过 3 小时，但是每月不得超过 36 小时。

二、劳动报酬

（一）最低生活保障标准

标题	《关于调整本市城乡低保及相关社会救助标准的通知》			
文号	沪民规〔2019〕5 号			
内容主题	城乡居民最低生活保障标准			
内容摘要	从 2019 年 4 月 1 日起，本市城乡居民最低生活保障标准，由每人每月 1070 元，调整为每人每月 1160 元。			
备注	全国部分地区城乡居民最低生活保障标准（2019）			
	地区	城市低保（元）	农村低保（元）	调整日期
	上海	1160	1160	2019. 4. 1
	北京	1100	1100	2019. 1
	天津	980	980	2019. 4. 1
	苏州	995	995	2019. 7. 1
	南京	900	900	2019. 7. 1
	杭州（上城区、下城区、江干区、拱墅区、西湖区、滨江区、萧山区、余杭区、富阳区以及杭州经济开发区、杭州西湖风景名胜区、杭州大江东产业集聚区）	1041	1041	2019. 7. 1
	杭州（临安区）	989	989	2019. 7. 1
	杭州（桐庐县、淳安县和建德市）	833	833	2019. 7. 1
	广州	1080	1080	2020. 3. 10
	深圳	1250	1250	2020. 1

（二）最低工资标准

标题	《关于调整本市最低工资标准的通知》	
文号	沪人社规〔2019〕5号	
内容主题	最低月工资	最低小时工资
内容摘要	1. 从2019年4月1日起，月最低工资标准从2420元调整为2480元。下列项目不作为月最低工资的组成部分，单位应按规定另行支付：（1）延长工作时间的工资。（2）中夜班津贴、夏季高温津贴及有毒有害等特殊工作环境下的岗位津贴。（3）伙食补贴、上下班交通费补贴、住房补贴。（4）个人依法缴纳的社会保险费和住房公积金。2. 月最低工资标准适用于全日制就业劳动者。	1. 从2019年4月1日起，小时最低工资标准从21元调整为22元。小时最低工资不包括个人和单位依法缴纳的社会保险费。2. 小时最低工资标准适用于非全日制就业劳动者。

备注	全国部分城市最低工资标准（2019）				
	城市	最低月工资（元）	最低小时工资（元/小时）		调整日期
	上海	2480	22（非全日制同）		2019.4.1
	北京	2200	24（非全日制24，法定节假日56）		2019.7.1
	天津	2050	11.8（非全日制20.8）		2017.7.1
	江苏	2020	一类（南京、无锡、常州、苏州、镇江、泰州）	18.5	2018.8.1
		1830	二类（徐州、连云港、淮安、盐城、扬州）	16.5	
		1620	三类（其他区县，含上述一类二类部分区县）	14.5	
	浙江	2010	一类（杭州主城区、萧山区、余杭区、富阳区和钱塘新区）	18.4	2017.12.1
		1800	二类（临安区）	16.5	
		1660	三类（建德市、桐庐县、淳安县）	15	
		1500	四类（其他县市级部分二类、二类、三类区县）	13.5	
	广东	2100	一类（广州）	20.3	2018.7.1（暂缓）
		1720	二类（珠海、佛山、东莞、中山）	16.4	
		1550	三类（汕头、惠州、江门、肇庆）	15.3	
		1410	四类其他市县	14	
		2200	深圳	20.3	2018.7.1

说明	1. 上海市和北京市的最低工资标准均不包含个人依法缴纳社会保险费和住房公积金；江苏省的最低工资标准不包含按照下限缴纳的住房公积金。 2. 上海市、北京市和天津市区分了全日制用工小时最低标准和非全日制用工小时最低标准，其他地区所称小时最低标准一般指非全日制用工小时最低标准。

附：上海市历年最低工资

年度	1994	1995	1996	1997	1998	1999	2000
最低工资（元）	220	270	300	315	325	370/423	445
年度	2001	2002	2003	2004	2005	2006	2007
最低工资（元）	490	535	570	635	690	750	840
年度	2008	2009	2010	2011	2012	2013	2014
最低工资（元）	960	960	1120	1280	1450	1620	1820
年度	2015	2016	2017	2018	2019		
最低工资（元）	2020	2190	2300	2420	2480		

（三）平均工资

标题	《上海市关于本市2017年职工平均工资有关事宜的通知》
文号	沪人社综〔2018〕87号
内容主题	2017年全市职工平均工资
内容摘要	2017年本市职工平均工资为85582元，月平均工资为7132元，比上年增长9.7%。 凡按2017年本市职工平均工资计算的事项，均按本通知执行。
备注	1. 原则上，上海市人力资源和社会保障局每年都会出台上一年的平均工资通知； 2. 其他地区的平均工资通常也在次年上半年由各地区人社部门发出通知，此处从略。

附：上海市历年平均工资

年度	1994	1995	1996	1997	1998	1999	2000
平均工资（元）	7404	9276	10668	11424	12060	14148	15420
年度	2001	2002	2003	2004	2005	2006	2007
平均工资（元）	17764	19473	22160	24398	26823	29569	34707
年度	2008	2009	2010	2011	2012	2013	2014
平均工资（元）	39502	42789	46757	51968	56300	60435	65417

续表

年度	2015	2016	2017	2018	2019		
平均工资（元）	71268	78045	85582	105176①	114962		

（四）加班费的计算基数和计算方法

标题	《关于印发〈上海市企业工资支付办法〉的通知》	
文号	沪人社综发〔2016〕29 号	
内容主题	加班费的计算基数	加班费的计算方法
内容摘要	1. 加班工资和假期工资的计算基数为劳动者所在岗位相对应的正常出勤月工资，不包括年终奖，上下班交通补贴、工作餐补贴、住房补贴、中夜班津贴、夏季高温津贴、加班工资等特殊情况下支付的工资。 2. 加班工资和假期工资的计算基数按以下原则确定：（一）劳动合同对劳动者月工资有明确约定的，按劳动合同约定的劳动者所在岗位相对应的月工资确定；实际履行与劳动合同约定不一致的，按实际履行的劳动者所在岗位相对应的月工资确定；（二）劳动合同对劳动者月工资未明确约定，集体合同（工资专项集体合同）对岗位相对应的月工资有约定的，按集体合同（工资专项集体合同）约定的与劳动者岗位相对应的月工资确定；（三）劳动合同、集体合同（工资专项集体合同）对劳动者月工资均无约定的，按劳动者正常出勤月依照企业正常支付工资（不包括加班工资）的 70% 确定。 3. 加班工资和假期工资的计算基数不得低于本市规定的最低工资标准。法律、法规另有规定的，从其规定。	1. 企业根据实际需要安排劳动者在法定标准工作时间以外工作的，按以下标准支付加班工资：（一）安排劳动者在日法定标准工作时间以外延长工作时间的，按照不低于劳动者本人小时工资的 150% 支付；（二）安排劳动者在休息日工作，而又不能安排补休的，按照不低于劳动者本人日或小时工资的 200% 支付；（三）安排劳动者在法定休假节日工作的，按照不低于劳动者本人日或小时工资的 300% 支付。 2. 企业依法安排实行计件工资制的劳动者完成计件定额任务后，在法定标准工作时间以外工作的，应当根据以上原则相应调整计件单价。计件定额应通过一定的民主管理程序合理制定。 3. 经人力资源社会保障行政部门批准实行综合计算工时工作制的企业，劳动者综合计算工作时间超过法定标准工作时间的，应当视为延长工作时间，并按 150% 规定支付加班工资；企业在法定休假节日安排劳动者工作的，按 300% 规定支付加班工资。经人力资源社会保障行政部门批准实行不定时工时制的劳动者，在法定休假节日由企业安排工作的，按 300% 的规定支付加班工资。 4. 在妇女节、青年节等部分公民休假的节日期间，对参加社会或企业组织的庆祝活动和照常工作的劳动者，企业应支付工资，但不支付加班工资。如果该节日恰逢休息日，企业安排劳动者工作的，应当按 200% 规定支付加班工资。 5. 日工资按月工资除以每月平均计薪天数 21.75 天计算；小时工资按日工资除以 8 小时计算。

① 根据国务院相关文件精神，从 2019 年起发布上年"上海市城镇单位就业人员平均工资"，原发布的"全市职工平均工资"不再发布。新、老平均工资在统计的地域范围、调查对象、人员类型等存在差异，两者指标不可比。资料来源：上海市统计局网站。

续表

备注	1. 各地（原则上为省区市地方政府或人社部门）都出台了各自的工资支付相关规定，具体宜按照各地的规定执行。但原则上，这些规定在大的方面基本原则一致。 2. 在部分地方，工资支付规则存在一定的差异，在实际操作时应注意掌握：（1）上海市，在无明确约定情形下加班费计算基数按照企业正常支付工资的70%执行；解除或终止合同时，工资应一次性付清，但允许双方另有合理约定的除外；（2）深圳市，年终奖按照实际工作月份数按照全年月份来相应折算；等等。

（五）假期工资的计算基数

标题	《关于印发〈上海市企业工资支付办法〉的通知》
文号	沪人社综发〔2016〕29号
内容主题	假期工资的计算基数
内容摘要	1. 加班工资和假期工资的计算基数为劳动者所在岗位相对应的正常出勤月工资，不包括年终奖，上下班交通补贴、工作餐补贴、住房补贴、中夜班津贴、夏季高温津贴、加班工资等特殊情况下支付的工资。 2. 加班工资和假期工资的计算基数按以下原则确定：（一）劳动合同对劳动者月工资有明确约定的，按劳动合同约定的劳动者所在岗位相对应的月工资确定；实际履行与劳动合同约定不一致的，按实际履行的劳动者所在岗位相对应的月工资确定；（二）劳动合同对劳动者月工资未明确约定，集体合同（工资专项集体合同）对岗位相对应的月工资有约定的，按集体合同（工资专项集体合同）约定的与劳动者岗位相对应的月工资确定；（三）劳动合同、集体合同（工资专项集体合同）对劳动者月工资均无约定的，按劳动者正常出勤月依照企业正常支付工资（不包括加班工资）的70%确定。 3. 加班工资和假期工资的计算基数不得低于本市规定的最低工资标准。法律、法规另有规定的，从其规定。
备注	加班费的计算基数与假期工资的计算基数在原则上是相同的。

三、休息休假

（一）法定假日

标题	《国务院关于修改〈全国年节及纪念日放假办法〉的决定》
文号	中华人民共和国国务院令第644号
内容主题	全国的法定节假日安排

续表

内容摘要	1. 全体公民放假的节日：（一）新年，放假 1 天（1 月 1 日）；（二）春节，放假 3 天（农历正月初一、初二、初三）；（三）清明节，放假 1 天（农历清明当日）；（四）劳动节，放假 1 天（5 月 1 日）；（五）端午节，放假 1 天（农历端午当日）；（六）中秋节，放假 1 天（农历中秋当日）；（七）国庆节，放假 3 天（10 月 1 日、2 日、3 日）。 2. 部分公民放假的节日及纪念日：（一）妇女节（3 月 8 日），妇女放假半天；（二）青年节（5 月 4 日），14 周岁以上的青年放假半天；（三）儿童节（6 月 1 日），不满 14 周岁的少年儿童放假 1 天；（四）中国人民解放军建军纪念日（8 月 1 日），现役军人放假半天。少数民族习惯的节日，由各少数民族聚居地区的地方人民政府，按照该民族习惯，规定放假日期。 3. 二七纪念日、五卅纪念日、七七抗战纪念日、九三抗战胜利纪念日、九一八纪念日、教师节、护士节、记者节、植树节等其他节日、纪念日，均不放假。
备注	全体公民放假的假日，如果适逢星期六、星期日，应当在工作日补假。部分公民放假的假日，如果适逢星期六、星期日，则不补假。

（二）年休假

标题	《职工带薪年休假条例》	
文号	中华人民共和国国务院令第 514 号	
内容主题	职工享受带薪年休假的计算	不享受带薪年休假的情形
内容摘要	<table><tr><td>累计工作年限</td><td>享受年休假</td></tr><tr><td>已满 1 年不满 10 年的</td><td>年休假 5 天</td></tr><tr><td>已满 10 年不满 20 年的</td><td>年休假 10 天</td></tr><tr><td>已满 20 年的</td><td>年休假 15 天</td></tr></table>	（一）职工依法享受寒暑假，其休假天数多于年休假天数的；（二）职工请事假累计 20 天以上且单位按照规定不扣工资的；（三）累计工作满 1 年不满 10 年的职工，请病假累计 2 个月以上的；（四）累计工作满 10 年不满 20 年的职工，请病假累计 3 个月以上的；（五）累计工作满 20 年以上的职工，请病假累计 4 个月以上的。
说明	1. 国家法定休假日、休息日不计入年休假的假期。 2. 年休假在 1 个年度内可以集中安排，也可以分段安排，一般不跨年度安排。单位因生产、工作特点确有必要跨年度安排职工年休假的，可以跨 1 个年度安排。 3. 用人单位经职工同意不安排年休假或者安排职工年休假天数少于应休年休假天数，应当在本年度内对职工应休未休年休假天数，按照其日工资收入的 300% 支付未休年休假工资报酬，其中包含用人单位支付职工正常工作期间的工资收入。（中华人民共和国人力资源和社会保障部令第 1 号《企业职工带薪年休假实施办法》）	
备注	由于国务院新职工带薪年休假的颁布，上海地方条例规定的年休假制度被替代。	

（三）婚假

标题	《关于国营企业职工请婚丧假和路程假问题的通知》	《关于修改〈上海市人口与计划生育条例〉的决定》
文号	劳动部〔80〕劳总薪字 29 号	2016 年 2 月 23 日，上海市第十四届人大常委会第二十七次会议经表决通过
内容主题	一般婚假的相关规定	一般婚假的相关规定
内容摘要	1. 符合法定年龄结婚（包括再婚），酌情给予一至三天婚假。 2. 路程假根据路程远近另给。	1. 符合法律规定结婚的公民，除享受国家规定的婚假外，增加婚假 7 天。 2. 增加的婚假适用 2016 年 1 月 1 日以后依法登记结婚的对象（包括初婚、再婚）。
备注	1. 晚婚假遇法定节假日顺延。晚婚假一般应当与婚假合并连续使用。 2. 在批准的婚假和路程假期内，如无特殊约定，企业应按其正常情况的本人月实得工资的 70% 支付，途中的车船费等由职工自理。 3. 其他各地的婚假规定基本相同，具体以当地规定为准。	

（四）丧假

标题	《关于国营企业职工请婚丧假和路程假问题的通知》	《关于职工的岳父母或公婆等亲属死亡后可给予请丧假问题的通知》
文号	劳动部〔80〕劳总薪字 29 号	沪劳资发〔87〕130 号
内容主题	国务院关于丧假的规定	上海市关于丧假的规定
内容摘要	职工的直系亲属（父母、配偶和子女）死亡时，由本单位行政领导批准，酌情给予一至三天的丧假。	1. 职工的岳父母或公婆死亡后，需要职工料理丧事的，由本单位行政领导批准，可给予一至三天的丧假。 2. 路程假根据路程远近另给。
备注	1. 在批准的丧假和路程假期内，如无特殊约定，企业应按其正常情况的本人月实得工资的 70% 支付，途中的车船费等由职工自理。 2. 其他各地的婚假规定基本相同，具体以当地规定为准。至于岳父母或公婆死亡后是否等同对待，各地政策掌握可能略有不同。	

（五）职工探亲假

标题	《国务院关于公布〈国务院关于职工探亲待遇的规定〉的通知》《财政部关于职工探亲路费的规定》		
文号	国务院法〔1981〕36 号；财政部财字〔1981〕113 号		
探望对象	探望配偶	探望父母	
		已婚职工	未婚职工
适用条件	工作满一年，与配偶不住在一起，又不能在公休假日团聚的。（在家住一昼夜）	与父亲、母亲都不住在一起，又不能在公休假日团聚的。	
假期期限	每年给予一方探亲假一次，假期为 30 天。	每四年给假一次，假期为 20 天。	原则上每年给假一次，假期为 20 天。如果因为工作需要，本单位当年不能给予假期，或者职工自愿两年探亲一次的，可以两年给假一次，假期为 45 天。
假期待遇	职工在规定的探亲假期和路程假期内，按照本人的标准工资发给工资。		
路程费用	由所在单位负担，具体标准如下：乘火车：一律报硬席座位费；年满 50 周岁以上并连续乘火车 48 小时以上，可报硬席卧铺费；乘轮船：报四等舱位；乘长途汽车及市内交通费，凭据按实支报销（不包括出租车）；中转住宿：可凭据报销一天的普通房位费；乘飞机：不报销，可按直线车等报销，多出部分由职工自理。	往返路费在本人月工资 30% 以内的自理，超过部分由所在单位负担。	以探望配偶的标准为准。
特别说明	1. 探亲假除规定的假期期限外，可根据实际需要给予一定的路程假； 2. 探亲假的假期均包括公休假日和法定节日在内； 3. 在国家在 2008 年推出年休假后，探亲假是否应取消目前仍有相当争议。		

（六）归侨、侨眷职工探亲假

标题	《关于归侨、侨眷职工出境探亲待遇问题的通知》		
文号	国务院侨务办公室〔82〕侨政会字经 011 号		
探望对象	探望配偶	探望父母	
		已婚职工	未婚职工

续表

假期期限	四年以上（含四年）一次的给假半年；不足四年的，按每年给假一个月计算。	每四年给假一次，假期为 40 天，不予累计。	四年以上（含四年）一次的给假四个月；三年一次的给假 70 天；二年一次的给假 45 天；一年一次的给假 20 天。
特别说明	1. 探亲假的假期均包括公休假日和法定节日在内； 2. 按实际需要给予路程假； 3. 国内探亲按《国务院关于职工探亲待遇的规定》享受待遇； 4. 在国家在 2008 年推出年休假后，探亲假是否应取消目前仍有相当争议。		

（七）患病或因工负伤医疗期的计算

1. 上海版

标题	《上海市人民政府印发修订后的〈关于本市劳动者在履行劳动合同期间患病或者非因工负伤的医疗期标准的规定〉的通知》
文号	沪府发〔2015〕40 号
内容主题	医疗期限的计算
内容摘要	1. 医疗期是指劳动者患病或者非因工负伤停止工作治病休息，用人单位不得因此解除劳动合同的期限。 2. 医疗期按劳动者在本用人单位的工作年限设置。劳动者在本单位工作第 1 年，医疗期为 3 个月；以后工作每满 1 年，医疗期增加 1 个月，但不超过 24 个月。 3. 劳动者经劳动能力鉴定委员会鉴定为完全丧失劳动能力但不符合退休、退职条件的，应当延长医疗期。延长的医疗期由用人单位与劳动者具体约定，但约定延长的医疗期与前条规定的医疗期合计不得低于 24 个月。 4. 下列情形中关于医疗期的约定长于上述规定的，从其约定：（1）集体合同对医疗期有特别约定的；（2）劳动合同对医疗期有特别约定的；（3）用人单位内部规章制度对医疗期有特别规定的。 5. 劳动者在本单位工作期间累计病休时间超过按照规定享受的医疗期，用人单位可以依法与其解除劳动合同。 6. 本规定施行前已经履行的劳动合同，其医疗期按照当时本市的相关规定执行。
备注	1. 劳动者医疗期按本市规定的月工作时间计算，且不包括国家规定的法定休假日和休息日。 2. 本规定自 2015 年 5 月 1 日起施行，有效期至 2020 年 6 月 30 日。 3. 除上海地区外，其他地区医疗期规定按照《企业职工患病或非因工负伤医疗期规定》（劳部发〔1994〕479 号）的规定执行。

2．全国版

总工作年限	本单位工作年限	应给予的医疗期	累计病休时间计算
10 年以下	5 年以下	3 个月	6 个月
	5 年以上	6 个月	12 个月
10 年以上	5 年以下	6 个月	12 个月
	5 年以上 10 年以下	9 个月	15 个月
	10 年以上 15 年以下	12 个月	18 个月
	15 年以上 20 年以下	18 个月	24 个月
	20 年以上	24 个月	30 个月

注：1. 病假工资、疾病救济金不低于当地最低工资标准的 80%。国家或地方另有规定的，从其规定。

2. 文件依据：《企业职工患病或非因工负伤医疗期规定》（劳部发〔1994〕479 号）。

（八）患病或因工负伤医疗期的病假工资

标题	《上海市劳动局关于加强企业职工疾病休假管理保障职工疾病休假期间生活的通知》							
文号	沪劳保发〔95〕83 号							
内容主题	医疗期病假工资的计算							
内容摘要	患病 6 个月以内 （疾病休假工资）					患病 6 个月以上 （疾病救济费）		
	连续工龄	不满两年	满两年不满四年	满四年不满六年	满六年不满八年	满八年及其以上	不满一年	满一年不满三年	满三年及其以上
	本人假期工资基数	60%	70%	80%	90%	100%	40%	50%	60%
内容主题	医疗期病假工资的计算基数							
内容摘要	1. 劳动合同有约定的，按不低于劳动合同约定的劳动者本人所在岗位相对应的工资标准确定。集体合同（工资集体协议）确定的标准高于劳动合同约定标准的，按集体合同（工资集体协议）标准确定。 2. 劳动合同、集体合同均为约定的，可由用人单位与职工代表通过工资集体协商确定，协商结果应签订工资集体协议。 3. 用人单位与劳动者无任何约定的，假期工资的计算基数统一按劳动者本人所在岗位正常出勤日的月工资的 70% 确定。 4. 按上述原则确定的假期工资基数不得低于上海市规定的最低工资标准。							

续表

备注	1. 上海版的病假待遇与其他各地规定基本一致。 2. 以往实践中，上海市病假工资执行原则上可以基于合理性原则按照不高于上一年度社会平均工资执行，但目前在司法实践中亦出现争议。在具体个案裁判中，其他各地关于病假工资的确定亦有一些争议。

（九）医疗期补助费的规定

标题	《上海市劳动合同条例》
文号	上海市人民代表大会常务委员会公告第 58 号
内容主题	医疗补助费的具体标准
内容摘要	1. 用人单位依据劳动者患病或非因工负伤，医疗期满后，不能从事原工作也不能从事由用人单位另行安排的工作的情形而解除劳动合同的，除按规定支付经济补偿金外，还应给予不低于劳动者本人六个月工资收入的医疗补助费。 2. 工资收入按劳动者解除劳动合同前十二个月的平均工资收入计算。 3. 劳动者月平均工资收入低于本市职工最低工资标准的，按本市职工最低工资标准计算。
备注	1. 上海版的医疗补助费与其他各地规定基本一致。 2. 在具体个案裁判中，全国各地关于医疗补助费的支付条件确认亦有一些争议。比如，是否需要经由劳动鉴定程序，等等。

四、女职工保护

（一）生育假及其待遇

标题	《上海市女职工劳动保护办法》《上海市人口与计划生育条例》
文号	上海市人民政府令第 52 号；上海市人民代表大会常务委员会 2016 年 2 月 23 日第二次修正

续表

内容主题	产前检查	产前工间休息	产前假	产假				哺乳假	哺乳时间	生育假和配偶陪产假
				顺产	难产	多胞胎	流产			
内容摘要	女职工妊娠期间在医疗保健机构约定的劳动时间内进行产前检查（包括妊娠十二周内的初查），应算作劳动时间。	女职工妊娠七个月以上（按二十八周计算），应给予每天工间休息一小时，不得安排夜班劳动。	如工作许可，经本人申请，单位批准，可请产前假两个半月。	单胎产者，给予产假九十天，其中产前休息十五天，产后休息七十五天。 1. 已婚妇女生育第一个子女时，年满二十四周岁的，为晚育。 2. 符合规定生育的晚育妇女除享受国家规定的产假外，增加晚育假三十天，其配偶享受晚育护理假三天。 3. 晚育假、晚育护理假期间享受产假同等待遇。（取消晚婚晚育假）	增加产假十五天。	每多生育一个婴儿，增加产假十五天。	妊娠三个月内自然流产或子宫外孕者，给予产假三十天；妊娠三个月以上，七个月以下自然流产者，给予产假四十五天。	1. 女职工生育后，若有困难且工作许可，由本人提出申请，经单位批准，产假结束后可请哺乳假六个月。 2. 婴儿满一周岁后，经区、县级以上医疗保健机构确诊为体弱儿的，可适当延长女职工授乳时间，但最多不超过六个月。	女职工生育后，在其婴儿一周岁内应照顾其在每班劳动时间内授乳两次（包括人工喂养）。每次单胎纯授乳时间为三十分钟，亦可将两次授乳时间合并使用。多胞胎生育者，每多生育一胎，每次哺乳时间增加三十分钟。	符合法律法规规定生育的夫妻，女方除享受国家规定的产假外，还可以再享受生育假三十天，男方享受配偶陪产假十天。生育假享受产假同等待遇，配偶陪产假期间的工资，按照本人正常出勤应得的工资发给。
待遇	1. 女职工在产假期间的工资照发； 2. 按本规定享受的产前假和哺乳假的工资按本人原工资的80%发给； 3. 单位增加工资时，女职工按规定享受的产前假、产假、哺乳假，应作出勤对待。									

续表

备注	1. 女职工生育假各地略有不同，具体执行时按照各地规定办理。 2. 国家推进"普遍二孩"政策后，全国各地计划生育和女职工保护政策都有调整，请留意按照最新的政策规定执行。比如： （1）北京市人大常委会 2016 年 3 月 24 日新修订的《北京市人口与计划生育条例》将第 20 条改为第 18 条，修改为："机关、企业事业单位、社会团体和其他组织的女职工，按规定生育的，除享受国家规定的产假外，享受生育奖励假三十天，其配偶享受陪产假十五天。女职工及其配偶休假期间，机关、企业事业单位、社会团体和其他组织不得降低其工资、予以辞退、与其解除劳动或者聘用合同。女职工经所在机关、企业事业单位、社会团体和其他组织同意，可以再增加假期一至三个月。" （2）江苏省人大常委会 2016 年 3 月 30 日最新修订的《江苏省人口与计划生育条例》第 27 条规定，"依法办理结婚登记的夫妻，在享受国家规定婚假的基础上，延长婚假十天。自 2016 年 1 月 1 日起，符合本条例规定生育子女的夫妻，女方在享受国家规定产假的基础上，延长产假三十天，男方享受护理假十五天"。 （3）浙江省人大常委会 2016 年 1 月 14 日最新修订的《浙江省人口与计划生育条例》新增第 30 条，规定"2016 年 1 月 1 日以后符合法律、法规规定生育子女的夫妻，可以获得下列福利待遇：（一）女方法定产假期满后，享受三十天的奖励假，不影响晋级、调整工资，并计算工龄；用人单位根据具体情况，可以给予其他优惠待遇；（二）男方享受十五天护理假，工资、奖金和其他福利待遇照发"。 （4）广东省人大常委会 2019 年 11 月 29 日修正的《广东省人口与计划生育条例》第 30 条规定："符合法律、法规规定生育子女的夫妻，女方享受八十日的奖励假，男方享受十五日的陪产假。在规定假期内照发工资，不影响福利待遇和全勤评奖。" （5）深圳市人大常委会 2015 年 12 月 24 日修订的《深圳经济特区人口与计划生育条例》（2017 年 3 月 21 日废止，已失效）第 35 条规定："职工实行晚育并符合计划生育政策的，除按国家、广东省有关规定享受假期优待外，女方增加产假十五天。"

（二）节育假及其待遇

标题	上海市人民政府关于印发修订后的《上海市计划生育奖励与补助若干规定》的通知							
文号	沪府发〔2016〕46 号							
项目	放置宫内节育器	放置宫内节育器后	取宫内节育器	输精管绝育的	输卵管绝育的	人工流产	放置皮下埋植剂	取出皮下埋植剂的	放置宫内节育器或皮下埋植剂后因月经失调需诊断性刮宫的

续表

享受福利	休息2天且术后一周内不做重体力劳动	3个月、6个月、12个月时各随访一次，以后每年随访一次，每次休息1天	休息2天	休息7天	休息30天	第一次人工流产及因放置宫内节育器、绝育、皮下埋植术后失败的再次人工流产，孕期小于13周且行吸宫术及药物流产的，休息14天；孕期小于13周且行钳刮术的，休息21天；孕期大于13周的，休息30天	休息5天	休息3天	休息5天
待遇标准	1. 实行计划生育手术的公民，按照下列规定享受休假，假期期间的工资按照本人正常出勤应得的工资发给。 2. 实行计划生育手术的公民有以下情形之一且经医生同意需要休息的，其假期按病假处理：（一）第一次人工流产后及因放置宫内节育器、绝育、皮下埋植术后失败而再次人工流产后，已休满规定假期；（二）未采取绝育、放置宫内节育器或皮下埋植术而再次人工流产；（三）发生节育手术并发症。 3. 实行计划生育手术的假期，自手术之日起计算；同时实行多项计划生育手术的，多项手术假期累计。								
备注	女职工节育假各地略有不同，具体执行时按照各地规定办理。								

（三）女职工的特殊权益保障

标题	《中华人民共和国妇女权益保障法》
文号	第十三届全国人民代表大会常务委员会第六次会议于 2018 年 10 月 26 日修正
内容主题	女职工权益保障
内容摘要	1. 各单位在录用职工时，除不适合妇女的工种或者岗位外，不得以性别为由拒绝录用妇女或者提高对妇女的录用标准。 2. 各单位在录用女职工时，应当依法与其签订劳动（聘用）合同或者服务协议，劳动（聘用）合同或者服务协议中不得规定限制女职工结婚、生育的内容。 3. 禁止录用未满十六周岁的女性未成年人，国家另有规定的除外。 4. 任何单位不得因结婚、怀孕、产假、哺乳等情形，降低女职工的工资，辞退女职工，单方解除劳动（聘用）合同或者服务协议。但是，女职工要求终止劳动（聘用）合同或者服务协议的除外。

五、合同解除、终止和经济补偿金

标题	《中华人民共和国劳动合同法》		
文号	中华人民共和国主席令第73号公布		
内容主题	适用情形	经济补偿	经济补偿的计算标准
合同解除 / 劳动者提出解除	劳动者主动提出解除劳动合同，提前30日以书面形式通知用人单位。	无	1. 经济补偿按劳动者在本单位工作的年限，每满1年支付1个月工资的标准向劳动者支付。6个月以上不满1年的，按1年计算；不满6个月的，向劳动者支付半个月工资的经济补偿。 2. 劳动者月工资高于用人单位所在直辖市、设区的市级人民政府公布的本地区上年度职工月平均工资3倍的，向其支付经济补偿的标准按职工月平均工资3倍的数额支付，向其支付经济补偿的年限最高不超过12年。 3. 本条所称月工资是指劳动者在劳动合同解除或者终止前12个月的平均工资。
	1. 用人单位有下列情形之一，劳动者解除劳动合同的：（1）未按照劳动合同约定提供劳动保护或者劳动条件的；（2）未及时足额支付劳动报酬的；（3）未依法为劳动者缴纳社会保险费的；（4）用人单位的规章制度违反法律、法规的规定，损害劳动者权益的；（5）因本法第二十六条第一款规定的情形（以欺诈、胁迫的手段或者乘人之危，使对方在违背真实意思的情况下订立或者变更劳动合同的）致使劳动合同无效的； 2. 用人单位以暴力、威胁或者非法限制人身自由的手段强迫劳动者劳动的，或者用人单位违章指挥、强令冒险作业危及劳动者人身安全的，劳动者可以立即解除劳动合同的，不需事先告知用人单位。	有	
合同解除 / 协商解除	用人单位主动发起，与劳动者协商一致解除合同。	有	
	劳动者主动发起，协商一致解除劳动合同。	无	
合同解除 / 过失性解除	劳动者有下列情形之一，用人单位解除劳动合同的：（1）在试用期间被证明不符合录用条件的；（2）严重违反用人单位的规章制度的；（3）严重失职，营私舞弊，给用人单位造成重大损害的；（4）劳动者同时与其他用人单位建立劳动关系，对完成本单位的工作任务造成严重影响，或者经用人单位提出，拒不改正的；（5）因本法第二十六条第一款第一项规定的情形（以欺诈、胁迫的手段或者乘人之危，使对方在违背真实意思的情况下订立或者变更劳动合同的）致使劳动合同无效的；（6）被依法追究刑事责任的。	有	
合同解除 / 非过失性解除	有下列情形之一，用人单位解除劳动合同的：（1）劳动者患病或者非因工负伤，在规定的医疗期满后不能从事原工作，也不能从事由用人单位另行安排的工作的；（2）劳动者不能胜任工作，经过培训或者调整工作岗位，仍不能胜任工作的；（3）劳动合同订立时所依据的客观情况发生重大变化，致使劳动合同无法履行，经用人单位与劳动者协商，未能就变更劳动合同内容达成协议的。	有	

续表

合同解除	经济性裁员	有下列情形之一，需要裁减人员 20 人以上或者裁减不足 20 人但占企业职工总数 10% 以上的，用人单位提前 30 日向工会或者全体职工说明情况，听取工会或者职工的意见后，裁减人员方案经向劳动行政部门报告，可以裁减人员：（1）依照企业破产法规定进行重整的；（2）生产经营发生严重困难；（3）企业转产、重大技术革新或者经营方式调整，经变更劳动合同后，仍需裁减人员的；（4）其他因劳动合同订立时所依据的客观经济情况发生重大变化，致使劳动合同无法履行的。	有	
合同终止		（1）劳动合同期满的（除用人单位维持或者提高劳动合同约定条件续订劳动合同，劳动者不同意续订的情形外）；	有	
		（2）用人单位被依法宣告破产的； （3）用人单位被吊销营业执照、责令关闭、撤销或者用人单位决定提前解散的；	有	
		（4）劳动者开始依法享受基本养老保险待遇的； （5）劳动者死亡，或者被人民法院宣告死亡或者宣告失踪的； （6）法律、行政法规规定的其他情形。	无	
备注		1. 劳动合同的解除和终止是两个不同的概念。解除是指因"主观原因或行为"（如双方协商一致或单方主动提出等）导致劳动关系的消灭，而终止是指因"客观条件的成就"（如劳动合同到期或用人单位破产、解散等）导致劳动关系的消灭。 2. 2012 年修改后的《劳动合同法》在全国范围内实施，各地出台的《劳动合同条例》或《劳动合同规定》与《劳动合同法》不一致的条款将停止执行。 3. 对于各地新修订或原劳动合同相关地方性规定中的部分有效条款，在各地仍在执行中。比如 2013 年 5 月 1 日起施行的《江苏省劳动合同条例》再次明确了不超过 6 个月的脱密期（提前通知期）的有效性（第 27 条），并规定了用人单位动议变更而劳动者 15 日未答复视为不同意变更（第 29 条）和顶岗实习人员最低工资强制保护（第 42 条），等等。比如江苏和北京两地均要求劳动合同到期终止用人单位应负有提前 30 天的通知义务，否则用人单位应按照每晚 1 天通知则需承受科以 1 日工资的罚则。		

六、工伤保险

（一）工伤认定的申请

标题	《上海市工伤保险实施办法》
文号	沪府令 93 号
内容主题	工伤认定的申请

续表

内容摘要	1. 从业人员发生事故伤害或者按照职业病防治法规定被诊断、鉴定为职业病，所在单位应当自事故伤害发生之日或者被诊断、鉴定为职业病之日起 30 日内，向用人单位所在地的区、县人力资源社会保障局提出工伤认定申请。遇有特殊情况，经报区、县人力资源社会保障局同意，申请时限可以适当延长。 2. 用人单位未按照前款规定提出工伤认定申请的，从业人员或者其近亲属、工会组织在事故伤害发生之日或者被诊断、鉴定为职业病之日起 1 年内，可以直接向用人单位所在地的区、县人力资源社会保障局提出工伤认定申请。 3. 用人单位未在本条第一款规定的时限内提出工伤认定申请的，在此期间发生符合本办法规定的工伤待遇等有关费用由该用人单位负担。 4. 提出工伤认定申请应当提交下列材料：（一）工伤认定申请表；（二）与用人单位存在劳动关系（包括事实劳动关系）的证明材料；（三）医疗诊断证明或者职业病诊断证明书（或者职业病诊断鉴定书）。 5. 工伤认定申请表应当包括事故发生的时间、地点、原因以及从业人员伤害程度等基本情况。 6. 本办法自 2013 年 1 月 1 日起施行。2004 年 6 月 27 日上海市人民政府令第 29 号发布，并根据 2010 年 12 月 20 日上海市人民政府令第 52 号《上海市人民政府关于修改〈上海市农机事故处理暂行规定〉等 148 件市政府规章的决定》修正的《上海市工伤保险实施办法》同时废止。
备注	上海市工伤保险实施办法系按照《工伤保险条例》规定来具体细化，大部分内容仍是承接《条例》规定而进行了适当细化。其他各地规定大致相同，但在具体操作时，仍应结合本地实施办法执行。

（二）工伤劳动能力鉴定

标题	《上海市工伤保险实施办法》
文号	沪府令 93 号
内容主题	工伤劳动能力鉴定
内容摘要	1. 从业人员发生工伤，经治疗伤情相对稳定后存在残疾、影响劳动能力的，应当进行劳动功能障碍程度和生活自理障碍程度的劳动能力鉴定。劳动功能障碍分为十个伤残等级，生活自理障碍分为三个等级。 2. 工伤人员的劳动能力鉴定，可以由用人单位、工伤人员或者其近亲属向区、县鉴定委员会提出申请。职业病人员的劳动能力鉴定，向市鉴定委员会提出申请。提出劳动能力鉴定申请的，应当提交下列材料：（一）填写完整的劳动能力鉴定申请表；（二）工伤认定决定；（三）定点医疗机构诊治工伤的有关资料。 3. 鉴定委员会根据专家组的鉴定意见，在收到劳动能力鉴定申请之日起 60 日内作出工伤人员劳动能力鉴定结论。必要时，作出劳动能力鉴定结论的时限可以延长 30 日。 4. 对劳动能力鉴定结论或者职业病鉴定结论不服的，可以在收到该鉴定结论之日起 15 日内向市鉴定委员会提出再次鉴定申请。

续表

	5. 自劳动能力鉴定结论作出之日起 1 年后，工伤人员或者其近亲属、用人单位或者社保经办机构认为伤残情况发生变化的，可以提出劳动能力复查鉴定申请。 6. 工伤人员的初次劳动能力鉴定费用，由工伤保险基金支付。 7. 用人单位、工伤人员或者其近亲属提出再次鉴定或者复查鉴定申请的，再次鉴定结论维持原鉴定结论，或者复查鉴定结论没有变化的，鉴定费用由提出再次鉴定或者复查鉴定申请的用人单位、工伤人员或者其近亲属承担；再次鉴定结论或者复查鉴定结论有变化，以及按照国家规定需要定期复查鉴定的，鉴定费用由工伤保险基金承担。
备注	上海市工伤保险实施办法系按照《工伤保险条例》规定来具体细化，大部分内容仍是承接《条例》规定而进行了适当细化。其他各地规定大致相同，但在具体操作时，仍应结合本地实施办法执行。

（三）工伤保险待遇的支付标准——用人单位支付

标题	《上海市工伤保险实施办法》 《上海市人民政府关于贯彻实施〈社会保险法〉调整本市现行有关工伤保险政策的通知》				
文号	上海市人民政府令第 93 号；沪府发〔2011〕34 号				
内容主题	工伤保险待遇——用人单位支付一览表				
内容	停工留薪期内			伤残津贴（按月） 按负伤前 12 个月平均月缴费工资为计发基数	一次性伤残就业补助金 按上年度全市职工月平均工资为计发基数	按月缴纳社会保险费
	伙食费 交通食宿费	工资	护理费			
一级伤残	工伤人员住院治疗工伤的，由工伤保险基金发给每人每天 20 元的伙食补助费；经本市医疗保险定点医疗机构出具证明，报工伤保险经办机构同意，工伤人员到外省市就医的，由工伤保险基金发给每人每天 150 元的食宿费，交通费按工伤保险经办机构核准的交通工具乘坐费用实报实销。	本人工资福利待遇不变（负伤前 12 个月的平均工资收入），由所在单位按月支付。	生活不能自理需要护理的，由所在单位负责。			由用人单位和职工个人以伤残津贴为基数，缴纳基本医疗保险费。
二级伤残						
三级伤残						
四级伤残						
五级伤残			难以安排工作 70%	18 个月	继续按照规定缴纳各项社会保险费。
六级伤残			难以安排工作 60%	15 个月	
七级伤残				12 个月	
八级伤残				9 个月	
九级伤残				6 个月	
十级伤残				3 个月	

续表

					解除、终止劳动关系后工伤人员可享受该项待遇，但因退休或者死亡终止劳动关系的除外。按上年度全市月平均工资为计发基数。	从业人员因工死亡时以上年度全市职工月平均工资为基数。
说明	停工留薪期一般不超过 12 个月，伤情严重或情况特殊，经鉴定委员会确认，可以适当延长，但不得超过 12 个月。			伤残津贴实际金额不得低于本市职工月最低工资标准。		
	停工留薪期间的工资福利待遇实际金额不得低于本市职工最低工资标准。					
备注	上海市工伤保险实施办法系按照《工伤保险条例》规定来具体细化，大部分内容仍是承接《条例》规定而进行了适当细化。其他各地规定大致相同，但在具体操作时，仍应结合本地实施办法执行。					

（四）工伤保险待遇的支付标准——社保中心从工伤保险基金中支付

标题	《上海市工伤保险实施办法》《上海市人民政府关于贯彻实施〈社会保险法〉调整本市现行有关工伤保险政策的通知》						
文号	上海市人民政府令第 93 号；沪府发〔2011〕34 号						
内容主题	工伤保险待遇——社保中心从工伤保险基金中支付一览表						
内容	停工留薪期内		工伤医疗费	伤残津贴（按月）	一次性伤残补助金	一次性医疗补助金	生活护理费（按月）	辅助器具
	住院伙食费	外省市就医交通、食宿费		按负伤前 12 个月平均月缴费基本工资为计发基数		按上年度全市职工月平均工资为计发基数		

续表

伤残等级	伙食费	就医	诊疗项目	一次性补助金	月数	月数	生活护理费	辅助器具
一级伤残	20 元/天	经本市医疗保险定点医疗机构出具证明，报工伤保险经办机构同意，工伤人员到外省市就医的，由工伤保险基金发给每人每天 150 元的食宿费，交通费按工伤保险经办机构核准的交通工具乘坐费用实报实销。	符合国家和本市的工伤保险诊疗项目目录、工伤保险药品目录、工伤保险住院服务标准的，从工伤保险基金支付。	90%	27 个月	—	生活完全不能自理 50%；生活大部分不能自理 40%；生活部分不能自理 30%；	经鉴定委员会确认，应当选择到与社保经办机构签订服务协议的辅助器具配置机构安装假肢、矫形器、假眼、假牙和配置轮椅等辅助器具，所需费用符合国家和本市辅助器具安装配置项目和标准的，从工伤保险基金支付，并由社保经办机构与辅助器具配置机构结算。
二级伤残				85%	25 个月			
三级伤残				80%	23 个月			
四级伤残				75%	21 个月			
五级伤残					18 个月	18 个月		
六级伤残					16 个月	15 个月		
七级伤残					13 个月	12 个月		
八级伤残					11 个月	9 个月		
九级伤残					9 个月	6 个月		
十级伤残					7 个月	3 个月		
备注	1. 按上述规定计发的一级至十级工伤人员一次性伤残补助金低于 2010 年度全市职工月平均工资乘以《上海市工伤保险实施办法》规定的相应伤残等级的月份数之积的，差额部分由工伤保险基金予以补足。 2. 上海市工伤保险实施办法系按照《工伤保险条例》规定来具体细化，大部分内容仍是承接《条例》规定而进行了适当细化。其他各地规定大致相同，但在具体操作时，仍应结合本地实施办法执行。							

（五）伤残津贴和生活护理费——由工伤保险基金支付的费用

标题	《关于调整本市工伤人员伤残津贴和生活护理费标准的通知》
文号	沪人社规〔2019〕24 号
内容主题	关于调整上海市 2019 年工伤人员伤残津贴和生活护理费标准的通知

续表

内容摘要	1. 2018 年 12 月 31 日前发生工伤且致残一级至四级工伤人员的伤残津贴在 2018 年享受的标准基础上调整，其中致残一级增加 960 元/月，致残二级增加 875 元/月，致残三级增加 812 元/月，致残四级增加 763 元/月。 调整后的伤残津贴最低标准为：致残一级 7386 元/月，致残二级 6911 元/月，致残三级 6484 元/月，致残四级 6082 元/月。 2. 2018 年 12 月 31 日前发生工伤且经确认生活不能自理工伤人员的生活护理费在 2018 年享受的标准基础上调整，其中生活完全不能自理工伤人员增加 817 元/月，生活大部分不能自理工伤人员增加 653 元/月，生活部分不能自理工伤人员增加 490 元/月。 调整后的生活护理费标准为：生活完全不能自理 4383 元/月，生活大部分不能自理 3506 元/月，生活部分不能自理 2630 元/月。 3. 2018 年 12 月 31 日前已按规定办理按月领取养老金手续的致残一级至四级工伤人员，按照本通知第一条规定增加的伤残津贴低于其 2019 年基本养老金增加额的，按养老金增加额计发。 4. 2019 年 1 月 1 日至 12 月 31 日期间发生工伤且致残一级至四级的工伤人员，按《上海市工伤保险实施办法》规定计发的伤残津贴低于本通知第一条第二款规定的最低标准的，按最低标准计发。 5. 由工伤保险基金按照《上海市工伤保险实施办法》规定支付伤残津贴和生活护理费的工伤人员，其按本通知规定调整后增加的费用由工伤保险基金支付。目前仍由用人单位按照《上海市工伤保险实施办法》规定支付伤残津贴和生活护理费的工伤人员，其按本通知规定调整后增加的费用由用人单位支付。 6. 本通知自 2019 年 7 月 1 日起执行，有效期至 2021 年 6 月 30 日。本通知实施前已按《关于调整本市工伤人员伤残津贴和生活护理费标准的通知》（沪人社规〔2019〕7 号）规定调整伤残津贴和生活护理费标准的工伤人员，按本通知规定的标准重新核定后予以补差。
备注	上海市工伤保险实施办法系按照《工伤保险条例》规定来具体细化，大部分内容仍是承接《条例》规定而进行了适当细化。其他各地规定大致相同，但在具体操作时，仍应结合本地实施办法执行。

（六）因工死亡待遇的支付标准——社保中心从工伤保险基金中支付

标题	《上海市工伤保险实施办法》		
文号	上海市人民政府令第 93 号		
内容主题	一次性工亡补助金	丧葬补助金	供养亲属抚恤金（按月）

续表

补偿金额标准	从业人员因工死亡时上一年度全国城镇居民人均可支配收入的20倍。	从业人员因工死亡时6个月的上年度全市职工月平均工资。	按照从业人员本人因工死亡前一月的缴费工资为计发基数，其中：（1）配偶每月40%；（2）其他亲属每人每月30%；（3）孤寡老人或者孤儿每人每月在上述标准的基础上增加10%。核定的各供养亲属的抚恤金之和不应高于因工死亡人员生前本人工资。
备注	上海市工伤保险实施办法系按照《工伤保险条例》规定来具体细化，大部分内容仍是承接《条例》规定而进行了适当细化。其他各地规定大致相同，但在具体操作时，仍应结合本地实施办法执行。		

（七）因工死亡人员供养亲属抚恤金标准

标题	《关于调整本市因工死亡人员供养亲属抚恤金标准的通知》
文号	沪人社规〔2019〕25号
内容主题	上海市人力资源社会保障局关于调整本市因工死亡人员供养亲属抚恤金标准的通知
内容摘要	1. 2018年12月31日前因工死亡人员供养亲属的抚恤金在2018年享受的标准基础上，每人每月增加210元。 调整后的因工死亡人员供养亲属抚恤金最低标准为每人每月1550元，其中孤寡老人或者孤儿的最低标准为每人每月1636元。 2. 2019年1月1日至12月31日期间因工死亡人员的供养亲属，其按《上海市工伤保险实施办法》规定计发的抚恤金低于本通知第一条第二款规定的最低标准的，按最低标准计发。 3. 由工伤保险基金按照《实施办法》规定支付抚恤金的供养亲属，其按本通知规定调整后增加的费用由工伤保险基金支付。目前仍由用人单位按照《实施办法》规定支付抚恤金的供养亲属，其按本通知规定调整后增加的费用由用人单位支付。 4. 本通知自2019年7月1日起执行，有效期至2021年6月30日。本通知实施前已按《关于调整本市因工死亡人员供养亲属抚恤金标准的通知》（沪人社规〔2019〕8号）规定调整抚恤金标准的因工死亡人员供养亲属，按本通知规定的标准重新核定后予以补差。
备注	上海市工伤保险实施办法系按照《工伤保险条例》规定来具体细化，大部分内容仍是承接《条例》规定而进行了适当细化。其他各地规定大致相同，但在具体操作时，仍应结合本地实施办法执行。

七、税收政策

（一）个人税收的计算

标题	《中华人民共和国个人所得税法》						
文号	中华人民共和国主席令第 9 号（2018.8.31 第七次修正）						
内容主题	个人所得税的计算标准						
计算方法	1. 居民个人的综合所得，以每一纳税年度的收入额减除费用六万元以及专项扣除、专项附加扣除和依法确定的其他扣除后的余额，为应纳税所得额。 2. 非居民个人的工资、薪金所得，以每月收入额减除费用五千元后的余额为应纳税所得额；劳务报酬所得、稿酬所得、特许权使用费所得，以每次收入额为应纳税所得额。 3. 经营所得，以每一纳税年度的收入总额减除成本、费用以及损失后的余额，为应纳税所得额。 4. 财产租赁所得，每次收入不超过四千元的，减除费用八百元；四千元以上的，减除百分之二十的费用，其余额为应纳税所得额。 5. 财产转让所得，以转让财产的收入额减除财产原值和合理费用后的余额，为应纳税所得额。 6. 利息、股息、红利所得和偶然所得，以每次收入额为应纳税所得额。劳务报酬所得、稿酬所得、特许权使用费所得以收入减除百分之二十的费用后的余额为收入额。稿酬所得的收入额减按百分之七十计算。						

计算标准	综合所得适用	全年应纳税所得额	不超过36000元	超过36000至144000元部分	超过144000至300000元部分	超过300000至420000元部分	超过420000至660000元部分	超过660000至960000元部分	超过960000元部分
		税率%	3	10	20	25	30	35	45
	经营所得适用	全年应纳税所得额	不超过30000元的	超过30000元至90000元的部分	超过90000元至300000元的部分	超过300000元至500000元的部分	超过500000元的部分	—	—
		税率%	5	10	20	30	35	—	—

（二）纳税申报

标题	中华人民共和国个人所得税法
文号	中华人民共和国主席令第 9 号
内容主题	纳税申报
内容摘要	纳税义务人有下列情形之一的，纳税人应当依法办理纳税申报： 1. 取得综合所得需要办理汇算清缴； 2. 取得应税所得没有扣缴义务人； 3. 取得应税所得，扣缴义务人未扣缴税款； 4. 取得境外所得； 5. 因移居境外注销中国户籍； 6. 非居民个人在中国境内从两处以上取得工资、薪金所得； 7. 国务院规定的其他情形。 扣缴义务人应当按照国家规定办理全员全额扣缴申报，并向纳税人提供其个人所得和已扣缴税款等信息。

（三）经济补偿金个税缴纳

标题	《财政部关于个人所得税法修改后有关优惠政策衔接问题的通知》
文号	财税〔2018〕164 号
内容主题	一次性补偿收入的税收问题
内容摘要	个人与用人单位解除劳动关系取得一次性补偿收入（包括用人单位发放的经济补偿金、生活补助费和其他补助费），在当地上年职工平均工资 3 倍数额以内的部分，免征个人所得税；超过 3 倍数额的部分，不并入当年综合所得，单独适用综合所得税率表，计算纳税。

（四）全年一次性奖金的个税缴纳

标题	《财政部关于个人所得税法修改后有关优惠政策衔接问题的通知》
文号	财税〔2018〕164 号
内容主题	全年一次性奖金的税收征缴规定

内容摘要	1. 居民个人取得全年一次性奖金，符合《国家税务总局关于调整个人取得全年一次性奖金等计算征收个人所得税方法问题的通知》（国税发〔2005〕9 号）规定的，在 2021 年 12 月 31 日前，不并入当年综合所得，以全年一次性奖金收入除以 12 个月得到的数额，按照本通知所附按月换算后的综合所得税率表（以下简称月度税率表），确定适用税率和速算扣除数，单独计算纳税，计算公式为：应纳税额 = 全年一次性奖金收入 × 适用税率 − 速算扣除数。 居民个人取得全年一次性奖金，也可以选择并入当年综合所得计算纳税。 自 2022 年 1 月 1 日起，居民个人取得全年一次性奖金，应并入当年综合所得计算缴纳个人所得税。 2. 中央企业负责人取得年度绩效薪金延期兑现收入和任期奖励，符合《国家税务总局关于中央企业负责人年度绩效薪金延期兑现收入和任期奖励征收个人所得税问题的通知》（国税发〔2007〕118 号）规定的，在 2021 年 12 月 31 日前，参照本通知第一条第（一）项执行；2022 年 1 月 1 日之后的政策另行明确。

工欲善其事，必先利其器

（代后记）

以《劳动合同法》《社会保险法》为代表的新劳动法律体系所秉承的向劳动者更加倾斜的立法精神使企业人力资源管理受到诸多严格规制，企业希望依靠法律为自己的劳动用工管理提供更多的支持已是力不从心。此种背景下，企业人力资源管理需要从目前的消极和被动的管理模式转变为积极和主动的管理模式。而这种积极和主动的管理模式的关键即在于实施人力资源管理的规范化操作（SOP），实现人力资源管理的法制化，通过规章制度、劳动合同、流程表单来实施具体的劳资关系管理。劳动立法实践中的另一种景象是，新劳动法律体系并不直接导致企业劳资关系的尖锐化，但新法规政策频变之际带给企业的是更多的不确定性。2013 年 7 月 1日，颇受社会关注并重点规范劳务派遣问题的《劳动合同法（修正案）》正式施行。2014 年 1 月 24 日，人社部公布《劳务派遣暂行规定》，该规定自 2014 年 3 月 1日起施行。但是如何掌握"临时性、辅助性、替代性"岗位的具体执行方法？劳务派遣与服务外包之间如何区分？企业应当把握好管理的尺度，通过更为柔性化的处理方法，参照通行的公平合理原则，或通过与员工或工会进行协商和安排，以达到在合理性基础上的合法化。

一段时间以来，我们的一些客户企业的 HR 经理人，经常会向我主导的咨询团队提到，希望能够出版一些新劳动法背景下面向企业具体人力资源管理的工具类实务书籍。尽管这些客户企业中的大多数企业的劳动人事制度重整及人力资源管理流程再造都是由我们主导的咨询团队完成的，其中也不乏一些大的 500 强公司，但是他们依然对日常人力资源管理过程中遇到的各种具体事项和劳动法问题感到困惑，希望能看到持万企业管理咨询有限公司的咨询顾问们在处理相关事宜时的相关范本以及操作规程，从而得到更为具体和有针对性的实务指引，并借以了解和借鉴咨询顾问们总结百余家企业的管理问题后提炼出的经典做事方法。而对数量众多的中小企业客户而言，新劳动法的背景使得企业人力资源管理变得更为困难和不易，一方面是本身企业规章制度并不健全，根本无法指引企业的劳动人事管理，另一方面囿于对劳动法等法律专业知识了解有限，在实际处理劳资关系时没有准确的辨识性观点，如此等等。

对于这种需求，我和咨询顾问团队的同人经过讨论，意欲通过内部出版物的方式进行处理，即将相关文档、流程和规程等整理后，定向针对持万咨询的客户企业作为内部资料出版。当我与中国法制出版社谈及此事时，中国法制出版社极力鼓励并支持我们将此内部出版物尽快整理为书稿，并尽可能在最快的时间内面向社会公开出版。当我就此问题与咨询顾问同人征求意见时，有部分同人对此种安排表示担心。因为，咨询业界和法律业界普遍认为，将专业人员的内部工作文档进行整理公开出版可能会泄露咨询公司或律师事务所的商业秘密。如果很多人通过公开出版物渠道掌握了咨询顾问从事咨询事务时的工具和绝活，也许此后就不再需要聘请咨询顾问。这种说法有一定的道理。但是咨询行业应是一个开放的行业，咨询顾问本身一方面自己通过专业知识积累创造工作文档，而另一方面也不断在服务客户的过程中得到启示，并得以进一步调整自己的咨询工具和咨询方法。所以，咨询顾问与客户企业的交流应是双向而互利的。

最终，我们决定推出一本面向新法背景下企业人力资源管理的具有较强实务操作性的工具类图书。为避免和之前面世的同类型和同主题的工具类书籍重复，我们曾认真收集和阅读了已经面世的一些人力资源管理工具类的实务书籍，并进行了书稿比对和样本分析。从数量上看，这些工具类书籍可以说是汗牛充栋，并且大部分的书籍字数也非常多；从质量上看，可以说有相当部分的工具类书籍还是不错的，具有相当的参考价值。但是，这其中，真正立基于新劳动法背景的对人力资源管理进行重新梳理的书几乎没有。有些法律类出版社出版了一些关于劳动合同法应对系列的实务书籍，有相当部分的实务书籍也非常不错，但是总体上看，大部分的实务书籍很多地方还阐述得不够细致，不太贴近实际操作。与此同时，大部分的同类书籍不能同时融合指导书的说理特征与工具书的文本特征。一本书要么偏重指导性，要么偏重工具性，大部分时候这两项优点不能得到同时满足，更谈不上在此基础上突出实操性和策略性的有机统一了。

在撰写本书的过程中，我们在大量研究包括 GE、IBM、HP、家乐福、科勒、华为、万科、松下、三菱商事等知名跨国公司和大企业的人力资源管理制度的同时，也系统分析了诸多优秀中小企业的人力资源管理制度，结合新劳动法背景下中小企业特别是中小外商投资企业在 HR 实务操作中遇到的种种常见问题，对一些常见的误区进行了辨识和厘清，并对企业 HR 操作流程进行了诸多的修正和改良，希望能通过直观生动的图文流程来达到实务工具书在示例性、普适性与资料性三个方面的统一。本书还精选了我们的顾问团队在从事劳动法与劳资关系咨询和培训过程中的一些基础性的工具类文档，并对这些文档附注了言简意赅的解读和适当必要的评析，这在某种程度上也使得阅读本书的 HR 读者们能够直接参考适用本书的相关内容，同时也增强了本书在指导人力资源管理实务操作方面的针对性、执行性和效率性。本书还借鉴了已经面世的很多人力资源管理类书籍。

《论语·魏灵公》有云："工欲善其事，必先利其器。"意思是要做好一件事，准备工作非常重要。美国前总统林肯也讲过："如果让我用八个小时砍一棵树，我会用六个小时将斧头磨利。"其实，说的都是一个道理。管理工具是人们在生产经营和社会实践中提高效率、降低成本、实现可持续发展的经典模板，通常表现为管理思想、做事方法和创新思维等。学会用管理工具辅助工作可以使人们的思维更缜密、有序，可以增长人们有价值的灵感和创新力，可以帮助管理者提高管理质量和效率、提升决策能力水平。这本工具书同时凝聚着对持万咨询顾问团队多年来从业经验的总结和体会，在这里首先特别感谢咨询一部研究团队全体同人一路来的风雨兼程。此外还要特别感谢企业客户们长期以来对持万咨询的支持，使得持万咨询的实战经验更加具有立体式的具体、丰富和扎实，也进而使得我们包括劳资顾问在内的各项咨询顾问服务更为专业、优质和完善。

这本书在中国法制出版社首次出版以来，历经多次修订、再版和重印，也充分说明了其受读者欢迎的程度，这也同时给持万咨询团队带来更多的压力和要求。此次增订 6 版，是在原增订 5 版的基础上根据最新法律法规政策对部分规章制度和合同协议进行了适法性更新和调整，并结合热心读者来信，就其中的部分错误和瑕疵之处进行了修改和补正，还增补了持万咨询团队发布的中国企业用工流程标准化示范性指引（SOP）报告《2020－2022 年中国企业人力资源管理合规化指引》。同时，对《全国各地人力资源管理法规政策常见参数索引》进行了更新，为全国各地的 HR 提供法规数据快速查找指南，重点结合上海地区法规政策规定并示范性介绍了京沪江浙广深等六个地区的常见参数，这些地区的 HR 可以有针对性地参考。希望这本书能做到根据最新人力资源管理法规政策的变化，结合理论和实务中人力资源管理的最新观点和经验，持续、及时地修订和更新，为读者提供更多有益和有价值的参考。最后，更希望本书的出版能够抛砖引玉，对 HR 经理人特别是中小企业的 HR 经理人的日常人力资源管理工作提供借鉴和帮助。

王桦宇

天津·滨海新区

天津自贸区东疆片区

2020 年 6 月

致　谢

　　在《人力资源管理实用必备工具箱 . rar》（增订 6 版）即将付梓之际，我们要向王桦宇先生及其领导下的持万咨询团队表示感谢！这本书凝聚着你们的心血，你们的专业素养和写作态度保证了本书的实用性和高质量。

　　我们还要感谢本书的读者！你们的关爱是作者悉心写作和我们精心出版的不竭动力。此书不断增订至 6 版，既是对作者辛苦写作的肯定，也是读者对我社大力支持的体现。

　　书是有生命力的，我们相信这本书会一直陪伴着读者，与读者一起成长！

中国法制出版社

图书在版编目（CIP）数据

人力资源管理实用必备工具箱.rar：常用制度、合同、
流程、表单示例与解读/王桦宇著. —6 版.—北京：中国
法制出版社，2020.10

（企业法律与管理实务操作系列）

ISBN 978 - 7 - 5216 - 1229 - 5

Ⅰ.①人…　Ⅱ.①王…　Ⅲ.①企业管理 - 人力资源管理
Ⅳ.①F272.92

中国版本图书馆 CIP 数据核字（2020）第 154539 号

责任编辑　杨智（yangzhibnulaw@ 126. com）　冯运　　　封面设计　周黎明

人力资源管理实用必备工具箱. rar
RENLI ZIYUAN GUANLI SHIYONG BIBEI GONGJUXIANG. rar

著者/王桦宇
经销/新华书店
印刷/三河市紫恒印装有限公司
开本/730 毫米×1030 毫米　16 开　　　　　印张/ 40.25　字数/ 472 千
版次/2020 年 10 月第 6 版　　　　　　　　2020 年 10 月第 1 次印刷

中国法制出版社出版

书号 ISBN 978 - 7 - 5216 - 1229 - 5　　　　　　　　定价：119. 80 元

北京西单横二条 2 号
邮政编码 100031　　　　　　　　　　　　　传真：010 - 66031119
网址：http://www.zgfzs.com　　　　　　　编辑部电话：010 - 66038703
市场营销部电话：010 - 66033393　　　　　　邮购部电话：010 - 66033288

（如有印装质量问题，请与本社印务部联系调换。电话：010 - 66032926）